思想會
SHISŌKAI

诺曼底

Normandy '44

登陆日与史诗般的**77**天法国战役

〔英〕詹姆斯·霍兰德　著
（James Holland）

伍秋玉　译

1944

D-Day and the Epic 77-Day
Battle for France

社会科学文献出版社
SOCIAL SCIENCES ACADEMIC PRESS (CHINA)

早在盟军登陆之前,诺曼底战役即已开始。当时,盟军空军进行了全力打击,摧毁了法国的桥梁、铁路和编组站,尽可能使德军难以到达前线。①美国第8航空队的一架B-17正在德国上空飞行;②1944年6月5日,美国第9航空队的一架道格拉斯A-20浩劫攻击机对铁路进行了袭击;③奥恩河上的一座铁路桥被摧毁;④瑟堡车站变为废墟。

⑤1944年4月,党卫军第12"希特勒青年团"装甲师正在接受视察。

⑥⑦诺曼底海岸上阻止盟军登陆的海滩障碍物。隆美尔坚持认为,在盟军登陆前的最后几周,应大幅增加这些障碍物的数量。

⑧美国第101空降师的伞兵乘坐C-47飞往诺曼底。

⑨登陆日的犹他海滩。

⑩登陆日，搭载鲍尔斯双胞胎和第18步兵团的登陆艇正驶向奥马哈海滩；远处是"奥古斯塔号"，奥马尔·布拉德利将军正在该艘船上。

⑪美国伞兵正在装载"达科塔"运输机。

⑫登陆日的奥马哈海滩。

⑬上午10点30分前后，美国第1步兵师正在接近奥马哈海滩的E区红段。尽管最初登陆的几拨部队在海滩的某些地方遭到屠戮，但是，许多突击排还是登陆了海滩，并在伤亡最小的情况下越过了滩头。

⑭英国战列舰"厌战号"鸣笛，以支持盟军在剑滩附近登陆。盟军海军拥有强大的火力，相比之下，用于阻止盟军登陆的德军大炮数量就根本没法比了。

⑮登陆日的剑滩。由于潮水高于预期水平，士兵在下船时拥挤堵塞。

⑯奥克角的游骑兵不仅俘虏了军衔较低的德军士兵，还俘虏了登陆时仍在修建大西洋壁垒的"托特组织"的劳工。

⑰诺曼底海岸线上众多混凝土炮廊（也称"抵抗力量据点"）中的一个。这是位于犹他海滩法里维尔的 100 号抵抗力量据点，在登陆日被击毁后，其仍在冒烟。

⑱诺曼底海滩的士兵。

⑲6月7日，党卫军第12"希特勒青年团"装甲师经过卡昂。

⑳6月7日晚，最初的两个盟军机场建成并投入使用——这是一项惊人的成就。图中，一名美国机枪手扫视着天空，身后的德瑞莫 A–4 机场正在快速施工中。

⑳在朗维尔附近，突击队正在霍莎滑翔机旁进行挖掘。英军的空降可能是混乱的，但他们成功实现了诺曼底登陆日的目标，并按计划夺取了东岸。

㉒一辆喷火型丘吉尔坦克（也称"鳄鱼喷火坦克"）能喷出 120 米长的燃烧着油和橡胶的混合物。德军对这些可怕武器的恐惧甚至超过了盟军对虎式坦克的恐惧。

㉓6月7日的飞马桥。在远处的朗维尔一侧，有几架坠毁的滑翔机。登陆日午夜过后不久，这些滑翔机完美降落，然后停靠在停止滑行的地方。

㉔许多"德国"军队并非全部由德国人组成。图中的这些人来自东方营，也就是来自苏联最东部的士兵，他们被俘虏，并被迫为纳粹德国而战。

㉕ 一门口径为 155 毫米的美国大炮在开火。

㉖ 盟军的空中力量对盟军的胜利起到了至关重要的作用。德军有效作战的能力受到盟军空中力量的巨大打击。

㉗ 登陆日一周后的奥马哈海滩。除了利用"桑树"港运送补给外，盟军还利用"醋栗"防波堤和登陆舰每天直接向海滩运送约 16000 吨补给。虽然由于天气导致建造行动落后于计划，但毫无疑问，盟军还是赢得了建立诺曼底前线的比赛。

㉘ 大雨倾盆也阻碍了行动，因为盟军的交通工具比较重，在道路和小径上行驶时很快便陷入淤泥。

㉙6 月 19~21 日的大风暴。图中，海浪冲进"桑树 A"，造成了无法弥补的破坏。

㉚ 任何试图在白天移动的德军车辆都无一例外地遭到了盟军空中力量的打击。毫无疑问，此举削弱了德军的力量，打击了德军的士气，阻遏了德军的战斗能力。

㉛ 一架 P–47 雷电战斗机在攻击地面目标后向上爬升。

㉜ 党卫军第 12 装甲师正在经过饱经战乱的欧赖村。

㉝ 德军伞兵骑马和搭乘马车前行，这样的装备根本无法打一场现代化的机械化战争。

㉞ 罗伯特·卡帕拍摄的德军于瑟堡投降的照片，恩尼·派尔在 1944 年 6 月 27 日目睹并报道了这一事件。

㉟ 瑟堡的美国军队。

㊱ 在丰特奈勒佩内勒激烈交战的场景。1944 年 6 月 25 日，一名炮手倒毙在被摧毁的 75 毫米 Pak 40 反坦克炮旁。

波卡基

㊲ 一辆在灌木丛中伪装得很好的 IV 坦克。

㊳ 美国第 90 步兵师小心翼翼地向前推进，越过科唐坦被占领的德军阵地。

㊴ 美军的谢尔曼坦克沿着树篱排成一排。在使用了推土机或树篱切割机后，他们才能勉强穿过那片“波卡基”。

㊵ 汤姆 · 鲍尔斯在科蒙附近的散兵坑。在 6 月和 7 月的很长一段时间里，这里就是他的家。

㊶㊷ 英美军队忧虑不安地透过树篱窥视。在茂密的“波卡基”中前进，足以使任何人的神经都变得紧张。每个角落确实都潜伏着危险。

㊸1944 年 7 月 9 日，查理·马丁所属营（女王直属步枪团）中的加拿大士兵在卡昂的城市标志前摆姿势。当他们最终占领这座城镇时，营中士兵所剩无几。诺曼底的破坏程度以及被摧毁的城镇和村庄的数量是惊人的。

㊹1944 年 7 月 16 日，英军在第 112 号山头和第 113 号山头之间匆忙挖掘的堑壕和散兵坑中等待反击。一名累坏的英军士兵打了个盹，他的同伴在一旁放哨。

㊺1944 年 7 月，美军以极快的速度构思、开发和制造了一辆配备有树篱切割机的斯图亚特轻型坦克。

㊻1944 年 7 月，美军在打巷战。

㊼一名大兵从战壕中跳出。

盟军的物资实力

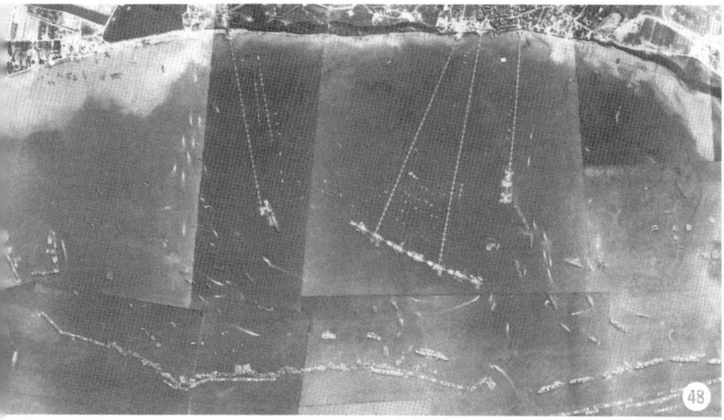

㊽ 位于阿罗芒什的人工港口“桑树 B”，这是一项非凡的成就，为持续供应物资作出了巨大贡献。

㊾ 令人难以置信的是，铁轨和车厢直接从登陆舰上卸下。对盟军的后勤人员来说，没有做不到，只有想不到。

㊿ 诺曼底非常需要推土机，盟军也运来了大量推土机。

(51) 大量的卡车被运过来，然后安全地停在图中这样的广阔田野上。与德军不同，盟军几乎不用担心空中威胁。

(52) 盟军迅速组建了补给卡车车队，(53) 并铺设了燃料管道，以保证数量庞大的车队能顺利运行。

㉜~㉝ 战场上的军队从来没有得到过这么好的服务。盟军的装甲部队得到了大量低架运货车、坦克抢修车、移动修理车间和战地维修装置等支援设施。

㉟ 在战场上大量生产的树篱切割机,使用喷灯切割隆美尔的海滩障碍物,并将其焊接成齿状,放置在坦克的前面。

㉠ 虽然树篱切割机可以像切黄油一样砍断树篱,但推土机也同样有效。

盟军的火力

盟军的作战方式是使用步兵和装甲部队来刺激德军进行反击，然后利用其强大的火力来打击德军。⑥一门5.5英寸口径的英国大炮正在轰炸敌方目标。⑥美国第3装甲师的一辆谢尔曼坦克装备有76毫米的高速炮和树篱切割机。就大炮而言，它与豹式坦克和虎式坦克不相上下。

⑥英国的谢尔曼萤火虫坦克也是如此，其配备了一门17磅重的反坦克炮，速度比传说中的88毫米的德军反坦克炮还要快。

⑥一辆美国M10坦克歼击车。坦克歼击车是美国人研制的，配备有反坦克炮，它的速度很快，机动性强，但装备的是轻型装甲。

⑥一辆美国M4高速拖拉机牵引着第153野战炮兵营的一门8英寸口径的重型榴弹炮。

⑥英军的6磅火炮。

德军的火力

⑥⑦ 一门伪装得很好的突击炮，这是一种在 Mk III 坦克的底盘上焊接了矮型炮塔的突击炮。

⑥⑧ 豹式坦克的机械结构复杂，但装甲精良、火力强大，盟军对它感到恐惧也是可以理解的。

⑥⑨ 一组德军伞兵。他们的机械化程度可能较低，但配备了大量机枪——比普通步兵部队还要多。

⑦⑩ 装甲王牌米歇尔·魏特曼站在他的虎式坦克的炮塔上。

⑦⑪ Mk IV 坦克可与谢尔曼坦克和克伦威尔坦克相媲美，具有相当大的优势，是德国坦克中最常见的一种。

⑦⑫ 并非所有 88 坦克的主炮口径都达到了 88 毫米，但这种高射反坦克两用高速炮很典型，被用于作战。

⑦ 黄蜂式自行火炮是在一辆废弃的 Mk II 坦克的底盘上增加了一门 105 毫米榴弹炮发展而来。

⑦ 口径为 75 毫米的 Pak 40 反坦克炮。德军很擅长对这类武器进行定位和伪装。

⑦ 党卫军第 12 装甲团的士兵。

⑦ "黑豹" V 坦克。

诺曼底战斗的残酷

诺曼底的战斗绝对是残酷的，日均伤亡率超过了第一次世界大战中最惨烈的战斗。⑦1944年6月26日，在埃普索姆会战中，一辆英军弹药车在被击中后发生了爆炸。⑧排列等待埋葬的阵亡士兵。

⑦党卫军第1装甲师阵亡的德军士兵躺在露天摆放的另一列死者的旁边。

⑧一名阵亡的士兵漂浮在科唐坦河底周围的水涝区。

⑧饥肠辘辘的法国平民正在瓜分一匹在战斗中被杀的马。

㉒ 布拉德利将军（左）、艾森豪威尔将军（中）和第 79 步兵师的艾拉·T. 威奇将军在布拉德利于总部搭建的帐篷中会面。

㉓ 维莱博卡日曾在 6 月 13 日被盟军短暂解放，但在 8 月 4 日遭到盟军战略重型轰炸机的摧毁，随后便消失在烟雾中。城镇的九成被完全摧毁。

㉔ 1944 年 7 月 31 日，美国第 4 装甲师的部队在"眼镜蛇行动"后的突围中穿过福利尼。

㉕ 圣洛。两名法国儿童俯瞰着被炮弹摧毁的城市废墟。

㉖ 当盟军最终占领法莱斯古城时，诺曼底的德军正在从内部崩溃，并拼命地从未被占领的狭窄缺口中逃跑。

⑧ 总计行动。盟军的重型轰炸机按计划于 8 月 9 日对德军阵地进行轰炸。

⑧ 在"总计行动"期间,波兰装甲师的谢尔曼坦克排着长长的纵队,准备向前挺进。

盟军的空中力量在诺曼底战役中发挥了多么重要的作用,再怎么强调也不过分,除了装载火箭弹的霍克台风战斗机外,没有任何一架飞机更能象征这种优势。⑧ 一架霍克台风战斗机正从诺曼底的一个空军基地起飞,⑨ 随后发射了 8 枚火箭弹中的 4 枚。

⑨ "台风"战斗机即将起飞。

⑨⑨ 死亡走廊。在法国北部最美丽的地区之一,两支被歼灭的试图逃离的军队发生了可怕的屠杀,由此摧毁了这片地区。道路和小路上挤满了尸体、马匹和毁损的车辆。

致比尔·斯科特·克尔

目　录

第一部分　登陆日前的战斗

第二部分　登陆

地图列表

图 例

盟军部队

守备师
步兵师
伞兵师
装甲师

德军部队

守备师
步兵师
伞兵师
装甲师
装甲掷弹兵师
炮兵师

标准军事符号

I =连
II =营
III =团

X =旅
XX =师
XXX =军
XXXX =集团军
XXXXX =集团军群

航拍照片：黄金海滩。

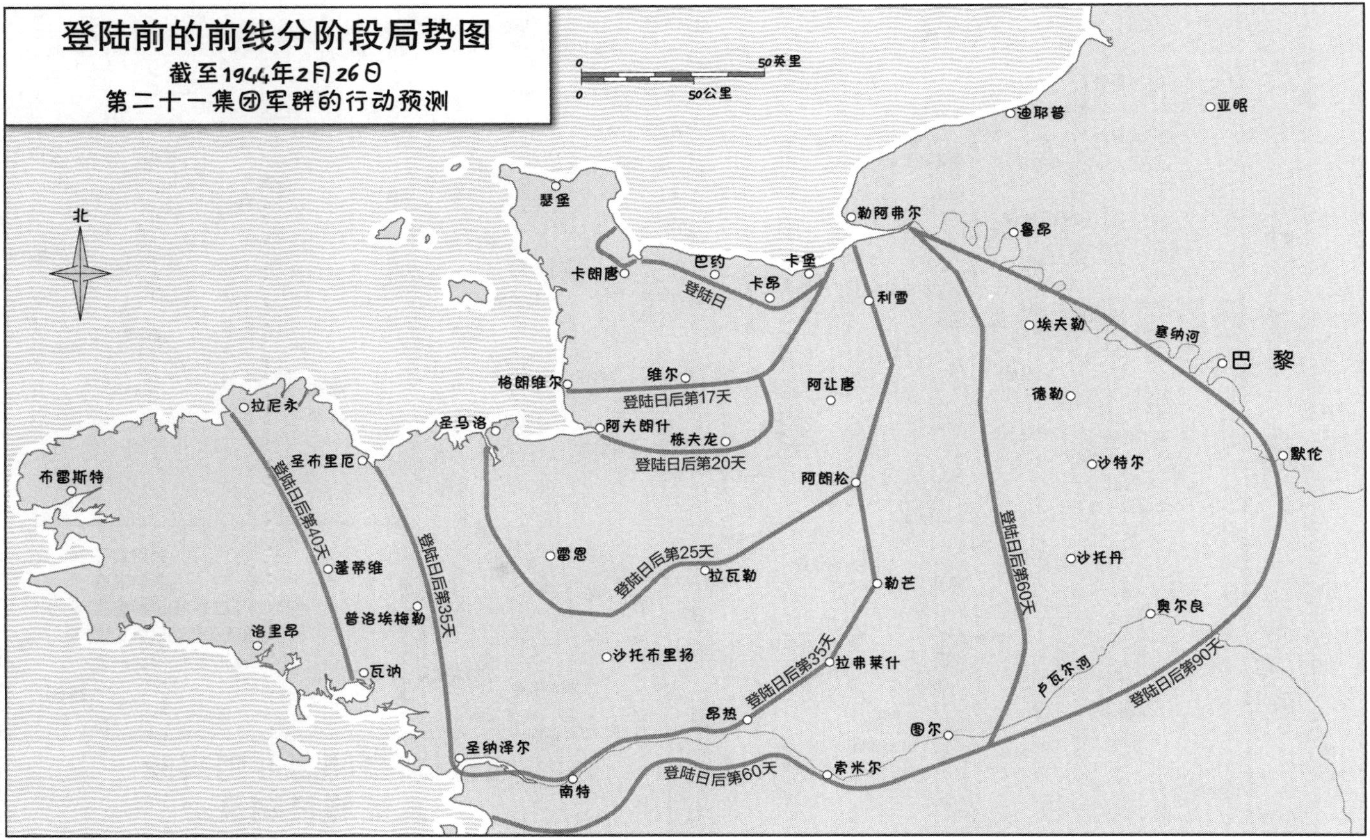
登陆前的前线分阶段局势图
截至1944年2月26日
第二十一集团军群的行动预测
0
50英里
0
50公里
北
迪耶普
亚眠
瑟堡
勒阿弗尔
鲁昂
卡朗唐
巴约
卡堡
卡昂
登陆日
利雪
埃夫勒
塞纳河
巴黎
格朗维尔
维尔
登陆日后第17天
阿让唐
德勒
拉尼永
阿夫朗什
栋夫龙
圣马洛
登陆日后第20天
默伦
圣布里厄
阿朗松
沙特尔
布雷斯特
登陆日后第40天
登陆日后第35天
雷恩
登陆日后第25天
拉瓦勒
沙托丹
蓬蒂维
勒芒
登陆日后第60天
普洛埃梅勒
奥尔良
洛里昂
沙托布里扬
拉弗莱什
卢瓦尔河
瓦讷
登陆日后第35天
登陆日后第90天
昂热
图尔
圣纳泽尔
南特
索米尔
登陆日后第60天

登陆日前盟军
在法国北部的轰炸目标

图例

* 第一道封锁线的目标
⊛ 第二道封锁线的目标
✳ 巴黎/奥尔良缺口上的目标
⋯⋯ 铁路目标
▭ 公路目标

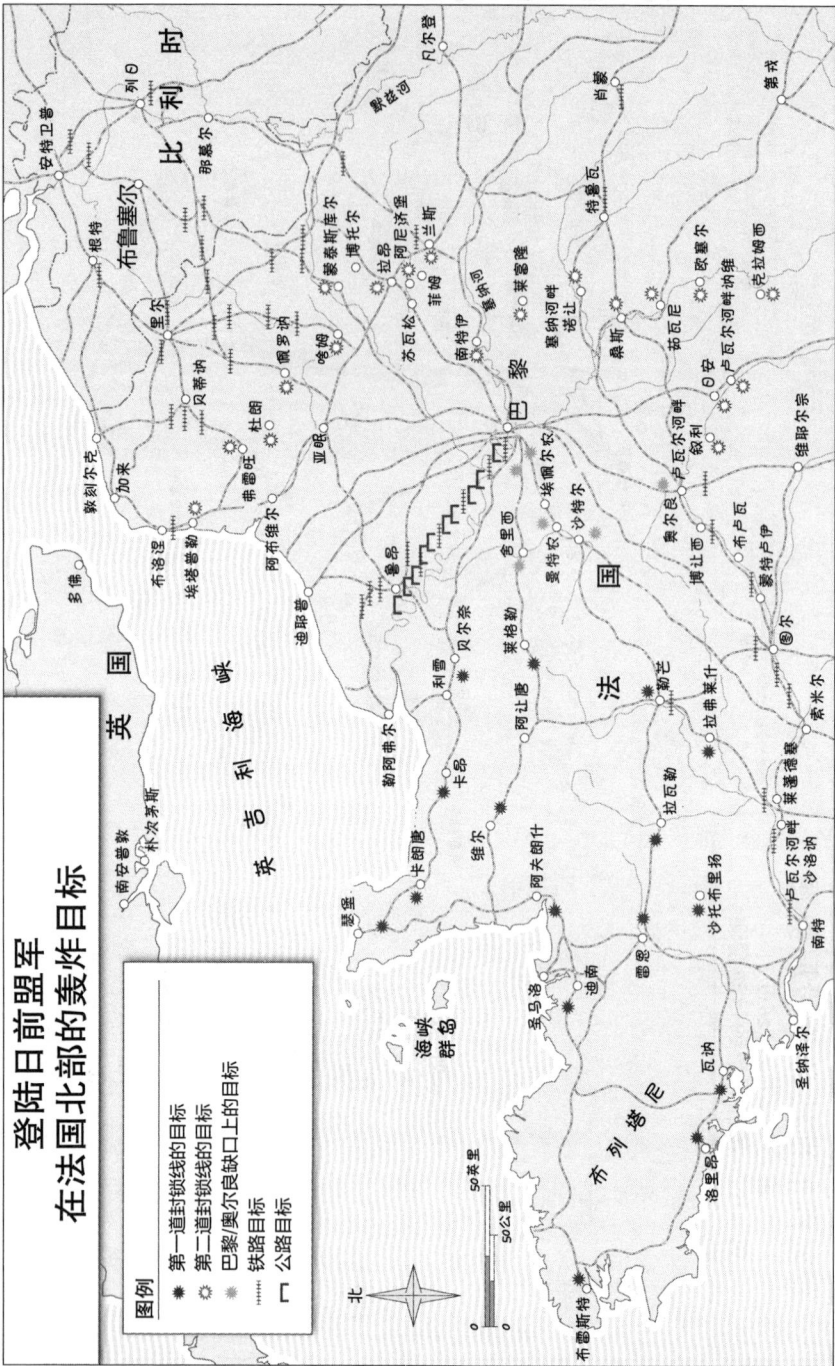

比利时

布鲁塞尔

列日
安特卫普
那慕尔
根特
尼尔登
第戎
肖蒙
默兹河
里尔
罗贝
咯姆
佩罗纳
博斯尼济里
兰斯
贝蒂纳
蒙泰斯库尔
垃昂
菲姆
博托尔
杜朗
亚眠
亦瓦松
南特尔
曼纳河畔
诺让
特鲁瓦
敦刻尔克
加来
布洛普勒
埃塔普勒
阿尔维尔
帕雷
蔓纳河
莱德隆
莫伦
桑斯
欧塞尔
虎拉姆尔
卢瓦尔河畔
维尔宗
敖利
叙利
迪那普
埃佩尔农
巴黎
法国
莫尔良
沙特尔
博让尼
布卢瓦
蒙特卢伊
索米尔
英国

英吉利海峡

海峡群岛

布列塔尼

北

50英里
50公里

登陆日的空军部署

图例

主要航线和侧翼巡逻线
突击区域巡逻线
夜间战斗机巡逻线
战斗机往返于突击区域的路线

目标

重型轰炸机（海滩防御工事）
重型轰炸机（交通运输）
中型轰炸机（海滩防御工事）
中型轰炸机（交通运输）
战斗轰炸机（海岸炮台）
战斗轰炸机（交通运输）
攻击海滩

注：第8战斗机司令部从4点25分至22点对突击区域的周边进行巡逻，并对突击区域与塞纳河两岸之间的地面目标进行攻击。

主要航线区域

英军突击区域

美军突击区域

密集巡逻区

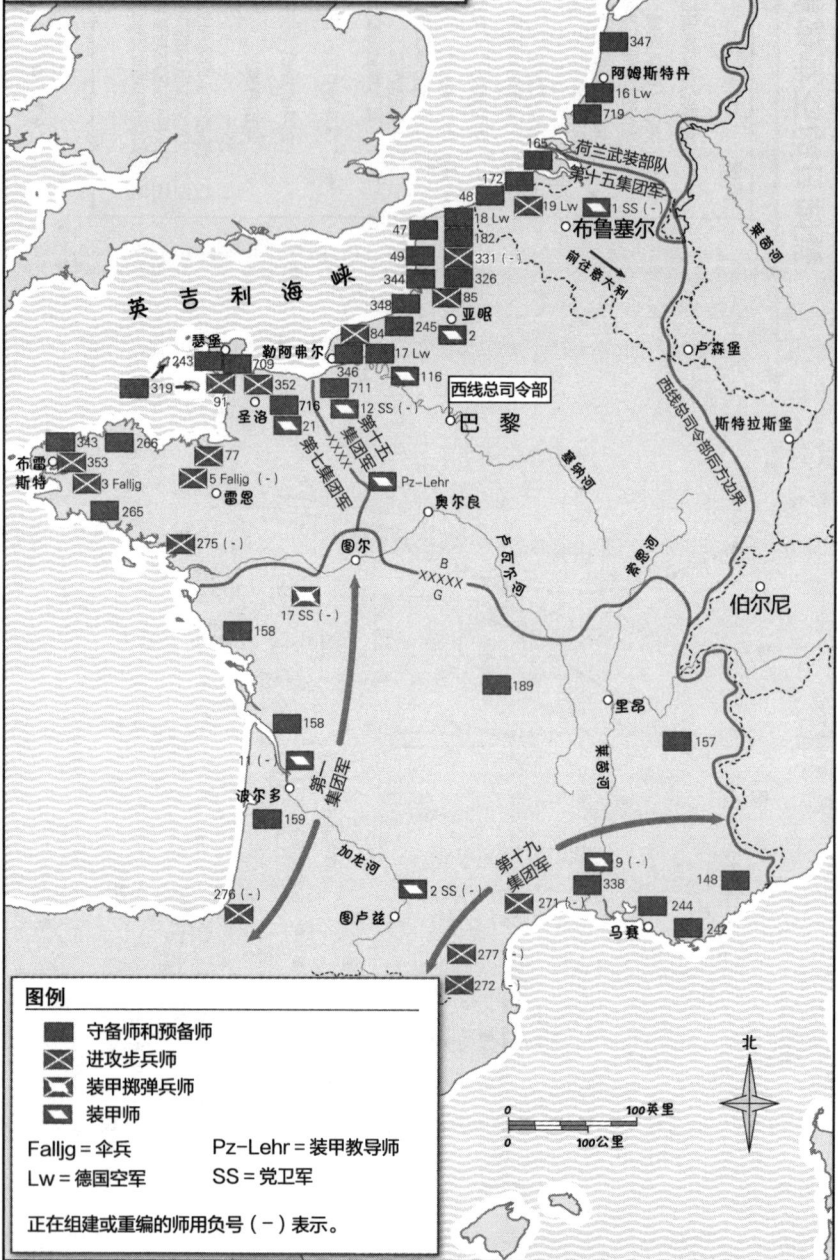

西线总司令部的战斗序列
6月6日星期二

图例
守备师和预备师
进攻步兵师
装甲掷弹兵师
装甲师

Falljg = 伞兵　　Pz-Lehr = 装甲教导师
Lw = 德国空军　　SS = 党卫军

正在组建或重编的师用负号（－）表示。

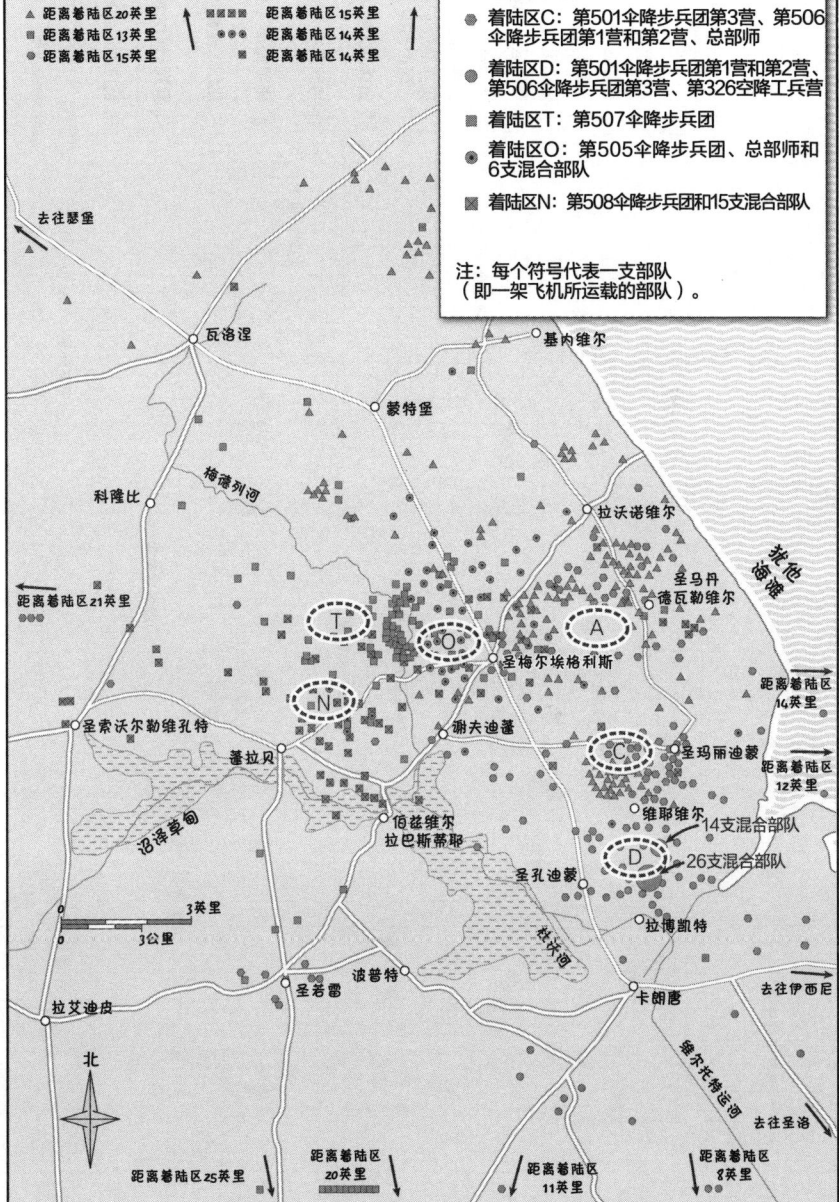

登陆日
美军的空降模式
6月6日星期二

图例

着陆区
实际登陆区

着陆区A：第502伞降步兵团、第377伞降野战炮兵营

着陆区C：第501伞降步兵团第3营、第506伞降步兵团第1营和第2营、总部师

着陆区D：第501伞降步兵团第1营和第2营、第506伞降步兵团第3营、第326空降工兵营

着陆区T：第507伞降步兵团

着陆区O：第505伞降步兵团、总部师和6支混合部队

着陆区N：第508伞降步兵团和15支混合部队

注：每个符号代表一支部队（即一架飞机所运载的部队）。

距离着陆区20英里
距离着陆区13英里
距离着陆区15英里
距离着陆区15英里
距离着陆区14英里
距离着陆区14英里

去往瑟堡
瓦洛涅
基内维尔
蒙特堡
科隆比
梅德列河
拉沃诺维尔
圣马丹德瓦勒维尔
距离着陆区21英里
T
O
A
距离着陆区14英里
圣梅尔埃格利斯
N
圣索沃尔勒维孔特
谢夫迪蓬
圣玛丽迪蒙
距离着陆区12英里
蓬拉贝
C
维耶维尔
14支混合部队
佰兹维尔拉巴斯蒂耶
D
26支混合部队
沼泽草甸
圣孔迪蒙
拉博凯特
杜沃河
0   3英里
0   3公里
波普特
圣若雷
卡朗唐
去往伊西尼
拉艾迪皮
北
梅尔托格运河
去往圣洛
距离着陆区25英里
距离着陆区20英里
距离着陆区11英里
距离着陆区8英里

英军的空降战场
6月6日至12日

图例

1 着陆区K
2 着陆区N
3 着陆区V
4 登陆区W
5 登陆区X
6 登陆区Y
A 梅维尔炮台
B 贝努维尔（飞马）桥
   （有待占领）
C 奥恩河大桥（有待占领）
D 特罗阿恩大桥（有待摧毁）
E 比尔公路桥（有待摧毁）
F 比尔铁路桥（有待摧毁）
G 罗霍伯姆大桥（有待摧毁）
H 瓦拉维尔大桥（有待摧毁）

0　　　　2英里
0　　　　2公里

北

3 瓦拉维尔
碽蒂维尔
罗霍伯姆

巴韦尔
A

勒庞
多大勒维尔
布韦尔
2
G

埃普维莱特
埃斯科尔
巴瑟纳维尔
E
F
勒梅尼勒
D 特罗阿恩

朗维尔
C
6 B
5
贝努维尔
思韦瓦勒

大雷维尔
1 拉乌格高地
思韦维尔
大雷维尔
德穆维尔

圣欧班达克桑
4

第6空降师的部队在贝努维尔与突击部队会合。

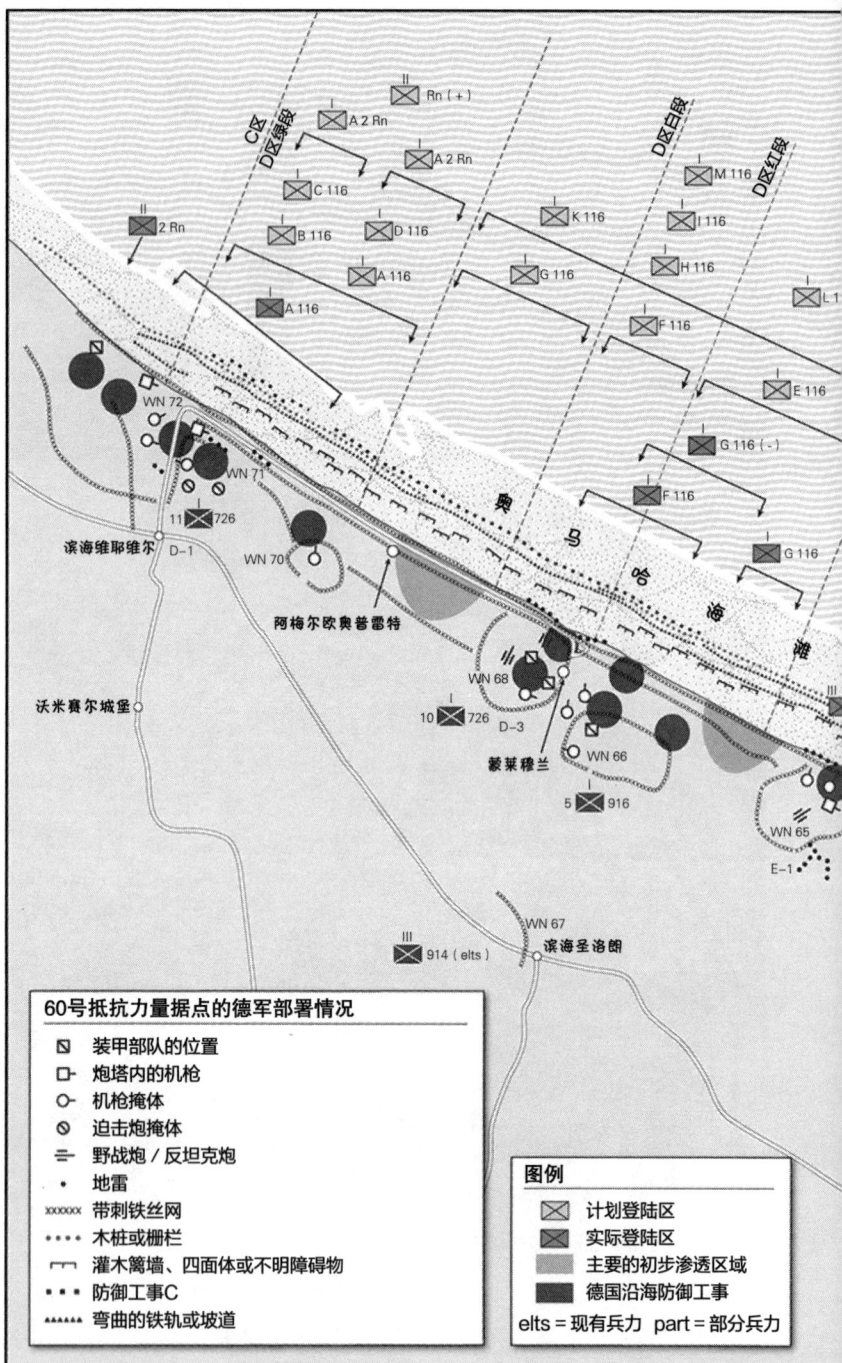

60号抵抗力量据点的德军部署情况

- 🔲 装甲部队的位置
- 🔲 炮塔内的机枪
- ○ 机枪掩体
- ⊘ 迫击炮掩体
- ⚌ 野战炮 / 反坦克炮
- · 地雷
- xxxxxx 带刺铁丝网
- •••• 木桩或栅栏
- ⊓ 灌木篱墙、四面体或不明障碍物
- ••• 防御工事C
- ᴧᴧᴧᴧ 弯曲的铁轨或坡道

图例

- ⊠ 计划登陆区
- ⊠ 实际登陆区
- 主要的初步渗透区域
- 德国沿海防御工事

elts = 现有兵力 part = 部分兵力

地图标注：
Rn（+）、A 2 Rn、A 2 Rn、C 116、M 116、I 116、K 116、2 Rn、B 116、D 116、H 116、A 116、G 116、L 1、A 116、F 116、E 116、G 116（-）、F 116、G 116、WN 72、WN 71、11 726、滨海维耶维尔 D-1、WN 70、阿梅尔欧奥普雷特、沃米赛尔城堡、WN 68、10 726 D-3、蒙莱穆兰、WN 66、5 916、WN 65、E-1、914（elts）、WN 67、滨海圣洛朗、奥马哈海滩

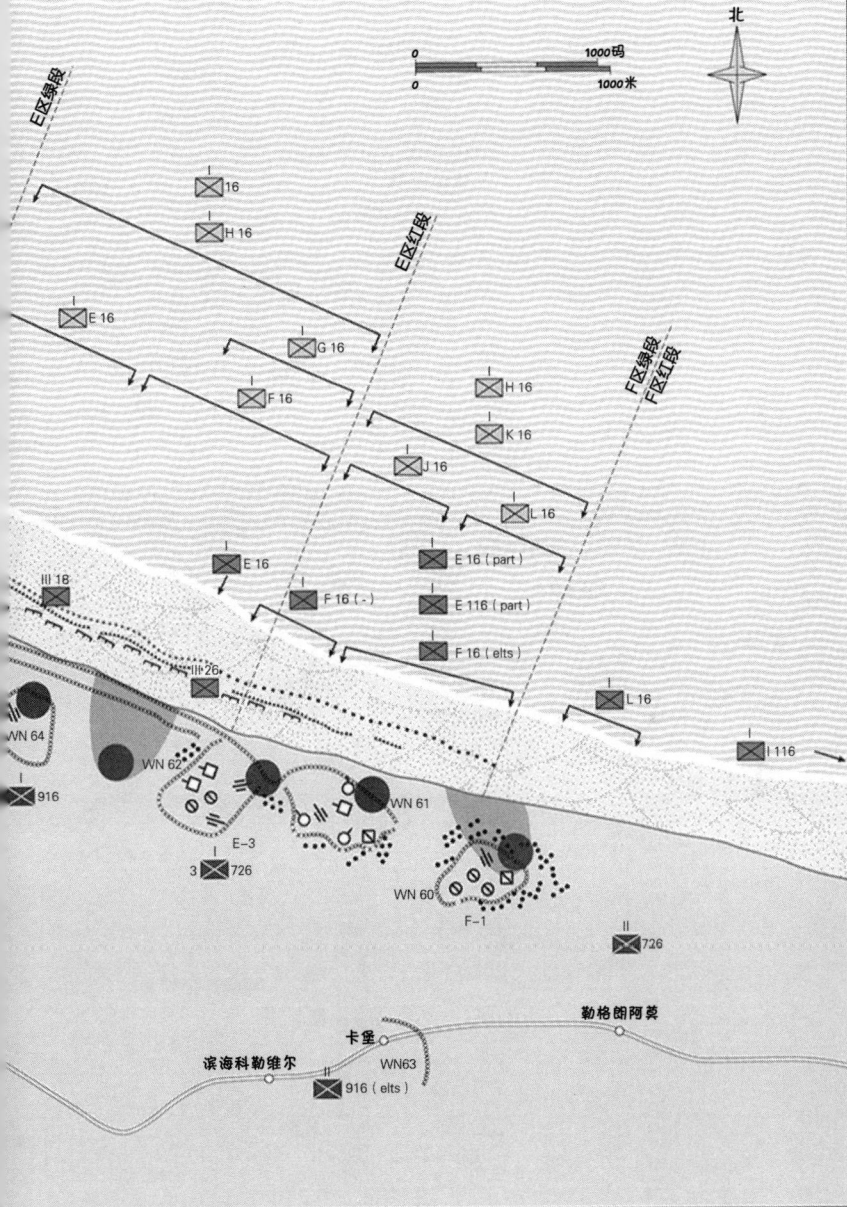

登陆日的奥马哈
海滩攻击战

北

0 _____ 1000码
0 _____ 1000米

E区绿段

| 16

H 16

E区红段

E 16

G 16

F区绿段
F区红段

F 16

H 16

K 16

J 16

L 16

E 16

E 16（part）

III 18

F 16（-）

E 116（part）

III 26

F 16（elts）

L 16

WN 64

WN 62

I 116

| 916

WN 61

E-3

3 | 726

WN 60

F-1

II | 726

勒格朗阿莫

卡堡

滨海科勒维尔

WN63

II | 916（elts）

登陆日英军和加拿大军的海滩攻击战

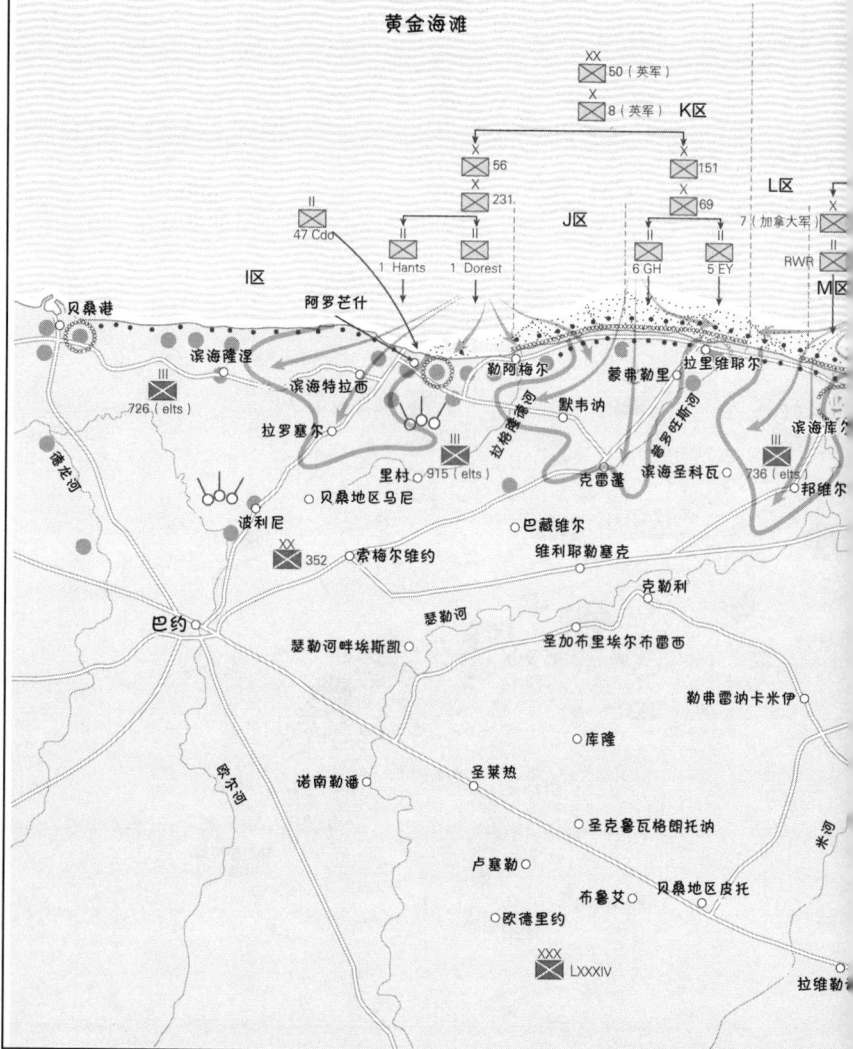

0 _____ 2 英里
0 _____ 2 公里

黄金海滩

XX
50（英军）

X
8（英军） K区

X
56

X
231.   X
151

X
69   L区

47 Cdo   J区   X
7（加拿大军）

1 Hants   1 Dorset

6 GH   5 EY   RWR

I区   M区

贝桑港   阿罗芒什   勒阿梅里   蒙弗勒里   拉里维耶尔

滨海隆涅   默韦讷   滨海库尔

726（elts）   滨海特拉西   滨海多尔斯泡
拉罗塞尔   克雷蓬   滨海圣科瓦   736（elts）   邦维尔

里村   915（elts）
贝桑地区乌尼   巴藏维尔

波利尼

352   索梅尔维约   维利耶勒塞克

克勒利

巴约   瑟勒河畔埃斯凯   圣加布里埃尔布雷西

瑟勒河

勒弗雷讷卡米伊

库隆

诺南勒海   圣莱热

圣克鲁瓦格朗托讷

卢塞勒   贝桑地区皮托

布鲁艾

欧德里约

XXX
LXXXIV   拉维勒

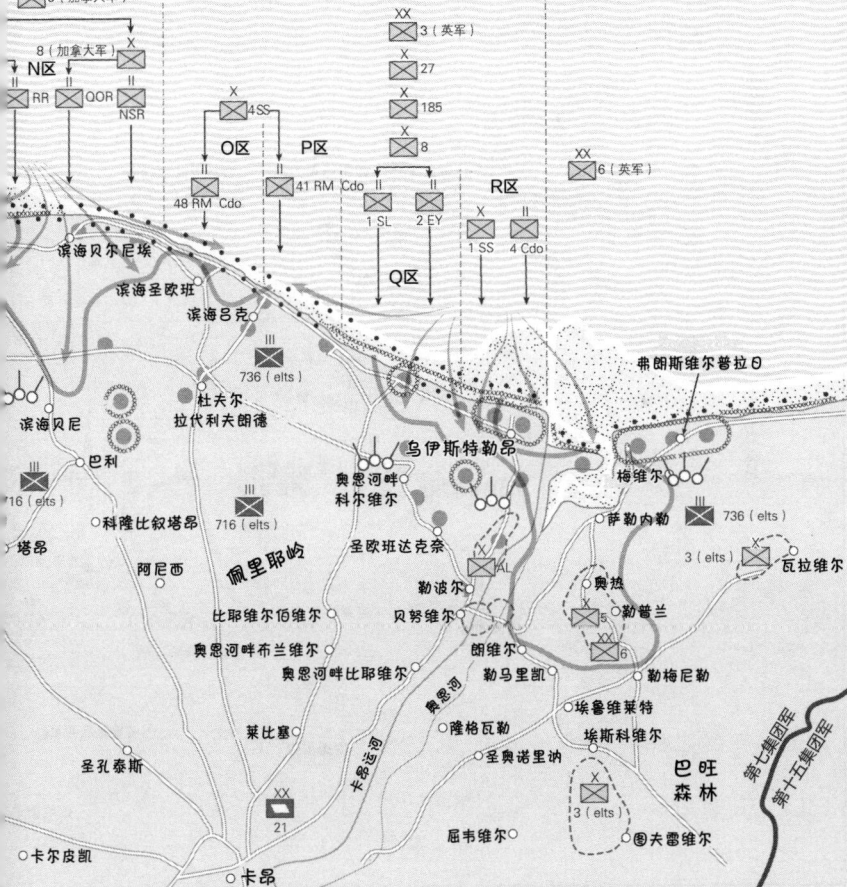

北

图例中的主要缩略词

Cdo = 王家海军陆战突击队
EY = 东约克郡步兵团
Dorset = 多塞特步兵团
GH = 格林霍华德步兵团
Hants = 汉普郡步兵团
NSR = 北岸步兵团
QOR = 女王直属步枪团
RM = 王家海军
RR = 里贾纳步枪团
RWR = 王家温尼伯步枪团
SL = 南兰卡夏郡步兵团
SS = 特勤突击旅
elts = 现有兵力

图例

德军抵抗顽强的地区
德军抵抗据点
机枪炮台
地雷
××××× 带刺铁丝网
——— 滑翔机和降落伞的着陆区

朱诺海滩

剑滩

3(加拿大军)
2(加拿大军)
9(加拿大军)

8(加拿大军)

N区

RR   QOR
NSR

O区   P区

4 SS

3(英军)

27

185

8

6(英军)

48 RM Cdo   41 RM Cdo   1 SL   2 EY   R区

滨海贝尔尼埃

滨海圣欧班   1 SS   4 Cdo

滨海吕克   Q区

736(elts)

杜夫尔   弗朗斯维尔普拉日

拉代利夫朗德

滨海贝尼   乌伊斯特勒昂

巴利   奥恩河畔   梅维尔

科尔维尔

16(elts)   科隆比叙塔昂   716(elts)   萨勒内勒

塔昂   阿尼西   佩里耶岭   圣欧班达克奈   736(elts)

AL   3(elts)   瓦拉维尔

勒波尔   奥热   勒普兰

比耶维尔伯维尔   贝努维尔   5

奥恩河畔布兰维尔   朗维尔   6   勒梅尼勒

奥恩河畔比耶维尔   勒马里凯

莱比塞   隆格瓦勒   埃鲁维莱特   埃斯科维尔   巴旺

森林

圣孔泰斯   圣奥诺里讷

21   3(elts)   图夫雷维尔

卡尔皮凯   卡昂   屈韦维尔

第七集团军

第十五集团军

登陆日午夜
英军和加拿大军占领的海滩

加拿大军在朱诺海滩登陆。

黄金海滩

贝桑港

滨海朗格

47 RM Cdo

拉罗西埃

波利尼

贝桑地区马尼

里村

阿罗芒什

勒阿梅尔

滨海特拉西

231

默韦纳

克雷蓬

56

索梅尔维约

巴约

151

瑟勒河畔埃斯凯

瑟勒河

圣加布里埃尔

拉里维耶尔

蓬蒂勒里

50

普罗旺斯河

滨海库尔瑟

滨海圣科瓦

邦维尔

8°(ents)

巴藏维尔

维利耶勒塞克

克勒利

7(加)

736

诺南勒谱

圣莱热

布雷西

库隆

69

勒弗雷讷卡米伊

目标线

欧尔河

卢塞勒

圣克鲁瓦格朗托讷

736

73

LXXXIV

XXX

布鲁艾

贝桑地区皮托

欧德里约

拉维勒讷

图例

- – – – – 滑翔机和降落伞的着陆区
- 6月6日12点时的英军前线
- 6月6日24点时的英军前线
- 登陆日英军的目标
- · 地雷
- xxxxxx 带刺铁丝网
- ◎ 德军抵抗顽强的地区
- ● 德军抵抗据点
- 1 6月6日抵达的区域
- 2 德军第21装甲师向莱比塞和卡昂之间的区域撤离

elts = 现有兵力　　HQ = 总师部　　recce = 侦察

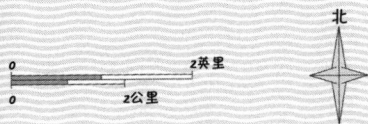

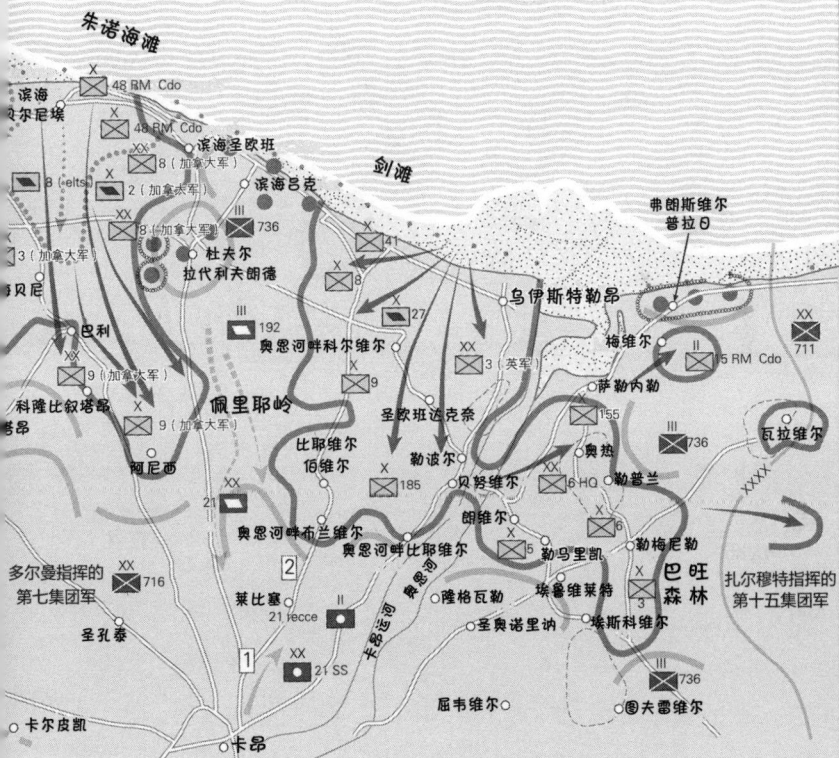

北

0　　　　2英里
0　　　　2公里

朱诺海滩

滨海
尔尼埃

48 RM Cdo

48 RM Cdo

滨海圣欧班

8（加拿大军）

8（elts）

2（加拿大军）

滨海吕克

剑滩

弗朗斯维尔普拉日

8（加拿大军）

736

杜夫尔

拉代利夫朗德

41

3（加拿大军）

8

27

乌伊斯特勒昂

梅维尔

711

巴利

192

奥恩河畔科尔维尔

3（英军）

9

45 RM Cdo

科隆比叙塔昂

9（加拿大军）

9（加拿大军）

佩里耶岭

圣欧班达克奈

萨勒内勒

奥热

155

736

瓦拉维尔

比耶维尔佰维尔

勒波497

185

贝努维尔

6 HQ

勒普兰

阿尼西

21

朗维尔

5

勒马里凯

勒梅尼勒

6

奥恩河畔布兰维尔

奥恩河畔比耶维尔

巴旺森林

扎尔穆特指挥的第十五集团军

多尔曼指挥的第七集团军

716

莱比塞

21 recce

隆格瓦勒

埃基维莱特

圣奥诺里讷

埃斯科维尔

圣孔泰

21 SS

736

图夫雷维尔

屈韦维尔

卡尔皮凯

卡昂

奥恩运河

奥恩河

卡昂运河

2

1

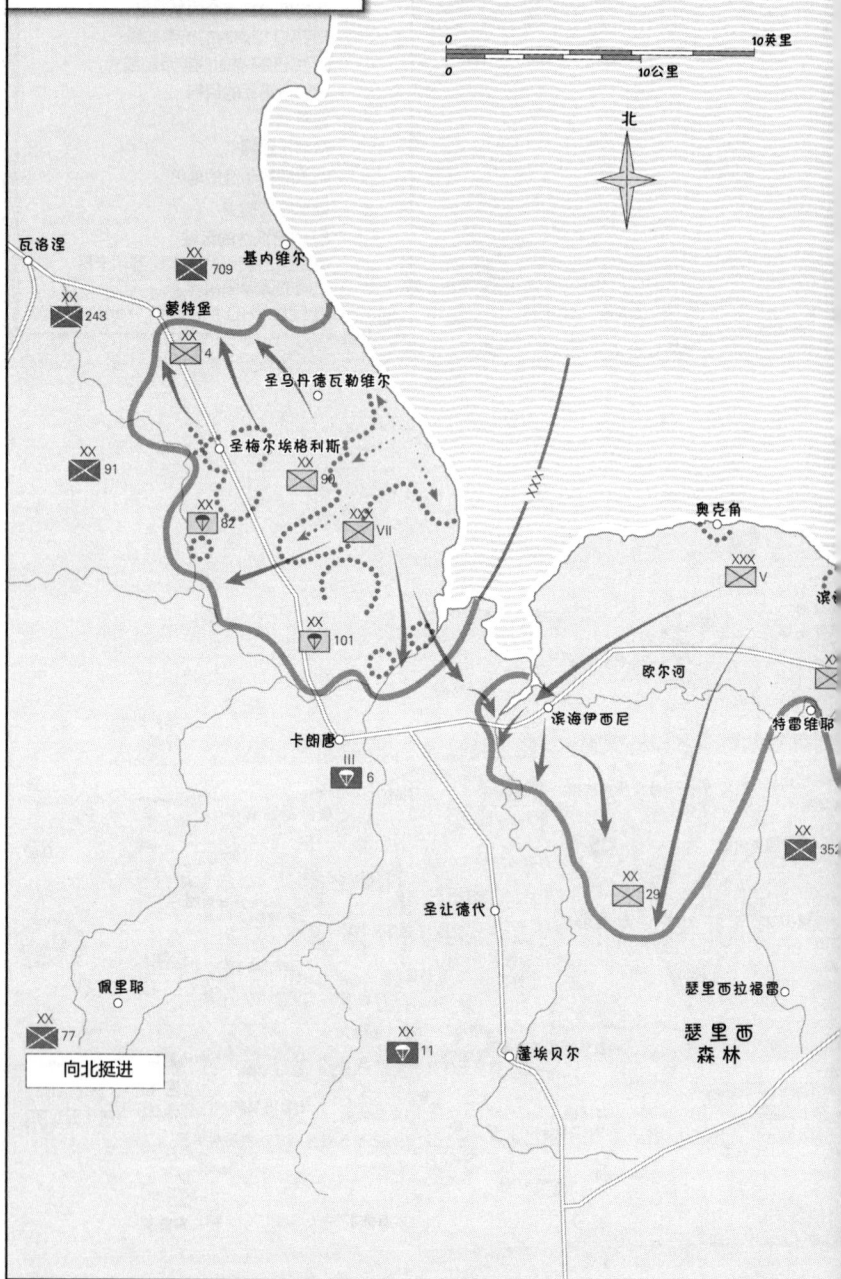

盟军挺进的前线
6月10日

0　　　　　　　　10英里
0　　　　　　　　10公里

北

瓦洛涅

709　基内维尔

243

蒙特堡

4

圣马丹德瓦勒维尔

圣梅尔埃格利斯

91

90

82

VII

101

奥克角

V

滨

欧尔河

滨海伊西尼

特雷维耶

XX

卡朗唐

III 6

352

圣让德代

29

佩里耶

瑟里西拉福雷

77

向北挺进

11

蓬埃贝尔

瑟里西
森林

美国陆军游骑兵在奥克角登陆。

布拉德利指挥的
第一集团军

6月8日：英国第47突击队
与美国第1步兵师的部分
部队取得了联系

邓普西指挥的
第二集团军

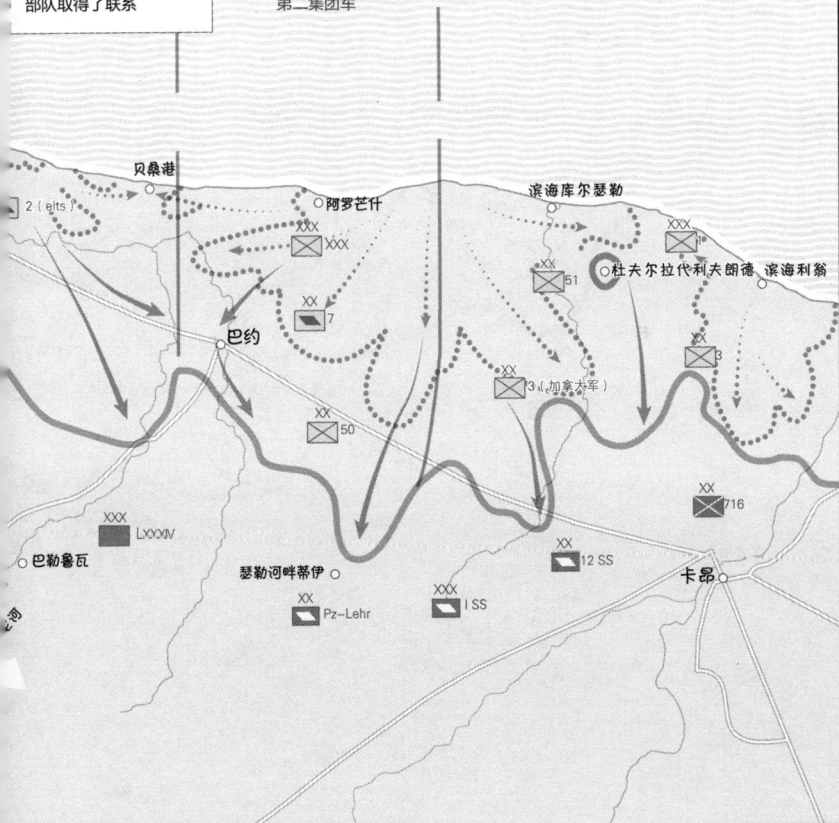

贝桑港

阿罗芒什

滨海库尔瑟勒

2（elts）

XXX

杜夫尔拉代利夫朗德 滨海利翁

51

XX 7

巴约

3（加拿大军）

XX 50

716

XXX LXXXIV

巴勒鲁瓦

12 SS

瑟勒河畔蒂伊

卡昂

XX Pz-Lehr

I SS

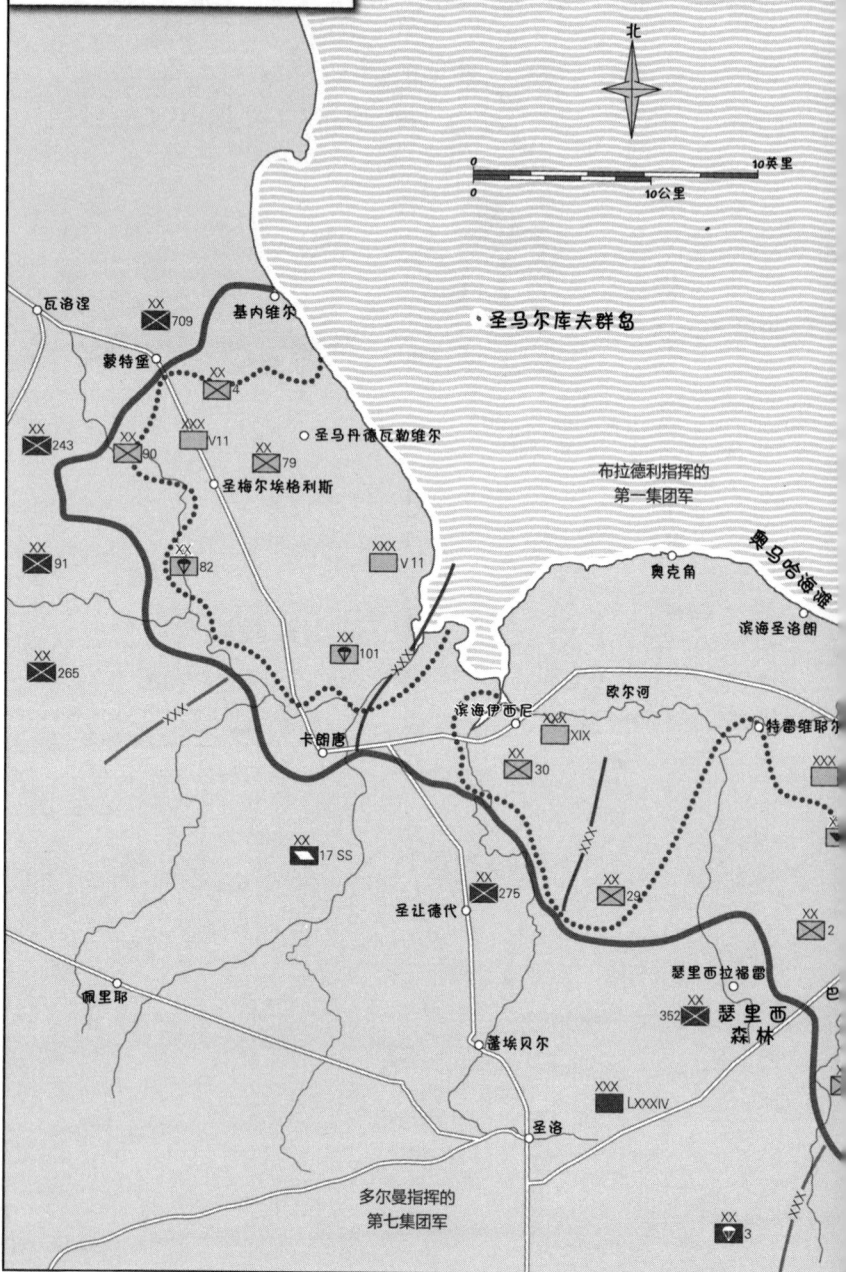

盟军占领的桥头堡
6月13日

北

0 _____ 10英里
0 _____ 10公里

瓦洛涅
709
基内维尔
蒙特堡
4
圣马尔库夫群岛
243
90
V11
圣马丹德瓦勒维尔
79
布拉德利指挥的
第一集团军
圣梅尔埃格格利斯
奥马哈海滩
91
82
V11
奥克角
滨海圣洛朗
265
101
卡朗唐
滨海伊西尼
欧尔河
特雷维耶尔
XIX
30
17 SS
29
2
275
圣让德代
瑟里西拉福雷
佩里耶
352
瑟里西森林
蓬埃贝尔
LXXXIV
圣洛
3
多尔曼指挥的
第七集团军

正在挺进的英军。

邓普西指挥的
第二集团军

塞 纳 河 湾

黄金海滩 朱诺海滩

贝桑港
阿罗芒什
滨海库尔瑟勒
剑滩

XX 11
杜夫尔
拉代利夫朗德
滨海利翁

巴约
XX 15（elts）
XXX

XX 346

XX 3
XX 6

XXX
XX 3（加拿大军）
XX 51

德龙河
XXX
XXX
XX 716

XX 50
XX 49
XX 21

XX 7
12 SS

瑟勒河畔蒂伊

XXXX
XX
Pz-Lehr

栖木行动
英国第49步兵师试图
切断德军的装甲教导师

XXX
XXX I SS

XX 2

扎尔穆特指挥的
第十五集团军

卡昂

德军在科唐坦半岛的
抵抗已结束

圣皮埃尔
埃格利斯

巴夫勒尔

XX 4

瑟堡

飞机场

圣瓦斯特拉乌格

XX 79

XX 4

瓦洛涅

圣马尔库夫群岛

托伯海港

莱皮约

XX 9

布里克贝克

蒙特堡

墨内维尔

XX 4

梅德利河

XXX V 11

XX 9

圣梅尔埃格利斯

卡特雷

巴纳维尔

杜沃河

82

XX 101

波尔巴伊

101

82

布拉德利指挥的
第一集团军

卡特雷角

拉艾迪皮

XX 91

XX 353

卡朗唐

XX 30

滨海伊西尼

XXX VII

XX 71

XX 85

XX 29

莱赛

托特河

XX 17 SS

佩里耶

奥尔河

LXXXIV

圣洛

多尔曼指挥的第七集团军
（6月30日起由豪瑟接管指挥）

北

图例

.... 6月3日的前线
●●●●● 6月19日的前线
━━━━ 6月30日的前线

0 ＿＿＿ 10英里
0 ＿＿＿ 10公里

占领瑟堡
6月23日至30日

正在为"埃普索姆行动"
集结的谢尔曼坦克。

埃普索姆行动
6月25日至7月1日

图例
- ········ 6月24日的前线
- •••••••• 6月25日的前线
- ●●●●●●●● 6月26日的前线
- ━━━━━━ 6月30日的前线
- Pz（BG）＝装甲观察部队
- Pz-Lehr＝装甲教导师

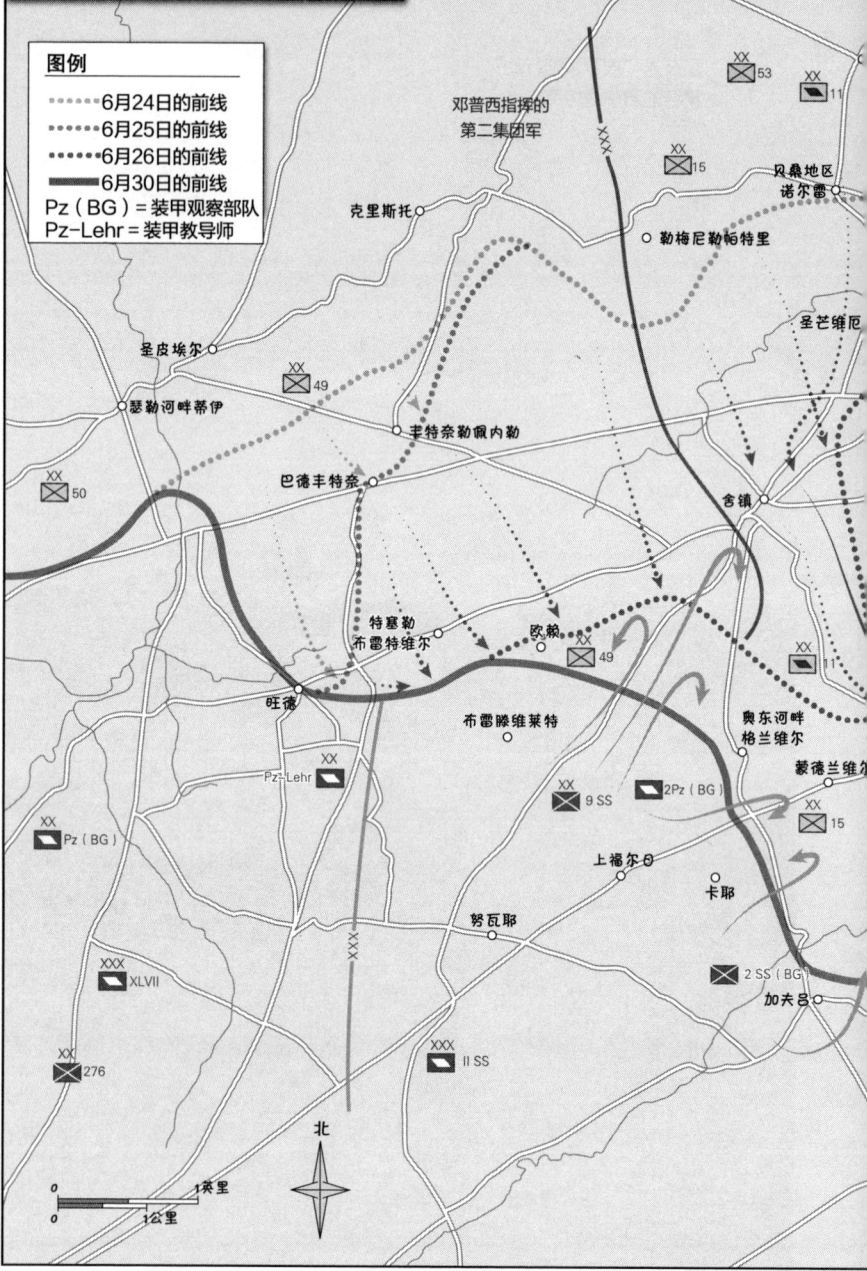

邓普西指挥的
第二集团军

克里斯托

勒梅尼勒帕特里

圣皮埃尔

圣芒维厄

瑟勒河畔蒂伊

丰特奈勒佩内勒

贝桑地区
诺尔雷

巴德丰特奈

舍镇

特塞勒
布雷特维尔

欧格

旺德

奥东河畔
格兰维尔

Pz-Lehr

布雷瞵维莱特

蒙德兰维尔

Pz（BG）

9 SS

2Pz（BG）

上福尔日

卡耶

努瓦耶

XLVII

2 SS（BG）

加夫吕

276

II SS

北

0 ······ 1英里
0 ······ 1公里

3（加拿大军）

罗镇

奥蒂耶

勒布尔

43

21

12 SS

圣日耳曼
拉布朗什埃尔布

马塞莱

卡尔皮凯

卡昂

西戈涅农场

汉斯·西格尔的4辆
Mk IV坦克驻守在此处

塞博利河

© 2018 Google

韦尔松

穆昂

巴德穆昂

尔

方丹
埃图普富尔

维尔

43

古尔奈

1 SS（BG）

奥东河畔巴龙

马尔托

I SS

29 ▲第112号山头

7   8

弗格罗勒

10 SS（BG）

埃斯凯

马·施韦彭格指挥的
西线装甲集团

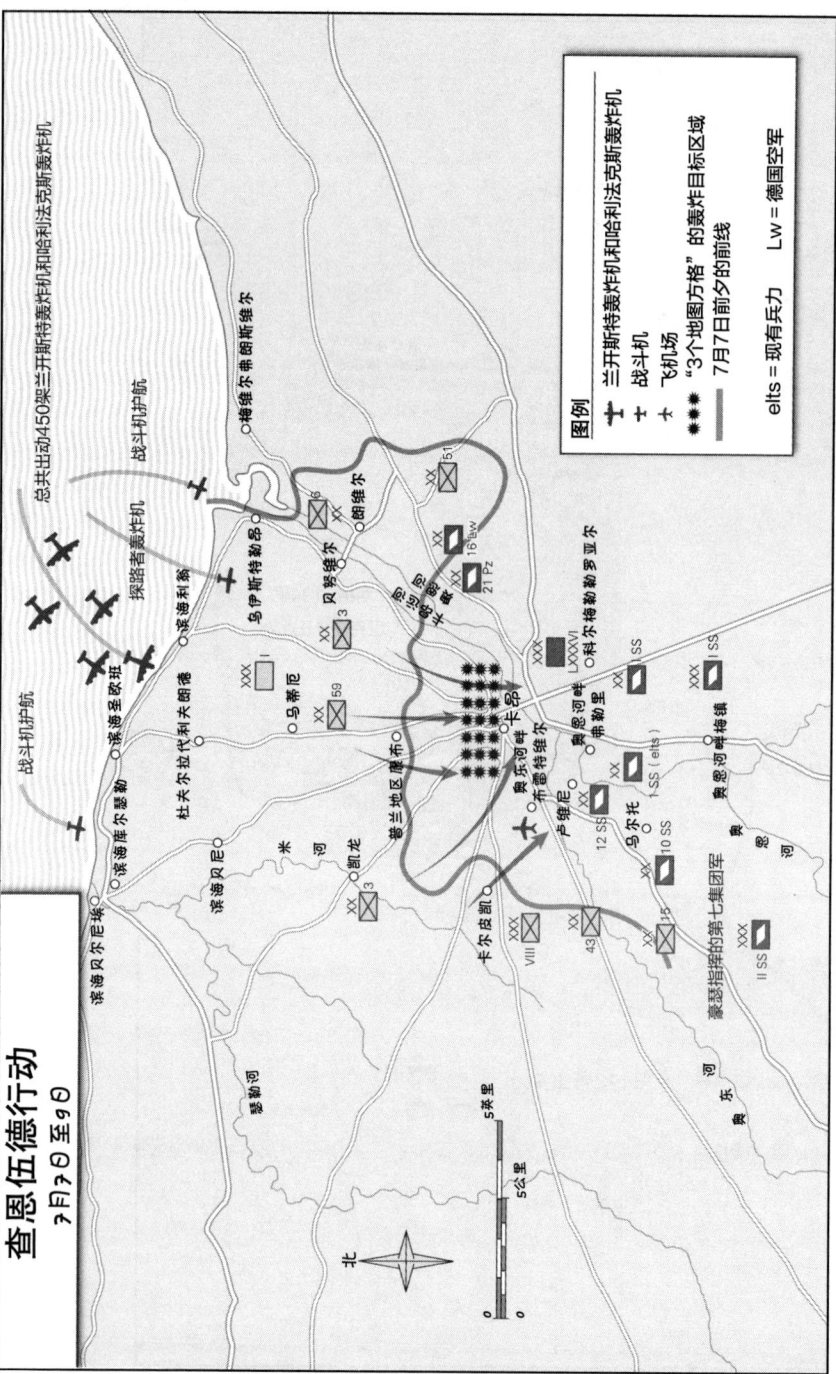

查恩伍德行动
7月7日至9日

图例
十 兰开斯特轰炸机和哈利法克斯轰炸机
十 战斗机
十 飞机场
∗∗∗ "3个地图方格"的轰炸目标区域
—— 7月7日前夕的前线

elts = 现有兵力   Lw = 德国空军

总共出动450架兰开斯特轰炸机和哈利法克斯轰炸机

战斗机护航
探路者轰炸机
战斗机护航

战斗机护航

奥东山谷攻击战
7月10日至18日

图例

···· 7月10日的前线

—— 7月18日的前线

elts = 现有兵力 Lw = 德国空军

北

3英里

3公里

邓普西指挥的第二集团军

埃伯巴赫指挥的西线装甲集团

卡昂

卡尼

16 Lw

21 Pz (elts)

51

布尔盖比

1 SS

1 SS

2 (加拿大军)

12 SS

9 SS (elts)

奥恩河

梅镇

奥恩河畔梅镇

乌尔托

10 SS

第112号山头

埃斯凯

埃夫勒西

43

15

II SS

53

奥

东

河

59

努瓦耶博卡

XLVII

维莱博卡

XII

49

丰特奈勒帕内勒

奥托

瑟勒河畔蒂伊

50

30

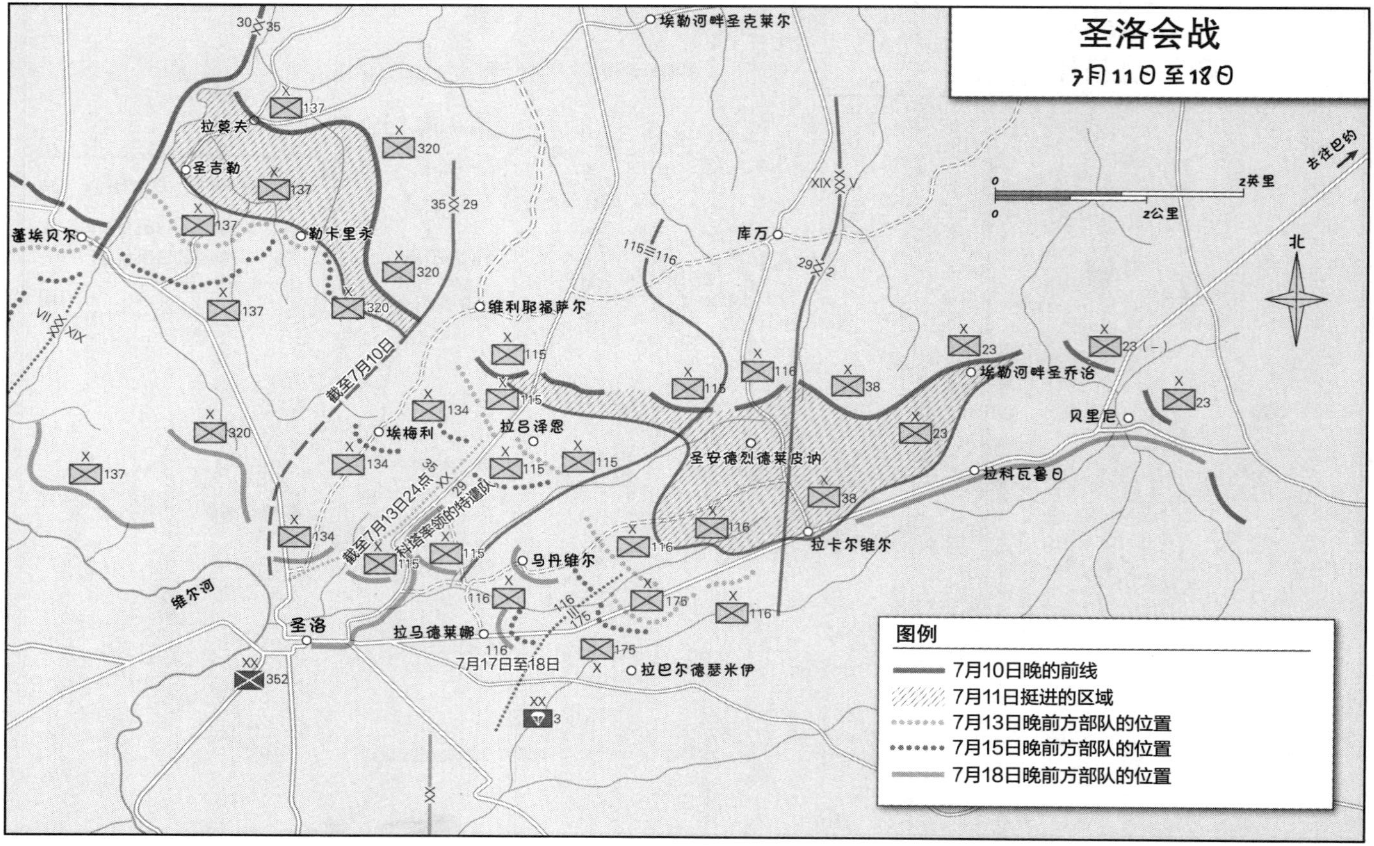

圣洛会战
7月11日至18日

北

2英里
2公里

去往巴约

贝里尼
波科瓦曼
埃勒河畔圣乔治
拉卡维尔
圣安德烈烈潘莱伊冲
库万
埃勒河畔圣克莱尔
拉巴尔潘慕米伊
乌日维尔
维利耶福瑟尔
拉吕�208
埃梅利
拉吕德莱鹏
7月17日至18日
圣洛
维尔河
勒卡里乐
圣吉勒
拉泰夫
蓬埃贝尔

23
23
38
38
116
116
116
116
116
175
175
115
115
115
115
115
115
134
134
134
137
137
137
137
137
320
320
320
320
352
29
35
30×35
35×29

圣洛会战：古德伍德行动前的一辆谢尔曼萤火虫坦克及车组人员。

古德伍德行动
7月18日至21日

图例
·········· 7月18日0点的盟军前线
―――――― 7月18日24点的盟军前线
━━━━━━ 7月20日的盟军前线
▬▬▬ 重型轰炸机的目标区域
////// 中型轰炸机的目标区域   Lw = 德国空军
elts = 现有兵力   Lw = 德国空军
Gds = 装甲近卫师

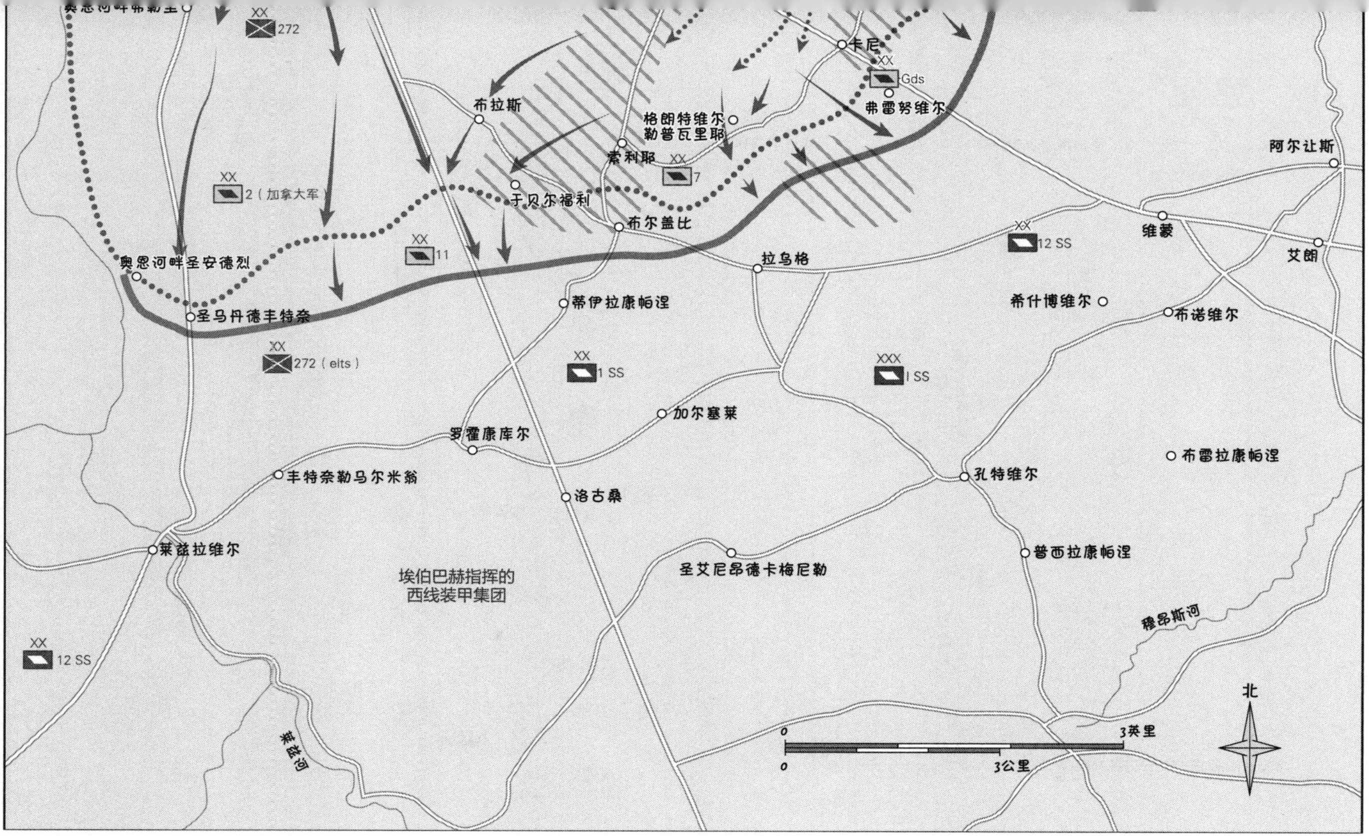

272
卡尼
Gds
布拉斯
格朗特维尔
勒普瓦里耶
弗雷努维尔
阿尔让斯
索利耶
7
2（加拿大军）
于贝尔福利
布尔盖比
12 SS
维蒙
艾朗
11
奥恩河畔圣安德烈
拉乌格
蒂伊拉康帕涅
希什博维尔
布诺维尔
圣马丹德丰特奈
272（elts）
1 SS
I SS
加尔塞莱
布雷拉康帕涅
罗霍康库尔
丰特奈勒马尔米翁
孔特维尔
洛古桑
莱兹拉维尔
普西拉康帕涅
圣艾尼昂德卡梅尼勒
埃伯巴赫指挥的
西线装甲集团
穆昂斯河
12 SS
北
莱兹河
0
3英里
0
3公里

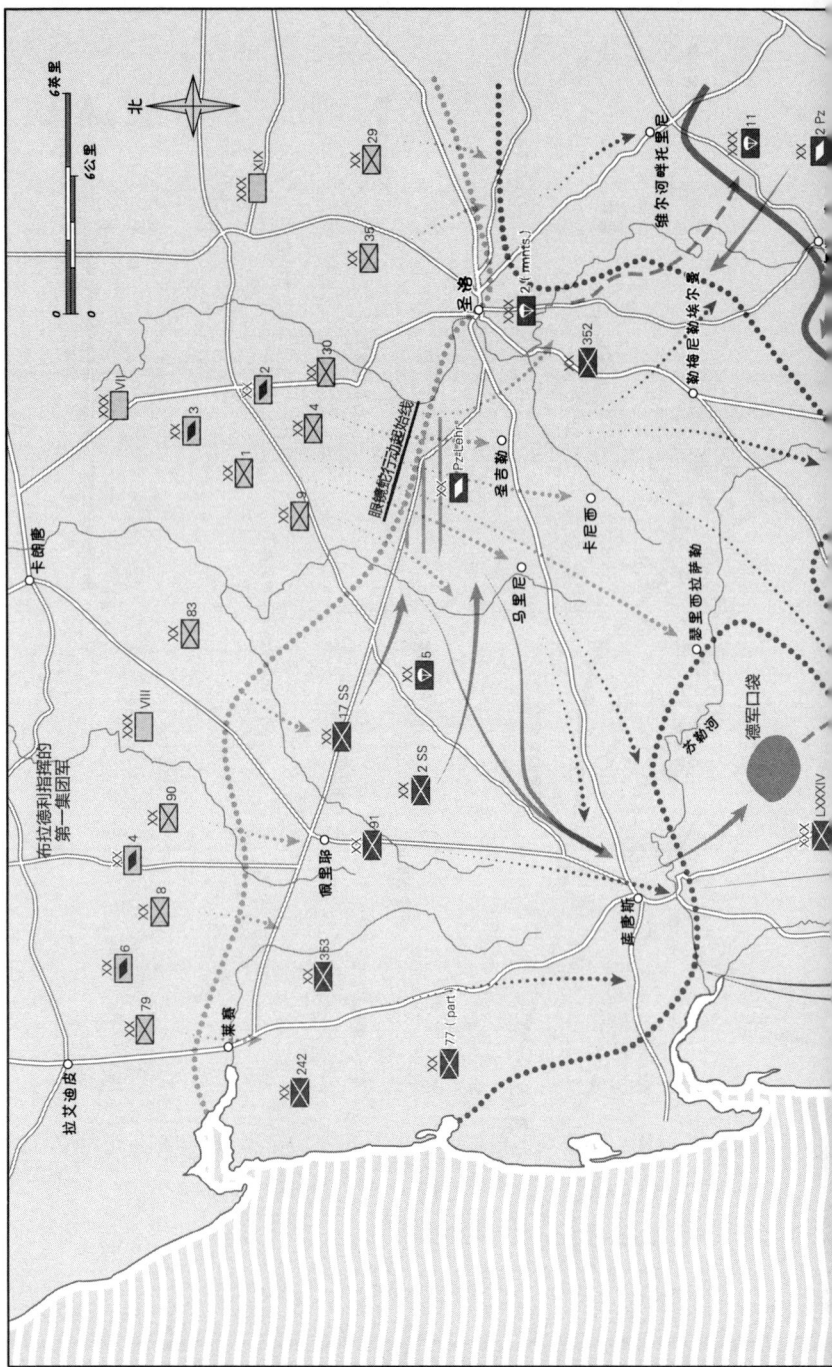

北

0　　　　　　6英里

0　　　　　　6公里

XXX
VII

XXX
VIII

布拉德利指挥的
第一集团军

卡朗唐

拉艾迪皮

莱赛

XX
79

XX
6

XX
8

XX
4

XX
90

XX
83

XX
1

XX
3

XX
2

XX
4

XX
9

XX
17 SS

XX
2 SS

XX
5

XX
91

佩里耶

XX
353

XX
242

XX
77（part）

库唐斯

XXX
LXXXIV

XX

德军口袋

收勒河

XX
11

2 Pz

维尔河畔托里尼

勒梅尼勒埃尔曼

XX
352

XXX
7

2/4 mnts.）

星港

P.2 Lehr

P.2 Lehr

圣吉勒

乌里尼

卡尼西

瑟里西拉萨勒

XX
30

XX
35

XX
29

跟德军行动起始线

XXX

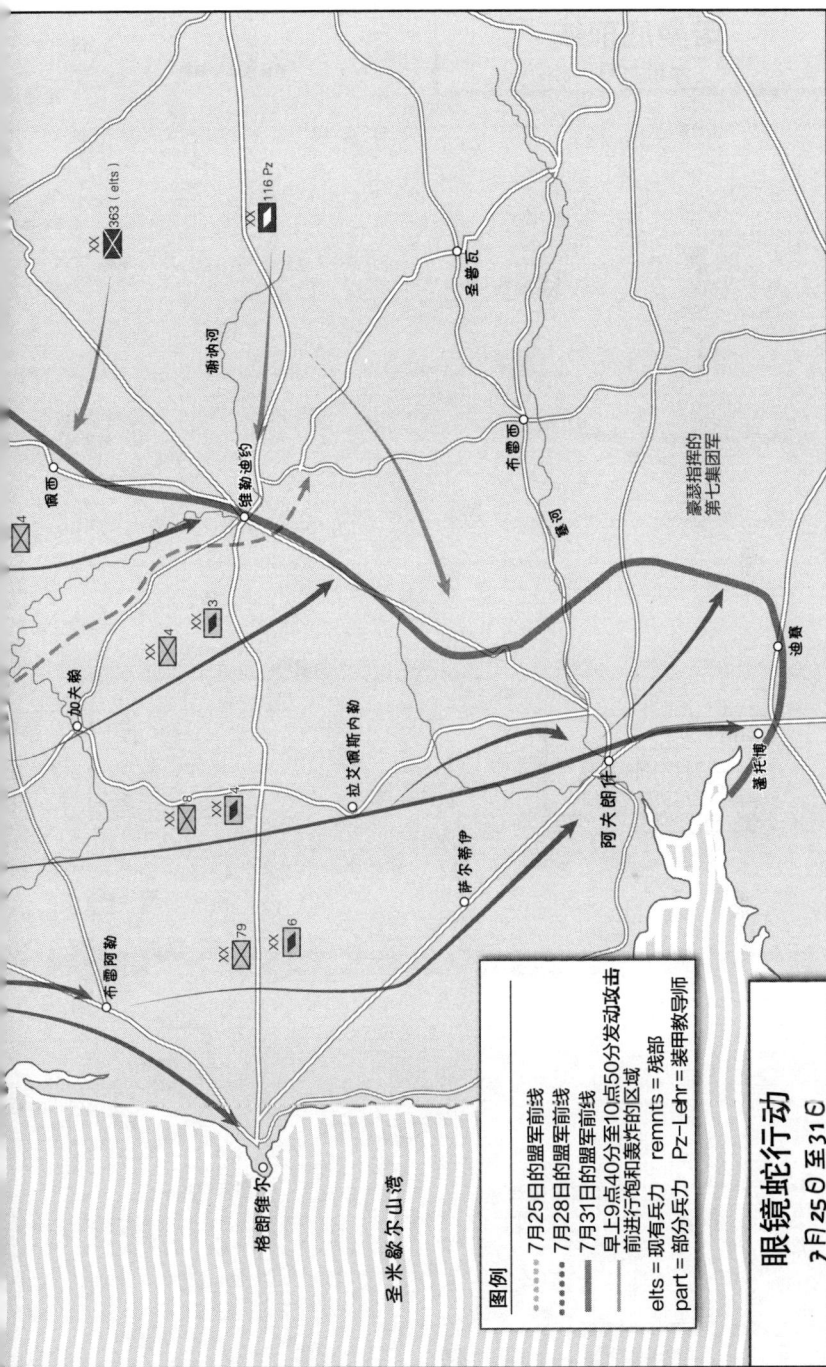

图例

——— 7月25日的盟军前线
········· 7月28日的盟军前线
--------- 7月31日的盟军前线
——— 早上9点40分至10点50分发动攻击
——— 前进行饱和轰炸的区域

elts = 观有兵力　remnts = 残部
part = 部分兵力　Pz-Lehr = 装甲教导师

眼镜蛇行动
7月25日至31日

诺曼底前线
7月31日

图例

······ 7月24日的前线

———— 7月31日的前线

Gds = 装甲近卫师 Pol = 波兰

卡特雷　巴讷维尔

波尔巴伊

拉艾迪皮　圣若霍

莱赛

科唐坦

圣梅尔埃格利斯

瓦勒维尔

犹他浴

滨海伊西尼

卡朗唐

圣特尼

圣让

布拉德利指挥的
第一集团军

圣洛

北

0　　　　　　　　10英里

0　　　　　　　　10公里

阿贡

库唐斯

格朗维尔

圣米歇尔山湾

康卡勒

维勒迪约
莱普埃勒

阿夫朗什

XV
XVX

XX
5

X

90
XX

83
XX

2
XX

VII
XXX

9
XX

3
XX

2
XX

17 SS

Pz

VIII
XXX

4
XX

1
XX

8
XX

353
XX

LXX
XXX

79
XX

6
XX

4
XX

116 (part)

77 (remnts)
XX

XXV
XXX

91
XX

塞 纳 河 湾

奥马哈海滩

黄金海滩 朱诺海滩

滨海圣洛朗

贝桑港　阿罗芒什　滨海库尔瑟勒　滨海圣奥宾　剑滩

1 Pol（part）　杜夫尔　滨海卢克　滨海利翁

巴约　克勒利　拉代利夫朗德　乌伊斯特勒昂

克拉尔指挥的
加拿大第一集团军

邓普西指挥的
第二集团军

3　51　546

特罗阿恩

巴勒鲁瓦　瑟勒
河畔蒂伊　XII　3（加拿大军）

卡昂

科蒙　59　53　2　4（加拿大军）　49

奥恩河畔梅镇　12 SS

卡阿涅　7　43　50　276　277　10 SS　271　9 SS　I SS

V　VIII　15　21　Gds　奥东河畔欧奈　II SS　1 SS

2　7 W

36　3　II　326　LXXIV　8 W

11　埃斯特里

84

116（part）　法莱斯

XLVII

维尔　努瓦罗河畔孔代

坦什布赖　典莱尔

豪瑟指挥的
第七集团军

莫尔坦

埃伯巴赫指挥的
西线装甲集团

栋夫龙　马塞堡

蓝衣行动
7月29日至8月6日

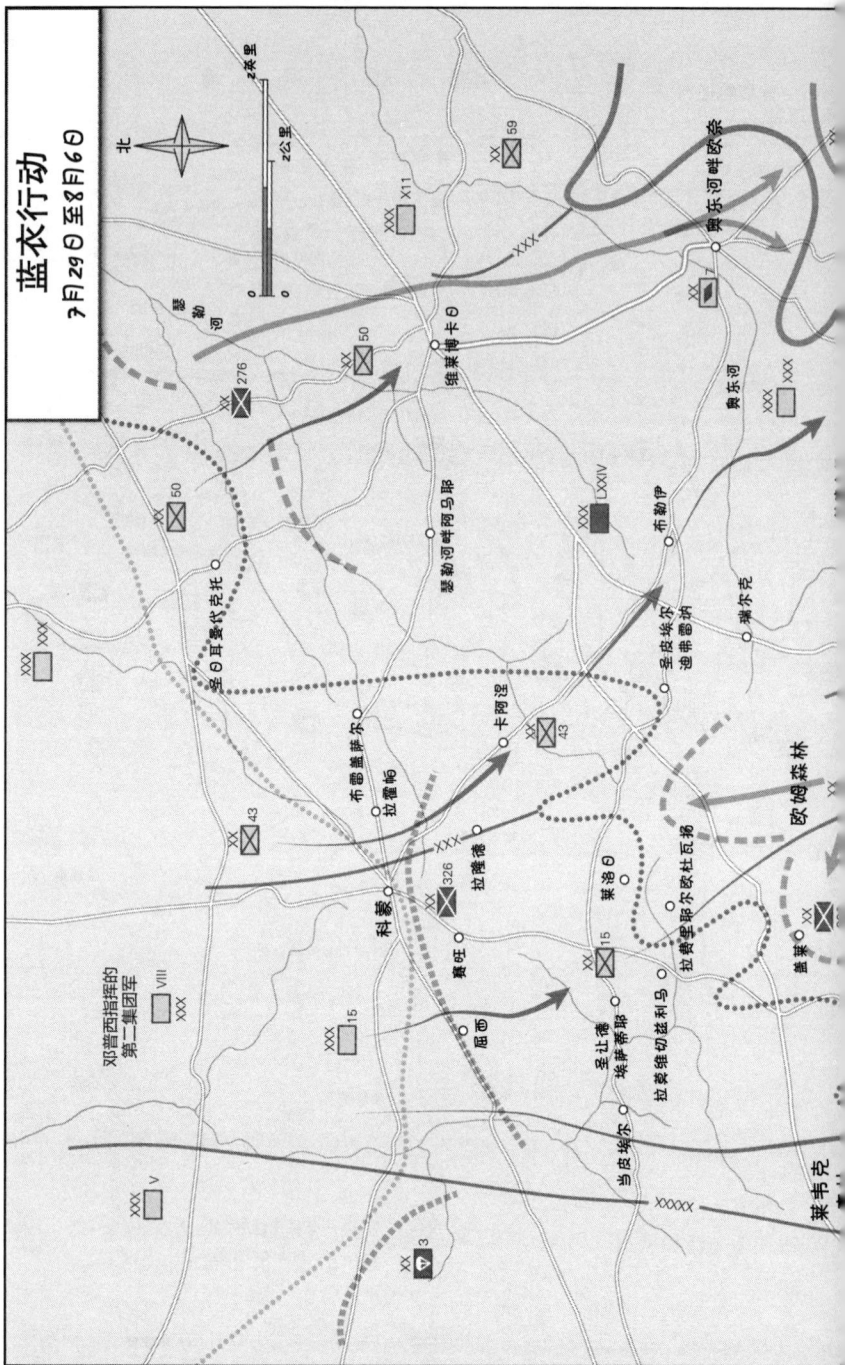

北

2英里

2公里

0

0

瑟勒河

XXX X11

XX 59

黄乐河畔欧察

XX

黄乐河

XXX

XX 276

XX 50

维莱博卡日

瑟勒河畔阿乌那

LXXIV

XXX

希勒伊

圣皮埃尔迪韦雷纳

瑟尔克

XXX

XX 50

圣日耳蒙伏齐托

布雷盖萨尔

拉霍畅

卡阿涅

XX 43

欧的森林

XX 43

科蒙

XXX

拉隆港

326

赛任

莱洛日

XX 15

拉费维切尔欧杜瓦拂

圣普埃尔

盖莱

XX

XXX 15

圣让德

埃萨莱那

拉索维切兹利马

屈西

当皮埃尔

莱韦克

XXXXX

XXX V

XX 3

邓普西指挥的第二集团军

XXX VIII

图例

——	盟军前线
——	德军阻击线

7月29日 7月31日 8月6日

elts = 现有兵力

拉瓦里埃阿阶

拉费里埃尔阿阶

杜瓦尔 ○

潘松山

拉瓦里尼埃 ○

圣让勒勒的

埃伯巴赫指挥的西线装甲集团
（8月5日起改为"第五装甲集团军"）

11 SS

21

10 SS

蒙克韦

阿苏夫克莱

埃斯帕里

15

9 SS

维纳多莱

蒙尚

下佩里耶

Gds

VIII

勒贝尼博卡 ○

勒斯沃尔河

亚诺大尔河

勒哈纳尔

11

10 SS /elts J

卡维尔 ○

蒙慕桑约 ○

拉乌登盖里

3

3

2

维尔 ○

拉费里埃阿的

11

XXXX

2

3

V

2

29

突 围

8月10至13日

图例

A XXXXX 布拉德利指挥的第十二集团军群
B XXXX 霍奇斯指挥的第一集团军
C XXXX 邓普西指挥的英国第二集团军
D XXXX 巴顿指挥的第三集团军
E XXXX 豪森指挥的第七集团军
F XXXXX 蒙哥马利指挥的第二十一集团军群
G XXXXX 迪特里希指挥的第五集团军
H XXXX 埃伯巴赫指挥的第五装甲集团军

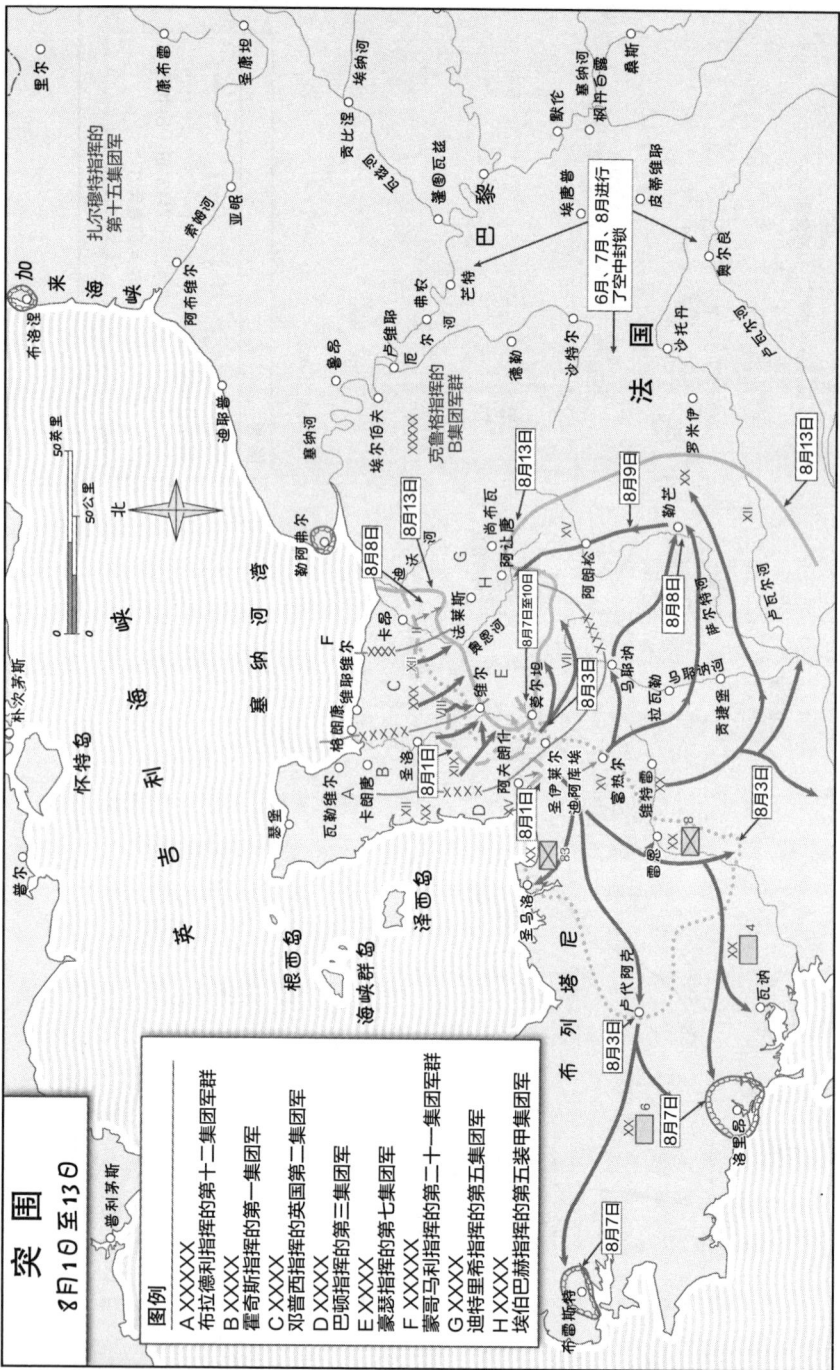

扎尔穆特指挥的第十五集团军

克鲁格指挥的B集团军群

6月、7月、8月进行了空中封锁

普利茅斯
朴次茅斯
多佛尔
加来
希腊逊

英 吉 利 海 峡

多佛尔海峡

康布雷
圣康坦
埃纳河
索姆河
阿布维尔
亚眠
索纳河
贡比涅
苏瓦松
蓬图瓦兹
巴 黎
埃唐普
皮蒂维耶
桑斯
奥尔良
沙托丹
沙特尔
卢瓦尔河
布卢瓦
弗农
埃夫勒
芒特
罗米伊

法 国

德勒
诺让
阿朗松
勒芒

根西岛
泽西岛
海峡群岛
圣洛
瓦勒尔
卡朗唐
阿夫朗什
维尔
蒙坦
格朗维尔
卡昂
法莱斯
蒙巴
迪芙
塞纳河
拉瓦勒
贡德雷
圣皮埃尔埃格利斯
瑟堡
雷恩
阿让唐
瓦纳
洛里昂
圣马洛
卢代阿克
布列塔尼
布雷斯特

8月8日
8月13日
8月13日
8月7日至10日
8月3日
8月9日
8月8日
8月3日
8月7日
8月1日
8月13日

吕蒂希行动
8月7日至9日

博梅尼勒

布拉德利指挥的
第一集团军

VIII

3

29

2（elts）

维尔

XIX

28

II

圣瑟韦卡尔瓦多斯

圣瑟韦森林

2（elts）

来自维勒迪约

353

埃伯巴赫指挥的
第五装甲集团军

VIII

加特莫

LXXXIV

84

旺容

去往坦什布勒

圣普瓦

4

116

苏尔德瓦勒

XLVII

9（elts）

来自阿夫朗什

布莱西

塞河

谢朗塞勒鲁斯

豪瑟指挥的第七集团军

勒梅尼勒阿德莱

勒梅尼勒托沃

1 SS

瑞菲尼勒泰特尔

2

30

2 SS

3（elts）

雷菲韦耶

莫尔坦

第317号
山头

17 SS
（elts）

蒙蒂尼

拉巴佐日

罗马尼

275 SS
（elts）

丰特奈

比翁

莫尔坦森林

谢夫勒维尔

第30步兵师控制了
第317号山头

35

米伊

塞吕讷河

Pz-
Lehr

巴朗通

2

圣伊莱尔迪阿库埃

3（elts）

图谢圣母村

图例

8月6日的盟军前线

8月6日的德军前线

8月7日的盟军前线

8月7日的德军前线

elts = 现有兵力

北

0　　　　　　　5英里

0　　　　　　　5公里

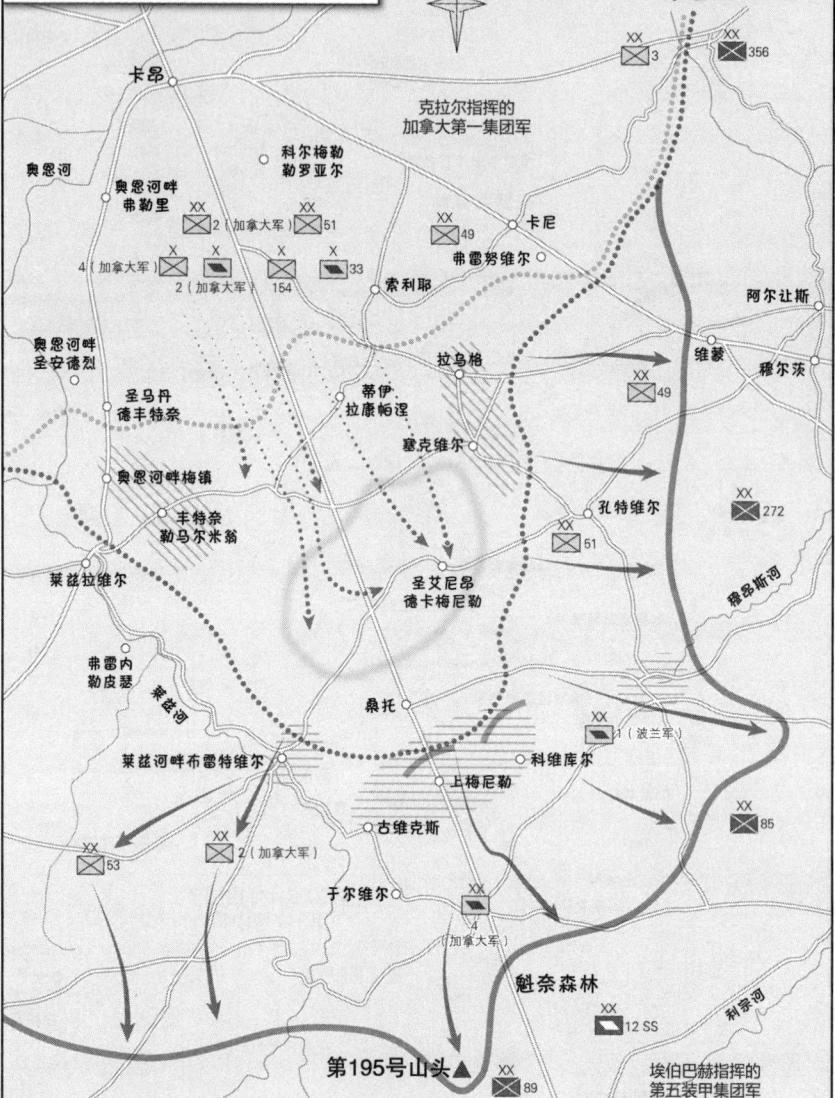

総计行动
8月7日至11日

北

0 _____ 3英里
0 _____ 3公里

克拉尔指挥的
加拿大第一集团军

卡昂

奥恩河

科尔梅勒
勒罗亚尔

奥恩河畔
弗勒里

卡尼

XX 3
XX 356

XX 2（加拿大军）
X 51

4（加拿大军）
2（加拿大军）
154
X 33

XX 49
弗雷努维尔

索利耶

阿尔让斯
维蒙
穆尔茨

奥恩河畔
圣安德烈

圣马丹
德丰特奈

蒂伊
拉康帕涅

拉乌格

XX 49

奥恩河畔梅镇

塞克维尔

丰特奈
勒马尔米翁

孔特维尔

XX 272

莱兹拉维尔

圣艾尼昂
德卡梅尼勒

XX 51

穆多斯河

弗雷内
勒皮瑟

桑托

莱兹河

XX 1（波兰军）

莱兹河畔布雷特维尔

上梅尼勒

科维库尔

XX 53

XX 2（加拿大军）

古维克斯

于尔维尔

XX 4
（加拿大军）

XX 85

魁奈森林

利奈河

XX 12 SS

第195号山头 ▲

XX 89

埃伯巴赫指挥的
第五装甲集团军

图例

········ 8月7日的盟军前线
······· 8月8日的盟军前线
▬▬▬ 8月11日的盟军前线
▓▓▓ 德军守备位置

╱╱╱ 8月7日夜间轰炸机的目标区域
═══ 8月7日昼间轰炸机的目标区域
░░░ 德军防卫区域

elts = 现有兵力

"总计行动"期间的猛烈轰炸。

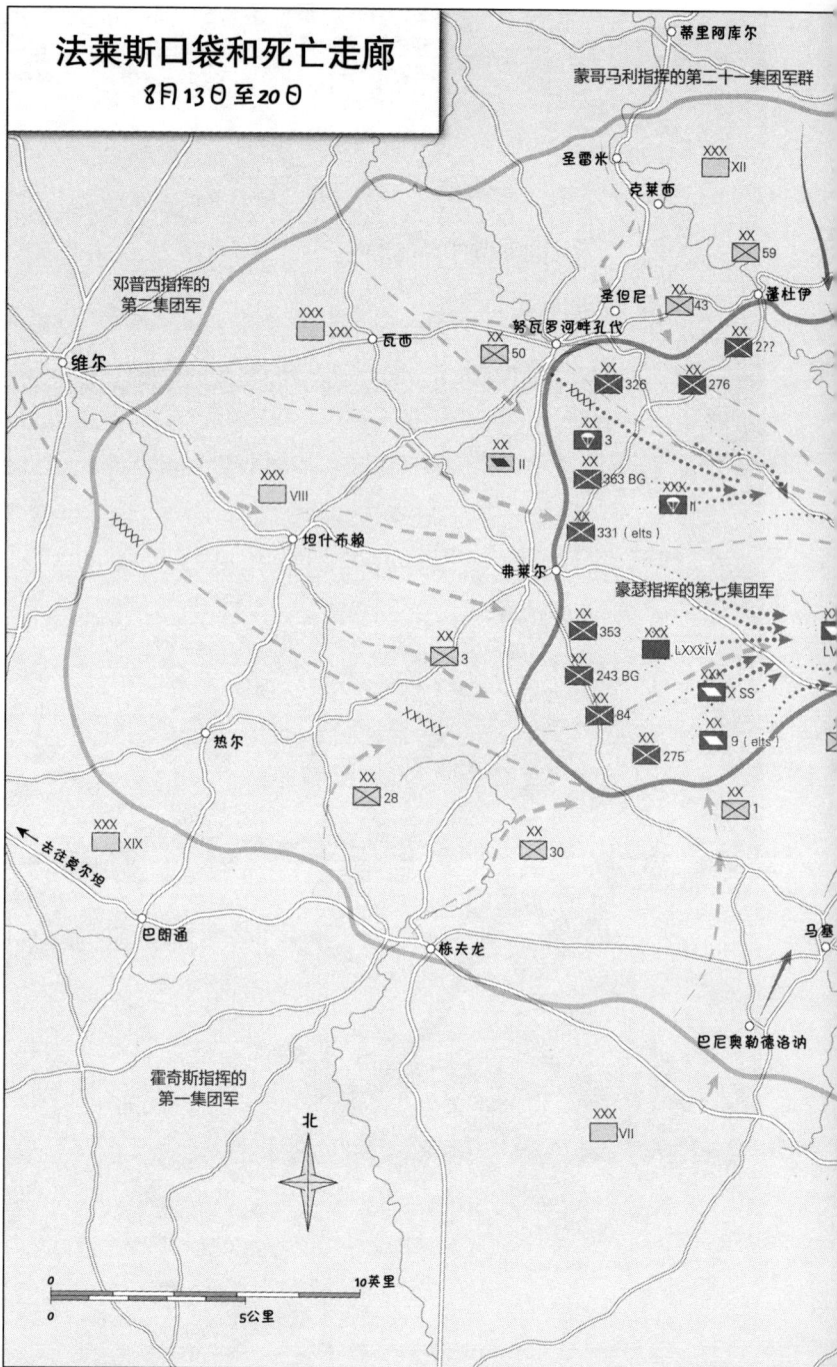

法莱斯口袋和死亡走廊
8月13日至20日

蒂里阿库尔

蒙哥马利指挥的第二十一集团军群

圣雷米

克莱西

XXX XII

XX 59

邓普西指挥的
第二集团军

瓦西

XXX XXX

圣但尼

努瓦罗河畔孔代

XXX 50

蓬杜伊

XX 43

XX 2??

XX 276

XX 326

II

XX II

3

XXX II

363 BG

XX 331（elts）

坦什布赖

弗莱尔

VIII

XXX VIII

豪瑟指挥的第七集团军

XX 353

LXXXiV

XX

LV

XX 3

XX 243 BG

X SS

XX 84

XX 275

9（elts）

热尔

XX 28

XX 1

XXX XIX

XX 30

去往奥尔坦

巴朗通

栋夫龙

马塞

巴尼奥勒德洛讷

霍奇斯指挥的
第一集团军

XXX VII

北

0   10英里
0   5公里

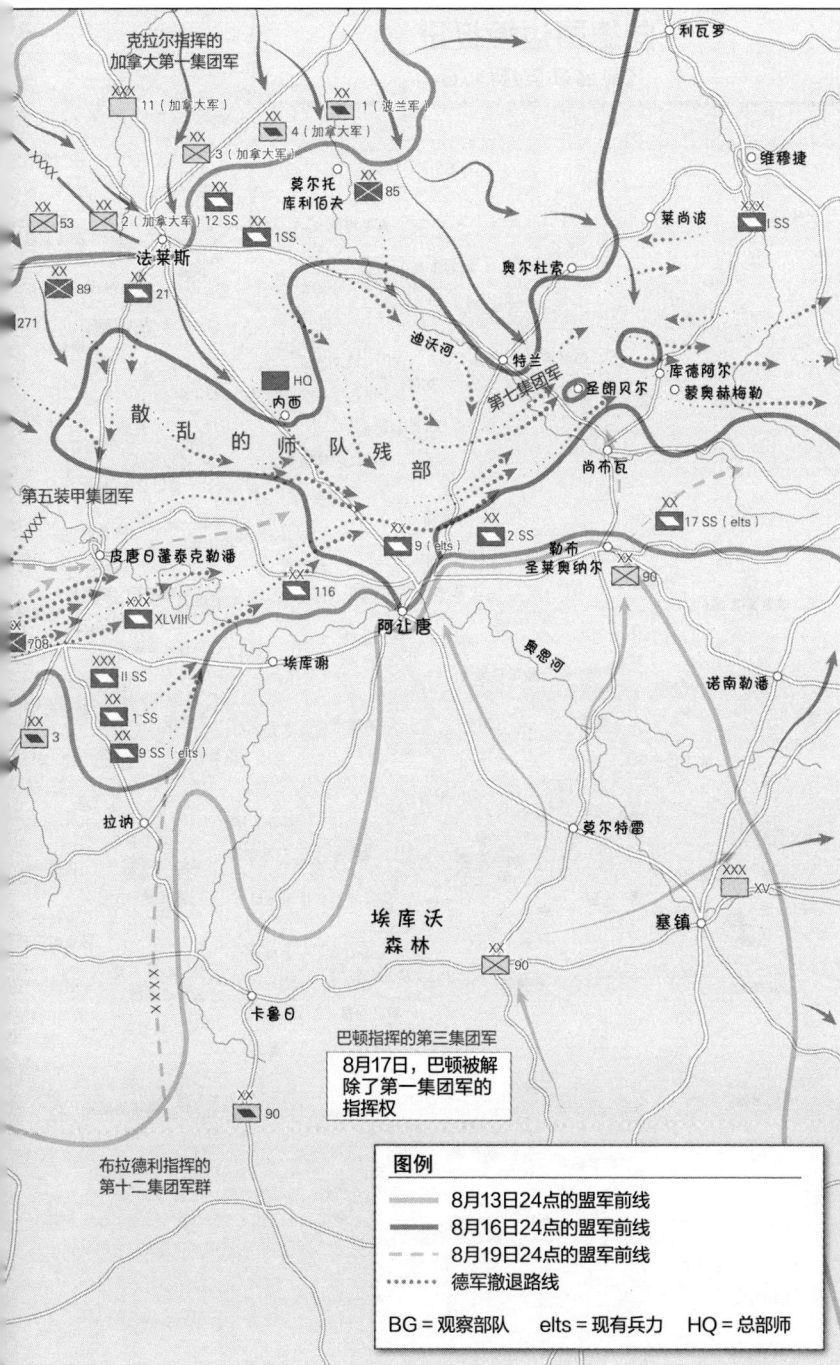

克拉尔指挥的
加拿大第一集团军

利瓦罗

11〔加拿大军〕   1〔波兰军〕

4〔加拿大军〕

3〔加拿大军〕   维穆捷

莫尔托   85
库利伯夫

53   2〔加拿大军〕 12 SS   莱尚波   I SS

1SS

89   21   奥尔杜索

法莱斯

271

HQ
内西   迪沃河   特兰   圣朗贝尔   库德阿尔
第七集团军   蒙奥赫梅勒

散   乱   的   师   队   残   部

尚布瓦

第五装甲集团军
17 SS〔elts〕

皮唐日蓬泰克勒潘   9〔elts〕   2 SS   勒布
圣莱奥纳尔   90

116   诺南勒潘
阿让唐   奥恩河

708   埃库瑟

II SS
1 SS

3   拉讷
9 SS〔elts〕   莫尔特雷

XV
塞镇

埃库沃
森林   90

卡鲁日

巴顿指挥的第三集团军

8月17日，巴顿被解
除了第一集团军的
指挥权

90

布拉德利指挥的
第十二集团军群

图例

8月13日24点的盟军前线

8月16日24点的盟军前线

8月19日24点的盟军前线

德军撤退路线

BG = 观察部队   elts = 现有兵力   HQ = 总部师

向德国边境挺进
8月26日至9月10日

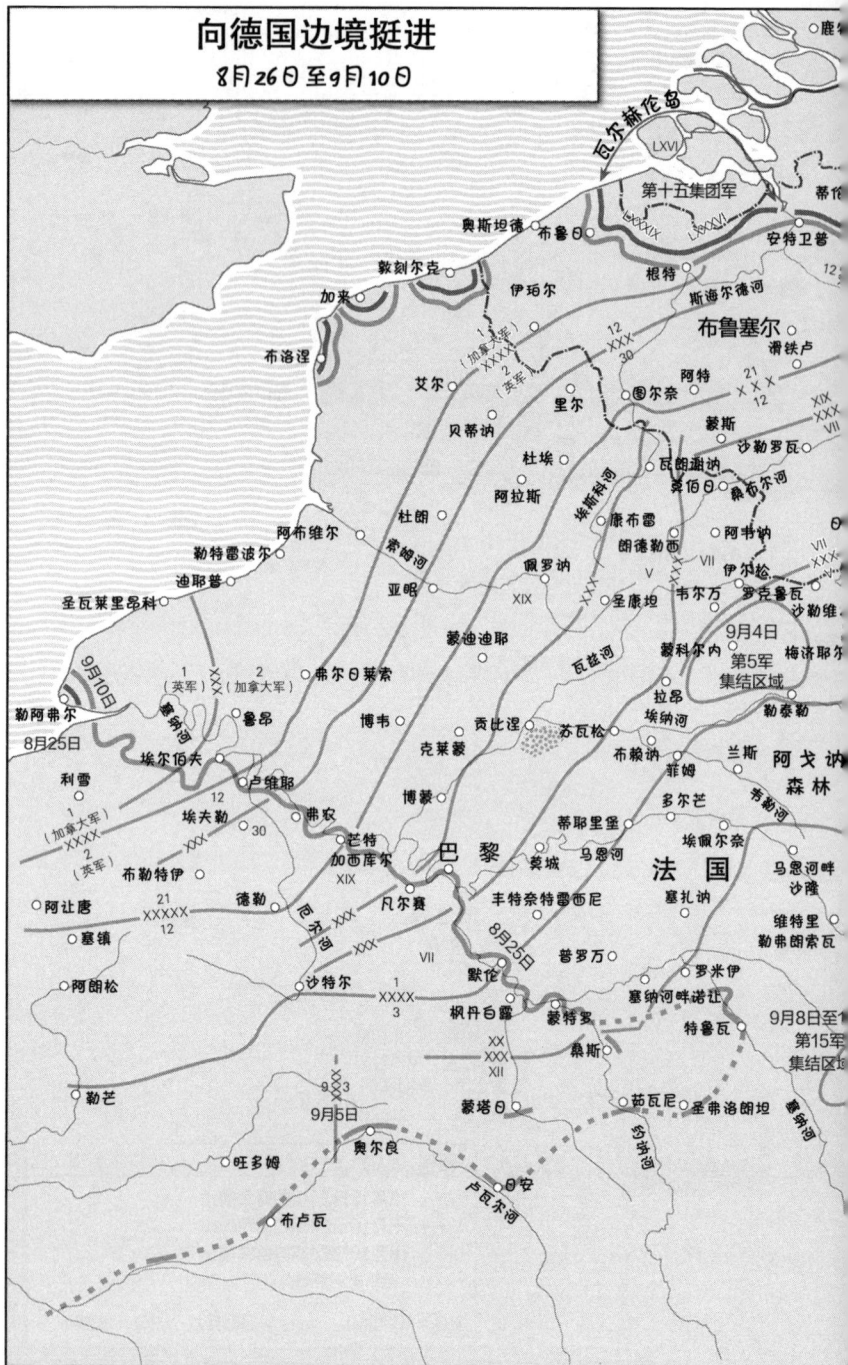

瓦尔赫伦岛

鹿

LXVI

第十五集团军

蒂伯

LXXXIX   LXXXVI

安特卫普

12

奥斯坦德   布鲁日

根特

斯海尔德河

敦刻尔克

伊珀尔

布鲁塞尔

滑铁卢

加来

1 加拿大军
XXXX
2 英军

12
XXX
30

阿特

21
XXX
12

XIX
XXX
VII

布洛涅

艾尔

里尔

图尔奈

蒙斯

沙勒罗瓦

贝蒂讷

杜埃

瓦朗谢讷

蒙伯日

桑布尔河

日

阿布维尔

杜朗

阿拉斯

埃斯科河

康布雷

阿韦讷

VII
XXX

勒特雷庞波尔

常姆河

朗德勒西

V

伊尔松

罗克鲁瓦

沙勒维

圣瓦莱里昂科

迪耶普

亚眠

佩罗纳

韦尔万

XIX

圣康坦

蒙科内

梅济耶尔

9月4日
第5军
集结区域

9月10日

1 英军
XXX

2 加拿大军

博韦

蒙迪迪耶

瓦兹河

拉昂

埃纳河

勒泰勒

勒阿弗尔

塞纳河

鲁昂

克莱蒙

贡比涅

苏瓦松

布赖讷

菲姆

兰斯

阿戈讷
森林

韦勒尔

8月25日

埃尔伯夫

博蒙

多尔芒

利雪

1 加拿大军
XXXX
2 英军

12

卢维耶

弗农

芒特
加西库尔

蒂耶里堡

马恩河

埃佩尔奈

马恩河畔
沙隆

埃夫勒

30

XIX

莫城

维特里

布勒特伊

凡尔赛

丰特奈特雷西尼

塞扎纳

德弗朗索瓦

阿让唐

21
XXXXX
12

德勒

瓦兹河

VII
XXXX

塞镇

沙特尔

1
XXXX
3

默伦

普罗万

罗米伊

塞纳河畔诺让

阿朗松

枫丹白露

蒙特罗

桑斯

特鲁瓦

9月8日至1
第15军
集结区

勒芒

9 3
XX

9月5日

XX
XXX
XII

蒙塔日

茹瓦尼

圣弗洛朗坦

塞纳河

巴黎

法国

奥尔良

日安

约讷河

旺多姆

布卢瓦

卢瓦尔河

注：此段表示德军于9月10日至11日夜撤离的部分前线。

图例

所示日期的盟军前线
9月25日晚的德军前线
西线壁垒
国界线

assy＝集结　　　　　elts＝现有兵力
Falljg＝伞兵
Lw＝德国空军

主要人物

美国

马克·亚历山大中校

第 505 伞降步兵团副团长，后担任第 82 空降师第 508 伞降步兵团副团长。

二等兵威廉·贝赫尔

第 90 步兵师第 357 步兵团第 3 营 K 连。

理查德·布莱克本少尉

第 8 步兵师第 121 步兵团 A 连。

一等兵亨利·"迪伊"·鲍尔斯

第 1 步兵师第 18 步兵团。

一等兵汤姆·鲍尔斯

第 1 步兵师第 18 步兵团。

乔·博伊兰中尉

第 9 航空队第 391 轰炸机大队第 573 中队 B-26 掠夺者轰炸机飞行员。

沃尔特·哈洛伦下士

第 165 信号摄影连。

切斯特·B. 汉森少校

美国第一集团军奥马尔·布拉德利将军的助手。

阿奇·莫尔特比中尉

第 9 航空队第 365 战斗机联队第 388 战斗机中队 P-47 雷电战斗机飞行员。

恩尼·派尔

斯克里普斯-霍华德报业集团的记者。

埃尔伍德·"皮特"·克萨达准将

第 9 航空队第 9 战斗机司令部指挥官。

约翰·瑞森上尉

第 5 游骑兵营总部连指挥官。

卡尔·兰博中士

第 70 坦克营 B 连。

约翰·罗杰斯上尉

第 2 装甲师 E 连指挥官。

俄里翁·肖克利中尉

第 9 步兵师第 47 步兵团第 1 营 B 连。

鲍勃·斯劳特中士

第 29 步兵师第 116 步兵团第 1 营 D 连。

伯特·斯泰尔斯中尉

第 8 航空队第 91 轰炸机大队第 401 轰炸机中队。

迪克·特纳少校

第 9 航空队第 9 战斗机司令部第 354 战斗机大队第 356 战斗机中队指挥官。

迪克·温特斯中尉

第 101 空降师第 506 伞降步兵团 E 连指挥官。

英国

克劳斯·"肯"·亚当空军中士（德国人）

第 2 战术空军第 123 联队第 609 中队。

亚瑟·布利泽德下士

第 3 步兵师第 8 步兵旅萨福克团第 1 营先锋排。

沃尔特·凯恩中士

第 43 威塞克斯步兵师第 130 步兵旅多塞特兵团第 4 营讯号连。

斯坦利·克里斯托夫森中校

第 8 装甲旅诺丁汉郡舍伍德游骑兵团指挥官。

二等兵丹尼斯·爱德华兹
第 6 空降师第 6 空降旅牛津郡和白金汉郡轻步兵第 2 营 D 连。

肯·汉德利空军中士
轰炸机司令部第 4 大队澳大利亚王家空军第 466 中队飞行工程师。

卡罗尔·马瑟上尉
第二十一集团军群战术总部联络官。

迪克·奥康纳中将
第 8 军指挥官。

雷格·斯皮特下士
第 11 装甲师北安普敦郡游骑兵团第 2 营第 A 中队第 2 部队。

理查德·托德上尉
第 6 空降师第 5 伞降步兵旅第 7 营。

肯·陶特准下士
第 33 独立装甲旅北安普敦郡游骑兵团第 1 营。

罗伯特·伍尔库姆上尉
第 15 苏格兰步兵师第 44 低地步兵旅国王直属苏格兰边境团第 6 营 A 连第 7 排。

弗兰克·赖特准下士
第 47 王家海军陆战突击队第 X 部队。

加拿大

莱瑟姆·B."约吉"·简森上尉（加拿大王家海军）
第 J 部队"阿尔冈昆号"驱逐舰上尉。

查理·马丁军士长
第 3 步兵师第 8 步兵旅女王直属步枪团 A 连。

埃尔登·"鲍勃"·罗伯茨下士
第 3 步兵师第 8 步兵旅北岸新不伦瑞克兵团 B 连。

法国

皮埃尔·克洛斯特曼空军中尉
第 2 战术空军第 602 中队。

热纳维耶芙·杜博克
平民。

休伯特·福雷中尉
第 4 突击队的基弗尔突击部队。

罗伯特·勒布朗
苏尔库夫游击队指挥官。

德国

弗里茨·拜尔莱因中将
装甲教导师指挥官。

炮兵列兵埃博哈德·贝克
第 277 步兵师第 277 摩托化炮兵团第 10 炮兵营。

猎兵约翰内斯·波尔纳
第 3 伞降猎兵师第 5 伞降猎兵团第 3 营第 15 连。

掷弹兵马丁·艾尼格
第 716 步兵师第 726 步兵团。

沃尔夫冈·费希尔少尉
第 2 战斗机联队第 3 大队的战斗机飞行员。

二等兵弗朗茨·戈克尔
第 716 步兵师第 726 掷弹兵团第 1 营第 3 连。

汉斯·海因兹少尉
第 352 步兵师第 916 掷弹兵团第 2 营第 5 连指挥官。

汉斯·冯·卢克少校
第 21 装甲师第 125 装甲掷弹兵团指挥官。

党卫军旗队领袖库尔特·梅耶
党卫军第 12 "希特勒青年团"装甲师指挥官。

威利·穆勒
党卫军第 17 "古兹·冯·伯利辛根"装甲掷弹兵师第 2 先锋营。

马丁·波佩尔中尉

第 6 伞降猎兵团第 3 营第 12 连。

赫尔穆特·里特根上尉

第 130 装甲教导团第 2 营指挥官。

理查德·冯·罗森少尉、男爵

在第 21 装甲师第 503 重装甲营营指挥部任职。

弗里德里希·鲁格中将

在 B 集团军群总部任职，隆美尔的海军顾问。

党卫军上级突击队中队领袖汉斯·西格尔

党卫军第 12 装甲师第 12 装甲团第 2 营第 8 连指挥官。

科尼利厄斯·陶伯中尉

第 736 步兵师第 736 掷弹兵团第 2 营先锋连。

四等兵卡尔·韦格纳

第 352 步兵师第 914 掷弹兵团第 3 连。

爱尔兰
玛丽·穆瑞中尉

第 101 综合医院的护士。

新西兰
空军中将亚瑟·"玛丽"·康宁厄姆爵士

英国王家空军第 2 战术空军指挥官。

人物肖像

"肯"·亚当空军中士

马克·亚历山大中校

汤姆·鲍尔斯(左下)和亨利·鲍尔斯(右上)

斯坦利·克里斯托夫森中校

温斯顿·丘吉尔

皮埃尔·克洛斯特曼空军上尉

亚瑟·"玛丽"·康宁厄姆空军中将、爵士(右)和哈里·布罗德赫斯特空军少将

邓普西迈尔斯·中将

党卫军最高集团领袖塞普·迪特里希(左)、君特·冯·克鲁格元帅(中)和"汉斯"·埃伯巴赫将军

二等兵弗朗茨·戈克尔

沃尔特·哈洛伦下士

切斯特·汉森少校(左)和奥马尔·布拉德利中将

罗伯特·勒布朗　　汉斯·冯·卢克少校　　党卫军旗队领袖　　伯纳德·蒙哥马利
　　　　　　　　　　　　　　　　　　　库尔特·梅耶　　将军、爵士

埃尔伍德·"皮特"·　　赫尔穆特·里　　埃尔温·隆美尔　　理查德·冯·罗森
克萨达准将　　　　特根上尉　　　　陆军元帅　　　　少尉、男爵

俄里翁·肖克利　　党卫军上级突击队中　　肯·陶特准下士　　迪克·特纳少校
中尉　　　　　队领袖汉斯·西格尔

前　言

诺曼底登陆和盟军登陆法国大概是整个第二次世界大战中最著
名的事件，当然，大多数西方人是这样认为的。它已成为无数书籍
和电视纪录片的主题，也是重要影片和国际爆红电视剧的主题。每
年，数以百万计的人前往诺曼底朝圣，参观登陆的海滩和战争墓
地，现在那里安葬着许多战士。正是在诺曼底，盟军开始解放西北
欧，纳粹德国最终失去了他们在 1940 年成功夺取的领土的控制权。

矛盾的是，正是这个地方和这个主题的受欢迎程度，以及人们
对它的反复讲述，促使我在重新讲述这段历史时描绘这场军事行
动。对于这个故事，人们有些曲解，而一些被认为是事实的假设也
深入人们的脑海，即便是粗略的研究也表明，往好了说，真相存在
细微之别；往坏了说，那些假设是完全错误的。很长一段时间以
来，人们主要围绕着高级指挥官并从战争参与者的角度来讲述这个
主题；正如美国第 79 步兵师的士兵约翰·"JJ"·威特梅尔
（John "JJ" Witmeyer）非常正确地指出的那样，大多数像他这样的
年轻人对他们的敌人或周围发生的事情知之甚少。此外，对于战争
的机制（即交战双方在何种程度上开展行动并实现其总体目标，
也就是策略，以及在何种程度上以最适合其战争目标的方式在战术
层面进行作战），人们也知之甚少。因此，本书讲述了战争的基本
要素：生产武器的能力，推动技术进步的能力，为数百万陆海空士
兵提供补给的能力。本书还讲述了战争中的经济和后勤问题，虽然

这听起来有些无聊，但事实并非如此，这主要是因为，从根本上来说，它关系到我们人类的故事将会如何发展；就像将军和在坦克或战斗机里作战的士兵一样，他们的一举一动也关系到人类的抗争与奋斗。更重要的是，通过理解这个层面的作战，并将其重新插入到故事中，一个完全不同且更加令人兴奋的图景便出现了，这个图景讲述了 1944 年夏诺曼底真正发生了哪些事情。这幅图景比目前了解的情况更易于被人理解和接受。

lx

有趣的是，在过去约 15 年的时间里，学术界发生了一场悄无声息的革命，事关我们如何理解第二次世界大战。我自己的研究和结论就是建立在这个基础之上，而且我认为将这些学术上的转变——这些转变只是在近年才发生，因为档案和一手资料增多，并且我们有能力获取它们——更充分地融入人们能够接受的叙述之中至关重要。我希望这本书——不是诺曼底登陆日的历史，而是整个77 天诺曼底战役的历史——能够帮助我们解决这个问题。

对于这样一个宏大的主题，本书只是浅浅而谈。还有很多话要讲，但不可避免的是，我无法把很多细节囊括在内。相反，我选择从交战双方的少数人的视角来展示这场残酷的战斗所具有的不可思议的戏剧性，并将重点放在发生的主要事件上，同时对事件为何以这样的方式展开进行了全新的解析。

序　章

1944 年 5 月 15 日星期一，在位于泰晤士河下游伦敦西部的哈
默史密斯，陆军元帅、将军、空军上将、舰队司令以及英国国王和
首相聚集在圣保罗男校，根据盟军最高司令德怀特·D. 艾森豪威
尔（Dwight D. Eisenhower）① 将军的说法，他们将对"跨越英吉利
海峡、登陆法国"的计划进行最终审议。那天阳光明媚、天气暖
和，似乎预示着一个好兆头。大型专车缓缓驶向维多利亚时代用红
砖砌成的学校主楼的入口。警卫立正站好，参谋人员迎接贵宾，把
他们领进一间礼堂，礼堂的尽头是一个低矮的舞台。舞台前放着两
把舒适的扶手椅，英国首相温斯顿·丘吉尔（Winston Churchill）②
和国王乔治六世被安排坐在这两把椅子上。后面是一些非常窄、弯
弯曲曲、稍微不太舒服的学生凳，入座的是服务于这个艰巨任务的
现役军官、陆军和军队的指挥官以及其他战事领导人，包括南非陆

---

① 系美国政治家、军事家。他于 1915 年毕业于西点军校，1944 年担任欧洲盟军
　　最高司令，晋升为五星上将；1952 年竞选总统获胜，成为美国第 34 任总统；
　　1956 年再次竞选获胜，蝉联总统。（本书脚注均为译者注，除特殊情况外，后
　　不再说明。）

② 系英国政治家、军事家和作家。他于第一次世界大战期间曾担任海军大臣和军
　　需大臣；后于 1940~1945 年和 1951~1955 年两度出任英国首相。丘吉尔在首个
　　任期内领导英国在二战中联合美国等盟国对抗轴心国，并取得了最终胜利，被
　　认为是"20 世纪最重要的政治领袖"之一，对英国乃至全世界均影响深远，
　　也是"雅尔塔会议三巨头"之一。

军元帅扬·史末资（Jan Smuts），他曾是英国的敌人，但现在是一个可以信赖的朋友和顾问。

学生们早已被转移到了其他地方——这可以追溯到 1940 年英国有可能遭到入侵时——不过，自 1 月起，学校便成了伯纳德·蒙哥马利（Bernard Montgomery，昵称"蒙蒂"）① 将军、爵士指挥的第二十一集团军群的总部。蒙哥马利是该校的校友，在接下来的几个星期，他将全面指挥盟军地面部队的登陆行动。

国王和丘吉尔抽着烟，前者抽的是香烟，后者抽的是雪茄；这种情况实属罕见，因为蒙哥马利不抽烟，并制定了严格的规定，不允许任何人在他的地盘上当着他的面抽烟——就连德怀特·D. 艾森豪威尔将军也被包括在内，1942 年春，当两人第一次见面时，艾森豪威尔曾因抽烟而受到严厉的斥责。但即使是蒙蒂也很难让首相掐灭香烟，他也因此不便劝诫国王不要抽烟。此外，尽管会场的设置有些普通，墙上张贴着牧师的儿子可以申请奖学金的通知，但这次会议还是相当特别的，在这种情况下可以适当放宽规定。

舞台上摆放着一幅巨大的地图，自从接手"霸王行动（Operation OVERLORD）"——诺曼底登陆的代号——的主要策划工作以来，蒙哥马利便一直使用它。1943 年 12 月，在盟军任命目前的小组时，这个计划初具雏形。虽然由蒙蒂负责领导，但该计划非常需要大家的通力合作。蒙哥马利（当时担任在意大利登陆的英国第八集团军的司令）、艾森豪威尔（新任命的盟军最高司令）和他的参谋长沃尔特·比德尔·史密斯（Walter Bedell Smith）中

① 系英国陆军元帅、军事家，第一代阿拉曼的蒙哥马利子爵。他是第二次世界大战期间盟军最杰出的将领之一，以成功掩护敦刻尔克大撤退而闻名于世。他指挥过著名的阿拉曼战役、西西里登陆、诺曼底登陆，这些是他军事生涯的三大杰作。

将在位于地中海的盟军总部（即阿尔及尔的圣乔治酒店）首次对原则进行了讨论。回到英国后，蒙蒂的英美联合策划小组对之前的内容进行了调整和改进，为"霸王行动"制定了更加严谨的计划。计划文件很快成形，并于 1 月 21 日与比德尔·史密斯分享，史密斯随后向他的上司提交了计划文件，后者又和英美两国的参谋长分享了计划文件。

在计划文件获得广泛批准后，盟军便开始制定详细的内容，各个参与部门的工作人员在各自的专业领域发挥作用。为了解决不可避免的问题和出现的困难，盟军召开了数次会议。当时，盟军指挥着庞大的空军、海军和陆军——协调这些部队是一项令人担忧且极其困难的任务，各方常常满腔怒火。不管怎样，到了 4 月 7 日，盟军商定并确认了地面部队的行动战略，并允许在其他领域继续制定详细的计划。那些编写海军计划"海王星行动（Operation NEPTUNE）"的人有两个月的时间来弄清楚难以置信的复杂航运需求。

5 月 15 日，离登陆只有三个星期了。检验他们的日子快到了。在学校礼堂里，气氛显然非常紧张。他们都投身于这个艰巨的任务，而能否赢得战争很大程度上取决于这场行动。失败是不可想象的。然而，跨越 80 多英里①的海洋运输军队，穿越布满敌方水雷的海域，登陆由武装部队守卫的海滩（就在几年前，这些武装部队还吓倒了欧洲的大部分国家），而且还要严格保密，这似乎是一项异常艰巨的任务。它也确实是，很多事情都可能出错。

他们聚集的总部由蒙哥马利掌管，但会议是由最高司令艾森豪威尔召集和宣布开始的。艾森豪威尔被朋友和同事们昵称为"艾克（Ike）"，时年 53 岁，是一名职业军人。他秃顶，面容和蔼可

---

① 1 英里约为 1.609 公里。

亲，神情泰然自若。从很多角度来讲，他都不太可能成为这项最具挑战性工作的候选人。他出生在得克萨斯州，在堪萨斯州的阿比林长大，那是一个小镇，位于美国中西部平原的中部。尽管他的出身有些卑微，但他在美国陆军军官学院（即西点军校）获得了一个职位，并一再证明自己是一名非常能干的参谋。他和蔼可亲，但坚决果敢；他思维清晰，并具有罕见的外交才能。在 1941 年 12 月美国参战后，他接管了派驻英国的所有美军；1942 年 11 月，他被任命为总司令，指挥实施北非登陆战役；几个月后，他被晋升为地中海战区盟军总司令。在担任这个职务期间，他在北非战役取得了胜利，随后在西西里岛战役和意大利南部登陆战役取得了胜利。他的下属指挥官，无论是美国人还是英国人，都喜欢他、尊敬他。他拥有丰富的作战经验，继续表现出了良好的判断力，同时勇敢地致力于在盟军之间创造一种紧密合作的氛围。

"盟军（Allies）"这个称呼听起来更贴近现实，也更正规，因为他们实际上根本不是盟友。他们也许会并肩作战，就战略达成一致，甚至共享武器和战略物资，然而，他们只是联盟伙伴，为了打败轴心国而团结在一起，不受正式同盟的制约。艾森豪威尔直接领导的无疑都是些经验丰富、技艺高超、才华横溢的人，但大多数都是性格迥异、个性鲜明的人物。他们之间也存在着文化差异，不过，紧张局面更多是因对现代战争的复杂性及其所有快速变化——必须赢得当前这场灾难性的全球战争极大地加速了这些变化——有着不同的理解而产生，而不是基于国家区域。这些人准备战斗到底，他们的信念力量往往是由个人经验和认知所驱动，他们意识到，他们的行动和决策即使没有决定数百万人的生命，也可能决定了成千上万人的生命。这是一个沉重的负担。要让这些人为了一个目标保持冷静和团结并不是一件容易的事情。紧张局面在发酵，个性差异会引发冲突，猜疑和不信任也会随之而来。

然而，那天早上，在圣保罗学校的礼堂里，几乎所有人唱了同一首圣歌，艾森豪威尔希望维持这种状态，尤其是在登陆计划付诸实施后。所有人都对这个计划进行了反复磋商，每个人都有很多机会发表意见，这正是艾森豪威尔目前想要强调的。聚集在礼堂的人都不是3岁小孩；他们都知道那句古老的格言：在战斗中，首先出错的是计划，但仍需要计划清晰、目标明确，而这正是我们力求做到的。

最高司令穿着根据英国作战服特制的整洁的"艾克"短夹克，站在他们的面前。在说话前，他环顾了一下聚集在面前的人，笑了笑——那是一种温暖且相当自信的微笑。

他说："在一场大战的前夕，我们聚集一堂，是为了向你们呈交由不同的部队指挥官制订的各种计划。我只想强调一件事：我认为，如果任何人发现计划有缺陷，那么他有责任毫不犹豫地说出来。"这是会议的关键。他继续说道："不允许别人发表批评意见的任何人，不论他的身份是什么，我都不会给予同情。我们聚集在这里，是为了获得尽可能好的结果，你们必须真正合作"。

聚集一堂的所有人对这些计划早已了如指掌，并且有充分的机会对提议的内容提出问题和质疑；不过，为了强调这一点，军队指挥官简要地把陆军、海军和空军的计划又重复了一遍：首先是穿着作战服和军裤（裤子上有着像刻花玻璃一样的折痕）的蒙哥马利，接着是实施登陆行动的盟国远征军海军司令、海军上将伯特伦·拉姆齐（Bertram Ramsay），然后是盟国远征军空军司令、空军中将特莱弗德·利-马洛里（Trafford Leigh-Mallory）爵士。另外两名指挥官也站起来发言：美国陆军战略航空兵（即重型轰炸航空兵）司令卡尔·"图伊"·斯帕茨（Carl "Tooey" Spaatz）中将，以及王家空军轰炸机司令部总司令、空军上将阿瑟·哈里斯（Arthur Harris）爵士。首相偶尔插话以阐明论点，除此之外，没有一个人对起草的计划有异议。

午饭后，丘吉尔发表了简短的讲话。众所周知，他对登陆行动和可能造成的巨大的生命损失表示怀疑。但现在，他的战斗口号是"保持乐观，增强信心"。"先生们，"他对他们说道，"我愈发坚定地要执行这个任务。"

然而，没有一个人抱有任何幻想。摆在他们面前的任务是艰巨的，他们的计划是建立在他们几乎无法控制的假设和变量的基础之上。难怪在伦敦初夏的那个暖和日子，他们会觉得酷热难耐。

第一部分
登陆日前的战斗

第1章 大西洋壁垒

5月，在被纳粹占领的欧洲，没有哪个地方能比法国西北部的
诺曼底更加美丽。在四年前的法国战役①中，它没有成为战场；尽
管它一直处于纳粹德国直接控制的领土内，而不是菲利普·贝当
（Philippe Pétain）②元帅领导的维希法国的领土内，但这个沿海地
区避免了被占领地的糟糕困境——被占领者和占领者都会面临这样
的困境。一直以来，诺曼底都是一个主要的农业区，有着肥沃的土
壤、绿油油的田野和丰茂的果园；对于城市居民深受影响的严酷的
配给制，诺曼底人的感受并没有那么强烈。即便在战争的第五年，
诺曼底仍是一片富饶的土地：在一块块"波卡基（bocage）"③拼
接而成的田野上，到处都是奶牛；其主要城市卡昂（Caen）的周

---

① 系第二次世界大战期间德国入侵法国和低地国家的军事行动。自1940年5月
  10日战役爆发开始，德军在六周的时间内通过机动作战击败了盟军部队，征服
  了法国、比利时、卢森堡与荷兰。意大利于1940年6月10日加入战役，翻越
  阿尔卑斯山入侵法国。法国的沦陷标志着二战欧洲战场的西线地面战事告一段
  落，直到1944年6月6日诺曼底登陆为止。
② 系法国陆军将领、政治家，也是法国维希政府的元首、总理，至今在法国仍被
  视为叛国者。贝当曾在第一次世界大战期间担任法军总司令，带领法国与德国
  对战，有民族英雄之誉。1918年升任法国元帅。但在第二次世界大战之初，他
  向入侵法国的纳粹德国投降并与之合作，战后被判死刑，经特赦改为终身
  监禁。
③ 指树篱分隔的小块田地，是诺曼底特有的地形。

围是更加开阔的土地，上面仍然种植着耀眼的玉米、燕麦和大麦；它的果园继续出产大量的水果。时值 5 月，它看起来和往常一样繁茂。果园里开满了粉色和白色的花朵，网状一样的道路和轨道的两边插植着枝叶茂盛、生机勃勃的树篱。从某种程度上来说，它看上去就像伊甸园，有着数百年历史的农场和宁静的村庄点缀着原野；在怪石嶙峋的海岸线和长长的金色海滩之外，英吉利海峡在阳光下迷人地闪耀着。

　　然而，尽管诺曼底如此美好，但战争却越来越近。由于四面楚歌的德国防守部队知道盟军很快就要登陆，并为此作好了准备，因此 5 月的时候，诺曼底也开展了紧张的军事活动。为此，一场与时间赛跑的行动正在进行，因为德军直到 1 月份才真正采取行动，以便将德国人大肆吹嘘的"大西洋壁垒（Atlantic Wall）"① 从单纯的宣传概念转变为有效防止敌人登陆的防御工事。实际上，当陆军元帅埃尔温·隆美尔（Erwin Rommel）② 于去年 12 月开始视察西北欧的海岸防御工事时，他对看到的情况感到震惊。主要城市和加来海峡的周围筑起了海岸炮台和防御工事；丹麦的部分地区也防守严密；但是，有太多不合意的缺陷，尤其是在诺曼底和布列塔尼。

010

---

　① 又称"大西洋铁壁"、"大西洋长城"、"大西洋防线"，是第二次世界大战期间纳粹德国用来防御西线的军事设施，该防线从 1942 年 3 月开始修建，从挪威海岸的北部到法国和西班牙的边界，长达 2700 公里，主要用来防止盟军登陆欧洲大陆。该防线由弗里兹·托特组织，由弗里兹·托特和阿尔伯特·斯佩尔建造，之后由隆美尔强化，希特勒和宣传部长戈培尔曾大力提倡，称其为"不倒防线"。

　② 系纳粹德国陆军元帅、军事家、战术家、理论家，绰号"沙漠之狐"、"帝国之鹰"。1910 年 7 月从军，一战时随军开赴法国，后又在东线与罗马尼亚人和意大利人作战，被德皇授予蓝马克斯勋章。二战爆发后，他在前线突破缪斯河防线，大败法军。此后，他在非洲战场取得多场战役的胜利，成为希特勒麾下最得力的将领之一。他与施坦因、古德里安并称为纳粹德国三大名将。1944 年 10 月，他因被指控谋杀希特勒而被迫服毒自尽。

驻扎在这些地区的军队也没有太多的理由充满信心。即使是在闪电战①的辉煌时期，德军也一直拥有超出合理数量的装备简陋、训练不足的军队；然而，在法国西北部的这个地区，德国似乎驻扎了过多太老和太年轻的士兵，东方营中有太多没有受过训练、毫无斗志的外国军队，而且还有很多老兵，他们为了疗伤吃了太多的奶酪，喝了太多的苹果酒和苹果白兰地。

一些人对目前见到的情况感到不满意，其中就有 24 岁的汉斯·海因兹（Hans Heinze）少尉，他最近加入了新组建的第 352 步兵师。海因兹是东线的一名老兵，也是为数不多逃出斯大林格勒地狱的人士之一，他曾在那里担任军士。在被送到救护站之前，已负过三次伤，尽管如此，他仍拒绝离开自己的部下。人们只能在他失去意识的情况下将他撤离出来。那是 1942 年的平安夜，就在德国第六集团军投降前的五个星期；而留在斯大林格勒的大多数官兵后来不是在战斗中阵亡，就是在囚禁中死去。

伤好后，海因兹被认为是合适的军官人选，因此被派往兵器学校，并被委以重任。在战前和战争初期，军官必须作为候补军官在军中服役；而九个月到一年后，他们将被送往军事学校，接受紧张、长期的训练。但由于人力和其他方面都在削减，必要时不得不降低标准，因此这个过程已经被取消了。不过，和任何人一样，海因兹也有机会成为一名体面的军官：毫无疑问，他经验丰富，而且已被证明是一名领导者，尽管他只是一名军士。于是，他来到了诺曼底，并被派往第 916 掷弹兵团，即第 352 步兵师新成立的步兵单

---

① 又名"闪击战"，是第二次世界大战纳粹德国使用的一种战术。它充分利用飞机、坦克和机械化部队的快捷优势，以突然袭击的方式制敌取胜。它利用机械化部队来快速切割敌军主力，以达到预期效果。闪电战的核心元素是：速度、奇袭、集中。在军事行动中，这三个要素既是战略，也是战术。

位之一。

虽然步兵师的总部设在圣洛（Saint-Lô），位于海岸以南约 20 英里，但海因兹还是抓紧时间视察了所在地的海岸防御工事。到达海岸后，他和战友们并没有看到太多修筑了大西洋壁垒的迹象，直到最后他才发现了一些布满铁丝网的防护围墙。他们下了车，轻而易举地穿过了铁丝网，裤子一次也没有被钩破。他们遇到了一名普通士兵，这个人高兴地告诉他们自己从 1940 年起就一直驻守在诺曼底。他说，如果英国士兵决定在这里登陆，那么他们很快就会举起枪，让英国士兵吓破胆。"听了这番话，我们既不感到高兴，也不觉得安慰，"海因兹说，"很明显，我们还有很多工作要做。"

不久后，海因兹奉命组建第 5 连，并对他们进行训练。第 352 步兵师配备了大量经验丰富的军官和军士——大约 75% 的人参加过战斗，主要是在东线——但在其余的官兵中，只有 10% 的人在前线打过仗。例如，第一列运送新兵的军用列车卸下了数千名士兵，大多为 17 岁：也就是刚在前捷克斯洛伐克的斯拉尼（Slaný）受训三周的新兵。相比之下，在等待穿越英吉利海峡的盟军士兵中，几乎没有一个士兵的受训时间少于两年。此外，30% 的德国军队是最近从阿尔萨斯地区、波兰和苏联各地征募来的。在诺曼底的其他步兵师中，由外国人组成的杂牌军占据了很大比例。语言障碍是一个主要问题，但固有的不信任也是一大问题；很多德国军官和军士担心，战斗开始时，他们中的弹可能来自后方，而非前方的敌人。

更重要的是，这些士兵几乎没有什么装备，穿着各式各样的制服，这些制服是用北非战役遗留下来的库存拼凑而成，其中许多是深绿色的粗斜纹棉布，也有比较普通的灰色羊毛野战服。他们几乎没有足够的武器，当然也没有足够的运输工具。炮兵不经训练就上战场，因为他们既没有火炮瞄准镜，也没有合适的马具，以便安装在用于驮运火炮的马匹上。

　　新成立的第 352 步兵师还存在另一个问题，那就是它的步兵营养不良。因为德国（尤其是更远的东部地区）实行严格的配给制，尤为缺乏水果、肉类和奶制品。步兵们面临的一个挑战是，不仅得不到适当的训练，也无法吃饱肚子。该师请求第七集团军增加奶制品的配给，但遭到了拒绝，于是，第 352 步兵师的指挥官迪特里希·克莱斯（Dietrich Kraiss）中将同意步兵们在当地购买或交易额外的牛奶、黄油、奶酪和肉类。诚然，此举起到了一定的作用；然而，即使在诺曼底，向士兵供应的伙食也都是非常差的，大多数人依靠购买鸡蛋和其他昂贵的食物来弥补配给的不足。二等兵弗朗茨·戈克尔（Franz Gockel）是一名年轻的新兵，在第 716 步兵师下辖的第 726 掷弹兵团的第 1 营服役。有一天，他帮忙把一锅汤从野战厨房搬到沿海的地堡。当他拿起勺子搅拌汤时，战友们都满怀期望地排好了队。他感觉锅底好像有什么东西，便用勺子舀出来，原来是一只死老鼠的残骸。随后，他们在第二个汤罐中发现了另一只死老鼠。"这怎么可能呢？"他感到很诧异。

　　第 716 步兵师的装备比第 352 步兵师的还要差，而且，不同于第 352 步兵师的核心军士和军官，他们根本没有任何作战经验，自 1941 年 5 月在法国北部成立以来，他们就一直驻扎在那里。第 716 步兵师已经从战斗开始时的 16000 人减少到了 12000 人，并且只有 8000 名强壮的士兵，在部署第 352 步兵师之前，他们负责防御从卡朗唐（Carentan）到奥恩河（River Orne）的整个诺曼底海岸线，这段海岸线长约 60 英里。第 716 步兵师没有任何车辆，步兵们配备的是自行车，而且和诺曼底的大多数步兵师一样，他们主要依靠马匹和马车来运送补给。

012

第 716 步兵师沿着海岸线进行防御，由于他们存在这些固有的弱点，这意味着第 352 步兵师需承担的工作可能比本应做的还要多，尽管该师本身具有明显的缺点，但它仍被认为是一支具备更高素质的军队。3 月 15 日，克莱斯中将接到了隆美尔直接下达的命令。现在，他们将接管第 716 步兵师负责的大部分海岸，而第 716 步兵师将防御卡昂以北的地区。他们迅速加强了海岸防御，同时在内陆建立并守卫一直蔓延到圣洛的防御阵地。在建造这些防御工事期间，第 352 步兵师继续进行训练。

德军对第 352 步兵师寄予了很高的期望，该师随时待命，以便被调派到其他地方，克莱斯和他的步兵们认为可能会被调往东线。这意味着，如果突然间重新部署该师，那么他们只能保留那些易于运输的东西。然而，由于他们负责的区域比以前大得多，这意味着大量的时间、人力和燃料被浪费在无休止地往返于所隶属的第 84 军补给库的途中。

很显然，德军应当取消该师的待命安排；但实际情况并不是这样，这突显出德国军队当时所处的混乱局面。原因很简单，德国人再也没有足够的东西来真正扭转战争的命运。他们没有足够的食物、燃料、弹药、枪支、盔甲、士兵、医疗用品或者快速打一场现代化战争所需的任何东西。他们知道盟军将试图跨越海峡登陆，尽管何时、何地、以何种方式仍是他们激烈争论的焦点。保护欧洲要塞的大西洋壁垒绵延数千英里：从挪威北部的北极圈到法国的南大西洋海岸，德国一直在修建沿海火炮阵地、地堡和防御工事。难怪诺曼底和布列塔尼的防御工事遭到了些许怠慢，因为只有那么多的人力、钢材和混凝土。

补给短缺是一回事，但毫无疑问的是，自从 1941 年 12 月希特勒收回德军的直接指挥权以来，德国复杂且混乱的指挥结构就一直困扰着军队，这让那些听命于这个指挥结构的指挥官们的日子更加不好过。元首仍然完全相信自己的军事才能，但他的领导（先是领导德国人民，而后在过去的两年半领导军队）具有一个关键特征，那就是铁腕控制。虽然他生性懒散，但他善于探究每一个细节；虽然他把德意志帝国的大部分日常管理工作交给别人去做，但他常常过问那些本来不该让他操心的军事行动的细枝末节。他还喜欢采取分而治之之政策，创建平行的指挥结构，让下属相互较量，同时作出违背军事逻辑的预测和指挥决定，但很少遭到劝阻。

在战争初期，德军之所以能够取得成功，很大程度上是因为它创造了一种作战方式，这种方式的关键元素是快速行动，集中、协调兵力进行打击。与之相配合的是，现场指挥官能够自由地迅速作出决定，无需请示上级。然而，这一切都消失了，因为德国的武装部队发现自己不堪重负，而且几乎所有重大决定现在都需要咨询元首。国防军最高统帅部（Oberkommando der Wehrmacht，OKW）只是希特勒的喉舌；无论是总长威廉·凯特尔（Wilhelm Keitel）元帅，还是参谋长阿尔弗雷德·约德尔（Alfred Jodl）将军，除了当自大狂希特勒的走狗外，不愿扮演任何其他角色。从很多层面上来讲，即便说元首本身阻碍了德国的战争抱负，这种说法也绝对不过分。　014

*

与无穷无尽的物资供应挑战和极度适得其反的指挥链作斗争的，是 52 岁的埃尔温·隆美尔元帅。1944 年 1 月 15 日，他成了 B 集团军群的总司令。到当时为止，隆美尔指挥过的战争都取得了非同寻常的成就。不过，和国防军的许多高级指挥官一样，他也经历了低谷。1940 年，他担任装甲师的指挥官横扫法国，之后受到希特勒的宴请；回国后，他又因在北非取得了赫赫战功，而被印在海报上。随后，他受到奖赏、获得晋升。1942 年夏，他成为国防军中最年轻的元帅——尽管他指挥的兵力还没有多到使他能够获得这个军衔，尽管他取得的成就还没有大到使他能够获得这些荣誉。

之后，事情开始变糟，随着英国的将才们提高作战水平，物资供应得到改善，这大大提高了盟军空中力量的有效性。在埃及的阿拉曼战役①中，隆美尔两次战败，第二次是一场决定性的失败，足以将他的非洲装甲集团军从埃及和利比亚送回突尼斯。1943 年 2 月，他在突尼斯发动了最后一次猛烈进攻，迫使不知所措、缺乏经验的美军撤退到凯赛林隘口（Kasserine Pass）。但是，隆美尔做得有些过头，就像他在阿拉曼战役之前所做的那样，过度延长了补给线，在英美军队的反扑下失去了势头。1943 年 3 月初，疾病缠身、幻想破灭的他离开了非洲，再也没有回来。

到了秋天，他恢复了元气，但愈发确信战争已经失败，他被派去指挥驻扎在意大利北部的德国军队。虽然隆美尔在北非时战功显赫，让战区总司令阿尔贝特·凯塞林（Albert Kesselring）② 元帅黯

---

① 第一次阿拉曼战役发生于 1942 年 7 月 1~27 日，是一场消耗战，隆美尔企图夺取亚历山大港的努力失败了。德意军队本想一鼓作气拿下阿拉曼，在非洲战场上取得决定性的胜利，但由于英军的顽强抵抗，致使德军进攻受阻，由攻势转为僵持，同时消耗了德军为数不多的战争资源，并为第二次阿拉曼战役英军的胜利埋下了伏笔。第二次阿拉曼战役是第二次世界大战北非战场的转折点。这次战役从 1942 年 10 月 23 日一直持续到当年 11 月 3 日。当时，伯纳德·蒙哥马利将军于 1942 年 8 月取代了克劳德·奥金莱克，成为由英联邦士兵组成的英国第八集团军的总指挥官。这次战役的胜利扭转了北非战场的形势。盟军在阿拉曼的胜利使纳粹德国占领埃及、控制苏伊士运河和中东油田的希望破灭了。

② 系第二次世界大战的德国空军元帅。在横跨两次世界大战的军事生涯中，凯塞林成了纳粹德国最具指挥能力的将领之一，并跻身仅有 27 人的钻石橡叶带剑骑士铁十字勋章的获得者之列。凯塞林是二战德军将领中最受欢迎的一位，对手们给他取了个"微笑的阿尔贝特"的绰号。

然失色，但现在，凯塞林表现出色，超过了隆美尔。在 1943 年 9 月英美攻入意大利南部的战争中，凯塞林坚决进行了强有力的抵御，并促使希特勒推翻了先前制定的撤退到罗马北部的计划。突然间，隆美尔在意大利成了一个多余的人。这对他来说是一个毁灭性的打击，他陷入了沮丧。不过，德国很快向他抛出了救生索。

早在隆美尔出生前的八个月，西线总司令格尔德·冯·伦德施泰特（Gerd von Rundstedt）元帅就加入了德国军队，在国防军的现役元帅中，他的年龄最大，隆美尔的年龄最小。在入侵法国期间，他曾指挥 A 集团军群的主力部队；在入侵苏联的巴巴罗萨行动①中，他指挥过另一支集团军群。之后，他被撤职，随后恢复了西线总司令一职。1943 年 10 月，他就大西洋壁垒的现状提交了一份报告，声称大西洋壁垒还远远无法发挥防御作用——这份报告迫使希特勒和国防军最高统帅部采取行动，因为他们很清楚，在不久的将来，盟军将登陆欧洲大陆。

国防军最高统帅部的约德尔将军建议希特勒委派蒙羞受辱的隆美尔视察大西洋壁垒。12 月初，身体复原的隆美尔开始进行视察，先是前往丹麦，然后向南前往加来海峡，那里的海峡最狭窄，防御最坚固。他恢复了精力，很快掌握了情况，这促使冯·伦德施泰特建议让隆美尔担任海峡沿岸地区的指挥官，因为从逻辑上来讲，盟军最有可能在那里登陆。冯·伦德施泰特年事已高，出身贵族，他

---

① 系第二次世界大战期间纳粹德国入侵苏联所使用的作战代号，整场行动于 1941 年 6 月 22 日展开，以德军在莫斯科被苏军打退而告终，但苏德战争一直要到 1945 年 5 月苏联占领柏林才算正式结束。该行动的最初计划是要快速攻克苏联的西方领土，北至阿尔汉格尔斯克、南至阿斯特拉罕的战线为止。在作战的最初几个月里，德军继续沿用之前在西欧大获全胜的闪电战术，最后在莫斯科战役中受阻，这场作战的受挫可以说是阿道夫·希特勒和第三帝国命运的转折点。

不抱幻想，也不想自找麻烦。他表面上仍然忠于希特勒，但乐于将军事指挥权交给隆美尔；他原本是西线总司令，但正如他尖锐嘲讽的那样，实际上，他只是指挥守卫在巴黎总部外面的警卫。

于是，1944 年 1 月 15 日，隆美尔成了西线 B 集团军群的总司令，负责守卫法国北部和低地国家，以及将登陆的盟军赶回大海。他知道，这是一项艰巨的任务。大西洋壁垒的防御状况和他麾下部队的现状比冯·伦德施泰特设想的要糟糕得多；隆美尔感到很震惊。此后，他不知疲倦地工作：必须建造更多的防御工事，必须加强训练，减少繁文缛节，运送更多的补给。他经常巡视前线，鼓励部下，督促士兵，并提出了保卫欧洲大陆的设想。其间，他对参谋人员、精于算计之人和上级采取了恳求、用甜言蜜语笼络、用物资打动以及威胁等手段。因此，第 352 步兵师只能驻守长长的海岸线，在准备纵深防御和进行训练的同时，这群形形色色的老兵拼命地把年轻的新兵和东部"志愿军"训练成一个还算过得去的步兵师，以便能够抵挡来自大洋彼岸的盟军的攻击。这是一个难以完成的任务，但没有别的选择。如果要避免灾难，那么只能这样做。

*

3 月的第二个星期，隆美尔将大本营南迁至拉罗什盖恩（La Roche-Guyon），这是位于塞纳河弯道处的一个小镇。隆美尔的大本营非常大，从地理位置上来说，拉罗什盖恩位于他所期望的最好位置——能够躲避敌军飞机的侦查，而且距离巴黎以西和冯·伦德施泰特的大本营、卡尔 - 海因利希·冯·史图尔普纳格（Carl-Heinrich von Stülpnagel）将军的大本营仅 45 英里，这两位都是攻占法国的军事指挥官，也是帝国安全总局的领导人。往北 160 英里便是加来，距离卡昂大约 100 英里，距离布列塔尼的主要城市雷恩（Rennes）大约 180 英里。虽然隆美尔不太喜欢奢华，但即便居住在优雅的地堡——这个地堡是文艺复兴时期建造的，坐落在破败的中世纪城堡的下面——里，他也几乎不可能过着贫民窟般的生活。他被那美丽、优雅的图书馆和带阳台的大客厅给迷住了，客厅里可以看到塞纳河对岸的景色。更妙的是，将文艺复兴时期和 19 世纪的地堡与上面的古老城堡连接起来的隧道，是一个理想的、易于扩展的掩体和通讯枢纽。

在这里，隆美尔培养了一支严明的队伍。应他的要求，4 月，新任命的参谋长汉斯·斯派达尔（Hans Speidel）中将从东线抵达；隆美尔的前任参谋长阿尔弗雷德·高斯（Alfred Gause）中将曾在北非为他效力，他们是老朋友了，但高斯惹恼了隆美尔的妻子露西（Lucie），她要求高斯离开。斯派达尔和隆美尔都来自德国西南部的斯瓦比亚（Swabia），这使他们与统治军队最高指挥部的普鲁士贵族精英截然不同。在上一场战役中，他们曾短暂地一同服役。斯派达尔被誉为聪颖、高效的参谋人员——实际上，早在 20 多岁时，他就获得了政治和军事史的博士学位。

还有一些值得信任的同事，例如隆美尔的作战参谋、36 岁的汉斯-格奥尔格·冯·滕佩尔霍夫（Hans-Georg von Tempelhoff）上校，他的妻子是英国人。在建造海岸防御工事的过程中，眉毛浓密的总工程师威廉·梅瑟（Wilhelm Meise）中将扮演越来越重要的角色；副官赫尔穆特·朗（Hellmuth Lang）上尉也来自斯瓦比亚，是一名装甲指挥官，曾获得骑士勋章；核心集团的第四名成员是海军顾问弗里德里希·鲁格（Friedrich Ruge）中将，他也来自斯瓦比亚。"在这个圈子里，我们坦率、坦诚地交流，"鲁格说道，"因为我们私下里信任彼此，而且我们从来都没有滥用过这种信任。"

对于谁是老大，众人无可置疑，但在饭桌上，隆美尔并不是一个主宰者，他总是对其他人的谈话饶有兴趣。"他很有幽默感，"鲁格说，"即使在他成为笑柄的时候。"

017　　鲁格47岁，是一名职业海军军官，他性格开朗，是一位好伙伴。在意大利加入隆美尔的队伍之前，他一直在法国负责海军的海防事宜。他们俩相处得很好。晚上，在回到拉罗什盖恩后，他们经常在庭院和远处的树林里散步，隆美尔会非常坦率地谈论他的想法、计划和未来。当然，隆美尔越来越笃信盟军非常有可能在诺曼底登陆；他的直觉告诉他，盟军将在塞纳河河口的任何一边登陆，即使3月的时候，西线总司令部和国防军最高统帅部都认为加来海峡才是最有可能的登陆地点。

　　作为一名高级指挥官，隆美尔的不同寻常之处在于，他从未在东线打过仗，但他具有与英美两国作战的经验，也知道德国的空中力量是多么脆弱；说到与势不可挡的敌方空军作战，东线的老兵就没什么经验了。"从东线调派过来的朋友无法想象他们在这里将会遇到什么"，他对老朋友弗里茨·拜尔莱因（Fritz Bayerlein）中将说。拜尔莱因曾在北非效力，现在是装甲教导师的指挥官。"我们不能把一群群狂热的士兵赶向前线，而不考虑伤亡情况，不依靠战术策略；在这里，我们面对的是利用所有天赋智慧以便运用众多技术资源的敌人……作为一名士兵，仅有勇猛和顽强是不够的，拜尔莱因。"

　　他的使命是击退盟军的登陆，这无疑让他恢复了自信，他下定决心应对挑战，尽管盟军无休止的空袭加剧了物资短缺和补给问题。他对赫尔穆特·朗说："我必须依靠仅有的一点点物资，利用最适当的手段打败敌人。如果布尔什维克主义不能战胜我们，那我们一定会打败他们。"许多德国人都害怕共产主义向西方蔓延，这无疑是他们继续战斗的原因之一。隆美尔接着说："即使到那时，当我们打败了英国和美国，我们与苏联的战争也不会结束，因为苏联拥有庞大的人力资源和原材料。也许到那时，一个团结的欧洲将会站出来与这位敌人作战。"这就是隆美尔的动机。尽管遇到了挫折、遭受了失败，尽管长期以来物资短缺，尽管盟军和苏联在物资方面拥有压倒性的优势，但是在 1944 年 5 月，他仍然相信这场战斗是值得打的，并且还抱有些许希望。

隆美尔确信，如果允许盟军登陆并建立一个稳固的立足点，那么所有的一切都将功亏一篑。所以，关键是在海岸及外围与盟军作战。步兵和沿海防御工事将是第一道防线，并将借助雷区、饵雷和纳粹德国空军承诺的数千架战斗机，将盟军困在海湾。随后，驻法国的机动装甲师将协同反击。他们拥有最好的装备，全副武装，并在西线接受了最好的训练；至关重要的是，在很大程度上，他们也是最有动力的。这些武装部队装备有半履带车、突击炮、Mk IV 坦克、豹式坦克，甚至是虎式坦克——这些怪兽都装备了重型装甲和强大的高速炮。隆美尔相信，这些师的全部兵力——在西线共 10 个师——足以击退敌人。这将为德国赢得至关重要的时间，因为很明显，在此后的很长一段时间内，盟军都不会试图再次进行登陆。

然而，这个方案存在一个障碍。由于盟军的空中力量非常强大，迅速调遣这些机动师进行大规模的反攻——按照隆美尔的说法，在一两天内进行——意味着，应当让这些师驻守在盟军非常有可能登陆的海岸附近。这是一场豪赌，因为尽管希特勒的总部作出了预言，但没有人确切知道登陆将在哪里发生。对隆美尔来说，这是一场孤注一掷的赌博，只能赌一把。是的，赌一把，不过说实话，这场赌博还不赖。他有理有据，如果在 1940 年，老练的希特勒（那个打败所有赌徒的赌徒）可能也会同意。但这是在 1944

018

年，希特勒已经不再是之前的那个人了。

如果隆美尔能够说服冯·伦德施泰特，那么情况可能也会有所不同。可是，这位老元帅从来都没有取得太大的战功，并且目前他更愿意规避风险。利奥·盖尔·冯·施韦彭格（Leo Geyr von Schweppenburg）将军、男爵也是如此，就在隆美尔获任 B 集团军群的总司令后不久，盖尔被任命为西线装甲集团的指挥官，奉命训练装甲师和协调装甲师的行动。盖尔——人们都这样称呼他——是一位有文化、获得过勋章的装甲指挥官。1930 年代，他在伦敦担任武官，说着一口流利的英语，多次在东线证明了自己的能力，并且是海因茨·古德里安（Heinz Guderian）上将的门徒。从很多方面来看，古德里安都是闪电战之父，当时是德国的装甲兵总监。毫无疑问，盖尔是一位非常有能力的装甲将军，但谈到他对英国的了解，他从来都没有与英国人打过仗，必定低估了盟军空中力量的作用。他认为，装甲师可以驻守在较远的地方，并且仍然能够迅速集结，能够快速进行卓有成效的反击。

这些意见分歧很早就出现了，无论他们讨论了多少次，隆美尔和盖尔——或者冯·伦德施泰特——都不打算改变立场。隆美尔要求盖尔及其装甲师必须服从自己的命令，由他进行部署。盖尔正忙着训练装甲部队以应对空袭，并且正在进行夜间演习，他认为隆美尔的战术是错误的；他反对接受隆美尔的指挥，并让具有影响力的古德里安支持自己。

早在 3 月份，隆美尔就认为这场争论最终将由希特勒亲自解决。19 日，希特勒召隆美尔到贝格霍夫（Berghof）——位于巴伐利亚州贝希特斯加登附近的山间府邸。元首首次阐述了自己的看法，即诺曼底和布列塔尼是最可能的登陆地点。然后在第二天，在一对一的秘密会谈中，他同意考虑让隆美尔全面掌控装甲部队。隆美尔曾公开向元首夸口说，盟军在登陆的第一天就会被直接踢回大海；他认为掌控装甲部队是他兑现承诺的大好机会。然而，在接下来的几天或几周，希特勒都没有下达正式的命令以让他指挥关键的装甲师。隆美尔继续加大游说力度。4 月 23 日，他对约德尔说："如果在最初的几个小时内，我们能够成功地将机械化师投入战斗，那么我相信，我们在第一天就能击退敌人在海岸发起的进攻。"

但希特勒仍然没有下令，因此，隆美尔干脆越过冯·伦德施泰特和盖尔，命令第 2 装甲师向阿布维尔（Abbeville）海岸进发。4 月 28 日，愤怒的盖尔来到拉罗什盖恩，不久后，古德里安也到达了。鲁格在日记中写道："主题：战术运用的基本问题，特别是装甲师的使用。"然而，尽管发生了分歧，鲁格仍然很享用随后的晚餐，古德里安当时看起来状态很好，没有迹象表明发生了战术分歧，对从 1 月起开始的抗击盟军登陆的准备工作造成了困扰。那天晚上的稍晚时候，鲁格写道："元首之前就装甲部队给予了承诺，希望元首能够尽快作出有利于隆美尔的决定。"

然而，希望很快就破灭了。5 月 8 日星期四，希特勒最终向西线总司令部赠送了一块可怕的软糖。隆美尔将拥有第 2 装甲师、第 116 装甲师和第 21 装甲师（该师是德国派驻诺曼底的唯一的机动师）的战术指挥权。德军将在法国南部成立一个新的军群，G 集团军群，并将向该军群分配党卫军第 2 装甲师以及最近成立的第 9 装甲师和第 11 装甲师。盖尔控制 4 个师：党卫军第 1 装甲军的第 1 装甲师和第 12 装甲师、装甲教导师和党卫军第 17 装甲掷弹兵师。没有希特勒的同意，任何人都无权调动它们进行集中反击，即使是手下有 3 个师的隆美尔也不行。这是一个考虑不周的举动，意味着德军要和迅速集中兵力以及指挥的灵活性说再见

020

了。在发布这个命令后，已经准备好豁出去、重做赌徒的希特勒让双方都落了空。他反复告诉与会者，盟军很可能在布列塔尼和诺曼底登陆，他再也不想凭直觉行事了，也不想让隆美尔凭直觉行事。实际上，这 10 个机动师（考虑到地雷埋设和匆忙建造的防御工事，这些师才是可能击退盟军的唯一关键）都将被派驻到远离海岸的四面八方。

隆美尔本想极力游说，以便推翻对装甲师进行的分配，但第二天（也就是 5 月 9 日），他和鲁格再次对诺曼底进行了为期两天的视察，他继续向同伴抱怨不已。他手下有两支集团军，第十五集团军和第七集团军，但他们的装备非常差，大多由素质低劣的步兵师组成，尽管也有一些不错的伞降猎兵部队，这些伞兵都是从更好的部队调派过来的。第十五集团军下辖 19 个师，防守范围覆盖法国北部的沿海地区和低地国家，并拥有一位非常能干且经验丰富的指挥官汉斯·冯·扎尔穆特（Hans von Salmuth）上将。然而，和许多东线指挥官一样，他的双手也沾满了鲜血，他曾协助特别行动队围捕和处决苏联犹太人。后来，他违背希特勒的意愿，带着自己的第二集团军逃出了斯大林格勒，为此，他被革职和降级，但不久后，他再次得到晋升，并获得了第十五集团军的指挥权。现在，他非常厌恶希特勒和国防军最高统帅部，很显然，他的幻想破灭了。隆美尔觉得他变得有点懒散。

第七集团军的防御范围覆盖诺曼底和布列塔尼，它有 14 个师，由弗里德里希·多尔曼（Friedrich Dollmann）上将指挥。多尔曼这个例子证实了隆美尔领导的指挥官和部队在技能和经验方面也是参差不齐的。虽然他是一名职业军人和炮兵，但他早年狂热崇拜希特勒和纳粹，由于对形势作出了正确判断，通过在军队中积极推动国家社会主义，他迅速获得了晋升。1940 年，他担任第七集团军的指挥官，此后他一直担任这个职务。大部分时间他都久坐不动，享受着大本营所在乡村的所有美食，腰围也越来越粗。他不仅胖，还很懒惰，丝毫不想学习或了解现代战争。结果，他不可救药地落伍了，成了一个非常无能的军队指挥官。

此外，驻扎在诺曼底的第 84 军的指挥官是埃里希·马克斯（Erich Marcks）将军，他脸蛋瘦削，戴着眼镜，就像他的外表所展现的那样有教养、有智慧，并在高级参谋工作和作战指挥方面拥有丰富的经验。他在巴巴罗萨行动中失去了一条腿，但他用决心和勇气克服了残疾，这为他博得了人们的尊重。隆美尔想让他担任第七集团军的指挥官，但希特勒坚持让多尔曼担任这个职务。当个好纳粹是有好处的。

现在，隆美尔和鲁格要去拜访马克斯，因为较之多尔曼，他更有能力提供准确、有见地的报告；实际上，隆美尔正在将多尔曼排除在圈子之外。途中，他们停下来视察塞纳河以南的海岸防御工事。除了混凝土防御工事外，在梅瑟的帮助下，隆美尔还增加了大量近海障碍物，安放在低潮线的这些障碍物一直延伸到海滩的深处。其中有钢筋四面体，还有布满地雷的圆木，以及任何船只可能撞上的杆子——其中一些杆子的顶端也埋有地雷。每个海滩都设有四道障碍带，每道都安放在不同的海滩深度。隆美尔认为盟军将在满潮时登陆，这样部队便可以借助潮水顺利冲上滩头，然后迅速离开海滩，即便如此，设在低潮线的第三和第四个障碍带也能起到阻碍作用。

当他们看着这一排障碍物时，潮水开始迅速上涨。鲁格说："在这个海滩上，每小时上涨 3 米，所以我们不得不匆忙离开海滩。"在海滩上，粗粗的钢丝带和众多的雷区覆盖着海岸线，同时德军继续在内陆埋设更多的地雷，隆美尔从他的北非作战经验中了解到，此举能够有效地减缓和粉碎盟军的进攻，尤其是装甲部队的进攻，并能让装备不足的德国步兵获得更多时间进行反击。去年10月，德军在诺曼底埋下了大约 200 万枚地雷。现在，这个数字已经上升到了 650 万。隆美尔知道，这种武器是非常有效的兵力倍增器，但他和梅瑟估计，为了让海岸的保护程度达到所设想的水平，需要埋设 2000 万枚地雷——他们离实现这个目标还有很长的一段路要走。

022 　　在盟军的空袭暂停后，他们开车经过卡昂。隆美尔下令关闭多个水闸，让水越积越多，由此淹没迪沃河（River Dives）以东的大片土地以及从卡朗唐的杜沃河（River Douve）河口流出的各个河谷。这样做是为了阻止盟军的空投计划，并把试图向内陆挺进的任何盟军部队引到布满地雷和遭到封锁的道路上。在更广泛的区域内，有迹象表明抗击盟军登陆的更多工作正在进行——在空旷的田野上，德军把桩子插进地里，用铁丝串起来，以阻止滑翔机降落。

　　他们在卡昂附近的田野里见到了马克斯。阳光灿烂，独腿军团指挥官进行了报告。他告诉隆美尔，敌军在科唐坦半岛（Cotentin Peninsula）和奥恩河两岸进行了大量的空中侦察。空袭的目标是沿海炮兵阵地、十字路口和主要道路。援军已经到达科唐坦——第91 空降步兵师正在 20 英里宽的范围内挖堑壕，充分利用茂密的树篱来躲避空中敌人的侦察。他相信他们能够应对盟军对半岛的东西海岸发起的任何进攻。马克斯还报告说，现在，绵延 50 英里的近海障碍物和 17 万个防止空降的桩子都已经铺设完成。

　　在指挥官简要汇报完瑟堡要塞，以及在埃德加·福希廷格尔（Edgar Feuchtinger）少将简要描述第 21 装甲师的情况后，他们继续开车前行。到达滨海隆涅（Longues-sur-Mer）后，他们在四门

150 毫米口径的海岸火炮旁停了下来；之后，他们沿着海岸视察了格朗康（Grandcamp）和伊西尼（Isigny）等小港口，最后在马克斯将军的大本营，也就是圣洛附近的拉莫夫城堡（Château de la Meauffe）结束了这一天。

第二天，他们又进行了更多的视察，拉罗什盖恩收到了国防军最高统帅部的消息，警告说盟军将在 5 月 18 日前后登陆。"当然，我们没有无可辩驳的文件证明，"电报上写道，"不过，最重要的关注点是诺曼底，其次是布列塔尼。"但实际上，这仍然是德军的猜测。

第 2 章 制空权

　　1944 年 5 月 22 日星期一，第 61 战斗机中队的 16 架 P-47 雷电战斗机在沉着冷静的弗朗西斯·"加比"·加布雷斯基（Francis "Gabby" Gabreski，昵称"加比"）① 中校的带领下，飞快地冲向德国北部城市不来梅。不久前，第 61 战斗机中队——它隶属于"胡伯"·泽姆克（"Hub" Zemke）② 上校指挥的第 56 战斗机大队——帮助护送近 300 架 B-17 空中堡垒重型轰炸机对波罗的海的基尔港口发动袭击，不过，它们的护送任务已经结束了，现在，它们的职责是在德国北部的上空进行袭击，击落它们看到的任何敌机，特别是摧毁地面上的铁路机车。这次密集的火车粉碎行动于前一天开始，代号为"查塔努加酷酷（CHATTANOOGA CHOO CHOO）"，取自一首著名的歌曲。这个名字听起来就像一个欢快的叮当声，然而，袭击铁路机车却是件极其严肃的事情。实际上，德国的铁路网——帝国铁路——是把德国的战事工作凝聚在一起的

---

① 系波兰裔美国空军飞行员，在美军服役 26 年。他是二战美国陆军航空队的第三号王牌，在欧洲上空驾驶 P-47 雷电战斗机击落 28 架德机，击毁地面 3 架。朝鲜战争爆发后，他又击落 6.5 架米格，成为美军中仅有的 7 个在螺旋桨和喷气机时代都是王牌的飞行员之一。

② 系美国空军的一名职业军官，第二次世界大战中的一名战斗机飞行员以及美国陆军航空兵的主要王牌。他指挥的第 56 战斗机大队后来被称为"泽姆克的狼群"。

黏合剂。几乎所有的东西都是通过铁路运送到不断衰败的帝国的：原材料、武器、劳动力、军队、食物，还有被送往死亡集中营的犹太人。越多的铁路调度场被毁，越多的机车遭到轰炸，越多的铁路桥被破坏、线路被切断，德军的调动就会变得越发困难。在登陆前，盟军最担心的是西线的 10 个装甲师发起集中反击。这个所谓的"运输计划"的目的是，尽可能让德军难以将所有重要部队和其他增援部队运送到诺曼底。

就在那一天，"胡伯"·泽姆克引入了一种新战术，被人们称为"泽姆克扇形"。他将战斗机大队分成 3 个中队，每个中队驾驶 16 架飞机，4 架为一组。为了在回程时充分利用这些飞机，他命令它们在 3 个不同的区域上空飞行，而不是一起返回基地。于是，第 62 战斗机中队被派往帕德博恩（Paderborn）地区进行搜寻，第 63 战斗机中队被派往汉诺威（Hanover），而加布雷斯基的战斗机中队则急速飞往西南方向的不来梅。

在不来梅东部大约 20 英里的地方，他们发现了几辆铁路机车。在晴朗的天气里，它们喷出的白色蒸汽云是很容易被发现的。于是，加布雷斯基命令埃文·麦克明（Evan McMinn）的黄色飞机冲下去袭击它们，剩余的 12 架雷电战斗机则盘旋埋伏在大约 15000 英尺①的高空。然而，就在它们刚开始盘旋时，加布雷斯基发现了下面有一个伪装得不太好的空军基地。过了一会儿，无线电对讲机里传来麦克明的声音，他说他看到了一些福克-沃尔夫 190 战斗机正在起飞。

当加布雷斯基带领中队向下俯冲时，他感受到了那种熟悉的兴奋之情。雷电战斗机是一种大型战斗机，在俯冲速度方面无人能

①　1 英尺约为 0.3048 米。

敌。它配备有点 50 口径①的机枪，具有很大的杀伤力，能够承受炮弹的打击，并且高度灵活。更重要的是，就飞行技能而言，美国的战斗机飞行员与纳粹德国空军的飞行员不在一个层次。以新加入中队的飞行员为例，大多数人的飞行时间是德国同行的三倍多，而且由于拥有大量的燃料，每个中队都有很多冗余的飞行员——通常超过 50 人，以便在每次执行任务时都能有 16 架飞机飞行——所以，他们有大量的时间同经验丰富的飞行员一起练习和磨炼技能。由于德国长期缺乏燃料，新加入纳粹德国空军的飞行员往往只是在执行任务时才有机会飞行。因此，大多数德国飞机被迅速击落。

这将是许多福克-沃尔夫 190 战斗机的命运。当加布雷斯基和飞行员冲向它们时，他看见大约有 16 架飞机排成一行散开。此刻，敌军战斗机已经飞到可以转身作战的高度，但它们似乎没有注意到正在发生的一切，而是以固定的队形继续飞行，使自己成了 P-47 战斗机的诱人目标。加布雷斯基选中一架飞机，朝它开火，他看见子弹打在德军飞机的机身和机翼上。这架飞机翻转坠落，然后燃烧起来。现在，加布雷斯基跟在第二架飞机的后面，向它逼近，再次开火。这一次，飞机的座舱罩被打飞，片刻之后，飞行员跳伞了。回头看时，加布雷斯基看到两架 190 战斗机正在追踪他。他设法爬升，然后掉头，甩掉了它们。然而，这时他看见中队的一架飞机起火，另一架冒出一股浓烟，这对他来说是一个很大的打击。他爬升回到 12000 英尺的高空，命令中队的飞行员在敌人机场的上空重新集结。很快，他集结了 6 架雷电战斗机，他们发现下方有大约 20 架福克-沃尔夫战斗机。突然间，德国战斗机的高射炮手向自己一方的战斗机开火。一些飞机发射了绿色识别信号弹，但敌机的编队

①　"点 50 口径"相当于 12.7 毫米口径。

还是被打乱了。

加布雷斯基毫不犹豫地带领飞行员冲下去，急速跟在 6 架德国战斗机组成的编队后面。过了一会儿，他击落了当天的第三架飞机，但随后看到另一架福克-沃尔夫战斗机从左侧偷偷靠近他。他将控制杆向下猛拉到腹部位置，收油门，他的雷电战斗机便向下落，几乎达到失速的程度，这样一来，追踪他的飞机别无选择，只能从他的上方飞过。突然间，加布雷斯基出现在追踪者的后面，但他的弹药不足，而且还有 5 架梅塞施密特 109 战斗机跟在他的后面，他认为是时候掉头逃跑了。他命令中队的飞行员飞回去，他们便迅速向西飞行，不料碰见一架福克-沃尔夫战斗机在云层里飞进飞出。加布雷斯基加速跟在后面，利用最后的弹药把它从空中击落，这是他一天内击落的第三架飞机，另有 1 架未被证实。

那一天，加布雷斯基和中队的飞行员总共击落了 13 架飞机，另有 1 架未被证实，重创 2 架，中队损失了 2 架。尽管机舱上有上百个弹孔，飞行员乔尔·波普尔韦尔（Joel Popplewell）仍成功地驾驶雷电战斗机返回了英国。当时，加布雷斯基是美国第 8 航空队的王牌之一，他认为这是他执行过的最艰难的任务之一，但它证明了，在西线，美国的日间战斗机比纳粹德国空军更具有绝对优势。距离登陆还有两个多星期，这是一个好消息。那天，泽姆克的战斗机大队也进行了同样出色的狩猎行动：有 6 辆铁路机车被摧毁，7 辆受损，18 艘驳船被炸毁。"查塔努加酷酷"进展顺利。

更值得欢呼的事情发生了。不到一周后，也就是 5 月 28 日星期天，一场历时五个月的争夺西北欧空中优势的战斗达到了高潮。对于登陆，掌握制空权是不容商议的前提条件。自去年夏天以来，这一直都是盟军的战事领导人最为关心的问题。

在 1943 年的夏秋之际，尽管人数有所增加，经验有所提高，助航设备有所改进，美国第 8 航空队和英国王家空军的后方指挥部仍竭力取得更大的进步。英国王家空军轰炸机司令部的总司令、空军上将阿瑟·哈里斯爵士坚持认为，使用越来越多的重型轰炸机对德国城市进行夜间轰炸，足以让纳粹德国空军，乃至整个纳粹德国屈服。几个月过去了，由于种种原因，这个说法越来越误导人。首先，纳粹德国空军最终建立了一个日益有效和协调的防空系统。其次，他们召回了大部分的纳粹德国空军，以保卫德意志帝国，同时大幅增加了飞机的产量。空中出现了比以往任何时候都多的夜间战斗机来迎接哈里斯的轰炸机。更重要的是，他们接受了专业指导，将组织严密的情报机构、地面控制和雷达结合起来，以便对付英国的轰炸机。虽然轰炸机司令部继续对德国造成大范围的破坏，但这不足以使德国投降，而且在执行任务的过程中，轰炸机的飞行员也会遇袭身亡。

美国开始在白天轰炸德国，因为他们相信这样可以更加精确地轰炸目标，从而更有效率。为此，他们开发了全副武装的四引擎轰炸机，能够以防御严密的编队飞行；但很快，在吃了一番苦头后，他们认识到，仅有轰炸机是不够的，因为这些轰炸机无法有效地保护自己。和英国的轰炸机司令部一样，美国空军也受到了打击。

1943 年下半年，在危机四伏的那几个月里，美国人尤其意识到，他们需要重新思考如何获得空中优势，这是他们进行战略轰炸的首要任务。早在 1943 年 1 月，他们就在"零秒战区（POINTBLANK）"指示中同意了这项任务，并在同年 6 月初正式确定了这项任务。之所以要比纳粹德国空军更具优势，原因有二：如果沿途不再遭到敌方战斗机的拦截，那么战略轰炸将会更加有效；在盟军跨越英吉利海峡进行登陆之前，获得空中优势，不仅对登陆海滩，而且对获得整个西欧的制空权来说，都是一致认同的先决条件。空中力量对

"霸王行动"的策划而言至关重要，也被正确地视为赢得地面战的关键。

　　事实上，就连希特勒也明白在登陆前线拥有空中优势的重要性；正因如此，1940 年，即便当时他没有考虑过跨越英吉利海峡出兵，但他仍然让纳粹德国空军试图摧毁英国王家空军。不管怎样，对于"霸王行动"来说，在登陆前线获得空中优势至关重要，这样一来，盟军就可以在不受空中干扰的情况下登陆，而且在更远的内陆地区也需要空中优势。这是因为盟军意识到，尽管英国集结了数百万的兵力以及大量的武器和补给，但航运和港口的状况限制了在登陆日和此后登陆诺曼底的士兵和物资的数量。如果德军想要抓住机会把盟军赶回大海，那么德军就需要尽可能快地动用所有机动力量，发动一次协调反击。情报显示，德国在西线部署了 10 个装甲师和机动师，因此，对盟军来说，尽可能延缓、拖延和阻碍这些部队到达诺曼底至关重要。在这方面，法国抵抗运动扮演了关键角色，但空军将承担最为困难的工作，他们将在登陆日前的九个星期和登陆日后的几天（或几周）里，袭击桥梁、机车、铁路和任何行驶的车辆。在大多数情况下，这些行动将由战术空军执行，也就是那些专门为支持地面行动而创建的部队。这些轰炸机速度更快，体积更小，安装有两个引擎，在战斗机和对地攻击机的支援下，它们可以在低空飞行。然而，为了能够有效地在低空飞行，必须确保空中没有敌机。正是因为上述种种原因，获得空中优势才会对盟军如此重要。没有空中优势，"霸王行动"就不可能成功。

　　然而，直到最近，这似乎还是一个非常遥远的目标。1943 年秋，盟军面临的困境是如何摧毁纳粹德国空军，因为单靠轰炸显然无法达到目的，这主要是因为敌人的大多数工厂都位于德意志帝国的腹地，日间轰炸机，甚至夜间轰炸机都无法有效地抵达那里。当时，盟军迫切需要大量的远程战斗机。但直到最后一刻，他们才意识到解决方案实际上就在自己的眼皮底下。

英国王家空军曾有机会制造远程喷火战斗机，但他们认为没有必要，主要是因为轰炸机司令部继续进行夜间轰炸，而且利-马洛里，甚至是空军参谋长查尔斯·波特尔（Charles Portal）爵士漫不经心、缺乏远见。不过，在去年，美国制造的 P-51 野马战斗机就配备了劳斯莱斯生产的梅林 61 引擎，而不是原来的艾利森引擎，这使得战斗机的性能得到了惊人的改善，并且极大地节省了燃油。虽然这种战斗机增加了额外的燃料箱和可抛弃的副油箱，但对它的速度和灵活性几乎没有什么影响。不知不觉间，盟军拥有了一架航程近 1500 英里的战斗机，能够轻松地往返柏林。这是一项力挽狂澜的变革。然而，不幸的是，直到 1943 年夏，美国空军司令才意识到 P-51 野马战斗机的潜力。

那年秋天，盟军面临的问题是，能否制造足够多的野马战斗机，这样一来，局势便可以迅速发生决定性的转变。1943 年 11 月，第一批完整的 P-51B 野马战斗机大队（即第 354 战斗机大队）抵达英国，在接下来的一个月里，他们开始了第一次飞行任务。到了 1 月，第二批野马战斗机大队抵达；接下来，第三批以及已经成为传奇的第四批战斗机大队将在 2 月底取代雷电战斗机大队。3 月和 4 月，还会有更多的野马战斗机大队抵达。

11 月底，就在秋季危机最为严重时，盟军发布了一项新的指示——"论证行动（ARGUMENT）"。它旨在对纳粹德国空军和敌人的飞机制造工业发起全面的集中进攻，但在冬天的大部分时间里，恶劣的天气像裹尸布一样笼罩着英国和欧洲，使进攻受阻。为了让"论证行动"取得成功，必须要有一段时间的高压天气，但直到 1944 年 2 月的第三周，天气才出现了这样的变化。

在这个所谓的"关键周",盟军屡次轰炸了纳粹德国空军的主要工厂,并尽其所能地将德国的战斗机引到空中。这是有史以来最大规模的空战,尽管对德国飞机制造工业的破坏并不像最初希望的那样惨重,但"关键周"的真正胜利是打击了德国飞行员。仅在1944 年 2 月,德国就损失了各种飞机共 2605 架,这个数字令人吃惊。德国完全承受不起这样的损耗;经验丰富的飞行员逐渐减少,而新来的小伙子们还没怎么训练就上了战场,然后被击毙。到了 3月和 4 月,有更多的飞机被击落。德国仍然每月生产数千架战斗机,但随着时间的流逝,德国飞行员有效飞行和战斗的能力正在逐渐下降。就像纳粹德国的其他组织力量一样,纳粹德国空军也到了穷途末路。

与此同时,美国第 8 航空队正受到越来越多的经验丰富的骨干飞行员(例如"加比"·加布雷斯基)的保护。加布雷斯基来自宾夕法尼亚州的石油城,他的父亲是一位波兰移民。在 1939 年 9月德国入侵波兰后,他便决定加入美国陆军航空兵团。然而,他很快就发现,自己根本不是一个天生的飞行员,差点儿被开除。在得到赦免后,他勉强过关,并被派往珍珠港。1941 年 12 月,当日本袭击珍珠港时,他仍在那里,但后来他成功获得批准,被调往英格兰,并被调到英国王家空军。在那里,他曾短暂地加入第 315 中队,也就是波兰喷火战斗机中队。在美国第 8 航空队于 1942 年初抵达英国后,他被调回美国陆军航空军,并加入了第 56 战斗机大队。令人难以置信的是,从那时起,他便成了美国第 8 航空队的王牌之一,不仅成了一名优秀的战斗机飞行员,还成了一名天生的领袖。正是在加布雷斯基等人的领导下,第 8 战斗机司令部在力量、信心和技能方面得到了迅速提升。

然而,随着"关键周"的结束,以及"霸王行动"的迅速到

029

来，对于在接下来的几周和几个月里应当如何使用派驻英国的美国第 8 航空队以及英国王家空军的轰炸机司令部，盟军进行了广泛讨论，甚至出现了恐慌。这两个都是"战略空军"，它们的创建、成立和训练都独立于任何其他部队。然而，自从 1943 年 12 月艾森豪威尔被任命为"霸王行动"的盟军最高司令以来，人们普遍认为，到 1944 年 4 月，必须启动战略空军，以便直接为"霸王行动"提供支援。这引起了战略空军指挥官的深切担忧，尤其是美国战略空军总司令"图伊"·斯帕茨将军，以及轰炸机司令部的总司令、空军上将阿瑟·哈里斯爵士。两人都执着地致力于战略轰炸，并且都是相当具有影响力的重要人物。自从 1942 年初接管轰炸机司令部以来，哈里斯几乎完全自主地指挥自己的部队，他不喜欢让同僚或上级告诉他应该轰炸什么、在什么时间以及在哪个地方轰炸。确切地说，他更喜欢的做法是听取别人的建议，然后根据他认为最适合自己和参谋作出决定的一系列考虑事项，对目标作出自己的判断。

在美国陆军航空军，斯帕茨仅次于亨利·"哈普"·阿诺德（Henry "Hap" Arnold）。到了 1944 年初，他拥有了丰富的经验，受到高度重视，对空军力量有了深刻的思考。他常带着一种聪敏睿智而又具有权威的从容神态。1940 年，他作为第一个美国高级飞行员访问英国，赢得了极大的尊重。之后，他担任美国第 8 航空队的指挥官，随后在北非、西西里岛和意大利的战役中获得了地中海战区的关键指挥权。1 月，他回到英国，成为欧洲战区级别最高的美国飞行员，指挥美国第 8 航空队和美国第 15 航空队。

030　　　对于如何最好地利用"战略空军"来支援"霸王行动"，哈里斯和斯帕茨意见不一。哈里斯认为继续打击德国城市能够最有效地利用他的部队，而斯帕茨认为集中打击德国的燃料来源最有可能使德国的战事工作受阻，进而为盟军的登陆提供帮助。在所谓的

"石油计划"中，斯帕茨的目标是合成燃料工厂以及罗马尼亚的普洛耶斯蒂（Ploesti），它是德国人获取石油的唯一油井。斯帕茨估计，这种持续的攻击将摧毁其 80% 的产量和 60% 的炼油产能。但斯帕茨不太确定实现这个目标需要多长时间。

另外，盟军副总司令、空军上将亚瑟·泰德（Arthur Tedder）爵士赞成运输计划，这个计划将袭击铁路、调度场和桥梁。这个计划概述的很多工作都将留给战术空军，因为他们拥有更小、更快的中型双引擎轰炸机和战斗轰炸机，可以在低空飞行，并打击较小的目标。重型轰炸机的袭击目标是法国和德国的主要城市的大型铁路调度场。盟军对哈里斯的轰炸机部队以所需的精确度打击目标不抱有太大的希望，为此，哈里斯提出了抗议。就在一年前，这种情况还可能存在，但到了 1944 年春，由于导航技术的改进和标示战术的提高，这种情况已经不复存在了。举个例子，1943 年 5 月，第617 中队摧毁了德国水坝，发挥了先驱性的带头作用，他们使用非常快速的蚊式战斗机在低空投放标示信号弹。

对于如何最好地利用盟军的重型轰炸机部队，人们争论不休，但事实上，关于目标优先顺序的意见分歧要次于涉及指挥系统的问题。实际上，所有的争论都与控制权有关，更具体地说，哈里斯，尤其是斯帕茨不愿接受空军中将特莱弗德·利-马洛里爵士的直接指挥，他们都不太喜欢他，更不愿把他尊为空军总司令。

利-马洛里是去年夏天被任命为"霸王行动"的第一批关键指挥官之一。从那以后，很多事情都发生了变化，之前挑选出来的一些指挥官已经被撤换掉了，但盟军远征军空军司令利-马洛里继续任职。他是声明远扬的乔治·马洛里（George Mallory）的弟弟，1924 年，马洛里在试图登顶珠峰的途中英勇丧生。利-马洛里是英国王家空军的职业军官，在第一次世界大战结束时指挥过 8 个中队，也是致力于英美军队合作的第一人。在两次世界大战期间，他还指挥过英国王家空军的军事合作学院。

在 1940 年的不列颠战役①中，利－马洛里负责指挥英国王家空军战斗机司令部的第 12 战斗机大队；后来，他又在英国东南部获得了第 11 战斗机大队的关键指挥权；随后，他被提升为战斗机司令部的总司令。在担任这个职务期间，他开始对盟军进行游说，以便让自己为即将到来的登陆获得联合空军的指挥权。1943 年春，联合参谋部的成员、空军上将查尔斯·波特尔爵士认为，就空中方面来说，在登陆日和此后建立滩头阵地的过程中，最重要的是保持空中优势。英国和美国一致认为空军总司令应当从战斗机司令中选出，鉴于这个合乎逻辑的理由，特别是考虑到他的军队合作背景，盟军便让利－马洛里担任空军总司令。

然而，毫无疑问的是，利－马洛里的自负、野心和讨好上司的本事也在这项任命中起到了一定作用。作为战斗机司令部的头头，他的总部位于伦敦郊区，距离唐宁街、航空部和陆军部只有一箭之遥。此外，1940 年 10 月，波特尔成了空军参谋长，之后一直驻扎在伦敦，他对北非和地中海战区的战术空军的快速发展没有什么经验，也不太了解。而驻扎在英国的战斗机部队的司令利－马洛里便

---

① 即在第二次世界大战期间，纳粹德国于 1940~1941 年对英国发动的大规模空战。这次战争也是第二次世界大战中规模最大的空战，除了英、德两国之外，包括同属英联邦的新西兰、加拿大、澳大利亚、南非、牙买加、斯里兰卡、南罗得西亚等国的空勤人员也加入英军；许多国家（包括波兰、比利时、捷克斯洛伐克、法国等）在被纳粹德国占领后，其撤至英国的空军也加入了保卫英国的行列；当时属于中立的美国也有志愿者组成了"飞鹰中队"与英国并肩作战。战争在 1941 年 6 月 22 日以纳粹德国的失败告终，由于损失过多的战机和飞行员，又无法取得英吉利海峡的制空权优势，更无法借由空袭瓦解英国的地面和海军战力，德国不得不放弃入侵英国的"海狮计划"，开始制定入侵苏联的"巴巴罗萨计划"。

主动找上门，极力游说他，说了很多好听的话。

在被任命的时候，利-马洛里一直与美国友好合作，还使用短程战斗机为美国第 8 航空队的轰炸机护航。然而，到了 1944 年初，随着斯帕茨在英国担任美国战略空军的总司令，盟军开始对利-马洛里的能力产生了严重怀疑，认为他不太善于团队合作，有点咄咄逼人，尤其是对同事和下属，而且倔得像一头骡子。在对他的战时生涯进行仔细考察后，盟军也产生了严重的担忧。他提出了"大编队"战术，即在不列颠战役快结束时集结四五个战斗机中队。尽管这个战术在心理学上具有一定的价值，但在战术上却存在很大的问题，因为这些中队的集结时间要长于纳粹德国空军到达伦敦的时间，因此，在敌人到达目标之前拦截敌人的愿望便落空了。此外，他明知有些人提出的主张是错误的，但他放任不理，并一再削弱战斗机司令部的第一指挥官、空军上将休·道丁（Hugh Dowding）的权威，还策划了针对英国王家空军第 11 战斗机大队司令、空军少将基斯·帕克（Keith Park）的阴谋。这两人都被革职了，成了利-马洛里职业发展的垫脚石。随后，作为第 11 战斗机大队的指挥官和战斗机司令部的总司令，他私自聚藏了 75 个战斗机中队，导致盟军无法有效地在法国和西北欧使用战斗机进行作战。1942 年春，他非常不情愿地最终同意向马耳他和北非派遣喷火战斗机，在那里，这些战斗机迅速发挥了决定性作用；要是他在 1941 年派遣这些战斗机，那么战果就会大不相同。即使在那时，他仍然顽固地拒绝向海外派遣新的台风战斗机和暴风战斗机，因此，没有一架这样的战斗机在意大利作战。

他也没有力促提高喷火战斗机的远程能力，如果他有这种意向和远见，他本来可以很容易地解决问题，改进喷火战斗机的远程能力。相反，派去法国的大量喷火战斗机只能执行短程任务，收效甚

032

微，因为在大多数情况下，纳粹德国空军非常狡猾，拒绝配合它们的空中飞行游戏。英国和美国幸运地拥有一些真正有才华且充满活力的空军指挥官，他们屡次证明自己是战术敏锐、有魅力、出色的盟军成员。遗憾的是，利-马洛里不属于这一类。

1943 年夏，利-马洛里逐步开始担任"霸王行动"的盟军空军司令；8 月，他是第一批获得正式批准以担任关键职位的人士之一。至少可以这样说，这项任命为时过早。12 月，空军上将亚瑟·泰德爵士被任命为盟军最高副司令，直接听命于艾森豪威尔。这是一个聪明的举动，当然，这也反映了空中力量在登陆行动中的重要作用。泰德曾是盟军地中海空军司令部的总司令，在那里，他多次证明了自己的技能、远见、作战能力和机敏。更重要的是，他与艾森豪威尔的共事卓有成效，两人相处融洽；对于"霸王行动"来说，现在不是建立新关系的时候，而是要依靠已经建立的关系。人们普遍认为，由于艾森豪威尔是美国人，那么他的副手应当是英国人。没有人对泰德的任命表示反对。

目前，盟军有两支战术空军用于协助登陆，他们直接受控于
033　利-马洛里，至少名义上是这样。第一支是由刘易斯·布里尔顿（Lewis Brereton）中将领导的美国陆军航空军的第 9 航空队，布里尔顿也拥有在地中海指挥作战的经验。人们对他的整体能力存在疑问，但对于第 9 航空队战斗机司令部年轻而充满活力的指挥官埃尔伍德·"皮特"·克萨达（Elwood "Pete" Quesada）准将，人们却没有疑问。另一支是英国王家空军新成立的第 2 战术空军，把这支空军交给空军中将亚瑟·康宁厄姆（Arthur Coningham）爵士指挥是非常合乎情理的。康宁厄姆是一位坚韧而又同样富有魅力的新西兰人，绰号"玛丽（Mary）"，据说这个名字派生于"毛利（Maori）"。很难想象一个如此富有男子气概的人会起这样一个不

太合适的名字，但康宁厄姆非常喜欢这个名字；当然，他被人们广为所知的就是这个名字。

在盟军发展战术空中力量方面，康宁厄姆发挥了巨大作用。1941 年秋，他接管了英国王家空军的北非沙漠空军，在泰德（他当时担任英国王家空军中东战区总司令）的积极支持下，他花了很多时间和精力设想出为第八集团军提供近距离空中支援的想法，从而帮助他们在沙漠中作战，他认为自己的部队应支援地面作战，但不应直接受控于陆军。他提议说，他的总部和第八集团军的战术总部应当并驾齐驱，和睦共事；不过，陆军可以提出具体的目标要求，但最终决定应当交给空军司令作出。关于这一点，他得到了泰德和丘吉尔的支持。

在得力助手兼参谋长、空军准将汤米·艾尔姆赫斯特（Tommy Elmhirst）的配合下，康宁厄姆也对沙漠空军的作战能力进行了磨炼，取得了让人难以置信的成果。他的中队能够在不同的空军基地以惊人的效率和灵活性向前或向后飞行，从而能够高效地保持队形。可以说，在 1942 年 6 月 21 日的加萨拉（Gazala）惨败和托布鲁克（Tobruk）战败后，正是沙漠空军挽救了第八集团军，使其免遭全军覆没。当第八集团军的残部撤退到埃及和阿拉曼战线时，沙漠空军没有放过追击残部的德国部队——隆美尔的非洲装甲集团军。他们不分昼夜，连续不停地发起进攻，阻止了德军的前进，这不仅让第八集团军得以逃脱，也为他们在阿拉曼战线加强防御争取了时间。

在阿拉姆哈勒法（Alam Halfa）和阿拉曼战线赢得地面战的过程中，以及在第八集团军一路追击隆美尔的部队一直追到突尼斯时，沙漠空军的技术也得到了进一步的磨炼。在那里，康宁厄姆被任命为新成立的北非战术空军的指挥官，美国的拉里·库特（Larry Kuter）准将担任他的副手。他们相处得十分融洽，共同创

034

立了战术空军学说，直到今天，这个学说仍然适用于近距离的空中支援。训练飞行员和机组人员的低空飞行和俯冲轰炸技术是这个学说的一部分，不过，最重要的是空中部队和地面部队之间的通讯方法，这在本质上需要地面车辆中的陆军前进观察员与英国王家空军的地面控制员和无线电操作员协同配合。

在突尼斯、西西里岛和意大利，战术空中力量成了地面进攻行动的一个组成部分，不仅康宁厄姆、艾尔姆赫斯特和库特都推动发展这种力量，其他明智的空军指挥官［例如吉米·杜立特（Jimmy Doolittle）、"皮特"·克萨达等］也是如此。通过提高将地面部队的临时打击请求传递给空军的速度，近距离的空中支援在作战和战术上都得到了不断改善。

因此，凭借开创性的见解、经验以及与泰德的长期合作，"玛丽"·康宁厄姆应指挥第 2 战术空军，这是非常合理的。"'玛丽'·康宁厄姆头脑清醒、很有逻辑，""皮特"·克萨达说，"在甄选人才时，最容易选的人就是他了。"布里尔顿将军也和泰德很熟，他拥有在中东战区作战的经验，这足以确保他能够继续指挥第 9 航空队，尤其是在克萨达担任第 9 航空队战斗机司令部指挥官的情况下。这些战斗机凭借其速度、敏捷性和不断增强的火力，在1944 年成了地面攻击支援的关键部分，并将任何潜在的敌方战斗机——主要的防御飞机——挡在了外围。

虽然这意味着战术空军拥有坚定、强大的领导力，但对于战略空军的角色和指挥系统，以及他们在支援行动中扮演的确切角色，盟军仍然存在着很大的疑问。3 月 25 日，在一次轰炸政策会议上，事态发展到了紧要关头。会上，大家同意由泰德负责协调战略部队的行动，而利-马洛里将负责协调战术计划，这两人都将接受艾森豪威尔的"指挥"——这个措辞最终在 4 月 7 日得到了联合参谋部的批准。

艾森豪威尔受够了与战略轰炸机和空军指挥系统的作用有关的争吵和分歧，他私下威胁说，如果找不到解决办法，那么他将辞职。3 月 25 日，这两个问题终于得到了解决，不过需要获得参谋部的最终批准。艾森豪威尔支持运输计划，而不是斯帕茨的石油计划，因为很显然，运输计划为他的登陆部队提供了更加直接的帮助。斯帕茨承认，攻击合成燃料工厂需要很长一段时间才能看到成果；而且，根据内容更加宽泛的"零秒战区"指示（该指示要求继续打击纳粹德国空军），斯帕茨没有理由不命令他的日间轰炸部队攻击这些目标和调度场。换句话说，在某种程度上，石油计划是可以与运输计划并行不悖的。但事实上，斯帕茨还是很满意艾森豪威尔的决定。在 3 月 25 日的会议后，地中海盟军空军总司令艾拉·埃克（Ira Eaker）中将与斯帕茨共进晚餐，埃克说，他从来没有见过自己的老朋友和同事如此高兴。他向"哈普"·阿诺德汇报说："英国和美国的战略空军不会受控于利 – 马洛里。运输计划优于石油计划，但'图伊'对此并没有感到很不高兴，因为所有人都坚定地同意，打击德国空军将是压倒一切的首要任务。"

035

然而，尽管战略空军现在似乎有了一条前进的道路，但大家还是感到深深的担忧，因为虽然有充分的理由使用重型轰炸机来炸毁调度场，但它们靠近市中心，这意味着平民——包括盟军计划解放的法国公民——将不可避免地在这个过程中被杀或受伤。虽然近几个月来轰炸的精确度大大提高，但仍不足以避免从属伤害。轰炸法国人的做法让盟军的许多战事领导人难以安心，尤其是丘吉尔和他的内阁，他们对这个计划很慎重。4 月 3 日，首相在写给艾森豪威尔的信中说："考虑到他们都是我们的朋友，这可能会被认为是一种非常残酷的行为，会使盟军空军招到人们的极大仇恨。"

艾森豪威尔与泰德进行了讨论。两天后，艾森豪威尔答复说，利用势不可挡的空中力量是我们决定发起登陆的主要驱动因素之一。他写道："我和我的军事顾问相信，轰炸这些中心将增加我们在关键战役中的获胜机会。"他还说，他认为平民伤亡的估算数字（大约高达 16 万）是严重夸大的。"现在，法国人民成了奴隶，"他对丘吉尔说道，"只有'霸王行动'取得成功才能解放他们。较之于任何人，这次行动的成功对法国人来说更加意义重大。"盟军将竭尽全力避免伤亡，不过，他强烈地认为，如果任何行动能够显著提高登陆的成功机会，那么忽视这些行动就是"愚蠢至极"。1944 年 4 月初，虽然盟军拥有巨大的物资优势，但从英国南部到诺曼底的跨海峡登陆行动，看起来仍是一项极其困难和艰难的行动。对艾森豪威尔来说，作为整个行动的最高军官，"霸王行动"还没有达到探囊可得的程度。他肩上背负的责任重担是难以想象的。

*

4 月 19 日，艾森豪威尔向斯帕茨授予了轰炸石油目标的直接权力，而美国第 8 航空队和英国轰炸机司令部的轰炸机袭击了调度场，甚至轰炸了塞纳河和默兹河上的桥梁。与此同时，战术空军的轰炸机和战斗机继续在法国和低地国家摧毁桥梁和铁路，并在发现敌人的任何活动迹象时进行打击。在广袤的西欧地区对这些目标进行打击，既有助于支援"霸王行动"，也可以让敌人猜不透登陆的真正目的地。

4 月 19 日，艾森豪威尔还同意将 V-1 飞弹和 V-2 火箭①发射场作为更优先的打击目标。这些都是纳粹科学家研发的复仇武器。盟军知道这些武器已经有一段时间了，正是出于这个原因，他们将目标对准了位于波罗的海海岸的试验基地佩讷明德（Peenemünde）。自去年 5 月以来，他们一直都在监视正在法国北部建造的 V-1 飞弹和 V-2 火箭的发射场。"十字弓行动（Operation CROSSBOW）"②于去年 11 月开始，专门针对这些似乎是为了直接攻击英国而建造的发射场。攻击英国已经算是够糟糕的了，不过，人们还担心，一旦盟军开始登陆，这些发射场将会转头对准诺曼底。英国人非常担心发射场可能造成的破坏，因此请求艾森豪威尔将摧毁它们排在其他空袭目标（"霸王行动"紧急要求摧毁的目标则除外）的前面。现在，他答应了这个请求。

与此同时，轰炸机司令部有力地反驳了哈里斯之前对缺乏准确性的担忧。5 月 19~20 日夜，轰炸机司令部同时轰炸了布洛涅、奥尔良、亚眠、图尔和勒芒的铁路调度场，取得了相当大的成功。20 日，美国第 8 航空队对奥利、兰斯、列日和布鲁塞尔进行了狠狠打　037

---

① 系一种全新的远程武器，是纳粹德国在第二次世界大战中，在佩愉明德研究中心的韦恩赫·冯·布劳恩博士的带领下研制的，是第一枚大型火箭导弹，也是世界上最早投入实战使用的弹道导弹。它是第一种超音速火箭，为现代航天运载火箭和远程导弹的先驱。1936 年开始研制，1944 年首次向巴黎发射。两天后开始袭击英国，共发射了 1300 多枚。比利时几乎遭受了同样沉重的打击。V-2 火箭长 47 英尺，起飞重量 28000~29000 磅，可产生约 60000 磅推力。推进剂为酒精和液氧，有效载荷为约 2000 磅的烈性炸药，水平射程为 200 英里，最大高度通常可达 60 英里。

② 系英国王家空军在二战中最卓越的贡献之一。当希特勒为 V 系列武器投入大量资金时，英国王家空军也有自己的秘密武器：一种简单的立体照相机。这种照相机能用完美的立体效果拍下敌方阵地的所有轮廓，再借助立体定位、辨识后，即能够有效摧毁纳粹的导弹，使英军在后续诺曼底登陆时更具威胁性，也缩短了整个战争的时程。

击。21 日，也就是"查塔努加酷酷"行动的第一天，美国第 8 航空队声称摧毁了 91 辆铁路机车。5 月 22~23 日，轰炸机再次袭击了勒芒和奥尔良。5 月 25 日，美国第 8 航空队袭击了法国塞纳河沿岸的桥梁和敌人的空军基地。5 月 27~28 日，亚琛遭到轰炸机司令部的猛烈袭击，其调度场遭到严重破坏，通过这条主干道的所有交通都停止了。袭击就这样日复一日、夜复一夜地进行着。

对于纳粹德国空军来说，这确实是黑暗的日子。他们曾作为先锋部队，带领德国在闪电战中取得耀眼夺目的胜利；现在却变成了一个仓库，里面存放着大量日益落后的战斗机，他们既没有充足的燃料，也没有受过足够训练的飞行员。德意志帝国的元帅赫尔曼·戈林（Hermann Göring）① 仍担任总司令，但他的前途早已黯淡，他对希特勒的影响力也在直线下降。不管怎么说，他更像一个称职的商人和马基雅维利②式的政治家，而不是空军司令；和希特勒一样，他不断地改变计划和战术。

在很大程度上，纳粹德国空军是由戈林的第二把手艾尔哈德·米尔希（Erhard Milch）元帅和空军总参谋部管理，尽管日常作战任务交由一些年轻能干的指挥官负责。虽然混乱局面在日益加剧，虽然希特勒提出了越来越不可能达到的要求，但这些指挥官仍拼命

① 系德意志第三帝国的一政军领袖，在纳粹党内具有相当大的影响力，曾被希特勒指定为接班人。在第一次世界大战中，他是著名的"王牌飞行员"，有着击落 22 架敌机的纪录，并获得了德国最高级别的军事勋章——"大铁十字勋章"。战后，他加入了纳粹党，为该党最早的一批成员，并参与了 1923 年的"啤酒馆政变"。1933 年，他创立秘密警察机关"盖世太保"。1935 年，他被希特勒任命为纳粹德国空军总司令，并凭借他个人的政治影响力为空军取得大量预算与独立地位。二战结束后，他被盟军抓获。在审判纳粹德国党政军领袖的"纽伦堡审判"中，他被判犯有"密谋罪"、"破坏和平罪"、"战争罪"和"反人类罪"，并被判处绞刑。

② 系意大利政治家和历史学家，以主张为达目的可以不择手段而著称于世。马基雅维利主义也因此成为权术和谋略的代名词。

地想要力挽狂澜。4 月 21 日，在一次关于补给和采购的会议上，年仅 32 岁的空军上将阿道夫·加兰德（Adolf Galland）——他凭借自己的实力成了一名功勋卓著的王牌飞行员——警告说，盟军不仅取得了优势，而且几乎获得了制空权。他报告说："如今，我们的 1 架战斗机要对付 7 架，而且美国人的战斗机都达到了很高的标准。敌人的每次突袭都会使我们损失大约 50 架战斗机。局势发展到这样的地步，我们会撑不住的。"必须采取行动，他敦促米尔希和采购团队抓紧时间，尽快让振奋人心的梅塞施密特 262 战斗机投入使用。他认为，只有这种神奇的武器才能扭转空战的局面。

数量不断增加的美国日间战斗机让加兰德的战斗机飞行员应付不过来了：配备副油箱的雷电战斗机飞过欧洲西北部，野马战斗机则深入德意志帝国。22 岁的沃尔夫冈·费希尔（Wolfgang Fischer）少尉是与盟军的大规模编队作战的人员之一，他是第 2 战斗机联队第 3 大队的福克-沃尔夫 190 战斗机的飞行员。他来自小镇瓦尔德图恩（Waldthurn），这个镇子坐落在巴伐利亚州古老的上普法尔茨森林（Upper Palatinate Forest）地区。1939 年底，他加入了纳粹德国空军。虽然他最初没有被选中参与飞行训练，而是成了一名"执行一般任务的空军士兵"。在费希尔看来，这是最低级的职务。事实上，他在气象部门工作，负责破译盟军的天气报告，但他继续争取飞行员培训资格。1942 年 2 月，这个梦想终于实现了。然而，直到两年多以后，他才最终被调到前线的一个战斗机中队，他先是重新接受训练，成了一名夜间战斗机的飞行员；然后被指派为临时教员。他写道："这是一条漫长的、有时令人费解的道路。但现在，那条路终于被我甩在身后了。"不管过去的日子多么令人沮丧，较之于大多数刚被派往前线的战斗机飞行员，这么长时间的学徒生涯必定让他拥有了更多机会。现在，鲜有人能够像费希尔那样

038

获得盲飞①证书，或者在他们的飞行日志上达到费希尔那样的飞行时数。

最初，他在意大利——纳粹德国空军的最后几支部队仍驻扎在那里——加入了第 2 战斗机联队第 4 大队。他驾驶着梅塞施密特 109 G-6 战斗机，和战友们被告知将飞往法国南部，但途中，他们遭遇了一些美国的 P-39 眼镜蛇战斗机，费希尔被击落。他跳伞逃脱，安全着地，然后被迫乘火车前往普罗旺斯地区艾克斯（Aix-en-Provence）。在那里，他被调到第 2 战斗机联队第 3 大队，这个大队驾驶的是福克-沃尔夫战斗机，而不是 109 战斗机。5 月 1 日，I 集团军群被派往巴黎西北部的科尔梅耶（Cormeilles）。在将这里作为新的基地后，他们可以每天从空军基地飞向更往西的地方，通常每天飞行两到三架次，主要是为了袭击盟军的战斗轰炸机（德国人称为"Jagdbomber"或"Jabos"）。

一个星期后，德军又调派了两三支中队，这次是调到巴黎西北部博韦（Beauvais）附近的布瓦西勒布瓦（Boissy-le-Bois）。他们驻扎在一个豪华的小城堡里。如果不是因为长期弥漫着紧张和恐惧的气氛，费希尔可能会喜欢这里。每天早上，坐在送他们去空军基地的公共汽车上，他都忍不住去想第二天还会剩下谁。只有在空军基地的扩音器命令他们匆忙起飞时，他才会放下心头的恐惧。然后，地勤人员会赶紧收回伪装网，把网从树上扯下来，费希尔就会爬上飞机，进入驾驶舱，开始行动。那时，他的注意力完全集中在飞行上，他的头脑开始清醒过来。

5 月 25 日星期四，是执行日常任务的日子，他和战友们正在飞行。他们紧急出动，意图拦截正在逼近的敌方轰炸机编队。他们

① 即全凭仪表操纵的飞行。

向上爬升，发现眼前大约有 120 架 B-24 解放者轰炸机，在四个不同的区间飞行，周围至少有 50 架 P-38 闪电战斗机。费希尔的中队只有 5 架飞机。他们保持队形，继续前进，一头冲过 B-24 战斗机的外围。他们声称，在这个过程中，有一架轰炸机受损，开始脱离队形。尽管如此，德国的战斗机飞行员继续飞行，然后攻击一些似乎没有注意到他们的 P-38 战斗机。中队的队长沃尔特沙伊德（Walterscheid）少尉击落了两架飞机，费希尔击中第三架。"它的飞行员立刻跳伞，就像一个包得不是很严实的包裹从我的机翼下面翻滚落下"，费希尔说道。

然而，费希尔的一位战友遇到了麻烦。"开始行进！"费希尔通过无线电对讲机朝他喊道。"开始行进！"但这没有用。此时，更多架 P-38 战斗机聚集在他们周围。追踪者从他的驾驶舱前呼啸而过，他把操纵杆向前推，以几近垂直的角度俯冲下去。没有一个美国飞行员跟在他的后面，这让他大大地松了一口气。他飞回空军基地，并安全着陆，但是，只有另外两架飞机和他一起返回。几个小时后，他们在燃烧着的福克-沃尔夫战斗机的残骸中发现了另外两名飞行员的尸体。

在认识到以这种小规模的编队作战无法取得很大的成效后，5 月的下半月，加兰德将军和第 1 战斗机师的指挥官"贝波"·施密德（"Beppo"Schmid）少将开始派遣由 50~150 架战斗机组成的大型编队，以便拦截盟军的轰炸机。这意味着，他们一次只能攻击一个编队，但这是对抗成群结队的美国战斗机的唯一方式，因为第 8 战斗机司令部在每次轰炸时通常派出多达 600 架战斗机。

5 月 28 日星期天，就在登陆日的一个多星期前，美国第 8 航空队派出了 850 多架轰炸机，对关键的石油目标进行了两次空袭，这些目标主要位于德国东部的马格德堡（Magdeburg）和洛伊纳

（Leuna）附近。在被派去护送它们的 697 架战斗机中，有 56 架是第 354 战斗机大队的 P-51 野马战斗机。虽然第 354 战斗机大队与第 8 航空队一起飞行，但实际上，他们只是从第 9 航空队借来的，并在登陆开始后重新回归第 9 战斗机司令部。不过，在过去的几个月里，他们一直都在与纳粹德国空军较量，并且涌现出越来越多的王牌飞行员。

其中包括 24 岁的迪克·特纳（Dick Turner），他是第 356 战斗机中队的指挥官，刚刚被提升为少校，正在领导着整个中队。他采用的方法与泽姆克上校的相类似，即把中队分成三队，由他们护送第 3 轰炸师的空中堡垒轰炸机，去轰炸位于马格德堡-罗滕湖（Magdeburg-Rothensee）的布拉贝格（Brabag）合成燃料工厂。于是，两队在轰炸机编队的北侧进行掩护，他的分队则在南侧飞行。下午 2 点前后，特纳将自己的红色飞机开到了 30000 英尺，以便进行高空掩护，而其他三个分队保持在 22000 英尺的高空。特纳向外望去，可以看到轰炸机编队在午后的阳光下闪烁着耀眼的光芒，它们划过天空，留下一片航迹云。

他没有看到敌人的任何踪迹，但是，当大批德国战斗机从北面直接攻击第 354 战斗机大队的另外两个中队时，他突然通过无线电对讲机听到了令人激动的消息。他很清楚自己和中队不能放弃南面，于是，他们一边继续飞行，一边听着战友们陆续通过无线电对讲机兴奋地汇报战果。他后来说："对于一名战斗机的飞行员来说，没有什么比只能听别人汇报附近的空中行动，但自己无法参与更加折磨人了。"

最后，战斗结束了，轰炸机击中了目标。但是，就在特纳准备返航时，他的僚机驾驶员发现了一架"来路不明的飞机"——一架敌机正朝他们飞来。这时，特纳命令他的中队进行拦截。当他们靠近这架飞机时，他对它的奇怪形状感到惊讶不已。无疑，这架飞机和他以前见过的任何战斗机都不太一样。它可能是纳粹德国空军的新型喷气式飞机或火箭飞机，也可能是当年 4 月开始服役的Me262 喷气式飞机。不管怎么说，他的 4 架飞机都在盯着这架奇特的飞机。就在这时，它突然以令人难以置信的速度俯冲下来，然后绝尘而去，尽管野马战斗机的真实飞行速度超过了每小时 400 英里，但 Me262 在他们抓住机会追赶之前消失不见了。

特纳安全地返回英国，落地后，他仍在思考刚才在马格德堡上空的所见所闻。他发现，不仅第 354 战斗机大队，就连整个第 8 航空队也在这一天取得了巨大的成功。他们仅仅损失了 9 架飞机，美军击落和重创了 78 架敌机，18 名德国飞行员被杀或失踪。更重要的是，最后一周的飞行表明，地面上被击毁的每架飞机都距离诺曼底海滩至少 500 英里。这意味着，纳粹德国空军的大部分战斗机部队已经被成功地赶回德意志帝国，无法插手干扰诺曼底登陆。盟军将在诺曼底的海滩和树篱发动更为广泛的战役，而空中之战便是这些战役的一部分。盟军取得胜利的关键踏脚石已经铺就。

对纳粹德国空军来说，5 月 28 日是黑暗的一天。他们遭受了毁灭性的损失。接着，传来了更加令人震惊的消息。加兰德和施密德等战斗机领机知道他们损失惨重，也明白他们失去了太多的飞行员，而且已经到了无法弥补的程度。他们唯一的希望在于研发令人眼花缭乱的新型飞机，尤其是 Me262 喷气式飞机。但现在，就连这个希望似乎也被夺走了。5 月 23 日，在伯格霍夫（Berghof）召开的会议上，元首发现米尔希一直在开发 Me262 喷气式战斗机。此前，希特勒曾要求把它建造成轰炸机。当他得知自己被愚弄时，他气疯了。对于希特勒的无理要求，米尔希也很生气，但他不是元首。5 月 28 日（星期日）晚，消息传到了加兰德和施密德那里：

041

一直以来，他们都把未来的希望寄托在 Me262 战斗机上，但希特勒却下令从他们的辖区撤走 Me262 战斗机。"就德意志帝国的战斗机和防御来说，我们在喷气式战斗机上看到了力挽狂澜的希望，"加兰德说道，"但现在，我们不得不埋葬所有的希望。"

第3章　了解蒙哥马利和总体计划

5 月 20 日，星期六，卡罗尔·马瑟（Carol Mather）上尉抵达
了蒙哥马利将军指挥的第二十一集团军群的新总部，即位于英格兰
南部海岸的朴次茅斯附近的布鲁姆菲尔德旅馆。马瑟 25 岁，来自
曼彻斯特，他的父亲是当地一家非常成功的工程公司的老板。老马
瑟还是一位狂热的冒险家、博物学家和王家地理学会的成员，他和
探险家欧内斯特·沙克尔顿（Ernest Shackleton）很熟。这种好奇
和冒险的精神对他的儿子产生了潜移默化的影响。1939 年夏，在
剑桥大学放长假期间，马瑟独自前往加拿大西北部地区的育空和阿
拉斯加探险。宣战时，他正好回国。

回到剑桥是不可能的了；于是，他去了桑德赫斯特王家军事学
院，接受军官培训，并加入了威尔士近卫团。意料之中的是，他非
常具有冒险精神，很快便被盟军突击队给吸引住了，并被派往中东，
随后加入了刚刚组建的英国特种空勤团。1942 年夏，当创建者大
卫·斯特灵（David Stirling）的部队在北非大肆破坏隆美尔的战线
时，马瑟成了核心团队的一员；但在阿拉曼战役中，他短暂地加入
了蒙哥马利（蒙蒂和他的家族是世交）的队伍，他的哥哥也是这个
队伍的一员。回到英国特种空勤团后，马瑟被意大利人俘获，在意大
利的一个战俘营里度过了九个月。后来，他逃跑了，穿越山脉向南走
了 600 英里。1943 年 12 月，在回到英国后，他重新加入了威尔士近卫
团。此时，他驾驶坦克，在约克郡接受训练，以便为登陆行动作好准

备。那年春，马瑟突然被召到伦敦，在格罗夫纳广场附近的克拉里奇酒店与蒙蒂共进晚餐。这位将军想让马瑟加入战术总部担任联络官。

"这是一支非常不错的队伍！"蒙哥马利隔着餐桌对他说，接着悲叹道，"如果你跟我走，那么你活下来的机会不是很大。"马瑟不愿离开空勤团的战友，但他知道这是一个无法拒绝的邀请。于是，5月20日星期六，他来到了蒙蒂位于布鲁姆菲尔德旅馆的营地。

和往常一样，蒙哥马利没有住在旅馆的房间里，而是在空地上搭起的大篷车、帐篷和半圆形活动营房中安顿下来；这让人想起了一战的将军们。蒙蒂从军事美学的角度来布置住所，这样他便可以把注意力集中在手头的工作上。住所很舒适，但绝非奢侈。每一件陈设都给人一种硬朗的感觉。不过，他把主屋的书房作为临时办公室。马瑟就是在这个办公室里和他会面的。

蒙哥马利干脆地说："要么坐下，要么一动不动地站着。"于是，马瑟直直地站着。四周挂着许多装裱好的蒙蒂和战友们的照片，还有一幅隆美尔的彩照。马瑟回想起来，在阿拉曼战役后，蒙哥马利曾邀请被俘的威廉·里特·冯·托马（Wilhelm Ritter von Thoma）①

① 其1891年生于德国，早年曾参军并参加了第一次世界大战；1934年担任德军第一个坦克营的营长；1936年被派往西班牙帮助弗朗西斯科·佛朗哥将军打内战，负责所有地面部队；1939年8月回国，任第2装甲师长。波兰战争中，托马克服了森林与山地的影响，进行大范围的机动，出其不意地打击波军，从而建立了显赫的名声。由于在波兰与西班牙的战功，1940年10月，他被任命为摩托化部队总监。1941年夏，托马任第17装甲师长，参加了"巴巴罗萨"行动。在斯摩棱斯克会战与基辅战役中发挥了重要作用，并参加了莫斯科会战，但最终失败。1942年9月，由于埃尔温·隆美尔元帅告病假，托马担任"非洲军团"司令，协助隆美尔的继任者施图姆将军指挥北非德意联军。10月，英国第八集团军司令伯纳德·蒙哥马利发起阿拉曼战役，德军遭受重创，施图姆在前线因心脏病突发阵亡。11月4日，英军突破了德军防线，托马侥幸未死，但做了俘房。托马以在英国被俘时的不羁行为而闻名，当时他在不知不觉中透露了V-1飞弹和V-2武器计划的存在。托马的余生都在战俘营中度过，1948年4月30日，他死于狱中。

将军共进晚餐。

马瑟看着隆美尔的画像提议说："也许你哪天晚上也会请他吃饭，就像你请冯·托马一样？"

"但愿如此"，蒙蒂一边回答，一边用他那双细长、无神的眼睛严厉地打量着马瑟。

不难理解为什么马瑟会如此心甘情愿地投到蒙哥马利的麾下。从陆军指挥官的角度来看，目睹这场世界大战的机会让人无法抗拒。此外，马瑟还可以近距离地接触所有高级指挥官，这也意味着他将同一群英国和美国的军事指挥官及其他联络官打交道，这些人年龄相仿，性情相似。在马瑟看来，蒙蒂是一个出色的上司，也是一位鼓舞人心、才华横溢的将军。

历史对蒙哥马利并不仁慈，特别是在过去的 50 年里，一位又一位历史学家站出来考问他的品格和军事声誉。在某种程度上，这是他自食其果，因为他那可怕的自负，他对同辈和上级说话的粗鲁方式，以及留在他肩膀上的大大的弹孔。蒙哥马利出生在一个牧师家庭，曾被拒绝加入印度军队，也不像许多同龄人那样随和、有魅力。在战前的英国军队中，教养和个人魅力是非常重要的，而缺乏教养、军旅生涯早期的挫折以及社交上的不圆滑，都导致了他的自卑情结，他用傲慢和自大来掩盖这一点——这种傲慢是由日益增长的自我信念支撑起来的。自律、思路清晰、充分准备和扎实训练是他的格言，这些都对他很有好处。他喜欢给人留下一种绝对自信的印象。此外，他坚持不让任何人在他的面前抽烟，这是彰显他的个性和权威的另一种方式。他的外表也不讨喜：他的身高只有 5 英尺 7 英寸①，鹰钩鼻，眼睛无神，目光不定，音调短促，说话带鼻音，

044

———————

① 1 英寸约为 2.54 厘米，因而 5 英尺 7 英寸大约等于 1.7 米。

连"R"的发音都发不好。他从来都不担心别人对自己的看法，但令人诧异的是，他无疑在英国公众中享有很高的地位和声望。从小到大，他都比较卑微，现在却成了顶尖人物。他用这个结果来回敬那些在他职业生涯的早期把他赶下台的人。相比之下，艾森豪威尔的出身甚至更加卑微，但他努力保持着一种谦逊的态度。蒙哥马利却不是这样。

　　然而，必须承认的是，大多数高级指挥官都是在不择手段的野心和极度自负的帮助下爬到顶峰的。当然也有例外，但并不多。蒙哥马利的最大缺点是不善交际。他根本不知道如何与人交往。他缺乏魅力，但他弥补这个缺点的办法是，完全按照自己的方式说话，而不管自己可能会引起怎样的冒犯。在 1920 年代末，这个表面坚定的单身汉坠入了爱河，结了婚，甚至生了一个儿子大卫（David）。大家都说，蒙蒂很爱他的妻子贝蒂（Betty），如果贝蒂还活着，她可能会磨平蒙蒂最糟糕的一些性格特点，并让他成为一个温和、有同情心的批评者，就像诚心诚意的克莱门汀·丘吉尔（Clementine Churchill）对温斯顿所做的那样。不幸的是，1937 年，贝蒂死于败血症，给蒙蒂留下一个 9 岁的儿子和两个继子。妻子的死无疑改变了他：从那以后，他把自己的一生都献给了军旅。一些人说蒙哥马利患有孤独症，这种病症在 1940 年代还没有被诊断出来。用今天的话来说，他患上的也许就是"自闭症"。很显然，他缺乏确切地读懂别人情绪的能力。在接下来的几个星期和几个月里，这将给他带来各种各样的麻烦。

　　然而，这些性格上的缺点并不意味着他是一个糟糕的将军；但是，自战争结束以来，连续几任历史学家常常把自己对他性格的厌恶之情置于正确的历史判断之上。蒙哥马利被称为"马麦酱"，这是一种使用英国酵母制作的酱，人们对这种酱既爱又恨。当然，现实情况要微妙复杂得多。蒙哥马利可能非常粗鲁无礼，而且从战术上来说，他不是非常富有想象力。但在战争的这个阶段，良好的战略眼光和作战技能对盟军来说可能更为重要。蒙哥马利明白，尽管现在他手下的大多数士兵都受过良好的训练，但大多数都不是志愿兵，他们是被征召入伍的，他们穿上军装，只是因为这是一场他们别无选择、只能参加的世界大战。他也非常了解盟军的口号"我们依靠的是钢铁，而不是血肉之躯"。早在宣战前，英国就决心奉行这个战略，美国也同样支持这个战略。这意味着，他们将利用工业力量和海外领地，利用现代化水平和技术知识来取得最大战果，他们将尽可能多地利用工业化的大规模生产和机械化来从事艰苦的工作，并把前线的参战人数降到最低水平。

这在很大程度上取得了令人难以置信的成功，并且解释了为什么尽管英国和美国在全球多个战场进行了陆战、海战和空战，但参战人数远远少于德国人、日本人，尤其是苏联人。德国和日本拥有庞大的军队，因为他们既没有海外领地，也没有工业力量，他们无法使用任何其他方式作战。因此，他们只能利用地面部队来弥补机械化的不足。然而，在1940年代，这是一种非常低效的作战方式，导致数百万人失去了生命。

然而，由于全球都参与了这场战争，英国自1939年以来一直都在打仗，并且英国的战事领导人坚决要保持工业产量以及打一场工业化、机械化战争（这个决定是非常正确的），到了1944年夏，英国出现了兵力短缺的情况。1939年，英国的兵员是德国的一半，再怎么增加也只能达到这个程度。尽管如此，英国的战事领导人从来都没有忘记他们的战前口号，这一点非常值得称赞。举个例子，在1943年秋，优先得到人力资源的并不是陆海空三军，而是飞机生产部门。当然，英国本来可以从工厂抽调人手，把他们派到前

046

线，也可以减少为前线运送补给的数量庞大的勤务队，但他们并没有这样做，因为这是在效仿德国的做法——看看纳粹的下场：数百万人死亡，在工厂里工作的都是些瘦弱低效的奴工。这样绝对赢不了一场现代化、工业化和技术驱动的战争。

英国是一个民主国家——也许不是 21 世纪初的自由民主国家，但仍然是一个热爱自由的国家——在短短的半个世纪中，英国有了第二次屠杀一代年轻人的想法，这让所有人都十分反感。不过，那些义务兵（现在，蒙哥马利的部队中大约有 75% 是义务兵）将不再因逃跑而在拂晓时分被射杀。他们可能会被送上军事法庭，并被关进监狱，但比起在战场上致残或阵亡，这无疑被认为是一个更好的选择。

这个时候，英国需要传达明确的目标感，并说明为什么保持士气是至关重要的。英国人厌倦了战争，但有一种方法可以让士兵们在最后时刻继续战斗，那就是确保这些人知道他们的将军并没有无情地抛弃他们的生命，并尽可能地使用装备、武器、枪支、食物和医疗用品来支持他们战斗。蒙哥马利很清楚这一点，在评价他的声誉时，必须将这个方面考虑在内。

他还认识到，现在，英国和美国已经开发出一种作战方式，可以摧毁他们面临的德国军队。1918 年，英国拥有世界上最大、最好的海军、空军和炮兵。现在，美国有了一支更大的海军和空军，还有一支配备了更多火炮、规模更大的陆军在戎装待命。不过，目前英国王家空军规模庞大，拥有数千架重型轰炸机、战斗机、对地攻击飞机、多用途飞机和中型轰炸机；在诺曼底登陆中，英国王家海军在战舰和登陆艇的数量上领先，是美国的三倍；英国军队的火炮和 1918 年一样厉害、精湛，在 1918 年的那场战争中，可以说火炮是赢得战争的决定性因素。

蒙哥马利打算猛烈打压德国的反击。他在北非、西西里岛和意大利南部的作战经验告诉他，德国人总会反击，而且几乎是巴甫洛夫①式的反击。他将用猛烈的炮火击垮敌人，然后派出步兵和坦克向前推进，德军必然会用顽强抵抗来阻碍他们前进。当前方部队开始突破时，德军就会从散兵坑和掩体中爬出来，从而暴露自己。到那时，盟军就会向他们全力开火。

047

这样一来，德军就会遭到削弱，不断撤退，并在撤退的道路上留下无数的地雷、炸毁的桥梁、饵雷，以及机关枪小队和狙击手。这些将减慢盟军的前进速度，因为他们不愿意像红军那样牺牲自己的士兵强行前进，而红军却很愿意这样做。在盟军小心翼翼地推进时，德军将准备他们的下一个阵地，整个过程又将重来一遍。

在蒙蒂看来，这个打法有条不紊，虽然需要时间，但他指挥的军队是真正可以做到的。这个打法的核心是，他能承受用多大的火力（包括空军和炮兵）将敌人碾碎。试图模仿德军多样化的小规模作战战术是没有用的，因为英国和美国都在把大规模的工业化带入他们的作战方法。然而，这意味着，作战规模越大，参战部队的数量越多，就越难实现战术的敏捷性。因为任何进攻行动都必须与炮兵、战术空军、工兵、步兵和装甲部队协同进行；而且必须协调时间，以确保前进的部队不会被友军的炮火击中。此外，弹药、储备、燃料都必须提前准备好，以维持必要的火力。相比之下，德军因为财富限制和物资贫乏而获得了机动作战的自由，他们可以更快地组织起来，因为他们需要组织的东西少得多。

---

① 系苏联生理学家，经典条件反射学说的创立者。巴甫洛夫通过一系列在狗身上的实验研究提出了无条件反应的概念。比如将食物放进狗嘴里时出现的唾液反应，是一种大脑反应，是存在于脊柱或者下脑中枢里的感觉和运动神经之间的一种直接连接。

这一切蒙蒂都很清楚，这些考虑事项以及盟军自 1942 年秋以来对德军发起进攻的经验，形成了他对"霸王行动"计划的看法，也塑造了美国、英国和加拿大的盟军参谋人员对"霸王行动"计划的看法，这些参谋人员帮助制定计划并编写详细的内容。

*

"霸王行动"的目的是在法国获得一个立足点，壮大欧洲的盟军规模，然后把德军赶出法国，赶回德国，迫使他们投降。没有人希望德国扭转局势。在上一次战争中，德国最终签署了停战协定，因为他们没有钱了，也没有获胜的希望。1941 年秋，当德国入侵苏联（也就是"巴巴罗萨行动"）失败后，扭转乾坤的时机又一次转瞬即逝。两年半过去了，德军节节败退，在物资上没有希望重获主动权，尽管如此，他们仍在继续战斗。盟军充分了解希特勒及其可怕的政权，他们认为德国很可能会战斗到底。一些人希望德国人民揭竿起义、政权内爆，但鲜有人把赌注押在这上面。

盟军还意识到，虽然德国衰落了，但它仍构成重大威胁，成功登陆法国的道路布满了大量的绊脚石。盟军的策划者完全了解，如果启动跨越英吉利海峡的登陆行动，那么在任何情况下它都不能失败。在敌人发动集中反击之前，盟军需要确保有足够的兵力和物资迅速登陆，以获得一个据点——一个相连的桥头堡——这绝对是第一要务。这不仅意味着登陆日取得了成功（如果蒙骗计划奏效，他们将在战术上取得令人惊喜的成果），而且还意味着在登陆日后的第 1 天、第 2 天、第 3 天和第 4 天都取得了胜利。这些是最关键的日子。当然，盟军还可以考虑进一步的宏伟目标，但是，登陆计划必须是最好的，以便盟军最有希望夺取关键的据点。这一点绝对胜过了所有的一切。

为了实现这个目标，盟军需要左右兼顾，而且登陆行动几乎完全取决于航运的可行性。在准备登陆的过程中，英国集结了大量的军队、武器和战争物资，但是，由于航运能力有限，只有非常小的一部分能够在登陆日和随后的日子运抵诺曼底。除航运外，第二个主要限制是港口设施。瑟堡落入了敌人的手中；规模小得多的乌伊斯特勒昂（Ouistreham）也是如此，它位于诺曼底的最大城市卡昂以北 10 英里处。不过，诺曼底的海滩又宽又深，登陆艇和更大的登陆舰可以在上面卸载士兵和物资。然而，舰艇的数量再次成了一个制约因素。因为登陆艇和登陆舰正被用于地中海战区（也就是意大利战役），尤其被用于太平洋战区，美军在那里对日本进行"跳岛作战"①。虽然美国和英国的工业实力让人叹为观止，但是，他们要建造坦克、飞机、卡车、武器、弹药、军舰、潜艇，还有更多的东西，然后运到大洋彼岸。他们需要获得足够的坦克登陆舰和步兵登陆舰，这不仅仅涉及制造问题，也涉及运输问题。然而，在意大利南部的安齐奥（Anzio），盟军进行了一次事先没有计划的、从翼侧包抄的两栖登陆行动，这次行动导致登陆艇在地中海的停留时间超过了计划的时间；接着，盟军又扩展了"霸王行动"；与此同时，盟军计划在法国南部进行登陆的行动——代号"铁砧

049

---

① 也称"蛙跳战术"，即直升机运载地面部队采取分段起降、逐点突击的方式。因其类似青蛙的跳跃方式，故称"蛙跳战术"。这种战术可以充分发挥直升机的超低空飞行性能好、对起降场要求低等优点，能够避开敌军的防空火力拦截，超越地面障碍，飞抵敌方前沿或浅近纵深，出其不意地实施连续打击。蛙跳战术起源于第二次世界大战的太平洋战争中的越岛进攻。1943 年 6 月至 1944 年 7 月，美国陆军上将麦克阿瑟指挥太平洋盟军，多次采取避实击虚、层层深入的方法，跳过日军重兵防守的岛屿，实施纵深两栖登陆作战，夺取了作战的胜利。

（ANVIL）"——也遭遇了难题。艾森豪威尔希望这个行动能与
"霸王行动"同时进行，以便将敌军从诺曼底引开，从而开放两个
港口，并在法国获得另一个立足点。不管怎样，这些都将对航运造
成进一步的压力。

1944 年 1 月 2 日早上，蒙哥马利回到了英国，从那一刻起，
一场有关后勤的争吵便在他和策划者之间展开了，要想成功登陆，
将装备和物资运送到其他地方，这场争吵是免不了的。不过，重要
的是，他们都明白"霸王行动"的最终计划是一个折中方案，尽
管策划小组里的每一个人都想争取到更多。

这个计划涉及大量的人员，要同空军和海军的首领和策划小组
召开没完没了的会议，还要利用大量的原始资料。在那些夜以继日
工作的人中，就有查尔斯·"蒂克"·博恩斯蒂尔（Charles "Tick"
Bonesteel）上校。博恩斯蒂尔出身于职业军人家庭，在西点军校学
习时，他的成绩在班上排名第九。后来，他以罗德学者的身份在牛
津大学学习。在到达欧洲战区后，他成了一名受到高度重视的行动
策划者。最初，他是在 1941 年初闪电战最激烈的时候来到英国，
当时他是美国陆军工程兵团的观察员，但在第一次提出诺曼底行
动——那时称为"围捕行动（Operation ROUNDUP）"——时，他
加入了海军上将路易斯·蒙巴顿（Louis Mountbatten）① 指挥的联

---

① 系英国海军元帅，东南亚盟军总司令，也是英属印度的最后一位总督，英国近
代最褒贬不一的人物，擅长协调，但被指责为虚荣。蒙巴顿于 1913 年参军，
曾任威尔士亲王的副官。1927~1933 年从事无线电通讯工作。1942 年任盟军联
合作战司令，指挥英国海军袭击驻法国和挪威港口的德国海军。1943 年起任东
南亚战区盟军总司令，协调史迪威、斯利姆、温盖特的行动。1947 年任印度总
督，提出"蒙巴顿方案"。1952~1954 年任北大西洋公约组织地中海舰队总司
令。1955 年任英国海军参谋长。1956 年晋升元帅。1959 年任国防参谋长和参
谋长委员会主席。1965 年退役。

合作战参谋部。因此，早在 1942 年，博恩斯蒂尔就开始研究诺曼底的地形和地势，并在同年 11 月协助策划了登陆西北非的"火炬（TORCH）"行动。随后，他成了 141 小组——这是 1943 年 7 月登陆西西里岛的策划小组——的参谋。后来，他返回英国，担任雅各布·德弗斯（Jacob Devers）中将领导的美国第一集团军的策划负责人。在艾森豪威尔被任命为盟军最高司令后，德弗斯被调职，第一集团军便移交给了奥马尔·布拉德利［Omar Brdley，昵称 050 "布拉德（Brad）"］中将，他是一位值得艾克信赖的老朋友和同事。

当博恩斯蒂尔被暂时调到第二十一集团军群的策划组时，布拉德利刚到英国一个星期。在第二十一集团军群，博恩斯蒂尔之前对诺曼底的研究被证明是非常宝贵的。例如，"霸王行动"的最初计划草案要求在三个海滩登陆，并且只在诺曼底的北部海岸登陆。不过，博恩斯蒂尔早些时候曾在科唐坦半岛基地的东侧确定了另一个登陆点。出于这个原因，蒙哥马利的策划小组一到伦敦，就立刻要他来报到。

到了 4 月 7 日，这个海滩变成了犹他海滩（五个登陆海滩之一），而不是去年策划小组最初提出的那三个。这个小组被称为"盟军最高统帅参谋部"，但资源不足，而且自年初以来，这些早期计划不可避免地得到了进一步的发展。值得注意的是，很多人参与制定了蒙蒂提出的最终计划。在他直接领导的团队的协助下，他概述了基本理念，然后让军队指挥官——负责美军西部战区的布拉德利以及负责英军东部战区和半个加拿大军战区的迈尔斯·邓普西（Miles Dempsey）中将——制定他们自己的计划。军队指挥官咨询了各兵团和各个师的指挥官，制定了更加详细的目标和计划，所有这些都必须在海军和空军认为可行的情况下才能奏效。

4 月 7 日 星 期 五 ， 在 被 戏 剧 性 地 称 为 " 霹 雳 行 动 （THUNDERCLAP）" 的演习计划中，盟军第一次正式提出了"霸王行动"和"海王星行动"的计划以及空军的行动计划。所有高级指挥官都出现在蒙哥马利设在圣保罗学校的总部。蒙蒂说："这次演习的目的是为了让野战部队的所有将领掌握'霸王行动'的整个大纲计划，以确保大家相互理解，相互信任。"他从与隆美尔交战的经验讲起。"在座的一些人非常了解隆美尔。他是一个意志坚定的指挥官，喜欢使用装甲部队作战。"情报显示，他们可能会遭遇敌人的 60 个师，其中多达 10 个师是机动师，配有坦克、突击炮等武器。这些部队拥有最好的装备，接受了最好的训练，具有最丰富的经验，也是唯一的全兵种机动部队。毫无疑问，他们构成了最大的威胁。盟军也可以把希望放在敌人直到登陆日后的第 1 天的黄昏时分才知道诺曼底是主要的登陆前线。蒙哥马利预计，到了登陆日后的第 5 天，隆美尔将在前线附近部署至少 6 个装甲师，如果隆美尔愿意，他可以用这些师发起反击，而且从登陆日后的第 4 天起，这个地区将会出现相当多的敌军。

由于确保登陆行动不会失败是头等大事，因此，夺取据点的侧翼是至关重要的。登陆前线的东侧是卡昂运河和奥恩河，它们大致上由北向南奔流。在另一条河——迪沃河，这条河也由北向南奔流——的河谷前，东面有一块大约 6 英里宽的区域。虽然布雷维尔山脊（Bréville Ridge）不是特别高，但它占据了主要攻击区域的东侧。如果英军能够完好无损地占领奥恩河和卡昂运河上的桥梁，摧毁迪沃河上的 4 座桥梁，并占领中间的高地，那么英军就可以阻止敌军进攻侧翼，这样一来，英军和加拿大军便可以直接向南推进到卡昂或更远的地方。

最初，盟军也曾想过把登陆扩展到奥恩河河口以东的海岸，甚至给它取了个代号"带形海滩（Band Beach）"；但是，在更向东的地方，由于航运到不了那么远，并且敌军布置了很多枪炮，策划者便放弃了这个想法。早在 2 月，占领这个地区的任务就交给了第6 空降师。同时，在西侧，支援犹他海滩登陆行动的美国空降部队可以切断科唐坦半岛，孤立那里的所有德国部队。这不仅可以保护西侧，还有助于迅速占领瑟堡。为此，盟军采用了一个（最终采用了两个）美国空降师。

　　盟军打算让英国军队在登陆日从最东端的海滩——剑滩（Sword）——迅速向内陆推进，并夺取关键城市卡昂。之后，英军和加拿大军将继续推进，占领卡昂南部和东南部的高地。那里是一片开阔的乡村，是建造空军基地的理想之地，也是盟军最终可以东进的地方。盟军推测，德军的大部分装甲师和增援部队将从东部和东南部抵达诺曼底，因此，英军和加拿大军将在卡昂阻止他们，而美国第一集团军以及乔治·S. 巴顿（George S. Patton）将军率领的第三集团军将先向南，然后向东转移。

　　如果航运和补给没有问题，那么这将是一个很好的计划，参与"霹雳行动"的人都没有对这个提议的实质内容挑刺儿。重要的是，首先，盟军需要建立一个据点，然后迅速集结兵力，不仅要防御敌人的集中反击，也要尽快地发动进攻。在集结地面部队的同时，盟军还需要建立前线空军基地，因为空中力量是至关重要的：它是额外的火力，能用于打击关键目标，特别是能够减缓敌人的行动以及阻止敌人集中兵力。

　　然而，对于蒙哥马利的巨大地图（他在地图上用线条勾出了日后将占领的地区），大家存在一些不同意见。蒙哥马利认为，到了登陆日后的第 17 天，也就是登陆后的两周半，他们可以切实夺取瑟堡和科唐坦半岛，以及海岸以南约 50 英里的地方；25 天后，

052

他们可以夺取海岸以南 100 英里的地方；在登陆日后的第 90 天，他们可以占领卢瓦尔河以南和巴黎城门。布拉德利将军反对蒙蒂勾画这样的线条：他认为这使计划显得过于死板，而且没有考虑到意外情况。"如果无法按照计划夺取线条勾出的地区，"布拉德利指出，"那么我们是不是就失败了。"他说得当然有道理，不过，正如他自己承认的那样，尽管勾画了这些线条，但蒙哥马利的简报还是给所有与会者留下了"非常好"的印象，其中包括艾森豪威尔，甚至是布拉德利。

也许应该像布拉德利建议的那样擦除那些线条。但是，根据蒙哥马利在北非、西西里岛和意大利南部的作战经验，分阶段推进，或者更确切地说，让敌人分阶段撤退，是完全合理的设想。不过，这也只是一个设想，或者说是假设。无论如何，没有人公开承认自己对成功登陆有任何怀疑。然而，毫无疑问，风险最大的是最初的那几天，而不是登陆日后的第 17 天或第 30 天。此外，当人们看到这幅地图上勾画了线条并标有前进箭头时，这有助于让他们保持乐观，并获得一种成就感。这是一次庞大的行动；没有比这更高的赌注了，大家都紧张不安、心神不宁，甚至被眼前的景象弄得有点不知所措。在他们的内心深处，对失败的担忧笼罩着他们，但这张地图却让整个行动看起来可行。蒙哥马利站在他们面前，丝毫没有流露出一丁点疑虑。他也许是个难相处、执拗、令人讨厌、傲慢、控制欲强的狗崽子，但他已经让房间里的每个人都激动起来，他们都开始相信己方能够取得胜利。90 天后就会占领巴黎。这将是多么伟大的成就啊！

第 4 章　倒计时

在诺曼底和大西洋壁垒沿线一带，建造工作还在继续：德军仍 在建造更多的地堡，埋设更多的地雷，放置更多的近海障碍物。在大多数情况下，这项工作是由德国劳工服务局"托特组织（Organisation Todt）"① 负责的，特别是瑟堡建设总指挥部（Oberbauleitung Cherbourg），该机构主要负责建造固定的据点，雇佣了近 70000 名法国人。截至 5 月，仅在诺曼底就建造了 913 个不同类型的混凝土炮台，尽管德军之前已经沿着整个大西壁垒建造了令人吃惊的 9671 个永久性混凝土建筑物，使用的混凝土达到了令人难以置信的 1300 万立方米，使用的钢材占德国钢铁总产量的5%。这些炮台耗资 37 亿德国马克——大约相当于今天的 450 亿美元。

然而，隆美尔很清楚，即使增建了这么多建筑物，但和原计划相比，仍存在不足。例如，瑟堡还没有建造适用于 380 毫米大炮的阵地，覆盖犹他海滩的主要防御工事也还没有施工。同样令人沮丧的是，盟军的空军继续袭击铁路机车，炸毁铁路和桥梁，经常中断交通，导致混凝土和其他物资短缺。结果就是，由于黏结剂和添加

---

① 系 1933~1945 年纳粹德国的土木工程和军事工程组织，以其创始人纳粹党工程师弗里兹·托特之名命名。第二次世界大战期间，该组织负责在纳粹德国以及法国到苏联的占领区开展大量工程项目。其因使用强迫劳动而臭名昭著。

剂的用量不足，使得混凝土的品质愈发低劣。这意味着，这些建筑物非常有可能倒塌，而且无法承受炸弹和炮弹的攻击。然而，还有别的选择吗？不仅隆美尔和梅瑟狂躁不安、愤怒不已，就连目前在欧洲大陆的海岸工作的许多工兵也感到焦躁不安。

054　　　　在这些建筑物之间，德军铺设了更多的障碍物和地雷。梅瑟甚至认为，应从荷兰到法国北部海岸建造至少一公里的密集雷区，这意味着，所需要的不是 2000 万枚地雷，而是 2 亿枚。当然，这听起来有些不切实际。在 5 月快结束的时候，德军本应沿着诺曼底海岸铺设四道近海障碍物，但现在只铺了两道，而且仍然存在大片的空旷地区，德军未能在这些地区安插防止滑翔机降落的桩子。

　　在托特组织负责这个狂热的建造活动之时，越来越多的陆军工兵被派去扩充沿海步兵师的队伍，现在，他们正在监督军队挥洒汗水建造大量的据点和其他防御工事。例如，在乌伊斯特勒昂以西几英里的科勒维尔（Colleville）附近，德军匆忙地在高地上建造了一些抵抗力量据点，这些高地距离大海有几英里的缓坡。这些据点是由第 716 步兵师的总工程师路德维希·克鲁格（Ludwig Krug）上校设计的，现在成了第 736 步兵团的总部，由克鲁格负责指挥，大约有 150 名成员。在较矮的山坡上，德军建造了一系列地堡和炮廓①，同时在山顶上建造了一系列的火炮阵地、坦克炮塔（也就是托布鲁克型碉堡）、弹药库、蓄水池、医疗设施、粮仓和指挥地堡，每个挖入式炮廓都由精心设计和修复后的堑壕系统连接起来，外面布满了铁丝网。当然，德军也建造了密集的雷区。抵抗力量据点沿着诺曼底海岸一直延伸下去，从第七集团军的边界东端开始按

①　即用来发射弹药的要塞炮台或装甲结构。最初，该术语指的是要塞中的拱形小室。

时间顺序编号，1 号抵抗力量据点位于奥恩河的远东一侧，17 号抵抗力量据点和矮坡上的炮廓（也就是 16 号抵抗力量据点）占据了很好的位置。往南 8 英里便是卡昂城，往北则可以俯瞰绵延数英里的海岸线。从这里开始，可以清楚地看到芬克尔斯坦雷达站，以及小城杜夫尔（Douvres）及其双尖顶教堂。即使敌人在这里登陆，他们也无法向内陆挺进太远的距离，除非他们控制这个据点，但这不是一件容易的事情。

克鲁格并不是他所在兵团的唯一工程师。另一位是科尼利厄斯·陶伯（Cornelius Tauber）中尉，此刻驻扎在库尔瑟勒（Courseulles）[①]，也就是 20 号抵抗力量据点的所在地，位于 17 号抵抗力量据点的海岸线向西大约 10 英里处。德军向陶伯委派了一项相当具体的任务：建造一系列海滩防御工事，然后充分利用"歌利亚（Goliath）"——一种手推车大小的微型履带车，由电线控制，装有炸药。德军的想法是建造一系列地堡，在这些地堡中，操控者既能受到保护，又能看到足够多的东西，以便把歌利亚送到海滩上坦克、登陆艇或军队集中的地方，然后引爆歌利亚。陶伯拥有大约 25 辆歌利亚。他和部下沿着海岸线在库尔瑟勒建立了一个相当复杂的防御网络，对地下室和低层别墅进行加固，并和之间的地堡连接起来。他们还建造了装有反坦克炮的炮廓，炮廓里的炮弹不是射向海上，而是沿着海滩向下射击。

陶伯也是一位从东线调来的年轻军官。当他接到调任命令时，他在苏联的所有战友都拍了拍他的后背，称他为"幸运的家伙"。"你知道吗，当我在法国加入第 716 步兵师时，"他回忆说，"我意识到自己真的是个幸运的家伙。"与德意志帝国的其他地方相比，

---

① 系法国卡尔瓦多斯省一市镇，属于卡昂区。

055

这里的食物非常好，他几乎可以从黑市上买到任何东西，而且气候温和，兵营十分舒适，因为这是一个被征用的宅邸，有合适的床铺和自来水；他在俄国从来没有体验过这样难得的享受。他接着说："每天早上，我都会想到在俄国作战的哥哥，我感到非常内疚。"陶伯知道盟军马上就要登陆了——他们都知道——但他只是尽量继续完成任务。5 月渐尽，6 月将临，他仍在监督建造工作。他说："大西洋壁垒还没有完工。"

　　5 月 30 日，在从卡昂前往法莱斯（Falaise）的途中，隆美尔视察了驻扎在迪沃河畔圣皮埃尔（Saint-Pierre-sur-Dives）的第 21 装甲师。他仍然希望能够说服元首把西线装甲师的战术控制权交给他，然而，照目前的情况来看，诺曼底仍然只有一个装甲师，那就是第 21 装甲师，其总部设在法莱斯。他那天拜访的人有汉斯·冯·卢克（Hans von Luck）少校。他们俩是老相识了，1940 年隆美尔指挥第 7 装甲师入侵法国时，冯·卢克在隆美尔的侦察营服役。随后，冯·卢克被派往东线，然后在北非再次加入隆美尔的队伍。从上一年秋天开始，32 岁的他就一直驻扎在巴黎，他设法把未婚妻达格玛（Dagmar）也带到了巴黎。他在那里过得很开心，尽管有些沮丧，因为达格玛拥有八分之一的犹太血统，他们不能结婚。5 月，他被派往拜尔莱因将军的装甲教导师，但在最后一刻，他被调到了第 21 装甲师，并被任命为第 125 装甲掷弹兵团的指挥官。第 21 装甲师曾是非洲军团的一部分，但在突尼斯遭到摧毁，后来进行了重建。它的领导阶层和组建再次暴露了 1944 年德国军队的极端作风。该师主要由来自东线的老兵组成，但也有大量的新兵。它的指挥官埃德加·福希廷格尔（Edgar Feuchtinger）少将也是一个好纳粹，但他完全没有装甲部队的作战经验，也没有任何战斗经验。事实上，他是在 1930 年代通过在纳粹集会中部署警备人

056

员而获得晋升的。很难想象还有谁比他更不适合指挥像第 21 装甲师这样囊括了多个兵种的机动师。

此外，第 125 装甲掷弹兵团的新任指挥官曾在多个战场作战，拥有丰富的战斗经验；像冯·卢克这样的部队指挥官弥补了福希廷格尔的很多缺点。冯·卢克说道："福希廷格尔必须把大部分的事情委托给我们，也就是说，把执行命令的任务交给我们这些经验丰富的指挥官。"冯·卢克并不是唯一一个有经验的指挥官；对第 21 装甲师来说，第 22 装甲兵团的指挥官赫尔曼·奥佩伦-布罗尼科夫斯基（Hermann Oppeln-Bronikowski）上校也是一笔巨大的财富。他曾获得过奥运会的马术金牌，曾在苏联作战时被授予骑士十字勋章，并多次证明自己是一名高素质的指挥官。在装备方面，该师被迫节省开支，以便应对德国的供应短缺。另一位军官贝克尔（Becker）少校是一名技术熟练的工程师，他收集了一些旧的法国坦克，并将它们改装成配有更好的装甲设备且更加具有效力的突击炮——也就是履带式车辆，不过上面固定有重炮，而不是坦克炮塔。

5 月 30 日，隆美尔在滨海利翁（Lion-sur-Mer）① 的海岸附近视察了第 21 装甲师和贝克尔的一些新式武器。他们不得不数次躲避从头顶呼啸而过的盟军飞机。"先生们，"他对聚集的第 21 装甲师和第 716 步兵师的指挥官和士兵们说，"从非洲战役和意大利战役开始，我就了解英国人了，我告诉你们，他们将选择一个他们认为我们料想不到的地点登陆。那个地点就是这里，就是这个地方。"随后，隆美尔预计盟军要到三周后才会登陆，但马克斯将军对聚集的人群说，他认为登陆会比那个时候更早到来。"根据我对

---

① 系法国卡尔瓦多斯省一市镇，属于卡昂区杜夫尔拉代利夫朗德县。

英国人的了解，"他说，"他们下个星期天还会去教堂做礼拜，然后会在星期一登陆。"因此，登陆日期将是 6 月 5 日星期一。

在沿着海岸更远的地方，二等兵弗朗茨·戈克尔——他曾在第716 步兵师服役，现在，该师隶属于第 352 步兵师——是守卫科勒维尔附近的 62 号抵抗力量据点的 40 多个士兵中的一位。沿着这片海岸有 13 个这样的抵抗力量据点，它们与其他地方不同，因为在科勒维尔村和维耶维尔（Vierville）村之间有一段长达 5 英里、微微凹陷的海滩（盟军将它称为"奥马哈海滩"），可以通过约 70 英尺高的悬崖俯瞰这片海滩，悬崖向下弯曲，让守卫者可以清楚地看到大海。沿着这一段，有五个可能的出口，或者说离开海岸的路口，两端有两条建好的公路，还有小路通向这两个村庄，这两个村庄距离内陆大约四分之三英里。这里是守军易于忽视的地点，也是试图从海滩进入内陆的登陆者关注的焦点，因此，德军在这里建立了更多的据点。在这些出口之间，德军建造了可以俯瞰大海的轻型防御工事——相较于固定据点而言。不过，德军沿着海滩布置了近海障碍物，布满了厚厚的铁丝网，铺设了地雷，还挖了一条贯穿整个海滩的反坦克壕沟。

在 62 号抵抗力量据点，弗朗茨·戈克尔和战友们听说海上将会有一支庞大的登陆舰队，他们对这个传言非常敏感。它会到这里来吗？没人敢肯定。最近，敌军的侦察机进行了更多次低空飞行，但负责第 352 炮兵团第 1 炮兵连的军官伯恩哈德·弗雷金（Bernhard Frerking）中尉确信，他们精心建造的海岸防御工事非常可怕。他说，任何登陆这里的军队都将遭到摧毁。这对敌人来说代价太大了。然而，大多数年长的士兵不同意这种说法。与此同时，还有更多的防卫工作要做。戈克尔被这一切弄得筋疲力尽，但他的中士坚持认为他们必须修完一条堑壕，这条堑壕连接地下营房和前方地堡；没有它，他们将不得不穿过开阔地带，完全暴露在下方或海上敌人的眼皮底下。

从整体来看，到了 6 月初，第 352 步兵师已经井然有序。它的指挥官迪特里希·克莱斯中将认为士兵们终于作好了战斗准备，尽管训练是匆忙进行的，尽管弹药短缺——由于弹药极度短缺，以至于德军规定每月向炮兵和反坦克部队的每个乘员发放 5 次炮弹。其他缺陷也被遮盖起来。向士兵们发放的很多枪支和车辆都是不同种类的，都是四处搜罗来的；因此，这导致难以为这些装备获取零配件。虽然它们正常运作的时候还不错，但是，一旦出现故障——也许是在战斗的压力下——它们就会成为一个大问题。最后，从海岸 058 到圣洛两侧的山脊，德军已经在这片战场作好了防御准备——虽然不足以抵挡一次大的进攻，但自 3 月以来已经有了很大的改善。历史对第 352 步兵师的能力给予了慷慨评价。他们被称为"精锐"部队。然而，事实远非如此。队伍中的确有一些经验丰富的士兵，一些优秀能干的指挥官，以及一些还算像样的武器，但他们远远没有达到精锐的程度。

在诺曼底海岸，现在有 130 门 100 毫米或以上口径的火炮。这听起来相当多，但实际上，在德意志帝国内部就有大约 15000 门高射炮；跟它们比起来，隆美尔布置的火炮可谓九牛一毛。并不是所有火炮都放置在炮廊内，因为建造炮廊的工作仍在进行，此外，大多数沿海炮台都遭到了盟军的猛烈轰炸。5 月 17 日，隆美尔的司令部建议将那些没有放置在炮廊里的火炮转移到内陆的隐蔽处。

然而，对于如何最有效地击败敌人，隆美尔的下级指挥官们存在着不同意见——不仅仅关于机动部队的使用。在巡视前线时，隆美尔总是反复传递同样的信息：海岸是主要的防线，必须在敌人获得稳固的立足点之前摧毁敌人。相比之下，多尔曼却对他视察的军队说，这几乎是不可能做到的。他对第 6 伞降猎兵团的高级参谋说："考虑到海岸防线还很薄弱，我们几乎无法阻止敌人建立滩头阵地。"多尔曼告诉他们，他们的任务是尽快让部队投入战斗，然后击退敌人。

对于视察的其他部队或诺曼底的装备，第 6 伞降猎兵团的指挥官弗里德里希·冯·德·海德特（Friedrich von der Heydte）上校、男爵感到不太满意。这非常可悲。他说："德军似乎汇集了来自世界各地和 20 世纪各个时期的武器，以便给人营造一种力量强大的印象。"在他的重型武器连里，他拥有来自德国、法国、意大利和苏联的迫击炮以及七种不同类型的轻机枪。冯·德·海德特 5 月初才抵达诺曼底，但随后在瑟堡附近举行的一次演习中，马克斯将军严厉批评了他的部队。"炮台里没有火炮，"他对冯·德·海德特说，"弹药库里没有弹药，雷区没有铺设地雷，还有大批穿着制服的士兵，但在他们之中，几乎没有一个可以被称为战士。"在第 325 步兵师的战区内，汉斯·海因兹少尉对所见所闻也感到不太满意。他说："地堡里的大部分机枪都是缴获的武器，它们并不符合我们的弹药标准。"这番话给军需官和使用这些机枪的部队带来了进一步的困难。"有几个地方的带刺铁丝网和堑壕还没有完工，人员配备也不到位。"

6 月 4 日，海因兹陪同一名参谋军官（这名军官来自马克斯指挥的第 84 军司令部）视察一个又一个据点。在视察过程中，一个中士走上前说："少校先生，我们有足够的弹药阻止第一拨、第二拨、第三拨、第四拨，甚至是第五拨英国军队。但在那之后，他们会从头顶把我们的门踢开，那时我们就完了。"

隆美尔仍在努力纠正这种情况，并试图夺回对最重要的装甲部队的控制权。6 月 3 日，他在巴黎拜访了冯·伦德施泰特，说他打算开车去贝格霍夫会见希特勒，请求提供更多的装甲和高射炮，并试图说服元首把装甲师的战术指挥权交给他。鲁格上将在 6 月 4 日星期天的日记中写道："在整个防御结构中，最薄弱的一点仍然是没有将装甲师别在隆美尔的腰带上，以便他们能够立刻参与攻击，从而为步兵提供急需的支援。"

*

在大洋彼岸的英国，登陆的倒计时已经开始了。到了 5 月的第三个星期，训练基本完成，准备空投或登陆的 15.5 万名士兵也已经转移到了海岸附近的营地，他们将从那里行军登船。盟军进行了非常全面的训练。士兵们练习了如何从登陆艇上跳下来，使用实弹进行操作，并使用其他武器进行了训练，每一项训练都在尽可能接近真实战场的情况下进行。意外是不可避免的，一些士兵们受了重伤，甚至死亡。例如，萨福克步兵团第 1 营在苏格兰西海岸接受王家海军、坦克和炸药等方面的训练。先遣排的下士亚瑟·布利泽德（Arthur Blizzard）也是其中一员，他负责用机枪扫射其他步兵，并在他们演练海上登陆时引爆炸药。有一次，一枚炸弹在其中一名士兵（王家工兵的下士）逃脱前被错误引爆。"下士的胳膊断了，躺在地上，"布利泽德说，"我一整天都躺在那里陪着他……这次训练告诉我们什么是战争。他只是和军官们一起观看训练进展。"后来，那位受伤的下士在医院里死去。

060

然而，此时兵团正位于一个"集合待命区"，也就是人们熟知的集结区，这个地区位于朴次茅斯附近的哈文特（Havant），他们将从朴次茅斯港前往法国，并将和近卫军一起在那里坚守岗位。布利泽德的一些同伴想逃跑，但他不感兴趣，并告诉他们不要犯傻。

即使这次他们设法躲开了，他们最终还是会被送去法国。布利泽德认为，和同伴一起去法国总比和陌生人一起去要好。

在离哈文特不远的地方，舍伍德游骑兵团（Sherwood Rangers Yeomanry）也被限制待在位于新福里斯特区（New Forest）斯维（Sway）市的一个营地里。舍伍德游骑兵团是一个本土兵团，和美国国民警卫队（American National Guard）一样，也只是在和平时期接受过兼职训练。大多数成员都是农民和诺丁汉郡的本地人，他们曾在 1939 年 9 月被派往巴勒斯坦，并带着马匹前往海外。早在 1940 年，他们就参加了一场骑兵冲锋，拔出佩剑冲向阿拉伯起义者；随后，一场令人尴尬的惊慌逃跑导致指挥官命令他们把战马送回家。为了化解他们的伤痛和耻辱，英军开始将他们重新训练成炮手，但这些骄傲、彻头彻尾过时的骑兵将此视为一种极大的侮辱。他们曾在托布鲁克之围①和克里特岛服役，后来又接受了坦克作战训练。1942 年 8 月下旬，他们在阿拉姆哈勒法战役②——这是隆美尔在埃及突破阿拉曼防线的最后一次尝试——中加入了装甲团，尽管事实证明他们有些鲁莽、粗野，但他们在阿拉曼战役中表现良好，于是一直留在第八集团军，直到 1943 年 5 月在突尼斯取得胜利。那时，他们已经变成了一支经验丰富、熟练且专业的部队，隶

---

① 系第二次世界大战中在北非西部沙漠战场进行的漫长的围城战，由轴心国军队包围盟军位于托布鲁克的部队。托布鲁克是昔兰尼加最具战略意义的港湾，对德军来说，它是良好的补给基地；对英军来说，它是通往埃及的要塞。英国中东军总司令韦维尔决定坚守托布鲁克。1941 年 4 月 11 日，隆美尔包围托布鲁克并发起进攻。围城持续了 240 天才被第 8 军的十字军行动解除包围。

② 系 1942 年 8 月 30 日至 9 月 5 日在艾尔阿拉敏南部的沙漠中爆发的战役，该战役是第二次世界大战期间北非战场诸战役的一部分，由陆军元帅埃尔温·隆美尔指挥的德国非洲军团对蒙哥马利将军指挥的英军第 8 军团发起的一次旨在围歼后者的行动。这是轴心国在北非战场的最后一次大规模攻势，最后盟军借助强大的空中火力和制空权获得了胜利。

属于独立的第 8 装甲旅。此后，他们被送回英国，一直在为诺曼底登陆进行训练，并被指定与第 50 步兵师一起在黄金海滩（Gold Beach）登陆。黄金海滩是英军和加拿大军袭击的三个海滩中最西端的那一个。

从战争一开始，斯坦利·克里斯托夫森（Stanley Christopherson）少校便是这个兵团的成员之一。他现年 32 岁，指挥着第 A 中队。他聪明、游历广、富有魅力。克里斯托夫森很容易结交朋友，是一名有天赋的运动员，在社交方面也很圆滑。他也在危机中证明了自己是一个不错的人，他的勇气和冷静使他成了理想的军官人选。他还有一种适度的如钢铁般坚定的竞争精神，并且是兵团里一直努力提高自身素质的军官之一。在战争初期，克里斯托夫森和他的战友们可能像个外行；但此后他们刻苦训练，吸取教训，把自己磨炼成英国军队中装备最精良的兵团之一，这也正是他们成为先头部队的原因。

克里斯托夫森对他的部下进行了良好训练，他坚持要求每个士兵，不管他在什么岗位服役，都要精通枪炮和无线电操作。几年前，舍伍德游骑兵团采用的是一种主要基于骑马和板球的无线电编码；这种编码已不复存在了。克里斯托夫森说："坦克战的成功依赖于准确和快速的火力，但在任何类型的战斗中，无论是部队、中队、旅还是团，都是不可能做到的，除非具备良好的无线电通讯。"正如他指出的那样，这只能通过训练来实现。

5 月 20 日星期六，舍伍德游骑兵团的所有军官被告知盟军将在 6 月 5 日登陆，并获得了计划的大纲，了解了各自的具体角色和目标，尽管仍然不知道登陆地点。盟军在一个沙盘模型上演示了攻击计划，他们给所有村庄和城镇编了代号。克里斯托夫森的一位部队指挥官约翰·贝塞尔-福克斯（John Bethell-Fox）对他说："我

061

跟你打赌，我们十有八九会在诺曼底登陆。我认得那个海岸线。"

　　沿着英格兰的南部海岸，士兵们现在正位于"集合待命区"，这个地区大致与他们要登陆的海滩对齐。在西边更远处的德文郡驻扎着美国第 4 步兵师，他们将在科唐坦半岛的东部基地，也就是代号为犹他（Utah）的海滩登陆。再往东，在多塞特郡（Dorset），驻扎着美国第 29 步兵师和第 1 步兵师，他们将在登陆前线冗长且可能是最棘手的海滩登陆，也就是代号为奥马哈的海滩。目前位于汉普郡的舍伍德游骑兵团将和第 50 步兵师一起在黄金海滩上岸；驻扎在英格兰海岸以东不远处的加拿大军将在更远的朱诺（Juno）海滩登陆；亚瑟·布利泽德和萨福克步兵团第 1 营（第 3 步兵师的一部分）将从肯特郡赶来，并在剑滩登陆。

　　在计划跟随美国第 1 步兵师（该师被称为"大红一师"①）登陆的士兵中，有一对双胞胎兄弟亨利·"迪伊"·鲍尔斯（Henry "Dee" Bowles）和汤姆·鲍尔斯（Tom Bowles）。他们来自亚拉巴马州的拉塞尔维尔（Russellville），已是参加过突尼斯战役和西西里岛战役的老兵。难以置信的是，诺曼底是他们的第三次两栖登陆战役。这一路走来，他们都非常放松、遇事泰然。他们曾在北非和西西里岛的不同连队服役，不过，汤姆最近被调到第 1 步兵师第 18 步兵团第 2 营的总部连，在那里，他和双胞胎兄弟一起当电工。这意味着，一旦他们迁移到任何地方，他们的工作就是负责接通营总部和各个连的电话线。"是的，"汤姆说，"现在，我们在同一个连做同样的事情。"

　　实际上，兄弟俩在这个世界上无依无靠。他们出生在一个贫穷

---

① 第 1 步兵师是美国陆军中历史最悠久的师，曾立下了不少战功。由于这个师的标志有一个很显眼的红色阿拉伯数字 1，因而被称为 "The Big Red One"。

的家庭，在遭受经济大萧条的南方腹地长大。12 岁时，他们失去了一个哥哥，而后失去了母亲；在他们参军后不久，他们的父亲于1940 年去世。一个姐姐结婚了，他们已经很多年没见过她了。"迪伊"·鲍尔斯说："我知道有些人总是牵挂着回家和妻子、家人团聚，但我们没有什么好牵挂的。第 18 步兵团就是我们的家。我们知道，在战争结束之前，我们是回不去的。"

此时，他们被限定待在一个营地里，这个营地位于多切斯特（Dorchester）以东几英里的布罗德梅恩（Broadmayne）村庄的边上，但在最后一个晚上的空闲时间，他们和几个朋友去了纽因酒馆，这是在邻近的西奈特（West Knighton）村新开的一家酒馆。汤姆是一名业余的摄影爱好者，当他们坐在外面，手里举着大酒杯时，他先给"迪伊"和他们的铁哥们多森（Dotson）、约翰·R. 拉姆（John R. Lamm）拍了几张照片，然后两兄弟摆姿势，拉姆替他们拍照。他们是一对英俊的双胞胎，不管未来将会发生什么，他们似乎对这个世界毫不操心。相反，他们的脸上有一种漫不经心甚至自信的神情。如果他们有烦恼，他们肯定不会表现出来。

往东 15 英里是布兰福德营，第 116 步兵团最终在那里完成了训练。第 116 步兵团隶属于第 29 步兵师，负责带领美国第一集团军与大红一师一起在奥马哈海滩登陆。然而，与第 1 步兵师不同的是，第 29 步兵师——和第 116 步兵团——是新加入战斗的，迄今为止，他们完全没有经过检验。不过，鲍勃·斯劳特（Bob Slaughter）中士还是非常自信的。他写道："士兵们经过磨炼，干劲十足，随时准备出发。我们确信，凭借我们的训练和技能，大多数人都能在战争中幸存下来。"虽然斯劳特是一名中士，但他只有19 岁，他于 1941 年 2 月 3 日（也就是他 16 岁生日那天）加入了美国国民警卫队。他的动机是出于经济原因，而非爱国主义。在

1930 年代，很多美国家庭都艰难度日。斯劳特的父亲是一名木材推销员，他在田纳西州的布里斯托丢掉了工作，举家搬到了弗吉尼亚州的罗亚诺克。最终，他加入了天际线木材公司（Skyline Timber Company），尽管职位较低，薪水也有所下降。他的健康状况越来越差，需要四个孩子帮忙养家。刚开始，斯特劳负责送报纸；后来，他在锯木厂找了份每天 50 美分的工作。

当他加入国民警卫队时，他的父母很不高兴，但年幼的鲍勃意志坚定，而且军队的酬劳不容小视，于是他们签字同意了，他便加入了 D 连，也就是第 116 步兵团第 1 营的重型武器部队。10 个月后，美国参战。又过了 10 个月，第 116 步兵团和第 29 步兵师的余下部队一起驶往英国。此后，斯劳特和他的战友们先是在苏格兰，然后在英格兰的西南部为登陆进行训练。他们的健康状况好得不能再好了。他们装备精良，士气高昂。从 1944 年的年初开始，他们就频繁进行两栖攻击训练。但是，他们没有进行坦克或炮兵方面的训练，也没有学习如何在诺曼底的小块田地上发起进攻，这些田地上耸立着许多高大的树篱，尽管他们驻扎在德文郡，尽管那里有许多小块的田地和高大的树篱。

6 月 1 日星期四，第 116 步兵团关闭了位于布兰福德的指挥部，突击部队转移到靠近海岸的临时营地。就在一个月前，艾森豪威尔、布拉德利将军和其他高级指挥官观看了士兵们进行的一次两栖攻击演习；随后，盟军最高统帅和其中的一些士兵进行了交谈，其中就有鲍勃·斯劳特中士。

"中士，"艾森豪威尔问道，"你和你的士兵准备好出发了吗？"

斯劳特厉声回答道："是的，先生，我们准备好了！"

*

　　观看士兵演习并发表鼓舞士气的讲话的高级指挥官并非只有艾森豪威尔和布拉德利。从 5 月 23 日开始，蒙哥马利将军走遍了英国的大部分地区，对他的部队进行了最后一次视察，并于 6 月 2 日星期五上午在布鲁姆菲尔德旅馆（也就是第二十一集团军群的总部）完成了视察。

　　现在，轮到他的直属工作人员接受视察了，他们像小学生一样盘腿坐在绿色的防水帆布上，这里以前是一个草地网球场。他们满怀期待地等待着他的到来。他们的面前停着一辆吉普车，一组踏板连接到吉普车的后备厢，在这个临时讲台的后面是一片枝繁叶茂的栗子树。阳光明媚，空气清新——这是英国初夏的最好时节。

　　蒙蒂的车停在他们身后，在一名助手的陪同下，他走到前面，所有人（无论是将军还是上尉）都站起来。他示意他们重新坐下，然后爬上吉普车的后备厢。除了这次的最后视察外，蒙哥马利还花了很多时间走访英国，与即将在他手下作战的士兵们交谈。这引来了很多批评，因为人们认为蒙蒂应当把精力放在计划的细枝末节而不是为了满足自己的自尊心到处闲晃。无论如何，军队指挥官应当出现在士兵们的面前，发表诚实的讲话，并向士兵们清楚地说明正在发生的事情以及他们在未来战斗中所扮演的角色，这是至关重要的；当然，这个举动在东南亚被证明是非常成功的，在那里，英国将军比尔·斯利姆（Bill Slim）和新任盟军最高指挥官、海军上将路易斯·蒙巴顿勋爵都设法走访部队，结果士气明显上升。利-马洛里和拉姆齐有时会感到懊恼，因为蒙哥马利并非总是能够随叫随到；但事实上，在 4 月 7 日提出行动计划后，蒙哥马利在这个过程

064

中的作用已基本完成。详细的计划不是由他负责制定，而且海军行动的复杂性意味着到了4月7日，盟军必须将地面部队的行动计划确定下来，之后不能进行重大修改。这表明，此后已经没蒙哥马利什么事了。所以，提高军队的士气和信心能够让他很好地打发时间。

此刻，蒙蒂简要介绍了战争中已经发生的事情、正在发生的事情，以及他对最后结局的设想。在倾听了他简洁明了的讲话后，卡罗尔·马瑟说道："他的演讲很有技巧，清楚明了。每个人都清楚地知道自己的境况、要去的地方和扮演的角色。'战争的迷雾'暂时散去了，未来事件的帷幕拉开了。"蒙哥马利总结了五个要点。第一，与盟友团结合作的重要性。第二，他们都要记住保持身心健康，相信事业的正义性。第三，他们都应当充满自信：他们训练有素，装备精良，并且作好了准备。第四，他们应该对为之奋斗的事业充满热情。最后，他们应该把所有的一切都投入到全面战斗中，特别是在登陆的最初阶段，也是最关键的阶段。

然后，他停顿了一下，台下鸦雀无声。卡罗尔·马瑟细想着眼前任务的艰巨性，觉得时间好像暂时静止了。

蒙哥马利继续吟诵着战士诗人、蒙特罗斯侯爵詹姆斯·格雷厄姆（James Graham）的诗："要是一个人既太畏惧命运，又或者感到希望太渺茫，那么他就不敢放胆一试，不敢接受成功或失败。"他抬头看着他们。"祝你们好运。祝你们在欧洲大陆获得成功。"

"然后，每个人都爆发出欢呼声，"马瑟写道，"我们知道我们将取得胜利。"

第 5 章 天气和风力

在拟定的登陆前线以东，勒阿弗尔（Le Havre）和塞纳河河口 以南，距离卡昂大约 50 英里的地方，有一个小村庄叫圣埃蒂安拉利耶（Saint-Étienne-l'Allier），它坐落在厄尔河谷。和诺曼底的大多数村庄一样，它被郁郁葱葱的农田包围着，耸立着拥有数百年历史的石砌房屋和一座教堂。无论从哪个方面来看，它都是完全不起眼的。然而，它现在是苏尔库夫游击队（Maquis Surcouf）的总部。苏尔库夫游击队是一个抵抗组织，在过去的一年里壮大了很多。而且由于其地理位置——它驻扎在许多德国援军前往诺曼底的必经之路上——它似乎在即将到来的战斗中扮演着重要的角色。

罗伯特·勒布朗（Robert Leblanc）是苏尔库夫游击队的公认领袖。他是乡村咖啡馆和杂货店的老板，现年 34 岁，英俊潇洒，浓密的黑发从前额向后梳。勒布朗患有肺结核，因此在战争开始时被豁免服兵役，他和妻子丹尼泽（Denize）以及四个年幼的孩子继续留在村子里。作为一名狂热的爱国者，他从一开始就被德国侵占法国给激怒了，并下定决心不要袖手旁观。在乡村牧师阿贝·梅杜拉（Abbé Meulan）和木匠罗伯特·萨姆森（Robert Samson）的帮助下，他开始实施一些小规模的反抗行动，例如在门上画代表胜利的 V 字，撕下德国的海报。勒布朗拒绝出售亲德和亲维希政府的报纸。这三人还藏匿了被击落的盟军飞行员，并帮助他们逃跑。到了 1943 年春，其他人开始拜访他们，并加入他们的运动。大多数都是为了躲避强迫劳动服务的年轻人。纳粹德国于 1943 年 2 月推出了强迫劳动服务计划，强制要求所有 18 ~ 25 岁的男性在德国工作两年，在那里，他们只能得到最低的工资、最低的口粮，并且环境恶劣，必须像奴隶一样工作——他们基本上就是奴隶。在法案通过后的几天内，纳粹德国征召了第一批年轻人，共 25 万人。不用说，许多年轻的法国人逃到了山里。很快，一个新词传遍了整个法国，从阿尔卑斯山和比利牛斯山脉传到了遥远的诺曼底山谷：在科西嘉语中，"maquis" 指的是多山的灌木丛地带，但后来它被用来描述那些逃离德国的强迫劳动，转而加入抵抗组织的年轻人群体。

自 1942 年 11 月以来，整个法国都被德军占领了，但国家的日常管理是由总部位于维希的法国政府负责的，维希政府由年迈的独裁者贝当元帅和他的总理皮埃尔·赖伐尔（Pierre Laval）领导。在前地方官员让·穆兰（Jean Moulin）设法前往英国会见夏尔·戴高乐（Charles de Gaulle）[1] 将军之前，法国的抵抗运动一直都是无组织的、孤立的、混乱的。戴高乐是"自由法国"[2] 的领袖，并且自称是在伦敦建立的法国流亡政府的首脑。虽然穆兰是左翼分子，但他认为最好的行动路线是让所有的抵抗者都拥护右翼分子戴高

[1] 系法国军事家、政治家、外交家、作家，法兰西第五共和国的创建者。法国人民尊称他为"戴高乐将军"。戴高乐生于法国北部诺尔省的里尔，1912 年毕业于圣西尔陆军学校。他于 1913 年从军，参加第一次世界大战。第二次世界大战期间，他创建并领导自由法国政府抗击德国的侵略；战后，他成立了法兰西第五共和国，并担任第一任共和国总统。在担任总统期间，他提倡东西方"缓和与合作"，主张与苏联以及东欧国家进行贸易和文化交流。他还主张美军退出越南，并周游许多国家以加强法国国际地位。1970 年 11 月 9 日，戴高乐逝世。

[2] 系第二次世界大战期间，戴高乐领导的法国反纳粹德国侵略的法国抵抗组织。1940 年 6 月法国沦亡后，戴高乐在伦敦发表《告法国人民书》，呼吁人民继续抗战，从而标志着自由法国运动的开始。

乐。随后，他回到了法国，试图把这些迥然不同的运动整合成一个
更有组织、更协调的整体。在探索的过程中，穆兰取得了令人难以
置信的成功。1943 年 7 月，他被出卖、俘虏，遭到折磨，然后被
杀害。从那以后，抵抗组织再次分裂，主要原因是德国人和维希政
府为了消灭抵抗组织采取了越来越残酷的措施。除了 20 万德国占
领军外，到了 1944 年初，维希政府还拥有 50000 多名宪兵、25000
名机动预备队成员和大约 30000 名法兰西民兵———一种新的准军事
法西斯民兵，其成员没有经过良好的训练，纪律也不严格，但致力
于开展残酷的镇压运动。1944 年下半年，从很多方面来看，法国
都陷入了内战。

　　管理和协调逃出来的年轻人，以及针对极端和不同的政治动
机、自我意识和期望，就如何开展抵抗运动达成一致，并不是一件
容易的事情，尤其是在许多领导人已经死亡，而其他领导人身在伦
敦或自由法国北非分部的情况下。然而，到了 1944 年春，情况有
所好转。法国成立了军事行动委员会，旨在帮助统一法国，而不是
控制武装抵抗活动。之后，法国形成了一个共同的指挥结构，称为
"法国内务部队（Forces françaises de l'intérieur）"[①]；不久后，它
便渗透到公众的意识之中。人们广泛佩戴"法国内务部队"的臂
章，并在建筑物、传单甚至车辆上大量粉刷组织名称的首字母缩写
"FFI"。法国内务部队的名义领导人是皮埃尔·柯尼希（Pierre
Koenig）将军，他是自由法国的指挥官。1942 年，他带领士兵在

068

---

　　① 系第二次世界大战后期参与并推动法国抵抗运动的战斗组织和游击队。在自由
　　　法国，法国内务部队较多地被组建为轻型步兵单位，并作为自由法国抵抗力量
　　　部队在人力上的补充。法国内务部队较多负责驻守或防卫战线上非冲突热点的
　　　位置。1944 年 10 月，随着绝大部分的法国领土得到解放，法国内务部队被并
　　　入正规的法国第一集团军，并结束了在第二次世界大战中作为法国非正规军的
　　　时代。

利比亚的比尔哈凯姆（Bir Hacheim）英勇地抗击隆美尔的军队，后来又在阿拉曼作战。任命他担任领导人是一个明智的决定，尽管从实际意义上来说，这并没有起到什么作用，因为柯尼希身在英国，而不是法国。尽管如此，到了 1944 年 5 月，军事行动委员会和法国内务部队的成立都发挥了很大的作用，让抵抗运动有了一个统一的使命感，尽管政治目标仍然存在巨大分歧。

然而，成为任何抵抗组织的领袖，仍然是一项极具挑战性和危险的任务，就像苏尔库夫游击队的公认领袖罗伯特·勒布朗所意识到的那样。现在，他直接指挥着大约 2000 名士兵，不断受到背叛的威胁，而且一直都没有足够的武器和弹药，只能暂时通过第三方与上级当局和英国空投部队取得联系。然而，在即将到来的登陆行动中，人们希望勒布朗和他的士兵们能够竭力阻止德军的涌入。只要稍微想一下就可以预见到，如果被抓，他们不会被关在战俘营里，而是会被折磨到死。

*

在大洋彼岸的英国，如何对待法国人是盟军在登陆前夕面临的众多难题和挑战之一。在戴高乐于 1940 年 6 月抵达伦敦后，英国人便一直为他提供住所和支持。1942 年 7 月，英国人和美国人都谨慎地承认了法国民族解放委员会和戴高乐的政治组织，但拒绝把它视为临时政府。尽管戴高乐是一个勇敢、敬业和天生的领袖，但在这些黑暗的战争岁月里，他没有采取行动来博得那些帮助他和法国的人的好感。他傲慢、易怒、脾气暴躁，他的自尊心之强和自我意识之深都快赶上了巴黎的面积。他对别人给予的帮助很少表示感激，反而摆出一种令人惊叹的理所应当之态。

丘吉尔和英国人大体上是宽容的，但美国人（尤其是罗斯福总统）却怀有深深的不信任感。罗斯福最关心的事情是，解放后的法国人应该民主地选择新的政治领袖。他不认为法国民族解放委员会获得了授权，也不相信戴高乐是解放后的法国人希望簇拥的领袖。他有自己的理由。穆兰认为，抵抗组织应该追随戴高乐的旗帜；但是，自从穆兰去世后，抵抗运动的许多领导人都持有不同的看法。事实上，甚至在 1944 年 3 月，全国抵抗委员会（穆兰根据戴高乐的路线建立的组织）就已经不假思索地驳回了戴高乐的主张，即由他在阿尔及尔的总部控制军事行动委员会和法国内务部队。

069

艾森豪威尔曾请求允许他和法国民族解放委员会进行谈判，最终罗斯福给予了批准，但谈判的目的只能是为了帮助法国恢复法律和秩序。总之，解放区将由占领区盟军政府进行管理，该政府曾管理意大利的民事事务。没有人承认法国民族解放委员会是临时政府，也没有人和这个组织分享"霸王行动"的细节。此外，法国民族解放委员会的密码系统很容易被破解，这增加了人们对可能泄露情报的担忧。火上浇油的是，英国很明智地对所有中立国或同盟国的外交代表（英国属地、美国和苏联的外交代表被豁免在外）实行了旅行禁令，并禁止未经审查的通讯联络，因为安全风险实在是太大了。戴高乐的法国民族解放委员会不在英国的豁免名单之中，因此，它再也不能自由地从阿尔及尔与目前驻扎在英国的法国部队进行通讯联络。这些举措造成了不小的影响，因为法国的机组人员将和英国王家空军一同飞行，法国的海军舰艇将和盟军海军一起作战，菲利普·勒克莱尔（Philippe Leclerc）将军指挥的装甲师正在英国接受训练，该师隶属于乔治·S. 巴顿将军领导的美国第三集团军。然而，在盟军攻占诺曼底的大部分地区之前，这些法国军队还没有被送往法国。

　　所有这些都表明了一个让戴高乐颜面尽失的现实：他将不会参与登陆行动，他也不要指望能够作为解放后的法国的领导人回到自己的国家。他非常愤怒，禁止柯尼希与艾森豪威尔或盟军远征军最高司令部的参谋人员进行联络。对艾森豪威尔来说，与戴高乐和法国民族解放委员会的关系日渐破裂让他头疼不已。他需要柯尼希的合作，因为抵抗组织在登陆行动中发挥了作用，当然，其他法国军队也在"霸王行动"中发挥了作用。柯尼希左右为难。艾森豪威尔在写给他的朋友乔·麦克纳尼（Joe McNarney）将军的信中说："如果我们的计划无法取得进展，那么我们将十分尴尬。此外，我认为，如果我们能与法国人建立更紧密的关系，那么这可以在很大程度上缓解法国国内对我们的轰炸行动日益增长的怨恨之情。"

070

　　艾森豪威尔建议把戴高乐带到伦敦，去与丘吉尔会面，因为丘吉尔比罗斯福更富有同情心。然而，戴高乐能否被说服则是另一回事；与此同时，他挑衅地宣布，将法国民族解放委员会更名为"法兰西共和国临时政府"。罗斯福对此并不买账。僵局仍在继续。

　　当戴高乐被边缘化时，盟军开始更加认真地对待抵抗组织。在与该组织的领导人进行了一系列会谈后，先是丘吉尔，然后是艾森豪威尔作出了决定，同意为法国的抵抗组织提供武器装备。之前，盟军优先考虑的不是向法国提供支援，而是向意大利和巴尔干地区的游击队提供支援。随后，盟军大幅增加了向法国空投的武器，无论是通过戴高乐的组织，还是通过特别行动处——英国破坏与抵抗组织，目前也由艾森豪威尔掌控。在 1944 年 2~5 月间，盟军向抵抗组织空投了 76000 多把斯登冲锋枪、近 28000 把手枪、近 17000 把步枪、3400 把布伦机枪，以及数百门迫击炮和火箭炮。罗伯特·勒布朗的苏尔库夫游击队受益匪浅，尽管这种援助根本不足以发起抵抗组织梦想的那种大规模起义。

无论如何，盟军最不愿意看到的就是法国民众失去控制，爆发全面内战，或者任何团体试图在政治上控制这个国家——至少在为法国进行的战斗取得胜利之前不要发生那些情况。相反，艾森豪威尔想利用抵抗组织开展大量的活动，主要是支持盟军空军，阻止德国士兵和物资进入前线。法国内务部队提出了一系列计划，首先得到了身在伦敦的柯尼希将军及其团队的支持，然后得到了艾森豪威尔的认可：破坏铁路的"垂直计划（Plan Vert）"，破坏主要道路的"乌龟计划（Plan Tortue）"，以及破坏通讯的"紫罗兰计划（Plan Violet）"。何时启动这些计划的指示都将由英国广播公司通过密码电报进行传送，空降到法国的盟军特工已经传达了计划的细节。此外，被称为"杰德堡行动组（Jedburghs）"的三人小组将空降到法国，每个小组都有一名英国特别行动处的特工、一名美国战略情报局的特工和一名法国人，并且都配备了一台无线电通讯设备。杰德堡行动组将作为训练和联络小组与各种游击队联系，并将作为盟军的联络人。再者，英国特种空勤团还将被派往敌后腹地，进一步帮助和组织法国内务部队。如此一来，盟军就能更好地协调工作，更重要的是，盟军能在一定程度上控制抵抗活动。

与此同时，苏尔库夫游击队的领导人藏匿在比弗莱瑞城堡（Château de la Bivellerie）的一个小房间里，这个城堡位于图维尔叙蓬托德梅尔（Tourville-sur-Pont-Audemer），距离圣埃蒂安拉利耶仅 8 英里。罗伯特·勒布朗和他最信任的士兵们随时待命，紧盯着收音机，等待启动计划的讯号。勒布朗的部下已经赢得了盟军的尊重和感谢，因为他们响应了柯尼希的参谋提出的要求，找到并处决了维奥莱特·莫里斯（Violette Morris）。莫里斯曾是一名法国运动员，获得过金牌，后来效力于盖世太保，成了一名特别高效、残暴的特工。4 月 26 日，勒布朗的部下在艾佩盖（Épaignes）附近的一条乡村公路上伏击了她和两名通敌者。他们都被杀了，她的雪铁龙汽车成了一件非常抢手的战利品。

但现在，勒布朗和他的战友们确信盟军即将登陆；6 月 1 日，他们通过伦敦电台收到了一系列密码电报，警告他们必须保持警惕。他们等待了那么久的日子终于要到了。

*

如果说盟军最头疼的一个问题是与法国的关系，那么另一个就是盟军频频担心情报会泄露，德国人由此可以得知盟军将在何时何地登陆。正因如此，盟军仅向那些拥有特殊权限的人告知了真相。为了让德国人猜不透，盟军开始实施一项精心设计的欺骗计划，这个计划被称为"坚忍计划（Plan FORTITUDE）"。每一个企图潜入英国的德国特工都被抓获、监禁起来，他们要么被策反，要么被处决，但德国的情报部门并不知道这一点。在军情五处双十字委员会的监督下，双重间谍正忙着在真实但不重要的情报中加入大量虚假信息。盟军之所以知道这样做能够击中要害，其中一个原因是"轴心国莎莉（Axis Sally）"——一个为纳粹工作的美国广播电台的播音员，她将提到大量由双十字委员会提供的信息。这让听到广播的盟军部队感到紧张不安，却让管理盟军情报的人员感到非常安心。

在战时情报领域，西方同盟国是民主国家，这无疑对情报工作很有帮助。而在纳粹德国，情报机构往往独立运作，彼此之间不信任，很少共用资源。情报就是力量，因此常常被小心翼翼地保护着。只有在最高层才会共享情报。例如，党卫军越来越多地掌握了德意志帝国内部的大部分情报，这些情报都是由帝国安全总局控制的。再举个例子，阿勃维尔（Abwehr）是德国国防军的情报组织，但它卷入了推翻德国政权的阴谋，并且遭到了帝国安全总局的深恶痛绝。各个军种都设有情报部门，但它们往往不太合作。令人难以置信的是，戈林也有自己的私人情报系统"研究部（Forschungsamt）"，但这样做主要是为了让他领先于敌人（他在纳粹等级制度内的敌人，而非外部之敌）一步。

另一方面，英国人和美国人非常有效地共享情报。布莱切利园（Bletchley Park）① 的代码破译者成了人们津津乐道的话题，因为他们成功破译了德国的恩尼格玛密码机，德国人利用这种机器来发送使用莫尔斯电码编译的消息。此外，布莱切利园的密码专家还破解了洛仑兹密码机，这是一种电传打字机，德国人在柏林和主要总部及战地指挥官之间使用它。在"霸王行动"的准备阶段，这种解码方式称为"鱼"，它让盟军清楚地了解到诺曼底和整个西线总司令部的军队部署情况。除了英国的密码专家外，美国的密码破译者也破解了日本驻柏林大使使用的密码；与此同时，许多其他机构也为情报工作作出了贡献，例如 Y 服务（一个广播收听组织）、照相侦察部门、英国的各个军事情报机构，比如军情五处、军情六处和军情十四处，以及这些部门的分支机构，例如军情五处的双十字委员会，还有外勤特工，无论他们来自军情六处、特别行动处还是美国战略情报局。所有这些情报都被迅速、有效地汇集在一起，总

① 又称"X 电台"，位于牛津大学和剑桥大学之间的铁路沿线上，是军情六处长官辛克莱爵士的私产。二战期间，这座情报重镇会聚了亚兰·图灵（Alan Turing）等上万名英国最聪慧的天才，他们的工作深不可测，惊险重重。大量轴心国密码文件，尤其是恩尼格玛密码机在这里被破译，突破性地加速了纳粹德国的灭亡，也奠定了现代计算机技术的基础。

和远远超过了单个机构搜集到的所有情报。盟军通过英国广播公司要求英国市民寄送战前从法国寄来的任何明信片和照片。于是，数百万照片纷至沓来，而来自诺曼底的照片则被小心翼翼地放在一边，以便进行分析，从而帮助盟军更加清晰地勾勒出城市、城镇、村庄、海滩和乡村的图景。

坚忍计划的另一部分是创建一个虚构的美国第一集团军群，以及各种并不存在的部队、师和军团总部。盟军还假装建造了空军基地和坦克停车场。如果德国人停下来想一想，他们可能会意识到坚忍计划有点聪明反被聪明误了。毕竟，英国根本没有足够的空间来容纳声称的部队数量。然而，由于需要保密，这个计划也对盟军产生了不利影响。例如，每次飞越登陆前线的上空执行照相侦察任务时，盟军就会在法国的其他地方进行另外两次照相侦察，从战术上来说，如果用另外一种方式来做可能会更有帮助；但战略保密胜过了战术情报。虽然策划者非常清楚地了解了敌军部队的位置，但对其素质和确切规模却知之甚少，直到最后一刻，他们还在继续监测德军部队的变化和调动情况。事实上，盟军在 6 月 4 日发送了诺曼底登陆日前的最后一份情报图，但在此之前，盟军已经意识到敌军向诺曼底派遣了大量援军，例如把第 91 空降步兵师调到了科唐坦半岛。

然而，到了这个阶段，盟军几乎不可能改变行动计划了，因为为了使海军行动的策划者有时间组织"海王星行动"，从 4 月 7 日起，行动计划基本上就已确定下来。此外，自 1 月份蒙哥马利提出第一个计划大纲以来，德军的近海障碍物和防御工事的数量已经成倍增长。准备"霸王行动"的指挥官们只能忍气吞声，尽量往好处想。蒙哥马利坚定信心，不管这种自信是否错误，对鼓舞士气来说都至关重要。

　　毫无疑问，德国派遣援军的消息让利－马洛里空军中将夜不能寐。德军不仅把第 91 空降步兵师调到了科唐坦半岛，也调来了第 6 伞降猎兵团——诺曼底最好的步兵部队。盟军还知道第 352 步兵师现在离海岸很近。一个想法始终在利－马洛里的脑海中盘旋：这些增援将会给空降带来灾难。盟军的计划是让第 82 空降师和第 101 空降师在相距较远的地方空降，第 82 空降师在科唐坦半岛的西侧空降，第 101 空降师则在犹他海滩空降。但在获悉德军增派士兵后，盟军于 5 月 26 日取消了这个计划。他们转而同意让第 82 空降师在圣梅尔埃格利斯（Sainte-Mère-Église）镇的周围空降，并且根据第 7 军（第 82 空降师隶属于第 7 军）的要求，他们还同意让第 82 空降师在梅德列山谷（Merderet Valley）的西侧空降，从那里他们可以渡河建立桥头堡。这样一来，他们就可以分开空降，但仍然可以在一定的距离内相互提供支援。

　　然而，利－马洛里想要取消整个空降行动。美国伞兵不受他指挥，但隶属于美国第 9 航空队的第 9 空运司令部由他指挥。盟军计划让 915 架运输机从西向东飞越科唐坦半岛，飞行高度仅为 1000 英尺，直接飞越目前敌军集中的地方。然而，空降总共需要大约三个小时，这让敌人有了充足的时间来对准目标。此外，运送空降部队的 C-47 空中列车——英国人称为"达科塔（Dakotas）"——既没有装甲钢板，也没有自动密封的燃料箱，无疑是不堪一击的。利－马洛里预料将会发生重大伤亡：燃烧着的飞机坠落地面，编队分散，空降部队的降落过于分散，无法完成任务。

　　他把自己的担忧告诉了布拉德利，但美国第一集团军的指挥官却无动于衷；第 82 空降师的指挥官马修·李奇微（Matthew Ridgway）少将和第 101 空降师的指挥官麦克斯韦·泰勒（Maxwell Taylor）少将都不以为然。于是，利－马洛里便向艾克求助。5 月

29 日星期一，他给艾森豪威尔写信说："在目前的困难时期，我不想再给你增加任何麻烦，但我觉得，如果我不告诉你我对美国目前计划的空降行动非常不满，那么我就是失职了。"

艾森豪威尔以一种坚定但圆通得体的方式答复他，这展现出了理想的最高指挥官的风范。利-马洛里表达担忧是正确的；艾森豪威尔也对可能存在的风险表示担心。"但是，"他补充说，"在这个地区进行强有力的空降袭击，对整个行动来说是至关重要的，必须继续进行。"他还说，所有相关人士都必须竭尽全力，尽可能减少危险，然后断然警告利-马洛里不要再散播负面言论。他写道："若无必要，不要让参与行动的空中部队和地面部队失去斗志，这是尤其重要的。像所有其他士兵一样，他们必须明白他们有一项艰难的工作要做，但要下定决心完成它。"美国的空降行动将继续进行。

*

虽然布拉德利被利-马洛里激怒了，但他的高级助手切斯特·"切特"·汉森（Chester "Chet" Hansen）上尉却认为在 6 月 2 日星期五的晚餐时间，布拉德利的心情非常好，他很少看到布拉德利有这样的好心情。那天下午的早些时候，他们驱车前往布里斯托尔总部附近的一个空军基地，向布拉德利的客人巴顿将军告别。

"布拉德，祝你好运，"巴顿紧紧握住布拉德利的双手，对他说道，"我们会再见面的，希望要不了多久。"当他们下次见面时，第三集团军将加入夺取布列塔尼的战斗，而布拉德利将担任驻扎在欧洲战场的美国第十二集团军群的指挥官。

在回到布里斯托尔后，汉森认为英格兰从来没有像现在这样美

丽、这样绿意盎然。他曾是新泽西的一名记者，一直在纽约从事公
关工作。后来，他被征召，并被送往军官候选人学校。在那里，他
以全班第七名的成绩毕业，并被直接招募到布拉德利的麾下。不久
后，他向妻子玛乔丽（Marjorie）告别，跟随布拉德利将军奔赴海
外，前往北非。大约两年后，他们即将展开有史以来规模最大的军
事行动之一，而且正如汉森敏锐地意识到的那样，他将有机会亲见
美国军队参与其中的情形。那天晚上，他在日记中写道："我们已
经完成了繁重、认真的计划，结束了漫长、无休止的会议，也经历
了变化和失望。登陆行动已经准备就绪。现在，我们没有什么可以
做的了，只需登上一艘船，然后驶往法国。"

　　第二天（也就是 6 月 3 日星期六），他们开车前往德文郡南海
岸的普利茅斯，途中经过一片片田野，田野上聚集了坦克和数以万
计的车辆。然后，他们遇到了布拉德利的副手考特尼·霍奇斯
（Courtney Hodges）中将和第 7 军的指挥官"闪电乔"·柯林斯
（"Lightning' Joe" Collins）少将。之后，他们到达了古老的港口，
"朝圣者之父号（Pilgrim Fathers）"已经从港口出发前往美国。一
艘汽艇将把他们送到"奥古斯塔号（USS Augusta）"，这艘巡洋舰
悬挂着美国海军司令艾伦·柯克（Alan Kirk）海军少将的旗帜，
它将载着布拉德利前往诺曼底。后来，他们又转移到"阿切纳号
（USS Achernar）"，这是一艘老货轮，被改装成了指挥舰，它的中
下部是美国第一集团军的指挥室。在房间中央的一张桌子上，摆放
着一幅巨大的空中定位地图，墙上则挂着更多的地图。隔壁是一个
用于拦截敌机的雷达过滤室，这缓解了人们对登陆期间纳粹德国空
军可能发动攻击而出现的紧张情绪。

　　那天下午的晚些时候，汉森坐在奥古斯塔号的一个非常小的操
作室里写日记。墙上挂着一排排地图，打字机的声音不停地响着。

咖啡杯散落在各处。汉森明白，除了纳粹德国空军的威胁外，还有其他担忧，尤其是海上通道是否畅通，能否穿过雷区。然后是天气。虽然船上酷热难耐、臭气熏天，但他们收到的天气预报却不太乐观。就要起风了，云层较低，能见度也不好。这真让人担忧……

*

在 1944 年夏，天气预报还是一门不太精确的学科。尽管爱尔兰保持中立，但联合王国的各地都有气象站，爱尔兰的西海岸也建有气象站，这些气象站都可以供盟军的气象学家使用。然而，在不列颠群岛之外，资源却少得可怜：只有几艘气象船，仅此而已。每艘船都配备了气压计、风速计、风向标、湿度计和温度计，船上的气象学家们可以读取云高、云底、海浪和风速，但大西洋是一个很大的地方，充满了变数，这导致预测天气变得越来越困难。

关于如何最好地预测天气，盟军内部也有几种不同的意见。隶属于美国战略空军的美国资深气象员之一欧文·克里克（Irving Krick）博士狂热地支持利用历史模式和天气周期来补充从气象站获得的信息：也就是所谓的模拟预报。在美国气象学界，克里克被认为是一个自以为是的自吹自擂者，但他得到了美国空军司令"哈普"·阿诺德将军的支持。现在，他领导着驻扎在宏翼（Widewing）——艾森豪威尔设在伦敦灌木公园的盟军远征军最高司令部总部的代号——的美国气象小组。另外，英国空军部的气象小组则由挪威人斯维勒·皮特森（Sverre Petterssen）博士和查尔斯·道格拉斯（Charles Douglas）领导，后者采用了更严格的科学方法。海军部的气象小组也提供天气预报，他们将收集的天气预报转发给空军上校詹姆斯·斯塔格（James Stagg）和唐纳德·叶茨

（Donald Yates）上校。斯塔格是一位训练有素的地球物理学家，现在是艾森豪威尔的首席气象学家。叶茨是斯塔格的副手。斯塔格是苏格兰人，现年 39 岁，脸庞瘦削，他肩负着一个不值得羡慕的任务，那就是把各种各样的天气预报汇总在一起，然后得出某种结论。

6 月 1 日星期四，虽阳光灿烂，麻烦却已开始酝酿。在一次晚间的天气会议上，皮特森和道格拉斯的空军部气象小组为登陆日（盟军最初将登陆日定在 6 月 5 日星期一）描绘了一幅黯淡的前景。相比之下，克里克和宏翼的气象小组要乐观得多。到了第二天，空军部的人更加悲观了，斯塔格觉得有必要把这个情况告诉艾森豪威尔及其指挥官们。到了晚上，皮特森预测，到了星期一，总云量可能达到 10①，风力可能达到 5 级。

气象站每隔几小时就会发来报告，工作人员也会手动更新气象图。到了 6 月 3 日星期六的晚上，就连克里克和宏翼的气象小组都同意皮特森的观点，海军部的气象员也是如此。对斯塔格来说，是时候再次与登陆行动的指挥官们对峙了。晚上 9 点半，他在位于朴次茅斯的索斯威克府（Southwick House）的图书馆里做了这件事。图书馆当时成了索斯威克府的食堂，里面排满了孤零零、空荡荡的书架。

"先生们，"斯塔格说，"你们意识到了昨天、星期五早上……我们都在担心什么，现在，这些事情都得到了证实。"一个低气压区正席卷而来，带来了低云、大风和降雨。"星期天到星期二都会是这样的天气，所以，我们最早只能在星期三登陆。"

077

---

① 全天无云，总云量记 0；云占全天十分之一，总云量记 1；云占全天十分之二，总云量记 2，其余依次类推；天空完全为云所遮蔽，记 10。

人们开始提问。利-马洛里想知道法国海岸上空的总云量将达到多少。回答是 10。海军上将拉姆齐询问 5 级大风在星期一和星期二是否会继续。回答是是的。那么星期三呢？不会马上停下来，但天气会变晴朗。一时间没有人说话了。房间里笼罩着一片阴云。当斯塔格和叶茨离开时，他们听到艾森豪威尔说："我们作好赌一把的准备了吗？"他们的讨论一直持续到晚上 11 点前后，斯塔格被告知第二天（也就是 6 月 4 日星期天）清晨 4 点 15 分回来作一次简报。

"做个好梦，斯塔格"，泰德从他身边走过时说道。

时间过得很快，斯塔格和气象小组都没有时间做梦。此时，克里克和宏翼的气象小组确信来自亚速尔群岛的高压脊将使最糟糕的云层远离诺曼底海岸，但皮特森强烈反对这个说法。另外，不管亚速尔高压如何活动，在冷锋——例如即将经过的冷锋——之后，都会有几个小时的轻风和晴朗的天气。如果冷锋在午夜时分穿过科唐坦半岛，那么从理论上来说，美国将有机会按期进行空降，英国可以在几个小时后进行空降。轰炸机非常有可能获得它们所需的能见度。

然而，斯塔格觉得自己应该站在皮特森的一边。皮特森确信仍然有太多的云层，因而无法进行空投和轰炸。斯塔格凭直觉认为皮特森更可信，而不是克里克，哪怕是出于文化原因，而不是其他原因。回到图书馆后，他告诉聚集在那里的指挥官们，天气状况没有真正改变：预测的天气情况仍然很糟糕。

指挥官们再次向斯塔格表示感谢，并在讨论此事时请他离开。蒙蒂主张无论如何都要继续开展行动，但泰德不同意，希望推迟行动。一直以来，艾克都担心，盟军将在登陆日用比敌人少得多的兵力发起攻击。他指出，盟军一直认为只有依靠空中力量才能开展登陆行动。如果盟军无法利用空中力量，那么他也觉得应该推迟行动。"有反对意见吗?"他问道。没有人反对。这是一个必须作出的可怕决定:部队 S 和部队 J——分别向剑滩和朱诺海滩进发的登陆部队——已经上路了,必须召回;整个两栖登陆部队已经上船,他们不得不待在船上,那里既狭窄又不舒服,他们的士气和热情将随着时间的流逝而衰竭。如果天气没有好转,那又该怎么办呢?

在图书馆外,斯塔格抬头望着几乎没有一丝云朵的寂静天空,知道作出决定的艰巨任务落在了他们的肩上。他回到盟军远征军最高司令部的指挥室和自己的帐篷,想休息一下。艾森豪威尔也走向自己的大篷车,在那里,他被描写西部牛仔的通俗小说、报纸和大量的香烟包围着;在过去的几天里,他开始一根接一根地抽烟。

*

6 月 4 日星期日,下午 4 点 30 分,斯塔格召集所有气象小组在索斯威克府开会。所有人都认为有一个小小的高压脊看起来可能会跟在当前的低压槽的后面,如果它继续运行的话,应该会持续到 6 月 6 日星期二的早上。星期三到星期五的天气仍然不稳定。然而,这是一个相当大的"不确定"。大西洋上为数不多的几艘气象观测船报告了这个小小的高压脊;它肯定会开启一种天气模式,但它是否会按照正确的途径运行,并形成他们希望的晴朗天空,还远远不能确定。然而,危险在于,他们紧紧抓住这条潜在的生命线,把太多的希望放在了上面。这样的高压脊很容易被挤压、排挤和推离轨道。那样一来,就不会有高云进来了。低云天气将继续,并伴有风和雨。那天晚上 7 点 30 分,斯塔格与气象小组又召开了一次会议。会后,他在日记中写道:"我们已经确定星期一凌晨到星期二将会是晴天。"然而,实际情况并不像他说的那样肯定。这个小小的高压脊仍然在爱尔兰的西海岸外，只有少数几个气象站正在跟踪它的进展。很明显，它仍有可能向北移动到英格兰的中部，而不是英吉利海峡。

晚上 9 点，斯塔格再次与聚集在一起的诺曼底登陆行动的指挥官们交谈，并报告说天气将会好转。指挥官们向他细细盘问了各种问题。之后，他离开，让他们继续讨论。蒙蒂坚决赞成开展行动。比德尔·史密斯也是如此。艾克的参谋长说："这是一场可怕的赌博，但也许是最好的赌博。"

079　　"问题是，"艾森豪威尔说，"如果你打算把这个行动就这样吊着，你能吊多久？"由于登陆行动必须同时满足潮汐和月亮这两个条件，因此，下一次机会将在 6 月 19 日。那是两周后的事了。在这两周里，德军将会进一步加强防御，登陆部队的士气将会大幅下降，而且可能会泄露机密。这是不可想象的。他们必须行动。

大约 20 分钟后，艾森豪威尔从图书馆走出来。

"斯塔格，我们又讨论了一次，"他对斯塔格说，"上帝保佑，希望天气会是你向我们预报的那样。你别再带来坏消息了。"他笑了笑，然后走回图书馆。不久后，他们同意在 6 月 5 日星期一上午 4 点 15 分再次召开会议，以期作出不可逆转的最终决定。

晚上 10 点 30 分前后，斯塔格回到了自己的帐篷，想休息一下，却睡不着。外面，雨猛烈地拍打着帆布，风竭尽所能地考验着拉绳。"我躺在床上，想着这一切意味着什么，"他写道，"我祈祷着，希望我们都能化险为夷。"他的用词再恰当不过了。

凌晨 3 点，他又起床了，并与气象小组开会。这时，冷锋已经过去——天空基本晴朗，风力也减弱了；如果朴次茅斯的天气是晴朗的，那么科唐坦半岛的天气也应该是晴朗的，而且诺曼底的其他地方很快也会是晴天，所以，如果他们坚持最初的登陆日，那么这次登陆不太可能成为人们担心的那种灾难。不管怎样，大家对此闭口不谈，因为推迟行动的决定已经作出了。现在，最重要的是第二天晚上的天气将会如何。

凌晨 4 点 15 分，斯塔格和气象小组又召开了一次会议。他回到图书馆，面对最高统帅和总司令们。蒙哥马利也在那里，穿着灯芯绒裤子和灰色高领套头衫，看上去精神抖擞。当斯塔格开始简述天气预报时，他们都不拘礼节地坐在扶手椅上。他告诉他们，如果说天气有什么变化的话，那就是有理由更加乐观。随后，指挥官们又详细地盘问了很多问题，然后他离开了。是时候作出决定了。蒙蒂、比德尔·史密斯和拉姆齐都赞成行动。泰德也一样。利-马洛里有很大的疑虑。然而，最终决定权在艾森豪威尔的手上。这个重担由他来挑。

最高统帅坐在椅子上，双手搓着脸，然后抬起头来。"好吧，"他说，"我们行动吧。"

第6章 大战

在考虑诺曼底登陆时，人们往往觉得它的大部分计划、组织和规模理应如此。毕竟，谁会关心后勤运输以及成千上万的办公室职员、装卸工人、商船水手和会计呢？人们在讲述登陆日的故事时，一般都是从登陆艇开始，冰冷的海浪涌向那些准备攻击海滩的年轻人，他们晕了船，还被吓坏了。他们只是先头部队。他们的年龄和体格都适合实战，但不幸的是，在英美过去几年参与的"大战"中，他们只占了少数。历史学家、记者和评论员会尽情地对盟军战争机器的战术优点或其他方面进行争论，但重要的是，要记住，在登陆日，盟军实施的是一场完全工业化和高科技的战争，其规模是如此巨大，以至于如今人们在试图消化它的规模和复杂性时，都觉得这是一件让人头疼的事情。

这次行动需要进行详细的规划，还涉及许多不同的要素，需要不同国籍的男人和女人齐心协力，这是相当令人吃惊的。这不仅仅需要训练足够的士兵、制造足够的步枪和机关枪，也需要为他们提供食物，为他们提供适当的医疗援助、燃料、衣物和弹药。在1944年1~6月间，仅英国就生产了700万个5加仑的杰里燃料罐。然后，英国还需储存、运输和填装这些燃料罐。据估计，盟军每天需要8000吨燃料，这个数字非常令人震惊。虽然英国的石油码头——在战争的这个阶段，纳粹德国空军基本上无法到达这些码

头——建造在利物浦和布里斯托尔附近，但最关键的是燃料必须来 　081
自美国和加勒比海，而且只能通过船舰横跨大西洋运送过来。在
1944 年的前五个月，大约 172.1 万吨燃料被运抵英国，是德国已
经使用的燃料总量的三倍。

　　一旦英国在欧洲大陆建立了全面运作的港口，那么油船就可以
从这些港口直接驶向法国，但在那之前，为了使盟军能够发挥其巨
大的物资优势，作战初期的石油不得不直接来自英国。航运将发挥
作用，不过，使用新的管道技术可以减轻巨大的负担。于是，英国
便以这些新的石油码头为起点，建造了横跨英格兰的管道，这些管
道经过索伦特海峡，到达怀特岛的桑当；一旦登陆成功，英国将计
划从那里开始铺设一条经过英吉利海峡到达诺曼底的燃料管道。这
并不是一个简单的工程。首先，必须建造一个足够牢固、足够大的
管道，以便容纳需要不断泵送的燃料。其次，管道必须足够坚固，
能够承受住海峡底部的压力。为此，英国采用了一种挠性管道，其
由铅衬里、钢网和增强橡胶组合而成，直径 76 毫米。英国计划使
用"难题圆筒（Conundrum）"① 来敷设这种管道。"难题圆筒"
是一个巨大的浮动圆筒，每前行 1 英里，里面可以释放出 55 吨这
种特殊的管道。这极大地解决了后勤运输问题。因为在这个代号为
"冥王星（PLUTO）"的管道（海底管道）铺好之前，登陆部队
只能依赖他们能够携带的东西，这就是燃料罐和数百万杰里罐的

---

① 为了降低对铅的依赖和增加管道产量，英国政府打算开发一种使用更便宜的材
　料，也更容易获得的管道。于是，伊拉克石油公司（IPC）和伯马石油公司利
　用收缩技术研制出价格更便宜，但柔韧性相对较差的低碳钢管道，称为
　"HAMEL"。这种管道刚性强，不能用普通方式铺设。工程师亨利·哈米克便
　设计了一个直径很大的圆形浮筒，里面存放着几十公里长的"HAMEL"管道。
　用船拖着圆筒在海面上前行，当其旋转时里面的管道就被释放出来，随之沉入
　海底。

由来。

此外，英国还必须建立大量的弹药库和粮仓。于是，英国在各地（尤其是港口周围）设计、建造了大量的仓库，里面装满了物资。为了迎接登陆，英格兰南部的各个港口挤满了船只，同时，大量的船舰继续横渡大西洋。对航运的需求高得令人吃惊。在战争期间，随便哪一天，随便哪一刻，平均有大约 2000 艘英国商船在全球各大洋航行；对于美国商船来说，这个数字接近 3000 艘。运抵英国的任何物资（无论是羊毛、棉花、橡胶、木材、铝土矿还是其他货物）都必须经过大西洋，抵达英国港口——通常在西海岸，主要是苏格兰的格里诺克、利物浦、加的夫和布里斯托尔——然后，商船卸下货物，继续前行。与此同时，盟军还在其他地方（意大利、东南亚、太平洋）作战，而且仍在通过北极航线向苏联运送物资。令人难以置信的是，自 1943 年以来，美国运往太平洋战区的货运量也增加了 62%——1944 年，美国总计向太平洋战区运送了大约 555.2 万吨的补给。事实上，随着"霸王行动"即将启动，驻扎在太平洋战区的美军准备攻击马里亚纳群岛，而在东南亚，英国第十四集团军刚刚开始对日本在印度东北部的英帕尔（Imphal）集结的最大一支地面部队发动攻势。这些联合行动所需要的货运量多得超出了人们的想象，而且还远远不够。

可以说，在诺曼底登陆战中，最重要的船舰是登陆舰（坦克登陆舰），每艘重 4800 吨，长 100 多米，满载时吃水深度为 4 英尺 7 英寸。这些船舰足以运送盟军所依赖的大量战争物资。它们可以运载 18 辆 30 吨重的坦克和 350 名士兵，或 2100 吨补给，而且几乎能够直接驶向海滩。届时，船头的大门将打开，然后放下坡道，坦克和车辆将直接开到沙滩上。

"蒂克"·博恩斯蒂尔上校和其他人一起恳求美国战争生产委

员会的主席唐·纳尔逊（Don Nelson）提供更多如此宝贵的船舰。在纳尔逊访问伦敦期间，博恩斯蒂尔在克拉里奇酒店的套房里和他待了将近两天，说服他急需以某种方式增加产量。纳尔逊侧耳倾听。"老天，他做了一件让人难以置信的事情，"博恩斯蒂尔说，"他几乎把登陆艇的产量增加了一倍。"

尽管如此，所需的登陆舰和各种登陆艇仍然短缺，这也是将原定于 5 月初的登陆日期推迟一个月的主要原因。航运问题还导致盟军推迟了计划于 4 月 19 日登陆法国南部的"铁砧行动"——可能是无限期推迟。最重要的坦克登陆舰仍然短缺——缺少 236 艘，而不是预估的 277 艘。这就意味着需要征用英国的沿岸贸易船，也就是在不列颠群岛进行贸易的小型货船。反过来，这又给英国的内陆运输系统带来了更大的压力，也让英国人民感到不安：所有的一切都必须让位于"霸王行动"。总共有大约 1260 艘商船被指定用于登陆行动，包括远洋船只、运煤船、油船和人员运输船。

在过去的三年中，英美两国还设计和建造了大量的其他登陆艇。在 1940 年的敦刻尔克大撤退①时，还没有一艘登陆艇可供使用，盟军意识到未来的进攻行动需要这样的船舰，由此开启了设计和建造登陆艇的新浪潮。这包括建造用于步兵、紧急维修和运送指挥部的登陆舰，甚至能够控制战斗机的登陆舰。盟军还建造了被称为"犀牛（Rhinos）"的驳船、英国设计的小型攻击登陆艇以及

083

---

① 系第二次世界大战初期英法联军的军事撤退行动。1940 年 5 月 25 日，英法联军防线在德国机械化部队的快速攻势下崩溃，之后，英军在敦刻尔克（法国东北部、靠近比利时边境的港口小城）进行了当时历史上最大规模的军事撤退行动。这项代号为"发电机计划"的大规模撤退行动使英国及法国得以利用各种船只撤出了大量的部队，成功挽救了大量的人力，为未来的反攻保存了实力。此次撤离，标志着英国势力撤出欧洲大陆，除英国、瑞士和西班牙以外的西欧的主要地区都被德国占领。

美国的车辆和人员登陆艇，它由新奥尔良的安德鲁·希金斯（Andrew Higgins）设计，通常被称为"希金斯船"。盟军甚至还建造了登陆驳和坦克登陆艇（火箭支援型），舰艇上安装有配备了970型雷达的浮动火箭发射装置，可以发射多达1000枚60磅[①]的弹头，能够从3500码[②]开外的地方攻击敌人的海滩。盟军总共建造了30艘不同的登陆舰和登陆艇，包括"DUKW"，这是一种两栖登陆作战车，它的发音和英语中的"鸭子"相同。它可以携带3吨物资，在水中的时速达6.4英里，在陆地的时速超过50英里。

在海军上将拉姆齐的指挥下，盟军为"海王星行动"集结了7000艘船舰，这个数字令人惊愕。盟军的登陆舰队包括138艘执行炮击任务的战舰、279艘护卫舰、287艘布雷舰以及495艘炮艇、鱼雷艇和其他舰艇。海军的舰艇总数达到了1213艘。由于美国海军大量参与太平洋战区的战斗，因此，其中的大部分船舰——大约892艘——都是王家海军的，但也有一些加拿大王家海军、法国、荷兰、比利时、挪威和波兰的战舰。相比之下，当时的纳粹德国海军只有3艘大过驱逐舰的战舰。除了这些战舰外，盟军还有30种共计4127艘登陆艇。所有这些战舰都必须配备人员，进行协调，并在需要的时间和地点完成分配的任务。从今日的角度来看，它们需要在远非理想的条件下完成任务。

这是史上最大的舰队。从后勤运输的角度来说，仅仅只是把它分成五个不同的登陆部队和一个支援部队，然后在不被敌人发现的情况下航行，就足以让人头疼不已；此外，这个舰队还要穿过英吉利海峡，而敌人在距离海岸7~10英里处布满了地雷，敷设了密集

---

① 1磅约为0.46公斤。
② 1码约为0.9144米。

的地雷屏障，这是一个前所未有的挑战。如何有效地扫除地雷，清理出一条足够安全的通道，这也是规划阶段让人担忧不已的问题。"这是一次最复杂的行动，"海军上将拉姆齐在 3 月 24 日的日记中写道，"无论如何研究，我们都无法找到一个令人满意的解决方案，以便为速度更快的编队和轰炸船舰清理出一条航道。"

　　解决办法就是为战争中最大规模的扫雷行动制定计划，为每支突击部队清理出两条畅通的航道，并在航道上每隔 1 英里插上 1 个"救生浮标"——一种杆子上的旗帜漂浮在水面上方的浮标。盟军采用专门的扫雷艇来清扫水雷。这种扫雷艇使用的是"奥诺帕莎式接触扫雷器（Oropesa sweep）"——一种带横切刀片（被称为"定深报警器"和"定深器"）的扫雷缆，从船的两侧放下扫雷缆，通过一系列的砝码和浮子使它保持在水面以下。由于水雷是通过拉线和砝码被固定在一定的位置，并漂浮在水面以下的；所以，这个扫雷器的目的就是切断拉线，这样水雷就会浮到水面上，然后被炮火摧毁。扫雷艇既可以单独工作，也可以组成编队，这对清理特定航道是最好的。毫无疑问，为登陆行动清理航道是一项非常复杂的工作，盟军使用了大约 255 艘扫雷艇，这个数字令人吃惊。所有这些扫雷艇必须在关键时刻改变巡行方向，以避开不利的潮水，并确保清扫出来的航道畅通无阻。

　　这就是"海王星行动"面临的挑战。与此同时，在 45 天前，当德军的布雷艇在英吉利海峡沿岸执行任务时，盟军的一项支持行动"枫树行动（Operation MAPLE）"也已经开始了。这些布雷艇在一些关键地点（包括瑟堡港、勒阿弗尔港、布雷斯特港和布列塔尼海岸的所有地方）敷设了水雷。

　　所有这一切以及更多的任务都需要进行详细规划：从每艘船和登陆艇的分配，到登陆日前的大量训练演习，再到"海王星行动"，必须确定每艘船和登陆艇的停泊位置，以及哪支部队、哪辆卡车、哪辆坦克等要到哪里去。这次登陆行动包括五支突击部队，他们以其将登陆的海滩的第一个字母命名。盟军还向每个海滩派遣了一个轰炸部队和一个支援部队，在此之前还派遣了一支扫雷艇舰队。这支联合部队最初将向怀特岛东南部的一个区域（Z 区①，也就是所谓的"皮卡迪利圆环"）进发，然后，各个部队将沿着两个清扫过的航道向南进发，盟军使用数字 1 ~ 10 为每个航道进行编号。

085 　　拉姆齐手下的参谋人员、海军少将艾伦·柯克率领的西部特遣队的参谋和英国海军少将菲利普·维安（Philip Vian）领导的东部特遣队的参谋负责制定计划。为了制定计划，当时，索斯威克堡——维多利亚时期的海军堡垒，建在 400 英尺高的白垩山脊上，可以俯瞰朴次茅斯——聚集了 1000 多名参谋。为了控制和协调登陆部队（由海军交通管制员负责），地下指挥所另有 700 名参谋。地下指挥所是一个由隧道和指挥控制室组成的巨大的防爆综合设施，包括 5 个 110 码长的隧道和 14 个 55 码长的交叉隧道。它的建造工作早在 1942 年初就已经开始了，就是为了给将来的跨海峡登陆行动作好准备。地下指挥所仍然是一个绝密设施，只有很少人知道，从索斯威克堡的内部走下一段台阶便可以到达。

　　盟军也对英吉利海峡另一边的港口设施，或者更确切地说缺乏这些设施的情况进行了审慎考虑。要想成功登陆，一个关键因素在于，盟军能多快地将大量物资运送到法国的北部地区，而那里的两个主要港口——瑟堡和勒阿弗尔——都在敌人的手中。瑟堡是盟军的首要目标，但是，即便盟军夺取了瑟堡，情况会不会有所改善，

---

① 系怀特岛下方一片直径约 10 英里的环形海域，被戏称为"皮卡迪利圆环"。

仍没有人能够确定。虽然盟军可以直接将补给运送到海滩上，但人们认为，即使可以把物资运送到那里，但这仍然是不够的。早在1942 年，海军上将路易斯·蒙巴顿勋爵的联合作战组织就第一次考虑将诺曼底作为盟军的登陆目标，在那个时候，运送物资是更加困难的。1942 年 5 月 30 日，在发给蒙巴顿的一份备忘录中，丘吉尔提议说，可以在开阔的海滩上建造浮动码头。他告诉蒙巴顿："当然啦，它们会随着潮水上下浮动，"然后补充说道，"别争了。困难会证明这个建议是正确的。"

一年多以后，当时在盟军最高统帅参谋部工作的指挥官约翰·休斯-哈雷特（John Hughes-Hallett）建议说，如果诺曼底没有可用的港口，也许他们应该建造一个。起初，这遭到了人们的嘲笑，但他坚持自己的观点，并且找到了首相做盟友。于是，他开始实施这场战争中最让人无法容忍的工程项目之一：建造两个巨大的临时港口，这些港口可以漂过英吉利海峡，并可以建造在他们喜欢的任何地方。他对此雄心勃勃。首先，用蒸汽开动或拖曳废弃的船只到达指定地点，然后击沉它们，以此建造防波堤。接着，托运巨大的钢筋混凝土沉箱（空心的，这样可以浮在水面上）穿过英吉利海峡，然后排出空气，之后将箱子一个挨着一个沉入海里，直到一系列的港口墙建成。浮动码头将从海岸延伸到人工港口内，并与浮动的码头区相连。正如丘吉尔所说的那样，这些码头将随着潮水上下浮动。这个设计很巧妙，雄心壮志和远见卓识也令人惊叹，而且更了不起的是，尽管面临巨大的挑战，这些码头在 6 月初就已经准备就绪。 086

英国最大的一些工程公司，例如鲍佛贝蒂（Balfour Beatty）、温佩（Wimpey）和罗伯特麦卡宾爵士（Sir Robert McAlpine）都参与进来，但英国还是聘请了 300 家不同的公司来完成这个庞大的工程。在六个多月的时间里，55000 名工人建造了两个浮动港口，每个港口都和多佛港差不多大。最大的组成部分是 200 英尺长的沉箱，代号为"凤凰（Phoenixes）"，仅这些沉箱就使用了 54.2 万立方码的混凝土和 39000 吨钢材。虽然英国在各地建造了"凤凰"，不过，大多数都是沿着克莱德河和泰晤士河建造的，然后在苏格兰试运行，远离德军的眼线；当然，保密是非常重要的，因为如果德国人得到风声，那么他们将会逐渐明白盟军计划在没有港口的地方登陆。另一方面，英国人需要将这两个港口——代号"桑树（Mulberries）"——运到法国，并且要在人力所及的范围内尽快进行搭建和运行。

这项艰巨任务的主要负责人是海军少将比尔·坦南特（Bill Tennant），他在敦刻尔克大撤退时担任高级海军军官，并且和哈罗德·亚历山大（Harold Alexander）将军一样，是最后一批在 1940 年 6 月离开这个被摧毁的港口的英国军人。那时他在拉姆齐的手下服役，现在，海军总司令把他调来担任"桑树"和"冥王星行动"的海军少将。

32 岁的海军少校安布罗斯·拉姆彭（Ambrose Lampen）是坦南特团队的成员之一，他是一名职业海军军官，在 1924 年（也就是 13 岁时）加入了王家海军。到目前为止，他曾在地中海和北极服役，而后在 3 月份被派往多佛，并被分配了"最高机密"级别的任务。好几天来，他一点都不清楚自己要做什么，直到最后他被介绍给了拉姆齐，并得到了一本黑皮书，里面有"霸王行动"的计划。"每一个细节都写得清清楚楚，"拉姆彭说，"当我意识到自己被赋予的责任时，我感到有点恼火。"随后，拉姆齐告诉他，他要建立一个"图可（TURCO）"，也就是转向指挥组织，一个为刚从第一拨攻击中返回的船只加油和重新装载的组织。

4 月初，拉姆彭刚准备好，就被告知他的小组将负责把从造船厂送达的"凤凰"停放在邓杰内斯（Dungeness）和塞尔西角（Selsey Bill）的海岸附近。拉姆齐的参谋长告诉他："我们决定'停放'它们，对，就是'停放'，然后再把它们拖到法国海岸。"拉姆彭还没来得及回答，就被告知，他将效力于一位他们不得不聘请的海军将军：从退休名单上除名的海军少将孟席斯（Menzies）。"不过，"拉姆彭被告知，"没有必要告诉他'图可'只是一个幌子，也没有必要告诉他他真的无事可做。"

4 月和 5 月，随着"凤凰"到达南海岸，在余下的大部分时间里，拉姆彭都在海上，花了很多时间来沉放"凤凰"。有时数个"凤凰"同时到达，这增加了他们的压力，因为必须在涨潮时沉放"凤凰"；这意味着要小心地打开阀门，让水进入，确保它们沉入海底，然后安全地锚定。沉放"凤凰"的原理和潜艇下潜差不多。"我逐渐熟悉了它们的特点，"拉姆彭说，"并开始把它们看作是半孵化的脆弱蛋壳，而不是坚硬的混凝土建筑物，只要处理不当，蛋壳就会破裂。"如果刮风和起浪，那么困难也会成倍增加。

顺利完成任务后，他被召到朴次茅斯去见海军上将坦南特，途中经过的道路两旁挤满了军车，它们排成长长的、不间断的队伍。在朴次茅斯，他被告知，他将前往诺曼底，不是去沉放更多的"凤凰"，而是作为"停泊官"处理和沉放沉船，也就是"玉米芯（Corncobs）"。这些都是老旧废弃的船只，把它们沉放到海里，以形成防波堤，也就是"醋栗（Goosberry）"。拉姆彭非常恼怒。他花了两个月的时间来完成艰难的任务，成了沉放巨大"凤凰"的专家。现在，他要在建造拟议的英国港口"桑树 B（Mulberry B）"中扮演不同的角色。这个工作没什么意义，但他没有办法。相反，他必须熟悉新的团队：一支由 2 艘英国拖船和 6 艘美国拖船

087

以及船员组成的混合队伍。他们将会拖着那些无法依靠蒸汽自行穿越英吉利海峡的沉船。然而，似乎没有人想到要给他们提供拖绳。时间不多了。现在是 6 月 2 日，他们预定两天后启航。拉姆彭忙乱地拜访了南安普敦的美国海军补给官和美国海军军需官，得到了一些绳子以及额外的无线电对讲机和其他军需品。登陆行动涉及很多方面，需要审慎规划，但就在最后关头，有些东西却被忽视了。

*

在从多佛开车经过苏塞克斯郡和汉普郡时，拉姆彭发现，在英格兰南部，几乎到处都是军队、半圆形活动营房、仓库，以及大量的卡车、坦克和大炮。南部的郡挤满了数以百万计的美国、英国和加拿大军队，还有很多其他国家的军队。

战争开始时，在 1939 年 9 月那黑暗而遥远的日子里，当时的美国陆军航空军只有一支 18.9 万人的军队和 72 架战斗机。1939 年，美国只建造了 18 辆各种型号的坦克。18 辆！从那时起，坦克的数量呈指数级增长：接近 60000 辆，其中仅 1943 年就建造了 26608 辆。现在，美军的人数达到了 400 万；仅在 1943 年，美国就制造了近 85000 架飞机，远远超过德国至当时为止在整个战争中制造的飞机数量。而在 1944 年，这个纪录似乎要被打破了。美国已经建造了超过 170 万辆卡车和逾 15 万门火炮。

英国也在让军事工业竭力发挥作用。1943 年，英国拥有 28000 多架飞机、49000 多辆坦克和其他装甲战车以及近 19000 门大炮。诚然，这个巨大的军火库不得不为一场席卷全球的战争提供燃料，不过，登陆法国和迅速击败纳粹德国才是最重要的任务。虽然盟军计划是用武力击败德军，但是，直到在诺曼底建立了据点，他们才开始横渡海洋运送大量的兵力、大炮和坦克，数量之多，足以让他们不可战胜。

问题的关键是，成功在很大程度上取决于实际的登陆行动以及随后几天的进展——在这段时间里，盟军特别容易受到攻击，而且绝大多数军队、坦克、大炮和弹药仍在英国。大规模战争的策略有一个副作用，那就是对所涉及的各个方面有不同的要求。这些问题在盟军关于进攻时辰（也就是"H时"，军队在诺曼底登陆的时刻）的讨论中出现了。海军上将拉姆齐写道："在计划的过程中，讨论得最多的就是进攻时辰了。"

许多因素都在发挥作用。海军舰队需要在黑暗的掩护下横渡英吉利海峡，这意味着空降部队必须在夜间空降，但是，为了顺利空降，他们需要月光和晴朗的天气。大家一致认为，应该在士兵登陆前让空军轰炸海岸线的沿岸目标，然而，他们在白天才能有效地完成这个任务，而且至少需要 40 分钟。海军的舰炮也必须能够看到它们的目标。不过，话说回来，进攻时辰越早，战术突袭的效果就会越好，造成的伤亡也就会越少。还有一个问题就是诺曼底的潮水：合理的做法是在涨潮时登陆，这样一来，突击部队就不会在海滩上暴露太久。在权衡了所有考虑事项后，盟军认为最佳登陆时间是在黎明前 40 分钟，那时太阳低于地平线 12 度，也就是凌晨 4 点左右。

大家都同意这一点，但后来发现，德军在海滩上设置了更多的障碍物，这意味着，第一拨进攻部队必须在没有障碍物的地方登陆，而那些地方的潮水较低，部队需要走过较远的距离才能抢滩登陆。更复杂的是，盟军意识到，在朱诺海滩附近的岩石浅滩，如果潮汐低于半潮位，那么会给登陆行动带来重大问题。5 月 23 日，拉姆齐在日记中写道："在意识到暗礁的影响后，盟军对进攻时辰进行了进一步讨论。"在登陆日的前几天，盟军达成了最后的妥协方案。美军将在早上 6 点 30 分登陆，英军将在早上 7 点 25 分登陆剑滩，7 点 30 分登陆黄金海滩，英国和加拿大的军队将在早上 7 点 45 分登陆朱诺海滩。

对拉姆齐来说，唯一能让他稍微放松一下的是，5 月 29 日星期一，他的梅斯队和鸫鹟队举行了一场板球比赛。"进了 16 个，"他说，"大家情绪高昂，打得非常激烈。"

*

盟军为"霸王行动"投入了惊人的力量和精力的另一个例证是，美国第 9 航空队飞速壮大，它与"玛丽"·康宁厄姆指挥的第 2 战术航空队在登陆行动和随后的战役中扮演了关键角色。去年 9 月，美国第 9 航空队从地中海转移到了英国，尽管只有极少数的成员，尽管几乎没有任何物资，因为大部分物资都留在了意大利，供那里的空军使用。虽然刘易斯·布里尔顿将军是总指挥官，但在第 9 战斗机司令部负责指挥美国第 9 航空队的所有战斗机的却是埃尔伍德·"皮特"·克萨达准将，当时他只有 39 岁，但他已经拥有丰富的战事指挥和作战经验。他精力充沛，求知欲强，渴望发展空中力量。他年纪轻轻就被提拔到了如此崇高的职位，不过，鲜有人对此提出异议。

克萨达来自华盛顿特区，参军时是名二等兵。后来，他转到航空军，成了一名军官。他工作称职，不负众望。随后，他进入了航空兵战术学校。在美国参战时，他被认为是年轻而有活力的空军指挥官中最聪明、最有能力的新骨干。大家都叫他"皮特"——这是他的一个新兵同事给他起的绰号。刚到英国，克萨达就面临着巨大的挑战。他将总部设在米德尔沃勒普航空站（在不列颠战役中，它曾是停放战斗机的空军基地），该航空站位于英格兰南部索尔兹伯里的东北方。之后，他开始着手新工作，不过手下只有十几个人。此后，每个月大约有 40000 人加入美国第 9 航空队，所有这些人都需要组织、安置、装备、训练和实战。到了登陆日的前夕，美国第 9 航空队已经扩大到拥有 35000 名飞行员和 1600 架飞机，比第 8 航空队的数量还要多。克萨达直接指挥着不少于 5 个战斗机联队、19 个战斗机大队（这些大队分成两个不同的战术空军司令部：第 9 战术空军司令部和第 19 战术空军司令部），以及 1 个战术侦察大队、3 个夜间战斗机中队、1 个信号航空连、4 个通讯中队、5 个战斗机控制中队、8 个空军基地中队、2 个讯号营、5 个独立的讯号连、11 个宪兵连和 18 个航空站补充中队：这一切都发生在短短的七个月里。

随着他的队伍不断壮大，他们被投入空战，先是支援战略轰炸机，然后在登陆前夕执行空中遮断①活动。克萨达的职责是团结同事，协调与上司的关系，汇聚有能力和有远见的参谋，监督战术的发展和演变，特别是建立通讯系统和网络，以便他能够灵活、快速地作战。他第一个承认了美国国内给予的支持，这种支持不输给任何其他国家。新加入的队伍都接受了令人难以置信的训练，他们的训练日志上至少记录了 350 个飞行时数。他们也到达了新基地，所有的一切都准备就绪。克萨达回忆说："每一个应

---

① 系一种对并无直接威胁的敌方目标进行预防性的战术空袭，以便阻止、扰乱敌方对友军的攻击。人们常常根据轰炸目标的不同，将空中遮断分为战术空中遮断和战略空中遮断。战术空中遮断的目标是能够快速影响本地战场态势的物体，例如直接摧毁战区内的敌方军事力量或补给线。相比之下，战略空中遮断的目标则更加深远和长效，其很少直接攻击敌方的军事目标，而是将目光放在基础设施、后勤以及其他支援设施上。

该有装备的人，手里都有了装备。我们通常在几天内向他们发放装备。然后，在这些男孩到达后的一周或十天内，让他们驾驶飞机飞越诺曼底。"在出现技术故障时，他们会非常迅速地解决故障。例如，他的一些部下抱怨说，在一场空中格斗中，P-51 战斗机的机枪在转头后被死死地卡住了。克萨达要求处理这个故障。他打电话给华盛顿，与"哈普"·阿诺德将军谈了这件事，最后解决了这个问题。"该死的，'皮特'，"阿诺德告诉他，"我们会在 48 小时内修好它。"阿诺德言而有信。他立刻从美国派来了专家工程师，在一周内解决了每架 P-51 出现的问题。克萨达后来评论说："飞行员必须对他们的领导有信心，对他们的装备有信心。如果你做不到这两点，那么你的部下就会士气低落。如果你的部下士气低落，那么你就没有什么可以依靠的了。"对于这个说法，鲜有人提出异议，尤其是蒙哥马利。然而，这种支援是大多数德国部队梦寐以求的。

到了 6 月，他的第 9 战斗机司令部已经准备就绪，物资齐全，飞行员和地勤人员也已经枕戈待旦，工程师们准备好即刻穿越英吉利海峡建立新的空军基地。严重困扰克萨达的唯一问题，就是缺乏与地面部队的合作训练。不过，这是因为盟军一直在进行的激烈空战，他的部队一到达英国就参与了这些空战，根本没有机会进行合作训练。"空军在战斗，"克萨达说，"但地面部队却没有。"这意味着，一旦登陆诺曼底，就必须立刻开始陆空合作。虽然这个做法并不理想，但任何事情都需要分清楚孰轻孰重，而最重要的是要确保登陆行动取得成功。赢得空中优势，为登陆铺平道路，比训练更重要，如果前者没有得到保证，那么登陆也无法取得成功。

*

美国战地记者恩尼·派尔（Ernie Pyle）正在寻访英国。他 43 岁，身材矮小，精瘦结实，秃顶，看上去要比实际年龄老得多。战前，他曾是斯克里普斯-霍华德报业集团的专栏作家，并因此出名。他的专长是记录美国的日常生活，他精于观察，使用的语言平易近人、富有感情，这使他更像一个朋友，他在美国各地的游历和思考吸引了数百万追随者。战争开始后，他继续记录所见所闻，以及一路上遇到的这场非同寻常的战争中的普通人，无论是闪电战中在伦敦遇到的，还是在北非、西西里岛或意大利南部遇到的。他从前线发回的报道为他赢得了越来越多的拥趸，使他成了美国最为知名的人物之一。

然而，他神经过敏，有抑郁倾向，与妻子的关系也很紧张。虽然他的精神备受困扰，但毫无疑问，他是一位才华横溢的作家和生活观察者，因此，美国陆军的高级将领希望他成为 450 名记者中能 092 够报道即将到来的战役，并在突击阶段参与随军采访的 28 人之一，这是再自然不过的事情了。虽然派尔无法拒绝这个机会，但他确实深感忧虑。当他在英格兰的南部寻访时，似乎陆地上的每一个士兵都在忙着对车辆进行防水处理，以便为登陆作好准备。他还注意到，很多装备都高高地堆放在木箱里，这让他产生了一个想法。"我熬了几个晚上，又是锤又是锯的，"他写道，"目的就是为了给自己制作一个大箱子，箱子上钉满了马蹄铁。"到了这个时候，他知道盟军即将登陆；每个人都知道。一阵阵的绝望开始笼罩着他，他开始做噩梦。他和其他几位被选中的记者得知，盟军将在出发前提前 24 小时告诉他们。然后在 5 月底，他们接到了通知，奉命前往南部海岸的一个特定集合区，也就是"集合待命区"。派尔心情沉重，充满了恐惧。

6 月 3 日凌晨 4 点，他和同伴们（一些来自美国第一集团军总部的军官）一起被叫醒。他们睡眼惺忪地往工具箱里装东西，这些东西似乎非常多。"德国人一定会找上门，"一个军官说，"但是，带这么多东西，我们永远到不了德国人那里。"就在那个时候，他们被告知他们将登上位于法尔茅斯（Falmouth）的坦克登陆舰。在向南行驶时，他们发现，英国的道路已经禁止普通车辆通行，每个十字路口都有民警和宪兵。当他们接近法尔茅斯时，越来越多的人站在道路两旁，孩子们用食指和拇指拼成字母"O"，像美国人那样做出"OK"的手势。然后，他们到达了码头区，登上了坦克登陆舰。派尔还没有反应过来，绳索就解开了，他们起航了。他写道："我有一种朦朦胧胧的恐惧感，此刻，登陆正在变成可怕的现实。再过几个小时，我们自己策划的大屠杀将席卷我们。没有人能保证自己可以幸免于死。对我来说，这简直让人难以承受。整个晚上，一种极度沮丧的感觉笼罩着我。"

*

当舍伍德游骑兵团离开赫斯利营地时，斯坦利·克里斯托夫森看到很多人沿着街道一直走到南安普敦码头，他感到很惊讶；每当他们的纵队停下来时，人们就给他们送上茶点和蛋糕，这让宪兵队有些不知所措，因为他们被告知要确保平民和士兵之间不能有任何接触。游骑兵团最终登上了登陆艇，与第 15 坦克舰艇支队和第 43 坦克舰艇支队会合。6 月 4 日，他们终于离开了码头区，但只是在南安普敦水域锚泊。无疑，登陆舰队给克里斯托夫森留下了深刻的印象。"我试着想象这些年来离开英格兰的其他登陆舰队，"他写道，"在全力以赴、投入大战之前，我感到忐忑不安，我想知道，过去的登陆部队是否也像我一样有过这种感觉。"和他一起出发的大多数人可能要比举行板球赛前更加焦躁不安。

正如他们离开赫斯利前获悉的那样，这个计划让他对行动的规模毫不怀疑。他们将在黄金海滩的"J 区（Jig）"登陆。盟军还向他们分发了地图——盟军印制了大约 1700 万张地图——以及非常清晰、详细的航拍照片，上面标明了从德军的每一个据点到最后一个机枪炮台的具体位置。地堡、雷区、铁丝网——所有这些都标了出来。盟军向每个营的各个连告知了他们的目标、前进的距离以及沿途可能遇到的障碍物。盟军将在他们的上空提供持续的空中掩护和支援。大约 12000 架盟军飞机已经准备就绪，等待起飞。在 1940 年 9 月不列颠战役打响之日，纳粹德国空军发动了规模最大的空袭，出动了 300 架飞机，这在当时看来似乎是一个庞大的数字。而到了 1944 年 6 月，盟军已经扭转了战争初期的局面。德国的步兵师可能仍然比美国和英国的多，但那是因为他们没有其他选择。而盟军可以选择如何使用他们的人力和庞大的全球势力，结果创造了全世界有史以来最现代且技术最先进的战争机器。

第二天，营地已经空无一人，他们朝南安普敦码头走去。他们前往索伦特海峡，但随后传来了延误的消息，这对提高士气毫无帮助。6 月 5 日星期一下午 4 点左右，当他们终于启航时，仍然有很大的浪头。此刻，克里斯托夫森和坦克指挥官们拿到了登陆区域的地图。"我立刻开始整理地图，"他说，"努力从编码的地图上找到各个地名和目标，在波涛汹涌的海上，在一艘平底船上做这件事有点棘手"，因为这让他晕船难受。

在更往西的地方，载着部队 O 从普利茅斯驶来的是奥古斯塔

号，它装备有威力无比的枪炮，为海军的轰炸作好了准备。船上不
仅有美国第一集团军的指挥官奥马尔·布拉德利将军，还有他的助
手"切特"·汉森上尉，他十分清楚自己是这个扑朔迷离的庞大
行动的一部分。"这就是登陆行动，"他在日记中写道，"这就是我
们三年来苦苦等待的行动。船上弥漫着一种阴森、让人悸动不已的
气氛，但是没有公开表现出来，没有欢呼。我们正驶向欧洲大陆，
但似乎没有人对此感到过度兴奋。"

094

　　这个夜晚，全世界有史以来最大的登陆舰队在不断上涨的海浪
中前进，驶向未知的命运。

第7章 空中力量

"敌人持续对塞纳河、瓦兹河上的桥梁发起集中空袭，还不时轰炸了埃涅河上的桥梁，"德国 B 集团军群的参谋在每周情况报告中写道，"空袭还集中在敦刻尔克和迪耶普之间以及科唐坦北部的海岸防御工事上。盟军继续破坏铁路运输，对编组站……和机车发动了袭击。"

空军上将泰德和盟军的空军指挥官们有充分的理由对过去九个星期的军事行动感到满意。单是针对法国的袭击目标，他们就投下了大约 19.7 万吨炸弹，相比之下，在整整七个月的闪电战中，纳粹德国空军在伦敦只投下了 18000 吨炸弹。尽管盟军对运输计划和石油计划争论不已，但事实上，盟军空军已经利用重型战略部队、中型战术轰炸机和战斗机等军队对众多不同的目标进行了打击，包括编组站、石油工厂、纳粹德国空军的基地、沿海雷达站、V-1 和 V-2 飞弹的发射指挥站以及沿海炮台。盟军飞机的飞行次数超过了 20 多万架次。6 月 3 日，纳粹德国空军在一份报告中称："巴黎的长途交通已经被有计划地切断了，塞纳河下游最重要的桥梁也相继遭到摧毁。"报告继续说，只有尽最大努力，才能让军事交通和其他基本交通保持畅通。"目前，德军几乎不可能通过铁路实施大规模的战略转移，而且按照目前的攻击强度，情况仍将如此。"一旦登陆行动开始，盟军的进攻强度肯定不会减弱。相反，盟军将

096 进行更加猛烈的轰炸，特别是在盟军空军无须再对登陆地点保密的时候。

不过，凡事都有代价。1944 年 3 月，712 名法国平民死于盟军的空袭；4 月有 5144 人，5 月有 9893 人——虽然没有一些人担心的那么多，但仍然是一个可怕的悲惨数字。从 4 月 1 日到 6 月 5 日，盟军有 12000 名机组人员死亡和失踪，损失了大约 2000 架飞机。毫无疑问，战略空军的损失最为惨重——美国第 8 航空队损失了 763 架轰炸机，英国王家空军的轰炸机司令部损失了 523 架。一些人对自己的生存概率越来越抱有一种宿命论的态度，其中就有杜鲁门·"施密提"·史密斯（Truman "Smitty" Smith）中尉。他是第 550 轰炸机中队的 B-17 飞行堡垒轰炸机的副驾驶员。第 550 轰炸机中队隶属于第 385 轰炸机大队，这个大队驻扎在大阿什菲尔德（Great Ashfield），位于贝里圣埃德蒙兹（Bury St Edmunds）的萨福克（Suffolk）镇以东。

在愚人节那天，史密斯和欧内斯特·"穆恩"·鲍曼（Ernest "Moon" Baumann）中尉的其余机组成员抵达了大阿什菲尔德，他们都希望这个日子没有任何象征意义。史密斯认为，这 10 名机组成员是一个兼容并蓄、物以类聚的群体，他希望这个群体的力量要远远大于各自在执行任务的过程中为生存战斗而发挥的力量之和。史密斯来自俄克拉荷马州的庞卡城，他一直都对飞行很感兴趣。在还是个小男孩时，他就攒下了 4 美元，并把钱花在了第一节飞行课上。甚至在 16 岁时，他就已经能够单独飞行。在接下来的几年里，他经常去庞卡城的空军基地，感受那里的气氛，打扫飞机，坐在飞机的座椅上。后来，在 1941 年当地成立民间航空巡逻队时，他设法提供帮助、排忧解难。第二年，他高中毕业，之后，他很自然地决定当一名空军。他赢得了梦寐以求的职位，开始训练，并于

1943 年 10 月实现了抱负。而后，他被任命为 B-25 中型轰炸机的"临时"副驾驶，随时待命加入机组。之后，他被派往佛罗里达州的坦帕市（Tampa），加入了"穆恩"·鲍曼的机组。他们在佛罗里达募集了一架崭新的堡垒轰炸机，并驾驶它飞越大西洋。虽然 B-17 看起来要比 B-25 大得多，但史密斯很快就适应了，这主要是因为鲍曼很宽容。"事实上，"史密斯说，"整个机组都很随意，很有幽默感，是我在服役期间遇到的最不像军人的队伍。"

不管怎样，他们在最初的 10 次任务中幸存下来，然后又挺过了两次，现在迎来了他们的第 13 次任务，也就是 5 月 20 日对位于亚琛（Aachen）的编组站发动袭击。史密斯确信这将是他的最后一次任务：在他们看来，13 这个数字似乎非常不吉利。一些机组成员把 13 称为"12-B"，但对史密斯来说，这没有任何用处。他写道："我有一种极为强烈的感觉，第 13 次任务真的是我的最后一次任务了。这迟早会发生。大家都心知肚明。我们这个职业就是这样。我们从一开始就知道。据我所知，已经有一个多月没有毕业生来接班了，这就是原因所在。"他试图表现出一种听天由命的态度——至少他去过伦敦，也风流快活过了——但在这次任务之前，没有什么能够动摇他自以为注定会失败的信念。那天早上，他甚至拒绝起床。"我不去"，他对其他人说。之后，他非常不情愿地改变了主意。

很多时候，预言最终都变成了现实，但史密斯和其他机组成员成功返回，并在 6 月 2 日前连续完成了 4 项任务：他们对位于德国西部科尼格斯博恩（Königsborn）的铁路编组站发动袭击；5 月 29 日，对莱比锡飞机工厂发动空袭，这是一场针对 V-1 飞弹基地的行动，也就是所谓的"无球（NO BALL）"行动；30 日，袭击了法国的瓦滕斯特拉古（Watten-Stracourt）；31 日，对位于德国鲁尔

097

山谷的哈姆编组站发动袭击。"这是连续执行的第 4 个任务，"史密斯说，"但这种单调的活动越来越不合我的胃口。"他算出每次任务能拿到 10.67 美元，并发现美国陆军航空军的报酬超过了理应得到的回报。无论如何，机组人员再次成功返回，这意味着，他只需要再执行 7 次任务，便可以结束战斗之旅了。两天后，他们开始了第 19 次任务，目标是袭击更多的编组站，这次是埃奎赫恩（Équihen），它位于法国北部城市布洛涅的南边。805 架 B−17 和 B−24 解放者重型轰炸机中的一架击中了加来海峡，包括"无球"行动的 64 个目标和编组站。这是一次势不可挡、彻底无情的袭击。

为了达到规定的任务数量，美国第 9 航空队中型轰炸机的机组成员面临着非常紧张的态势，在大多数情况下，他们需要更频繁地飞行，执行更加短程的任务。例如，第 391 轰炸机大队在 5 月 27 日执行了 2 次飞行任务，28 日又执行了令人难以置信的 4 次飞行任务。他们必须在登陆日前达到目标，时间是如此紧迫，以至于他们的飞行架次将会达到一个非常极端的水平。

与第 391 轰炸机大队一起飞行的还有乔·博伊兰（Joe Boylan）中尉和他的机组成员。博伊兰 22 岁，来自康涅狄格州的沃特伯里（Waterbury）镇。他的童年过得非常艰辛：家里经济拮据，母亲在他 12 岁时死于癌症。挣扎度日的父亲开始酗酒。尽管如此，他还是明智地鼓励儿子进入纽约的一所好高中，这让博伊兰能够参加并通过空军飞行员培训考试。长期以来，年幼的乔都对这个考试寄予厚望。后来，他表现出色，并希望能够驾驶类似 P−38 的多引擎战斗机，他曾被派去接受关于多引擎战斗机的训练。最终，他工作称职，并被授予了一项任务，他的职责是向第 573 轰炸机中队进行报告。第 573 轰炸机中队隶属于第 391 轰炸机大队，当时正在佛罗里达州坦帕市的麦克迪尔机场集结，他将在那里驾驶 B−26 掠夺者轰炸机。

博伊兰听说过一些关于掠夺者轰炸机的不好的事情，这种轰炸机在起飞或着陆时发生事故的概率很高，因此有了"寡妇制造者"的名声。然而，到了1944年，这些早期问题大多得到了解决，它已经成了一种高度可靠、强大的中型轰炸机，时速达到了近300英里，而且非常敏捷。与B-17不同的是，它有一个三轮车起落架，这样一来，飞行员便可以在地面上获得很好的能见度；而且事实证明，只要启动正确，它就很容易起飞。博伊兰说："一旦飞行员和机组成员学会了驾驶它，那么它就很难被击落。"事实证明，到目前为止，B-26掠夺者轰炸机大队的伤亡率是非常低的。到达英国后，博伊兰听说了重型轰炸机机组的损失，他觉得自己很幸运，因为他在第9航空队驾驶B-26掠夺者轰炸机。

即便如此，他们也无法免于不幸，正如博伊兰在5月28日亲眼见到的那样，那是他离开伦敦一段时间后的第一次任务。那天早上，他们的目标是里勒（Risle）河上的一座桥梁。里勒河的流淌方向大致与勒阿弗尔东南部的塞纳河平行。天气不太好，所以引导员为他们引路。尽管盟军曾警告他们可能会遇到高射炮，但散布在法国村庄的高射炮一般没有安装枪炮瞄准雷达，所以准确度不是很高。博伊兰和机组的6名成员满心期待着这将是一次"容易执行的常规飞行任务"。

石桥位于里勒河畔格洛斯莱（Grosley-sur-Risle）的一个小村庄。31架掠夺者轰炸机将负责袭击这个目标，其中的大多数都携带一枚1000磅的炸弹。在平安飞越海岸线后，他们继续前进，云层逐渐变薄，他们可以看到诺曼底东部乡村的一块块田地。在离目标不远的地方，高射炮开始攻击他们，炮弹碎片在他们的周围噼啪作响，天空中弥漫着烟雾。博伊兰的编队在高空飞行，他鸟瞰着诺曼底的地形和他下面的飞机。

"我们的一架飞机被击中了！"机首的投弹手比利·罗斯（Billy Rose）中尉喊道。

"谁驾驶的？"博伊兰问道。

罗斯不确定是谁驾驶的，但那架飞机被直接击中，垂直落下，引擎也在着火。接着，右舷机翼脱落了。罗斯数了数降落伞。"有一个降落伞！又有一个！"

099　　他们继续飞行，在引导员发出的照明弹的指引下，他们找到了桥梁，并按计划击中了它。目标周围根本没有高射炮。

在安全返回位于麦奇格林（Matching Green）——坐落在埃塞克斯郡的哈洛附近——的基地后，他们才得知被击落的飞机是鲍勃·古德森（Bob Goodson）中尉驾驶的。听到这个消息时，博伊兰哽咽得说不出话来。副驾驶鲍勃·克拉克（Bob Clark）和投弹手罗斯·泰勒（Ross Taylor）都是他的好朋友。几天前，他们还一起在伦敦度假。

*

另一个重要目标是德国的雷达站。大量的情报组织（包括噪音调查局和通讯研究机构等专业组织）合作绘制了一幅图像，清晰显示了加来和瑟堡之间的 92 个雷达装置。当远程雷达遭到轰炸时，其中的一些雷达装置也会受到干扰。针对这些雷达的行动从 5 月 10 日开始，就在四年前的这一天，德国对西欧发起进攻。在大多数情况下，这些空袭不是由轰炸机部队实施的，而是由对地进攻的单引擎飞机执行，这些飞机装备有炸弹、加农炮和火箭弹。这是因为盟军认为摧毁雷达装置的最佳方法是从较低的水平进行倾斜打击——这只能使用前射导弹来实现。

　　最适合执行这项任务的盟军机器是"霍克台风"，这是一种飞行时速超过 400 英里的强力飞机，装备有 4 门 20 毫米的加农炮，还能携带两枚 500 磅的炸弹。它还可以在每个机翼下面配备 4 枚 RP-3 空对地火箭弹。它的翼幅超过 41 英尺，配备有 24 活塞、2200 马力的纳皮尔军刀发动机。发动机罩下有一个巨大的、异常吓人的球根状进气口，看起来就像一头愤怒的西班牙公牛要冲上去一样。盟军最初打算用"霍克台风"取代"飓风"。"霍克台风"的样子就是实际看到的样子：一架巨大、凶狠、强大的对地攻击战斗机，速度快得让人难以置信。

　　康宁厄姆的第 2 战术空军有 18 个台风战斗机中队，其中包括第 123 联队的第 609 中队。这是战前驻扎在约克郡西区的一个辅助中队——他们被称为"周末飞行员"——大多数成员都是年轻富有的绅士。但是，自从战争开始以来，他们已经发展成为一支高度专业、多国人员参与的队伍。它是第一个在不列颠战役中取得 100 场胜利的中队，即便在那时，它就已经吸引了美国人、波兰人和其他国家的人。到了 1944 年，它成了比利时飞行员的向往之地。队伍中还有三名新西兰人、三名加拿大人、一名阿根廷人，以及一名来自柏林的德国犹太人克劳斯·"肯"·亚当（Klaus "Ken" Adam）。亚当是一名空军中士。1934 年，他和家人一起逃离了德国。

　　他们在关键时刻逃走。亚当的父亲曾在首都经营一家高档体育用品商店，在第一次世界大战中，他曾是一名被授予勋章的骑兵军官。由于拒绝接受纳粹的威胁，亚当先生在 1933 年被捕，他感到非常震惊。通过关系，他在 48 小时后获释，但他在巴黎学习的长子彼得（Peter）敦促家人离开。"他生活在德国以外的国家，"亚当说，"那里的媒体对纳粹怀有敌意，他能看到发生了什么。"

　　先是孩子们被送到英国，然后父母也跟着去了。克劳斯最初在蒙哥马利的母校圣保罗学校上学，后来去伦敦大学学院学习建筑。那个时候，他努力融入英国，接纳英国人的习性，尽管他的德国口音导致他把自己的名字"克劳斯"发成了"肯"。他也非常渴望在战争到来时尽自己的一份力，并多次试图加入英国王家空军。1941年末，他终于被英国王家空军录取，并在加拿大接受训练。1943年 10 月，他被派往第 609 中队。然而，没有人叫他"肯"；在中队里，人们总叫他"海涅"①，他不得不接受这个叫法。虽然人们给他起了这个绰号，但他仍然有了一种家的感觉，并被弥漫在中队里的同志情谊和团队精神所打动。新飞行员受到热烈欢迎和精心栽培，他们的战斗技能得到了充分磨炼。

到了 1944 年春，亚当已经成为第 609 中队的正式成员。该中队一直作为战斗机中队独立作战。但是，到了 2 月底，他们重新接受训练，成了一支火箭弹射击部队。随后，他们被分配到第 84 大队的第 123 联队，隶属于第 2 战术空军。现在，他们驻扎在朴次茅斯附近的索尼岛（Thorney Island），成了空中炮兵，任务是对法国北部的目标进行常规的地面攻击。5 月初，一连串的任务接踵而至：5 月 2 日，他们袭击了瑟堡附近的一座公路桥；第二天，该中队向亚眠附近的铁路棚发射了近 100 枚火箭弹。5 月 7 日，他们的目标是航运运河及另一座桥梁。

101　　　四天后，也就是 5 月 11 日，他们开始了摧毁敌人雷达的行动，袭击了勒阿弗尔附近位于费康（Fécamp）的雷达站。这是一次大规模的行动，在他们实施空袭前，美国的轰炸机中队以及其他台风战斗机中队已经进行了打击。"我们是最后一个实施空袭的，"亚当说，"当台风战斗机进入目标领域时，德军的高射炮对准了我

---

① 在英语里是德国兵的意思。

们。"此外，他们还奉命从内陆和海上进行攻击。第 609 中队的前四架飞机排成纵队，一架接一架进行攻击；有两架被迅速击落，第三架遭到重创。亚当飞在后面，惊恐地看着空军上尉伍德的台风战斗机突然起火，撞到了空军中士基斯·亚当斯（Keith Adams）的台风战斗机，把后者的左翼撕出一条长达 2.6 英尺的裂口，然后坠向地面。在意识到它们成了德军坐待攻击的目标后，亚当立刻偏离了纵向编队，从不同的角度发起攻击。这个决定可能救了他的命。亚当在航空日志中写道："朱尼尔·索斯曼（Junior Soesman）被击中，然后跳伞了，但他没有爬上救生艇。伍迪也被击中了。他的飞机着了火，撞上了亚当斯的飞机，然后在房子上坠毁爆炸。这该死的运气。"正如亚当记录的那样，八架飞机损失了三架，还有两名飞行员丧生，"这真是一个巨大的打击"。

十二天后，他们袭击了诺曼底海岸和三个雷达站：佩斯角峰雷达站、迪斯戴尔芬克（Distelfink）雷达站——它位于杜夫尔，是诺曼底海岸最大的雷达基地——和位于勒阿弗尔北部的圣瓦莱里（Saint-Valéry）雷达站。第二天，他们袭击了位于阿格角（Cap de la Hague）的雷达站，阿格角在科唐坦半岛的西北端。执行这次袭击任务的只有四个人，亚当是其中的一员。"他们非常完美地轰炸了目标"，这是中队记录簿上的评价。

台风战斗机的确造成了相当大的破坏，但到了 6 月 3 日，盟军认为，战略空军也应该参与打击关键设施。那天的晚些时候，以及在 6 月 4 日和 5 日，重型轰炸机炸毁了法国北部海岸的雷达基地，包括迪斯戴尔芬克雷达站。截至登陆日，沿海的 92 个雷达站中有 76 个停运，包括安装了特别精确的 Mammut 型雷达和 Wassermann 型雷达的雷达站。在计划的登陆前线沿岸，没有一个雷达站还在工作。此外，盟军还执行了干扰措施，这导致英吉利海峡沿岸的整个

德国雷达系统的工作效率只有 5%。盟军的空中力量和无线电技术
还掐灭了德国的许多防御照明装置。

*

在登陆前的最后几天，相互矛盾的情报和解释困扰着德国守
102　军。无情的轰炸、低空扫射和头顶上方航空发动机的轰鸣声让他们
遭受了损失，而恶劣的天气也让他们无法对盟军的意图有一个清晰
的认识。德国在西部设立了非常少的气象站，因此，虽然天气预报
员从大西洋沿岸和北极圈收集了大量气象资料，但他们从大西洋获
得的报告比盟军的还要少。不过，他们已经观察到了横扫英国并向
欧洲大陆移动的低锋面，而且在 6 月的第一周，天气似乎非常不稳
定、变幻莫测。马克斯将军也反复研究了盟军以前的登陆行动，意
识到月亮和潮汐这两个条件同时得到满足至关重要。此时，他估
计，下一次月亮和潮汐都满足登陆要求的时间是 6 月 20 日前后。
根据马克斯的天气趋势报告，正在刮起的风、月亮和潮汐都表明盟
军至少要在两周后才会登陆。

正是由于这个原因，埃尔温·隆美尔元帅觉得可以在 6 月 4 日
星期日离开拉罗什盖恩，亲自到贝格霍夫去见希特勒，恳求再派两
个装甲师到法国，以及再次请求希特勒向他授予装甲师的战术控制
权。他仍然相信德国可以阻止盟军；不过，他也完全相信，只有当
装甲师在诺曼底和加来海峡之间的前线附近集结时，才能阻止盟
军，尽管他仍然预感到盟军将在第十五集团军驻守的区域登陆，也
就是从塞纳河河口到加来海峡、比利时及荷兰海岸的地区。要是他
没有直接控制权——那么他就无法迅速、果断、自由地调动装甲部
队——他担心德军很快会失败。还有另外一个原因促使隆美尔在

此时动身：在去贝格霍夫的途中，他可以回到自己位于赫尔林根（Herrlingen）的家，就在乌尔姆（Ulm）附近，6 月 6 日星期二是他心爱的妻子露西的 50 岁生日。他甚至还在前一天去巴黎给她买了一双新鞋。

然而，在其他地方，不同的情报组织接收到了不同的讯号。6 月 1 日，一名法国的游击队指挥官被第 352 步兵师抓获。在审讯期间，他告诉他们，盟军随时都有可能登陆。抵抗组织的成员都不知道具体是什么时候，但他们一直在收听英国广播公司的警报。对克莱斯将军来说，这足以让全师处于全面戒备状态，但现在是 1944 年，而不是 1940 年，没有上级的授权，他不能这么做。马克斯将军也不能这样做，他同意克莱斯的看法，认为全面戒备是最明智的做法。然而，他们的请求遭到了拒绝。克莱斯能够进行戒备，是因为德军在那一周安排了军事演习。他让自己的师处于全面戒备状态，要是上级问起来，他就说他们正在进行演习，这是本周演习活动的一部分。结果，6 月 5 日星期一，第 352 步兵师成了诺曼底唯一一个全面戒备的部队。

然而，事实上，没有一个德国人真正了解盟军的意图。多亏了一位在土耳其的德国间谍艾利萨·巴兹纳（Elyesa Bazna）——又名"西塞罗（Cicero）"，他是英国驻安卡拉大使的贴身男仆——他们才知道登陆行动的代号是"霸王行动"，但这没有什么用。5 月 27 日，希特勒自信地告诉日本大使，盟军已经完成了准备工作，他们在挪威、丹麦、法国西南部和法国地中海实施了声东击西的行动；之后，他们将在诺曼底或布列塔尼建立一个桥头堡，然后穿过加来海峡建立真正的第二前线。当然，这只是胡扯。希特勒是在两头下注，给自己留条后路，这表现出他对军事计划和行动的无知。毕竟，盟军怎么可能想到发起诸如此类的两栖作战行动呢？

6 月 5 日星期一下午，西线总司令部发布了最新的情报汇总，情报表明最有可能的登陆地点是荷兰的斯海尔德河河口（Scheldt Estuary）和诺曼底之间的某个地方。报告说："敌人试图在这个地区的哪个地方登陆，目前还不清楚。"报告总结道："按照目前的情况来看，敌人不太可能在短期内登陆。"

事实上，在拉罗什盖恩，没有人为即将到来的登陆作好了准备。隆美尔不在的时候，由汉斯·斯派达尔将军负责。海军上将鲁格冒着雨，开车去视察西线海军集团军群，并狠狠地训斥了他们一顿。当时位于布列塔尼的第 2 扫雷艇舰队被派往勒阿弗尔，途中遭到盟军空军的猛烈攻击，除一艘外，其他的都被炸毁。在鲁格看来，扫雷艇的遭遇让人无法理解，因为其中的很多舰艇都是 S 艇——速度非常快的鱼雷艇——和机动扫雷艇，它们都是低轮廓的小型船只。此外，它们都是木制的，不太容易被英国雷达探测到。

在严厉地训斥了他们后，鲁格回到拉罗什盖恩吃晚餐。在鲁格看来，吃晚餐是一件非常愉悦的事情。斯派达尔还邀请了他的姐夫霍斯特（Horst）医生和作家恩斯特·荣格（Ernst Jünger）。鲁格不知道的是，他们都是谋反者，正在密谋推翻希特勒和这个政权。斯派达尔接到具体指示，试图招揽隆美尔，尽管到目前为止进展还不太顺利。身体康复后的隆美尔似乎又一次被元首俘虏了，而且充满了斗志；5 月 13 日，他甚至要求希特勒尽早使用 V-1 飞弹对英国发动攻势，以破坏盟军的登陆计划。即将到来的战斗，是他一心想要打赢的一场战役。

事实上，荣格甚至起草了一份和平宣言，一旦希特勒政权被消灭，他们就会大规模发行这份宣言。它宣称，他们信仰的是一个统一的信奉基督教的欧洲，在这里，民主、宽容和社会正义的理念将被放到最前面。然而，他们没有在餐桌上讨论这些事情，尽管当隆美尔不在场的时候，他们总会开玩笑地说希特勒是"来自贝格霍夫的混蛋"。鲁格认为大家的讨论"非常活跃"。他们喝了很多酒。

他们不知道，登陆舰队已经穿过了英吉利海峡，当这伙人在午夜散去时，盟军近 25000 名空降兵中的第一支队伍已经准备好登陆法国。

这个时刻终于来了。那是 1944 年 6 月 6 日星期二，诺曼底登陆日。

美国第18步兵团和第115步兵团的登陆艇正在接近奥马哈海滩。

第二部分

登　陆

第 8 章　登陆日的前一天

6 月 2 日星期五，马克·亚历山大（Mark Alexander）中校给他在堪萨斯州劳伦斯市的父母写了一封信，他知道这可能是自己最后一次写信了。虽然他年仅 32 岁，但他比大多数并肩作战的同伴都要年长，而且结婚了。他的年龄和官职（他是第 505 伞降步兵团的副团长）使他比手下的大多数年轻人更有眼界。他也很有经验，他曾在西西里岛和意大利南部参与伞降作战，并参与了之后既艰苦又艰难的战斗。

他写道："嗯，这就是我们再次起飞的前一天，我将要跳进最艰难的战区。和往常一样，我们伞兵会比其他士兵先进入，然后抢夺滩头阵地，削弱敌军的力量。我宁愿这样也不愿和两栖部队一起进入战区。是的，我仍然觉得自己很幸运。当然，我会非常小心的。"他在信的末尾写道："记住，我永远爱你们，你们的儿子马克。"

亚历山大来自美国中西部，是一名体格健壮、有着艺术气息的年轻人。高中毕业后，他环游美国，搭顺风车旅行，做过很多不同的工作。在那之前，他口袋里有一点钱，于是进入了堪萨斯大学，并于 1940 年获得了艺术学位。他原来打算继续读硕士，但战争开始后，他加入了劳伦斯市的国民警卫队。家人鼓励他参加军官训练考试，他以优异的成绩通过了考试，并于 1941 年 1 月 1 日成了第 2

110 步兵师的少尉和第 35 步兵师的排长。由于比大多数人年长，头脑聪明，而且比大多数同伴见过更多的世面，亚历山大很快便脱颖而出。在美国各地的旅行中，他学到了足够多的关于领导能力好坏的知识——他很快就把这些经验应用到如何成为一名步兵军官上。他身体健康，从童年时代起，他就是一名熟练使用点 22 口径步枪的神枪手。此外，他还很自信，凡事都以身作则。

1942 年春，他被提升为上尉，在经历了一场闪电恋爱后，他娶了一位名叫"玛丽·柯林斯（Mary Collins）"的爱尔兰护士，尽管在匆忙举行婚礼后，他们待在一起的时间很少。亚历山大决定自愿参加空降部队；他想奋发图强，在空降跳学校为期四周的严格培训中，他也确实是这样做的。在完成了五次空降跳后，他首先被派往第 504 伞降步兵团，后来被派往新成立的第 505 伞降步兵团。在进入空降跳学校后将近一年，他又去了北非。1943 年 7 月，他指挥第 505 伞降步兵团的第 2 营，跳伞进入了西西里岛。

1943 年 11 月，第 505 伞降步兵团从意大利撤退，驶向北爱尔兰，并一直接受训练，以便为"霸王行动"作好准备。由于在意大利的行动中表现出色，亚历山大被授予英国杰出服务十字勋章和银星勋章，并被任命为第 505 伞降步兵团的副指挥官（也就是副团长）。不过，他将作为一名战士空降诺曼底，就像美国的其他空降部队一样。一起执行空降任务的还有师长马修·李奇微少将。"我希望起跳后能直接降落到诺曼底的土地上，"他对亚历山大说，"我想让你帮我挑选一架飞机，以便让我有更大的概率降落在伞降区。"李奇微选择第 505 伞降步兵团是可以理解的，因为他们是两个空降师中唯一一个具有伞降作战经验的兵团。亚历山大为李奇微少将挑选了一架 C-47，它将从第 505 伞降步兵团的总部运载士兵。他为自己挑选了一位经验丰富的跳伞指挥员和一架飞机，这架飞机将在编队的右侧飞行。他打算站在舱门那里，观察地面上的探路者发出的信标。这些探路者将提前 30 分钟出发，他们经过特殊训练，可以用灯光组成巨大的字母，还可以操作尤里卡归航信标。

6 月 5 日星期一的晚上，亚历山大准备降落到法国。盟军命令每个伞兵都要跳伞，伞降运输机不会把他们之中的任何一个人带回英国。是否训练有素，是否经验丰富，这都不重要；在这个阶段，每个伞兵（从列兵到将军）都把自己的生命交到了把他们送到预定着陆区的机组人员手中，并相信幸运女神会眷顾他们的。

至少看起来他们很可能会飞越科唐坦半岛进行战术突袭。6 月 3 日星期六，联合情报委员会得出结论说："在过去的一周，没有任何情报表明敌人已经准确估算到了我们的主要进攻区域。"这是一个巨大的安慰。但在 6 月 5 日，盟军可能发生了灾难性的情报泄露。首先是美联社的一篇报道宣布登陆行动正在进行，然后是美国第 8 航空队的一名战斗机飞行员向下俯视，看到了庞大的登陆舰队，并通过无线电台分享了他的惊讶。此外，关于诺曼底的德军兵力的最新情报图片也让人警醒；登陆行动从 5 月初推迟了一个月，这无疑让盟军付出了代价。西线大概有 59 个德军师，包括 10 个装甲师和装甲掷弹兵师，还有 13 个师可能会在两个月内抵达。它们的规模不一；在战争的这个阶段，步兵师的全部兵力只有 12000 人左右，而装甲师则接近 20000 人。联合情报委员会预测，德军部署了 7 个师来应对登陆，到登陆日结束时，很可能上升到 10 个师。到了登陆日后的第 2 天，这个数字可能达到 16 或 17；到了登陆日后的第 18 天，则可能达到 24 个师。在第一支盟军部队登陆的那一刻，比赛就开始了，究竟哪一方能够率先集结足够的兵力和武器，也就是说，哪一方能够最快地在诺曼底海岸的桥头堡集结力量。有条不紊地将大批军队运送过海是一回事，快速运送则完全是另一回事。

不过，第一批进入的军队不需要海运。他们是空降部队，空降兵的具体任务是夺取重要的侧翼，以便盟军能够阻止德军的部队赶到前线。他们扮演的角色实在是太重要了，利-马洛里曾不顾风险要取消他们，这实在是太荒谬了。他先是请求布拉德利，然后恳求艾森豪威尔，这表明他对"霸王行动"的计划和运作缺乏了解。如果盟军希望海上登陆取得真正的成功，那么就必须夺取这些侧翼。在登陆前线的西端，这意味着切断通往瑟堡的重要动脉，掩护在犹他海滩登陆的部队；在东部，这意味着破坏迪沃河上的关键桥梁，完好无损地夺取奥恩河和卡昂运河上的桥梁。

112　　　1940 年 5 月 10 日，德军在比利时的埃本艾美尔（Eben Emael）要塞空降了滑翔机运送的部队，伞兵占领了关键的桥梁。从那时起，英美两国就对空降部队的潜力感到惊讶不已。盟军吸收了德军的空降行动中所有好的方面，但忽视了许多缺点，或者说没有对这些缺点进行适当分析。例如，1940 年 5 月，当德国动用大量空降部队在西线发起进攻时，大约有 353 架飞机被摧毁，其中大多数是运输机；这是迄今为止纳粹德国空军损失最为惨重的一天。1940 年 4 月，德军在挪威的杜姆奥斯（Dombås）执行空降行动，这次行动是一个巨大的失败；其后一个月，他们在海牙的空降行动也失败了。他们只占领了比利时阿尔伯特运河（Albert Canal）上的三座桥梁中的两座；而在克里特岛（Crete），他们只夺取了三个目标中的一个，超过一半的士兵阵亡。他们做得成功的地方是，那些跳伞成功的士兵在地面上英勇作战。

一些领导者（丘吉尔便是其中之一）要求英国陆军创建一支5000 人的空降部队。然而，没多久，这一两个空降旅的人数迅猛增加。1941 年 10 月，英国陆军部决定成立第 1 空降师，随后于

1943 年春成立了第 2 空降师。1943 年，英国特种空勤团迅速壮大，英国资助的一支独立的波兰旅也是如此。类似的故事也在美国上演：1940 年 6 月组建的伞兵测试排发展成第 501 伞降步兵团。美国在本宁堡（Fort Benning）创建了一所空降兵学校。1942 年 3 月，第 82 空降师启动。同年 8 月，第 101 空降师成立。1943 年 5 月，美国又组建了两个师：第 11 空降师和第 17 空降师。随后，美国新增了滑翔机部队，同时需要更多的特殊装备和进一步的训练，还需要募集更多的物资。

空降部队从来都不缺乏申请者。从一开始，伞兵就被认为是精英，是一支非常特殊的部队。他们需要比大多数其他部队进行更刻苦的训练，需要更健康的体魄，最关键的是，他们都是志愿兵，因此更有动力。绝大多数义务兵——在英美两国的军队中，75% 的士兵都是义务兵——并不想参战，要不是因为这场全球冲突正在肆虐，他们根本不会参军；所以，他们只想保持低调，熬过这场战争。大多数人只是希望被领导，听从别人发号施令。而且从理论上来讲，美国仍可以对逃兵处以死刑，尽管当时没有颁布死刑的意向，而英国则是完全废除了死刑。不过，与德军不同的是，盟军士兵不会因为当逃兵而被枪决。这是因为保持士气是非常重要的：的确，要是他们真想扔下武器逃跑，恐怕没有什么能够阻止他们。最优秀的军队是那些能够独立思考，而且最重要的是能够发挥主动性的军队。这与动机有关，具有良好的动机，渴望成为最优秀的人，加上身体健康，使空降部队脱颖而出。

对于如何把这些优秀的部队送到战场上，或者说采用什么样的运送方式和条件，人们的想法不太一致。英国没有专门设计的运兵飞机，也没有试图制造这样的飞机，而是在轰炸机的腹部安装了舱口。但是，轰炸机是用来运送炸弹，而不是军队的。多了翼梁结

113

构、没有座椅和起跳舱口位置不好，这些都不利于使用轰炸机来空投伞兵。于是，英国向美国求助，后者使用的是稍作改动的道格拉斯 DC3。这种飞机将被用来空投大部分盟军伞兵（也就是美国和英国的伞兵）。美国军方将这种飞机归类为 C-47，而英国把它称作"达科塔"。不过，它们没有自动密封的燃料箱，这大大降低了火势蔓延或飞机爆炸的可能性，并成为大多数其他战斗机的标准。此外，它们也没有配备防御性枪炮或装甲钢板。截至 1944 年 6 月，美国没有对指定用于空投的 1176 架运输机进行更新。每一架都和以前一样难以抵挡敌人的火炮攻击，他们的机组成员也知道这一点。有谣言说，运输联队被认为是敢死队，伤亡率很高。这对运输联队本已低迷的士气毫无帮助。

到达英国后，运输机组接受了紧锣密鼓的训练。飞行日志上记录道，在登陆日前，他们的训练时间总共是 30000 小时。盟军很早就对他们进行了分配，这样一来，各个空降师就可以和他们将要运载的部队一起训练。然而，除了 5 月举行的最后一次大型联合训练"老鹰演习"外，第 101 空降师在 4 月 18 日后没有再进行任何空降训练。虽然空降行动的简短历史清楚地表明空降是问题最多的环节，但在接下来的七个星期里，麦克斯韦·泰勒将军认为士兵们在地面上进行训练会更好。

事实上，以前的盟军空降行动清楚地表明，这类任务困难重重。西北非的空降是一场彻底的惨败，西西里岛的空降也好不到哪里去，只有不到六分之一的美国伞兵降落在着陆区附近，有些甚至距离着陆区 65 英里。随后，盟军的空运遭到己方海军炮火的猛烈轰击。英国的滑翔机部队也在西西里岛上空被风吹散，144 人中，只有 4 人降落在正确的着陆区，69 人降落到了海里。

在北非和西西里岛，着陆后的部队进行了英勇奋战。所有的问题都在于空运——将士兵运送到战场。自西西里岛战役以来，美国人和英国人都对这个问题进行了更加深入的思考。1943 年秋，李奇微将军发布了一份报告，概述了他的观点。他写道："空降部队是一个难得的武器。"在这一点上，他是对的。接着，他坚称零零散散地使用这些部队是没有用的；相反，应该将他们全体派往战场，也就是说以师的形式。他又说对了，但他关注更多的仍然是空降部队在地面上可以实现的目标，而不是他们最初如何到达目的地。空降的伞兵越多，需要的运输工具也就越多；但是，自从地中海战役惨败以来，伞兵的数量、状况和素质都没有太大的改善。

　　简而言之，这就是问题所在：虽然美国的空降部队是美国陆军中最优秀的，但他们是由没有经过良好训练的机组人员送到战区。在美国陆军航空军中，鲜有人渴望成为运输机上的飞行员或驾驶员，所以，往往是那些能力较差和魅力较低的人担起这个重任。1943 年底，美国陆军参谋长乔治·马歇尔（George Marshall）[①] 将军和"哈普"·阿诺德将军一同鼓励在"霸王行动"中更多地使用空降部队，并因此提供了更多的运输机，这导致这个难题变得更加糟糕。此刻，3 个联队和 14 个运输大队——总共约 1176 人——在英格兰作好了准备，等待出发。这是一支强大的编队，只不过它是由仓促完成训练的飞行员（和领航员）组成的。正如西西里岛战役显示的那样，训练不足叠加意料之外的风，不利于成功实施空降行动。现在，即使气象学家运气好，小高压脊确实开始活动，但

[①]　系美国军事家、政治家、外交家，陆军五星上将。1901 年，他毕业于弗吉尼亚军事学院，参加过第一次世界大战。1939 年，他担任美国陆军参谋长。在第二次世界大战中，他帮助总统罗斯福出谋划策，坚持先攻纳粹德国，再攻日本帝国，为美国在二战的胜利作出了不可磨灭的贡献。1945 年退役。后出任美国国务卿和美国国防部长，以出台"马歇尔计划"闻名，1953 年获诺贝尔和平奖。

仍然会有一些强风——比去年7月登陆西西里岛时的还要强烈。

德国第91空降步兵师和第6伞降猎兵团突然进入诺曼底，促使美军执行新的计划。不过，这至少是个更棒的计划。因为根据这个计划，很明显，两个美国空降师——第82空降师和第101空降师——将会互相支持。不管怎么说，新计划可能更好，因为最终的计划是安排第101空降师的两个团来保护犹他海滩的四个出口，而三个营中的一个将在更往南的卡朗唐降落。由于盟军计划在犹他海滩的登陆部队和奥马哈海滩的登陆部队之间建立联络，卡朗唐镇便成为一个关键目标，该镇有横跨运河和杜沃河的桥梁和水闸。第6伞降猎兵团（该团无疑是诺曼底训练最好、指挥最棒的敌军步兵团）就驻扎在这里。现在，第82空降师的两个团计划在圣梅尔埃格利斯附近空降——大约有2600人；在更改计划之前，盟军最初只向这个地区分配了6个伞兵营，现在可能会有12个。

不管德国是否派遣增援部队，毫无疑问，新计划更加明智合理，但计划制定者似乎过分专注于保护犹他海滩，而忽略了卡朗唐。奥马哈海滩和犹他海滩相距大约20英里，其间是卡朗唐的重要航道。就五个登陆海滩彼此间的距离来说，这里是最大的。在盟军尽快扩展和连接桥头堡的重要时刻，敌军很可能会进入这里。在这两个海滩之间，没有其他可能的登陆海滩，不过，向卡朗唐空投第101空降师的第2团可能是一个更加明智的做法。当然，按照之前的部署，第2团本来也用不着在犹他海滩空降。

英国的计划也同样奇刻。尽管他们只使用了一个师，而不是两个，但他们计划炸毁横跨迪沃河的四个不同地点的桥梁，摧毁梅维尔（Merville）的一个具有潜在危险的沿海炮台，完好无损地夺取横跨卡昂运河和奥恩河的重要桥梁。虽然这个计划涉及很多方面，但至少空运规模较小，运输机组的人数不会突然大幅增加，而且有更多的时间进行训练。

完好无损地占领两座桥梁的行动交给了牛津郡和白金汉郡轻步兵团的第 2 营，尽管他们最初是英格兰的郡级地方兵团，但已经和德文郡步兵团第 12 营及王家阿尔斯特步枪团第 1 营一起并入了第 6 空降师的第 6 空降旅。师长理查德 · "温迪" · 盖尔（Richard "Windy" Gale）少将把起草初步计划的任务交给了颇有资历的旅长詹姆斯 · 希尔（James Hill）准将。希尔只有 32 岁，个子很高，脸庞瘦削。很快，他就提出了让滑翔机部队占领卡昂运河和奥恩河上的桥梁，理由是，德军肯定已经准备好摧毁它们，在敌人摧毁它们之前，要想让它们保持完好无损，唯一的办法就是让滑翔机部队出其不意地从天而降。他们只有一次机会占领桥梁，那就是在敌人犹豫不决的瞬间。希尔认为，这只能通过滑翔机运载的部队来实现，因为这些部队能够准确地全体一起到达目的地，而伞兵做不到，伞兵的本质特点使得他们将在更广阔的区域降落。盖尔完全同意，并为每座桥梁分配了两批滑翔机部队，每批有三架滑翔机。它们将成为整个登陆行动的先头部队，而且由于速度和出其不意是非常重要的，他们必须悄无声息地到达，并且要赶在其他空降部队之前到达。

每架霍莎滑翔机可以搭载 28 人，其中 23 人是空降步兵，5 人是工兵；这意味着，只需要第 6 空降旅的一个连和两个排来作为登陆先锋，并对桥梁发起攻击。在 3 月底的一次重要训练中，牛津郡和白金汉郡轻步兵团的 D 连给人们留下了特别深刻的印象，因此，盟军向他们和 B 连的两个排共同指派了这项任务。从连长约翰 · 霍华德（John Howard）少校到普通官兵，每个人都敏锐地意识到，这既是一种极大的荣誉，也是一项极其重要但风险很高的任务。

在为那晚的攻击行动作准备的滑翔机部队的士兵中，丹尼斯·爱德华兹（Denis Edwards）是其中之一，那天距离他的 20 岁生日还有一个月。他隶属于 D 连 25 排。按照计划，他驾驶的滑翔机将第一个降落在卡昂运河的吊桥［代号"飞马（PEGASUS）"］上。爱德华的父母很有钱，但性格古怪。他的父亲曾有一个商用机场，但在空难中损失了很多钱，因此，在雇了一名司机和仆人后，这家人的生活变得十分拮据。不过，这并没有给爱德华造成太大的困扰；他沉着冷静，能够从容面对生活中的种种障碍。16 岁时，他在位于肯特郡的家附近的马厩里工作。离开学校后，他开始为合作社奶牛场（Co-op Dairy）送牛奶。他是当地乡团的一员，不过，他是在值班时一匹马跑掉并受伤后才参军的，因为他觉得很羞愧，无法面对奶牛场的老板。

117　在被派到牛津郡和白金汉郡轻步兵团第 70 营（年轻士兵营）后，他响应了第 2 营招募志愿兵的号召，该营正在被重新训练为滑翔机部队。他被霍华德少校指挥的 D 连录取了。霍华德曾是牛津城的一名警察，和马克·亚历山大一样，他也是从列兵一步步晋升上来的。爱德华兹写道："我们 D 连的监工是最严厉的。他的连必须在所有方面都做到最好，无论是运动、行军、野外训练，还是体能耐力训练。"训练非常严格，包括练习和测试，士兵们需要随机应变、积极主动。"除了飞行训练外，"爱德华兹说，"我们还在不断地接受各种其他类型的训练，以便掌握在我们最终面对真正的敌人时需要具备的技能。"其中包括大量的攻桥训练，所以，6 月 4 日，当他们从布尔福德营被派往英格兰南部的一个神秘的空军基地时，爱德华兹对他们的技能和能力充满信心。

当时，他们驻扎在多塞特郡布兰福德附近的塔伦特拉什顿（Tarrant Rushton）空军基地，尽管爱德华兹根本没有听说过这个名字。5月初，霍华德就收到了关于登陆的简要信息，但直到现在，他手下的士兵才终于知道这个秘密。他们对霍华德起草的计划进行了细致研究，每个滑翔机排和每个七人小组都在考虑和分析各自的任务。他们仔细研究了详图，并记住了所有的关键地标。他们还建立了一个很大的模型，精确地记录了每一栋建筑、每一棵树和每一个灌木丛。所有的一切都必须井井有条。

6月4日的晚上，爱德华兹难以入睡。他和同伴们都觉得他们被派去执行一个自杀式任务：180人将在没有任何重型武器的情况下紧急降落在敌人的领土上，占领两座桥梁，然后坚守阵地，直到援军抵达。首先到达的援军将是空降部队，然后是突击队，他们被告知，突击队将从5英里外的海上到达，并朝他们进发。爱德华兹认为，即使他们完好无损地占领了这些桥梁，但他们坚守住桥梁的可能性和做白日梦差不多。他写道："在第一次简报结束后的那个晚上，我抽了很多支烟，这几乎是我记忆中最漫长的一个夜晚。"

6月5日（星期一）慢慢地过去了。最新情报显示，目前卡昂附近驻扎着第21装甲师和党卫军第12装甲师。真是倒霉透顶，爱德华兹和伙伴们互相抱怨。他们反复检查了武器。盟军先是播放了一部电影，然后给了他们一品脱啤酒，最后要求他们穿好衣服。他们全副武装，装满弹药和手榴弹，平均每人携带重达231磅的武器；爱德华兹认为他们看起来就像驮运货物的骡子。22点（也就是晚上10点），他们接到上飞机的命令，于是爬上正在等待他们的滑翔机。这些人一边开玩笑一边唱歌，但爱德华兹意识到自己越来越害怕。霍华德少校和排长休伯特·"登"·布拉里奇（Hubert "Den" Brotheridge）中尉登上了最前面的滑翔机。他们的飞行员是吉姆·沃尔沃克（Jim Wallwork），曾参与西西里岛战役，

118

近期为他所担任的角色接受了高强度的训练；英国的滑翔机飞行员也是作战人员，他们认为自己是精锐部队。在距离晚上 11 点还有 4 分钟时，哈利法克斯牵引式轰炸机在起飞前打开油门，引擎的轰鸣声越来越大。"我觉得自己的身体都绷紧了，"爱德华兹说，"我的脊背打了一个冷战，感到一阵冷一阵热，为了防止牙齿打战，我唱得更大声了。"突然，牵引绳被猛地一拉，飞机开始向前滑行。"你已经受够了，伙计，"爱德华兹对自己说，"再担心也无济于事。"之后，当他们离开英国的土地、升上天空时，他开始感觉好些了。

*

当空降部队在等待着登上运输机时，登陆舰队被困在港口和英格兰南部海岸的水域。停泊在怀特岛附近的是加拿大王家海军的"阿尔冈昆号（HMCS Algonquin）"驱逐舰，它隶属于部队 J 的第 25 舰队，正如字母 J 所表明的那样，这支舰队是为了支援加拿大军队在朱诺海滩登陆。加拿大军全心全意地投入战争，到目前为止，他们的表现已经远远超过了所具有的实力水平。每一位军人都是自愿参军。加拿大第 1 师于 1940 年抵达英国，一些加拿大师在意大利作战，整个加拿大军都为欧洲大陆的这场战役作好了准备。英国王家空军的轰炸机司令部成立了一个完全由加拿大士兵组成的大队（第 6 大队），英国王家空军的其余大队则是由加拿大战斗机联队、加拿大飞行员、机组人员和地勤人员组成。在这场至关重要的大西洋战役中，加拿大王家海军发挥了非常关键的作用。在 1939 年时，它的规模还很小，却呈几何倍数壮大；它很快便参与了各种战役，在遭到痛击后吸取了残酷的教训，变成了一支异常成功的海军，为这场可以说是整个大战中最关键的战役作出了贡献——因为在这场补给之战中，大西洋是其中最为重要的通道。

莱瑟姆·"约吉"·简森（Latham "Yogi" Jenson）上尉是一个典型的坚强、忠诚的加拿大人，他是加拿大王家海军的骨干。1921 年，他出生在卡尔加里（Calgary）。孩提时，他就渴望逃离加拿大中部广阔、平坦、尘土飞扬的大草原，到大海去。17 岁时，他离开家，以军官学员的身份加入了海军，后来被派往英国接受王家海军的训练。他曾在赫赫有名的"声望号（HMS Renown）"战列巡洋舰上服役，搜寻"施佩伯爵将军号（Graf Spee）"装甲舰。他还参加过挪威海战。后来，他被派往英国著名的"胡德号（HMS Hood）"重型巡洋舰。1941 年，就在该舰被击沉前的几周，他离开该舰，返回加拿大海军。他后来服役的舰艇也被击沉，他当时正在船上。幸运的是，只有少数几人被从大西洋苦涩、灰暗的海水中救起，而他是其中之一。现在，他刚满 23 岁，是阿尔冈昆号的副指挥官。

简森从容地面对所有冒险。他是一个冷静的人，也是一个有才华的艺术家。他坚信只有充满欢声笑语的船舰才能取得胜利。船长德斯蒙德·"黛比"·皮尔斯（Desmond "Debby" Piers）少校也是这样认为的。皮尔斯曾获得杰出服务十字勋章。整个舰队驻扎在奥克尼群岛的斯卡帕湾。不过，5 月 25 日，舰队已经向南移动，准备进行登陆。在此之前，他们一直在进行高强度的训练——每天长达 15 小时——并进行各种各样的射击训练；舰队制定了非常高的标准。船舰上也举办了很多有趣的活动：有留胡子的比赛，只要有可能，船上会大声播放音乐，还有各种游戏，包括宾戈游戏、扑克之夜和摔跤比赛。简森说："在我看来，海军中还没有一艘驱逐舰能像阿尔冈昆号那样高效，那样让人知足。"

6月5日星期一。下午3点，水手长①的助手吹响哨子，让所有的人都到船尾的鱼雷发射管那里集合，聆听船长讲话。皮尔斯告诉他们："我刚刚接到通知，明天，也就是6月6日，是诺曼底登陆日，我们被选中作为登陆的先头部队。"他继续说道，他们还被选为先头部队的矛尖。"有时候，矛尖也会变钝，"他接着说道，"如果我们的船在海岸附近被击中，那么我们会让船直接靠岸，然后不断开火，直到把最后一枚子弹打光。"那是战斗宣言。那天晚上，在取消了登岸假后，士兵们发出了低低的抱怨声，但是，即使面临潜在的危险，这番讲话似乎也让所有人都感到骄傲和精神振奋。

后来，简森和皮尔斯在甲板上散步，突然发现有六只老鼠匆匆穿过甲板跳进海里。两人都没说一句话。这不是他们愿意看到的那种征兆。几个小时后，他们吃完了晚饭，起锚向诺曼底驶去。

---

① 系海军舰艇上负责舱面勤务的初级指挥人员。由士官或准尉担任。主要职责是维护舰体、索具及甲板设备，组织船艺训练和有关日常生活管理勤务等。

第9章 登陆日: 最初的几个小时

6月5日晚上9点15分,在位于蓬托德梅尔的比弗莱瑞城堡的一间后屋里,罗伯特·勒布朗和他最信任的苏尔库夫游击队的五名中尉再次聚集在一台收音机的周围。那天晚上的早些时候,他们听到了一条消息,"战斗的时刻即将来临",这是他们事先说好的暗号,表明他们需要等待进一步的指示。他们把音量调得很低,此刻轮到这个小组的第2分队的队长勒内(René)来听。他弯着腰,把耳朵紧贴在收音机上。

"开始行动吧!"他突然叫了起来,"他们说,'骰子在垫子上'。"

勒布朗感到自己的心几乎要跳起来了。是这样的吗?他们听到的消息应该是"骰子被扔在垫子上"。这个消息是否正确?或者这根本就不是之前说好的消息?又或者这是一个圈套?他们就这个问题争论了几分钟。不过,这群人中还有其他人在收听其他电台。晚上10点,另一个成员贝斯勒(Beslier)出现了,他上气不接下气,浑身大汗淋漓。他也听到了这个消息,而且还听到了下一条消息,那是登陆的讯号:"Il fait chaud en Suez"(苏伊士很热)。勒布朗仍然心存疑虑,这真的是他们等待已久的时刻吗?这时,勒菲弗尔(Lefèvre)夫人急匆匆地走进来,证实她也听到了这两则消息。

"这一次，我不再犹豫，"勒布朗在日记中写道，"我等了这么久的时刻，我的兄弟们盼了 15 个月的时刻，终于到来了：登陆!!"他环顾四周，看到部下的眼睛里洋溢着喜悦。之后，他命令他们立刻收拾行李和装备。勒布朗还对部下发布了其他命令。阿拉索前往鲁托村去接保罗，赛朋和贝左要把他们在杀死维奥莱特·莫里斯后藏在附近农场的雪铁龙汽车带回拉皮尔维戴尔（La Pilvédière）——这是他们在几英里外的劳奈酒庄（Château de Launay）备好的总部，那天晚上，盟军将在那里空投补给。通常情况下，如果他们分散开来，那么他们会更加安全，但现在是行动的时候，勒布朗需要他的部下聚集在自己的周围。勒布朗还发出了警报信息：最迟要在两个小时内告知所有分队的指挥官时间到了，应该让士兵们作好准备。另一个叫普罗斯珀的士兵负责征购手推车和货车，罗杰负责征购卡车，并拜访杂货商博斯克特，以便获取食物。

正如勒布朗预料的那样，这一切花了几个小时，但到了午夜，他们差不多准备就绪。贝斯勒奉命切断了电话线，现在，是时候攻击当地的战地宪兵（也就是德国国防军的军事警察）了。"我充分利用了货车到来前的几分钟，"勒布朗潦草地写道，"去和我的妻子道别。我亲吻了我的孩子。"他非常担心小女儿克劳丁（Claudine），因为她正在发烧，但职责在召唤着他。那天晚上，他不得不参加战斗，去为法国而战。

*

与此同时，滑翔机飞行在大约 6000 英尺的高空，它们搭载着牛津郡和白金汉郡轻步兵团第 2 营的士兵，正在向诺曼底海岸靠近。按照英国的双重夏令时①计算，那时是午夜刚过几分钟。在第一架滑翔机"粉笔 91"的驾驶舱里，飞行员吉姆·沃尔沃克（Jim Wallwork）和副驾驶员约翰·安斯沃斯（John Ainsworth）正在作准备。

沃尔沃克对安斯沃思说："离解开牵引绳②还有 2 分钟。"之后，从牵引他们的哈利法克斯牵引机那里，他得到了风速、高度和航向的详细信息。

"准备解开牵引绳！"他向身后的人喊道。紧接着，霍华德少校让士兵们停止讲话和唱歌，之后传来"砰"的一声，牵引绳被解开了，滑翔机稍稍摇晃了一下，然后陡然下降，舱内鸦雀无声。滑翔机在大约 1000 英尺的高度开始平稳飞行，坐在霍华德旁边的排长"登"·布拉里奇中尉解开了安全带，把装备递给了霍华德少校，然后小心翼翼地倾身向前，打开了舱门。于是，舱门便升到了顶部。他身后的另一个士兵也做了同样的举动。当空气呼啸着穿过木制的霍莎滑翔机时，士兵们可以看到法国的风景从他们的脚下掠过，所有这一切都给人一种安心的熟悉感。凉爽的空气中弥漫着夜间乡村的清香，下面的一道银光告诉他们，他们正在航线上。 122

突然一个右转弯，接着又是一个，霍华德喊道："手挽手！"于是，他们双手交叉在胸前，两只手分别抓住左右两边的战友的

---

① 英国的夏令时诞生于一战的战火中。然而，在第二次世界大战时，为了节省能源，在 1940 年秋，夏令时没有恢复到格林尼治时间，而是继续了下去。到了第二年春，在已经调快一小时的基础上，又再次采取了快一小时的夏令时，也就是比格林尼治时间快两个小时，这被称为"英国的双重夏令时"。

② 大多数滑翔机没有引擎，或者装有引擎但只用于飞行中的助推，功率不足以推动滑翔机起飞。因此，需要借用某些方式来帮助滑翔机起飞。其中一种是采用飞机牵引。滑翔机会通过一根牵引绳连在一架有动力的飞机的后面，这种飞机通常被称为"牵引机"。滑翔机被牵引到指定的空域和高度后，滑翔机的飞行员会解开牵引绳。

手，这是在相互鼓劲。就是这样。这是让人心跳停止的时刻，但随后，丹尼斯·爱德华兹感觉到一阵轻微的抖动和颠簸，之后是一个更响亮的嘎吱声，滑翔机稍稍反弹了一下，然后再次着陆，在凹凸不平的地面上颠簸着快速向前行驶，不时摩擦、刮蹭地面，在黑暗中擦出一片火花，同时右轮飞了出去。紧接着，一声巨响，爱德华兹觉得自己的身体好像被同时扔向了几个方向。他的视线变暗了，当视线恢复时，他发现滑翔机停了下来。接下来是片刻的沉默。现在是午夜刚过 16 分钟。有那么一瞬间，他怀疑他们是不是都死了，但随后他们开始骚动起来，解开了安全带，艰难地从黑暗的舱内爬出来。舱门已经扭曲变形、破碎不堪，爱德华兹看着身旁舱门的残骸，然后和其他人一起用枪托砸开了出口。

过了一会儿，他和战友们都出来了。他抬起头，看到了一座巨大的平旋桥，在夜空的映衬下呈现出银色。这就是横跨卡昂运河的贝努维尔桥（Bénouville Bridge），代号"飞马"。他们几近完美地着陆了，滑翔机的机头距离桥梁不到 40 码，正好在运河岸边一排树木的右侧，触到了铁丝网的边缘，这真是一个奇迹。一名军官喊道："来吧，小伙子们，就是它了！"爱德华兹和其他人一起向前冲去，一边开火，一边投掷手榴弹，一边大声喊叫。桥梁旁边的一门大炮和地堡被磷弹炸毁，之后，敌人的一架机关枪从远处开火。士兵们立刻还击，不一会儿，他们就上了桥。爱德华兹跟在布拉里奇的后面。这时，又有一拨机关枪吧嗒吧嗒地向他们猛烈开火。突然间，布拉里奇倒下了，但爱德华兹和其他人继续向前冲。他们喊叫着、射击着、投掷着手榴弹，尽管他看到自己的手榴弹掉进了运河里。他说："虽然我的手榴弹只杀死了几条鱼，但它们发出了很大的一声巨响。德军确确实实跑了，他们四处逃散。"他们按照计划完好无损地占领了这座桥梁，而且只用了一两分钟。在上年 7 月西西里岛战役的惨败之后，这是目前为止最顺利的一场战役。"我觉得终于松了一口气，感到很兴奋，又有点不敢相信——当我意识到我们已经占领了这座桥梁时，我体会到的就是这种感觉。"

当时，德军只安排了第 736 步兵团的 11 名军士——1 名下士和 10 名士兵——守卫桥梁，他们不是被杀，就是逃跑。布拉里奇中尉的颈部中弹，这是致命的一枪；不幸的是，他在英国的家里还有一个大肚的妻子。与此同时，另外两架滑翔机（粉笔 92 和粉笔 93）也以同样令人印象深刻的准确度降落了。尽管风很大，士兵们仍然蜂拥而出，来到桥梁上。很快，工兵在桥上发现了爆破室，但里面是空的。在对这个地区进行了快速搜查后，他们在附近的一个棚子里发现了炸药；德军没有把它们放在桥上，这是因为东部军——由波兰和苏联的士兵组成的军队——存在语言障碍，之前由于命令被误解过早地炸毁了桥梁，德军害怕这种情况再次发生。当然，他们也没有想到那天晚上会遭到袭击。

与此同时，霍华德少校和无线电通讯员泰德·塔潘登（Ted Tappenden）准下士正试图与攻击奥恩河桥梁［代号"霍萨（HORSA）"］的士兵们联系。前两架滑翔机大约在 0 点 35 分时着陆，第三架则完全失联，此时下落不明。尽管如此，工兵西里尔·拉金（Cyril Larkin）和他的孪生兄弟克劳德（Claude）还是非常迅速地夺取了桥梁，拆除了空的爆破室。

截至那时，6 架双引擎的阿尔伯马尔运输机空投了 60 位来自第 22 独立伞兵连的探路者。他们携带有照明灯和尤里卡信标，肩上背负着一个重大的任务：让即将在午夜前抵达的空降部队的主力辨别出着陆区。然而，这一切并不像期望的那样顺利，因为他们的行装太重了。这减缓了他们从飞机上跳下来的速度，使得他们飘下来的时候比原计划的还要分散。此外，着陆区 K 的探路者被空投到了着陆区 N，并发送了错误的信号。这并不是一个好兆头，也突显出在导航设备有限和风力强劲的情况下进行空投是极其困难的。

*

在英国，通常习惯在白天工作的美国第 8 航空队的轰炸机机组人员被从床上叫醒。英国王家空军的轰炸机司令部将在清晨轰炸法国海岸的据点和炮台，随后，将会有一拨又一拨的轰炸机从黎明时分开始轰炸，一直持续到进攻时辰前的 10 分钟。出于安全考虑，在得到艾森豪威尔的全面批准后，投弹手被告知将炸弹的投放时间推迟 30 秒，以确保他们不会击中海上的进攻部队。

在剑桥郡的巴辛伯恩（Bassingbourn）——这里是第 91 轰炸机大队的驻地——机组人员在 0 点 30 分被叫醒。

"1 点吃早饭，2 点听取作战指示"，叫他们起床的人用疲倦的声音说道。

"上帝保佑"，伯特·斯泰尔斯（Bert Stiles）中尉低声说道。他已经完全厌倦了战争，而且只睡了半个小时。斯泰尔斯 23 岁，但看上去更年轻，是一架名叫"时光匆匆"的空中堡垒轰炸机的副驾驶。正驾驶兼机长是山姆·牛顿（Sam Newton）中尉。他也是 23 岁，在科罗拉多学院念书时，他和斯泰尔斯都是兄弟会的成员。纯粹是因为偶然的机会，他们在美国陆军航空军位于盐湖城温多弗的训练基地又相遇了，并设法说服领导让他们在同一个机组。虽然在地面上的时候他们是非常好的朋友，但一到了空中，斯泰尔斯就有些担心了，因为他们不太默契，实际上还惹恼了对方。4 月 19 日（也就是到达巴辛伯恩后的第四天），他们执行了第一次任务，目标是纳粹德国空军位于德国埃施韦格（Eschwege）的装配工厂。

"你害怕吗？"斯泰尔斯在出发前问牛顿。

"我是山姆，当然不怕了"，牛顿回答道。他在那次飞行和随后的几次飞行中似乎一直保持着镇静。作为机组成员，他们可能有些合不来，但他们还是一同保持冷静，继续执行任务。

6 月 6 日上午，在从床上爬起来时，全体机组成员都在嘟嘟囔囔地抱怨。

"也许今天就是登陆日"，斯泰尔斯说道。但没有人笑，甚至没有人回答。这句话说过太多次了，但从来没有变成现实。然而，他们一到食堂，公共关系专员麦克（Mac）就告诉斯泰尔斯今天的确是登陆日。突然间，这一切似乎开始成真。

"今天是登陆日，"斯泰尔斯回答道，"我向上帝发誓。"

*

身在巴辛伯恩的斯泰尔斯和战友们不知道的是，在诺曼底西部，美国的探路者正在空降到拟定的第 101 空降师的三个着陆区；一个小时后的凌晨 1 点 21 分，探路者将空降到第 82 空降师的着陆区。三架飞机正飞向各个着陆区，第 101 空降师的三个着陆区的代号分别为 A、C 和 D，前两个着陆区位于犹他海滩的后面，第 3 个位于卡朗唐以北 3 英里。每架飞机都运载了两个尤里卡无线电信标、Holophane 照明灯和 13 名探路者。它们毫不费力地找到了科唐坦半岛，尽管有一架飞机因引擎故障不得不迫降。在快到着陆区时，其余的飞机撞上了一大团从西海岸飘来的低云，导致队形解散，而德军发射的零星的高射炮使情况变得更糟。不过，通过 Gee 导航系统，他们还是到达了着陆区。午夜 0 点 16 分，第一批探路者跳伞降落。那些需要降落在着陆区 A 的探路者空降在距离目标

125

以北 1 英里的地方；需要降落在着陆区 D 的探路者相当准确地着陆；需要降落在着陆区 C 的探路者偏离了目标几英里。现在，他们展开了一场比赛，希望能赶到正确的地方，及时设置好照明灯和尤里卡信标。

在东翼的桥梁上，牛津郡和白金汉郡轻步兵团的士兵已经向前行进到拟定的据点。现在，他们正在等待第 7 空降营的增援部队，盟军承诺说，在他们空降的那一刻，这些增援部队就会立刻向他们进发。第二天早上，特勤突击旅在剑滩的东部边缘登陆，随后，急匆匆地向他们赶去。不过，他们首先要通过无线电与探路者进行联系。占领卡昂运河桥梁的行动代号是"火腿"，占领奥恩河桥梁的行动代号是"果酱"。塔潘登一遍又一遍地重复着"D4，D4，火腿加果酱，火腿加果酱"。最后，他失去了耐心，朝着无线电对讲机喊道："他妈的火腿加果酱！"但是，没有人回答。塔潘登不知道的是，探路者的无线电操作员已经在跳伞时身亡；他的讯号是发给一个死人的。

凌晨 1 点 50 分，可以听到飞机的嗡嗡声，在 1 英里外的着陆区，照明弹被点燃了。位于奥恩河东侧的是朗维尔（Ranville）村，其远处，在布雷维尔山脊前，有一大片开阔的农田。这是一个理想的着陆区，正因为如此，5 月的时候，隆美尔曾视察了这个山脊，下令立刻在整个地带播种"芦笋"——防止空降的柱子。现在，伞兵正在那里降落，在照明弹的照耀下，桥上的人可以非常清晰地看到他们的降落伞。因此，德军向空中发射了曳光弹。

第一个跳伞的是一名年轻的排长，这天距离他的 25 岁生日只有五天。宣战的时候，理查德·托德（Richard Todd）中尉还是一名有抱负的演员。1940 年春，在征召士兵时，他离开了邓迪保留剧目剧院，被派驻到国王嫡系约克郡轻步兵团。随后，他接受了军官训练，进入了战斗学校，在那里，他接受了实弹训练。之后，他在冰岛进行了一段时间的北极练兵。在经历了这么久的战争后，他都平安地活了下来。最终，他作为第 42 步兵师的联络官回到了英国。他感到越来越无聊，一直在寻找解脱的机会，他多次尝试加入突击队或伞兵团，但都没有成功。1943 年的某一天，当他在索尔斯堡平原向"温迪"·盖尔将军送信时，他被召进了第 6 空降师。托德非常高兴。后来，机缘巧合，第 6 空降师的一名上校和他闲聊说自己正在寻找一些军官。托德说："命运把我直接引向了负责第 6 空降师的所有军官职位的那个人。"事情过去了不到一年的时间，他便在领头的运输机上指挥着一群伞兵，这使他成了空降任务中的第一个跳伞员。

在从英格兰南部格洛斯特郡的费尔福德飞向诺曼底的旅程中，托德的大部分时间都是在睡觉。在准备跳伞前的几分钟，他才被空投员摇醒。和其他所有人一样，他背着沉重的装备，摇摇晃晃地站了起来，把伞包上的拉绳扣到机舱内的滑轨上，在跳出机舱后，拉绳就会将降落伞从伞包内拽出来。舱口打开了，托德站在舱口上方，俯视着白色的浪花消失在海岸线上。红灯亮了，他看见一道道黄色和橙色的光，像流星一样从容不迫地划过天空。他意识到，这就是曳光弹。一分钟后，绿灯亮了，空投员又向他扔了一个充气保护囊，他从距离地面大约 600 英尺的地方跳了下去。他还有 10 秒钟的时间着陆，当降落伞的伞盖打开时，他拉开了开伞索，放开了腿袋①，

———————

① 由英国士兵发明，英国伞兵用于把多余的弹药等物装到腿袋里面。腿袋通过一个快速释放的结构绑在伞兵的腿上，并且由一根 20 英尺的绳子连到降落伞上，当降落伞打开时，腿袋的重量便落到伞兵身上，伞兵放开腿袋，让它落到绳子的底端，这样腿袋比人先落到地上。理论上说，伞兵会正好落到腿袋的上面，从而不会在寻找装备上面浪费时间。

126

并用另一只手抓住绳子。他顺滑而下，灼烧感刺痛了他的皮肤。

"见鬼！"他痛苦地叫道。周围的噪音很大：飞机在头顶上方嗡嗡作响，机关枪吧嗒吧嗒地响个不停，枪炮轰鸣。片刻之后，他重重地落在一片玉米地里。他迅速扔掉背带和腿袋的绳索，蹲下来清点装备。四周没有一个人，他也看不见特定的标记物——朗维尔教堂，这让他觉得自己可能空降得有点早。突然，一架燃烧的飞机坠落下来，明亮地划过天空，但他没有时间多想这件事；他需要行动起来。他朝树林走去。让他松了一口气的是，他很快就听到了英国人的声音。在一片空地上，他发现了理查德·派恩-科芬（Richard Pine-Coffin）上校。科芬是托德所在的第 7 伞兵营的指挥官，该营隶属于第 5 伞兵旅。他们的任务是前往桥梁，增援霍华德少校的部队，其他两个营负责占领朗维尔，确保着陆区和周边地区的安全。詹姆斯·希尔准将领导的第 3 旅的各个营将摧毁迪沃河上的桥梁，占领德军在梅维尔的炮台。

这就是当时的计划。不过，和以往的空降行动一样，这个计划正在瓦解，而且是迅速瓦解。总的来说，第 5 伞兵旅的降落是相当成功的：着陆区 N 靠近朗维尔，位于内陆几英里处，这让机组人员和部队在飞机上弄清了他们的方位；这里距离运河和河流很近，容易找到，而且探路者也已经很好地完成了任务。盟军成功空投了 2000 多人和 702 个集装箱。希尔准将指挥的第 3 旅几乎同时到达，但他的大部分人马却分散得多。之所以出现这种混乱，是因为着陆区 K 的探路者降落到了着陆区 N，并且太晚才意识到自己的错误。着陆区 V 的探路者遇到了轰炸机司令部派遣的几百架兰卡斯特轰炸机，它们本来打算在午夜 0 点 30 分轰炸梅维尔炮台。这些战略轰炸机需要在能见度有限、狂风大作的夜晚行动，而且瞄准的是一个很小的目标，这是一个难以完成的任务；因此，它们超出航线

2400 码，并在执行任务的过程中差一点歼灭了着陆区 V 的探路者，发生这种情况也没什么好奇怪的了。它们还撞碎了尤里卡信标，这是一套无线电测向装置，可以向前往这个着陆区的领头运输机发送方向脉冲。更糟糕的是，这些意外情况产生的烟雾飘过了整个地区，把大部分区域都给遮蔽了。在运输第 9 伞兵营和加拿大第 1 伞兵营的 71 架飞机中，只有 17 架进行了稍微准确的空投。此外，着陆区 V 的东部地区已经被大水淹没，很多人降落在浸满水的地面上。"先生们，虽然你们受过良好的训练，虽然你们秩序井然，但是，即使遇到了混乱的场面，也不要气馁，"希尔准将曾经这样警告他的部下，"毫无疑问，这一切都会过去的。"他说得没错，但他们现在面临的挑战是如何迅速地从混乱中理清头绪，并完成交给他们的艰巨任务。

*

科尼利厄斯·陶伯中尉刚刚从库尔瑟勒（距离卡昂运河以西大约 10 英里）进入内陆。午夜时分，在检查完一个新的地堡后，他回到兵营，随即听到头顶上方传来飞机的嗡嗡声，大多数都是低空飞行。他认为这不像是空袭。此时，天空中飘着毛毛雨，云层掠过月亮，他停下来仔细看了看，竟然能看清飞机的形状。高射炮在开火，曳光弹直冲云霄。这是登陆吗？陶伯和同事们都不确定，但是，如果这是他们最后的平静之夜，他们认为不妨好好利用一下。于是，他们开了一瓶白兰地，一同享受着美酒。

贝伦格雷维尔（Bellengreville）是卡昂东南部的一个村庄，距离英军的着陆区以南只有几英里。汉斯·冯·卢克少校坐在贝伦格雷维尔的一间陈设简陋的房子里。午夜约 0 点 20 分，他听到了飞

128

机的声音，这些飞机飞得很低。他有些闷闷不乐；作为一个行动派，他怀念过去的日子，那时，他们在法国和北非横冲直撞。坐着等待盟军登陆并不符合他的作风。他还没有睡，正在四处走动，因为他在等待第 2 营报告说他们在特罗阿恩（Troarn）附近的夜间演习结束了。此时，大批盟军飞机正从上空飞过——除此之外，不可能是其他东西。几分钟后，他的副官通过野战电话告诉他，伞兵和滑翔机正在空降。

"所有部队立刻进入戒备状态，"冯·卢克毫不犹豫地命令道，"通知各师。"尽管上级下达了相反的命令，他仍然对副官说，必要时，第 2 营应当立刻投入战斗，并且应把俘虏直接送到他那里。然后，他前往指挥部。在那里，他得知第 2 营已经在行动了，还得知虽然第 5 连一直在训练，但都不是实弹训练，这让他非常担心。更让他恼火的是，他发现福希廷格尔少将远在巴黎。

在盟军发动重大进攻时，德国的高级指挥官竟然缺席，这真是令人难以置信。阿拉曼战役开始时，隆美尔在德国，现在他又不在前线。在 1944 年 5 月盟军发动占领罗马的"王冠（DIADEM）"行动之前，德国第十集团军的指挥官海因里希·冯·维廷霍夫（Heinrich von Vietinghoff）上将和部队的高级指挥官弗里德林·冯·辛格尔-艾特林（Fridolin von Senger und Etterlin）中将已经回到了德国。西线总司令部的情报总监威廉·迈耶-德特林（Wilhelm Meyer-Detring）上校此刻也不在前线。这至少可以说是太疏忽了。

在其他地方，德军只是慢慢意识到正在发生的事情。盟军曾希望实现全方位的战术突袭，按照目前的情况来看，他们好像确实做到了。当然，德军发现的各种各样的讯号和收集的情报图片显示，盟军正在开展某些行动——冯·伦德施泰特的情报人员破解了英国广播公司播送的抵抗运动的代码——但是，如果 B 集团军群和西线总司令部的高级将领选择忽略它们，那么即使破解了，也没有什么意义。国防军最高统帅部发布的情报图片表明，盟军很可能会先发动转移注意力的突袭并进行登陆，因此，高级指挥官们不想过于迅速地采取应对措施，以防作出错误的决定；他们都敏锐地意识到，国防军最高统帅部发布的任何意见，实际上都是希特勒对形势的看法。

129

　　然而，当第 3 旅的一名英国伞兵散乱地降落在指挥部的屋顶上时，第 711 步兵师的指挥官约瑟夫·赖歇特（Josef Reichert）少将很快就意识到，这并不是什么转移注意力的行动。当时，他和高级参谋们正在深夜里玩纸牌。尽管赖歇特和他的师隶属于汉斯·冯·扎尔穆特上将的第十五集团军，他还是立刻给马克斯将军打了电话。当时是凌晨 1 点 11 分。之后，第七集团军的指挥官弗里德里希·多尔曼上将获悉了这一情况，并在凌晨 1 点 30 分下令进入全面戒备状态。凌晨 1 点 35 分，伞兵在科唐坦半岛降落的消息也被传达给了驻扎在拉罗什盖恩的 B 集团军群。

　　然而，斯派达尔（隆美尔的参谋长）犹豫了一下，没有立刻告诉国防军最高统帅部，甚至没有告诉隆美尔，这很可能是因为他喝醉了，或者至少可以说他喝了很多酒。当然，喝大量的葡萄酒和烈酒与清醒果断地采取行动之间并没有真正的联系。然而，在战争爆发近五年后，任何一位德国高级指挥官都应该知道，就空降部队的本质特点而言，他们都是轻装上阵的，最适合进行简短而迅速的作战行动，盟军需要在很短的时间内为他们提供更多的增援部队——照目前的情况来看，增援部队实际上只能从海上到达。即使这是一次转移注意力的行动——如果德国人理智地考虑过这一点，那么他们就会意识到这不太可能——增援部队也有可能很快就会登陆诺曼底海滩。就像隆美尔在所有人的脑海中灌输的那样，德军需要迅速、果断地采取行动，但是，没有元首的明确授权，他们无法命令任何一个装甲师开赴前线。既然如此，如果希特勒越早知道、越早发出命令，那么情况也就会越好。然而，斯派达尔保持沉默。他甚至没有给他在赫尔林根的上司隆美尔打电话。

　　然而，在巴黎，西线海军集团军群的指挥官、海军少将卡尔·霍夫曼（Karl Hoffmann）没有丝毫的疑虑。凌晨1点50分，他向国防军最高统帅部报告说盟军已经开始登陆。10分钟后，冯·伦德施泰特获悉了这个消息，暂时让第21装甲师——他只能调动第21装甲师——处于2级戒备状态，这意味着，他们需要在90分钟内准备好行动。说得客气点，这样的回应其实很敷衍。另外，马克斯将军和第七集团军的参谋长马克斯·彭塞尔（Max Pemsel）少将意识到这是空降袭击。在过去的几周里，彭塞尔越来越相信，盟军将在诺曼底登陆；他认为情报图片清楚地表明了这一点。德军原计划在6月6日举行军事演习，内容关于如何应对空降部队对科唐坦的袭击，指挥官们预定在布列塔尼的雷恩开会。然而，彭塞尔下达了严格的命令，要求他们在黎明前不要出发——以防盟军抵达。并不是所有人都听从了他的命令，其中就有经验丰富的第91空降步兵师的指挥官威廉·法利（Wilhelm Falley）中将。他仍然前往雷恩，但他中途被拦住了，并被责令返回。

*

　　在诺曼底，美军正在进行空降突袭。讽刺的是，如果他们前一天晚上出发前往科唐坦，那么他们本来可以赶上更加晴朗的天气，尽管那时东侧天空的云层较多。诺曼底下了一场雨，5日凌晨3点

前后，东部地区的雨停了。英国调整了空降时间，如果英国坚持在
5 日进行空降，那么天气可能会更好，而且他们现在也不用冒着小
高压脊可能会消散的风险了。事实上，夜晚的时候，高压脊已经有
所发展，使得天晴的时间要比最初预期的长。

　　无论如何，推迟空降的决定肯定无助于美国的空降突袭。凌晨
1 点刚过，433 架 C-47 运输机搭载着第 101 空降师的大约 6900 名
伞兵向科唐坦海岸靠近，这个庞大队伍的各个联队均采用 V 形编
队——三个 V 形编队一起飞行，每个编队有 36 架飞机。随后是 52
架滑翔机，主要运载吉普车、反坦克炮和其他武器。这个庞大的部
队在 1500 英尺的高空飞过海岸，然后减速到每小时 110 英里，接
着下降到约 600 英尺，这是空降的最佳速度和高度。如果飞得太
高，伞兵就会在空中停留太长时间，那样一来，他们就非常容易暴
露，也非常容易遭到袭击；如果飞得太低，那么伞兵的降落伞就没
有机会打开；如果飞机的速度太快，伞兵就会偏离轨道，降落的准
确性就会大大降低。然而，虽然美军制定了复杂精细的计划，却没
有人想到提前派一架侦察机去查看科唐坦的实际天气情况——英军
也没有想到要侦察天气情况，尽管他们基本上都化险为夷。此外，
美军也没有在恶劣的天气下进行任何特别的夜间训练；除了 5 月份
的演习，第 101 空降师已经有七个多星期没有进行任何训练了。　131

　　第 506 伞降步兵团的第 2 营正在空中飞行，他们作为第 12 梯
队，编号为 46 ~ 81。靠近第 67 号飞机舱口的是迪克·温特斯
（Dick Winters）中尉，他是 E 连 1 排的指挥官，E 连的绰号是"轻
松连（Easy Company）"。温特斯 26 岁，来自宾夕法尼亚州的兰开
斯特，毕业于一所学院的商科专业，拥有高级学位。他具有良好的
职业道德，并拥有很好的运动天赋。他自愿参加了一场他根本不想
参加的战争，到目前为止，他已经展现出了作为军人和领导者的天

赋——尽管他和第 101 空降师的所有人一样还没有尝过战斗的滋味。

在他们准备跳伞前，飞行员提前 20 分钟呼叫机组组长，组长打开了舱门。温特斯从座位上站起来，向外瞥了一眼。天空中挂着一轮满月，虽然低垂，却仍发出皎洁的光辉，足以让他看清周围的一切。整个天空似乎布满了飞机，但是，当他们飞过海岸时，这个平静而又令人敬畏的景象很快就被打破了，因为他们撞上了一堵云墙，他们在一瞬间发现了探路者，但这堵云墙却一直没有消散。突然，飞行员们什么也看不见了。然而，由于他们仍然排着紧密的队形，因此发生碰撞的风险是巨大的。每个梯队的大多数飞机都依靠领头的飞机进行导航，但现在，它们看不见领头的飞机，都是在盲飞。一些飞行员惊慌失措，有的爬升到更高的地方，有的降到更低的地方，有的加快速度，有的减慢速度。

在内陆 10~12 英里处，云层逐渐变薄，并且分散成很多小云。在飞越海岸时，飞机意外遭遇了高射炮的攻击，温特斯感到非常惊讶。现在，他看到红色、蓝色、绿色的曳光弹向他冲来，这些曳光弹纵横交错，照亮了整个天空。虽然一些飞机仍然隐隐约约地保持着队形，但飞越海岸时那种平静的凝聚力已经消失了。突然，他们旁边的一架 C-47 被击中：温特斯看到曳光弹径直地穿过那架飞机，并从顶部飞了出去。这时，远处的一团云挡住了他的视线。温特斯没有看见的是，那架被击中的飞机翻了个身，然后坠落到地面，并发生了爆炸，机上所有人全部阵亡，包括 E 连的连长托马斯·米汉（Thomas Meehan）中尉。

第 67 号飞机的驾驶员正在加快速度，以躲避敌人的火力。温特斯向下看，因为紧张，他的体内开始分泌大量的肾上腺素。他搜寻着地面，希望找到地标和着陆区的标志。他命令大家站起来，让他们把伞包上的拉绳扣到机舱内的滑轨上。然后，他再一次向打开的舱门瞥了一眼。曳光弹越来越近，最后击中了机尾，飞机开始摇晃，一些人跟跟跄跄地跌倒。温特斯回头瞥了一眼调度员，当绿灯亮起时，他喊道："跳！"就在这时，一枚 20 毫米口径的炮弹击中了飞机。他跳了下去，但这时飞机的时速接近 150 英里，而不是 110 英里。由于飞机以这样的速度飞行，这给跳跃造成了冲击，导致他的腿袋和其他大部分装备都被扯掉了。

不一会儿，他就降落下来，重重地摔在地上，肩膀和腿严重受伤，但他还活着。尽管如此，他的处境并不好。他知道自己错过了着陆区，但不太确定自己身在何处。他没有武器，他的武器在跳伞的过程中丢失了。奇怪的是，他一点也不害怕。他知道自己需要静下心来好好思考。而后，他发现自己能够做到这一点。他写道："虽然我一直担心自己能否达标，但现在是检验这几个月的训练成果的时刻了。"

很快，另一名来自总部连（而非 E 连）的士兵加入了温特斯的队伍。在绕过德军的一支机枪部队后，他们继续前进，并使用军队向他们发放的在廉价商店购买的蟋蟀哨设法与所在排的其他人联系。在仔细查看地图后，温特斯意识到他们正在接近圣梅尔埃格利斯——事实上，他们可以看到一座房子里熊熊燃烧的火焰照亮了这个小镇。他们位于着陆区西北方向约 4 英里处，虽然不是很理想，但初步看来，也不算太糟糕。

*

凌晨 2 点，在距离卡朗唐不远的一个农舍（这是第 12 连的总部）里，马丁·波佩尔（Martin Pöppel）中尉被叫醒，并被告知第

6 伞降猎兵团已经处于全面戒备状态。这是该地区唯一的伞兵团，它的三个营被分散安排在不同的地方——第 1 营驻扎在圣玛丽迪蒙（Sainte-Marie-du-Mont），第 2 营驻扎在圣梅尔埃格利斯，第 3 营驻扎在卡朗唐。他们花了几个星期的时间对周围的乡村进行了彻底调查，那里大部分都是经过开垦的沼泽地，周围交错着密密麻麻的灌木篱墙或"波卡基"。他们意识到，这些都是很高的土墙，缠绕着树木和茂密的灌木根。因此，他们充分利用这些天然的防御工事，进行了艰苦的训练和定期演习，等待着盟军舰队抵达法国海岸的那一天——他们知道这一天肯定会到来。

第 6 伞降猎兵团是近期组建的兵团，它由经验丰富的军官和军
133 士组成，其中大约三分之一是有战斗经验的伞兵。其余的都是狂热的志愿兵，平均年龄只有 17 岁半，仅仅接受了四个月的训练。尽管时间很短，但他们的训练还是非常严格的，而且他们遵守纪律，又拥有丰富的经验，这确保他们毫无疑问地成了诺曼底最优秀的德国军队之一。他们还是装备最精良的部队之一，每个步枪大队（每个大队 10 人）配有 2 挺 MG42 机枪，而不是普通的机枪。重武器连配有 12 挺重型迫击炮和重型机枪，比一般的连都多。在车辆上，他们只有 70 辆卡车来运输这个 4600 人的兵团。这些卡车既有德国制造的，也有英国、法国和意大利制造的，是他们在战争期间搜罗来的。由于缺乏备件和所需的大量零件，维修卡车简直是一场噩梦。5 月底，弗里德里希·冯·德·海德特（Friedrich von der Heydte）上校曾报告说："虽然该兵团是用于地面战斗的，但是，只有在条件适合的情况下才能进行地面作战，因为它没有足够的重型反坦克武器和机动运输工具。"

波佩尔几乎在伞兵战斗过的所有地方打过仗，从挪威和低地国家到克里特岛的激战，从东线到西西里岛和意大利南部。一路走

来，他赢得了一等铁十字勋章和二等铁十字勋章，很早就被晋升为上级猎兵，然后晋升为中尉；现在，德军把他从第 1 伞降猎兵师调来，并让他拥有了自己的连。虽然年仅 24 岁，非常年轻，但他已经是一位经验丰富、纪律严明的军官了，德国国防军越来越依赖这类军官。

此刻，他和连队总部的工作人员匆忙赶往观察哨，在等待了解更多情况的时候，他们枪上的保险栓松脱了。他凝视着外面的夜色。虽然风越来越大了，可月亮还是不时地出现，照亮了乡村。偶尔会有一两个枪声响起，但到目前为止还没有大规模的攻击。然而，更多的盟军伞兵正在赶来：第 82 空降师的另外 6420 名伞兵也在路上。

*

在第 101 空降师的行动开始大约半小时后，也就是凌晨 1 点 51 分，第 82 空降师（也就是所谓的"全美国人"师）开始进行伞降。第 101 空降师遇到的任何问题，对第 82 空降师来说都变得更加糟糕，因为盟军已经扰动了马蜂窝，此时地面上的德军对正在发生的事情保持高度警惕。云层没有消散。马克·亚历山大中校乘坐的是领头的 C-47 运输机，他坐在飞机后部敞开的舱门处。当他们越过英吉利海峡时，他俯视着大海，看到了被奶油般的月光照亮的几百艘船舰，那个景象令人生畏。然后，他们抵达了诺曼底海岸，并一直停留在云层中，直到红灯亮起。他非常确定飞机已经开始爬升，他担心会跳到比他们飞得低的 C-47 运输机的航路上。红灯亮了，每个人都站了起来，他们把伞包上的拉绳扣到机舱内的滑轨上，一些人开始变得焦躁不安，亚历山大觉得他们肯定已经飞过

134

了着陆区。突然，绿灯亮了，他跳了下去。由于速度过快，降落伞打开时受到了非常大的冲击。尽管如此，他还是非常迅速地降落在一片树林的一小块空地上，除了卡宾枪的枪托碰到了他的下巴外，他没有受什么伤。令人惊讶的是，整个小组的降落距离靠得很近，没过多久，18 个人都收拾好装备，去和亚历山大会合。第 505 伞降步兵团的着陆区在圣梅尔埃格利斯的西北方，亚历山大估计他们在向北约 2.5 英里处降落。情况还不算最糟——对第 82 空降师的许多人来说，的确是这样。

另外两个着陆区位于梅德列（Merderet）河对岸的西部和西南部，也就是隆美尔下令放水淹没的地区。由于很多 C-47 运输机的飞行员为了躲避云层和高射炮加快了飞行速度，这意味着，这些飞机已经大幅超过了指定的着陆区。离梅德列最近的着陆区 T，是第507 伞降步兵团降落的地方，然而，很多伞兵降落到了被水淹没的地区。虽然大多数地方只有一两英尺深，但这足以淹死许多背着沉重装备的伞兵。

*

与此同时，在东面，位于飞马桥西侧的丹尼斯·爱德华兹和他的七人小组已经占领了沿着运河运行的单轨电车旁的据点。在不远的地方，防空警报开始响起。其他人已经解放了与贝努维尔桥同在一侧的有轨电车酒吧（Buffet du Tramway）；它是盟军从纳粹的枷锁下解放出来的第一栋法国建筑。酒吧的主人乔治斯·龚德瑞（Georges Gondrée）立刻从花园里挖出了他深藏的 99 瓶香槟，把它们送给了霍华德少校和他的部下。这是一个备受赞誉的举动，不过，此举的主要目的是想让这些人确保龚德瑞先生和他的家人继续获得解放。

就在离奥恩河的朗维尔一侧不远的地方，包括理查德·托德中尉在内的大约 50 人聚集在河边陡峭的悬崖上。他们在某个预先约定的地点会面，并围绕在派恩·科芬上校的周围。一名号手不断地吹响号令，越来越多的人开始出现。现在把视线转到桥上，霍华德吹起了他的便士哨，并用莫尔斯电码吹出了"耶！胜利！"的调子。很快，第 5 伞兵旅的旅长奈杰尔·波依特（Nigel Poett）准将出现了，他让霍华德坚持住，并保证援军马上就到了。然后，他再次消失，继续去集结他的部下。

由于德军在两座桥的两端都修建了防御工事，霍华德便把一些士兵从霍萨桥带回运河边。布拉里奇中尉（他和霍华德在同一个连，他们是好朋友）被送到临时救护站，这个救护站搭建在位于两座桥梁之间的一架滑翔机的残骸上，但他很快就去世了。他的离世是一个巨大的损失。* 此刻，可以听到枪声从朗维尔方向传来。不久，德国巡逻队抵达霍萨桥，并向盟军开火。德军很快便被消灭了，然而，守卫霍萨桥的盟军发现，他们误杀了三名早前被俘的盟军伞兵。

在那之后不久，一辆德国高级人员乘坐的专车从同一个方向向盟军疾驰而来，汽车穿过外面的防御工事，经过大桥。在那里，它

135

---

* "登"·布拉里奇的军事死亡证明最近被曝光，奇怪的是，死亡证明说他死于"多处受伤和飞机（滑翔机）坠毁"。证明还说，朴次茅斯的停尸间在 6 月 8 日下午 2 点 50 分收到了他的尸体。然而，他的坟墓在朗维尔的教堂墓地。对于这种奇怪的反常现象，唯一可能的解释是，在他被送往救护站（这个救护站搭建在一架滑翔机上）时，他还活着，他脸部受伤严重，因此人们错误地认为是坠机所致，而不是子弹造成的。收到他的"尸体"，肯定是指收到他的个人物品，而不是他的遗体。无数目击者对他的致命伤的描述是错误的，这是不可思议的。在战争中，发生了很多管理上的错误。（此类 * 号注码为原书注。）

遭到了盟军的火力扫射，然后急转弯，冲到了路边。从车里跳出来的三个人被打死了，另一个腿部受了伤。他是第 736 步兵团的团长汉斯·施密特（Hans Schmidt）少校。他没有视察、监督士兵，而是和当地的一名法国女士待在一起。他失血过多，失去那座桥梁让他蒙羞受辱、心烦意乱，于是，他请求盟军枪毙他。相反，医生给他打了一针吗啡，这让他安静下来，并促使他用更乐观的态度看待目前的形势。

136 　　凌晨 2 点刚过，可以听到西边的贝努维尔村传来坦克的轰隆声。德军第 716 步兵师的装甲歼击连正哐啷哐啷地向运河上的大桥驶来。丹尼斯·爱德华兹一直在拼命地掘壕固守，这时，他停下手里的活儿，出神地看着眼前的景象。第一辆坦克停了下来，几名乘员走了出来，与跟在后面的步兵交谈，看起来他们似乎不知道自己身在何处。这时，从霍萨桥过来的"韦格"·桑顿（"Wagger" Thornton）中士跑上前去，当距离足够近时，他冷静地使用步兵用反坦克发射器（PIAT）——这是一种便携式反坦克武器，通常因为太笨重而不太受欢迎——朝他们开火。这一次，发射器发挥了作用。只听见"嘣"的一声，一两分钟后，发生了巨大的爆炸。"烈火熊熊，"爱德华兹说，"橙色、红色和黄色的巨大火焰照亮了大桥。"德军急忙撤退。桑顿的这一枪不仅使大桥免于被占领，也为盟军赢得了宝贵的时间。

　　凌晨 3 点前后，托德中尉和第 7 伞兵营的 150 多名伞兵终于到达了大桥。当他们穿过两座桥梁之间的堤道时，托德发现了被他击毙的第一个德国士兵。这具尸体没有腿，但托德可以听到哼哼声。他猜想这是体内产生的气体，于是从旁边走了过去，让他感到惊讶的是，他并没有因此而感到惊慌害怕。他是营队的助理副官，在龚德瑞的酒吧，上级指示他沿着运河向北到达一个叫作勒波特的小村庄，并告诉他建立一个防御前哨。他召集了十几个人，带领他们走了大约半英里，来到运河旁的一座圆锥形小山上，俯瞰着一个白垩岩采石场。他原本希望，夜幕降临的时候，会有更多第 7 伞兵营的士兵抵达临时据点（这个据点搭建在两座桥梁的两端），但此时托德和他的部队相当孤立，并与其他部队失去了联系。

守卫桥梁的盟军士兵只能等待——等待敌人，等待突击部队，等待未知的命运。

*

与此同时，在东边，凌晨 2 点，罗伯特·勒布朗终于坐上卡车离开了蓬托德梅尔，前往他们事先准备好的总部——拉皮尔维戴尔。到目前为止，既有好消息，也有坏消息：盟军成功袭击了德国的战地宪兵，3 名德国士兵被杀，但其余的人在攻击发生时已经离开。在前往新总部的途中，勒布朗带上了更多的食物，最重要的是，还有 25 升燃料。最后，在拉皮尔维戴尔，他遇到了目前在他麾下效力的 3 个宪兵，并等着头顶上传来飞机的声音。没过多久，他们就听到一架飞机在附近盘旋——而且是在约定的时间。"不会有错，"勒布朗写道，"快，快，我们发信号吧！"他和 3 个宪兵拿起电灯，急忙冲到外面。他们跑到着陆区，打开了照明灯。每个人都很兴奋——的确是这样！他们几乎无法控制自己的情绪，然而，赛朋和贝左还没有带着雪铁龙汽车回来，这让他很担心。之后，在凌晨 3 点 15 分，他们没有看到飘浮落下的金属罐，而是听到了哨声和爆炸声。他们没有收到武器，反而遭到了 4 枚炸弹的攻击。"所幸没有人伤亡，"勒布朗潦草地写道，"但这不是一个好的开头！"然而，无论是敌人的轰炸机还是友军的误射炮火，他们都不

137

能再冒险使用拉皮尔维戴尔了。因此，他们不得不再次转移，这一次转移到了附近树林边上的一个小农场。

*

此时，诺曼底沿岸的德国军队已经进入了全面戒备状态。在内陆的临时营地里，汉斯·海因兹少尉刚刚上床睡觉，很快便睡着了。这时，他被叫醒，匆忙赶到科勒维尔附近的一个观察哨，科勒维尔位于奥马哈海滩的东端。他本人不相信这只是虚惊一场，所以他非常担心。然而，地面上的士兵显然很恐慌。在 62 号抵抗力量据点，二等兵弗朗茨·戈克尔结束了前半夜的执勤，此刻在地堡里熟睡。他和战友们睡的是用铁链搭成的架子床，铁链的两端固定在墙上，每个竖排都有三张床。睡在上面的是一位 35 岁的士兵，他最近把所有的牙齿都拔掉了，还戴了一副假牙，睡觉时，他都会把假牙泡在一杯水里。睡在下面的是一个 18 岁的士兵，他小时候失去了一只眼睛，被替换成了玻璃义眼。

"进入最高戒备状态，"站在地堡入口的一个同志喊道，"你们最好快点！"当戈克尔和其他人揉了揉眼睛，迅速清醒过来时，一个二级下士喊道："小伙子们，盟军真的登陆了！"几分钟后，戈克尔和战友们分别回到了各自的岗位，并架好了机枪和步枪。但是，当他们凝视着漆黑的夜空时，什么也看不见。他们心想，这会不会又是虚惊一场。戈克尔写道："我们穿着轻便的制服，携带着武器，瑟瑟发抖地站着。"炊事员给他们送来了热的红酒，他们把这个叫作"生命的灵魂"。

沿着海岸往东，陶伯中尉从他的兵营急匆匆地走了 30 分钟才到达位于库尔瑟勒的地堡。装甲歼击连的炮手已经准备好了，地堡里操作 3 辆 "歌利亚" 的 5 名士兵也准备好了。"歌利亚" 是一种小型遥控履带车，装有炸药和足以行驶一公里的汽油。在适宜的时候，德军将把每辆 "歌利亚" 送进一个伪装的混凝土隧道，然后开到海滩上。德军通过地堡里的一个观察孔和从观察孔里伸出去的潜望镜观察形势。现在是凌晨 3 点，他和部下所能做的就是在黑暗中、在寒冷的地堡里焦急地等待。他们启动了 "歌利亚"，以测试引擎能否正常运作。这时，浓厚的烟雾弥漫在空中，刺痛了他的眼睛。他试图保持冷静，但他禁不住想到，如果盟军登陆，那么将会发生什么。此外，尽力让部下保持士气也是非常重要的，因为他们要么是 40 多岁的老家伙，要么还是十几岁的少年。

过了一会儿，汉斯·海因兹少尉站在观察哨上，这个观察哨建在悬崖上，大致位于奥马哈海滩的中点，他认为这真的又是虚惊一场。海上升起了薄雾，在很远的东方，第一道灰色的晨曦已经跳出了地平线。在向他的顶头上司格里姆（Grimme）上尉进行报告前，他把双筒望远镜放在眼前又扫视了一遍。他看到远处地平线上有个东西：一个桅顶。然后他发现了另一个，接着又有一个。几分钟内，地平线上似乎都是桅顶。海因兹擦了擦镜片，又看了一遍。这次确定无疑了：在海上和靠近海岸的地方，出现了一支真正庞大的无敌舰队。他迅速写下一条信息，并交给了勤务兵。"成千上万艘船舰向我们驶来，" 他写道，"盟军就要登陆了。"

138

第 10 章　登陆日：黎明

139　　那天晚上，与英美空降师一起从天而降的还有大约 400 名假伞兵，它们被称为"鲁伯特（Rupert）"，背有"特制发声装置"——一种用来模拟步枪射击声音的设备。这就是"泰坦尼克行动（Operation TITANIC）"，是欺骗计划的一部分。这些假伞兵被空投到四个不同的地点，以造成盟军在塞纳河周围、迪沃河以东、圣洛以西和卡昂南部的奥东河附近降落的假象。英国特种空勤团的两个六人小组也空降到圣洛附近，他们在午夜 0 点 20 分前后登陆。随后，他们立刻通过扬声器播放了士兵的叫喊声、小型武器和迫击炮火力的录音。一些"杰德堡行动组"也空降到了法国，这是一个三人小组，由一名法国人、一名英国特工和一名美国特工组成，他们的具体任务是帮助游击队，确保法国的抵抗组织竭尽全力牵制德军在前线的行动。

　　与此同时，在英吉利海峡，登陆舰队越来越接近诺曼底。约翰·瑞森上尉是第 5 游骑兵营总部连的指挥官，也是美国突击部队的一员。他个头很高，金色的头发，体格健壮。他是一名职业军官的儿子，而且和父亲一样聪明、健壮，一样拥有敏锐的分析能力。他在很小的时候就决定要去西点军校，尽管他是近视眼并患有耳膜穿孔（他设法对此保密），他还是获得了一个名额。1939 年 7 月，就在德国进军波兰之前，他进入了西点军校。

他以年轻军官的身份加入了工兵部队，然后被派往第 10 装甲师的第 55 装甲工兵营。不过，在田纳西州的演习中，他确定自己更想当步兵。不久后，他看到了第 5 游骑兵营的募兵广告。于是，他提出申请，并被录取了。他们告诉他，他们正在寻找一位有工程知识的军官。然而，到目前为止，他还没有做过一丝与工兵有关的工作。他说："他们立刻让我当了排长，而且那时我是步兵，这是我喜欢的。"

美国陆军游骑兵于 1942 年初在英国组建，成员都是美国参战后第一批抵达英国的军队骨干。他们是威廉·达比（William Darby）上尉的智慧结晶，效仿英国突击队的路线组建而成：他们都是志愿兵，训练有素，擅长打了就跑的突击作战。达比打算让他的游骑兵成为精锐的特种部队，最后他如愿以偿。他此时是一名上校，在 4 月前，他一直领导着突尼斯、西西里岛和意大利南部的游骑兵部队。后来，他又组建了新的营，包括第 2 营和第 5 营，这两个营都是为了登陆法国而组建、训练并被派往英国的。

1 月 19 日，约翰·瑞森和该营的其他成员抵达英国，他们继续接受训练，强度也越来越大。"我们非常刻苦地进行训练，"他说，"我的意思是，训练很艰苦。"他在苏格兰接受过突击队训练，然后在德文郡接受过两栖作战训练。在此期间，他游历了英格兰南部，作为总部连的指挥官，他曾陪同第 S4 营（补给营）的参谋视察了各个仓库，以便了解登陆所需的装备、武器和其他物资的情况。看到野外挤满了坦克、卡车、大炮、帐篷和数以百万计的士兵，他很惊讶为什么英国的地面还没有塌陷。

德军沿着诺曼底的海岸线修建了炮台，其中的一些被认为特别具有威胁性。在登陆日前，所有这些炮台都引起了重型轰炸机的注意，并且在登陆前的几个小时成了攻击目标。盟军将那些被认为是

140

特别棘手的炮台分配给了专门的部队，这些部队的任务就是在轰炸失败的情况下亲手摧毁它们，这项任务既可以在登陆前执行，也可以在登陆后不久执行。其中就有位于奥恩河东部的梅维尔炮台，摧毁它的任务交给了第 9 伞兵营。另一个是位于奥马哈海滩以西约 4 英里的奥克角（Pointe du Hoc）炮台，在那里，凹形的海岸线弯曲成一个尖角，尖角两边都是 100 英尺高的陡峭悬崖。侦察照片显示，奥克角炮台的顶部似乎布置了 6 门 155 毫米口径的大炮，看上去像是一个准备充分的据点，这个据点建有许多混凝土炮廓，连接着堑壕和悬崖边上的一个混凝土观察哨。

141

和诺曼底的许多沿海防御工事一样，这个地方也得到了改善，截至 4 月中旬，德军已经修建了两个混凝土炮台。几天后，也就是 4 月 25 日，它遭到了轰炸机的猛烈袭击，之后在 5 月底和 6 月初再次遭到轰炸；随后的侦察照片显示，盟军对这个地方进行了全面痛击，尽管如此，计划制定者还是不准备冒任何风险。于是，盟军便把在登陆日的早些时候摧毁这个地方的任务交给了游骑兵，而这正是游骑兵部队最初想要承担的特种部队行动。

从理论上来讲，爬上悬崖并摧毁炮台的任务就像是自杀行动，但实际上，此类行动还是有一些鼓舞人心的先例。去年 7 月，帕迪·梅恩（Paddy Mayne）少校率领的英国特种空勤团*经由海路在一个非常相似的面朝悬崖的岬角——西西里岛的墨罗迪波尔科岬（Capo Murro di Porco）——登陆。他们爬上陡峭的岩石，摧毁了沿海的几个炮台。诚然，那些炮台是由缺乏训练的意大利军队操控的，但是，没有任何证据表明操控奥克角炮台的军队接受过更好的

---

* 英国特种空勤团曾被改名为"特种突袭中队（Special Raiding Squadron）"，不过，这个叫法只延续了很短一段时间。在实施西西里岛的突袭时，它的称号就是"特种突袭中队"。1944 年初，它被重新改为"英国特种空勤团"。

训练；德军已不再是训练有素的象征了。这样的突袭可能会非常成功——西西里岛的事实证明，较之于任何空降行动，此类突袭取得了更大成功；英国特种空勤团只有一人死亡，两人受伤。此外，奥克角还将遭到来自空中和海岸的炮火攻击，而西西里岛的突袭行动就没有得到这样的支援。

根据登陆日计划，为了摧毁奥克角，盟军将在进攻时辰（也就是上午 6 点 30 分）派遣第 2 营的三个连（部队 A），由临时游骑兵大队的总指挥官詹姆斯·鲁德尔（James Rudder）中校直接指挥。就像梅恩的部下在西西里岛所做的那样，他们将使用通过火箭弹发射的绳索和伦敦消防队的可伸缩梯子爬上悬崖的两侧，然后有条不紊地拆除炮台和整个场地，其中还包括两个防空炮廓。由于出其不意和行动迅速是关键，所以盟军只分配了半个小时。如果一切顺利，他们就会通过无线电发送讯号，随后，第 2 营的另外两个连和第 5 营的连（部队 C）也会随之行动，前去清除海岸公路，这条公路向内陆延伸 1000 码，并与海岸平行。然后，部队 C 将继续前往格朗康和迈西（Maisy）的第二个火炮阵地，这个阵地位于西边几英里处。迈西炮台距离奥马哈海滩太远，不会威胁到奥马哈海滩，但可能会给犹他海滩带来一些麻烦，所以它成了一个重要的目标，虽然不像奥克角那样重要。

然而，这个计划随附一个警示。如果上午 7 点前部队 A 没有发出行动成功的讯号，那么部队 C 就会在奥马哈海滩的最西端（也就是右边）登陆，然后和第 116 步兵团的士兵一同向奥克角和迈西炮台进发。最后就只剩下第 2 营的 C 连了，他们将作为部队 B 单独负责位于佩斯角峰的敌方阵地，佩斯角峰介于奥马哈海滩的边缘和奥克角之间。

无论如何，约翰·瑞森上尉将在奥马哈海滩登陆，一想到那天清早将会发生的事情，他就睡不着觉。他从晚上 10 点开始执勤，这已经让他错过了上半夜的安心睡眠。之后在凌晨 2 点，他决定再保持几个小时的清醒。凌晨 3 点 34 分，他们的运输船"博杜安王子号（HMS Prince Baudouin）"下锚停泊，瑞森赶紧去取装备。是时候搭乘登陆艇，开始前往诺曼底海滩的最后一段旅程了。

*

焦躁不安的利-马洛里担心美军的空降会发生灾难性的人员伤亡，但实际情况并非那样。在这两次行动中，美军空投了大约 13100 名伞兵，在 821 架飞机中，只有 21 架被击落或下落不明。美军还在科唐坦空投了大约 389 吨补给和 14 门反坦克炮。在跳伞的人中，有两个师长马修·李奇微和麦克斯韦·泰勒，他们都安全着陆了。历史学家曾反复描绘过这样一幅画面：伞兵们在一次让人绝望的灾难性空投中向四面八方散开，50% 的人落在了距离目标着陆区 1~2 英里的范围内，75% 的人落在了距离目标着陆区 5 英里的范围内。这意味着，四分之三的人需要走 1~5 英里才能到达登陆日的目的地，而这需要 3~5 个小时的时间——从理论上来讲，对于受过专门训练、主动思考、积极行动、高度自我激励的部队来说，这是完全可以实现的。

只有 10% 的人在 10 英里以外的地方着陆或下落不明，因此，考虑到天气、引导员缺乏训练和高射炮的猛烈射击，第 9 空运司令部确实做得很不错。在为数不多降落在较远地方的士兵中，有一个莫名其妙地在距离卡昂以北 3 英里的地方跳伞，那里与着陆区相距 45 英里；很难想象驾驶员和引导员怎么会如此偏离航道。降落得最好的是第 101 空降师的第 501 伞降步兵团，他们几乎都降落在卡朗唐北部的目标着陆区；最糟糕的是第 82 空降师的第 507 伞降步兵团，他们中的大多数人都降落在梅德列的水淹地区。

幸运的是，很多人都得到了帮助，而且是来自一个意想不到的群体。穿过这片区域，走过一段抬高的路堤，便可以看到铁路线。在一个叫拉菲尔（La Fière）的小村庄的北面，有一个农场和一个铁路平交道口 PN104，这里距离圣梅尔埃格利斯以西仅仅 2 英里多一点。守卫叫莫里斯·杜博克（Maurice Dubosq），他和妻子、两个孩子住在这里。他有一个 11 岁的女儿热纳维耶芙（Geneviève），还有一个 9 岁的儿子克劳德（Claude）。杜博克不仅虐待孩子，而且挥霍无度。他虽薪水微薄，却把大部分的钱花在了喝酒上，在从酒吧回来后，只要孩子稍有一点让他不满意，他就殴打孩子。他们都很怕他。不过，最近德国人命令他在夜间守卫往南几百码的铁路桥，这让他暂时停止了饮酒。热纳维耶芙发现，从那时起，他好像变成了一个更好的人。

6 月 6 日凌晨，在同样守卫桥梁的年轻人加比（Gaby）的陪伴下，杜博克非常激动地回到了家里。"盟军登陆了！这是真的，他们来了！"他解释说，他曾试图说服其他铁路工人，像他和加比那样扔掉纳粹臂章，但他们拒绝了。当他还在向家人讲述发生了什么事情的时候，一个美国伞兵冲了进来，他的脸涂得黑黑的，手里握着一把汤普森冲锋枪。杜博克向他保证说自己和家人都是他的朋友，然后在地图上向他指出德军的位置——环绕周围村庄的地方。杜博克很快意识到美军正在被水淹没的地区登陆，于是问伞兵如何用英语说"Venez ici, les gars！（到这儿来，小伙子们）"。

"Come here, guys！"美国伞兵回答道。

　　然后，杜博克带着加比离开了家，坐着木船前往水淹区。在接下来的几个小时里，他们从水淹区救出了越来越多的伞兵，并且一次又一次地带着他们回家。在热纳维耶芙看来，这个景象非常令人震惊；屋子里全是士兵，他们正在给她和弟弟吃巧克力。"突然间，"她写道，"我对父亲充满了钦佩甚至是喜爱之情。"

　　屋子里挤满了伞兵，几乎没有走动的空间。不过，就在黎明到来前，他们认为自己应该离开了。这时，热纳维耶芙开口了，警告他们不要沿着铁路往北走，因为这样会暴露在德军的眼皮底下，而且位于大沼泽的另一边的德军将会看到他们。她的父亲也同意这个看法。最好的办法是带他们去拉菲尔——因为铁路沿线的道路两旁种满了树，使得他们可以躲开德军的视线。热纳维耶芙看着父亲带着士兵们离开。她写道："看到美国人默默地离开，我们非常难过，也非常担心。"

　　在科唐坦的南部，伞兵们正在缓慢、稳妥地集结在一起，试图朝着他们的目标前进。马尔科姆·布莱宁（Malcolm Brannen）中尉是一名军官，在第 508 伞降步兵团第 3 营的总部连服役。他降落在目标着陆区的西南方向。凌晨 4 点 30 分前后，当滑翔机部队载着计划中的枪支、吉普车、无线电设备、医疗用品和两个师的许多人员陆续抵达时，他正和其他几个人一起朝东北方向前进。大约一个小时后，布莱宁和同伴们敲开了一间农舍的门，向惊恐的居民打听方向。然后，他们查看了地图，意识到他们正位于埃蒂安维尔（Étienville）和皮科维尔（Picauville）的中间。埃蒂安维尔和皮科维尔是梅德列的水淹地区以西的两个村庄。当他们还在农舍外面时，布莱宁听到了汽车的声音。

　　"来了一辆车，"他对其他人说道，"快让它停下。"布莱宁走到马路上，举起手臂，示意汽车停下。但是，当汽车加速开向他们时，他们开了枪。为了躲避子弹，司机闪身低头，这时汽车突然转向，撞上了一堵石墙。司机被甩了出去，不过他还活着，并试图躲在农舍地窖的窗户那里。另一名军官倒在地上，死了，半个身子在车里，半个身子在车外。第三个人被抛了出去，正爬过马路去拿他的鲁格尔手枪。布莱宁正站在马路对面的树篱旁的高地上，距离他大约 15 码。

"别杀我，别杀我！"德国人喊道，但他仍然朝手枪爬去。布莱宁停顿了一下。他并不认为自己是一个冷血杀手，但是，如果德国人拿到了鲁格尔手枪，那么他就有可能被射杀。"所以我开枪了，"他坦言道，"他的前额中了一枪，他还没反应过来就死了。"他看到鲜血从死者的头部喷出来，喷到大约 6 英尺高的空中，然后瓢泼落下。他们抓住了司机，并截获了装有官方文件的两个公文包。布莱宁取下被他击毙的军官的帽子，仔细地查看了一下，以确定死者的身份。他只发现了一个短短的名称：费利（FALLEY）。当时他不知道的是，他刚刚将一颗子弹射入了第 91 空降步兵师的师长的脑袋。对美国空降部队来说，这是一个好消息。但是，对试图在骚乱和混乱中反击的德国人来说，这是一个坏消息。如果费利将军听从彭塞尔的命令，没有早早地前往雷恩，那么他就可以避免这个灾难，避免这场致命的遭遇。

在梅德列的另一边，迪克·温特斯中尉和 A 连的战友们正从圣梅尔埃格利斯向东南方向挺进。没多久，他们就加入了第 502 伞降步兵团的队伍，这支队伍大约有 50 人。路上，他们遭遇了一支小小的德国马车纵队。在短暂的交火中，德军不是被击毙，就是逃跑了。此后不久，随着黎明的曙光开始照亮天空，温特斯借着晨曦的微光捡起了一把 M1 加兰德步枪、左轮手枪和大量的弹药。现在，他有了武器，感觉好多了。他准备好战斗了。

*

在登陆前线的两端，空降行动继续激烈地进行着。从凌晨 3 点半左右开始，更多运载着反坦克炮、吉普车、弹药和医疗用品的滑翔机开始在英军和美军的战区降落，虽然顺利程度不同。在 68 架英国霍莎滑翔机和 4 架更大的哈米尔卡滑翔机中，有 55 架成功抵达法国，其中大多数按照计划降落在朗维尔附近的着陆区。支援第 101 空降师的 52 架韦科滑翔机也降落了，尽管该师的副指挥官唐·普拉特（Don Pratt）准将在着陆时摔断了脖子不幸阵亡。到了凌晨 4 点 30 分，盟军还空降了同样数量的飞机以支援第 82 空降师，尽管其中的 22 架在迫降时丢失了部分货物，包括 26 名士兵、8 门反坦克炮、该师的主要无线电设备、11 辆吉普车和重要的医疗用品。

尽管局面有些混乱，尽管大量的伞兵在诺曼底的树篱旁走动，但空降行动还是取得了显著的成功。凌晨 4 点左右，美军夺取了圣梅尔埃格利斯；与此同时，英军成功炸毁了其空降区内横跨迪沃河的每一座目标桥梁。虽然加拿大第 1 伞兵营在跳伞的过程中丢失了爆破炸药，但他们见机行事，仍然设法炸毁了罗贝欧姆（Robehomme）大桥。在特罗阿恩，一群士兵驾驶着滑翔机运来的王家陆军医疗队的吉普车，在敌人的眼皮子底下，径直穿过村庄，安全到达东边一英里的桥梁，然后炸毁了这座大桥。

就连梅维尔炮台也被盟军攻占了，尽管第 9 伞兵营只有 150 人参加了这次行动。时间是至关重要的，因为英国王家空军的轰炸机司令部计划在飞机着陆前和凌晨 5 点 30 分之前再对炮台进行一次轰炸，因此，匆忙拼凑起来的第 9 伞兵营必须到达炮台，并在轰炸机到达前再次清除障碍。两架滑翔机也将直接降落在炮台上，就像德军 1940 年在比利时的埃本艾美尔所做的那样。然而，在这次行动中，他们飞过头了，收效甚微。此外，加上敌人的负隅顽抗，伞兵损失了一半的兵力，经过 25 分钟的交火，伞兵在凌晨 5 点左右成功占领了炮台。直到那时，他们才发现装备炮台的不是对登陆行动造成威胁的 155 毫米口径的大炮，而是捷克在一战时使用的老式的 100 毫米口径的野战榴弹炮。尽管如此，它仍然是一个主要的据点。然而，由于第 9 伞兵营的人数太少，没有足够的炸药，虽然他们能够阻止大炮的轰击，但无法摧毁炮廓。虽然他们为登陆行动成功压制了梅维尔炮台——这是他们的主要目标——但是，死里逃生的伞兵随后撤退了，德军很快夺回了梅维尔炮台。

*

盟军在登陆日前对梅维尔炮台发起了猛烈轰炸，这些轰炸可能远远不足以摧毁炮台，不过，英国王家空军轰炸机司令部的重型轰炸机在其他地方发起了攻击，这些攻击就没有那么不着边际了。1940 年，在闪电战期间，纳粹德国空军能够在一个晚上派出 100 架以上轰炸机的情况是很少见的，尤其是双引擎、载荷相对较小的轰炸机。可是，在登陆日的清晨，仅英国王家空军的轰炸机司令部就派出了 1012 架飞机：551 架兰开斯特轰炸机和 412 架哈利法克斯重型轰炸机，以及 49 架引人注目的蚊式战斗机。它们的目标是 10 个沿海炮台，包括梅维尔炮台和奥克角炮台。

在攻击位于奥克角以西几英里处的迈西炮台的轰炸机中，有 14 架是澳大利亚王家空军第 466 中队（它隶属于轰炸机司令部的第 4 大队）的哈利法克斯轰炸机。截至战争的这个阶段，在西线作战的部队中没有专门的澳大利亚师，但是，大量的澳大利亚军人散布在英国王家空军，甚至是整个中队，例如第 466 中队。他们驻扎在英国王家空军位于莱肯菲尔德（Leconfield）的基地，这个基地坐落在约克郡贝弗利的老东雷丁镇附近。他们向南飞过英格兰，然后飞越大海。对于这些远程重型轰炸机来说，这是一个短期任务。在空军中士杰克·斯科特（Jack Scott）领导的机组中，唯一的一个英国人是 20 岁的空军中士肯·汉德利（Ken Handley），他是一名飞行工程师。在哈利法克斯轰炸机上，他坐在飞行员右手边的一个折叠椅上。他一点也不介意自己是七个人中唯一的"老外"——和大多数机组成员一样，他们都很年轻，志同道合，团结一致，很快便打成一片。

1944 年 2 月，汉德利和斯科特机组的其他成员飞往柏林（这是机组成员第一次面临的最艰难的任务之一），由此开始了他们的职业生涯。然后，他们投入了关键周的行动。他们还参与了 3 月30 日对纽伦堡发起的不太走运的突袭，在这次行动中，有 95 架轰炸机被击落，几乎占整个部队的 12%。轰炸机司令部也度过了目前为止最糟糕的一个夜晚。那天晚上，斯科特的机组成员多次采取了扣人心弦的闪避行动，虽然他们遭受了不小的损失，但还是安然无恙地返回了。

现在，他们正在执行第 24 次任务，离完成第一次战斗之旅所需的 30 次飞行已经不远了。由于装载了 11000 磅（5.5 吨）炸弹，重型轰炸机的飞行高度很低，只有 11500 英尺。虽然周围天空的总云量达到了 10，但目标上空的云层要薄得多——顶多是有薄雾。此外，蚊式轰炸机已经完成了工作，准确标出了炮台的位置。"我们看到下面有红色和绿色的信标，"汉德利在日记中写道，"我们飞过去，准确无误地轰炸了它们。"虽然他们遭受了少量高射炮的攻击，但没什么好担心的——随着飞行次数的增多，躲避高射炮已经变成了一件轻而易举的事情。他们在轰炸迈西炮台的过程中拍摄了照片，这次轰炸被描述为一次完全"成功"的飞行之旅。

回程时，汉德利看到登陆舰队驶进了英吉利海峡，尽管中队里没有人告诉他们这个星期二就是登陆日。在飞往约克郡的途中，他们看到大批战斗机和轰炸机向南飞去。"到达基地时，"汉德利写道，"我们缩短了着陆航线，在着陆时击败了联队指挥官，获得了第一名。这是一次美好、愉悦的飞行之旅。"对于那些蜷缩在地下掩体和防空壕里不太走运的德国士兵来说，他们的"旅行"就没有那么愉悦了。总的来说，轰炸机司令部的清晨突袭是迄今为止最猛烈的一次袭击：盟军向诺曼底的海岸线投放了大约 5000 吨炸弹，大地、岩石和土地都被搅动起来，无数碎片抛向空中，产生的冲击 148 波是如此强烈，足以被记录在平流层中。此刻，更多的轰炸机正在赶来。

*

美国第 9 航空队和第 2 战术空军的轰炸机，以及成群的战斗机、战斗轰炸机和能够发射火箭弹的台风战斗机很快也会飞过来。总共有将近 11600 架飞机计划在这一天飞行。凌晨 3 点，"加比"·加布雷斯基和第 56 战斗机大队的小伙子们也早早地起来了，帮助机组人员匆忙地在机翼上喷上表明登陆含义的条纹。在西西里岛和意大利南部，盟军空军曾经面临的一个问题是遭到友军炮火的攻击。因此，盟军希望在机翼甚至机身上涂上巨大的黑白条纹，便于友军识别这些飞机，从而减少此类事故的发生。盟军认为，丢掉潜在的伪装——无论如何，这种伪装在白天起不了作用——总比被击落好，不过，涂上条纹的决定是在最后一刻作出的。盟军急匆匆地向地勤人员和机组成员发放了油漆和刷子，让他们继续工作。

加布雷斯基带领他的大队去执行当天的第一次任务。凌晨 3 点 36 分，他们在黑暗中出发，前往敦刻尔克，然后沿着法国海岸一直巡逻到登陆地区。然而，由于云层很厚，他们几乎什么也看不见，而且飞机被风吹离了航线。在被下方一艘船上的雷达控制器引导回来后，他们朝着阿布维尔前进。当他们飞越诺曼底海岸时，云层消散了，露出了英吉利海峡，在眼睛能够看到的地方，到处都是登陆舰队。加布雷斯基说："这是我见过的最壮观的景象之一，这是一次大规模的力量展示。"

那天早上，第 365 战斗机大队也早早出发了，它隶属于"皮特"·克萨达将军指挥的美国第 9 航空队的第 9 战斗机司令部。他们被称为"地狱鹰"，和加布雷斯基指挥的美国第 8 航空队的第 56 战斗机大队一样，他们也装备有 P-47 雷电战斗机。这些战斗机使用的是星型发动机，机翼呈椭圆形，速度非常快，机动性好，而且坚固耐用，能够承受大量攻击。它们也十分强大，可以搭载两枚 1000 磅重的炸弹（也就是说每架飞机可以搭载 1 吨炸弹），对于单引擎战斗机来说，这是一个巨大的负荷，不过，正因为如此，它们成了理想的战斗轰炸机。就像其他盟军空军一样，自从去年 12 月抵达英国后，"地狱鹰"就一直全力以赴执行飞行任务。由于新福里斯特（New Forest）的博利厄（Beaulieu）距离南海岸不远，他们便在这里仓促建造了一个空军基地，并驻扎在此。

阿奇·"林"·马尔比（Archie"Lin"Maltbie）中尉时年 20 岁，是"地狱鹰"第 388 战斗机中队的一员。他来自加利福尼亚州。孩提时，他看到了一架福特三引擎飞机递送邮件，于是一心想

149

要飞行。离开学校后，他在道格拉斯飞行器公司（Douglas Aircraft Company）找到了一份工作，帮助制造供海军使用的 SBD 俯冲轰炸机。他一直期待着被征召入伍，但在 19 岁时却没有收到正式的征兵函，于是，他决定志愿加入空军。他被录取了，随后他被挑中，接受了飞行员训练，并于 1943 年 12 月获得飞行资格。在改为驾驶 P-47 战斗机后，他被派往英国。1944 年 4 月，他乘坐玛丽王后号横渡大西洋抵达苏格兰。十天后，他加入了"地狱鹰"。在对铁路机车和桥梁进行了六个星期的袭击后，登陆开始了。和第 56 战斗机大队的小伙子们一样，一分钟前他们还在匆忙地喷上表明登陆含义的条纹，下一分钟他们就在登陆部队的上空飞行。

他们赶在 B-26 掠夺者轰炸机之前飞越犹他海滩，然后攻击了位于科唐坦西部的圣索沃尔勒维孔特（Saint-Sauveur-le-Vicomte）的铁路桥和堤岸。这是一次低空突袭，为此，他们在每个机翼下挂载了一枚 1000 磅的炸弹。除了躲避高射炮之外，他们还要伸长脖子寻找敌机。"我们遭到了高射炮的攻击，"马尔比说道，"我们遭到了大量高射炮的攻击，但压根没有发现德国飞机。"

接下来登场的是美国第 8 航空队的重型轰炸机。大约 659 架 B-17 空中堡垒轰炸机和 418 架 B-24 解放者轰炸机向登陆海滩进发。不过，现在轮到海军火炮进行猛烈攻击了。

随着黎明的曙光照耀着诺曼底海岸，对于海上登陆部队的规模，德军不用再怀疑了。"我毫不羞愧地说，"四等兵卡尔·韦格纳（Karl Wegner）坦言道，"我这辈子还从来没有这么害怕过。"他 17 岁，是一名新兵，负责帮助组织第 352 步兵师。他被派到了第 914 掷弹兵团的第 3 连。此刻，他正在一个据点上用机关枪扫射，这个据点俯瞰着一条从海滩向维耶维尔村延伸的小道。他之前从未参加过战斗，因此，他对即将面临的情况感到十分害怕，但又不得不惊讶地望着眼前的景象。在离海岸线几英里的地方，驻守在62 号抵抗力量据点的弗朗茨·戈克尔也盯着眼前的景象。一阵可怕的、令人生畏的寂静降临了，对他和伙伴们来说，很明显，气氛越来越紧张了。

凌晨 5 点 10 分，盟军的第一批海军火炮向德军的沿海炮台开火，其中包括滨海隆涅的 4 门海岸炮，这是纳粹德国海军在奥马哈海滩和黄金海滩的中间位置修建的炮台。这个炮台位于悬崖上，已经遭受了三次猛烈的空中轰炸，包括几个小时前英国王家空军的轰炸。但是，德军为炮台和观察哨修建了厚厚的混凝土顶板，因此炮台仍然完好无损。此刻，这些大炮正在轮流开火。突然间，炮弹在海上飞来飞去，刺耳的轰炸声打破了寂静。

凌晨 5 点 50 分，"得克萨斯号（USS Texas）"战列舰首次开火，它使用 10 门巨大的 356 毫米口径重炮直轰奥马哈海滩。在 62 号抵抗力量据点，弗朗茨·戈克尔出神地看着巨大的海军炮弹冲向他们周围的地面，扬起泥土、石头和灰尘，形成巨大的圆柱。他说："这只是地狱之旅的开始。"几分钟后，美国第 8 航空队的第一拨轰炸机呼啸着进入德军的视野。戈克尔站在混凝土地堡里，他的机关枪放在前面的桌子上，枪口指向瞭望孔外的大海。当炸弹开始落下时，他立刻躲到桌子底下，尽量把身体缩成一团。炮弹的声音震耳欲聋，顷刻间，地堡里尘土飞扬、烟雾弥漫。"大地在震动，"他写道，"眼睛里、鼻子里都是灰尘，牙缝里都是沙子。我们不指望会得到帮助，我们的飞机还在很远的地方，我们也没有高射炮。要是没有能够阻碍盟军的力量，那么轰炸机将会投放致命的炸弹。"几分钟内，据点的大部分就被掩埋在了废墟之中。他勇敢地抬起头，看到一枚炸弹直直地落在另一个炮廊的顶部，泥土、混凝土碎片和铁丝网都被抛向空中。

事实上，戈克尔是在孤军作战，程度远远超出了他的想象，因为德军高层已经作出了决定，这些决定将造成毁灭性的影响，让守军在未来几个小时里获得支援的概率变得渺茫。不仅汉斯·斯派达尔将军还没有与隆美尔联系，身在第 84 军总部的埃里希·马克斯将军似乎完全失去了理智。发明空降作战的是德国人，尽管空降部队是纳粹德国空军（而不是陆军）的一部分，但是，像马克斯这样能力超群、经验丰富的人应该很清楚，空降部队不仅需要从海上抵达的后续部队的支援，而且此刻从天而降的空降部队是在夜间降落，他们降落在四面八方，又是降落在陌生的领土上。和遭到他们袭击的守军一样，他们也会暂时迷失方向、不知所措，不可避免地要花上几个小时才能进行有意义的攻击。换句话说，马克斯可以保持冷静的头脑，等着看后续几个小时的事态发展，然后再作出决定。毕竟，德国已经派遣了大量军队驻扎在科唐坦，以应对盟军的登陆。

然而，凌晨 2 点，马克斯的参谋人员立刻命令后备部队从诺曼底海岸后方的中心据点向西移动，前往科唐坦和卡朗唐的南部地区。后备部队是从第 352 步兵师中抽调出来的，由卡尔·迈耶（Karl Meyer）上校指挥的第 915 掷弹兵团和第 352 步兵营组成。迈耶是这支部队的总指挥，他们在凌晨 3 点出发，两个营的士兵骑着自行车前进，其余的则由法国司机驾驶征用来的卡车运送。似乎这还不够，参谋人员还命令第 914 掷弹兵团派遣部队去调查一下，看看盟军空降部队降落在卡朗唐南部的维尔山谷的报告是否属实——这些部队实际上是"泰坦尼克行动"中的假伞兵，这个计划造价低廉，又不会造成人员伤亡，却被证明是一种非常有效的"增强部队兵力的手段"。结果，在德军需要后备部队，以帮助其击退盟军登陆部队前的几个小时，马克斯就向美国空降部队和一些假伞兵派出了整个军队的后备部队。

同样的错误也发生在海岸的东部地区。尽管汉斯·冯·卢克少校从他的兵团中派出一个连与英国空降部队作战，但他遏止了其他军队的行动，因为他很清楚，没有 B 集团军群的明确许可，他无法下令调动第 21 装甲师。不仅该师的指挥官福希廷格尔将军身在巴黎，他的作战部长沃尔夫·冯·贝里辛根（Wolf von Berlichingen）中校、男爵也在巴黎，贝里辛根是该师唯一一个具有装甲作战经验的人。这意味着，第 21 装甲师实际上是群龙无首。福希廷格尔从法国的首都出发，在经历了一段惊险的旅程后，他于凌晨 5 点 20 分抵达了第 21 装甲师位于迪沃河畔圣皮埃尔（Saint-Pierre-sur-Dives）的指挥部。没过多久，冯·贝里辛根也抵达了。随后，他们命令尚未进入卡昂地区的第 21 装甲师的其余兵力直接向贝伦格雷维尔的附近地区、卡昂东南部和奥恩河的东岸移动，尽管这种做法直接违背了上级的命令。他们打算立刻派出军队，以对抗英国的空降部队。早上 6 点，他们恳求斯派达尔让他们发起进攻。大约在同一时间，马克斯的总部也要求斯派达尔让第 21 装甲师听命于第 84 军，这样一来，该师便可以全力攻击奥恩河以东的英国空降部队。最后，斯派达尔在早上 6 点 45 分同意了这些请求。7 点，第 21 装甲师被移交给马克斯将军指挥。几分钟后，福希廷格尔奉命带领他的师向奥恩河的东部进发。

半个小时内，成千上万的英国军队将在奥恩河以西的海滩登陆。再过 15 分钟，加拿大军队也将登陆。然而，第 21 装甲师已经向东行进了一段路程。这意味着，无论是靠近海岸的唯一的装甲师，还是主要的后备部队，都无法出现在需要快速反击海上进攻的地方。在战争期间，盟军司令部经常遭到挑刺和批评，但在登陆日最关键的头几个小时里，被认为是西线最好的德军指挥官之一的埃里希·马克斯将军要为当日的最大失误负责。

第 11 章　登陆日：美军登陆

凌晨 4 点，"约吉"·简森上尉正在值班。此时，法国的海岸已经清晰可见，因为英国王家空军的重型轰炸机投下和引爆的炸弹照亮了海岸。这让他想起了 1940 年在法尔茅斯看到的情景，那晚，德军对距离海岸更远处的普利茅斯进行了轰炸。[①] 在他的头顶上方，滑翔机正被牵引着飞向天空。大约过了一个小时，当第一缕曙光掠过海面时，他回头一看，整支登陆舰队出现在他的身后。"这是多么壮观的景象啊！"他写道，"成千上万艘战舰和运输船都沿着同一航线驶向欧洲大陆。"

在更往西的地方，"切特"·汉森上尉和美国陆军第一军的指挥官奥马尔·布拉德利将军站在奥古斯塔号的甲板上。在这艘如此庞大、装备精良、船壳有装甲保护的船上，汉森感到安心、舒适，以至于当他们穿过英吉利海峡时，他很难相信这个事实——终于要登陆了。巨浪似乎也不那么可怕，尽管这是因为他搭乘的是一艘 48000 吨重的战列舰，而不是平底登陆艇。突然，海岸出现在他们的视野里——岸上有火光，高射炮的声音夹杂着航空发动机的声音。在他们的头顶上方，月亮若隐若现，偶尔从云层后面短暂地露

[①]　法尔茅斯是英国西南部康沃尔郡的一个海港，位于法尔河河口，南临法尔茅斯湾；普利茅斯位于英国英格兰的德文郡。1940 年 7 月 6 日，德军在普利茅斯投下了第一枚炸弹。

出脸来。他们正在接近奥马哈海滩。

　　就在凌晨5点前，汉森突然看到在船的左舷方向有一架着火的B-25轰炸机。它拖着长长的火焰尾巴，飞得越来越低。在围绕奥古斯塔号倾斜飞行后，它完全变成一个鲜艳、愤怒的火球。两个士兵跳伞逃出，接着机头一降，这架被击中的轰炸机便坠入大海，火球迅速熄灭，永远消失了。汉森说："现在，登陆行动突然间变成了现实，纸上的计划要成真了。"

　　在离奥古斯塔号不远的地方，约翰·瑞森上尉和第5游骑兵营正搭乘博杜安王子号驶向欧洲大陆。清晨5点，船员们接到命令各就各位。接着，高音喇叭传来了第二个通知："全员到甲板上集合！全员到甲板上集合！美国游骑兵，准备登岸！"瑞森来到甲板上，点了点人数，又检查了一遍自己的装备：弹药带、手榴弹、三天的口粮、汤普森冲锋枪、点45口径的柯尔特手枪。然后，他检查了部下的装备。现在，他们登上了悬挂在博杜安王子号的吊艇柱上的攻击登陆艇，每艘登陆艇上都坐满了36名全副武装的士兵和4名船员。天空渐渐变亮，前方海岸的形状隐约可见。

　　第507突击舰队的7艘攻击登陆艇在海面上盘旋，在士兵们都登艇后，它们开始向海岸进发，这些平底船以每小时5海里的速度破浪而行。在6月6日的清晨时分，海浪实际上要比24小时前更加汹涌，6~8英尺的海浪猛烈地冲向他们，海水像雨点一般洒向他们。没过多久，他们全都湿透了，大量海水进入了登陆艇，他们不得不用头盔把水舀出去。清晨5点50分，他们已经超过了许多巨大的战舰，这时突然传来一阵可怕的巨响。

　　"先生们，"指挥攻击登陆艇的海军军官说，"这是得克萨斯号战列舰开始对海岸进行轰炸。"现在，每一艘战舰都沿着登陆前线开火：9艘战列舰、23艘巡洋舰、104艘驱逐舰和71艘轻巡洋舰，

火力猛烈，令人惊愕，驱逐舰距离海岸不到 1000 码，战列舰和巡
洋舰在较远的地方。

　　就像瑞森和他的战友们一样，19 岁的鲍勃·斯劳特中士和第
116 步兵团 D 连的士兵们也在海上，他们登上了英国的攻击登陆
艇，这些登陆艇经由（大型）步兵登陆舰"帝国标枪号（SS
Empire Javelin）"的吊艇柱缓缓放入水中。由于美国海军将大量
兵力派遣到了太平洋战区，英国海军便成了海上登陆行动的主要力
量。美国的贡献并非微不足道——200 艘战舰和 865 艘登陆艇——
但是，在总共 1213 艘战舰中，有 892 艘来自英国王家海军；在
4126 艘不同类型的登陆艇中，有 3216 艘是英国军舰，由英国船员 155
驾驶。在奥马哈海滩，领导突击部队的大多是英国的船舰和船员，
而不是美国的。

　　在等待这一拨的所有进攻部队作好准备期间，斯劳特和排里的
其他成员搭乘攻击登陆艇，在海面上绕了一圈又一圈。海浪持续涌
向他们，短短几秒钟，他们就全身湿透了。引擎的轰鸣声、海风和
海浪让他们很难听到彼此的声音——不是每一个人都很想说话。鲍
勃·斯劳特浑身湿透了，冷得直打哆嗦。盟军向他们分发了呕吐袋
和茶苯海明晕船药。在把防毒斗篷罩在头上取暖后，斯劳特才晕
船；不一会儿，他就脱下头盔，往里面吐起来。他把呕吐物倒出
去，用已经在船舰底部晃荡的水把头盔冲洗干净。

　　盟军将所有登陆海滩分成几个区域，使用语音字母给它们取代
号，并标上了不同的颜色。奥马哈海滩从西到东被分为四个主要的
区域：C（Charlie）、D（Dog）、E（Easy）和 F（Fox）；D 区又被
分为 D 区绿段、D 区白段和 D 区红段，E 区和 F 区也作了红绿段
之分。第 29 步兵师的第 116 步兵团和游骑兵营将在 C 区和 E 区绿
段之间的海滩西侧登陆，第 1 步兵师的第 16 步兵团将在 E 区红段

和F区绿段之间登陆。为了登陆，两个坦克营配备了DD（两栖行驶）谢尔曼坦克。这是一种相当罕见的坦克，每辆满载时重达30多吨，用防水帆布制成围帐①，并配备了螺旋桨驱动装置，使它们能够在水中"游泳"。在训练阶段，它们的表现比想象的要好很多。然而，还没有人试过把它们扔进汹涌的巨浪里，就像此刻冲向海滩的那种巨浪。更重要的是，盟军计划在距离海滩6000码（也就是3.5英里）的地方启动坦克，稍有常识的人都知道，在目前的情况下，这个计划过于雄心勃勃、十分可笑。幸运的是，负责第743坦克营的美国海军中尉意识到了这一点，并作出了明智而正确的决定，也就是让登陆艇向前推进，把坦克直接带到第116步兵团的登陆区域。然而，指挥第741坦克营向E区红段和F区绿段进发的军官就没有意识到这一点。凌晨5点40分，他命令DD谢尔曼坦克开进波涛汹涌的大海。不出所料，几艘坦克立即沉没。

156　　　现在，第165信号摄影连的下士、20岁的沃尔特·哈洛伦（Walter Halloran）也向E区红段进发了。除了配备有贝尔豪厄尔定焦单镜头的Eyemo电影摄影机（装在一个塑料袋里）、装有10个胶卷的野战背包、用来将素材送回英国的供信号部队使用的橙色袋子外，他只配备了一把点45口径的柯尔特手枪。他还带了一些口粮和个人物品，背上背着一个筐子，里面装有两只在最后一刻才交给他的信鸽。他是两人团队的一员，另一名成员是剧照摄影师、一等兵韦斯·卡拉林（Wes Karalin）。哈洛伦隶属于第16步兵团，他想加入第一批突击部队，为数千万等待回国的美国士兵和子孙后代捕捉诺曼底登陆这个具有历史意义的时刻。然而，第165信号摄

---

① 围帐固定在坦克的车身上，充进压缩空气使其撑开，这样坦克就能浮起来。到了海滩上，围帐的气会被放掉，以便它可以降下来。

影连一般被分成若干个 3 人小组，但这组的第 3 名成员是一位吉普车司机，在最初的突击行动中并没有哈洛伦的位置。"所以，我们约定在苹果园见面，"哈洛伦说道，"我们改扮成彼此的样子，然后我说，'如果我能活下去，那么过几天我们还会见面的'。"然而，他能否活下去还是一个未知数；从绳网爬下，登上希金斯船，船在海浪中上下颠簸，让人难以忍受，这已经够糟糕的了。不管怎样，他还是上了船，没有遇到任何麻烦，但从那以后他就严重晕船、十分难受。不过，他不再害怕了；他只想离开那艘该死的船。

*

DD 谢尔曼坦克也将参与第 4 步兵师对科唐坦半岛东麓的犹他海滩发起的进攻。这项任务交给了第 70 坦克营的三个连，总共有 54 辆坦克参与行动，其中 5 辆是谢尔曼坦克推土机，这种坦克的前面装有推土铲。和诺曼底的其他海滩一样，犹他海滩又长又深，但涨潮地的四周都是沙丘。盟军计划让工兵用炸药炸开道路，然后用推土机清除道路上的沙子和碎片。

B 连登上了 4 艘坦克登陆艇，每艘搭载 4 辆 DD 谢尔曼坦克。卡尔·兰博（Carl Rambo）中士是其中的一名坦克乘员。他来自美国的南方腹地，在田纳西州出生、长大。在被征召入伍时，他在宾夕法尼亚州的一家建筑公司驾驶卡特彼勒推土机。在匹兹堡的征兵活动中，只有 75 人被选派到第 70 坦克营，每个人都是高中毕业，具有一门手艺，大多数人拥有操作重型设备的经验。对于坦克乘员来说，这无疑是一个合乎逻辑的筛选过程，因为他们不仅需要知道如何操作大型车辆，还需要知道如何让它们保持工作状态。拥有机械方面的知识是一个巨大的优势，在这一点上，美国领先于其他交

157 战国家，因为从某种程度上来说，美国是世界上汽车制造业最发达的国家。战争开始时，四分之一的美国人拥有某种类型的机动车辆；相比之下，在德国，这个数字仅为五十分之一。

兰博于1941年应征入伍。1942年11月，当英美军队在北非登陆时，他在北非服役。"在开往北非的船上，"兰博说，"我试图弄清楚怎样才能光荣地打赢这场战争，然后活下去。那次旅行我想了很多。"到目前为止，他成功地做到了这两点，在突尼斯和西西里岛战役中活了下来。现在，他已经可以指挥自己的坦克了。第70坦克营已经成为一支久经沙场、经验丰富的装甲部队，并拥有像兰博这样的战士，而且已经实施了两次两栖登陆行动，这使得他们成了第4步兵师的理想支援部队，后者在战争中还没有经历过真正的战斗。不过，在4月28日的一次夜间两栖攻击行动中，第4步兵师尝到了战斗的滋味，当时他们遭到了德国S艇的攻击。两艘坦克登陆舰被击沉，另外两艘遭到重创，746人阵亡，200人受伤。这是一场灾难。

然而，第70坦克营却毫发未损，并顺利地完成了"老虎"演习。6月6日上午，兰博和他在B连的战友们感到相当自信。早上6点左右，当他们准备发动坦克时，276架B-26掠夺者轰炸机飞过来，对海滩进行了轰炸，它们顺着海滩的走向飞行，而不是像美国第8航空队的重型轰炸机那样沿着登陆海岸的其他地方，按照与海滩走向成90度角的方式飞行。虽然大量的炸弹落在海滩上和海滩周围，但它们没能摧毁厚厚的炮廓，而且由于盟军在投掷时有些延迟，以避免击中自己的部队，更多的炸弹落在了内陆，甚至超出了德军防御工事的外围。在奥马哈海滩，329架B-24轰炸机空投了炸药，然而，由于美国第8航空队的重型轰炸机没有接受过夜间作战训练，它们既没有空间也没有时间顺着海滩的走向飞行。由于进攻的时间窗口非常短，它们没有别的选择，只能以常规的队形从前面而不是从旁边发起进攻。结果，防御工事的受损程度比预期要小得多。

此外，还有数量更少、规模更小的中型轰炸机在犹他海滩飞行，因此，它们有更多的飞行空间，进攻也非常有效。卡尔·兰博回忆说："它们的确对海滩进行了饱和轰炸。德军向它们开火，一架飞机的油箱被击中，爆炸前，炸弹舱里喷出了火焰。"碎片在近一英里外的坦克登陆艇的周围落下。没过多久，更惨烈的事情发生了，A连有4辆坦克登陆艇，其中的一辆撞上了地雷。兰博和他的坦克登陆艇就在100码开外的地方，他看着几辆坦克像火柴盒一样被炸到50英尺的空中。坦克登陆艇断成两半，其中的一半漂浮在海面上。船上的一名士兵被抛到75码开外的地方，但奇迹般的活了下来，游回了残骸旁，却不料船体倾覆，他再次掉入水中。这一次，他被一辆攻击登陆艇救起，但坦克登陆艇上的其余乘员都不幸丧生。

刚过6点，第70坦克营的其他DD谢尔曼坦克下水了。只有驾驶员坐在里面，其他人都坐在顶部，坦克周围安装有防水帆布，尽管如此，他们仍然随时准备在最坏的情况下游过去。兰博的坦克"轻松自如"地滑行，不过只前行了1500码，而不是在奥马哈海滩时的6000码。不管怎样，得益于科唐坦半岛，这里的海水避开了最猛烈的西风，所以，尽管波涛汹涌，但还是没有诺曼底的北部海岸那么严重。兰博和他的坦克乘员以及第70坦克营的其他人正在赶来。

*

在可以俯瞰海滩的断崖上，据点里的守军怀着越来越大的恐惧和焦虑等待着。对卡尔·韦格纳和弗朗茨·戈克尔来说，这将是他们第一次体验行动的滋味；这两人的服役时间都不到九个月。他们面前所发生的一切，是一种他们无法作好事先准备的尤其激烈的场面。海军炮的密集轰炸是极具毁灭性的：奥马哈海滩的轰炸大队可以运载 183 门 90 毫米口径或更大的火炮，还能运载大量的快射炮。相比之下，德军没有一门这种口径的火炮。

炮弹呼啸着飞向海滩和悬崖，62 号抵抗力量据点前埋有地雷的木桩被炸成了碎片。"浓烟、灰尘和火焰滚滚而来，它们咆哮着、呼啸着，嘶嘶作响，把沿途的一切都摧毁了，"戈克尔写道，"我们孤弱、无助地坐在武器前，祈祷着能躲过这一劫。"炮弹在他们的周围落了下来，弹片、沙砾和石头在炮廊周围哗啦作响，碎片从瞭望孔飞进来。尽管如此，一同躲在地堡里的六个人（包括戈克尔）都没有受伤。在海滩的另一端，卡尔·韦格纳的炮台据点也没有一个人受伤。

159　　在海面上，登陆艇越来越接近海滩。时间快到早上 6 点半了。鲍勃·斯劳特仍然觉得他的勇气在消散，他们都开始意识到这次行动并不像他们期望的那样容易。与此同时，约翰·瑞森在岸边等待着，来回踱着步，他想知道游骑兵营对奥克角发起的攻击进展如何。在弗朗茨·戈克尔的对面，有一艘船舰正在靠近 62 号抵抗力量据点下方的 E 区红段，船上的沃尔特·哈洛伦正在思考，他并不在乎海滩上有什么，他只想离开大海。

*

第 4 步兵师第 8 团第 2 营的领头登陆艇绕过奥克角，经过卡朗唐北部的海湾，来到科唐坦半岛的山脚下。在海军的炮轰后，它们于早上 6 点 31 分在犹他海滩登陆。天气非常糟糕：刮着风，云很低，还下着毛毛雨；不过，由于海水溅起了很多浪花，很难看出来当时在下雨。步兵和坦克本应在盟军安排的 3 号和 4 号出口之间登陆，这些出口位于法里维尔沙丘（Les-Dunes-de-Varreville）村的北部；但是，大风、强劲的洋流和极低的能见度导致它们实际上闯入了 2 号出口两侧的海滩，这个出口紧挨着 5 号抵抗力量据点，而 5 号抵抗力量据点距离海岸以南超过 1 英里。这个据点是由亚瑟·杨克（Arthur Jahnke）中尉指挥的第 709 步兵师第 919 掷弹兵团 3 连的一小撮士兵控制。杨克 23 岁，是一名东线的老兵，曾获得骑士十字勋章。他精明强干，但他手下的士兵就没有那么能干了。

德军沿着海滩铺设了障碍物和大量的铁丝网，并在据点和后面设置了雷区。此外，在地势低洼的地方，德军还设置了几英里深的水淹区。在据点里，虽然地堡中有几个炮台和 8 辆歌利亚履带车，但它们遭到了美国第 9 航空队的掠夺者轰炸机和海军炮火的猛烈攻击。截至第一批部队上岸时，德军唯一的 88 毫米高速炮已经遭到严重损坏，一门 75 毫米的火炮和两门 50 毫米的大炮都被摧毁，所有机枪掩体、弹药掩体和歌利亚操控装置都遭到摧毁。杨克一直希望能得到几英里外的炮队的支援，这支炮队驻扎在圣马丹德瓦勒维尔（Saint-Martin-de-Varreville），使用的是 122 毫米口径的大炮。然而，他并不知道，几天前，这个炮队遭到轰炸，并被击溃。

第一个登陆的是第 4 步兵师的副师长小泰迪·罗斯福（Teddy Roosevelt Jr）准将。他的父亲是美国前总统。他是第一次世界大战的老兵，曾担任菲律宾总督和海军助理部长，也是一位千万富翁。他 56 岁，有一个儿子昆汀·罗斯福（Quentin Roosevelt）上尉，昆汀即将在奥马哈海滩登陆。他曾有过非同寻常的事业生涯和人生经历，现在，他成为第一个在登陆日登陆诺曼底的盟军将军。他还将根据需要进行明确的指挥。很快，他意识到登陆错了海滩，随即决

160

定留在原地，从那里发起进攻。"我们就从这里开始进攻！"他对第 8 步兵团的指挥官们说道，他们也正是这样做的。

在步兵上岸后，第一批坦克开始登陆。尽管杨克拥有的唯一一门 88 毫米口径的火炮发射了一炮，并击毁了一辆谢尔曼坦克，但随后它的炮管爆炸了，再也没能给攻击者制造任何麻烦。在接下来的几分钟里，第 70 坦克营的所有 DD 坦克都安全靠岸。在连长的谢尔曼坦克登陆海滩后，卡尔·兰博的坦克也登陆了。他们收起帆布围帐，朝沙丘和混凝土防波堤驶去，工兵们已经把一块块 TNT 炸药扛到了那里。兰博看着他们将炸药堆成金字塔的形状，然后引爆它们。当灰尘、浓烟和沙子都散去后，出现了一个大洞，一辆 C 连的谢尔曼坦克推土机向前冲去，清理出一条道路。突然，兰博发现了一名受伤的步兵，他立刻从炮塔上爬下来帮助这名步兵——这个做法有违他的原则：即照顾好自己的乘员，而不是为别人停下来。"他快死了，"兰博说，"而我又无能为力。我就不该从坦克里爬出来。"不过，鉴于这种情况，他没有遭到处罚。穿过沙丘的道路已经清除干净，他们轰隆轰隆地向前驶去，一路碾碎了一块块混凝土。之后，他们朝堤道驶去，穿过被水淹没的沼泽地，沿着 2 号出口朝圣玛丽迪蒙的方向驶去。到目前为止，犹他海滩的盟军士兵进展得还算轻松。

*

对于那些正在奥马哈海滩登陆的士兵来说，情况就不一样了。这个海滩有 5 个出口点，防御最严密的是大致位于两端的出口点——在进攻部队的地图上标为"D1"的维耶维尔吊桥和标为"E3"的科勒维尔吊桥。直接面对进攻部队的另外两个主要吊桥

（"D3"和"E1"）的防御也很完备，但没有那么严密，而且这两座吊桥之间没有固定的防御工事。盟军的目标是登陆海滩并迅速击溃敌人，然而，驻守在关键据点的德军虽然经历了上午的轰炸，但几乎所有人都死里逃生，不过人数并不多。只有 10 个抵抗力量据点直接俯视着海滩，在更远的内陆，也就是在科勒维尔和滨海圣洛朗（Saint-Laurent-sur-Mer）的村庄，也有其他的抵抗力量据点。滨海圣洛朗位于科勒维尔和维耶维尔之间。每个据点都有 30～50 人把守。弗朗茨·戈克尔驻守的 62 号抵抗力量据点是最强大的，但即便如此，第 716 步兵师的第 726 掷弹兵团也只有 27 人，再加上第 352 步兵师的 4 个人。第 1 营的中央指挥部位于 63 号抵抗力量据点内，在科勒维尔的东面。这意味着，外围总共只有大约 350 人。德军沿着海滩将这些据点设计成相互支持的构造，一旦其中的一个被击溃，那么整个防御系统就会迅速瓦解。更重要的是，虽然地堡和炮廓经受住了扔向它们的所有炸弹，但它们实际上是用劣质材料仓促建成的。

　　大多数士兵（包括弗朗茨·戈克尔和卡尔·韦格纳）都是新兵。韦格纳担心，要是敌人向他逼近，他可能会僵住。那些在悬崖上直面在奥马哈海滩登陆的美军的士兵，经常被描绘成骁勇善战的老兵、国防军的狂热精英。然而，事实并非如此。他们中的大多数都是年轻人，吓得魂飞魄灭，觉得自己待在哪儿都行，只要不是在海岸上俯瞰着庞大的登陆军队就行了，这些军队让海面变得黑压压的。不管怎样，他们拥有大约 85 挺机枪，每挺机枪的射速为每分 1400 发，或每秒 23 发。他们从悬崖上的据点往下看，可以清楚地看到登陆艇放下坡道，美军开始蜂拥而出，从那一刻起，那些德国士兵——只要他们没有僵住——几乎不可能错过向敌人开火的机会。他们也不会错过这样的机会。但在此时，他们的行动与精英、训练有素、狂热的纳粹无关，只与极度恐惧和生存本能有关。

当第 116 步兵团向维耶维尔吊桥（D1）附近的 D 区绿段方向行进时，情况变得非常糟糕。A 连的两艘攻击登陆艇被摧毁，船上人员全部遇难；其中一个被迫击炮直接击中 4 次。船上共 60 人（占 A 连人数的三分之一），一眨眼全都消失了。其余的 4 艘登陆艇搭载着另外两个突击排，它们在浓烟、海浪和雨中登陆。清晨 6 点 31 分，A 连的攻击登陆艇和希金斯人车登陆艇放下了第一个坡道。

162 "开火，韦格纳，开火！"上等兵朗在地堡里喊道。在目睹所有美军从登陆艇涌出、冲进海里后，韦格纳惊呆了，他对德军看起来是如此势单力薄感到震惊。突然，朗用枪托敲了一下韦格纳的头盔。响亮的敲击声立刻让韦格纳回过神来，他把 MG42 机枪的枪托紧紧地抵在肩膀上，闭上一只眼，手指扣动了扳机。机枪立刻开火，在 400 码左右的地方射出数百发子弹，将他和登陆部队阻隔开来。他看到一些盟军士兵倒下，沙滩上到处都是子弹留下的弹痕，还看到其他人在寻找掩护。他说："现在不是考虑对错的时候，我们要考虑的只有如何活下去。"刹那间，第 116 步兵团的 A 连又有91 人被击倒。只有 20 人穿过了 350 码长的海滩，到达了防波堤。

在 62 号抵抗力量据点，弗朗茨·戈克尔也在考虑如何活下去。当第一拨登陆部队在他面前登陆时，他开火了。登陆的是第 16 步兵团 E 连的两个突击排，他们原来计划在更西边的 E 区绿段登陆。来自 I 连的其他突击部队在更远的东侧登陆，大概距离福克斯绿区的边缘 2000 码。在登陆部队第一次试探性地发起攻击时，戈克尔扣动了扳机。虽然 MG42 机枪有缺点，但毫无疑问，它可以非常迅速地向目标射出大量的子弹——此刻，子弹正在猛烈袭击那些试图离开海滩的年轻士兵。他试图为自己的所作所为找一个合理的借口。例如，许多人成了盟军轰炸行动的受害者，死在了家里，他们无力反击。他写道："在这里，我们面对的是同一个对手，不过，与许多手无寸铁的平民不同，我们能够自卫，我们想要活下去。"

沃尔特·哈洛伦挣扎着上岸，手里还抓着相机和野战背包。他个子不高。在从坡道上跳下后，他跳进了很深的水里，但他设法把头露出水面，挣扎着向岸上走去。他就这样走着。周围的人都在尖叫、哭喊，但他还是继续往前走。他说："如果你停下来帮助另一个人，那么就会有两个人受伤，而不是一个人。因为一旦你停下来，你就会被击中。"尽管如此，在距离海滩还有一半路程时，他弓身躲在一个海滩障碍物的后面，然后趴在地上，调整好相机，开始拍摄。他在那一刻拍摄的一些镜头，仍然是迄今为止第一批部队穿越 E 区红段的唯一现场录像，这些士兵向前推进，一些人被击倒。"有 5 名士兵上岸了，"他说，"最左边的那个被击毙了，然后倒下。我趴在地上——这是低角度拍摄。"

在奥马哈海滩登陆的前 15 分钟简直是一场大屠杀，尽管主要 163 发生在维耶维尔和科勒维尔。盟军的一些士兵由于背着太重的装备，掉到海里太远的地方而被淹死；其他士兵则在海面和海滩上被机枪、迫击炮和步枪击中。灾难也在更远的海上蔓延。盟军为支援第 1 步兵师启动了谢尔曼坦克，在第 741 坦克营的 31 辆坦克中，只有两辆成功上岸，其他坦克和里面的大多数乘员都沉入了大海，这表明在距离海滩这么远的地方启动坦克是多么可怕、多么可悲的愚蠢决定。一些坦克前行了 3000 码，似乎所有坦克的目标都是科勒维尔教堂的尖顶。不幸的是，巨浪和洋流都在向东移动，使它们偏离了航线。为了与教堂的方向保持一致，它们一直按照某个角度逆水而行。海浪猛烈拍打着它们的两侧和保护层。最后，它们都沉入了大海。

＊

清晨 6 点 45 分，布拉德利将军和"切特"·汉森上尉一起进入奥古斯塔号的指挥室。奥古斯塔号距离海岸大约 1 英里远。他们希望游骑兵营已经在奥克角上岸了。他们可以看到火箭炮的轰击笼罩着奥马哈海滩。从他们注视的地方来看，他们见到的景象完全是片面的。

布拉德利的参谋长比尔·基恩（Bill Kean）少校低声说："我不明白为什么没有反击。这难道是另一个安齐奥？" 1944 年 1 月，他们在意大利的安齐奥登陆，刚开始的时候，他们基本没有遭遇对手的反击。

布拉德利笑了笑，"这是不可能的"。

对于游骑兵营的进展，约翰·瑞森上尉也存有同样的疑问。从大约清晨 6 点 15 分开始，他就和部下在海岸附近绕圈航行。在大多数情况下，他们都小心翼翼，以免引起敌人的注意。在 1137 攻击登陆艇上，游骑兵营的总部连有一个 SCR-300 无线电接收设备，他们试图在枪炮和战斗的喧闹声中聆听到底发生了什么。"在进攻时辰后，"瑞森说，"广播里突然充斥着各种消息，所以，我们都在仔细聆听。"他们希望听到的是鲁德尔上校的部队 A 发出的讯号，告诉他们游骑兵营已经成功爬上了奥克角，并摧毁了那里的炮台。在瑞森搭乘的攻击登陆舰上，他们设法从部队 A 那里获得一些关于"C 区"的消息，但获得的也只有这些。他们转了一圈又一圈。7 点过去了。7 点 10 分，他们决定采用计划 B：游骑兵营的其他成员直接在奥马哈海滩的 D 区绿段登陆。

事实上，游骑兵营的部队 A 在执行任务时发生了延误。就在离目的地不到 2 英里的地方，英国的导航艇错误地改变了方向，开始向佩斯角峰驶去。这是一个严重的错误，尽管汹涌的海浪、喷溅的大量海水、低低的云层和海军炮火产生的浓烟无疑会影响判断。虽然鲁德尔上校不是海军引导员，但他仔细研究了目标的每一个细节。突然间，他意识到发生了什么，并设法让部队回到正轨。然而，这导致他们延迟了半个小时。因此，游骑兵营的第一艘登陆艇在早上 7 点——他们本来应该在这个时间完成任务——后才登陆。

接连不断的登陆部队正在抵达奥马哈海滩。然而，战场上弥漫着硝烟和灰尘，云层很低，薄雾飘荡，这意味着从海面上几乎完全看不到海滩，登陆艇上的舵手们越来越慌乱，便选择在可以靠岸的地方登陆。对突击部队来说，这实际上是一种优势：因为能见度低是一把双刃剑。在西侧的维耶维尔，B 连、D 连、C 连跟在大批倒下的 A 连士兵的后面行动，但也有一些士兵在更东边的地方登陆，因为洋流和大风导致他们偏离了航线，不过，德军在那些地方的防御力量并不强大。例如，B 连的第一艘船意外地在岩石附近靠岸，这为他们的射击提供了一些掩护。虽然一些士兵落入过深的水里，但在奥德尔·帕吉特（Odell Padgett）上士和利奥·平格诺（Leo Pingenot）中尉的劝诱和激励下，他们还是成功地涉水上岸，冲向防波堤。"他们穿过海滩，"事后报告写道，"1 人被击毙，3 人受伤。"

C 连也偏离了航线，在东侧约 1000 码的 D 区白段登陆。大部分士兵在早上 7 点 10 分登陆，比约定的时间提前了 10 分钟。德军的据点并非位于他们的正上方，而且悬崖上的一些灌木丛和植物着了火，形成了一个有用的烟幕。刚开始的时候，第一艘突击艇过早放下坡道，但舵手们收起坡道，继续向前推进。事后行动报告写道："士兵们安全抵达岸边。"第二艘突击艇在浅水里着陆，士兵们蜂拥而出，飞快地冲向防波堤。报告写道："在这次冲锋中没有人受伤，尽管他们使用的是小型武器。"第四艘突击艇在齐腰深的海水中登陆。"虽然向士兵们配发的是小型武器，但在从突击艇冲向防波堤的过程中，没有人员伤亡。"紧随其后的是第五艘突击艇，他们在非常浅的水域着陆。由于潮水涨得很快，此刻距离防波堤已经不到 100 码了。"在冲向防波堤的过程中，只有 1 人伤亡。"和 B 连一样，这些士兵——几乎整个 C 连——全副武装，配备有无线电设备和突击工兵，他们在 4 英尺高的防波堤的掩护下，准备继续向前推进。

165

卡尔·韦格纳在 71 号抵抗力量据点的地堡里继续朝盟军开火。这个据点俯瞰着 D 区绿段的维耶维尔吊桥。在使用 MG42 机枪时，严格禁止连续打出超过 250 发子弹或者连续射击 11 秒，这些做法都是不可取的。因为每颗子弹都是由在弹壳内爆炸的炸药推送出去的，爆炸过程中产生了巨大的热量。每秒钟有 23 次后膛爆炸，而枪管使用薄钢制成，依靠的是空气冷却，而非气体冷却。只需一瞬间的工夫，MG42 便会红热化，然后白热化。即便是在最理想的情况下，MG42 机枪的准确度也不高——根据这样的射击速度来看，这一点也不足为奇。随后，枪管很快便开始融化，需要更换。在实践中遵守射击纪律是非常重要的，卡尔·韦格纳试图像训练中那样进行短时间的猛烈射击，但是，随着数百名美军向他逼近，海面上挤满了敌人的船舰，他的射击时间越来越长，枪管的冷却时间越来越短。此外，射击的准确性越来越差，中断和堵塞的情况也越来越频繁。韦格纳说："当我第 1000 次扣压扳机时，我停下来，好好看了看海滩。"到处都是美军，有的死了，有的还活着。登陆艇靠泊在岸边。其中一艘似乎撞上了地雷，船上的人和舰艇的碎片都被抛到了空中。然而，海军的火炮也在向他们回击，韦格纳和战友们不得不寻找掩护。一枚炮弹击中了他们的瞭望孔，一大块混凝土砸到了上等兵朗的脸上。由于炮管堵塞，需要更换枪管，加上韦格纳和战友们需要蹲下身子躲避盟军的海军火炮，因此，他们射击的间隔时间越来越长，美国突击部队穿过滩头的机会也越来越大。

　　德军的三个据点俯瞰着 D 区绿段，不管卡尔·韦格纳的枪管有多热，这个杀戮战场仍然是一个非常危险、非常可怕的地方。在攻击登陆艇上，鲍勃·斯劳特中士不仅感到非常不舒服，而且对正在发生的事情感到越来越担心。他和战友们事先被告知，估计他们不会遭到太大的反击，但他们并不清楚这种想法从何而来；第 116 步兵团的指挥官查尔斯·卡纳姆（Charles Canham）上校向 3 个营传阅了一份备忘录，明确警告大家不要低估敌人，并下令在开航前向全体部队宣读这份备忘录。斯劳特说："我们希望，在我们登陆的时候，A 连和 B 连已经夺取了海滩。"当他们接近海岸时，大炮和迫击炮弹在他们周围的水中爆炸。"我突然变得非常担心，我不知道德国佬会对我们做什么。"

　　早上 7 点 10 分，他的攻击登陆艇在海岸以东大约 300 码的地方着陆，不过，这里仍在维耶维尔据点的视野之内。坡道还没有完全放下来，第一个士兵就跳下了登陆艇。攻击登陆艇继续向前推进，他被压死了。轮到斯劳特时，登陆艇还在上下晃动，他花了一些时间才判断出跳进水里的正确时机，因为他知道水太深了。他身高 6 英尺 5 英寸，这在当时是一个巨大的优势。当他在海浪中向前游时，他能感觉到有人紧紧地抓住了他。子弹和海水似乎都是同样厉害的杀手。斯劳特写道："我听到了士兵们的尖叫声，一些人因为子弹划破了他们的皮肉叫喊起来，一些人因为不会游泳，被凶猛的浪潮拖下水而尖叫不已。这些叫声真让人斗志全无。"当列兵欧

166

内斯特·麦克坎里斯（Ernest McCanless）费力地抱着一个弹药箱出现在他身边时，他还在水里。

"斯劳特，我们能撑过去吗？"在大炮和迫击炮的轰鸣声、士兵的尖叫声和小型武器的咔嗒咔嗒声中，麦克坎里斯大声喊道。

斯劳特无法回答；他认为他们一定会被杀死，当一具脸庞已经变紫的尸体漂过来时，他的感觉更加强烈了。他挣扎着继续向前游，游到一根木桩那里，却发现木桩的顶端系着一枚泰勒地雷。他竭力想弄明白情况怎么样了，于是环顾四周，看看所有的高级士官和军官都到哪里去了。这个时候需要有人出来带领他们。他虽然是一名中士，但他只有 19 岁。此刻，他看到一名美国兵站起来行动，但被击倒了。那个受伤的士兵躺在海滩上，鲜血喷涌到沙子里，大声地尖叫着。一名医务人员赶忙向他跑去，但也被击中了。几分钟后，两人都死了。

斯劳特知道他必须穿过海滩。他无法掉头回去，也无法待在原地。于是，他鼓足全部的勇气，向筋疲力尽的队伍大喊，敦促他们行动起来。他把刺刀插进加兰德步枪的枪托处，站起身，跑了起来，尽管他没有穿防弹衣，但他背着装备，身上的衣服湿透了，沉甸甸的，压得他喘不过气来。他踩到一个小小的海潮水坑，绊了一下，不小心放了一枪。在恢复平衡后，他快步向前跑，终于跑到了相对安全的防波堤。然后，他试图开枪，但枪卡住了。他脱下突击背心，把它铺在沙滩上，这样他就可以放下武器进行清理。这时，他发现背包上有几个弹孔。他的心中再次涌起一阵恐惧，他感到膝盖发软，双手开始颤抖。他一边深呼吸，一边尽力让自己镇静下来。

早上 7 点 45 分，约翰·瑞森上尉和第 5 游骑兵营的突击艇正在靠近海岸。喧闹声震耳欲聋。在攻击登陆艇上，瑞森站在舵手和英国船员的旁边，注视着前方的情况。在他们的右前方，一艘机械化登陆艇或坦克登陆艇——他不确定是哪一种——被炮弹击中，并燃烧起来。他写道："那场面简直是人间地狱，悬崖的表面起了火，冒出浓烟，燃烧着的船舰和设备也引发了大火，大炮爆炸产生了黑色烟雾，到处都是灰尘和飞来飞去的碎片。"他们正在接近海岸，舵手驾驶登陆艇绕过障碍物。突然，眼看着他们就要冲向一根绑有地雷的木桩了，但在紧要关头，一个大浪把他们推离了航道。片刻之后，攻击登陆艇停了下来，坡道也放了下来，瑞森跳了下去，幸运的是，他跳进了及靴深的水里。

"总部连的士兵！这边！"他喊道，然后向前冲去，冲向现在距离他大约只有 50 码的防波堤。他意识到周围传来很多小型武器的砰砰声、咻咻声、嘶嘶声，它们大部分是从右边传来的。幸运的是，他们也在更东侧的地方登陆了，大概是第 116 步兵团的 C 连在 D 区白段登陆的同一段海滩，因为曾有人警告他们，进入 D 区白段无异于陷入自杀的境地。空气中弥漫着硝烟和鲜血——此刻，沙滩上和小小的潮汐坑里都是鲜血——炮弹声震耳欲聋。这种情景对感官造成了巨大冲击，让人难以忍受。在瑞森身后的是总部连的通讯员，他的腿部中了弹，大叫了一声，但他继续前进。现在，他们距离防波堤只有 20 码远了，士兵们蜂拥着前进。他蹲下身子，回头瞥了一眼，看见他的部下还在向他跑来。他看到 92 号步兵登陆艇着陆，坡道放了下来，士兵们涌了出来——突然，一枚炮弹击中了登陆艇。一定是碎片击中了那个拿着火焰喷射器的上兵，因为整个船舷都燃烧起来。另一枚炮弹击中了他的攻击登陆艇，炸死了上面的英国船员，不过，这发生在他的所有士兵都离开舰艇之后。他迅速清点了一下人数。人齐了，总共 33 人，尽管有一人受伤。

在离 D 区绿段更近的地方，鲍勃·斯劳特中士正鼓足勇气，带领他那支精疲力竭的中队越过防波堤，来到悬崖脚下。他可能非常害怕，也可能认为这种状况没有希望了，但事实并非如此。到了早上 8 点，不管是表面上，还是实际上，局势已经开始逆转。尽管第一拨登陆部队遭到了猛烈攻击和残杀，但是，在奥马哈海滩获胜的是美军，而不是德国守军。

第12章　登陆日：英军和加拿大军登陆

凌晨 5 点 30 分前，第一缕阳光悄悄地洒向库尔瑟勒的海滩。此刻，阿尔冈昆号出现在离海岸不远的地方，它安全通过了清扫出来的雷区航道，在朱诺海滩附近靠泊，以便让加拿大军队登陆。"约吉"·简森上尉正在负责布置一个带有大型金属反射器的浮标，这是他们沿着轰炸线上下移动的参考标记。不过，到目前为止，轰炸海岸的任务还是交给了巡洋舰和空军来完成。简森一直在想敌人什么时候向他们开火。然而，当光线开始变亮时，岸上似乎没什么动静。在目光所及之处，他看到的是一个宁静的诺曼底海滨小镇。"我们随时都会被炮弹在海面上激起的白色水柱包围，"他想，"但此刻，一切都那么安静。"

加拿大军队派出了 11 艘驱逐舰、2 艘巡洋舰——"贝尔法斯特号（HMS Belfast）"和"王冠号（HMS Diadem）"——以及许多经过特殊改装的登陆艇，这些舰艇组成了轰炸部队 J，阿尔冈昆号便是部队 J 的一员。单是这支组合部队的武器装备就让人惊叹不已：12 门 6 英寸的大炮，8 门 5.25 英寸的大炮，29 门 4.7 英寸的大炮，16 门 4 英寸的大炮，这 65 门大炮都能发射直径达 100 毫米的炮弹。在德军沿着朱诺海滩建造的所有防御工事中，只有 4 门 100 毫米或以上口径的大炮，以及 20 门 50~88 毫米口径的大炮。加拿大军还拥有 6 艘火炮登陆艇（大型），每一艘都另外配置了两门 4.7 英寸的火炮，还有 4 艘高射炮登陆艇、8 艘火箭炮登陆艇，以及几艘名字惊人的攻击登陆艇（树篱号），它们可以发射 24 枚 60 磅的炸弹，用于摧毁铁丝网、地雷和障碍物。

169　　　在驱逐舰的掩护下，加拿大第 3 步兵师的士兵们爬上登陆艇，和远在西侧登陆的美国盟友一样，他们也经历着相同的困难，也饱受晕船的折磨。凌晨 3 点 15 分，连队军士长查理·马丁（Charlie Martin）已经起床了。凌晨 5 点，他顺着从运输船"摩诺威号（SS Monowai）"旁抛下的网绳爬下。此时进入登陆艇并不容易，因为登陆艇在海浪中上下晃动，而且他们还带着那么多沉重的装备。马丁立刻意识到，真正的登陆行动和平日的训练完全不一样。他出生于威尔士，父亲是巡回马戏团的一名表演者。1928 年，9 岁的查理和家人移民到了加拿大，定居在多伦多西部的迪克西（Dixie）地区。1940 年，马丁在一个奶牛场工作，恰好在那个时候，当地的兵团——女王直属步枪团——在多伦多进行动员。他有一种强烈的感受，认为自己应当尽一份力。于是，和参战的所有加拿大士兵一样，他自愿当兵。他被女王直属步枪团录取了。1941 年 7 月，他们启程前往英国。从那时起，他们就一直在为这一刻进行训练。在这期间，马丁被晋升为下士，然后是中士。他还赢得了一位英国姑娘的芳心。1943 年 10 月 30 日，他和维（Vi）结婚。维目前效力于本地辅助服务团，是英国王家炮兵的火炮雷达操作员；马丁现在是 A 连的军士长，正准备攻打诺曼底海滩。

　　女王直属步枪团隶属于第 8 步兵旅，该旅将在"N 区（Nan）"登陆，N 区横跨滨海贝尔尼埃镇（Bernières-sur-Mer）和滨海圣欧班镇（Saint-Aubin-sur-Mer）。第 7 步兵师的第 2 突击旅将在更西边一点的"M 区（Mike）"登陆，M 区位于滨海库尔瑟勒镇（Courseulles-sur-Mer）的两边。马丁和战友们大约还要航行 5 英里，当他们开始向海岸进发时，尽管获得了海军火炮的支援，他们还是沉默不语，他不禁感到相当孤独。和"约吉"·简森一样，马丁也因为登陆地看起来是如此安静而感到震惊。当他们在汹涌的浪涛中奋力前进时，敌人却没有开火。10 艘突击艇正在运送这个营的士兵。他写道："10 艘舰艇铺展开来，延伸了 1500 码，但这还不是全部的进攻部队。随着距离的拉大，舰艇看起来更小了。"

*

在奥马哈海滩的西侧，悬崖更加清楚地呈现在人们的眼前。这些悬崖陡降而下，连接起下方的小渔港，先是贝桑港（Port-en-Bessin），然后是阿罗芒什港（Arromanches）。接着，它们又向上延伸，在距离奥马哈海滩 12 英里的地方，悬崖再次陡降而下，连接到黄金海滩。长长的沙质海岸线向东延伸，从黄金海滩到朱诺海滩，再到剑滩，一直延伸到卡昂运河的河口。纳粹德国海军在滨海隆涅修建了 4 个炮台，这些炮台高高地坐落在贝桑港和阿罗芒什港之间的山丘上。当攻击部队向海滩进发时，这些炮台以及英军和加拿大军登陆区的其他据点正受到王家海军大型战列舰和巡洋舰的特别关注。单是滨海隆涅，"亚积士号（HMS Ajax）"和"阿尔戈英雄号（HMS Argonaut）"巡洋舰就使用了 8 门 150 毫米口径的大炮和 10 门 133 毫米口径的大炮，对着炮台中 4 门 150 毫米口径的大炮轰炸了 179 次。英军的猛烈火力开始发挥作用；上午 6 点 30 分，隆涅炮台和黄金海滩的一个关键据点都被打哑了。

在这一段海岸上，还有一些间隔均匀、互相支援的抵抗力量据点。在拉里维耶尔（La Rivière）——靠近滨海韦尔（Vers-sur-Mer）的岸边村庄——33 号抵抗力量据点就坐落在海滩的边缘。它有两门 88 毫米口径的高射反坦克两用高速炮，还有一门 50 毫米口径的托布鲁克火炮。据点四周遍布铁丝网，此外，它还挖了堑壕，埋设了地雷，并修建了机枪哨所。马丁·艾尼格（Martin Eineg）是第 726 步兵团的一名列兵。他 20 岁，外表看起来像个拳击手。他患有慢性肺病，从原则上来讲，他不适合服兵役。然而，这是在 1944 年，对于当时的纳粹德国来说，慢性肺病不再是豁免服役的理由。他曾效力于纳粹德国空军，在慕尼黑附近的高射炮部队服役。而后，他在几个月前被派往西线，成为一名观察员和机枪手。他的据点在一个地堡里，这个地堡有一个装有 MG34 机枪（早期的德国轻型机枪）的狭缝，机枪放置在地板上的一个万向支架的底座上。这个地堡是一个面积更大的混凝土炮廓的一部分，里面有两个 88 毫米的大炮，距离防波堤 100 码，而他的住所要往内陆走几百码，在一个用混凝土和沙袋加固的旧农舍里。

　　天刚亮，艾尼格就被叫醒了，并被派去作战。他匆忙赶到自己的据点，发现两个战友已经在那里操纵机枪。透过瞭望孔，他惊呆了。"看到这一幕，我吓得说不出话来，"他说，"这是我以前从来都没有想象过的。"他旁边的一名中年机枪手转过身来，苦笑了一下，"我们现在是否要为挑起这场战争而后悔？"他问道。不久后，一架台风战斗机向他们疾驰而来，飞得很低，速度很快，并投下了炮弹，这些炮弹击中了他们周围的混凝土建筑物。战斗机飞得很低，艾尼格可以闻到燃料的气味。接着，战舰不停地向他们开火，炮弹呼啸着飞过，有些击中了炮廓。炮廓开始摇晃，灰尘、浓烟和沙砾在空气中弥漫，噪音让人难以忍受。装弹手开始尖叫，用手拼命地拍打墙壁，然后铁门打开了，一名操纵 88 毫米口径大炮的炮兵军官走了进来。就在他操纵大炮的时候，另一枚炮弹击中了炮眼的边缘，弹片和混凝土碎片飞进地堡，在周围旋转着，然后从墙上弹落下来。几块碎片打在这位军官的脸上，弄瞎了他的眼睛，打碎了他的牙齿。他被炮火甩到墙上，然后重重地跌落到地上。

突然，炮击停止了，艾尼格慢慢地站起来。机枪手的双手在颤抖，但他还是设法控制住了自己，装弹手还躺在地板上，双手抱着头。艾尼格接替了装弹手的工作。他们前面的地板着火了，遮住了他们的部分视线，但他们仍能看到登陆艇靠岸了。

在黄金海滩上，有一段被盟军称为"K 区（King）"的海滩。现在是早上 7 点半左右；在其他师登陆奥马哈海滩将近一个小时后，第 50 诺森伯兰步兵师才登陆——这次延迟是有所必要的，因为潮水必须足够高，突击艇才能越过岸边的卡尔瓦多斯礁（Calvados Reef）。在 K 区，格林霍华德步兵团第 6 营、东约克郡步兵团第 5 营与 DD 坦克和王家工兵装甲车（包括扫雷坦克和推土机）一起上岸。步兵、坦克和突击工兵也差不多到达了他们应该抵达的地方，而且所有部队相距很近，因此，他们能够一起行动，直奔并穿过海滩，这就是马丁·艾尼格和他在 33 号抵抗力量据点的战友们即将看到的景象。

然而，攻击部队首先必须穿过海滩。刚开始，他们遭到了猛烈攻击。在 33 号抵抗力量据点，德军使用 88 毫米口径的大炮向攻击部队开火，曳光弹划过海滩。一枚炮弹击中了登陆艇的坡道，登陆艇船头朝下，开始下沉。艾尼格的机枪开始咔咔地扫射，他看到在盟军试图从登陆艇上冲下来时，大概有 6 名士兵被击倒。另一艘登陆艇被一枚 88 毫米的炮弹击中。它的后部开始燃烧，但它继续向前行驶。在它冲向海滩时，火焰升腾起来。

盟军再次从海上进行炮轰，没多久，德军的 88 毫米口径的大炮停止了射击。艾尼格听到炮廓里传来喊叫声，士兵们尖叫着要救火设备。在他们的地堡里，艾尼格和中年机枪手继续开火。艾尼格

172 说："我们的机枪已经非常烫了。后膛发出了火花，我们很难抬起机械装置放入新的弹药带。"丘吉尔坦克已经登陆，虽然有几辆被击中并被摧毁，但其他坦克此时都瞄准了 33 号抵抗力量据点。浓烟和灰尘遮住了艾尼格和炮手的视线，他们停止了射击。艾尼格急忙跑回去拿更多的弹药。然而，当他跑到走廊时，一名军官用枪指着他，让他停下来。这名军官命令艾尼格回到自己的位置，然后对一些医务人员大喊，让他们把弹药箱拿进来。没多久，弹药箱便送到了。他们再次开火，击倒了小心翼翼地朝他们走来的一个步兵纵队。不管怎样，很显然，他们的阵地很快就会被攻下。一辆谢尔曼坦克轰隆轰隆地向前推进，步兵蹲伏在坦克的后面。德军再次启动一门 88 毫米的火炮，击中了坦克的前部，碎片四处飞散，但坦克仍然向前挺进。在地堡里，机枪再次发烫，艾尼格非常艰难地重新装弹，这是因为炮管太烫了，同时也是因为他的手在颤抖，他的眼睛里都是沙子。

"快点，小伙子，"他的战友催促道，"在向他们开火后，那些部队肯定会杀了我们的。投降是没有意义的，明白吗？"艾尼格很震惊——他从来都没有想过这一点——但现在，谢尔曼坦克又开火了，并遭到了一门 88 毫米的大炮的轮流射击。一枚炮弹将坦克撞离行进的道路，使其转向一侧，第二枚炮弹在靠近发动机的地方击中了坦克。火焰喷了出来，舱盖打开了，两个士兵爬了出来，但被艾尼格的机枪手击毙。艾尼格看到他们从坦克上摔下来，掉进了火焰里。另一枚炮弹击中了炮塔，坦克指挥官一动不动地站在那里，没多久，他便被炮火吞噬了。"我现在开始明白，"艾尼格说，"当机枪手说那些英国人肯定会杀了我们时，他是什么意思。"一辆丘吉尔坦克出现在几码外，近距离向 88 毫米的大炮开火，摧毁了大炮和炮廓的内部。

一时间，浓烟和灰尘遮住了艾尼格的双眼，他听到丘吉尔坦克一次又一次地开火。他拼命地设法更换弹药带，却撞见一名浑身灰土、正向他们冲来的英国士兵。这名士兵扔了一颗手榴弹，手榴弹从墙上弹落下来，在走廊里爆炸了。艾尼格躲开了，在英国士兵用斯登冲锋枪开火前的一刹那，他蹲了下来。然而，机枪手的反应就没有那么快了。艾尼格看到子弹打穿了机枪手的胸膛，然后从背部出来，在混凝土墙壁的周围剧烈弹跳。有几发子弹击中了艾尼格，但它们的威力减弱了很多，艾尼格奇迹般地没有受伤。突然，英国士兵踩到了一枚地雷，他的身体和制服的碎片从瞭望孔中飞了出去。艾尼格跑到走廊里。四处一片混乱，尽管如此，刚才阻止他的那名军官现在示意他跟随自己回到机枪哨所。当军官走进去时，先是一阵斯登冲锋枪的射击，接着又发生了一次爆炸，震动了整个房间。艾尼格说："我往机枪哨所里瞅了瞅，场面非常可怕。军官和机枪手的身上着了火，四肢都被烧掉了，屋子里到处都是燃烧的火药，墙上也有，还有一些正从天花板上滴落下来。看到这个情景，我感到十分恶心。"

当一群盟军战斗机从头顶上疾驰而过时，艾尼格急忙跑出来，跑向一群炊事员和文员，他们一边逃跑，一边胡乱开枪。他回头瞥了一眼，看见屋顶塌了下来。一名士兵说："我们应该投降。"于是，这名士兵扔掉步枪，举起双手，结果被子弹击中头部，他站在那里，头骨碎裂。这时，英国士兵向他们冲过来。一名德国士兵被刺中腹部。艾尼格转身逃命，他沿着一条凹陷的小路向营地跑去。最后，他在那里遇到了很多自己人，他们携带着 MG42 机枪和"装甲拳"反坦克武器。一名军官命令他们进入加固的营地，并说他们将在这里进行抵抗。

在半英里外的地方，格林霍华德步兵团第 6 营也向德军的据点发起了进攻。他们沿着小路径直朝滨海韦尔进发，就在他们快要越过蒙弗勒里（Mont Fleury）据点的前沿阵地时，连队的军士长斯坦·霍利斯（Stan Hollis）发现其中一个炮廓还在进行抵抗，里面的人对越过海滩的部队造成了威胁。于是，他在小路上装好弹药，用斯登冲锋枪进行射击。他设法躲开敌人的机枪射击，跳上了第一个地堡的顶部，然后向瞭望孔扔了一颗手榴弹，接着用斯登冲锋枪干掉了里面的人。在这个地堡被摧毁后，他跳进了与地堡相连的堑壕，一边跑一边换弹匣，准备攻击下一个地堡。就在这时，德国士兵迅速举起双手，出现在他面前。没多久，整个蒙弗勒里据点——这是一个广阔而重要的据点，可以俯瞰黄金海滩的大部分地区——就被盟军占领了，再也不起作用了。

与此同时，在西侧几英里外的 J 区，也就是舍伍德游骑兵团即将登陆的地方，大多数突击部队都在太偏东的地方上岸。汉普郡步兵团第 1 营经历了一段特别艰难的时期。他们的几艘登陆艇撞到了近海礁石。他们以为船已经靠岸了，于是放下坡道，结果第一批士兵跳进了深深的海水。沉重的装备和背包拖累了他们，很多人都被淹死了。当其余的人终于上岸时，他们已经沿着海滩漂流了一段路。在此期间，王家工兵的爆破分队也差不多到达了他们应该登陆的地方，并且已经开始清理通道。为了到达这些地方，汉普郡步兵团第 1 营不得不沿着海滩从侧翼向西推进。德军在勒阿梅尔据点修建了固定炮台，大多数炮台瞄准的正是这个海滩。台风战斗机载着1000 磅炸弹，在登陆行动开始前不久袭击了勒阿梅尔据点，但未能将其摧毁。盟军向每一个士兵灌输了"快上岸，然后越过海滩"的号令，所以，尽管没有坦克和工兵的配合，他们还是向前推进，向内陆移动，然后从后面回到勒阿梅尔。然而，他们还是遭受了相当多的伤亡。

在本该支援他们的 DD 坦克中，有舍伍德游骑兵团的谢尔曼坦克。斯坦利·克里斯托夫森少校指挥的第 A 中队是后备部队，所以没有上岸；盟军也向第 B 中队和第 C 中队授予了这种备受质疑的特权。在进攻时辰，也就是上午 7 点 30 分，克里斯托夫森乘坐的坦克登陆艇仍在海上航行。他打开了自己驾驶的这辆坦克上的收音机，想了解其他两个中队的情况。不出意料的是，讯号很差，还有其他电台的不断干扰；不过，他偶尔能够听到熟悉的声音，包括他在兵团里最好的朋友、指挥第 C 中队的斯蒂芬·米切尔（Stephen Mitchell）。"他显然是被激怒了，"克里斯托夫森用一种典型的轻描淡写的口吻说道，"但我很高兴听到他的声音，这表明他目前平安无事。"

他的确平安无事，但事实上，他们也偏离了航线，严重落后于计划的时间。第 C 中队共有 5 辆 DD 坦克沉没，第 B 中队有 3 辆，但其余坦克（30 辆）都成功上岸，这多亏海军作出了明智的决定，让登陆艇把它们运送到距离海岸不到 600 码的地方，而不是按照原计划在 7000 码的地方卸下坦克；到目前为止，只有第 741 坦克营因为判断失误遭受了损失。早上 8 点刚过，舍伍德游骑兵团的第一批坦克上岸了，它们的登陆地点也很偏东，这意味着，它们也不得不在西侧炮廓（这个炮廓是勒阿梅尔据点的一部分）内一门 77 毫米口径的大炮的监视下返回海滩。在上岸的那一刻，蒙提·霍利（Monty Horley）中尉指挥的第 B 中队的谢尔曼坦克被击中。三名乘员设法逃了出来，但其中两人（包括霍利）被德军击毙。从北非战役开始，霍利就一直效力于舍伍德游骑兵团。

当登陆艇与海滩上的障碍物搏斗时，整个海滩正在发生激烈的战斗。

175

*

在东侧的朱诺海滩，清晨 6 点 19 分，部队 J 的第一艘驱逐舰向内陆的敌军炮台开火；但是，直到早上 7 点，阿尔冈昆号才开始炮轰位于圣欧班和圣伯尼埃尔（Saint-Bernières）的两个据点（27号抵抗力量据点和 28 号抵抗力量据点）。这两个据点都拥有口径达 50 毫米的反坦克炮、机关枪和迫击炮，并且是"鲍勃"·罗伯茨、查理·马丁和他们各自兵团的战友奉命攻占的据点。他们的登陆艇正在向朱诺海滩驶去，但比计划的时间稍微晚了一些，而且几乎没有受到敌人的干扰；这与奥马哈海滩的情况形成了鲜明对比，因为德军的内陆炮台正在向部队 J 开火——并非"约吉"·简森看到的那样安静——并且海滩上的炮台是面向海滩，而不是面向大海的。DD 谢尔曼坦克和第 80 突击中队的王家工兵装甲车也向海滩进发了。王家工兵装甲车隶属于英国第 79 装甲师，由珀西·霍巴特（Percy Hobart）少将指挥。尽管霍巴特是英国装甲作战的先驱，也是一名优秀的士兵教练，但他在战前就已经退休了，并于 1940年作为列兵加入了英国国土警卫队。很快，他被调回军队，先是栽培和训练第 11 装甲师，然后是第 79 装甲师。他还明确要求扩充特种突击装甲部队。DD 坦克就是在他的监督下开发出来的，还有很多众所周知的其他"霍巴特滑稽坦克"，其中的大多数都是根据丘吉尔坦克改装的。在盟军的所有坦克中，这些坦克的装甲是最厚的，而且可以比其他坦克爬上更陡的坡。王家工兵装甲车旨在炸毁经过海滩防御工事的道路，从而帮助步兵登陆。这些王家工兵装甲车配备有坡道、突击桥、柴捆，它将丘吉尔坦克的主炮替换成 290毫米的"碉堡克星"迫击炮。另有一种"螃蟹"坦克（也就是扫雷坦克），它在谢尔曼坦克的前面加装滚动铁链转轮，以铁链滚动时的力量鞭打地面，从而引爆地雷。此外，还有一种"鳄鱼"坦克，这是丘吉尔坦克的变体，除了主炮外，还配备了一个火焰喷射器，车尾拖着一个装满燃料的挂车。它使用压缩氮气作为推进剂，可以将具有杀伤力的火焰喷射到 150 码外。

早上 7 点 45 分，加拿大军队登陆了。刚放下坡道，女王直属步枪团的中士查理·马丁就喊道："快走！快点！不要停下来！快！快！快！"然后，他们跑过海滩，爬过防波堤，冲过铁路线。到处都是子弹，噼里啪啦地响个不停。很多人被击中。在和马丁搭乘同一艘攻击登陆艇的战友中，就有 4 人阵亡，1 人负伤。一个排长被击中两次；9 排的两名军士也负伤了；该连的其他人，也就是马丁加入兵团后结识的人，都被击毙了。但是，军队纪律和平日的训练让他们坚持下去。他们身体健康，排里至少 30% 的士兵都是一流的射手。他们很快就摧毁了一个机枪哨所，这让他们稍微喘了一口气。接着，他们撞上了铁丝网。迫击炮的炮弹落在离他们很近的地方，子弹啪啪啪地响个不停，他们迅速用切割工具开辟出一条路，继续前进，不料却到达了一个雷区。除了继续挺进，他们别无选择。马丁走在前面，走了十步，踩到了一枚木盒地雷——这是一种反步兵地雷，在释放压力的瞬间，地雷将在高及膝盖的地方爆炸，弹片和铅弹将散落在一大片区域。因此，关键是不要让地雷释放压力。马丁挥手让他的部下过去，等他们都安全了，他才向前倾，准备平躺在地上。这时，一颗子弹打歪了，击中了他的锡制头盔，头盔转了个圈，从他的头上掉下来。他向前一跳，然后趴在地上，地雷爆炸了——谢天谢地，地雷就在他的头顶上爆炸了。在短短的几分钟内，他经历了两次死里逃生。他加快步伐往前走，头上没有戴头盔。

女王直属步枪团正在接近 N 区白段，他们的左边是北岸新不伦瑞克步兵团，该兵团将在面对圣欧班镇的 N 区红段登陆。在向海岸前线进发的士兵中，21 岁的埃尔登·"鲍勃"·罗伯茨（Eldon "Bob" Roberts）是其中一员，他是一名布伦机枪手。与 MG42 机枪不同，布伦机枪是上弹匣的，而不是使用弹药带的，射速约为每分钟 500 发，这个射速在第一次世界大战中被证明是非常有效的。虽然布伦机枪不可能产生德国轻机枪那样的初始火力，但它比 MG42 机枪更准确，更容易携带和操纵，并且有一个更厚的枪管，使用寿命可以达到 25 万发。布伦机枪的射速较低，在 28 发后才更换弹匣，这确保它不会出现德国轻机枪常见的发烫问题。"它是一种很棒的机枪，"罗伯茨说，"可靠、准确、易于操作。"

罗伯茨是个遇事相当泰然的人。他的父母生了 15 个孩子，这真让人吃惊。他在加拿大东部边缘的新不伦瑞克的一个农场长大。最近的城镇也在 30 英里以外。"我生活在乡下，"他说，"真正原生态的乡下。我们有牛、羊、猪，这些都是当时的马力。我们还雇用人力，并依靠马力干活。"当地一所小型的农家学校坐落在两英里外。夏天，他们走路到那里；冬天；他们滑雪去学校。他们几乎完全自给自足，孩子们长到一定的年龄便会参与农活。"在我 8 岁的时候，"罗伯茨说道，"我拿着那把旧的横切锯的把手和我父亲一起锯树。"他的父母很严厉，但充满爱心，是虔诚的基督徒，因此罗伯茨在成长的过程中尊重权威、遵守纪律，但他也有独立的思想，常常独立思考。事实上，正是这种成长经历让他为军队生活作好了充分的准备。

1942 年 5 月，他参军入伍。1943 年 1 月初，他到达英国。从那以后，他和战友们就不停地训练：为了这一刻，他们已经准备了 18 个月。他觉得自己已经准备好迎接即将到来的一切，而且没有特别害怕。"因为你不知道你将要面对什么，"他说，"你接受过那么多的训练，这已经成了你的习惯。"

在库尔瑟勒的地堡里，陶伯中尉望向那片长长的海滩，然后看着退去的潮水，看着防御工事的障碍物在灰色的黎明中显现出幽灵般的轮廓。他转向部下，提醒他们将执行哪些任务。这时，他们的周围突然发生一连串爆炸。他说："当爆炸开始时，我意识到它们来自口径非常大的火炮，比我之前听说的任何火炮的口径都要大。"这是东部特遣队在开火，在海岸上观望的人看来，这些炮火就像是一道橙色的火焰。地面在震动，冲击波摧残着德国士兵的耳朵，他们蹲下身子，双手抱头。一个年轻的小伙子崩溃了，忍不住哭了起来。另一个试图逃跑，但在他逃跑前，陶伯的下士抓住了他。"不管压力有多大，"陶伯说，"我们都无法容忍士兵那样做。"透过潜望镜，此刻，他能看到的只有弥漫在空气中的浓烟、灰尘和碎片。

在圣欧班，"鲍勃"·罗伯茨的登陆艇是第一个着陆的，他是第二个上岸的人。盟军将坡道放到沙滩上，而不是在水中。当时大约是早上 7 点 50 分。刚开始，德军根本没有开火。"什么也没有，"罗伯茨说，"据点里看不到一个人，因为他们都低着头。"他正跟在克利夫·坎贝尔（Cleeve Campbell）下士和所在战区的其他几个人的后面。他们绕过那个修建了 50 毫米炮台的地堡，然后沿着一条连接海岸的路向前推进。他们想知道所有的德国士兵都跑到哪里去了。坎贝尔命令他们搜查每一栋房子，两个人负责一栋。罗伯茨和列兵勒克鲁瓦（Lecroix）是一组。他们踢开房门，发现一个惊恐不安的法国人。勒克鲁瓦会说法语，他告诉这个法国人，他们是来搜查房子的。这名男子把他们带进了一个有便门的房间，并告诉他们，便门通向一条隧道，这个隧道通往海边和一个地堡，德

178

国人在地堡里架设了机关枪。罗伯茨赶紧跑出去找坎贝尔，并得到了坎贝尔下士授予的调查许可。他还递给勒克鲁瓦一个火焰喷射器。

他们回到屋里，然后穿过便门，下了梯子。里面很黑，罗伯茨不知道他们是否还能活着回来。他们沿着一条狭窄的隧道摸索着前进，最后，他们看见一道亮光以及和他们的隧道连接起来的其他隧道。前方有一挺机关枪在咔嚓咔嚓地开火——不管德国人之前被炸弹炸得多么不省人事，很显然，他们现在已经恢复过来了。然而，机枪的射击声掩盖了罗伯茨和勒克鲁瓦走近的脚步声。罗伯茨回忆说："我只看到两个人站在那里。它就像一个半圆形的平台，有一堵 4 英尺高的墙，上面有一支枪。"这时，他走上前去，用布伦机枪朝他们的腿开了一枪。与此同时，勒克鲁瓦带着火焰喷射器走了进来。更多的军队跑过来帮助这两个倒下的人，他们便退回到隐蔽处。"他们以为是从海上发射的炮弹击中了这两人，"罗伯茨说，"所以，他们试图扑灭着火者身上的火焰。"

罗伯茨和勒克鲁瓦又向前迈了一步，再次用布伦机枪和火焰喷射器尽情地射击。"走吧，"罗伯茨对勒克鲁瓦说，"我们赶紧离开这里。如果你在出去的路上听到或看到什么，那肯定不是我们的人，所以给他们一点火焰尝尝。"无论如何，他们俩都安全地逃了出来，再也没有碰到任何敌人。罗伯茨和勒克鲁瓦摧毁了那个炮台，挽救了很多同伴的生命。

*

在离库尔瑟勒海岸不远的地方，科尼利厄斯·陶伯中尉正在隐蔽的地堡里通过潜望镜观察，他绞尽脑汁地想弄清楚情况到底怎么样了。他已经下令启动其中一辆歌利亚，并命令将其开到通往海滩的隧道里；跟外面的激战场面比起来，歌利亚的声音是那么微弱，弄得所有人都狂笑起来。这时，陶伯看到谢尔曼坦克正越过海滩——这正是歌利亚的目标。于是，他命令士兵把第一辆歌利亚开出去。通过潜望镜，他看到歌利亚朝着第一辆谢尔曼坦克驶去。附近 50 毫米的大炮也在开火，一枚炮弹从坦克的炮塔上弹开。在近海处，盟军海军的大炮继续开火，炮弹呼啸而过。其中一枚击中了地堡前的岩石，冲击波把陶伯撞倒在地。他爬起来，回头看了看歌利亚，发现它一动不动，脱离了运行轨道。现在，它已经毫无用处了。第二辆歌利亚出动了，但在距离最近的坦克 20 码的地方，它也停了下来。陶伯下令引爆炸弹——除此之外，他还能做什么呢？——但是，爆炸似乎没有给盟军造成太大的伤害。

　　过了一会儿，许多加拿大军队从瞭望孔的前面经过，但没有注意到他们。对陶伯来说，不幸的事情发生了，他的一个部下开枪击中了一名加拿大士兵，这名士兵开始在沙滩上扭动身体，而他的同伴则躲了起来。然后，在陶伯和他的部下作出反应之前，一名加拿大士兵向前走了一步，一秒钟后，一束火焰从瞭望孔中喷出。两名加拿大士兵立刻被击中，他们的制服着了火。他们四处乱扑，猛烈地摆动身子，不时撞向其他士兵。陶伯回忆说："他们一边扭动身体，一边尖叫。我的脑海里仍能听到那些尖叫声。"又有一束火焰从瞭望孔中喷了出来，把正在等待的歌利亚点着了。当两名着火的士兵倒在地板上时，德国士兵跳向出口通道。陶伯和他的部下像兔子一样跑入隧道，奔向主要的地堡。他从地堡里出来，手里拿着手枪，直接冲向一个拿着步枪和刺刀的加拿大士兵。看到敌军已经到达了那里，陶伯惊呆了。这名加拿大士兵大叫了一声，抢起枪托，打在陶伯的脸上。陶伯觉得有些晕乎乎的、疼痛难忍，一想到有人

179

真的想杀他，他感到十分惊恐。他开了两枪，那人的血喷溅到他身上。他迷迷糊糊地抬起头来，看见天空中有一团航迹云，然后意识到这个士兵倒下了。他茫然不知所措，滚进堑壕里，落在两具尸体的上面，一具是德国士兵，一具是加拿大士兵，很显然，他们已经杀死了对方。他从他们的身上爬过去，试图逃跑。他的手里仍拿着枪，脸上的血迹模糊了他的视线。

拐过堑壕的一个角落，他看见另外三个撤退的士兵，便跟在他们的后面，一直跟到堑壕的尽头。然后，他们冲出堑壕，离开这个据点，向更内陆的下一个据点进发。就在他们逃跑的时候，一枚迫击炮弹在附近爆炸，炸掉了其中一名士兵的胳膊，毁掉了他的半张脸。陶伯抓起这名死者的 MP40 冲锋枪，继续向下一个据点跑去，这个据点是围绕托布鲁克坦克炮塔修建的。然而，这条路埋有地雷，和他一起逃跑的另一名士兵踩中了一枚地雷。接着，发生了一个小小的爆炸，这名士兵向前倒下，发出汩汩的哀号声。"我看到他膝盖以下的腿被炸掉了，裤子着了火，"陶伯说，"他的腿骨暴露在浓烟中。"这名士兵全身抽搐，在扭动身体时，他引爆了第二枚地雷，炸掉了他的一大块胸部。陶伯继续往前走，没有停下来看一眼那可怕的景象。他差点被自己军队的一名机枪手打死。子弹击中了和他在一起的第三名士兵，陶伯扶着他，他们又走了几码，然后跳进下一个据点的临时安全地带。他在歌利亚地堡里的部下已经没有任何动静了。

*

此时已经快 8 点半了。在黄金海滩，运送英国第 8 装甲旅战术总部连的坦克登陆艇卸下了王家陆军医疗队（隶属于舍伍德游骑兵团）的半履带车，登陆的还有陆军准将、副旅长和保护部队的谢尔曼坦克，以及通讯卡车、国王王家来复枪团第 12 营/第 60 营（第 8 装甲旅的汽车运输营）的两个排、吉普车和运输工具。与这些坦克登陆艇同行的还有第 8 装甲旅的四位牧师，包括神父莱斯利·斯金纳（Leslie Skinner）。他的父亲是约克郡的一名理发师。斯金纳 34 岁，虽然继承了父亲的事业，但在决定加入教会前，他也成了一名卫理公会的非神职传道者。1937 年，他被派往印度北部。一年后，他回到了英国，因为患上了疟疾和耳硬化症，这让他后半生都在遭受听力不佳的折磨。宣战后，他加入了王家陆军牧师服务队，最终在 1941 年被任命为牧师，并在波斯、伊拉克和埃及服役。1942 年底，他回到英国。现在，他是第 8 装甲旅的 4 个资深牧师的一员，也是舍伍德游骑兵团的牧师，在那里，他成了一位忠实的朋友，受到所有人的欢迎，对于面临战斗的年轻人来说，他还是非常宝贵的精神引领源泉。

他在日记中写道："5 点起床，天气寒冷，很潮湿，海面波涛汹涌。船航行到 8 点。就是这样。"* 早上 8 点 10 分前，他们在炮火的轰击下跑向海滩。第 8 装甲旅的副旅长劳伦斯·比德尔（Lawrence Biddle）少校让志愿者把坦克登陆艇船头的椰皮坡道铺开，斯金纳和另外三个人自告奋勇。上午 8 点 25 分，他们在上岸时撞上了地雷。斯金纳两侧的士兵都受了伤，其中一个失去了一条腿，神父自己也被震到后面的一辆布伦机枪运输车上，但他安然无恙。这次爆炸还把登陆门给卡住了。其他人拼命地试图打开登陆

181

---

* 关于舍伍德游骑兵团的确切登陆时间，人们一直有争论。斯金纳记录的是"船航行到 7 点"，他们在 7 点 25 分上岸，但这是不可能的。其他资料来源表明，他日记中的时间早了一个小时，在当时的情况下，这是一个完全可以理解的错误。为了正确描述当时的情况，笔者对他的时间进行了修改。

门，斯金纳则在照顾伤员，并给他们注射吗啡。最后，门打开了，他们把椰皮坡道放入大约 6 英尺深但仍然波涛汹涌的海水中。炮击很猛烈，噪音很大。斯金纳看着运输车和吉普车开走，然后他跳进水里。他挣扎着游到岸边，尽管他的身体一侧被爆炸的地雷弄得疼痛难忍。"岸上混乱不堪。德军正在倾尽所有弹药进行射击，"他在日记中潦草地写道，"道路上布满了地雷，有一个大坑。因为地雷，推土机无法通过。有一辆推土机试了试，它被地雷击中了。"沿着海滩往下，两辆王家工兵装甲车正在猛烈地燃烧。被炸毁的登陆艇散落在海岸线上。空气中弥漫着浓烟。

　　与此同时，斯坦利·克里斯托夫森和第 A 中队的其他成员在上午 9 点左右登陆。此刻，潮水涨得非常高，海滩上的障碍物成了更大的麻烦，坦克登陆艇必须小心翼翼地绕过这些障碍物，在大风大浪中完成这项任务并不容易。克里斯托夫森的坦克登陆艇撞到了一根木桩，幸运的是，这根木桩没有绑地雷。舵手不得不设法让船脱身——坦克登陆艇先是倒退，然后转了一个弯。当道路畅通时，他们再次面对着英格兰的方向。克里斯托夫森产生了一种"不知不觉的感受"，他希望继续朝这个方向驶去。最后，他们放下坡道，坦克开进海里，成功抵达岸边，尽管比计划的时间晚了一点。海滩已经平静了很多，主要是因为制造麻烦的 77 毫米的大炮被埃塞克斯游骑兵团的 25 磅野战炮摧毁了。

*

　　英军也在剑滩登陆了，剑滩位于主要登陆前线的东部边缘。这里遍布离岸礁，加上英军在航运方面受到限制，这意味着，这段海滩没有足够的空间，英军也没有足够的能力让两个完整的师登陆。

然而，由于第 1 特种旅的突击部队、第 41 王家海军陆战突击队和海军陆战队的第 5 独立装甲支援炮兵连的加入，第 3 步兵师的队伍实际上已经壮大了许多，足以发起攻击。该师也不缺乏工兵和炮兵。事实上，第 3 步兵师的兵力抵得上两个师。

　　不过，该师的两个组成部分——步兵和突击部队——扮演着截然不同的角色。突击部队将占领乌伊斯特勒昂的沿海港口，然后迅速增援空降部队，以期能够继续控制飞马桥和霍萨桥；之后，他们将巩固左边关键的东侧翼。与此同时，步兵将突破海岸的外围地区，如果一切顺利，他们将畅通无阻地向海岸以南 10 英里的卡昂进发。虽然这是一个艰巨的任务，但之前有过先例。11 个月前，在西西里岛，第 13 军在距离锡拉库扎（Syracuse）10 英里的地方登陆，并于同一天夺取了锡拉库扎，尽管途中他们不得不攻占各种炮台、据点和重要桥梁。当时指挥第 13 军的是迈尔斯·邓普西中将。现在，邓普西正在指挥英国第二集团军。

　　早上 7 点 20 分左右，在剑滩上岸的第一批部队是 DD 谢尔曼坦克，步兵在 5 分钟后到达，各种王家工兵装甲车在不久后抵达。尽管盟军在登陆日前对德军的防御工事进行了猛烈打击，但在那天早上，这些防御工事仍在运作。当"滑稽坦克"上岸时，它们遭遇了枪炮、迫击炮和小型武器发起的犹如暴风雨般的袭击。在海滩的 Q 区红段，也就是东约克郡步兵团第 2 营登陆的地方，在短短的几分钟内，就有 200 多人伤亡。和奥马哈海滩的情况一样，步兵很快就被防波堤给压制住了。然而，尽管剑滩看起来确实很混乱，但步兵还是取得了一些进展。登陆步兵面临的最大挑战是攻克 18 号抵抗力量据点和 20 号抵抗力量据点，这两个据点被英军命名为"鳕鱼（COD）"。它们是整个海岸最完善、协调得最好的防御阵地之一。

182

下一道防线也同样令人生畏，也就是路德维希·克鲁格上校的据点，它位于内陆约 1 英里的地方，英军将它们分别称为"莫里斯（MORRIS）"和"希尔曼（HILLMAN）"，它们是第 8 步兵旅第 3 营和萨福克步兵团第 1 营的目标，该连在上午 8 点半左右登陆。不管海滩上看起来有多么可怕，在登陆艇接近岸边时，先遣排的下士亚瑟·布利泽德还是相当自信的。和排里的战友们一样，他也带了很多装备，包括火焰喷射器、斯登冲锋枪，还有所谓的"蜂箱"——可以在墙上炸出洞的炸药，重 60 磅，他将炸药绑在

183　背上。他还携带了一枚班加罗尔鱼雷，一种装有钉子、子弹和炸药的长管。可以将它们插入铁丝网，从而炸开一个与小房间差不多大的缺口。装备很多，布利泽德觉得这些足够两个人用，而不是一个人。总而言之，他还是相当乐观的，一看到登陆舰队，他的情绪就高涨起来。他说："当你看到周围的一切时，你会感觉棒极了。有数百艘各种大小的船舰，这真是个令人称奇的景象。"

早上 8 点半左右，随着坡道缓缓放下，布利泽德跳下船，在海滩的 Q 区登陆。烟雾比之前少了一些，但仍有大量的机枪在向海滩扫射。于是，他在一辆烧毁的谢尔曼坦克的残骸旁停了下来，以便弄清楚自己的方位。敌人的炮火从他们前面的一栋临海的老旧房子里射出来。"德国佬用机关枪从那里向我们射击，"布利泽德说，"所以，我们只好趴在那儿，用机关枪回击。这是你唯一能做的，然后你要不顾一切拼命地跑起来。"离岸海军一直在向德军开火，谢尔曼坦克和王家工兵装甲车也一直在攻击德军的据点，加上布伦机枪的火力压制住了敌人，布利泽德和他的小队能够安然无恙地越过海滩。

早上 8 点 20 分，突击部队终于开始上岸。第 1 特种旅由第 3、第 4 和第 6 突击部队以及第 45 王家海军陆战突击队组成，每个突

击部队有 464 人，由陆军准将洛瓦特（Lovat）勋爵指挥。他是洛瓦特的弗雷泽氏族的首领，个性鲜明，有些喜欢虚张声势。他曾因为在 1942 年的迪耶普突袭中表现突出，而获得了杰出服务十字勋章。剑滩突袭行动似乎吸引了一些怪人。第一批登陆部队中的一个连长在奔向海岸的途中通过扩音器背诵了《亨利五世》（Henry V）的关键段落，而洛瓦特勋爵则坚持戴贝雷帽而不是头盔，他还坚持让他的私人风笛手在他们登陆时吹奏风笛。这些都有助于培养团队精神。和空降部队一样，突击部队——无论来自陆军，还是海军——都是志愿兵，他们接受过特殊训练，并学习了如何发挥自己的主动性、如何独立思考。每个士兵都非常健康。他们认为自己比其他人出色，总的来说，的确是这样。

洛瓦特手下有两支由菲利普·基弗尔（Philippe Kieffer）上尉率领的法国突击部队。基弗尔 44 岁，是一名海军军官。1940 年 6 月法国沦陷后，他加入了自由法国。1941 年，受到英国突击部队崛起的鼓舞，他请求自由法国的领导允许他仿照王家海军陆战突击队组建一支海军燧发枪突击部队，他的请求得到了正式批准。基弗尔带领他的部下参加了那次失败的迪耶普突袭，从那以后，他们在法国和荷兰海岸参加了多次夜间突袭。基弗尔迫切地想要参加登陆行动，于是同意把他的两支部队——现在已经有 177 名强干士兵——并入第 4 突击队，并让法语流利的罗伯特·道森（Robert Dawson）中校担任指挥官，他这样做是可以理解的。

"绿色贝雷帽（Bérets Verts）"① 是唯一一支参加海上登陆行动的法国军队。休伯特·福雷（Hubert Fauré）中尉是其中的一员。

184

---

① 系法国海军突击队的绰号。他们受命于海军步枪兵和特种作战司令部及法国特种作战司令部。

他 29 岁，怀着无限的希望回到法国。1940 年，福雷加入了法国骑兵队，并在法国战役中作战。在 6 月停战的那一天，他被俘了。他设法逃离了战俘营，加入了佩里格（Périgueux）地区一个还处于萌芽阶段的抵抗组织，然后越境进入西班牙。没过多久，他被逮捕了，并被关进一个法西斯集中营。再次逃脱后，他前往葡萄牙，在里斯本成功登上一架前往布里斯托尔的飞机。1942 年底，在聆听了全面介绍后，他加入了争取自由法国的队伍。在布里斯托尔，他得知基弗尔正在为突击部队招募新兵。他和另外 40 人志愿加入突击部队，他们在北威尔士待了四个星期，接受了高强度的体能和心理训练。之后，他被任命为第 1 部队的分队长。到了 1944 年春天，他们已经训练了一年多，士兵们已经迫不及待了。福雷说："作为分队长，难度最大的挑战是抑制这些人的不耐烦。让他们安静下来的唯一办法就是对他们进行更严格的训练。"

　　最后，他们回到了法国，不是为了能够执行快速、猛烈的突袭，而是希望能够永远待在祖国。他们的两支部队搭乘两艘步兵登陆艇，这些步兵登陆艇要比攻击登陆艇大得多。现在是早上 8 点 20 分，潮水正在上涨，对于登陆艇来说，要穿过隆美尔在海滩上布置的一大堆障碍物，这既是困难的，又是危险的。完全避开它们几乎是不可能的。第一艘撞上了一根木桩，然后被困住了；第二艘的螺旋桨坏了。尽管发生了这些意外，尽管迫击炮的炮弹在它们的周围落下，它们仍然在大致正确的地方（这些地方位于 Q 区红段的东侧边缘）靠岸。不过，它们是与第 4 突击队的其余攻击登陆艇一起登陆的，这引来了迫击炮和机关枪的攻击。当第 2 艘登陆艇放下两个坡道时，他们被炮火直接击中。他们赶紧在登陆艇的两侧撒下攀缘网，在第 1 艘登陆艇上，几个士兵在跑下坡道时被击中，受了伤。其他士兵开始从边上跳入海里，福雷也这样做了。当一枚迫击炮弹击中附近水域时，他完全淹没在海水中。他说："冲击波太强烈了，我以为自己中弹了。我的肺部受到了刺激，这的确对我造成了影响。"他大口喘着气，设法浮出水面。在游过漂浮着的尸体和受伤的士兵后，他摇摇晃晃地走到海滩，然后跑了起来。和其他地方的情况一样，他们也被告知要继续前进，不能停下来，即使是帮助战友也不行。他的两个好朋友受了伤，但在拿走他们的地图后，他继续前进。

法军穿过被炸断的铁丝网和雷区，到达沙丘上计划的集结地点，在这个过程中，迫击炮的火力让他们受到严重打击。在基弗尔指挥的两支部队的 177 名士兵中，只有 114 人成功穿越了海滩。不过，幸运的是，大多数被击中的士兵没有死，而是受了伤。但是，几乎三分之一的士兵因为伤残无法继续战斗。在海滩上的沙丘之间，场面越来越安静，越来越平静。法军的部队与第 4 突击队的其余成员会合，然后开始攻击乌伊斯特勒昂。出于外交方面的原因，道森上校同意让法国人领导这次袭击，甚至同意继续让基弗尔担任指挥。

*

当时是登陆日的上午 9 点左右，盟军在登陆前线成功夺取了一个临时的立足点。根据目前的情况来看，隆美尔的壁垒还不够厚。海滩上的障碍物不够密集，无法阻止盟军登陆，而且德军的据点一个接一个地被摧毁了。隆美尔本人不在前线附近，他的高级指挥官们正在手忙脚乱地应对目前发生的事情。时间还早，时候也还早，很多地方仍然不确定、不清楚，总体上来看，局势仍然混乱不堪。然而，守军的任务越来越重。接下来的几个小时就变得非常重要了。

第 13 章　登陆日：战役的转折点

　　早上 7 点 30 分，迪克·温特斯中尉设法找到了第 506 伞降步兵团第 2 营的其他人，包括第 S3 营的作战指挥官克拉伦斯·海斯特（Clarence Hester）上尉和第 S2 营的情报官刘易斯·尼克松（Lewis Nixon）上尉。他们俩都是温特斯的好朋友，所以，在看到他们平安空降后，他松了一口气。此刻，他们躲在一个小村落的一群农场建筑物里，这个村落叫"大道（Le Grand Chemin）"，一个非常不切合的名字，它位于圣玛丽迪蒙村以北 1 英里、圣梅尔埃格利斯东南 3 英里处。现在，大约有 200 名士兵聚集在大道村，其中有来自第 2 营总部连的 80 人、D 连的 90 人、F 连的 6 人、E 连的 8 人（包括温特斯在内）。附近，敌人的枪炮在断断续续地开火，炮弹爆炸发出的冲击波冲向地面，即便在农场的建筑物里也可以真切地感受到。

　　温特斯一直在寻找米汉中尉，他不知道 E 连的指挥官已经死了。这时，海斯特告诉他，4 门 105 毫米口径的火炮正威胁着犹他海滩。"你来搞定"，海斯特对他说。把这个任务交给数量不多的 E 连士兵，而不是交给人数较多的 D 连，主要是因为在温特斯到达前的几分钟，一支来自 D 连的巡逻队在布列库（Brécourt）庄园的前面遭到枪击。幸存者们回到了大道村，D 连的其他士兵对这个消息感到惊恐万分。一名中尉控制不住地颤抖着。所以，他们选中了

E 连的排长温特斯（目前 E 连只有 8 名伞兵），让他来摧毁这个阵地。令人惊讶的是，他们既没有向温特斯进一步说明情况，也没有分配更多的人手。根据经验，当进攻人数与守军人数的比例至少达到 3∶1 时，进攻才会有优势。也就是说，这次进攻至少应为连队规模（超过 120 名士兵参与）的进攻。

　　事实上，温特斯只是召集了他的 7 名部下和另外几个人，让他们扔掉除了弹药、手榴弹和武器以外的所有东西。然后，他们一起匆匆穿过被浓密的树篱遮掩的几块田野。温特斯独自一人向前走，一直走到他可以看到德军的火炮阵地时为止。这个阵地大致呈三角形，德军在最长的树篱后面部署了 4 个炮位。德军还挖了堑壕，将各个炮位彼此连接起来。直接攻击显然是不可能的。于是，温特斯决定他们应该逐个地摧毁这些炮位。他的突击排兵力不足，但他有两挺点 30 口径的机枪。这些武器准确可靠，他的部下知道如何使用。他们将提供掩护。然后，他把部下分成两队。他将率领一个由另外三人组成的分队，巴克·康普顿（Buck Compton）中尉将率领另一个分队。在进入下一个田野后，康普顿将和葛奈瑞（Guarnere）中士、马拉基（Malarkey）沿着树篱（德军的大炮就从树篱后面进行射击）的另一边移动，直到他们几乎与第一个炮位形成一条直线。

　　温特斯带领他的分队走在另一边。他们爬过开阔的田野，慢慢接近第一个炮位附近的阵地边缘。堑壕遮住了驻守炮位的德国士兵的部分身躯，他们正忙着射击。噪音震耳欲聋。因此，他们没有注意到温特斯和他的分队正在诺曼底的茂密草地上爬行。在树篱旁，温特斯停了下来，架好一挺机枪。然后，他们沿着树篱前进，康普顿和他的分队匍匐在另一边。这时，温特斯发现了一个德国头盔，他朝头盔开了几枪，这个脑袋便从视野中消失了。过了一会儿，康普顿的分队开始投掷手榴弹；在此期间，温特斯和他的分队冲向炮位，当第一枚手榴弹在驻守炮位的一名德国士兵的头上爆炸时，他们冲进了堑壕。此刻，敌人进行了回击，温特斯的一名部下"珀佩"·韦恩（"Popeye"Wynn）的背部中枪。"抱歉，中尉，我犯了一个低级错误，"他对温特斯说，"我犯了一个低级错误，非常抱歉。"就在这时，一枚德国木柄手榴弹朝他们飞来，落在张开四肢趴着的下士乔·托伊（Joe Toye）的两腿之间。

"快离开，哦，上帝，快离开！"温特斯叫道，托伊滚开了，手榴弹在他的步枪枪托上爆炸，没有伤到他们中的任何一个人。他们迅速站起来，冲向炮位。三个德国士兵穿过开阔的田野逃跑了。

188 温特斯击中了一个，葛奈瑞用他的汤普森冲锋枪开火，但没有击中。随后，第二个德国士兵被击中，第三个开始掉头。这时，温特斯趴下来，一枪打中了他的脑袋。温特斯说："整个过程大概花了15~20秒。"

前方，两名德国士兵正在手忙脚乱地架设机枪，但温特斯发现了他们，便向他们开火。他击中了其中一个的臀部，还击中了另一个的肩膀。这时，他让韦恩回营地检查后背的伤势，然后准备进攻下一个炮位。很显然，德军现在已经完全意识到发生了什么，很可能正在准备反击。此时，康普顿正在摆弄一颗手榴弹，但手榴弹突然掉到地上。他们都在炮坑里，尽管手榴弹爆炸了，由于某种不可思议的原因，没有一个人受伤。与此同时，马拉基跑到一个死去的德国士兵面前，拿走了他自认为是鲁格尔手枪的武器。结果他弄错了，于是跑了回去，温特斯冲着他大喊大叫，子弹在他的周围砰砰作响，他又钻回了炮坑。这两个愚蠢的举动几乎让他们付出了高昂的代价。

这时，一个吓坏了的德国人双手举过头顶朝他们跑过来——这是他们的第一个俘虏——但他们要做的是摧毁第一个炮位。只有卡伍德·利普顿（Carwood Lipton）中士有炸药，但放在他的野战背包里，而且落在他们开始发动攻击的地方。温特斯命令他去拿炸药，与此同时，他们准备好攻击第二个炮位。温特斯把三个人留在第一个炮位，以提供掩护，然后，他带领另外四人冲向堑壕，投掷手榴弹，并设法击中了第二个炮位。敌军撤退了，他先前打伤的两个人被俘了。又有 6 个德国士兵走上前来，举起双手喊道："别杀我！"

现在，已经有两个炮位被攻下了。海斯特上尉带着额外的炸药和一名来自总部连的列兵约翰·霍尔（John Hall）沿着树篱走过来。海斯特告诉他，援军已经在路上了——罗纳德·斯皮尔斯（Ronald Speirs）中尉和 D 连的一些士兵很快就会赶到。与此同时，温特斯让他的三个部下冲向第三个炮位。霍尔带头冲锋，但他被打死了。攻占这个炮位的方式与攻占其他炮位的方式差不多。其间，温特斯在第二个炮位找到了一张地图，上面清楚地标明了科唐坦半岛上每一个火炮阵地的位置。他立刻把地图送回营地。他还发现了一盒木制机关枪子弹。他说："也许德国人缺少弹药，但这个不是我该操心的问题。"

他们在第三个炮位停了下来。最后一个炮位还在开火，尽管大部分敌军已经向阵地尽头的布列库庄园撤退；然而，只要突击部队抬起头，他们仍会遭到重型机枪的射击。斯皮尔斯终于抵达了，他们对最后一个炮位发起进攻，冲向连接炮位的堑壕，投掷手榴弹并开火。在用炸药摧毁第四个炮位后，任务完成了，温特斯命令所有人撤退。他是最后一个离开的。"我仔细查看了堑壕，"他写道，"一个受伤的德国佬正在试图用机关枪开火。我用枪打穿了他的脑袋。"

189

当他们回到营队的总部时，三个小时已经过去了：现在是上午 11 点 30 分，更多的空降士兵已经到达。下一个任务是消灭整个地区的敌军，不过，温特斯和他的部下可以暂时喘口气。仅仅 12 个人就摧毁了四个炮位，尽管德国的第 90 炮兵团算不上诺曼底战役中最好的军队，但这仍是一次非常勇敢、非常出色的行动。* 温特斯平时既不喝酒也不抽烟，但此时，他灌了一大口苹果酒。"我渴得要命，"他坦白说道，"我需要鼓鼓劲。"这是非常漫长的一天。

*

坦率地说，当盟军进攻诺曼底海岸时，德军的反应是一团糟。在战术上出其不意一直都是盟军规划者的一个关键目标，虽然一些线索、泄漏的机密和征兆都表明盟军可能会在诺曼底登陆，但事实上，盟军还是做到了出其不意。正如英国第二集团军的指挥官迈尔斯·邓普西将军指出的那样，如果突袭成功，那么进攻部队将在登陆日不断受到命运的眷顾。他说："所有的一切都对盟军有利。详细的计划、演练、战术突袭、士气。"这让盟军拥有了非同寻常的优势。至少可以说，6 月 6 日上午，德国领导层处于一片混乱之中。凌晨 4 点左右，在位于巴黎的西线总司令部，冯·伦德施泰特才最终与他的参谋长君特·布鲁门特里特（Günther Blumentritt）将军达成一致意见，认为盟军即将登陆；10 分钟前，布鲁门特里特联系了位于贝希特斯加登（Berchtesgaden）的国防军最高统帅

---

* 后来，第 6 伞降猎兵团的冯·德·海德特上校声称，他发现布列库的炮台在早上 7 点左右被遗弃，于是，他让部下接管了炮台。不过，他一定是把这个炮台和另一个炮台弄错了，因为温特斯确定和他们交战的士兵不是伞兵。守军的素质表明温特斯是正确的。

部，请求允许抽调驻扎在勒芒（Le Mans）的装甲教导师和位于巴黎北部的武装党卫军第 12 "希特勒青年团"装甲师。没等领导层作出答复，冯·伦德施泰特就命令两个师分别派一个战斗群向利雪（Lisieux）和卡昂进发。然而，即使在盟军的主力部队登陆诺曼底以及盟军的空中部队大批涌来之前的黑暗时刻，即使德军需要分秒必争，但德国的领导层仍然没有授予控制这些师的许可。

190

与此同时，身在第七集团军总部的马克斯·彭塞尔将军不停给位于拉罗什盖恩的斯派达尔将军打电话。清晨 5 点 15 分，他报告说，在一架坠毁的英国滑翔机中发现了一张关于卡昂的地图。彭塞尔说，正在发生的事情表明，这是一次大型进攻。清晨 5 点 40 分，斯派达尔问是否有军队从海上登陆了，彭塞尔不得不承认还没有。清晨 6 点 15 分，彭塞尔又打了一通电话。一场大规模的海军轰炸开始了，一支庞大的舰队靠泊在诺曼底海岸。但是，斯派达尔仍然拒绝承认这是一次大型的登陆行动；他告诉彭塞尔，这种情况也可能出现在其他地方。斯派达尔在想什么？他还没有酒醒吗？海军上将鲁格是隆美尔司令部的另一名参谋。他整夜没睡，聆听着传来的各种报告，尽管他也无能为力。和斯派达尔一样，他的思维没有逻辑，思绪也不清晰；也许前一天晚上他也喝得太多了。清晨 6 点45 分，彭塞尔给冯·扎尔穆特的第十五集团军打电话，告诉他关于海军轰炸的情况，但补充说目前还没有军队登陆。事实上，那个时候盟军已经登陆了。"这么说，"冯·扎尔穆特回答道，"敌人的登陆行动已经失败了。"然后，他回到床上继续睡觉。

清晨 6 点 20 分左右（那时是德国的早上 7 点 20 分），斯派达尔终于给隆美尔打了电话。元帅已经起床，正在为露西的生日作准备——把礼物摆在客厅的桌子上，最中间的是他在巴黎给她买的鞋子。房子里有很多花，就像温室一样。然后，有人叫他去接电话。

是斯派达尔打来的。"是大型的登陆行动，还是某种大规模的突袭？"隆美尔问道。斯派达尔不确定。"那就调查清楚，现在就去查！"隆美尔一边对他说，一边啪地挂上电话。隆美尔匆忙换好衣服，准备直接返回法国。之后，他又等了至少三个小时。直到上午10 点 15 分，斯派达尔才打来电话，确认所发生的事情就是登陆。盟军在 5 个海滩登陆，还空降了士兵，所有的一切都确定了。隆美尔惊呆了。"诺曼底！诺曼底！"他一遍又一遍地嘟囔着。"我真糊涂啊！"上午 10 点 30 分左右，他终于出发前往法国。这种情况有点像马跑掉了再关马厩的门。

191　　　由于斯派达尔还是醉醺醺的、反应迟钝，或者说理智暂时还没有恢复，彭塞尔和马克斯将军便负责组织应对措施，他们只能在没有任何装甲师（第 21 装甲师除外）支援的情况下采取措施。相互矛盾的报告和要求也让马克斯的脑袋一片混乱。早上 8 点，第 352步兵师的参谋长弗里茨·齐格曼（Fritz Ziegelmann）上校给马克斯打了电话，请求马克斯授予卡尔·迈耶上校增援的第 915 掷弹兵团的指挥权。没错，第 915 掷弹兵团是后备部队，但齐格曼认为，更西侧的第 352 步兵师需要它，而且马克斯肯定没有在凌晨 3 点刚过就派迈耶的战斗群前往更西侧的地方。无论敌人的伞兵制造了哪些麻烦，第 914 掷弹兵团和第 6 伞降猎兵团正在负责处理。于是，齐格曼建议，应当紧急命令第 915 掷弹兵团前往巴约（Bayeux）地区，以便保护第 352 步兵师的右翼。马克斯同意了。

*

　　在奥克角，美国陆军游骑兵非常轻松地完成了任务。尽管飞溅的浪花将绳索打湿，使其变得过于沉重，尽管整个部队都在奥克角的东侧登陆，而不是在两侧，但游骑兵还是不太费劲地爬上了悬崖。只有少数守军在上面进行射击和投掷手榴弹，游骑兵到达了顶部，仅伤亡 15 人。在山顶，他们看到了一个几乎难以想象的惨遭破坏的景象：弹坑遍布，把这里变成了月球景观，到处都是粉碎的混凝土建筑和碎片。155 毫米口径的火炮阵地完全没有任何动静：所有的炮位都是空的，尽管他们遭到敌人不太精准的少量射击，但德军好像逃走了，或者躲进了地穴。游骑兵迅速占领了观察哨，抓获了一些俘虏。在奥克角悬崖西侧的防空炮廓内，鲁德尔上校在粉碎的混凝土建筑物上建立了指挥所。

与此同时，来自 D 连和 E 连的巡逻队向内陆挺进，到达了距离奥克角的尖端 1000 码远的沿海公路，然后穿过一条两旁都是树篱的小道，继续进行侦察。这两个巡逻队在不同的时间前进，他们在果园的树篱旁发现了 5 门伪装得很好的大炮，这些大炮的炮口指向犹他海滩。令他们吃惊的是，大炮完全被遗弃了。D 连的伦纳德·洛梅尔（Leonard Lomell）中士第一个发现它们。* 他只有几枚燃烧手雷，他用这些手雷摧毁了其中的两门大炮，在去找部下拿更多的弹药之前，他打碎了第 3 门大炮的瞄准器。返回时，在距离大炮不到 50 码的地方，他看到由弗兰克·鲁平斯基（Frank Rupinski）中士率领的 E 连的巡逻队，他们正在用铝热剂手榴弹炸毁其余的大炮，并点燃了敌人的火药。美国陆军游骑兵的部队 A 完成了他们的任务。现在是早上 7 点 50 分左右，距离他们第一次在悬崖底部登陆只过去了大概 45 分钟。

在民间传说中，这次行动被认为是战争中最具挑战性和最英勇

192

---

　* 这个说法来自最初的奥克角行动事后报告，后来对报告进行了重大修改。在后来的生活中，洛梅尔声称，他摧毁了所有大炮，但笔者认为最初的报告是对事件的最准确描述。为什么会对这份报告进行如此重大的修改，这是一个有趣的问题。

的行动之一，然而，它轻松得不能再轻松了。敌人很明智地将大炮向后移动了1500码，移进一个伪装的阵地，而且为了躲避盟军空军的猛烈轰炸和海军炮火，驻扎在那里的部队理所当然地隐蔽起来。驻守这个阵地的德军没有料到美军随后会爬上陡峭的悬崖，所以，游骑兵成功做到了战术上的出其不意。

　　此刻，鲁德尔的士兵们不知道的是，还有哪些敌军部队仍留在这个地区，他们是否会反击，反击的规模有多大。另一个无法确定的情况是，还要过多久游骑兵营的部队A才能得到部队C的支援，后者和第116步兵团的一个连正从奥马哈赶来。事实上，他们本来可以很快完成任务，但他们现在正处于一个具有潜在危险的境地。因为赶来的游骑兵连只有65名强壮士兵，而且他们已经损失了一艘攻击登陆舰。在前往奥克角的途中，这艘船曾因为一些地方被水淹了而折返，并顺带接走了登顶途中伤亡的15名士兵。部队A并没有让太多士兵留守奥克角——只要援军能够很快地从奥马哈海滩赶来，就不用担心奥克角。然而，奥克角的游骑兵们不知道的是，在向东4英里处鲜血染红的沙滩上，一场更加艰难的战斗正在激烈地进行着。

＊

　　在奥马哈海滩，场面一片混乱。到了上午9点，毫无疑问，美军已经从守军那里夺取了控制权。在61号抵抗力量据点，早上7点刚过，一门88毫米口径的大炮被摧毁。在62号抵抗力量据点，弗朗茨·戈克尔和战友们也感受到了战争的激烈。戈克尔坦言道："每伤亡一个人，我们的兵力都会遭到削弱，死伤的战友越来越多。"他身旁75毫米口径的大炮被海军的炮火摧毁了，浓烟、灰尘和沙砾让他很难看清据点下面发生了什么。沙砾钻进了机枪的后膛，导致枪卡住了。他手忙脚乱地清理机枪，刚开了几枪，沙滩上的一阵炮火就把机枪打飞了。令人称奇的是，他毫发未损，但长时间的消耗战削弱了守军——他们的人数本来就很少——继续有效打击进攻部队的能力。

在海滩上，在维耶维尔吊桥的东侧，鲍勃·斯劳特中士召集一批士兵围拢在他的周围。现在，他已经把枪清理干净，枪又可以用了。他知道他们必须继续前进，必须移动。他竭尽全力把中队组织起来，命令他们冲过去，越过围墙，向悬崖冲去。于是，他们拼命地跑起来，令斯劳特大为宽慰的是，最后他们悉数到达了悬崖的底部。

在更往东的地方，约翰·瑞森上尉和游骑兵总部连的战友们正在将防波堤作为掩护。防波堤是用木头建造的，堤坝与水面呈直角，一直延伸到大海。在 450 名士兵中，只有 4~5 人被击中。在他的左边，第 116 步兵团 C 连的一些士兵已经爬上了悬崖，并在不同的地点炸开了铁丝网。此时，第 5 游骑兵营的指挥官马克斯·施耐德（Max Schneider）上校也在岸上，他命令瑞森以及瑞森的部下沿着海滩走，跟着他穿过铁丝网到达悬崖脚下。当瑞森开始行动时，他的一个部下说："嘿，上尉，快看海滩上那个疯子！"瑞森向防波堤外望去，只见一名士兵挥舞着雪茄，沿着海滩朝他们走来，并对着仍困在海滩上的人大喊大叫。

瑞森急忙向那个人走去。走近时，瑞森看到了那人衣领上的铭牌，意识到他是一名准将，那么他一定是第 29 步兵师的副指挥官诺曼·"荷兰人"·科塔（Norman "Dutch" Cota）准将。在策划"霸王行动"期间，51 岁的科塔曾请求进行夜间攻击，但遭到了否决，因为夜间攻击需要黎明时分空中轰炸和海上轰炸的共同配合。

193

现在，他是第一个在奥马哈海滩登陆的将军，他劝告士兵们别站在后面，继续前进。

瑞森向他敬了一个礼。

"这里是什么情况？"科塔问他。

"长官，第 5 游骑兵营已经在前方 200 码处登陆，并且安然无恙。"

194　在询问施耐德上校在什么地方后，科塔沿着游骑兵队伍大步走过去，喊道："你们是游骑兵。我知道你们不会让我失望的。你们要带个好头。"事实上，瑞森和他的部下都不需要太多的鼓励。瑞森说："我们的想法是让我们执行任务。我们接受过训练，我们受够了德军的射击，让我们还击吧。"

然而，在那一段海滩上，没有德军向他们开枪。虽然迫击炮弹仍然落在海滩上，并且在更远的地方，在海滩的两边，仍然有人被击中，但是敌人的火力却是断断续续的。即使在 D 区绿段和 E 区红段，敌人的火力也在减弱。并非抵达海滩的所有美军都遭遇了第 116 步兵团的 A 连在第一拨进攻中所遭遇的那种猛烈炮火。到了早上 8 点，盟军在人数上的优势开始起作用了。8 点 45 分，位于 E 区红段的第 116 步兵团 A 连的士兵成功爬上了海滩上的制高点，也就是悬崖的顶部。

在发起实际进攻时，步枪连被重组，分成了两个突击排，然后每个排又分成了两个突击小队，每个小队有 29 名士兵和 1 名军官，这个数字是由希金斯船和攻击登陆艇的大小决定的。每个突击排包括若干步枪队、一个铁丝网切割队、一个火箭炮队、一个火焰喷射器队、一个勃朗宁自动步枪队、一个 60 毫米口径的迫击炮队和一个爆破队，他们将由两艘登陆艇运送到岸上。各个连的第三排也部署了类似的组织，但配备的是 81 毫米口径的迫击炮队，而不是 60

毫米。这与他们平时的编组有很大的不同，通常一个排由两个步枪中队（每队 10 人）、一个重武器中队和一个 6 人的排指挥部组成。军队以新的方式集结起来，有时是由不同的军士甚至军官组成。由于军官和军士往往是最先离开登陆艇的，他们遭受伤亡的可能性更大。

这种安排引发了一个后果，那就是一旦到了海滩上，很多士兵发现自己处于群龙无首的境地。无疑，恐惧是一部分因素，但是，第 116 步兵团的士兵们之所以聚集在防波堤的后面，不是为了摧毁敌人的火力，而是没有人领导。"荷兰人"·科塔将军意识到了这一点：需要有人掌控局面，展现领导力，让士兵们迅速行动起来。这就是他在海滩上做的事情。这招起作用了，随着士兵们再次发起进攻，德军的防线开始瓦解。所有这些据点都是相互支援的，然而，只要其中的一个据点倒下，便会引发多米诺骨牌效应。

上午 8 点 30 分左右，瑞森和第 5 游骑兵营的士兵们已经穿过了铁丝网，走过沼泽地区，爬上悬崖，一直爬到悬崖顶。他们没有遇到任何阻力。"完全没有，"瑞森说，"在爬上悬崖的途中，我们根本没有开火。"烟雾和褶皱的岩层遮掩住了他们的攀登，不过，他们还是遭遇了为数不多的守军。瑞森回头瞥了一眼，看到更多的船舰抵达，士兵们跑过海滩，越来越多的士兵穿过在铁丝网中炸开的四个缺口。在山顶，游骑兵发现了一个堑壕系统，他们开始向东移动，并摧毁了堑壕系统。接着，他们到达一个仍在开火的机枪炮位。他们小心翼翼地扔出几枚手榴弹，摧毁了炮位，并击毙了敌人的炮手（这个炮位是 66 号抵抗力量据点的一部分）。这时，第 2 游骑兵营的士兵们也已经爬上了西侧几百码远的悬崖，并摧毁了位于阿梅尔欧普雷特（Hamel-au-Prêtre）的 70 号抵抗力量据点。上午 9 点，第 116 步兵团的指挥官查尔斯·卡纳姆上校和科塔将军也都到达了悬崖顶。施耐德上校也到达了，他发布命令，让士兵们现在停下来，等待掉队的人赶上来，然后集结成一个营发起进攻，而不是以排的形式。最重要的是，现在悬崖顶上有很多士兵和首领，他们开始沿着悬崖顶展开行动，摧毁了一个又一个据点。在悬崖脚，越来越多的士兵抵达了。

上午10点左右，美国第1步兵师（大红一师）第18步兵团的士兵在E区红段和D区绿段登陆了。双胞胎兄弟汤姆·鲍尔斯和"迪伊"·鲍尔斯搭乘同一艘登陆艇。突然，坡道放了下来，他们走出登陆艇，进入E区红段的沙滩，这个分区位于E1吊桥的东侧。由于上涨的潮水将登陆艇顺利冲上滩头，因此，从登陆的这片地区到防波堤只有40码，但在这片海滩上（这片海滩就在弗朗茨·戈克尔和62号抵抗力量据点的士兵们的眼皮底下），敌人仍在猛烈开火。"你可以看到子弹打进沙子里，"汤姆·鲍尔斯说，"沙子到处飞溅，迫击炮弹在四处爆炸，当然了，炸弹也在水里爆炸。水中漂浮着尸体，沙滩上到处都是尸体。"他在一个障碍物的后面停了下来，但他很快意识到这样做没什么好处，只会让自己被德军击毙，所以他站起来继续前进。"迪伊"·鲍尔斯也继续往前跑，两人都毫发未损地成功到达了防波堤。由于65号抵抗力量据点的机枪、迫击炮和50毫米口径的火炮阵地在不停射击，他们在防波堤那里停了下来。

就在这时，盟军伸出了援手。和登陆前线的其他地方一样，海军火炮在猛烈射击，帮了登陆部队的大忙。在奥马哈海滩，有2艘战列舰、4艘巡洋舰和12艘驱逐舰。其中一艘战列舰得克萨斯号配备有10门356毫米口径的火炮，比诺曼底海岸线上任何一个德军阵地的火炮都要大。此外，它还拥有21门127毫米口径的大炮。当鲍尔斯双胞胎兄弟蹲在防波堤下时，他们看到一艘驱逐舰"哈定号（USS Harding）"，它已经靠近海岸，距离不到 1000 码。此刻，这艘船正在用 4 门 5 英寸的火炮、4 门 40 毫米口径的博福斯式快速高射炮和 6 架点 50 口径的机枪，对 65 号抵抗力量据点和 62 号抵抗力量据点进行猛烈的炮轰。单是这艘船向守军发射的炮火，就比德军对海滩上的士兵发射的所有炮火还要多。"你能看到炮弹飞进去了，""迪伊"·鲍尔斯说，"他们正朝这个碉堡扔炸弹。"上午 10 点 30 分，65 号抵抗力量据点被盟军攻下，这意味着 E1 吊桥现在畅通无阻了。

*

　　在黄金海滩，勒阿梅尔据点周围的战斗仍在继续。不过，英军提前越过了海滩，到了上午 11 点，第 50 步兵师的先头部队正在有条不紊地向内陆推进。面对行动协调、组织周密的德国守军，他们表现出色。毫无疑问，跟他们一起来到海滩的一系列"滑稽坦克"帮了他们的大忙。随后，一拨又一拨的士兵和装甲部队也非常准时地登陆了，其中包括第 47 王家海军陆战突击队，他们在早上 9 点 20 分左右上岸。突击队总共 420 人，他们面临着一个极其艰巨的挑战：尽量无视海滩上的战斗，向西行进 10 英里，穿过敌人控制的领土，占领一些高地，也就是地图上标注的第 72 号山头，然后进攻并夺取奥马哈海滩以东的贝桑港。美国将在这里建造桑树港，因此，迅速占领这个村庄是一件非常紧迫的事情，但这里有许多据点和火炮阵地，这意味着，这里并非没有人防守。第 72 号山头与贝桑港相距 10 英里，相当于从剑滩到卡昂的距离。

　　在向海岸驶去的攻击登陆艇上，准下士弗兰克·赖特（Frank Wright）感到非常紧张，这是可以理解的。船上的人都很紧张。他们没有说太多的话。他在部队 X，这是突击队的六个排之一。和他的大多数战友一样，他认为他们完成任务的概率介于不太可能和完全不可能之间。当他们接近海滩时，敌人的猛烈炮火向他们袭来。突然，他听到一声巨大的爆炸声，就在他右边大约 30 码处。即使穿着靴子，他也能感觉到爆炸引发的震动。他看到一个巨大的水柱升到空中。他们的一艘攻击登陆艇被击中，部队 Q 的 12 人阵亡，包括部队指挥官，另有 14 人受伤。在他们着陆的时候，第 2 艘攻击登陆艇撞上了地雷，并沉没了，导致部队 Y 的另外 8 人（包括指挥官在内）阵亡，其他人受伤。这个开头不太好。

197

当登陆艇放下坡道时，赖特在想："我还没有准备好，我还没有……"然后，他就走出了登陆艇，他的靴子陷进了只有 2 英寸深的水里，这是他经历过的最干燥的登陆。也没有人向他开枪。然而，前方有一辆燃烧着的坦克。他从旁边跑过，发现一名乘员被坦克的履带压死，脑袋被压碎了，血肉模糊。他们在防波堤旁低下头，等待着，一些坑道工兵在右侧的雷区开辟出一条道路。在勒阿梅尔的周围，战斗仍在激烈地进行着。大约有 76 名军官和被授予其他军衔的军士失踪，其中包括他们的指挥官查尔斯·菲利普斯（Charles Phillips）上校。海滩一片混乱，但他们终于上路了，幸运的是，上校也再度现身了。他们穿过雷区，这时，勒阿梅尔的战斗最终平息了。弗兰克·赖特背着背包、两个弹药袋、额外的布伦机枪弹匣和一枚班加罗尔鱼雷，这些东西压得他喘不过气来，他怀疑他们能否到达贝桑港。此时大概是中午时分，似乎还有很长的路要走。

与此同时，在收起坦克的防水围帐后，斯坦利·克里斯托夫森少校和舍伍德游骑兵团第 A 中队的其他士兵正轰隆隆地驶离海滩，沿着公路向位于西南几英里处的里村（Ryes）进发。他们开得很快，没有遭到太多的阻力，这是自突尼斯战役的最后阶段以来，他们第一次开着坦克穿过村庄和临近的乡下。"这没什么好高兴的，"克里斯托夫森说，"因为我们再次发现一辆 30 吨重的坦克和 5 名乘员是非常容易遭到德国步兵的袭击的，当坦克经过时，这些步兵只需要躲在壕沟里，然后发射一枚火箭炮，或者朝坦克的发动机扔一枚黏性炸弹，他们便可以轻而易举地消灭我们，然后逃之夭夭，而不会被人发现。"

*

在更往东的朱诺海滩，加拿大军也表现出色。上午 10 点左右，加拿大第 7 步兵旅的两个营在库尔瑟勒登陆了，而且敌人的所有海岸防御工事都被摧毁了。谢尔曼坦克、来自里贾纳步枪团的步兵和王家工兵装甲车跟在后面，正向 30 号抵抗力量据点挺进，这个据点位于内陆几百码处，坐落在库尔瑟勒镇的南部边缘。科尼利厄斯·陶伯中尉就是从这个据点弃阵而逃。那里有一个 7 毫米口径的托布鲁克坦克炮塔，非常老旧了，是法国人建造的；还有几个机枪位以及厚厚的铁丝网和地雷带。所有的阵地都用堑壕连接起来。陶伯热血沸腾。他很激愤，肾上腺素飙升。他敦促身边的士兵继续战斗。"我有一种感觉，"他说，"我可能会在这场战斗中名扬四海。" 198

不久后，一辆谢尔曼坦克出现在雷区的边缘并开火，第二枚炮弹击中了托布鲁克坦克炮塔，但没有摧毁它。炮塔里的德军炮手进行了还击，第一枚炮弹射偏了，从谢尔曼坦克的前部装甲上弹开了。谢尔曼坦克开始掉头，但前面的一条履带被击中，履带碎了，飞了出去。乘员拼命地想要撤退，但在他们转向时，更脆弱、装甲更少的一侧便暴露在德军的面前。托布鲁克坦克炮塔射出的另一枚炮弹径直穿过谢尔曼坦克，将发动机罩抛向空中，火焰从发动机的后面喷出来。德国机枪手开火了，三名乘员设法跳了出来，但在试图逃跑时，他们被击毙了。最后两个士兵刚从谢尔曼坦克的炮塔里探出身子，就被击中了，他们的身子悬挂在炮塔上。陶伯回忆说："我们的炮手情绪高昂地继续开火，两名持枪的坦克士兵被撕成碎片，四肢被炸掉，火焰喷射而来，导致他们全身爆炸。"陶伯对他们大声叫嚷，让他们停下来，他们在浪费宝贵的弹药。但是，就在这时，第二辆坦克出现了，是丘吉尔坦克，陶伯没有认出来。它若无其事地从谢尔曼坦克的旁边开过。托布鲁克坦克炮塔再次开火，但炮弹从英军的坦克上弹开，英军的坦克开始回击。高爆弹摧毁了一处机枪阵地，将两名德国士兵抛向空中和铁丝网上，他们在那里扭动身体，大声呼救。

托布鲁克坦克炮塔的炮手们惊慌失措。他们的两次开火都没有击中。随后，丘吉尔坦克向他们开火了，炮弹将托布鲁克坦克炮塔从混凝土基座上炸开。炮手仍然站在那里，完全惊呆了，他的制服在冒烟。陶伯看着这个可怜的人，然后发现坦克停了下来。过了一会儿，一股火焰从英军坦克的炮塔下面喷出来，但喷得不够长，只是点燃了据点前面的草地。大约过了一刻钟，"鳄鱼"坦克蓄足了力量。当它再次开火时，时机似乎已经到了，因为这一次爆发出一股更长的火焰，形成了一道火焰幕，吞没了铁丝网上的两名伤员。前面堑壕里的士兵也被包围了。陶伯虽然站在大约 20 码开外的地方，但他能够闻到这种火药味，能够感受到热浪灼烧着他的皮肤和头发。他看到前面的堑壕被火焰笼罩着；火势很大，他几乎无法呼吸。那些死里逃生的德军陷入了恐慌。陶伯从堑壕里跳出来，他身边的士兵也跳了出来。一些士兵在奔跑时被机关枪击毙。陶伯逃走了，只有他和另外两名士兵安全到达一条凹陷的小径。他们继续奔跑，拼命地想要到达下一个据点。"我回头看了看，"陶伯说，"我看到抵抗力量据点冒出了一股巨大的烟柱，我推测那里已经被完全烧毁了。"

*

在更往东的地方，步兵从剑滩向内陆推进，洛瓦特勋爵的突击部队向桥梁挺进，以便与空降部队会合。与此同时，在法军的带领下，第 4 突击队沿着城镇中车辆极少的街道和铁路线向里瓦贝拉（Riva Bella）推进，那里的老赌场已经成为一个全面据点（也就是 18 号抵抗力量据点）的中心。德军将赌场拆毁，重新建造成一个混凝土炮廊，并对许多海滨别墅进行了加固，将它们纳入防御工事网络。据点的周围是一条反坦克壕沟，还有机枪阵地、狙击阵地以及常见的铁丝网和雷区。现在，乌伊斯特勒昂的整个海滨地区成了一个废弃的城镇，平民被疏散到位于内陆几百码的横向公路的后面。虽然这里已经遭到了盟军的轰炸和炮击，但是，要想把守军赶出去绝非易事，尤其是在必须速战速决的情况下。

突击部队扔下沉重的装备，携带着步兵用反坦克发射器、手榴弹和火焰喷射器，以及机枪、斯登冲锋枪和步枪，准备进攻。他们以主要的横向公路和铁路线为推进轴心，向内陆推进。刚开始，他们轻易地绕过了德军建造的许多上层掩体。但是，当他们接近赌场时，他们遭到了猛烈的轰击，并再次遭受伤亡。菲利普·基弗尔上尉的大腿受伤，不得不接受治疗。如何到达赌场并发动袭击成了一个难题：他们不知道哪些房子是空的，哪些是有人住的。这时，休伯特·福雷遇到了一位法国老人列斐伏尔（Lefèvre）先生，他是住在横向道路南侧的平民，这条道路位于仍由平民居住的城镇里。

他主动提出为他们带路。他领着福雷和其他几个士兵来到能看见赌场的地方。在混凝土据点的顶部有一门 37 毫米的加农炮。福雷命令他的一个射手爬到附近的一个车库，对炮手进行狙击。福雷说："他没有打中炮手，但炮手击中了他，他被击毙了。"

基弗尔的大腿上缠着绷带，回到了队伍之中。每当有人靠近，德军的狙击手都会射击。一名年轻的突击队员罗林（Rollin）被击中。莱昂（Lion）医生去救他，但中枪倒下了，他的脑浆从头骨里流出来，尽管福雷看出来他还没有死。他们能听到不远处盟军坦克的声音，福雷建议基弗尔设法让这些坦克过来帮忙。不久，基弗尔坐在谢尔曼坦克的炮塔上回来了。赌场顶部的炮位很快就被击毁，但这位法国上尉再次被击中。"基弗尔真是太不谨慎了"，福雷坦言道。然而，坦克的到来改变了战斗的进程。炸弹穿过铁丝网和雷区，炸出一条路，突击部队得以进入据点的堑壕和地堡。到临近中午的时候，一切都结束了，赌场被占领了。法军和他们在第 4 突击队的战友们该向贝努维尔挺进了，以便支援桥上的空降部队。

*

直到上午 9 点，第 352 步兵师的总部才与迈耶上校联系上。他和部下已经走了 30 多英里，很多士兵是骑自行车的，既没有休息，也没有食物。现在，他们被告知向东撤回，准备从克雷蓬（Crépon）发起反攻，英军的格林霍华德步兵团第 6 营正前往那里。他们再次出发，不过现在已经是白天了，尽管云层很低，周围还是有许多盟军的战斗轰炸机。他的部下不得不频繁地丢弃自行车，寻找掩护。更重要的是，天气正在好转。到了上午 10 点左右，云层开始变薄。此时，战斗轰炸机不断地出现在他们的头顶上方，而且没有一架来自纳粹德国空军。在离目的地还有 15 英里的地方，迈耶命令他的部下扔掉自行车。他们将继续步行，不过，当他们最终到达目的地时，他们中是否有人还处于战斗状态，这就不得而知了。

　　但是，为了充分利用迈耶的部下，应当让他们在黄金海滩反击英国人，还是应当派他们去奥马哈海滩？毕竟，奥马哈海滩的距离更近。当齐格曼最终与恩斯特·哥特（Ernst Goth）中校（位于奥马哈海滩的第 916 掷弹兵团的指挥官）通话时，他听到的是海滩上一片混乱，到处都是死去的美军、烧毁的坦克和登陆艇。一开始，哥特的报告让他觉得德军已经掌握了形势，因此，把迈耶的战斗群派到克雷蓬是一个合乎逻辑的决定。但随后，哥特发来了更多让人警醒的报告。"我们的一些阵地已经停止射击，"他告诉齐格曼，"给他们打电话时，他们不再接听。"

　　事实上，每个地方都需要迈耶的部下，因为盟军已经在各个登陆海滩成功登陆。即使在奥马哈海滩（那里的沙滩上可以清楚地看到年轻美国士兵的鲜血），德国守军也无法与盟军海军的强大火力相抗衡，亦无法与盟军的庞大人数相较量。到了上午 10 点，奥马哈海滩的防守已经迅速瓦解，结果也没有什么疑问了。骑自行车赶来的精疲力竭的德国士兵能与美国进攻部队的火力和体力相比吗？当然比不了。为了将德军从持续恶化的灾难中拯救出来，德军需要的是火力：来自机动火炮——这些火炮速度快、高度灵活——的猛烈火力，只有那些训练有素、装备精良且积极性高的装甲师才能做到。被吓坏的年轻新兵、中年士兵、波兰人和俄国人是做不到的。

第 14 章　登陆日：立足点

　　弗里茨·拜尔莱因是装甲教导师的指挥官，最近才被晋升为中将。凌晨 2 点，他被国防军最高统帅部的瓦尔特·瓦尔利蒙特（Walter Warlimont）将军的电话叫醒，后者命令他的师进入戒备状态，并等待向卡昂进发的指示。在下达命令后，早上 7 点，拜尔莱因坐上一辆车，匆忙前往第七集团军的总部去见多尔曼将军。多尔曼向他发布了新的命令，要求装甲教导师必须准备好在下午 5 点出发。拜尔莱因提出抗议，他说在白天出发太早了，也太危险了。就算需要他们立刻出发，至少也应该等到黄昏。然而，多尔曼态度坚决。他说，装甲教导师必须在 6 月 7 日早上到达卡昂附近。他还让拜尔莱因采取完全不同的行军路线，走他的师仔细侦察过的路线。对此，拜尔莱因坚决反对。

　　拜尔莱因现年 45 岁，身材魁伟，皮肤黝黑，在与西方盟军作战方面经验丰富。他也是隆美尔的朋友和值得信赖的同事，曾在北非与隆美尔并肩作战。拜尔莱因不仅拥有指挥装甲部队的经验——例如他曾指挥过非洲军团——而且知道盟军的空中力量产生了毁灭性的影响。"在训练中，"他说，"我把所有的重点都放在了伪装上，以应对空袭。我们训练夜间行动，在树林和村庄里分散成小分队。"在过去的几周，他们的伪装训练非常成功，他的部队从来没有遭到过盟军飞机的袭击。他下令禁止军队白天在任何道路上行

进。但现在，他被告知要在光天化日之下出发。这太疯狂了。拜尔　
莱因明白必须尽快向前线进发，但他希望他的师能够全员到达，而
不是在途中遭到攻击。问题是，要想在一夜之间安全到达前线，这
是根本不可能的。

　　"夜晚非常短暂，"拜尔莱因说道，"在夜间，我们每小时最多
只能行走 10 或 12 公里。"这意味着它们在夜间最多只能行走 60 ~
70 公里（大约 40 英里），这是不够的。让装甲教导师和其他装甲
师（例如武装党卫军第 12 装甲师）驻守在离海岸太远的地方是一
个致命的错误。拜尔莱因说："我建议白天休息，第二天晚上继续
行军，但低估了盟军空军力量的多尔曼将军要求我们继续赶路，不
要停下来。"

　　在部署第 21 装甲师时，德军也出现了混乱。根据马克斯的命
令，福希廷格尔将军命令他的师进攻奥恩河东侧的英国空降部队。
第 2 营的指挥官汉斯·冯·卢克少校对迟迟不下达命令感到越来越
愤怒。夜间的几个小时是最理想的行军时间，整个师应该尽快向海
岸进发！但是，当福希廷格尔在上午 8 点左右发布命令时，冯·卢
克已经派遣半个营参与防御行动，他认为迅速进攻的关键时刻已经
错过了。"太晚了，太迟了！"他写道，"我们感到非常沮丧，非常
愤怒。"

　　之后在上午 10 点 35 分，马克斯的军团总部发来了新的命令。
此时，第 21 装甲师将进攻卡昂以北和奥恩河以西，而不是奥恩河
以东。计划的彻底改变导致该师陷入了混乱。他们已经走在前往奥
恩河以东的路上了，但他们不得不停下来，彻底改变行军路线。这
绝不是一项简单的任务。首先，必须通知所有部队（这些部队不
可避免地要分散开来），然后这些部队必须有条不紊地驾驶重型车
辆通过狭窄的道路，同时又要应对在头顶盘旋的敌机。那些已经到

达奥恩河以东的部队，如果他们想避免绕道而行，只能使用两座桥——一座在郊区，另一座是科龙贝勒（Colombelles）附近的铁路桥。卡昂已经在燃烧，大火弥漫，空气中浓烟缭绕。沃瑟莱（Vaucelles）郊区的许多街道上到处都是瓦砾，难民们逆着第 21 装甲师的车流向南逃窜。快速前进是不可能的。意识到这一点，第22 装甲团的指挥官赫尔曼·冯·奥佩恩-布罗尼科夫斯基上校命令他的士兵完全绕开卡昂；如果这意味着要走一段更长的旅程，那就这样吧——这总比在卡昂遭遇交通堵塞和可能被消灭要好。

事实上，德军既没有军队，也没有时间来扭转迅速失控的局势。马克斯拼命地救火，希望纠正他之前的错误判断。他的士兵在整个前线都承受着巨大的压力，由于他过早地向第 21 装甲师和后备部队指派任务，现在，他正试图堵住大坝上的漏洞。然而，他不断地改变命令，这只会使情况变得更糟，因为当部队改变方向时，就失去了更多宝贵的时间；每过一小时，盟军就会越来越站稳脚跟。

*

不过，对于守卫横跨卡昂运河和奥恩河的大桥并遭到了围困的英国空降部队来说，情况并非如此。那天一大早，丹尼斯·爱德华兹同牛津郡和白金汉郡轻步兵团 D 连的七人分队奉命到勒波尔（Le Port）村以便支援第 7 伞兵营的士兵，派恩·科芬上校和霍华德少校试图在两座桥梁的周围建立一个防御圈，这样便可以覆盖每一个通道。通过保卫勒波尔，他们从北面保护了飞马桥西侧的入口。

在前往勒波尔村的途中，爱德华兹和他的部下在一棵树下短暂停留。自从离开英国后，他们就没有吃过东西，现在又累又饿。突然，一挺德国机枪发出一长串射击，子弹打在他们头顶的树枝上，树枝和树叶如雨点般落在他们的身上。过了一会儿，派恩·科芬上校和一位年轻军官出现了，爱德华兹不认识这位军官。他是理查德·托德中尉，盟军早些时候派他去保卫勒波尔。

"这样可不行，老朋友，"上校转向托德，对他说道，"我们最好对付他们，嗯？"

爱德华兹看着他们匆匆穿过树篱的缺口，然后听到了几声斯登冲锋枪的射击声。接着是一片沉寂，几分钟后，那两个军官又出现了。

"好了，小伙子们，"派恩·科芬说，"我们把他解决了。"

爱德华兹和他的部下跟着他们来到了村庄，在那里，他们奉命去保卫教堂南侧的一排村舍。他们快速跑到其中一栋村舍的二楼，这时，他们才发现德军就在街对面的房子里。他们向对面的马路和窗户扔了几颗手榴弹，然后匆忙地从村舍的后面跑到下一个村舍。后来，他们意识到他们最好还是远离这里。当他们跳过屋后花园尽头的一堵砖墙时，他们用机关枪对着身后的花园一通扫射。

与此同时，理查德·托德中尉一直在四处奔波，试图把他连队里那些精疲力竭的士兵组织起来，并搜出狙击手。这时，两艘巡逻艇从大海的方向沿着运河缓缓驶来。当它们靠近时，托德和他的部下猛烈开火。在短暂的回击后，德国船员举起双手，从驾驶舱里走了出来。托德说："又可以给我们那天的战斗荣誉添上一笔了，我们还可以说自己打赢了一场海战。"

上午 10 点左右，托德开始担心起来。弹药都快用完了，而且在同派恩·科芬上校的谈话中，他得知士兵们已经精疲力竭。伤亡人数也在增加。德国狙击手的攻击非常有效，造成了致命威胁。

丹尼斯·爱德华兹和他的部下也在想，突击部队是否会出现。现在，他们在勒波尔教堂南面的一块田野里，在那里，他们有城墙作掩护，而且他们还可以从那里对教堂的大门和墓地周围的城墙进行射击。不久，一个德国士兵出现在教堂门口，接着又有一个德国士兵出现了。他们朝四周张望了一下，然后走到田野里。就在这时，爱德华兹和他的部下开枪了，当场将这两人击毙。没过多久，他们听到从教堂的另一边，在将教堂与大路隔开的那堵墙的后面，传来一个德国人发号施令的声音。爱德华兹和另一个士兵匆忙地跑进教堂墓地，在一个又一个坟墓的掩护下，他们到达前面的城墙，扔出几枚手榴弹，然后跑了回来。

"教堂里面的英国人，"一个声音喊道，"你们被包围了，你们是逃不掉的。放下武器，从教堂的门走出来，我保证你们不会受到伤害。"

这时，爱德华兹又派了两名部下冲进教堂墓地，扔下了最后几枚手榴弹。"那就拿去吧，"其中一个士兵机敏地大声回答道，"这就是我们的所有武器。"

现在，他们都不知道自己还能撑多久。所有的手榴弹都用完了，他们不知道还会发生什么——无论是登陆，还是在大桥周围的其他地方。突然，他们听到战斗的喧嚣声，而后渐渐平静下来，一片寂静笼罩着勒波尔。这很奇怪，但接着，爱德华兹听到空中传来一个尖细的、像芦笛一样的声音，听起来像女妖的哀号。刚开始，声音有点小，后来越来越大。

"是他们！"其中一个士兵喊道，"是他们，是突击部队！"

他们如释重负，但很快意识到，由于太兴奋了，他们把注意力从重要的事情上移开了：一名德国机枪手在教堂的塔楼上朝突击部队开火。他们向塔楼开了几枪，正打算冲进教堂。这时，他们听到

了谢尔曼坦克低沉的轰隆声和嘎吱声。过了一会儿，两辆坦克使用
75 毫米口径的大炮直接对着塔楼开火。炮火炸出了一个大洞，石
头和瓦砾掉了下来，这就是那个机枪手的末日。爱德华兹和他的部
下匆匆穿过教堂墓地，出现在道路上，迎接洛瓦特勋爵的突击
部队。

不久后，他们到达了两座桥梁，突击部队和装甲部队蜂拥着涌
过大桥，加入了争夺朗维尔和着陆区外的布雷维尔山脊的战斗。虽
然处境艰难，但守卫桥梁的盟军士兵还是坚持了下来，这证明了蒙
哥马利和邓普西利用洛瓦特的旅支援第 3 师的计划是正确的。虽然
战斗仍在进行，但到目前为止德军还没有发起集中反击。然而，这
只不过是时间问题罢了。

*

马克斯将军和第 352 步兵师的指挥官克莱斯将军正试图组织一
次集中反击，但收效甚微。卡尔·迈耶上校的部队还在经由诺曼底
返回的路上，这时，他们接到了新的命令：进攻卡昂，夺取连接卡
昂和巴约的横向道路。他联系上的第 716 步兵师的部队都将并入他
的战斗群。德军高层还向他许诺调拨第 352 步兵师的坦克歼击车营
的一个连，并配置突击炮和马德尔突击炮——带有固定机枪（而
不是炮塔机枪）的履带式装甲车。在答复这些最新的命令时，迈
耶有理有据地辩称，他的士兵们为了应对战斗轰炸机的攻击，被拖
住了很长时间，在突击炮到达之前，他们只能取得非常有限的
战果。

一小时后，也就是上午 11 点左右，迈耶再次接到电话。现在，
克莱斯已经作出决定，在中午的时候，登陆前线将会有一次协同发

起的大规模反击。迈耶的一个营将前往奥马哈海滩，帮助那里的部
207 队将美军赶回大海。其余部队将按照先前的命令向克雷蓬发起进
攻。然而，这个安排是一种毫无希望的乐观，因为迈耶的部队为了
躲避盟军的飞机，仍然分散在各处，而且没有迹象表明突击炮将到
达，运送突击炮甚至比运送步兵还要难。中午很快过去了，大规模
的反击又被推迟了两个小时。到了那个时候，奥马哈海滩上的德军
只能尽力填补防线上的缺口，至于发起一次真正的反攻，那就更不
用提了。

德军的问题正在迅速升级。对于第 352 步兵师的炮兵来说，炮
弹快用完了——到了中午，他们已经到了动用紧急储备的境地，这
意味着每小时只能发射三枚炮弹。许多军官和军士被击毙或被俘
虏，这意味着小分队的指挥官越来越少，严重不足。汉斯·海因兹
少尉被召回来指挥第 916 掷弹兵团的第 5 连。对他来说，这个安排
是幸运的，因为不久后，他守卫的 64 号抵抗力量据点被盟军攻占
了。很快，他就找到了自己的新连队，该连还吸收了第 8 连的大部
分成员。他们的身体状况还算不错，但大部分是俄国人，士气不
高；他们对头顶上有这么多战斗轰炸机感到特别不安。纳粹德国空
军不见踪影。此外，德军也没有派美国俘虏来帮忙。虽然该连得到
了大量的装备、口粮和香烟，但这只能说明他们的物资有多么
短缺。

此时，美军已经从奥马哈推进了相当远的距离。中午 12 点 30
分左右，位于内陆 1 英里的科勒维尔村被盟军攻下。弗朗茨·戈克
尔可能还在开火，但实际上，62 号抵抗力量据点已经孤立无援。
在向内陆推进的士兵中，有双胞胎兄弟鲍尔斯，他们穿过一条清理
出来的小路爬上了悬崖。到处都是"小心地雷"的标志，他们经
过一个受伤的士兵，他坐起来，半条腿被炸掉了。"他只是坐在那

里警告我们要小心地雷，"汤姆·鲍尔斯说，"我猜他还处于惊吓之中。"

然而，在奥古斯塔号上，很难弄清楚究竟发生了什么。"切特"·汉森上尉放眼望去，只能看到大量的船舰聚集在一起，稍靠后一点的重型战舰继续炮轰海岸。汉森登上一艘鱼雷巡逻艇，迅速靠近海滩，但除了看到一大堆登陆艇堵在岸边之外，很难弄明白战况到底如何。在返回奥古斯塔号后，他向布拉德利将军汇报了情况，然后与基恩将军一起前往指挥舰阿切纳号。在浏览了情报和最初的无线电报告后，他们仍然搞不清楚状况。汉森说："很明显，形势仍然不明朗。"

汉森和基恩回到奥古斯塔号，在吃完三明治后，他们被送往另一艘鱼雷巡逻艇，以便上岸探明情况，然后回来报告。他们在中途换了一艘希金斯船，而后到达了岸边。他们跳入 4 英尺深的水中。下午 1 点 30 分左右，他们在奥马哈海滩登陆。他们看到的是这样一幅景象：被撞得粉碎的登陆艇，背部已经断裂，到处都是数不清的四面体和其他障碍物，遍地都是碎片——子弹盒、丢弃的突击背心，还有许多尸体，这些尸体躺在他们倒下的地方，或者被上涨的潮水冲到岸上。有一具尸体漂浮在水中，但少了一条腿。汉森可以听到零星的小型武器的射击声，并看到一队士兵沿着雷区中清理干净的道路向悬崖走去。

他们遇到了滩勤队长——一个年轻的海军上尉。他告诉他们，他的指挥官受伤了。就在他们交谈的时候，一枚敌军炮弹落在了一群登陆艇的中间。部队匆忙爬上岸。另一枚炮弹飞过来，击中了一辆刚登陆的卡车，把司机抛向大约 30 英尺的高空，在那一瞬间，司机仿佛悬挂在空中，然后又落在了沙滩上，没有了生命迹象。滩勤队长告诉他们，一名推土机司机最近也被类似的炮弹抛向了天空，但他安然无恙地落下来，掸了掸身上的尘土，然后爬上了另一辆车。在战争中，这是一种难以解释的运气。汉森说："海滩上不断有炮火袭来，但不是很猛烈。这些炮火零零散散的，没有对部队造成太严重的骚扰。"

基恩认为他们已经看到足够多的战况，于是回到海上，向布拉德利进行报告。他们在奥古斯塔号的作战室里找到了布拉德利。他们描述了一幅稍微清晰一些的画面。犹他海滩的登陆进行得很顺利。在东侧的奥马哈海滩，第1步兵师的第16步兵团登陆了，随后第18步兵团也登陆了，但这两个部队的伤亡都很高。太多的军官和指挥官被杀或受伤，随后局面有些失去控制。虽然他们正在攻击防御工事的中心部分，但西侧仍在开火，造成了更多的伤亡，也给舰艇卸员带来了更大的困难。

汉森说："布拉德利丝毫不担心。"后来，在战争结束很多年后，布拉德利声称他当时非常担心，甚至私下考虑过撤离海滩。说他不担心，这似乎不太可能，而且这个说法很可能出自战后对"血腥奥马哈"的重述，而不是他当时的感觉。他当然担心了。他的许多部下被杀或受伤。遇上这样的事情，任何指挥官都会感到心情沉重，尤其是像布拉德利这样正派的人士。但事实是，直到下午2点左右，布拉德利还不清楚到底进展得怎么样了，等到他知道的时候，奥马哈战役的结果已经毫无疑问了，而且一段时间内也没有疑问了。一旦据点开始遭到摧毁，奥马哈海滩的防御工事——这些防御工事都是绣花枕头——就会瓦解。这又变成了一个简单的数学问题，因为盟军投入的兵力和向德军投掷的火力都是巨大的，但德军的回击就不是这样了。

这时，卡尔·韦格纳也在挣扎着坚持下去。早些时候，一名年轻的新兵从邻近的一个据点来到他们的地堡，他受到了惊吓，烦躁不安。他的军官被一些想逃跑的俄国人击中背部，他担心自己的安危，于是跑到了下一个据点（71 号抵抗力量据点），也就是韦格纳的基地，但他的腿部被榴霰弹炸伤了。二等兵朗被激怒了，他怒气冲冲地跑到那个据点，向地堡扔了几颗手榴弹。在跑回来时，他差点被海滩上的机枪炮火炸成两半。韦格纳和留在地堡里的两名战友胆战心惊地看着这一幕的发生。

这个举动最终是要韦格纳担责——他不想承担这个责任。不久后，他们意识到只剩下一条 50 发的弹药带了——先前有 15000 发子弹。他决定用这些子弹来帮助他们逃跑。他们有两枚手榴弹，可以从两边扔出去。在手榴弹爆炸时，韦格纳将利用浓烟掩护自己冲向最近的堑壕，然后，他将利用最后的子弹来掩护另外两名战友。"我们都蹲在入口处，"韦格纳说，"我深吸了一口气，向他们点了点头。两枚手榴弹同时扔了出去，随后发生了爆炸。我冲出了门口。"

下午 1 点 30 分左右，汉斯·海因兹少尉终于发起反攻，但这次反攻远远谈不上是一次协同反击；相反，它相当于一次局部行动，旨在夺回 62b 号抵抗力量据点，这个据点是一个地堡综合体，为更深入内陆的 62 号抵抗力量据点提供支援。他和部下成功击退了一小群美军，这些美军正在向 62 号抵抗力量据点和 64 号抵抗力量据点之间的内陆推进。然后，他们夺回了 62b 号抵抗力量据点，但遭到美国海军炮火的轰击。海因兹尽可能地坚持下去，希望大规模的反攻能够解救他们，但这个愿望没能实现。他无法通过无线电设备与德军联系，这对他们毫无益处。他说："过了很长一段时间，我知道我们无法再坚持下去了。我命令士兵们尽量只身从炮击中逃生，不要成群结队。这是从那场可怕的轰击中活下来的唯一途径。"

210

下午 3 点 50 分，卡尔·迈耶上校终于报告说，他的步兵已经收到了承诺已久的突击炮，现在正朝着阿内勒（Asnelles）和克雷蓬的方向——黄金海滩的内陆地区——进攻。一开始，他们击退了英军，但是，英国士兵负隅顽抗，随后盟军的增援部队赶到了，离岸的海军大炮继续开火，战斗轰炸机进行了地狱般的轰炸，所以迈耶的人很快就撤退了。下午 5 点 30 分，又有电报抵达第 352 步兵师的总部。电报上说，迈耶的战斗群正在撤退，要不然他们就会遭到蹂躏。步兵营和第 915 掷弹兵团失去了联系。还有更糟糕的消息。"指挥官迈耶上校，"电报上还写道，"很可能受了重伤，被敌人抓住了。"事实上，他死了，这是在那天阵亡的另一名德国指挥官。

舍伍德游骑兵团参与了对抗迈耶反击的行动。他们帮助攻占了里村，然后继续前进。斯坦利·克里斯托夫森指挥的第 A 中队的目标是可以俯瞰巴约镇的高地，他们要用步兵和埃塞克斯游骑兵团的炮兵进攻那里。可是，克里斯托夫森找不到埃塞克斯游骑兵团的指挥官，因为他没能如期赴约。一想到要坐着坦克经历缓慢、麻烦的痛苦旅程，克里斯托夫森就没了兴致，但后来，他看到房子外面拴着一匹备好鞍的马。他把马牵走了，并骑着马飞奔而去。"即使在我最疯狂的梦中，"他写道，"我都没有想过，在登陆日那天，我会穿着黑色的工作服，戴着一顶铁皮帽，一只手竭力控制一匹受惊的马，但不是很成功，另一只手抓着地图，沿着诺曼底的小路狂奔！"不过，他最终找到了埃塞克斯游骑兵团的指挥官，看到他骑在马上，指挥官有些吃惊。克里斯托夫森建议他们立刻进攻，当晚就拿下巴约，但指挥官更希望等到第二天早上再行动。

在朱诺海滩，加拿大军队取得了非常好的进展，尽管在拿下圣欧班后，"鲍勃"·罗伯茨经历了一件非同寻常的事情。下午晚些

时候，他们正在围捕一些俘虏。这时，他们突然被平民包围，向他
们提供饮料，感谢他们解放了自己。一个姑娘（罗伯茨估计大概
有 18 或 19 岁）突然走上前来，要求看一看他们的斯登冲锋枪。罗 211
伯茨的一个战友把枪递给她，她把枪举到自己面前，正瞄准时，一
个法国老人突然上前向她开枪。"朝她的两眼中间开了一枪，"罗
伯茨说，"他说：'她正要朝你开枪。她是一个通敌者，她差点就
要杀了你。'"这件事给罗伯茨留下了深刻印象。"我们突然意识
到我们真的处于战争状态。"

在稍稍往西的地方，女王直属步枪团也在向前推进。他们先是
攻下了贝尔尼埃，然后向内陆推进了大约 7 英里。"我们沿着田野
走，"查理·马丁说，"尽力辨认那些有冲沟的、有泥坑的和低洼
的地方。"下午晚些时候，A 连的残余部队以及 C 连和 D 连占领了
昂盖尔尼（Anguerny）村，D 连攻下了阿尼西（Anisy）村。他们
都完成了登陆日的目标。

*

总的来说，盟军在这一天进展得很顺利，地面部队都登陆了，
并得到了离岸海军大炮和空军的大力支持，空军似乎在天空中肆意
袭击，投掷炸弹，扫射任何移动的东西。在剑滩，突击部队已经实
现了他们的目标，证明了作为第 3 步兵师的前线冲锋部队，他们的
表现非常出色。但是，通往卡昂（登陆日的一个主要目标）的道
路不是很顺利。蒙哥马利和邓普西都遭到了严厉批评，因为他们给
了第 3 步兵师一个过于雄心勃勃的目标，却没有相应的工具或计划
来实现它。批评的理由是，他们把太多的注意力放在了如何到达海
滩上，而不是如何向内陆推进。

　　然而，这些批评可能有点苛刻。因为不仅历史上有实现此类目标的先例，而且他们已经为夺取卡昂制定了相当周密的计划。第 8 旅的步兵将率先登陆，他们将沿着又长又低的山脊向内陆走大约 1 英里。随后登陆的第 185 旅的两个营以及斯塔福德郡游骑兵团的坦克将从他们旁边经过。计划制定者认为，一旦占领了 16 号抵抗力量据点和 17 号抵抗力量据点，那么通往卡昂的道路就会畅通无阻，这个想法是正确的。在这个假设中，他们的思路是相当正确的，尤其是因为德军第 21 装甲师的坦克决定绕过卡昂的南部，然后朝北转向海岸。在去年 7 月的西西里岛，大部分军队都是步行到达锡拉库扎的，即便如此，盟军也不能期望所有的部队都能在登陆日步行到达目的地。在理想的情况下，步兵本应乘坐半履带车和卡车，这样一来，英国军队就可以得到充足的兵员。然而，由于没有足够的运输工具，也没有足够的坦克和王家工兵装甲车，第 8 旅只能步行向山脊前进；不过，跟在后面的一个营的步兵将乘坐坦克，并且获得了工兵和炮兵的支援。实际上，这个营相当于一个装甲战斗群。

212

　　当然，他们也制定了一个夺取卡昂的计划，而且在当时的情况下，这个计划并非不合理。问题在于执行，因为斯塔福德郡游骑兵团的坦克离开海滩的时间比预期的要长。这在很大程度上是因为潮水比平时高得多，这是没有预料到的。这意味着，坦克只能在一小片狭长的海滩上行驶；此外，盟军未能在雷区中迅速清理出足够多的通道。结果就是士兵和车辆拥挤堵塞，离开海滩的速度要比预期的慢，这意味着，虽然步兵在上午 11 点前就准备好了，但一同前行的装甲部队却没有准备好。

　　第二个问题是，路德维希·克鲁格上校在 16 号抵抗力量据点和 17 号抵抗力量据点建造了防御网络，英军将它们分别称为"莫里斯"和"希尔曼"。英军对这些防御设施进行了准确评估，并进行了猛烈轰炸和炮击。"莫里斯"位于斜坡脚下，拥有 4 门 105 毫米口径的大炮，从理论上讲，它可能是一个难啃的硬骨头。事实上，驻扎在那里的敌军（大部分是东方部队）对酿酒更感兴趣，而不是守卫炮台，所以很快就投降了。英军轻而易举地攻下了"莫里斯"。"希尔曼"位于后面的山脊上，情况就完全不同了。在这里，克鲁格亲自指挥；他对士兵进行了很好的训练，还建立了一个组织严密、协同合作的防御阵地；他绝对没有不战而降的打算。不管怎样，"希尔曼"之前没有遭到更有力的打击，这不是蒙哥马利或邓普西的错。没有人能预料到，在诺曼底海岸的所有据点中，它是组织最严密、防御最好、领导力最佳的据点。事实上，大约有150 名士兵在守卫"希尔曼"——几乎是守卫奥马哈海滩上 62 号抵抗力量据点人数的五倍。

它的面积为 600 码×400 码，正好位于英军向卡昂挺进的道路上。周围设置了密集、有效的雷区，还可以看到数不清的机关枪、迫击炮和托布鲁克火炮，每一种都能进行有效的连锁射击。第 8 旅的萨福克步兵团奉命攻占"希尔曼"，这其中就包括亚瑟·布利泽德和先遣排。他非常高兴，都不想卸下自登陆以来一直带着的班加罗尔鱼雷。下午 1 点左右，他们和王家工兵队的工兵一起准备在铁丝网上炸出缺口。布利泽德设法炸出一个很大的缺口，但在炸的过程中，他遭到了猛烈的攻击。"我差点就把这事搞砸了，"他说，"不过，我最后侥幸做成了。"其他人就没这么幸运了。伤亡人数迅速增加，其中就有一些军官和军士；领导这次攻击的 A 连指挥官杰夫·赖利（Geoff Ryley）上尉是第一批身亡的军官之一。

萨福克步兵团被迫撤退，等待斯塔福德郡游骑兵团和第 13/第18 轻骑兵队的支援，尽管他们本应作为装甲部队的一部分和第 185旅的步兵一起向卡恩进发。与此同时，王家诺福克步兵团第 1 营试

213

图绕过左边的阵地，但遭到了机枪和迫击炮的扫射，一转眼就有 150 人伤亡。英勇、坚决地守卫克鲁格上校的据点的士兵是那些表面上看来很可能早早认输的人，但实际上，他们极大地阻碍了英军向卡昂挺进，导致英军耗费了大量的时间，以便利用坦克和大炮来组织更加协调一致的进攻。亚瑟·布利泽德最终使用了他的"蜂箱"，尽管它在一个特定的混凝土炮位上炸出了一个大洞，但仍然不足以在克鲁格据点的卓越防御工事中炸出一条通道。"我们真正想要的是另一个工具，"布利泽德说，"我们试着找一辆坦克，把它的炮塔扔过去。但是，当我们真正这样做的时候，我们无法像想象中的那样随心所欲。"

*

犹他海滩的装甲部队和步兵已经和第 101 空降师的士兵会合。在布列库庄园，迪克·温特斯对火炮阵地进行了攻击，在攻击后撤退到庄园周围的德国守军已经被消灭了。然而，卡尔·兰博和他的坦克乘员却被困住了；在穿过雷区后，他的 DD 谢尔曼坦克就停了下来，没法重新运转。它把路给挡住了，于是，一辆推土机把它推了出去，随后它陷入一个水淹区。他们回到海滩上，试图寻找另一辆可以使用的坦克，但没有找到。于是，第 70 坦克营的其他成员没有带上他们，继续向内陆进发。

在谢迪蓬（Chef-du-Pont）村和拉菲尔村周围的水淹区的另一边，在经历了多事的一天后，马克·亚历山大中校奉命担任第 505 伞降步兵团第 1 营的临时指挥官。登陆后不久，他就遇到了第 1 营的指挥官弗雷德·凯勒姆（Fred Kellam）少校，他们和大约 40 名士兵一起向第 505 伞降步兵团的着陆区的西南方向前进。在穿过连

接圣梅尔埃格利斯和瑟堡的主干道时，他们听到一个小型车队从北 214
面向圣梅尔埃格利斯镇驶来。伞兵迅速伏击好，开枪打死了 20 多
名德国士兵，缴获了大量通讯设备。

他们继续前进，亚历山大成功到达了第 505 伞降步兵团的指挥
部。作战指挥官和一小队参谋人员已经在那里搭起了一个帐篷，用
无线电设备与其他部队联系。圣梅尔埃格利斯的部队击退了德军的
反攻，凯勒姆和他的士兵——随着时间的推移，他们的人数不断增
加——向梅德列进发，那里正在发生激烈的战斗。

就在中午前，指挥部接到消息，凯勒姆、第 1 营的作战指挥官
和一名连长都阵亡了。亚历山大的任务是从指挥部那里接手第 505
伞降步兵团，但由于许多军官被杀，急需领导，于是，他急匆匆地
和勤务兵"奇克"·埃特尔曼（"Chick"Eitelman）下士一起前往
拉菲尔。途中，他们与一些德国士兵短暂交火，埃特尔曼的腿部中
弹。尽管亚历山大一再劝埃特尔曼放弃，但后者还是坚持和他一起
去。下午 1 点 30 分左右，他们到达了穿过拉菲尔的铁路道口。在
那里，一座大桥横跨在河上，一条堤道穿过水淹区，通向大约四分
之三英里外的考奎尼（Cauquigny）村。德军使用 1940 年代制造的
法国旧坦克隔着堤道进行反击，但伞兵压制住了他们。尽管如此，
德军仍在向伞兵的阵地发射大量的火炮和迫击炮弹。伤亡人数还在
继续增加。弹药也越来越少。

下午的晚些时候，亚历山大带着一名军医从一个散兵坑匆匆赶
到另一个散兵坑，以救治那些受伤的士兵。他们发现一个还活着的
士兵，但他失去了一块一美元大小的头骨，露出了他的大脑。他们
把他抬起来，正要带他去救护站。这时，德军进行了一连串集中射
击。亚历山大说："他们就要把这个地方给炸烂了，泥土和岩石向
我们飞来。"他和医生坐在散兵坑里，试图保护那个受伤的人，他

们的耳朵嗡嗡作响。

与此同时，在不远处的拉菲尔的铁路道口，杜博克一家继续为美国伞兵提供庇护和帮助。热纳维耶芙的父亲用船从水淹区带回了一个受伤的美国人，她帮着把这个士兵扶回家。"我从来没见过这么严重的骨折，"她写道，"骨头已经穿透了皮肤和皮靴。"这名士兵急需医生，但他们的通讯设备被切断了。更糟糕的是，家里既没有消毒剂，也没有医用敷料。他告诉他们，他的名字是乔治·温盖特（George Wingate）中尉。"妈妈用的是开水和苹果烧酒，"热纳维耶芙写道，"我们不知道自己的做法是否正确。"尽管敌人从远处开火，杜博克先生仍把船开进水里，以便救援更多的士兵，他的女儿则在照顾温盖特中尉。对于保卫拉菲尔的美军来说，以及对于突然戏剧性地卷入这场战斗的杜博克一家来说，情况一点儿也不乐观。

*

6 月 6 日上午 10 点左右，阿道夫·希特勒起床了，并得知了盟军登陆的消息，但他却像往常一样搪塞推诿。他和国防军最高统帅部的官员们都不确定，盟军在诺曼底发起的进攻会不会只是一次转移注意力的行动。尽管盟军拥有大量的物资，但不清楚盟军将如何发起第二次登陆。坦率地说，虽然盟军的第 617 中队（"大坝摧毁部队"）故意误导了他们——之前在穿越英吉利海峡时，第 617 中队进行了一次聪明而又出色的飞行，他们采用箱形编队，让德军的雷达误以为登陆部队正朝着加来方向前进——但他们的想法还是让人难以置信。

直到下午 2 点 32 分，德军高层才同意调动党卫军第 12 装甲师；直到下午 4 点，才允许抽调剩余的装甲后备部队。也是在下午

4 点，在第一次报告敌军登陆后的大约 16 个小时，党卫军第 25 装甲掷弹兵团（隶属于党卫军第 12 "希特勒青年团"装甲师）终于接到命令，攻击卡昂西侧卡尔皮凯（Carpiquet）空军基地附近的地区。"时候到了！"兵团指挥官、党卫军旗队领袖库尔特·梅耶（Kurt Meyer）写道，"士兵们爬上汽车。传令兵骑着摩托车在街上呼啸而过；战斗车辆的发动机在轰鸣。"梅耶 33 岁，已经是德奥联军的一名老兵，参加过奥地利、波兰和法国的战役以及东线的战役。他的父亲是耶克斯海姆（Jerxheim）的一名煤矿工人。他很早就皈依了纳粹主义，19 岁时入党，1931 年 10 月加入党卫军，那时他才 20 岁。他在战争期间曾说："我把国家社会主义当作一种宗教来信仰，把它当作我的生活，不管它叫作国家社会主义，还是其他什么称呼。我意识到，那是德国人民唯一正确的生活，否则我们的文化就会走向毁灭。"最初，梅耶是党卫军的一名警察。很快，216他就被注意到了，并被邀请加入阿道夫·希特勒警卫旗队——元首的私人卫队。这些战斗部队最初叫"党卫军特别机动部队"，后来成为武装党卫军的一部分，而包括狱警在内的党卫军警察和情报部门则是普通党卫军的一部分。

　　梅耶坚强、勇敢，是一个天生的领导者。他一次又一次地证明自己，因为他总是冲在最前面，他还拥有敏锐的战术头脑。在战争的早期，他一直在党卫军警卫旗队工作，无疑，他的双手沾满了鲜血：在 1943 年初的哈尔科夫战役①期间，他下令焚烧一个村庄，处决了所有村民。这样做的人并非只有他一个，也不是只有武装党

---

　　① 系德国南方集团军群在 1943 年 2 月 19 日至 3 月 15 日围绕哈尔科夫对苏联发起的一系列攻势行动。德军的行动代号为"顿涅茨克行动"，而苏军则称为"顿涅茨克哈尔科夫行动"，德军的反攻消灭了苏军的大约 52 个师，并重新占领了哈尔科夫和别尔哥罗德。

卫军才这样做；在一场与苏联对决的战争——这场战争是以特别残酷的暴力方式进行的——中，许多国防军的指挥官都实施了类似的暴行。支撑梅耶思想的是对共产主义的极度憎恶。1944 年 6 月，他最大的恐惧仍然是德国人民被共产党消灭。

他曾猜想，在不久的将来，德国会与西方民主国家联合起来对抗苏联的威胁。然而，那是以后的事情。眼下，面对即将到来的几天和几周，他的心里非常焦虑。他写道："我们知道眼前发生了什么。相比之下，那些出色的年轻士兵都笑眯眯地看着我们，他们一点儿也不怕。"至少他知道自己把兵团训练得很好。该师于去年夏天成立，梅耶确保让那些狂热的年轻士兵（几乎都是十几岁的年轻人）避免参加演习，而是集中精力锻炼身体，学习盖尔·冯·施韦彭格将军提出的战术和作战技巧。施韦彭格是西线装甲集团的指挥官，负责训练装甲部队。梅耶还确保他的部队能得到额外的口粮，以便在国内实行严格配给的情况下，士兵们仍能拥有更加强壮的身体。当他们奔赴战场时，他为他们感到骄傲。他说："他们深信德国的战争大业是正确的、正义的。年轻的士兵们训练有素地走上战场。很少有像他们这样训练精良的师团。"这个说法可能有点夸张，但第 12 "希特勒青年团"装甲师和装甲教导师都是完全机动化的，他们训练有素、装备精良。这些士兵积极性很高，纪律严明。在行军中，这些部队给人留下了深刻印象：体格健壮，穿着最新的制服，乘坐一排排坦克、装甲车、半履带车和其他车辆。这与海岸上那些不够坚韧、训练不足、装备不良的步兵师形成了鲜明的对比。

217

*

下午的晚些时候，汉斯·冯·卢克少校率领的第 2 营的大部分军队终于开始行动了。他们的目标是向北推进，消灭朗维尔附近的英国红魔鬼①和突击部队，重新夺回两座大桥。他的侦察营配备有半履带车和装甲车，在一个装甲连的支援下，该营直接进入攻击状态，并到达了朗维尔以南的埃斯科维尔（Escoville）村。冯·卢克写道："顿时一片混乱。口径高达 380 毫米的最重型的海军炮，还有大炮和战斗轰炸机不停地攻击我们。"

由于无线电通讯中断，该营突然停止攻击，士兵们拼命寻找掩护，伤员络绎不绝地被送走。冯·卢克急忙联系前线指挥官，让他们停止进攻，准备掘壕固守。然而，在第 21 装甲师中，并非只有他的部队被勒令停止进攻。奥佩伦-布罗尼科夫斯基上校的装甲部队也停止了进攻。装甲部队吃力地沿着卡昂的南部边缘缓慢移动，由于夹在位于剑滩和朱诺海滩的英军和加拿大军之间进退两难，部队便向北推进。这时，不幸的事情发生了，斯塔福德郡游骑兵团看到了他们的到来，并将谢尔曼萤火虫坦克开进了埋伏的位置。这些坦克装备有 17 磅重的反坦克炮，这种武器能以每秒超过 3000 英尺的速度发射炮弹，比德国 88 毫米口径的大炮还要快。这些萤火虫坦克很快就解决了奥佩伦-布罗尼科夫斯基的装甲部队；短短几分钟，它们就击毙了 13 个士兵。装甲部队的一些士兵继续向前推进，到达了海岸，但没有取得什么进展，很快就全部撤退了。这次有计划的大规模反击既没有足够的兵力，也没有得到应有的配合，最后失败了。随着时间的流逝，盟军建立了越来越多的立足点。

德军也从奥马哈海滩撤退了。和卡尔·韦格纳一样，弗朗茨·戈克尔的弹药也用完了，并被美军包围了。戈克尔和死里逃生的战

---

① 系大名鼎鼎的英国"红魔鬼"伞兵团。在第二次世界大战中，他们佩戴红色"飞马"臂章，头戴红色贝雷帽，以神速摧毁了德军秘密的核反应堆原料工厂，从此名声大震。

友们放弃了他们的地堡，蹲伏着身子行走，然后匆忙跳进通讯壕，试图逃跑。然而，不幸的是，堑壕弯弯曲曲地向山上延伸，盟军可以看得一清二楚。其中一个士兵头部中枪身亡，另一个士兵受伤。之后，戈克尔的手被击中了。一名战友迅速地帮他包扎好，然后他们继续前行，先是爬着走，后来跑了起来。他们沿着树篱缓慢移动，穿过田野，朝着科勒维尔的方向前进。最后，他们到达了科勒维尔村边缘的一个连队指挥部，却得知此刻美军已经控制了这个村庄。很显然，圣洛朗村（科勒维尔以东的另一个村庄）也落入了美军的手中。连长被杀。戈克尔写道："对于我们这些受伤的人来说，我们在这里得不到任何保护。敌机不时飞过，对看起来像是运载军队的任何东西进行攻击。"

戈克尔和其他伤员被塞进一辆卡车，然后卡车飞快地将他们送往巴约的医院，远离了那一天在海岸上发生的暴力和恐怖战斗。在卡车上，戈克尔看到了登陆舰队在海上航行，一个个巨大的、具有威胁性的防空气球①在空中飘浮。死牛的尸体遍布田野，路上堆积着大量碎石；在稍远一点的地方，一个安葬小队正在埋葬一些死者。最后，卡车不能再往前走了，于是，那些还能走路的伤员被告知需要步行到巴约。当他们在路上艰难跋涉的时候，一些农民用手推车搭了他们一段路。"即使这样，"戈克尔补充道，"我们也无法避开战斗轰炸机。"

与此同时，卡尔·韦格纳和两名战友已经走在通往维耶维尔村

---

① 系一种连接着金属线的气球，主要用于防空。二战期间，英国和美国都曾使用过防空气球，英国还建立了王家空军气球部队来保护大城市或重要地区（如工厂区、码头或海港）。防空气球的金属线可以阻碍战机攻击，或者与低飞战机相撞，使其撞毁。其中有些气球甚至在金属线上装上炸药，以确保能彻底摧毁敌机。由于金属线较重，防空气球难以飞高，只能防御低空飞行的战机。

的路上。他们仔细观察着天空，朝着村庄的方向行进，但发现路上躺着许多尸体。"看起来好像是一架战斗轰炸机在空旷的地方对他们进行了攻击"，他说。他们遏制住恶心感，在尸体中搜寻弹药。没过多久，他们遇到了其他几名士兵。一名三级中士让他们集合。在从另一名掉队的士兵那里得知维耶维尔已经落入美军的手中后，他们很快就掉头离开了村庄。他们继续向西跋涉，直到遇到了其他军队，其中有几名军官，他们在一棵树下躲避战斗轰炸机。其中一名军官问他们在做什么，从哪里来，但没有一个人回答，他们害怕自己说错话，被当成逃兵遭到射杀。韦格纳和他的两个朋友被派往第 914 掷弹兵团的 4 连，并被告知前往奥克角，美军已经控制了那里的炮台。他们的任务就是把奥克角夺回来。韦格纳获得了几发木制子弹。这种武器通常只在训练时使用，不过，它能让敌人低下头——至少他是这么被告知的。

　　盟军的空军战术部队在诺曼底几近自由地肆意轰炸。这天，西侧大约只有 800 架纳粹德国空军的飞机，其中只有 120 架是战斗机。其中一架飞机是由沃尔夫冈·费希尔少尉驾驶的。上午 9 点 30 分左右，他和其他 11 人乘坐福克-沃尔夫 190 战斗机起飞。这种飞机的各个机翼下面装有火箭发射器，俗称"呻吟米妮（Moaning Minnie）"，也称"速射迫击炮"。他们奉命向登陆舰队开火。当他们到达诺曼底海岸时，费希尔被盟军的登陆规模吓呆了。他们绕着圈子，没有受到盟军飞机的干扰。然后，在仔细瞄准一艘大型战舰后，费希尔开火了。这是他第一次这么做，他着实吓了一大跳。他不知道它们是否真的击中了战舰，但现在他没有受到阻碍。他转向海滩，在 900 英尺的空中飞行。他写道："我向地上成群结队的大量士兵和物资开火。我发射了两枚火箭弹，燃起了壮观、嘈杂的烟花，之后，我的炮声被发动机的轰鸣声淹没，这炮声听起来就像是不会打伤人的玩具枪发出的砰砰砰的射击声。"

　　这是纳粹德国空军极其罕见的一次突袭，然而，在这场战斗飞行中，德军一整天只飞行了大约 80 架次。相比之下，盟军空军达到了惊人的 14674 架次。那天，"加比"·加布雷斯基飞了 4 次，阿奇·莫尔特比飞了 3 次。在奥马哈海滩的上空，莫尔特比看到下面的战斗正在激烈地进行着。他甚至看到海滩附近已是血染大海。"肯"·亚当和第 609 台风战斗机中队的飞机正在向内陆进发，在利雪附近，他们袭击了拜尔莱因指挥的装甲教导师的一小队人马，这支队伍正在赶往前线的途中。那天痛击装甲教导师的并非只有亚当和他的机组人员。

*

　　晚上 9 点左右，隆美尔元帅终于到达了拉罗什盖恩，那时，德军试图发起的所有反击都被击退了。就连"希尔曼"最后也被攻下了，尽管克鲁格上校直到第二天早上才走出地堡，亲自投降。随着夜幕降临，盟军已经在整个登陆前线建立了所需的立足点。然而，接下来的几天将是十分关键的。向前线运送人员和物资的竞赛正在展开，在努力赢得这场特殊竞赛的过程中，盟军空军发挥了至关重要的作用。

　　前线的伤亡人数非常多，尽管在美军看来，伤亡可能没有人们通常认为的那么多。第 29 步兵师损失 321 人；第 1 步兵师损失 107 人；第 5 军（包括坦克乘员和游骑兵）死亡 349 人；美国海军和王家海军共损失 65 人；盟军在奥马哈海滩死亡 842 人，约占登陆日总登陆人数的 2.8%。损失是很大，但它并不像最初预计的那样糟糕，也不像故事里描述的那样糟糕。盟军在奥马哈海滩的伤

亡——死亡、受伤和失踪——总数更高，达到了 4725 人。此外，
德军建造的大部分海岸防御工事的外围都被清除了。确切的数字无 220
法确定，但是，第 716 步兵师已经不再作为一支战斗部队存在了。
虽然卡尔·韦格纳和弗朗茨·戈克尔等人在大屠杀中幸存了下来，
但他们发现自己置身于陌生的面孔中，又累又饿，几乎不明白究竟
发生了什么。

　　在朱诺海滩的南侧，查理·马丁忍不住流下了眼泪。他的连队
死了一半的人，和他一起生活、训练了多年的士兵遭到了轰击，有
的死了，有的受伤了。快到午夜时，发生了一场短暂的交火，几个
德国士兵被俘虏了。没过多久，马丁发现有人点了一支烟，便大声
叫他把烟掐灭。原来这人是指挥官乔克·斯普罗格（Jock Sprogge）
中校。"查理，"斯普罗格忍气吞声地承受着查理的责骂，然后说
道，"今天真是令人伤心的一天。我们失去了那么多优秀的士兵。"

　　无疑，这是令人伤心的一天——非常可怕，充满了难以想象的
暴力。然而，聚集在诺曼底的不仅有更多的盟军部队和补给，还有
整个德国武装部队中最优秀的军队。德国面临的困境是，他们训练
有素、装备最好的部队都是机动部队——装甲师——这些部队没有
驻守在大西洋壁垒的外围。如果他们驻守在外围，那么情况可能会
完全不同，但他们的本质特点意味着德军只能将他们部署在内陆，
即使隆美尔为所欲为，他们仍然不可能一直驻守在海岸。缘于此，
盟军遭遇的士兵不是年纪太大，就是年纪太小，不是刚刚伤好复
原，就是违背自己的意愿被拖进前线。德军曾经组建过一个步兵
师，里面都是年轻、精瘦、健康、斗志昂扬的士兵，但到了战争的
第 5 年，他们都死了，因为在遥远的土地——苏联、北非、地中
海——上长年战斗而损耗殆尽了。

　　然而，装甲师——配备了强大的火力，拥有德国军火库中最好

的武器——中也有年轻、精瘦、健康、斗志昂扬的士兵。尽管德军面临着无数的问题，但对于同他们作战的任何人来说，这些部队仍然构成了巨大的威胁——尤其是在诺曼底这个艰苦的战场。在接下来的几个星期，装甲师将在法国西北部的这个角落集结，其密集程度是这场战争中的任何地方都达不到的。虽然登陆日非常可怕，但在诺曼底战役最终结束前，它只是接下来 76 个漫长、艰难、残酷日子的第一天。

第1步兵师第26步兵团的列兵文森特·卡莫兹在疲惫地揉眼睛。

第三部分

消 耗

第15章 桥头堡

目前，德国在诺曼底的兵力大约为78000人，相当于登陆日当 天盟军人数的一半。虽然并非所有的德军都在守护外围，不过，如果想要在进攻时占据优势，那么进攻人数必须是防守人数的三倍，但盟军没有达到这个标准。这也是盟军在接下来的几天里紧急集结部队的另一个原因。更重要的是，西线总司令部大约有880000人，这是一个很大的数字。理论上，他们中的大多数都可以被派往诺曼底，尽管盟军空军正在尽最大努力确保不让这个情况发生。

6月6日晚，迪克·特纳少校带着他的第356战斗机中队（第354战斗机大队的三个中队之一）来到了英格兰南部海岸的克赖斯特彻奇（Christchurch）。但是，第二天凌晨，他早早地起床了。不久，他向飞行员发布了作战指示。他们计划直接飞到滩头阵地，为登陆前线提供一小时的空中掩护。天刚亮，他们就开着野马战斗机向英吉利海峡进发了。云层有些低，所以他们飞得很低，大概在4000英尺，这意味着他们看到了大量的碎片：飞机的碎片、油污块和其他漂浮物。

当他们接近海岸时，特纳看到许多船只、小船和登陆艇在海面上铺展开来，绵延数英里——这是一种肉眼可见的令人难以置信的力量展示。尽管机翼上喷有表明登陆含义的条纹，但在经过战舰时，他还是来回晃动机翼，然后带领中队沿着海滩飞行。地面上到处都是物资和车辆，他甚至可以看到一队队的士兵和车辆稳步地向内陆推进；毫无疑问，盟军已经站稳了脚跟。他说："从4000英尺的高空往下看，一切都那么井然有序、平静祥和，但偶尔可以看到半沉的船舰、燃烧的车辆或一些无法辨认的残骸。"他一直伸长脖子寻找德国的战斗机，但只看到一架战斗机试图低空潜入，两艘巡洋舰向它交叉开火，很快它就被击中了，拖着长长的火焰坠入大海。

那天早上，第354战斗机大队的野马战斗机中队并非滩头阵地上唯一的战斗机中队。对于战术空军来说，作为保护伞在海滩上空盘旋并轰炸内陆，这是另一个需要竭尽全力的任务：必须采取一切可能的行动，以便拖住并阻止德军赶往前线。那天，第609中队的"肯"·亚当飞行了两次，一些中队跨越英吉利海峡飞行了4~5次。难怪德国人会觉得天空是如此压抑。

不仅是战斗机正在涌向诺曼底前线。既然秘密已经公开了，那么盟军的轰炸机就可以集中精力更有针对性地孤立诺曼底的德军了。第550轰炸机中队的"施密提"·史密斯中尉和他的机组人员休了几天假，因此错过了登陆日，但在6月7日星期三的上午9点，他们又回到了空中。他们的目标是位于法国普瓦捷（Poitiers）西南的尼奥尔（Niort）铁路调车场。然而，当他们到达那里时，他们发现其他军队已经抢先了一步。于是，他们转而前往第二个目标，但那个目标也被摧毁了。随后，他们又前往下一个目标，一座距离诺曼底海岸很远的桥梁。他们大半天的时间都在飞行。这是他们第20次执行任务，这使他们有资格在已有的空军奖章上再加上一枚橡叶簇铜质奖章，并让他们在欧洲战场战功奖章上加上第二颗战斗星。更重要的是，这意味着他们只需再完成5个任务就可以结束战斗之旅了。

史密斯对此感到相当乐观，但机长"穆恩"·鲍曼却显得闷闷不乐。

他说:"他们已经把战斗之旅的任务增加到了 30 个。我都追赶不上了。我打算去俱乐部……想去喝一杯吗?"

"不想,"史密斯说,"我想抽根烟,然后吐出很多烟雾。"增加任务的消息让他大为震惊。"我觉得自己好像死了一样,"他写道,"看不到未来。"

另一个对未来感到不太乐观的飞行员是第 391 轰炸机大队的乔·博伊兰中尉。他们在登陆日的晚些时候接到了作战指示,要轰炸位于卡昂以南几英里的布里尤兹(Briouze)的一个编组站。情报显示,第二天早上,德军将在那里卸下 50 辆坦克。他们的任务就是确保卸载行动无法进行。他们将驾驶 B-26 中型轰炸机在低空飞行,一想到这个任务,博伊兰整夜都忧心忡忡;他几乎没有睡觉,想象着他们可能会在布里尤兹遭遇猛烈的炮火。吃早饭时,大家都很沉闷,话也不多。在发布作战指示时,与前一天晚上相比,情况没有变化。博伊兰写道:"所以,所有的负面因素都齐全了。这将是一个地狱般的任务。"

在以 1500 英尺的高度飞越海岸后不久,他们接近了目标。这个城镇很小,他们很容易就找到了铁路调车场,但没有看到卸载坦克的迹象。他们通过无线电对讲机进行了简短讨论:是应该寻找另一个目标,还是继续攻击铁路调车场?一些人说,火车可能晚点了,如果炸了那个地方,他们仍然可以让铁路调车场停止工作,这可能同样有效。博伊兰说:"对于这一点,大家几乎无法反驳。因此,我们轰炸了铁路调车场和火车。"令他感到欣慰的是,尽管一架飞机在卡昂上空被击落,但他和机组人员还是平安地返回了。"还不算太糟,今天是登陆的第二天!"他说,"当时我们吓得要死,不过,我们还是安然无恙地完成了任务。"

*

　　然而，德军的增援部队正在赶往前线。科尼利厄斯·陶伯中尉设法克服了可能遭到严厉拷问的恐惧，并遇到了一群武装党卫军士兵。他们来自党卫军第 12 "希特勒青年团"装甲师的侦察营。这些士兵年轻、斗志昂扬、充满自信，他们的心态与他在地堡里领导的那些士兵有着很大的差异，这让他感到非常震惊。他兴致勃勃地看着他们冷静地用反战车火箭步枪击毁了加拿大军队的两辆谢尔曼坦克，然后击毙了所有乘员。党卫军本来是先头部队，可以未经允许就被派去执行任务，因此，其余的党卫军士兵也已经在赶来的路上。

　　昨天晚上 11 点左右，党卫军旗队领袖库尔特·梅耶抵达了卡昂—维莱博卡日（Caen-Villers-Bocage）的道路。他看见大量的台风战斗机袭击了党卫军第 25 装甲掷弹兵团的一个纵队。汽车在燃烧，而在前面的远处，可以看到卡昂在起火。"一个士兵躺在路上，"梅耶写道，"鲜血从他的喉咙里喷出来。"随后，一辆运送弹药的汽车发生了爆炸。一群难民也遭到了袭击。让梅耶高兴的是，一名法国老妇人喊道："这是谋杀！谋杀！"

228　　午夜时分，他站在了第 716 步兵师的指挥官威廉·里希特（Wilhelm Richter）少将的面前。在评估形势方面，里希特是德国最没有才华的将军之一。在发布作战指示期间，克鲁格上校打电话解释说，英军正站在他的地堡顶上，他不知道该怎么办。里希特沉默了一会儿，然后告诉克鲁格做他认为最合适的事情，之后便挂了电话。那天清晨，克鲁格投降，并被英军俘虏。第 716 步兵师不复存在。福希廷格尔将军也出席了会议，他描绘了一幅几乎同样黯淡的画面：第 21 装甲师的状况也不是很好，而且有传言说敌人现在在卡尔皮凯。

在听取了里希特和福希廷格尔提交的令人沮丧的报告后，梅耶再次集结队伍。武装党卫军第 12 装甲师的指挥官、党卫军最高集团领袖弗里茨·威特（Fritz Witt）命令他们中午时分从卡昂的西侧进攻，但梅耶发现这样做困难重重。他的司机把他的常规装甲车换成了一辆更小且不那么显眼的水桶车。他们刚出发没多久，为了躲避头顶上战斗机的子弹和火炮，汽车突然转向，掉进了沟里。"老天，我们的纳粹德国空军在什么地方？"梅耶感到非常纳闷。

在一个古老、废弃、有着厚厚石墙的阿登修道院（Abbey d'Ardenne）安顿下来后，他感觉好多了。这里还有一座双塔教堂，可以供他们观察形势。凌晨时分，他的大部分士兵已经准备就绪，准备向卡昂的北郊发起进攻，但他们的坦克仍然没有送达。直到上午 10 点，这些坦克才开始出现。战斗轰炸机进行了无情的攻击，大大阻碍了坦克的运抵，但到了中午，他已经拥有大约 50 辆 Mk IV 装甲坦克，尽管目前它们正遭到离岸海军炮火的轰击。梅耶爬上教堂的塔楼，向海岸望去，看到海面上布满了密密麻麻的船舰，敌人的坦克编队就在杜夫尔镇附近。他说："整个战区看起来就像一个蚁丘。我们身后发生了什么？冒烟的瓦砾，空荡荡的道路，还有燃烧的车辆。"接着，战斗轰炸机飞过来攻击修道院，尽管士兵们咒骂这场灾祸，但这次攻击几乎没有造成什么破坏。那天下午的晚些时候，他们开始进行猛烈的反击。党卫军最高集团领袖威特告诉梅耶和他的所有部队，他们必须准备好在下午 4 点发起进攻。梅耶回想起古德里安将军的伟大格言"别用巴掌拍，要用拳头砸"。

德怀特·D. 艾森豪威尔将军松了一口气。他事先准备了一份备忘录，宣布万一发生不测，那么"霸王行动"就失败了，但事实上，他有理由感到高兴。在诺曼底登陆日，大约有 75215 名英国和加拿大士兵登陆，还有 57500 名美国士兵和 23000 多名空降兵也登陆了。隆美尔的大西洋壁垒没能阻止更多的盟军部队进入诺曼底，尽管战斗非常激烈、残酷，尽管盟军在奥马哈海滩遭受了重大伤亡，但他们的伤亡还是比预期或筹划的要少。诚然，他们并没有实现所有的目标，但到了 6 月 7 日，奥马哈海滩不再受到威胁；在犹他海滩，第 4 步兵师已经挺进内陆，与空降部队会合；而在英军和加拿大军登陆的海滩，此刻，军队正位于内陆 4~7 英里处。尽管在"希尔曼"遭到了出乎意料的顽强抵抗，但英国第 3 步兵师还是顺利走过了通往卡昂的大半行程，而加拿大军队也近在咫尺了。如果"希尔曼"像"莫里斯"一样屈服——登陆前线的其他据点也屈服——那么卡昂就会被攻陷，战后 70 年来犹如马后炮一般的批评就不会发生了。

　　无论如何，艾森豪威尔很快就会亲自踏上法国的土地。7 号早上，他起得很早，和海军上将拉姆齐一同乘坐"阿波罗号（HMS Apollo）"从朴次茅斯启航。阿波罗号是一艘快速布雷舰，能以 40 海里的时速穿越英吉利海峡。此刻，蒙哥马利将军也在诺曼底，他于前一天晚上 10 点登上了"福克纳号（HMS Faulknor）"驱逐舰，留下参谋长弗雷迪·德·古恩德（Freddie de Guingand）少将驻守英格兰的堡垒，而他则带着战术总部出发了。蒙蒂坚持要睡个好觉——他很理智地争辩说，他需要适当休息，这样他的头脑才会一直保持清醒——所以，他回到了自己的船舱，并命令手下在早上 6 点前不要打扰他。

　　与此同时，在奥古斯塔号上，"切特"·汉森上尉在凌晨 4 点 40 分就被叫醒了，因为有人通知说蒙蒂将在 6 点左右和他们一同前行。由于凌晨 1 点才上床睡觉，他感到筋疲力尽。相比之下，布拉德利将军却和往常一样精神抖擞。事实上，福克纳号在途中有点迷路，但它设法回到了正轨，避开了水雷，并在奥马哈附近的水域和奥古斯塔号并肩航行。因此，6 点 30 分左右，布拉德利和汉森一起登上福克纳号，去找蒙哥马利商谈。汉森在日记中潦草地写道："由于建立最初的滩头阵地存在困难，我们决定，要不惜一切代价尽快与犹他海滩和奥马哈海滩的军队会合。"这是至关重要的，而且盟军也需要以最快的速度不间断地继续集结军队。蒙哥马利和布拉德利希望在登陆日后的第 4 或第 5 天（也就是在 6 月 10～11 日前后）发起集中反击。然而，海面上波涛汹涌，阻碍了军队和物资的卸载。

230

蒙哥马利希望立刻见到迈尔斯·邓普西将军。当时，邓普西在"塞拉号（HMS Scylla）"上，但福克纳号无法立即追踪到它的位置。在发出了紧急信号后，没多久，英国第二集团军的指挥官就被找到了，并登上了福克纳号。现在是上午 9 点左右。邓普西带来了更好的消息。虽然卡昂还没有被攻陷，但他的部队进展顺利。到目前为止，虽然德军发起了不同程度的反击，某些地方的反击还很难对付，但还没有迹象表明会有大规模的协同反击。另一方面，很明显，第 21 装甲师正在自发地组织起来，党卫军第 12 装甲师也在向卡昂西侧移动，该师侦察部队的一名士兵被盟军抓获，并遭到了审讯。邓普西关心的是士兵和物资的卸载速度。他已经和东部特遣队的指挥官、海军上将菲利普·维安谈过了，后者承诺将尽其所能改善局势，包括把登陆舰直接开到海滩上——在奥马哈海滩上，盟军已经这样做了。邓普西说："除非风力减弱，海浪不再那么汹涌，否则集结军队将是非常困难的。"

对盟军指挥官来说，迅速集结军队，建立一个严密而又相互连接的桥头堡，是他们面临的第一要务。实现这个目标胜过了一切。在计划的过程中，有一些人发表了高谈阔论，尤其是蒙哥马利，这些言论声称要在登陆日越过卡昂，但也有人对整个计划可能会失败表示深切担忧。在登陆日后的第 1 天，盟军的阵营里弥漫着这样一种情绪：到目前为止，登陆比许多人大胆预期的要好得多，这让人感到宽慰，但还没有达到最好的情况。然而，盟军并没有自满，他们迫切需要把桥头堡连接起来，加快士兵和物资的卸载，这是最重要的。在任何情况下，盟军都不允许登陆失败——这个事实胜过了所有其他考虑事项。

一旦确信威胁已经消失，盟军就可以全力以赴地发起攻击。盟军指挥官认为，如果一些部队在没有适当支援的情况下向前推进，让侧翼容易遭到攻击，让援军被切断，那么这将是疯狂的。截至目前与德军的交手让盟军了解到，德军总会发起反击，而且他们本能倾向于发起咄咄逼人的反击。当然，不同的部队可以推进、探明情况，但一般来说，这需要在战役初期，在一个广泛的战线上进行。蒙哥马利因为能够集结大量物资、使用重型火力支援步兵和装甲部队稳步、有系统地向前推进而赢得了声誉，准确地说，这种方法使前线部队的数量保持在相对较小的水平，从而挽救了许多士兵的生命。这种方法适合于以机器和技术为主的军队，这些军队主要由西方民主国家的义务兵组成。可以想象，冲锋可能会带来决定性的突破，但在目前阶段，在整个前线继续施压可能会更好，因为这反过来又会给诺曼底的德军施加压力，无论这些德军是被盟军从海岸击退的伤残士兵，还是新抵达的士兵。

艾森豪威尔在中午前抵达了诺曼底。在接下来的几个小时里，盟军指挥官就未来几天的行动方针达成了一致，没有任何异议，也没有任何争论。不过，很明显，战斗的焦点将集中在两个主要区域。第一个在奥马哈海滩和科唐坦之间，必须迅速拿下伊西尼和卡朗唐；第二个位于卡昂附近，就像蒙哥马利预测的那样，德军的装甲部队似乎已经开始在那里集结。

*

6 月 7 日星期三，空军上将特莱弗德·利-马洛里在写给艾森豪威尔的信中说："在我们的一生中，我们有时候很难承认自己的错误，但是，在美国空降部队的行动中，承认自己的错误让我感到前所未有的快乐。"的确，在他做了那么多小题大做的事情，在宣泄了他那令人不安的歇斯底里情绪之后，他至少应该赔礼道歉。尽管所有的一切都很混乱，但毫无疑问的是，空降部队的行动比盟军以前尝试过的任何行动都要成功得多，他们不仅实现了保卫侧翼的首要目标，也给德国守军造成了严重破坏。在登陆日的傍晚和夜间，以及 6 月 7 日的早晨，更多的滑翔机增援部队到达了英军和美军登陆的地区；正如大多数人希望的那样，一切进展顺利，而且比一些人（例如利-马洛里）预计的要好得多。例如，在登陆的第325 滑翔机步兵团的三个营中，只有 57 人失踪；该团大约 90% 的士兵在几小时内就准备好为第 82 空降师提供支援。

最大的问题是伞兵到达指定区域的时间。到了登陆日的午夜，第 82 空降师仍然只有大约 2000 人到达了指定区域，而第 101 空降师只有 2500 人——大约是这些部队人数的三分之一到五分之二。如果那些仍然下落不明的士兵能够以每小时 1 英里的速度行进，那么四分之三的掉队士兵便可以按照分配好的目标采取行动。然而，太多的士兵发现自己被困在让人丧失斗志的交火中，而且一困就是好几个小时，这占用了大量的时间，也限制了他们行进的能力。

232

马克·亚历山大中校写道："6 月 7 日，我们不断遭到攻击。"他仍在指挥第 505 伞降步兵团的第 1 营，而该师的副指挥官吉姆·加文（Jim Gavin）准将正指挥着士兵向谢迪蓬的道路挺进。大部分士兵都在拼命地挖壕沟，此刻，他们都躲在树篱边和拉菲尔的建筑物周围的散兵坑里。伞兵的任务是确保德军不会越过堤道，不会威胁到他们的阵地以及美军在科唐坦西侧的阵地。问题是，他们能否在弹药越来越少的情况下坚持到援军的到来。从他躲藏的散兵坑望去，亚历山大可以看到德国步兵正在考奎尼（也就是水淹区的另一边）四处移动，但他和战友们只有点 30 口径的机枪、少量迫击炮和一门 57 毫米口径的反坦克炮，而且只有 6 枚炮弹。要是德军试图越过堤道和大桥再次发起进攻，那么这些机枪和迫击炮是阻挡不了的。

上午 8 点，德军使用迫击炮猛烈射击，参差不齐的碎片、土块和沙砾在阵地周围飞扬。随后，四辆坦克开始沿着堤道行进，领头的是 Mk III 装甲坦克，跟在后面的是 1940 年缴获的老旧的法国坦克。盟军把 57 毫米口径的大炮推出去，当德军的坦克足够接近时，拿着火箭筒的伞兵便从散兵坑里跳出来开火。前面两辆坦克很快就被击毁了，另外两辆也撤退了。此刻，更多的重型火炮弹片像雨点般落在他们身上。伤亡人数开始迅速增加。

在不远的地方，杜博克一家仍在尽力帮助美军。热纳维耶芙非常担心腿部骨折的中尉。前一天深夜，她去看他，发现他发烧了，浑身是汗，几乎不能说话。不过，到了第二天早上，他还活着，但他们不确定如果不看医生，他还能活多久。热纳维耶芙的母亲曾试图为他寻找一些医疗救助。在离河不远的农场，她挤完牛奶后，便把大部分牛奶送给在那里挖壕沟的美军，请他们找一个医生。虽然那里没有医生，但伞兵们还是答应会尽快向温盖特中尉提供帮助的。

那天上午的晚些时候，在美军没有察觉的情况下，三名德国士兵靠近杜博克的房子。其中一个德国士兵腿部中弹，流了很多血，另一个脚后跟中了弹。

"夫人，求求你，"第三个是名军官，他没有受伤，用流利的法语说道，"这孩子流了很多血。如果你不帮他，他会死的。"

杜博克夫人把他们带进屋里，尽力帮助他们，而那位军官闷闷不乐地坐着，热纳维耶芙给了他一杯咖啡。突然，一个受伤的美国士兵克里·霍吉（Kerry Hogey）走进了房间。他和德国军官互相望着对方，然后德国军官伸出手。霍吉小心翼翼地握住了。"我很惊讶，"热纳维耶芙写道，"两个人相视而笑，一起坐在壁炉旁。"

不久，一辆吉普车开来了，一名美国士兵进屋查看温盖特中尉的情况，并保证说，他很快就会带着医生或者药物回来。在出去的路上，他转身对德国军官说："等我回来的时候，你准备好和我们一起走吧。你可以告诉我们德军在哪里。"在他走后，德国军官要了一支笔和一些纸，给他的妻子写信。"今天就是我的末日，"他对他们说，"我再也见不到我的家人了。"杜博克夫人试图安慰他，但他悲伤地摇了摇头。如果战友们看到他和美国人在一起，他们就会开枪打死他。果然，当吉普车回来时，美国士兵给了温盖特一些药片，剩下的留给了杜博克夫人，然后他们把德国军官带走了。他们还没走出 100 码远，对岸就有一架德国机枪朝他们开火。屋子里的人只能无助地看着。

不过，几个小时后，他们又看见了那个德国军官，这一次，他在房子附近的水里挣扎。杜博克夫人急忙跑了出去，她的女儿跟在后面。在枪声响起的时候，杜博克夫人尖叫着让热纳维耶芙回去，但很明显，单凭杜博克夫人是救不了那位德国军官的，所以，热纳维耶芙不顾母亲的劝阻，跑去帮忙。德国军官的胸部中了一枪，鲜血在水面下冒着泡。他受了伤，非常虚弱，再加上在水里待了三个多小时，力气很快就没了。她们设法把他的上半身拉出水面，热纳维耶芙和他待在一起，让他的头露出水面，而她的母亲跑去求救。

234　　热纳维耶芙跟他说话，拼命安慰他。他们谈到了上帝和他的家庭，她还把自己从未告诉过任何人的秘密告诉了他。然后，他请热纳维耶芙唱首歌。"此时，"她写道，"一个11岁的女孩，怀里抱着一个垂死的人，在一片沼泽中唱着一首美妙的歌。"她又冷又累，身子也因为托起他的头而感到疼痛不已。德国军官似乎睡着了，但在听到杜博克夫人回来的声音后，他又醒了。在嘱咐她们一定要把信寄给他的妻子后，他再一次闭上了眼睛，这一次他死了。

*

在往西边几英里的地方，第101空降师的伞兵们觉得危险没有那么严重了，他们已经与第4步兵团成功会合，并且更多的士兵还在源源不断地涌入。他们正在逐渐恢复凝聚力，并建立了第101空降师的司令部，由麦克斯韦·泰勒将军掌舵。最令人失望的是，卡朗唐仍然牢牢地掌握在第6伞降猎兵团的手中。城镇、运河、河船闸和桥梁是第501伞降步兵团的目标，第506伞降步兵团的第3营将协助他们夺取这些目标，但是，后者已经被埋伏在那里等待美军靠近的德国伞降猎兵团打了个落花流水，而第501伞降步兵团的其余成员人数不多，也不够强大，无法突破。虽然泰勒、李奇微和空降计划小组集结了部队，但在分配任务时却有些不着边际，其中最具挑战性也是最重要的目标留给了一支不够强大的部队，最终酿成了恶果。

6 月 7 日清晨，第 506 伞降步兵团的余下两个营——第 1 营大约有 225 人，第 2 营大约有 300 人——奉命向南穿过维耶维尔的科唐坦村，前往圣科姆迪蒙（Saint-Côme-du-Mont），然后前往卡朗唐。前一天，第 3 营遭到了枪击，团部和师部都还不知道这个情况。第二天早上，他们才知道失去了一个营。凌晨 5 点左右，E 连进入戒备状态，由于米汉中尉缺席，迪克·温特斯中尉继续担任指挥官。"温特斯，在经历了昨天的那场灾难之后，我真不想对你作出这样的安排，"营部的作战军官克拉伦斯·海斯特上尉对他说，"但我想让 E 连带领纵队向维耶维尔进发。"由于第 1 营在他们前面打头阵，维耶维尔很快就被轻而易举地攻下来了。随后，在两辆轻型斯图尔特坦克的帮助下，温特斯带领 E 连对昂戈维尔（Angoville）发起进攻，他们非常轻松地攻下了这个村庄。之后，E 连被列为后备部队，而 D 连则向圣科姆迪蒙进发。他们在那里打了一场硬仗，无法突围。他们还遭受了重大伤亡——D 连指挥官杰勒·格罗斯（Jerre Gross）上尉阵亡，第 1 营的指挥官威廉·特纳（William Turner）中校也被一名狙击手射中头部，他的许多士兵目睹了这个景象。温特斯说道："事实证明，诺曼底战役是一场极其危险的战役。"现在，第 6 伞降猎兵团已经作好了准备、蓄势待发，很明显，他们是不会主动放弃卡朗唐的。

馬丁·波佩尔中尉当然不打算这样做了。前一天晚上，第 6 伞降猎兵团第 3 营的第 12 连已经作好了进攻的准备，但从观察哨传来的报告显示，美军当晚已经撤退。波佩尔几乎没有睡过觉，但在盟军的轰炸机轰隆飞过的那天清晨，他一直在打瞌睡。在第二天的战斗中，他和士兵们一直坚守在岗位上；然而，大部分激战似乎都发生在圣科姆迪蒙附近的卡朗唐的另一边。他得到消息说，第 1 营遭了重大损失。后来，第 9 连奉命越过河流和运河，去帮助正在那里激战的部队。在北侧和东北方向，也能听到巨大的爆炸声，他认为这一定来自敌军的战舰。他说："我们还能听到从那个方向传来战斗的嘈杂声。"

激烈的战斗持续了大半天，一直蔓延到奥马哈海滩的西侧，以及奥克角和迈西炮台的附近。游骑兵营轻而易举地摧毁了奥克角的大炮，但在被炸毁得像月球表面一样的炮台旁，他们发现自己孤立无援，因为德军从藏身的地下避难所出来，而且还得到了增援。就像梅德列河岸上的第 82 空降师一样，游骑兵营勇敢地坚守阵地，弹药很快就要耗尽了。他们不知道的是，在奥马哈海滩登陆的其他游骑兵和第 116 步兵团的一个连（在第 352 步兵师的残余部队和增援部队的顽强抵抗下，该连一路西进）正在赶来营救他们。

登陆日的那天晚上，约翰·瑞森上尉是在维耶维尔以西的空旷地带过夜的。在一天的战斗结束后，他们沿着沿海的横向公路朝西向奥克角推进，不料遇到了顽强抵抗。数量庞大的游骑兵部队已经集结起来——第 5 游骑兵营和第 2 游骑兵营的三个连，第 116 步兵团的 C 连，甚至还有第 743 坦克营的一些谢尔曼坦克。瑞森回忆道："登陆日的那天晚上，我弄清楚了干草堆和粪堆之间的区别。"7 日凌晨，他与科塔将军和高级军官一起参加了作战小组会议。然而，他难以集中精神，因为他已经 48 小时没有睡觉了。

前一天晚上，一些游骑兵成功突破了奥克角，但这个据点在夜间遭到了两次持续的攻击。到了早上，詹姆斯·E. 鲁德尔（James E. Rudder）上校只剩下不到 100 名士兵，其中一半人受伤，他和英国突击部队的联络官、身高 6 英尺 6 英寸的汤姆·特雷弗（Tom Trevor）中校也受了伤。此刻，卡尔·韦格纳和两名战友正在滩头地堡的附近掘壕固守，和他们在一起的还有匆忙拼凑起来的、之前一直沿着海岸向西移动的连队。韦格纳得到了增援的弹药，他意识到两军正处于胶着状态，尽管他们的人数比此刻包围他们的游骑兵要多。"他们比我们强得多，"韦格纳说，"我们无法取得突破，虽然他们的人数太少，无法对我们发起大规模的进攻。"

由于德军连夜行进，因此，虽然此刻美军在奥马哈海滩的周围建立了一个桥头堡，但仍有许多德军守卫着维耶维尔和奥克角之间的海岸。游骑兵营和第116步兵团的C连组成了一个混合部队，他们的任务是一路拼杀，在奥克角与被围困的游骑兵营会合。不过，他们首先得击退德军在早晨7点发起的反攻。反攻地点距离瑞森上尉挖沟的地方只有几百码，但可以看到很多谢尔曼坦克无所事事地停放在那里。他便跑过去，跳上其中的一辆，敲了敲舱盖。一名睡眼惺忪的坦克指挥官探出头来，瑞森让他开火对付德军的进攻。于是，谢尔曼坦克迅速投入战斗，帮助部队应付敌人的反击。之后不久，瑞森奉命和另外三名士兵一起巡逻，他们小心翼翼地行走，因为害怕踩到敌人的地雷。他们看见前面有两个德国士兵，便朝德国士兵开火，然后追击他们，直到追丢。这时，他们听到身后传来发动机的轰鸣声，意识到即将前往奥克角的纵队准备上路了。

在回到队伍后，他被告知前往第29步兵师的指挥部，报告游骑兵营的计划。为此，他回到海滩上，并在那里作了报告。之后，他坐上一辆吉普车，在装满弹药后，他开车返回维耶维尔，然后追赶向奥克角前面的村庄圣皮埃尔迪蒙（Saint-Pierre-du-Mont）进发的援助纵队。有好几次，狙击手朝瑞森的吉普车开枪。一颗子弹掠过他的头盔，从他的膝盖上飞转而过。接着，一挺机枪朝他开火，他和一同乘车的下士杰克·夏普（Jack Sharp）迅速用树篱作掩护。他们从吉普车里跳下来，躲在车子的下面。在放开了车子的手刹后，他们一边匍匐行进，一边把车子推过了下一个隘口，直到他们安全时为止。不久，他们到达了一个岔路口，这让他们左右为

237

难——他们应该往哪个方向走呢？在仔细查看了用过的子弹和战场的残骸后，他们选择了右边。这个选择是正确的，因为没过多久，他们终于回到了纵队，并向战友分发了弹药。

上午 11 点左右，游骑兵的援助纵队到达了圣皮埃尔迪蒙，尽管他们现在距离奥克角只有 1000 码，但此处的德军进行了顽强抵抗。大炮和迫击炮的弹片如雨点般落下，狙击手和机关枪——来自卡尔·韦格纳等人——向接近的每一个盟军士兵扫射，尽管游骑兵营和随行的坦克予以还击，但他们无法强行突破。此时，他们在奥克角和圣皮埃尔迪蒙遭到了双重包围。就在雷恩即将被派去单独执行一项任务——了解维耶维尔的情况如何，以及援军是否已经在路上——时，第 29 步兵师的一位军官骑着自行车到达了，他向他们郑重宣告第 29 步兵师的第 175 步兵团刚刚登陆，第 116 步兵团的援助部队马上就要到了。这也许会成真，但那天没有。

那天晚上，谢尔曼坦克和其他几名士兵撤退了。虽然瑞森年纪轻轻，只是一个上尉，但他留下来指挥其余的士兵——3 个游骑兵连和第 116 步兵团的 C 连。"我们几乎没有反坦克武器，"他回忆道，"所以，我们躲在里面，以为德国坦克会从我们的身上碾过去。"

*

在卡昂西北方向的登陆前线，加拿大军以及少部分在剑滩登陆的英军正在与德军的装甲部队展开激烈的战斗，这支装甲部队非常强大，由党卫军第 12 "希特勒青年团" 装甲师和第 21 装甲师组成。到了 1944 年，德国步兵师的规模已经缩小，一般来说，每个师有 3 个团，每个团有 2 个营，而不是像之前那样每个师有 3 个

团，每个团有 3 个步兵营，每个营大约 900 人。这意味着，他们的
整体规模从大约 15000 人下降到了 12000 人。另外，装甲师（特别
是武装党卫军的装甲师）往往过于庞大，超过了允许的规模。"希　238
特勒青年团"装甲师就是一个例子，6 月 1 日，该师的总兵力达到
了 20540 人，它的两个装甲掷弹兵团设立了过于膨胀的营，所有部
队都是机动部队，还配备有近 100 辆 Mk IV 坦克和将近 50 辆 Mk V
豹式坦克。该师还设立了自行火炮团（自行火炮是可以自行移动
的跟踪火炮，不需要拖拽），并得到了大量的火炮支援，总共有近
150 门火炮，包括 12 门 88 毫米口径的反坦克高速炮，这些反坦克
炮归属于 6 个营中的 5 个，而第 6 个营还拥有 6 门大炮；该师还拥
有 70 门威力巨大的火炮。这是一个庞大的数字——与德国国防军
的普通步兵师相比，这是一个巨大的数字，几乎和英国的重型火炮
师相当。

　　到了 6 月 7 日星期三的下午，并不是所有的师都到达了前线，
但党卫军旗队领袖库尔特·梅耶领导的党卫军第 25 装甲掷弹兵团
（该团仍在车上）可以集结至少 50 门大炮和差不多数量的坦克，
以及高度机动的步兵部队，这些部队也配备有迫击炮和机关枪：除
了第三营（该营拥有令人震惊的 151 挺机枪）外，他的三个装甲
掷弹兵营均配有 69 挺机枪。德国装备最好的部队和装备最差的部
队之间存在着巨大差距；英军和加拿大军即将面对的是党卫军第
12 装甲师，该师拥有的武器在口径、装备水平和火力方面与他们
在外围遭遇的德国步兵师完全不同。这就像拿少年棒球联合会同职
业棒球联合会作比较一样。更重要的是，无论训练标准和领导水平
如何，党卫军第 12 "希特勒青年团"装甲师的士兵几乎无一例外
地具有很高的积极性，而且纪律严明。这些士兵不太可能轻易屈
服，而且会完全按照命令行事。

那天，他们也不是孤军奋战，因为第 21 装甲师的一半兵力在他们的右翼协同作战，第 716 步兵师的残余部队匆忙组成的一个营赶来为第 21 装甲师增援。尽管前一天损失惨重，第 21 装甲师仍然拥有大量的 Mk IV 坦克和众多强大的机动火炮；例如，约瑟夫·劳赫（Josef Rauch）上校领导的劳赫战斗群*可以集结 24 门 105 毫米口径的自行火炮以及另外 4 门 100 毫米口径的火炮。

239　　英国第 3 步兵师的一个步兵旅从卡昂北部直接向劳赫战斗群进发，现在，他们已经经过了在登陆日着陆的突击旅。在"希尔曼"血战之后，萨福克步兵团第 1 营在小村庄勒布瓦迪梅尼勒（Le Bois du Mesnil）附近的树林里挖堑壕。在亚瑟·布利泽德看来，即使在那里挖了堑壕，情况仍然是非常凶险的。"那真是糟糕的一天，"他说，"德国佬用迫击炮和 88 毫米口径的大炮瞄准我们，不分昼夜地对我们进行猛烈炮轰。"在停火期间，他和伙伴亚历克·贝利（Alec Bailey）冲进了厨房，拿了几个汽油罐，这时德军的大炮又开火了。当他们最终回到堑壕时，堑壕中间有一枚巨大的哑弹。

在他们的西侧，加拿大军队正在向前推进，在舍布鲁克燧发枪团的大约 50 辆谢尔曼坦克的支援下，北新斯科舍省高地步兵团（只有一个营）正率领军队前进。他们的前进本应得到加拿大王家野战炮兵团和离岸海军火炮的支援。不幸的是，到了上午的晚些时候，炮兵仍在支援北岸新不伦瑞克步兵团夺取杜夫尔附近的迪斯戴尔芬克（Distelfink）雷达站；尽管雷达设备已被摧毁，但据点本身并没有遭到破坏。一些盟军士兵在这方面进展甚微，其中就有"鲍勃"·罗伯茨。北新斯科舍省高地步兵团也无法获得计划中的

＊ 德国的战斗群都是以其指挥官的名字命名。

海军火力支援，因为海军轰炸行动的前线观察员无法通过无线电设备与海上的巡洋舰取得联系；无线电通讯太多了，电波之间的干扰太大了。更糟糕的是，加拿大的先遣部队没有得到常规分配的反坦克炮——加拿大军队还没有将反坦克炮从船上卸载下来，这在很大程度上要归咎于天气和波涛汹涌的大海。这就是邓普西如此担心卸载速度太慢的原因；由于火力不足，他的前线部队非常容易受到攻击。

卡昂周围的乡村与登陆前线西半部分的乡村有很大的不同，那里布满了小块田地，树篱丛生，还有蜿蜒起伏的山谷。而卡昂周围的地形比较开阔，宽阔的田野里没有浓密的树篱。从阿登修道院的塔楼上望去，库尔特·梅耶可以看到 8 英里外的朱诺海滩。虽然有山脊和褶皱的地形，但不是那么明显，网状道路与古老的小村庄网络交织在一起，大多数村庄相距不超过 1 或 2 英里。然而，在卡尔皮凯空军基地的北侧，便是火力无法到达的死角，从海岸前进的任何部队都看不到这里——这里是放置坦克和大炮的理想地点，梅耶非常清楚这一点。在舍布鲁克燧发枪团的支援下，北新斯科舍省高地步兵团在米河（River Mue）的东侧推进，他们的最终目标是卡尔皮凯空军基地，如果他们遭到猛烈的反击，那么他们将巩固并保卫布隆（Buron）和奥蒂耶（Authie）村庄之间的"高地"。然而，不幸的是，那里没有高地。有人对地图做出了错误判断。

到了中午的时候，加拿大军已经成功打破了劳赫战斗群的封锁，并在午时通过了维隆莱比伊松（Villons-les-Buissons）和布隆的村庄。在通往卡尔皮凯的路上，他们的下一个目标是奥蒂耶；此刻，空军基地就在他们西南方向的 3 英里处。

在阿登修道院，库尔特·梅耶正在让手下为计划中的反击作好准备。反击将于下午 4 点发动。这是德军的一次重大推进行动，党卫军第 12 装甲师和第 21 装甲师将并肩作战，装甲教导师也将参与行动，并将在到达以及作好准备的时候保护前面两个师的左翼。他们从马克斯那里得到的命令是"把突围的敌人赶回大海，消灭他们"。这个命令清楚明白。然而，加拿大军队的到来打乱了这些计划，因为他们迫使他提前投入战斗，因此，如果他们按照命令坚持到下午 4 点才行动，那么他们就无法获得最初计划的协同合作。

加拿大军到达了奥蒂耶，当他们再次向前推进时，击中了党卫军第 12 装甲师的坦克，决斗开始了，双方坦克的装甲都被击飞，奥蒂耶、布隆和两地之间的地面都遭到了猛烈的炮击。梅耶的部队正沿着卡昂的西北方向前进。战斗的烟雾遮住了梅耶的视线，然而，在肾上腺素的刺激下，他跳上了一辆摩托车，加速向第 3 营驶去。在布隆，他疾驰超过了 50 个被反拧着双臂的加拿大俘虏，他们正被送往修道院。他刚到达布隆东南侧的开阔地带，加拿大军的谢尔曼坦克就开火了，炮弹开始在他的周围呼啸。他潜入一个弹坑寻找掩护，却惊讶地发现自己正与一名加拿大士兵面对面。他们警惕地看着对方。当更多的炮弹飞过来时，加拿大士兵火速跑开了。

最后，梅耶在奥蒂耶和布隆之间找到了第 3 营的指挥官、党卫军上级突击队大队领袖卡尔 - 海因茨·米利厄斯（Karl-Heinz Milius）。盟军向布隆发起了猛烈的炮轰。"人们再也认不出这个村庄了，"梅耶写道，"它所在的地方浓烟滚滚、爆炸轰鸣、火焰弥漫。"下午 4 点左右，加拿大军撤退到莱比伊松。这时，他们的炮兵部队终于赶来支援了。不过，很明显，虽然他们被击退，伤亡惨重，但还远远没有达到溃败的程度。步兵和装甲部队的联合作战也给德军造成了相当大的损失——现在，炮兵也加入进来，德军的伤亡情况将会更加糟糕。党卫军上级突击队中队领袖汉斯·西格尔（Hans Siegel）——他的第 2 营也参加了战斗——发现盟军炮兵火力全开，威力巨大。虽然他只有 25 岁，并且只是一名中尉，但他经验丰富，参加过波兰战役，也参加过东线的大部分战争。在 1940 年服役时，他在哈尔科夫（Kharkov）战役[1]中获得了一级铁十字勋章，之后他受了重伤，因伤病暂时离开军队六个多月。现在，他已经康复了，是一名坚强、敬业、久经沙场的军官，并成了新的"希特勒青年团"装甲师的骨干力量。6 月 7 日下午，他率领第 8 连的 Mk IV 坦克装甲部队向距离布隆东北几英里的康布（Cambes）发起进攻。

炮击开始了，他的坦克打头阵，所以，他加速驶向树林的边缘，以寻找掩护。突然，一颗炮弹在他们的上方爆炸，击中了一棵树，这棵树又直接砸向他们的坦克，完全遮蔽了他们的视野，并挡住了炮塔。"我们迅速开动坦克，前后移动，"西格尔说，"但是仍然没能把讨厌的大树从坦克上面弄下来。"然后，西格尔跳下坦克，急匆匆地去找另一辆坦克。这时，另外两辆坦克停下来开火，但它们被击中了。第 4 辆坦克侧翻滑进了一个弹坑，这意味着，四辆坦克在正式投入战斗之前就已经失去了作用。

德军的损失不断增加，激怒了米利厄斯率领的第 3 营的士兵。有什么样的指挥官，就会有什么样的士兵，而米利厄斯是一个老派的党卫军的纳粹分子，战前曾在达豪集中营工作。先是奥蒂耶的战况，然后是布隆的伤亡，这让他的手下暴跳如雷。于是，他们用刺刀和棍棒打死了受伤的加拿大士兵，枪杀了一些试图投降的加拿大士兵。在奥蒂耶，八名看守中的俘虏被处决，两具俘虏的尸体被拖到主干道上，一辆 Mk IV 坦克在尸体上来回碾压。后来，一个法国

---

① 在苏德战争中，哈尔科夫战役即苏联红军与德军在哈尔科夫附近发生的四场战役。

平民奉命清理这些残骸，不过，他需要一把铲子才能清理干净。他们还在布隆即刻枪毙了更多的俘虏。

242　　然而，当党卫军的士兵试图向布隆的北侧推进时，他们也遭到了千刀万剐。由于盟军获得了加拿大炮兵的支持，梅耶别无选择，只能撤回部队。由于领头的德国部队撤退了，加拿大军便发起反击，成功夺回了破碎不堪、变成了废墟的布隆。此刻，舍布鲁克燧发枪团的谢尔曼坦克正在追赶逃跑的掷弹兵。最后，海军的炮火也来增援加拿大军队，当晚，离岸海军的炮火覆盖了整个地区（包括康布、布隆和奥蒂耶的村庄，整个下午的战斗都在这几个村庄中进行），战斗轰炸机又一次俯冲下来轰炸敌人的阵地。德军杀气腾腾、愤怒不已，那天晚上，又有 18 名加拿大战俘在修道院的院子里被枪杀；在那天阵亡的 110 名加拿大士兵中，至少有 37 人是被处决的，而其他人则是躺在路边，然后德国士兵故意引导坦克从这些伤员的身上碾过去。目击者回忆说，当时他看到街上到处都是血。然而，杀害战俘的并非只有德国士兵——盟军也是这么做的；鲍勃·斯劳特曾被明确告知不要在登陆日抓俘虏。这些举动为接下来的战役定下了一个丑陋的基调。

除此之外，这场战斗还展示了很多其他方面。党卫军第 12 装甲师是德国武装部队中装备最精良、积极性最高的一个师，却被最初装备不足、规模只有其六分之一的加拿大部队给拦了下来。他们没能向大海进发，也没能摧毁盟军。这在一定程度上是由于加拿大军队接受了高水平的训练，拥有卓越的装备，他们再次超常发挥——这是他们在迄今为止的战争中表现出来的一个特点。另一个原因是，卡昂周围的地带非常空旷，在这里作战是极其困难的，尤其是在进攻时，这意味着德军要从堑壕里爬上来，并离开隐蔽的阵地。在这方面，和上次的作战并没有太大的变化，在上一次的战役中，德军也是从堑壕里爬出来作战。加拿大军和英军可能会因为击退了这次强大的反攻而欢呼雀跃，但是，党卫军第 12 装甲师和第 21 装甲师的经历也起到了警示作用。不管怎么说，在战场的东侧发起进攻并不是一件容易的事。

无论如何，诺曼底战役都是残酷的。

第16章 战斗轰炸机的赛场

　　由于盟军迫切地需要迅速集结兵力和补给，因此，夺取贝桑港便成了他们最重要的目标之一。6月6日的晚上，第47王家海军陆战突击队在骑士山（Mont Cavalier）的空地上过夜，这座山在他们的地图上被标为第72号山头。山脚下有一个德国地堡，被用作医疗站，突击队员很快便占领了这个地堡，俘虏了德国的医疗官。夜里，一群德国士兵到达了那里。他们原以为早上将参加累得让人呕吐的检阅，不料，迎接他们的却是涂黑了脸的突击队员。他们很快便成了不断增加的俘虏名单中的一员。6月7日早晨，德军仍然占领着这个小镇，然而，他们并不知道突击队员就在他们的身后。

　　黎明时分，准下士弗兰克·赖特从山上俯视着笔直的道路，这条路大约长1英里，通往小镇和小渔港。贝桑港盘踞着三个据点，悬崖两侧各有一个据点（盟军分别标为东侧据点和西侧据点），可以俯瞰小镇和远处的大海，第三个据点位于小镇的南部边缘，看起来好像是由加固的钢坯和弹药库地堡组成。奥马哈海滩的美国炮兵和离岸海军火炮本应配合第47王家海军陆战突击队发起进攻，但查尔斯·菲利普斯上校和他的总部连无法通过无线电设备与美军取得联系。不过，他们设法与距离海岸5000码的轻型巡洋舰"翡翠号"联系上了。双方商定，海军将轰炸东侧据点和西侧据点；然后，第2战术航空队将派遣能够发射火箭弹的战斗机，也就是台风战斗机。

之后，下午 3 点左右，突击队员将发起攻击。部队 A 将进攻西侧据点，部队 B 将进攻东侧据点，部队 X 将攻击弹药库地堡。兵力已经耗尽的部队 Q 和部队 Y 将作为后备军，留守在埃斯屈雷（Escures）的小村庄；后方总部连将留守在第 72 号山头，以便控制战事状态。

244

正如计划的那样，下午 2 点刚过，海军的炮弹便开始呼啸着落在悬崖的两侧。弗兰克·赖特和其他突击队员看着炮弹一枚接一枚地冲向德军的阵地。当突击部队出发时，整个小镇笼罩在浓烟之中；而且由于东侧据点爆发了一场草地火灾，目前浓烟还没有散去。此时，弗兰克·赖特和部队 X 经过了部队 A 和部队 B，并在小镇前的十字路口左转，向西朝弹药库挺进。凹陷的小路两边是玉米田，到了第三块田地，他们停了下来，然后，两人一组地穿过树篱的一个缺口，进入壕沟。壕沟为他们提供了掩护，让他们可以眺望另一片草地，这片草地大约有足球场那么大，延伸到一座大约 25 英尺高的人造小山。德军在山的周围挖了堑壕，他们可以看到军队在四处移动。赖特所在部队的军官阿姆斯特朗（Armstrong）中尉正在往前走，他和两三个人并行，低声解释着计划；简而言之，就是装上刺刀，然后冲向阵地。

"有什么问题吗？"阿姆斯特朗问道。

赖特什么也没有说。其他人也没有说话。他们都说不出话来，因为越过开阔的空地冲向敌人的据点无异于自杀。

"我希望他们能通知我的亲属"，海军陆战队的士兵布莱恩·斯金纳（Brian Skinner）咕哝道。

下午 3 点 50 分，第一个台风战斗机中队从他们的头顶呼啸而过；5 分钟后，第二个中队飞过。他们轰隆隆地飞越小镇，精确地发射了火箭炮和大炮，然后又消失了。赖特说："我们的目标已经变成了一座微型火山。"空中还弥漫着浓烟，部队指挥官大卫·沃尔顿（David Walton）上尉打起精神，命令装上刺刀。赖特爬出壕沟，咔嗒一声将刺刀插进枪托处。"我一定是在做梦，"他思忖着，"这不是真的。我马上就会醒来。"在迫击炮和布伦机枪的掩护下，他们边跑边喊，不一会儿就来到了土堆的脚下，让人称奇的是，他们都还活着。赖特和战友们冲进一个混凝土入口，他们的脸上涂满了黑色的条纹，热血沸腾。他们走进一个地堡，发现大约有 20 名德国士兵，全都畏缩在一起。赖特回忆说："他们脸色苍白，高举双手，无法控制地颤抖着。"半个小时后，部队 X 返回小镇。事实证明，他们不费吹灰之力便达到了目标。

　　然而，对部队 A 和部队 B 来说，事情就没有那么容易了。当部队 A 爬上西侧据点时，突然遭到港口炮火的猛烈攻击。突击队员不知道的是，自从上次拍摄侦察照片以来，已经有两艘小型的德国高射炮舰驶进了港口。死里逃生的士兵继续前进，但在突破据点周围的铁丝网时，他们被机关枪和手榴弹击中。由于死伤人数超过了部队兵力（共 50 人）的一半，部队 A 被迫撤退。港口东侧的部队 B 也遭到了猛烈的炮轰。随后，德军从南侧向后方总部连发起反击。部队 Y 也遭到了猛烈轰击。突然间，整个行动似乎处于危险之中。

　　幸运的是，援助部队就在咫尺之处。两艘驱逐舰——其中一艘是波兰驱逐舰"克拉科夫人号（Krakowiak）"——开始轰击高射炮舰。部队 X 的一些士兵，包括弗兰克·赖特，也被派往西侧据点去攻击高射炮舰，以防止敌人的炮手向他们的驱逐舰开火。

　　赖特正在不停地射击，这时，他听到身后传来一声枪响，意识到他们遭到了敌人的狙击。附近的塔菲·埃文斯（Taffy Evans）正在使用布伦机枪朝德军发起短点射①。当赖特给他的李-恩菲尔德

---

① 即连续的点射。

步枪换好弹匣时，他瞥了一眼埃文斯，发现他已经停止了射击。他感到惊恐不安，因为埃文斯已经死了。接着，又是一阵噼里啪啦的声音。"现在，我就要死在这里了，"赖特暗暗想到，"我都不知道怎么一回事，就要死在这个该死的小山上。亲爱的上帝，快让我离开这里。"幸运的是，沃尔顿上尉随后让他们撤回小镇，他们在那里等待着，担心遭到重大反击，担心自己注定要失败。然而，他们并不知道，这场战斗已经朝着对他们有利的形势发展了。

德军的一艘高射炮舰已经半沉，两艘都被弃用了。与此同时，重型武器部队的一辆布伦机枪运输车已经能够向前推进，车上载有机枪和迫击炮。夜幕降临时，部队 A 和部队 B 组成的联合队伍袭击了东侧据点。虽然这次进攻的指挥官特伦斯·考辛斯（Terence Cousins）上尉被击毙，但部队还是成功地夺取了这个据点，俘虏了将近 40 名德国士兵。第二天清晨，仍然驻守西侧据点的敌军似乎认为是时候撤退了，因为早在一天前，他们就向俘获的一名突击队员投降了。凌晨 4 点左右，就在赖特和战友们向西侧据点挺进时，阿莫斯（Amos）下士押着另外 23 名德国士兵从山上下来，进入了港口。在部队 X 的士兵到达据点前，这个据点就已经空无一人了。"我们越过了山顶，"赖特说道，"向开阔的田野和远处起伏的乡村走去。"贝桑港被占领了。现在，盟军可以尽快改造和搭建代号为"桑树"的两个人工港了。

246

*

卡罗尔·马瑟上尉在蒙哥马利领导的第二十一集团军群的战术总部任职，直到 6 月 7 日星期三的晚上他才登陆。他没有和蒙哥马利搭乘同一艘船，因为战术总部的职员分散在许多不同的船上。在

6月7日的大部分时间里，他都在海上，阅读维拉·布里顿（Vera Brittain）的《青春作证》（*Testament of Youth*）中描绘战时情景的章节。他不禁想到近三十年前发生的那起重大伤亡。"我们的命运又会是怎样的呢？"他在日记中潦草地写道，"时间会告诉我们答案。"不过，令人鼓舞的是，他们抵达了诺曼底海岸，既没有发现头顶上有敌方飞机，也没有发现炮火的轰击。他跳进了几英尺深的水中，然后在海滩上登陆。这时，蒙蒂的专车悄悄开了进来，然后湿漉漉的出现在又硬又湿的沙滩上。从海上望去，海岸显得异常平静。但是，一到了海滩，便可以感受到四处都是如火如荼的战斗。"有一种刺鼻、难闻的味道，"他记录道，"那是一种湿漉漉的粉末，粘在从道路和废墟上扬起的尘土中。然后是傍晚的泥土和牧草的味道，混杂着汽油味和坦克的尾气。"

记者恩尼·派尔也在登陆日后的第1天登陆了，他抵达了饱经战祸的奥马哈海滩。"坦克沉没在海水中，船舰翻倒，卡车被烧毁，吉普车被炮弹击毁，还有令人伤心的个人物品散落在那片凄苦的沙滩上，"他写道，"除此之外，士兵们的尸体一排排地躺着，上面盖着毯子，他们的鞋尖排成一列，就像在操练一样。"然后，他沿着海滩步行，除了仍在水中漂浮的尸体外，他还看到了如此巨大的损耗，感到非常惊讶。在看到被撞翻的登陆艇，海滩上残存的隆美尔的障碍物，以及部分船体沉没的驳船后，他看到非常震惊。在海滩上，还可以看到一堆堆的弹片、一卷卷的铁丝网，以及一堆堆没有用过的救生衣。他觉得这是一个"海岸线上的大屠杀博物馆"。他还发现了几罐鞋油、牙刷、一本袖珍版《圣经》（上面还写着一个士兵的名字），甚至还发现了一个网球拍。他写道："沙滩上躺着很多士兵和机器，多到足以打一场小型战争。现在，他们永远地走了，尽管我们承担得起这样的损失。"后来，派尔爬上悬崖，看到仍在海上的庞大舰队，他为这个壮观的景象惊叹不已。一群俘虏站在附近，由几个美国士兵看守着。他们也凝望着大海，神情恍惚。没有一个人说话。"他们不需要说话，"派尔写道，"他们脸上的表情让人永生难忘。这是他们最后一次恐惧地接受自己的厄运。"

*

6 月 7 日的晚上到 6 月 8 日，卡尔·韦格纳和战友们（他们前一天还在保卫奥马哈海滩）奉命后撤一小段距离，并接受了新的领袖、二等兵保罗·卡尔布（Paul Kalb）的指挥。来到前线时，卡尔布的胸前戴着一级铁十字勋章、二级铁十字勋章的绶带和一枚东线奖章。他说，他们的任务是让美军待在原地，直到增援部队的到来。他说，每一块田地都要变成一座堡垒。他们开始拼命地在茂密的树篱后面挖壕沟。韦格纳害怕那些正在和他交战的游骑兵，甚至被他们吓坏了。"一想到和我们交战的士兵，威利和我就焦虑不安，睡不着觉"，他说。有一次，他们听到美军阵地传来熟悉的机关枪的"啵啵啵"声，一时间，他们以为德军已经突破了美军的阵地。然而，二等兵卡尔布很快纠正了这个错误。"韦格纳，"他说，"美国人用的是从我们这里缴获的机枪，所以，低下你那愚蠢的头吧。"

约翰·瑞森上尉整晚都在等待德军的反击，但由于有了新的计划，德军没有发起反攻。事实上，克莱斯中将已经意识到被围困的第 352 步兵师的战线拉得太长，弹药非常短缺，兵力损耗太多，无法发动更多的反击。为了发起反击，他们需要更多的援军，而这些援军显然还没有到来。他的师正在逐渐崩溃，很显然，他需要退回到自己的手下准备好的第二防线。这意味着，他们将放弃奥马哈海滩和奥克角之间的一片海岸——这是一块可以俯瞰登陆前线的重要区域——但是，克莱斯认为，他们不得不这样做。如果他让士兵撤退到第二防线，那么他们就会在欧尔河（这条河从伊西尼由西向东流淌）的后面，而防线的大部分将会在欧尔山谷（这片山谷坐落在通向巴约的中途）的水淹区的后面。

248　　6 月 8 日星期四，下午 2 点左右，马克斯将军到达了第 352 步兵师的总部。在那里，克莱斯报告说，他已经命令部分部队撤退，他完全知道这样做违背了元首的命令，但他不打算作出任何让步。他告诉马克斯，如果执行不撤退的命令，那么他的师就保不住了，防线就会崩溃。马克斯沉默了一会儿，思考着这个决定可能造成的严重后果。最后，马克斯告诉克莱斯，他的部队应继续坚守沿海阵地，直到士兵们的弹药耗尽，并且第 352 步兵师要准备好帮助抵达的装甲部队，以便在第二天，也就是 6 月 9 日向巴约发起一次重大反击。克莱斯同意了，尽管他没有告诉马克斯他已经和所有剩余的据点失去了联系。

那天清早，瑞森上尉派出了巡逻队。在准备向奥克角推进时，美国的援助部队（其中包括装甲部队）赶到了。"我们占领了奥克角，"他说，"那是你一生中见过的最糟糕的混乱景象。那里没有一根草，没有一片叶子，也没有一棵树。那里的一切都残破不堪。"

*

卡罗尔·马瑟在一个阳光明媚的早晨醒来。在开了一个简短的战事会议后，他出发了，去侦察战术总部的地形。盟军最初选择的地点是克鲁瓦（Croix），但遭到了蒙蒂的反对，所以，现在马瑟和特朗布尔·沃伦（Trumbull Warren）——蒙蒂的加拿大同行——前往位于克勒利（Creully）镇边缘的克莱利城堡（Château de Creullet）。克勒利镇坐落在距离黄金海滩约 5 英里的内陆。克莱利城堡似乎符合要求。它很隐蔽，有一堵墙和一扇铁门，里面是宽广的庭院，还有很多附属建筑物。德军想攻下这座城堡是完全不可能的——因为难度不亚于在第一次世界大战中攻下堑壕；于是，他们在庭院的树下搭起了大篷车、卡车和帐篷，慷慨地用伪装网罩住它们。盟军将战术总部设计得具有高度机动性、简朴，但又足够舒适、高效和高度实用。

城堡就在巴约以北几英里处。6 月 8 日星期四的早上，巴约已经被盟军攻下。第一批通过这座城市的是舍伍德游骑兵团，他们的坦克正在支援第 56 步兵旅的步兵。7 日清晨，斯坦利·克里斯托夫森的第 A 中队攻入巴约，令他松了一口气的是，德军已经撤退，克莱斯的部分军队撤到了下一道防线。"我们受到了当地居民自发流露出来的最热情的欢迎，"克里斯托夫森说，"他们非常高兴地欢迎我们，还向坦克上扔鲜花，向士兵们分发苹果酒和食物，以此表达他们的喜悦之情。"然而，在城市南侧的一所房子里，敌人的机关枪仍在坚守着。但是，在舍伍德游骑兵团开火后，这栋房子着火了。过了没多久，克里斯托夫森吃惊地听到叮叮当当的铃声。接着，巴约的消防队戴着闪闪发亮的头盔飞奔而过。尽管机枪在开火，他们还是阻止了战斗的进行，冲进房子，扑灭了大火。当他们再次出现时，德军的机枪小队已经被俘虏了。

第二天，也就是 6 月 8 日，他们向南推进，穿过了 N13 高速公路，又走了大约 6 英里。之后，他们接到命令，向右转朝奥德里厄（Audrieu）村走去，占领山脊上的阵地，也就是地图上标注的第

249

103 号山头，这里可以俯瞰位于山的另一边的圣皮埃尔、瑟勒河畔蒂伊（Tilly-sur-Seulles）和丰特奈勒佩内勒（Fontenay-le-Pesnel）的村庄。沿着山脊的顶端，有一条东西走向的小路，两旁种着山毛榉，远处是树林。蒂伊村外是下一个山脊，虽然不是特别高，但它是一个绝佳的位置，可以俯瞰长长的山脊，这些山脊挡住了往南一直穿过圣洛的道路，圣洛位于西侧大约 25 英里处。克里斯托夫森少校将坦克开到前面的道路上，命令士兵们进入树林后面的射击阵地，这个阵地可以直接俯瞰圣皮埃尔。村子里似乎静了下来，但他还是派副指挥官基斯·道格拉斯（Keith Douglas）上尉和他的一名部队指挥官约翰·贝塞尔-福克斯（John Bethell-Fox）中尉开着谢尔曼坦克去侦察。在那里，他们发现大多数平民都躲在地窖里。最后，他们说服了一位老人出来，这位老人告诉他们，德军已经进村了，坦克已经开进了蒂伊。道格拉斯和贝塞尔-福克斯秉持"小心即大勇"的信念，匆忙向等候他们的坦克撤退，不料径直撞上了德国巡逻队。双方都很惊讶，都转身逃跑了。道格拉斯一边跑，一边用左轮手枪疯狂地开枪。

他们是弗里茨·拜尔莱因中将指挥的装甲教导师的先遣部队，在从勒芒地区出发，进行了意料之中的艰苦行军，走了大约 110 英里后，这支部队终于到达了前线。6 月 6 日，就在他们动身后不久，盟军发起了第一次空袭，造成大约 20 人伤亡，不止 20 辆汽车受损。晚上 7 点左右，拜尔莱因也遭到了袭击，他们在夜间继续赶路，但在黎明时，他再次警告多尔曼，白天继续前进将会招来麻烦。然而，多尔曼坚持让装甲教导师继续前进。7 日凌晨 5 点，他们穿过了阿让唐（Argentan），一个距离卡昂东南大约 40 英里的城镇。他们发现那里遭到了猛烈轰炸，而且还在起火。仅仅通过这个城镇就已经非常困难了，因为许多道路都被封锁了。第二次空袭发生在清晨 5 点 30 分左右，当时他们正在靠近法莱斯。拜尔莱因说：
"主干道维尔勒贝尼（Vire-le-Bény）满目疮痍，大伙把它称为战斗
轰炸机的赛场。"第七集团军坚持要求在行军时完全关闭无线电设
备，这样做似乎可以防止盟军空军发现他们。相反，这样做只是阻
碍了装甲教导师的指挥部与各个部队联系，汇报行军状况。拜尔莱
因发现自己不得不一再派遣军官，甚至亲自开车到这些部队去了解
情况。

　　7 日下午的晚些时候，拜尔莱因离开指挥部，开车去见党卫军
最高集团领袖、党卫军第 1 装甲师的指挥官塞普·迪特里希（Sepp
Dietrich）。现在，装甲教导师、第 21 装甲师和党卫军第 12 装甲师
都在迪特里希的麾下。在巴约东南约 25 英里的蒂里阿库尔
（Thury-Harcourt）的附近，拜尔莱因追上了该师的先头部队。路
上，他经过几十辆被毁坏的汽车，其中大多数只剩下冒烟的钢骨
架。他的副官亚历山大·哈特杰根（Alexander Hartdegen）上尉说：
"从科蒙（Caumont）到维莱博卡日的这段路是一条死亡之路。沿
路停放着烧毁的卡车、被炸毁的野战厨房和火炮牵引车，一些仍在
冒烟，它们的旁边躺着一具具尸体。这种可怕的景象就是我们这次
行程的背景。"不久后，他们再次遭到攻击，战斗机沿着公路径直
朝他们冲去，加农炮在轰鸣。他们从一辆仍在翻滚的汽车上跳下，
一头栽进沟里，这已经不是他们第一次遇到这种事了。此刻，战斗
机又在上空盘旋了几次。他们的宝马专车被毁，司机死了。拜尔莱
因带着割伤和瘀伤逃过一劫，并搭上水桶车，前往他在普鲁西
（Proussy）的新总部。刚出发时，装甲教导师的装备和补给比党卫
军第 12 装甲师的还要好，但在去前线的途中，他们遭受了巨大损
失：在 700 门大炮中，损失了 84 门使用牵引车的半履带自行火炮；
还损失了 130 辆卡车，占卡车总数的 10% 以上；以及 5 辆坦克。拜

尔莱因说："对于一个尚未投入战斗的师来说，这是非常严重的损失。"更重要的是，在被毁的卡车中，有 40 辆装载着极其宝贵的燃料。

和装甲教导师一起朝西北方向行进的还有赫尔穆特·里特根（Helmut Ritgen）上尉，他是第 130 装甲教导团第 2 营的补给官和副指挥官。里特根 28 岁，已婚，妻子很年轻，住在位于帕德博恩的家中。和装甲教导部队的所有军官一样，里特根也是一位经验丰富的坦克指挥官。1940 年，他在第 6 装甲师服役，参与了法国战役；后来，他又参与了东线战役。1943 年 3 月，德军将他从巴黎的营长学校调来，但不是调往之前的团，而是让他担任在柏林附近的温斯多夫（Wünsdorf）新成立的装甲教导团的连长。他最初的疑虑被迅速打消了，因为他的军官同事都是一流的，他的装甲连也是如此。此外，他很快便喜欢上了自己的新营长、温文尔雅的贵族普林茨·威廉·冯·申伯格-瓦登伯格（Prinz Wilhelm von Schönburg-Waldenburg）少校。

他们共事有一年多了，里特根对普林茨、他的部下和整个师都很有信心，他们中的大部分都是身经百战的士兵。他怀着沉重的心情奔赴前线，不过，这也没什么好奇怪的。他写道："我们知道这会非常困难。"和装甲教导师里的其他人一样，他对前线的第一次体验来自空中；即使夜幕降临，他们的纵队也不得不继续围绕着弹坑和损毁的车辆移动，这减慢了行进的速度。早上，当他们接近小镇维莱博卡日时，战斗轰炸机再次发起攻击，击中了一辆宝贵的油罐车，一股浓浓的黑烟直冲云天，这给他们引来了更多的敌机。里特根觉得这些噪音和混乱的场面如同地狱一般。他的补给连最终到达了奥东河畔帕尔富吕（Parfouru-sur-Odon）村，这个村庄位于维莱博卡日以东一两英里处。里特根的手下利用树林和熟练的伪装技术，设法将所有补给都相对安全地藏了起来。与此同时，全营的装甲 Mk IV 坦克正在向瑟勒河畔蒂伊镇推进，他们打算从那里进入巴约。

　　拜尔莱因的命令最终抵达了前线，这个命令与党卫军第 12 装甲师和第 21 装甲师收到的命令一样：把敌人赶回大海，并消灭他们。装甲教导师原计划在布雷特维尔洛格约（Bretteville-l'Orgueilleuse）与党卫军第 12 装甲师的左翼会合，然后在库尔瑟勒向大海进发。他们只是一味地向前走，压根不知道巴约已经陷落了。就在这个时候，他的先头部队在圣皮埃尔碰到了舍伍德游骑兵团的基斯·道格拉斯和约翰·贝塞尔-福克斯。

*

　　在从奥马哈海滩出发后，美军继续取得稳步进展。大红一师正在从科勒维尔向南行进，第 18 步兵团正在向福尔米尼（Formigny）镇推进。汤姆·鲍尔斯和"迪伊"·鲍尔斯在各个部队之间穿梭，忙着铺设电话线。一直以来，这都是一项危险的工作，因为他们必须蹲下身子，从一个地方跑到另一个地方，并祈祷当炮击开始或狙击手突然瞄准时，他们没有暴露在空旷地带。

　　6 月 7 日上午，"迪伊"·鲍尔斯和他的伙伴、列兵柯克曼（Kirkman）正在铺设电线，他们沿着一条小路向该营的一个连走去。这时，一名隐蔽的德国机枪手从 20 码开外的地方向他们开枪。柯克曼的肋骨被击中，鲍尔斯的手臂、背部和侧面中了两枪。子弹的冲击力将他们撞倒，他们飞出了公路，掉进了路边的沟里。令人难以置信的是，两人都很清醒；鲍尔斯躺在那里，身体麻木，不知道哪里被打中了，伤得有多严重。他们设法爬了大约 50 码，到达了敌方枪手看不见的灌木丛。他们设法站了起来，沿着路往回走，试图找人帮忙。

在得知"迪伊"中弹的消息时，孪生兄弟汤姆正躺在一条沟里，试图睡一会儿。他急忙赶到救护站，发现哥哥躺在地上，不过仍有知觉。

"你没事吧？"他问。

"嗯，我想是的"，"迪伊"回答道。医护人员正在给他注射吗啡，检查他的情况。

"你能自己爬到担架上吗？"其中一名医护人员问"迪伊"。

"是的，当然可以"，他回答说。但是，当他试着站起来时，却发现自己根本动不了。在被抬上担架后，"迪伊"转向汤姆，让汤姆解下他的腰带和水壶。在横渡英吉利海峡之前，他们在水壶里装满了威士忌。"我根本不需要那壶威士忌了"，"迪伊"对他说。哥哥还会开玩笑，这让汤姆松了一口气。也许"迪伊"伤得不重，也许他很快就会好起来。尽管如此，他们都意识到，"迪伊"将会被直接送回英国。

"那么，再见"，汤姆说道。"迪伊"被抬上了一辆吉普车，然后被带走了。

尽管"迪伊"在他的弟弟面前表现得很快活，但他的确受了重伤。不久，他就昏了过去。当再次醒来时，他已经在一艘横渡英吉利海峡返回英国的船上了。周围都是躺在担架上的伤员，他正在和极度的口渴作斗争。"但他们不会给我水喝，"他说，"他们不知道我的枪伤有多严重。"在经过一番恳求后，他们终于给了他一块湿布，让他放到嘴里。接下来发生的事情就是，他在南安普敦的海军医院接受了几次手术。他说："在这些子弹中，只有一颗是真的。这颗子弹完全穿透了我的手臂。其余都是木制的，也许正是这

253

些木制子弹让我幸免于难。"

在"迪伊"离开法国后，汤姆非常担心他。他说："当然，我一直都在想他。如果那个时候我遇到了德国士兵，我就会开枪打死他，我才不会俘虏他。"

汤姆·鲍尔斯和第 2 营的其余士兵几乎没有休息。到了 6 月 8 日的傍晚，他们已经渡过欧尔河，夺取了福尔米尼和曼德维尔（Mandeville）。幸运的是，那一带没有水淹区。于是，他们又向南推进，每走一码，纵横交织的田野和高高的树篱似乎就越来越密集。

第 17 章　会合

　　在开罗和地中海期间，美国第 9 航空队的指挥官刘易斯·布里尔顿中将发现记者们经常问他，英国人和美国人相处得如何，他总是引用他的朋友和同事——空军中将"玛丽"·康宁厄姆和曾在地中海指挥第 9 战术空军司令部的奥比·斯特里克兰（Auby Strickland）准将——给出的回答。早上，康宁厄姆和斯特里克兰到彼此的帐篷串门，询问对方过得怎么样，然后建议一起喝杯杜松子酒。康宁厄姆拿出一瓶杜松子酒，斯特里克兰拿出一罐西柚汁。布里尔顿告诉大家，英国人和美国人就是这样相处的。

　　事情并非总是一帆风顺，但在大多数情况下，盟军空军的领导人相处得很好。斯帕茨和泰德之间关系亲密、相处融洽，他们与艾森豪威尔的关系也很好，而那些管理战术空军的人也相处得非常好。没有人喜欢利－马洛里，但这并不重要，因为泰德和"玛丽"·康宁厄姆实际上已经把他排挤在外，康宁厄姆被任命为盟军远征军空军的指挥官，这让他（而不是利－马洛里）获得了美国第 9 航空队和他自己领导的第 2 战术空军的作战控制权。这意味着，又有一个英国人掌管着盟军的关键组成部分，这让布里尔顿非常恼火，他对英国王家空军占据着主导地位感到越来越沮丧；但在个人层面上，他和康宁厄姆并没有什么矛盾，后者是他的朋友，也是一个喜欢享受的人。两人已经密切合作了好几个月。在空军的指挥官们看来，长期以来在北非的帐篷里串门的做法正在取得成效。

康宁厄姆下令在登陆日和登陆日后的第 1 天全力以赴，不管飞 255 机发生怎样的磨损，不管机组人员多么紧张，这就是"加比"·加布雷斯基等战斗机飞行员每天飞行四次，第 466 中队的肯·汉德利等轰炸机机组每天飞行两次的原因。盟军对空中作战的各个方面都进行了周全的考虑。为了确保战斗机能够在海滩上提供有效和准确的掩护，盟军在登陆舰队中增加了战斗机方向艇，舰艇上配备有雷达、绘图室和地面控制人员。这些都起到了很好的作用，不过，也许是因为盟军在早些时候取得了非常不错的战果，导致纳粹德国空军在登陆日几乎完全不见踪影。1943 年初，美军极力要求将摧毁纳粹德国空军作为优先目标。盟军在 1943 年 6 月 10 日发出的"零秒战区"指示，就是由他们推动的，他们的想法也是完全正确的。正是因为有了这个指示，登陆日才成为可能，而盟军现在能够站稳脚跟，在很大程度上也是得益于空军向地面部队给予的巨大支持。虽然英国王家空军掌握着盟军空军的指挥权，但美国陆军航空军推动了战略的制定。现在，这个战略正在带来回报。

盟军战略的一个重要部分是在诺曼底迅速建立空军基地，以便在人力允许的情况下让飞机尽快投入战斗。为了实现这个目标，需要进行大量规划。但是，飞机离前线越近，它们就能飞得越多。飞机的飞行次数越多，在地面作战的盟军部队就越容易完成任务。

6 月 8 日星期四，"皮特"·克萨达准将飞抵诺曼底。他在位于犹他海滩南部后方的普珀维尔（Pouppeville）的 1 号紧急迫降跑道着陆，差点把一名仍在努力修建空军基地的工程师给撞到。他是来与布拉德利和军队指挥官进行商议的，也顺便来看看他的空军基地和先头部队进展如何。盟军面临着诸多挑战。在登陆前制定的计划中，盟军本来希望将空军基地建在更往南的地方，但首先，工程人员、地面人员和设备的上岸发生了延误；其次，盟军不得不在仍然遭到炮击和狙击的情况下建造空军基地，这导致在登陆日后的第2天，美军战区只建造了两个空军基地，英军战区只建造了一个。不过，这三个空军基地能在这么短的时间内开始运作，简直是一个奇迹。参与建造空军基地的很多人都是从美国电话电报公司征募过来的，这家公司几乎包揽了在美国安装电话网络的所有业务。克萨达说："他们都是美国电话电报公司最杰出的员工，而且他们什么
256 都能做。"不管怎样，这些工程师向西移动，并在 E 区红段后面的奥马哈海滩和滨海圣洛朗之间建造了一个空军基地。令人难以置信的是，A-21 C 空军基地在那天晚上就开始运作了。

上岸的还有第一批雷达装置，以及近海雷达和地面控制设施，这些都是用来建造前方指挥站的。这个场地并不理想——为了达到理想的效果，克萨达最新采用的微波早期预警雷达需要安装在更高的地面上——但是，当他在 1 号紧急迫降跑道着陆时，他已经在诺曼底集结了 1600 名工程师、地面工作人员和信号部队。总而言之，仅克萨达一人就需要将大约 80000 名工作人员运往法国，他们中的每一个人都清楚地知道，在到达法国后，他们应该做什么，以及他们应该去什么地方。他当然希望尽快让部队驻扎在诺曼底，于是，他不顾自己的安危，于 6 月 10 日再次飞到那里。他在奥克角以南，在小村庄勒盖（Le Guay）的沿海公路上，在布拉德利指挥的美国第一集团军的总部旁边，设立了第 9 战术空军的司令部。在往南一英里的克里克维尔（Cricqueville），另一个美国空军基地 A-2 正在建造中。10 号下午 3 点 30 分，克萨达发出一则消息："第 9 战术空军的司令部在欧洲大陆上组建成立。"

*

地面部队也有理由感谢盟军海军作出的非凡贡献。盟军在登陆日取得了成功，海军在其中发挥的作用经常被低估——甚至被认为是理所当然的——然而，他们顶着可以想象得到的最恶劣的天气清除了密集的雷区，成功地让庞大的登陆部队（包括士兵和大量物资）按时、有序地通过了英吉利海峡；仅在登陆日，就有 13.2 万名士兵和近 20000 辆汽车登陆。此外，海军还提供了令人难以置信的火力支援，不仅摧毁了敌人的关键火炮阵地，例如位于滨海隆涅的阵地，而且帮助盟军扭转了海滩战斗的局势，尤其是奥马哈海滩。在登陆日，仅"卡米克号（USS Carmick）"驱逐舰就发射了1127 发 5 英寸的炮弹；作出这种贡献的并非只有它。离岸海军的轰炸继续帮助盟军向内陆推进——当地面部队能够畅通无阻地与海军进行通讯时，地面部队的作战能力便得到了显著提高。

海军上将拉姆齐有理由为他的指挥和取得的战果感到骄傲，尽管他也感到非常恼火，因为 6 月 8 日，3 艘 S 艇成功突破了盟军的海防，击沉了 3 艘坦克登陆舰，再加上登陆日被摧毁的 63 艘登陆艇，这造成了严重损失。同样令他感到懊恼的是，纳粹德国海军的半支驱逐舰部队从布雷斯特（Brest）驶来，盟军却让他们逃脱了。他在日记中写道："我希望所有驱逐舰都被击沉，"然后他继续写道，"U 艇正在接近朴次茅斯海域，将于星期六开始活动。F 艇［S 艇］仍然是一个威胁。"第二天，一艘载有 250 多名伤员的坦克登陆舰由于组织不善，在海上被困了好几个小时，这让他再一次暴跳如雷。"这一天，倒霉的事情一件接着一件，"他说，"不过，行动的总体趋势还是良好的，还是取得了进展。"

257

海军的行动也不仅仅局限于军舰和登陆艇。6 月 7 日上午，安布罗斯·拉姆彭中尉登上古老的海峡明轮艇塔内王后号。他的船平稳地沿着在敌人雷区清理出来的 Z 形航道航行，而后抵达了黄金海滩以西的阿罗芒什。当他在距离岸边一英里的地方靠泊时，他只能听到远处炮火的轰鸣声，偶尔能够看到地平线上的火光。他的任务是沉放"玉米芯"——也就是老旧废弃的船只，它们用来建造第一个防波堤。在妥善沉放"玉米芯"后，便可以放置和迅速组装"凤凰"和"桑树"港的其他组件，接下来，这些港口便可以投入使用了。

上午 10 点 30 分，第一艘封锁用沉船"亚林班克号（Alynbank）"抵达了。必须把它调整到 280 度的位置，然后让它按照合适的角度下沉。妨碍这项工作的是潮水，现在潮水已经很高了，但马上就要退潮了，很容易就会把船推到不同的角度，或者完全偏离路线。"凿沉这艘船的方法很粗野"，拉姆彭说。在吃水线以下的船体两侧都装有炸药，每个都可以炸出一个 4 英尺深的洞。"但是，没人知道爆炸会产生什么样的影响，也没人知道这艘船需要多久才能沉没。"拉姆彭希望，当船下沉时，拖船可以将它固定在适当的位置。不幸的是，对亚林班克号进行的第一次尝试失败了，强劲的潮汐流占据了上风，拖船失去了控制，导致亚林班克号掉头转向，保持在将近 90 度的位置，然后在它应该下沉的地方沉了下去。这是第一艘被击沉的"玉米芯"，它出现了最具灾难性的错误。拉姆彭感到十分难堪，开着他的小型摩托艇匆匆回到岸上，去见他的上司克里斯托夫·皮特里（Christopher Petrie）上尉。

"我了解了整件事，拉姆彭，"皮特里平静地说，"我们不应该在退潮时这样做。我们只是运气不佳。"他没有再说什么，但拉姆彭确信自己作为"沉放专员"的时代已经结束了。尽管如此，他还是把拖船船长召集到一起，思考如何避免这种事情再次发生。第

二天（也就是 6 月 8 日）早上，他们非常完美地沉放了下一个　258
"玉米芯"，老旧的不定期货船"索尔特斯盖特号（Saltersgate）"，
它的船头几乎碰到了放置错误的亚林班克号。

　　然而，拉姆彭并不高兴，而是感到心烦意乱，因为就在几分钟
前，他看到皮特里上尉被押送着离开了阿罗芒什。他记录道："我
立刻明白这是什么意思了。一位品质优良的绅士夹在了对自己的下
属忠诚和继任者顽固不化的野心之间。由于我在沉放亚林班克号时
犯下了错误，他被即刻解除了指挥权，并被剥夺了退休金。"然
而，他没有时间去想皮特里被解雇是多么不公平，因为还有更多的
封锁用沉船需要沉放。他和团队很快便把握了行动的节奏，到了晚
上，他们已经完成了三分之一的任务。

　　到了 6 月 10 日的傍晚，拉姆彭和手下已经完成了"醋栗"
港——由沉放的封锁用沉船组成的长长的防波堤。而后，他爬上一
条通往城外的小路，走到悬崖上，德军在那里修建了雷达站；被毁
坏的维尔茨堡雷达还在那里。他向外望去，可以看到陆军工兵正在
修筑防波堤和桥墩。三个"马铃薯（Spud）"① 桥墩已经就位，
"鲸鱼（Whale）"② ——码头的单独组成部分——一直延伸到海
岸。在海滩上，一艘坦克登陆舰正忙着卸货，而在更远的地方，沿
海的汽轮正在把货物卸到两栖登陆作战车上，之后，车子急速驶回
海岸。阿罗芒什和黄金海滩就像是忙碌的蜂巢。沿着海岸朝更远的
地方望去，他甚至可以看到各个登陆海滩上正在沉放的其他几排封
锁用沉船。

---

① 系固定桥头的钢制桥墩结构，由可以跟随海面升降而上下活动的浮筒组成，这
　　些浮筒通过固定在海床上的四根钢柱结构进行固定。该桥墩连接了码头的卸货
　　驳船和后面的栈桥。
② 系在码头中使用的浮水行车路。

　　拉姆彭升职了。为了监督"桑树 B"的建造，盟军部署了一个非常棒的团队，但现在，拉姆彭被赋予了一个额外的职位——"凤凰"沉放专员。"凤凰"就是用来建造海港堤坝的巨大沉箱。6月 11 日星期天，他们开始确定"凤凰"的位置。盟军已经安全地将"凤凰"运过了英吉利海峡，并将把它用于建造港口的最深部分。亚林班克号的经验教训，让他决心不再走错一步。他将在涨潮时沉放"凤凰"。拉姆彭意识到，为了让海港顺利运作，为了经受住可能对海港不利的变幻莫测的天气，每一个海港的选址都必须完美，因此，时机就是一切。也正因如此，这个非凡的海上项目才得以进行。虽然进展缓慢，但毫无疑问的是，在登陆近一周后，这场259　为赢得物资集结而进行的战斗似乎渐渐掌握在了盟军的手中。

*

　　与此同时，美军正在克里克维尔的西侧取得进展。6 月 9 日，在第 116 步兵团 C 连的帮助下，游骑兵团占领了格朗康和位于迈西的炮台。第 58 野战炮兵团（现在隶属于游骑兵团）和第 743 坦克营也来助攻，这组成了一个多兵种的攻击部队。约翰·瑞森上尉的第一个任务是清除格朗康的狙击手作战室。"所以，我把部队分成 4 组，每组 4 人，"他说，"右边两组，左边两组，然后两个两个地交替前进，从一个房间搜寻到另一个房间。我们就这样清除了大约二三十个房间。"第二天，在树篱旁的壕沟里待了一夜之后，他们加入了对迈西炮台发起的攻击，并迅速占领了炮台。当他们躲在奥克角附近的圣皮埃尔时，这个炮台一直在向他们开火，但是，和诺曼底海岸的所有德国据点一样，它已经被海军和空军的炮火以及此刻来自内陆的猛烈进攻给摧毁了。混凝土地堡固然很好，但它们是固定不动的，要依靠其他地堡的火力支援。当地堡里的德军孤立无援、损失惨重和弹药不足时，这些建筑往往会变成棺材。从登陆日起，那些痛苦的事实便向守军证明了这一点。

在游骑兵团攻击格朗康时，鲍勃·斯劳特中士和第 116 步兵团的第 1 营向内陆推进了一小段路，抄近路进入了迈西的南侧。挡在他们前面的是死里逃生的第 914 掷弹兵团。吱嘎作响的谢尔曼坦克沿着一条凹陷的道路前进，斯劳特和他的中队便跟在坦克的后面。高高的树篱排列在路的两旁，斯劳特和他的部下深感庆幸，因为有树篱作掩护，有谢尔曼坦克保护他们。不过，由于坦克扬起很大的尘土，他也愿意跟得不要那么近。零星的迫击炮和大型炮弹偶尔呼啸而过，突然，前方发生了巨大的爆炸，冲击波穿透了地面。谢尔曼坦克踩中了一个饼形地雷，一个火球喷涌而出，向四面八方滚去，把坦克里面的所有乘员都炸成了碎片，蹲在坦克后面的十人小队也无法幸免。斯劳特虽然站在大约 40 码开外的地方，但他也感受到了冲击波和热气，当火焰、灰尘和浓烟开始消退时，他看到这辆 30 吨重的坦克被甩到了路边的沟里。"前一分钟，他们还是充满活力的年轻人，"他写道，"下一分钟，缠绕在血淋淋的躯体上的是他们那血淋淋的胳膊和腿。"他们在 25 码开外的地方发现了一些人体部位，包括还穿着靴子的脚。斯劳特并不是唯一一个呕吐的人。他继续说道："看到士兵们以各种可怕的方式被杀害，我本来以为我已经习惯了，但那次饼形地雷爆炸是我见过的最可怕的景象之一。"在那之后，他发誓要与路上的坦克保持距离。

260

*

此刻，溃败的第 352 步兵师的残余部队正在撤回主防线——他们在登陆前准备好的新的主要防线。汉斯·海因兹少尉和第 5 连是第一批到达那里的部队之一，他们在科勒维尔以南撤退。挖好堑壕后，他们看到更多的盟军飞机呼啸而过；敌人拥有如此压倒性的空中力量，拥有如此巨大的物资优势，这是海因兹在苏联从未经历过的。有一次，他们遭到了盟军轰炸机的轰炸，他发现朋友海勒（Heller）少尉不顾他人的耻笑，为登陆以来失去了那么多的士兵哭了起来。海勒是 1940 年法国战役和东线战役的老兵。海勒告诉他：“如果他们能和我们一对一地战斗，那么我们就有机会了。我们打不过他们的飞机和炸弹。”

卡尔·韦格纳是那些精疲力竭、死里逃生的德国士兵之一，他们步履艰难地继续向南侧和西侧行进。那一天是 6 月 9 日星期五，第 352 步兵师损失了 2000 人，达到该师战斗力量的五分之一，而且超过了前两天损失的人数。他们整天受到战斗轰炸机、战斗机，甚至是轰炸机的骚扰，路上到处都是死马和燃烧的汽车。“虽然我们撤退了，”他说，“但我们团的其他部队仍在灌木丛里战斗。”有时只有几个人，然而，即便是一两挺机关枪和几个狙击手，也是非常有效的，能够阻止整个美国连队，让其余部队有时间逃跑。当他们跋涉前行时，韦格纳和战友们不断地观察天空，但战斗轰炸机一次又一次地向他们俯冲过来，他们不得不跳起来寻找掩护，并尽量往好处想。“我们总是在问同样的问题：纳粹德国空军究竟躲到哪里去了？”他写道。最常见的回答是：“他们都回家保护胖子赫尔曼的奖章去了。”

*

6 月 9 日上午，拜尔莱因中将终于准备好战斗了，他用大炮轰击了对面山脊上的敌军阵地，英国第 8 装甲旅和第 53 步兵旅都在那里掘壕固守，等待向前推进。在圣皮埃尔和瑟勒河畔蒂伊的上方，舍伍德游骑兵团感受到了热浪。斯坦利·克里斯托夫森用典型的轻描淡写的口吻说道："第 103 号山头变得让人难以忍受，它似乎成了德国迫击炮和大炮的主要目标。"他的坦克在树林里的时候还很安全，但是，它们刚向前推进，就暴露在了村子里的敌方坦克的面前。最终，德林（Dring）中士成功开着萤火虫坦克向前推进，他使用 17 磅的高速炮击中了一辆豹式坦克 5 次，并将它击毁。有三辆谢尔曼坦克被炸毁，不过乘员都设法逃了出来。其中一辆是迈克·豪登（Mike Howden）中尉的坦克。在豪登和乘员逃出来后，克里斯托夫森说道："迈克张口结舌，半个小时说不出话来。即使在最好的情况下，他的脸也是没有血色的，现在比雪还白。"但在那天，克里斯托夫森失去了他的副手基斯·道格拉斯上尉，后者被飞溅的弹片当场炸死。从巴勒斯坦开始，道格拉斯就和第 A 中队一起战斗，并在北非与他们并肩作战。他可以说是二战期间最伟大的英国战争诗人，还写了一本关于他在舍伍德游骑兵团的精彩著作《阿拉曼到泽姆泽姆》（*Alamein to Zem Zem*），这本书已在他们奔赴诺曼底之前出版。

当天晚些时候，舍伍德游骑兵团撤退了，第 4/第 7 龙骑兵卫队接管了他们设在第 103 号山头的据点。然而，由于英军在这片区域遭遇了装甲教导师，再次需要舍伍德游骑兵团、第 50 步兵师的所有步兵和装甲部队以及附属的独立旅的援助。于是，第二天，这些部队就被调回了第 103 号山头。那时，在炮兵的全力支援下，步兵和装甲部队已经攻下了圣皮埃尔。克里斯托夫森的第 A 中队在左翼协助步兵。他和手下在圣皮埃尔的边缘度过了一个不眠之夜，期待着一场从未实现的反击。

*

6月8日，保卫拉菲尔的第505伞降步兵团的第1营终于松了一口气。他们在炎炎夏日中坚守阵地两天半，越来越多地遭到敌人炮火和迫击炮的攻击。当他们撤离时，马克·亚历山大中校只剩下176名士兵，他本来有500多名。不过，越来越多的士兵已然抵达。第325滑翔机步兵团接管了拉菲尔，在第507伞降步兵团的100名士兵的帮助下，他们冲过堤道，最终攻占了考奎尼村。然而，他们付出了昂贵的代价，而且遮挡他们行踪的烟雾很快就消散了，这对他们毫无帮助，因为他们暴露在了光天化日之下。亚历山大说："我很高兴自己没有被派去执行那个任务。事后，我不禁感慨，幸亏我已经撤离了那个地方，幸亏我要领导白天的进攻！"

与此同时，在东南侧，夺取卡朗唐的战斗仍在继续。在市中心的教堂塔楼上，马丁·波佩尔中尉可以看到这个地区最美丽的景色之一。他可以看到北面的维尔河口的两边，然后，他的视线回到西北方向的圣科姆迪蒙，接着转向东面。在远处的南面，他看到圣洛两边逐渐隆起又长又矮的山脊，一片绿色的海洋从山脊处延伸开来。海上的盟军舰队蔚为壮观。他在日记中写道："一艘又一艘的船，一个又一个的烟囱，这个景象展示了盟军强大的军事力量，吸引了所有人。"

作为第6伞降猎兵团第3营第12连的指挥官，波佩尔负责该营的重型武器——4门88毫米的大炮，4门榴弹炮和一门吸烟者6膛（管）迫击炮。此时，第1营已经基本上被歼灭了，只有25人穿过水淹区逃回了卡朗唐；而第2营在圣科姆遭到了猛烈攻击，已经撤回到杜沃河的对岸。这让第3营不得不在美军新发起的任何进

262

攻中首当其冲。波佩尔利用榴弹炮和 88 毫米的火炮进行扰乱性射击，他很清楚，由于其他的大炮都被摧毁了，他手上的这些火炮、弹药就是全团的所有武器。即便如此，第 6 伞降猎兵团的指挥官冯·德·海德特上校还是非常不高兴，6 月 10 日一早，他就给波佩尔打电话，问他为什么要用火炮，而不是机枪。波佩尔告诉他，因为在目前的射程范围内，机枪完全起不到作用。这招来了"老头"的训斥。但是，即使在波佩尔命令部下停止用大炮射击后，又一个爆炸声还是响了起来。上校又拿起电话，抱怨说他的迫击炮弹已经不够用了。

几个小时后，三个红色的维利式信号弹飞向天空，这个信号意味着敌人正在发起进攻。于是，波佩尔命令炮兵利用手头上的所有弹药，向事先计划好的目标开火。过了一会儿，电话又响了起来。愤怒的冯·德·海德特质问波佩尔，为什么在他明确命令不要开炮的情况下，还在使用大炮进行轰炸？波佩尔说明了原因，但这没有用，他立刻被解除了指挥权。"不难想象我有多痛苦，"波佩尔说，"排长们和我一起经历了整个事件，他们也很愤怒，但没有办法。上头的人渣都是沆瀣一气的。"现在，上头命令他到伞降猎兵团的总部报到。在那里，他被任命为指挥官的副官，换句话说，就是一个信使。对经验丰富、长期效力德军的波佩尔来说，这是一个奇耻大辱。

如果说冯·德·海德特变得有点暴躁，这也是可以理解的。他觉得自己受到了来自四面八方的非难，包括来自于他本人的非难。弹药少得可怜。最初，他接到指示，要从一个弹药分配点获得额外的补给，但结果发现那里没有储存弹药。所以，上头向该团指派了另一个弹药分配点，结果，他发现那个分配点已经被摧毁了。尽管他现在请求空投补给，但到了 10 日的晚上 10 点，冯·德·海德特已经认定卡朗唐保不住了，他的士兵应该在第二天（也就是 6 月 11 日星期天）撤回到卡朗唐以南的新防线。

然而，那天晚上的早些时候，党卫军第 17 "古兹·冯·伯利辛根" 装甲掷弹兵师的指挥官、党卫军旅队领袖沃纳·奥斯滕多夫（Werber Ostendorff）已经到达了第 6 伞降猎兵团的指挥部，向他们保证说，他的装甲部队和大炮进展顺利，很快就会到达那里，帮助他们驱散美军，并把美军赶回去。也许冯·德·海德特不相信他的话；也许冯·德·海德特认为情况太可怕了。无论如何，他继续执行撤退命令，只把第 3 营的一个连留在卡朗唐，以抵抗和挫败美军。

11 日的早些时候，波佩尔奉命向位于圣洛的第 84 军的总部进行报告，请求让党卫军第 17 装甲掷弹兵师指挥第 6 伞降猎兵团。这个请求得到了批准，他还拿到了一些急需的地图，然后骑上摩托车，沿着道路返回，路上到处都是因为盟军空军的轰炸而被烧毁的卡车和其他车辆。他在新的指挥部找到了冯·德·海德特，这个指挥部位于布莱侯（Bléhou）村，距离卡朗唐的西南大约 7 英里。第 6 伞降猎兵团的大部分士兵充分利用战斗期间少有的平静时刻，在那天下午全部撤离了卡朗唐。晚上 10 点，德军发布命令，要求第 6 伞降猎兵团与党卫军第 17 装甲掷弹兵师在第二天（也就是 6 月 12 日星期一）发起联合反击。签署这个命令的不是冯·德·海德特，而是党卫军旅队领袖奥斯滕多夫。

与此同时，第 506 伞降步兵团连夜向他们的目标据点行进，准备进攻卡朗唐，但他们不知道镇里只剩下一支骨干部队。美国步兵和伞兵已经在北面几英里的地方会合，并夺取了杜沃河上的桥梁。之后，麦克斯韦·泰勒将军下令从三个方向进攻，以夺取卡朗唐：一支部队从东北方向进攻，另一支从东侧进攻，第 506 伞降步兵团从西南方向进攻。因此，他们在夜间行军，以便到达目标据点。

E 连花了好几个月的时间进行夜间训练，因此，早在离开英国之前，他们就已经奋力克服了许多潜在的困难，例如怎样在黑暗中穿越陌生的土地，怎样准确地进行天文导航，怎样与其他人保持联系等。迪克·温特斯认为，只有那些从未接受过夜间训练的师部和团部的参谋，才会对夜间行军提心吊胆。他说："在登陆日，他们的缺点暴露无遗。这些参谋人员在确定方向和寻找目标方面遇到了重大困难。"然而，从温特斯迄今目睹的情况来看，初级军官们并没有遇到这样的问题。不过，他预测，两个营的士兵必须首先穿过被攻下的杜沃河上的桥梁和尖坡，然后转向西面，穿过沼泽地和被洪水淹没的土地，接着穿过两条铁路线，这时问题就会出现。行动非常艰难，正如温特斯猜想的那样，带领士兵们行军的团部和营部参谋遇到了问题，频繁与连队失去了联系，更改营队的行动范围。他写道："总而言之，这是一个艰难的夜晚。我们停下来，挖沟，架起机关枪和火箭筒，然后一次又一次地爬出去。"尽管如此，到了早上 5 点 30 分，他们已经到达了进攻起始点，这片地区覆盖着镇外往南通向佩里耶（Périers）的主要道路。如果第 506 伞降步兵团成功封堵了这条路，那么仍在卡朗唐的德军就会被困住，只能向西穿过水淹区才能逃跑。

向卡朗唐推进的唯一办法就是直接沿着他们现在所走的那条路走。温特斯在左侧部署了一个排，在右侧部署了另一个，还把第三个排作为后备部队。道路略微隆起，两边的斜坡通向浅浅的沟渠。几分钟后，在约定的进攻时辰，温特斯朝他的手下大喊，让他们赶快离开，因为一架孤零零的机枪从前面的一座大楼向两个路口中的第一个开火。在这两个路口，两条道路在城镇的边缘交汇。士兵们都僵住了，于是温特斯站了起来，尽管子弹在他的周围砰砰作响，他一边跑向队伍的前头，一边大喊："快离开！快离开！"幸运的是，MG42 机枪的准确度非常低。不过，他起到了模范带头作用，士兵们纷纷行动起来，用手榴弹摧毁了机枪小组，与此同时，城镇里的其

265 他敌军穿过田野向南逃跑。现在，他们已经到达了第二个十字路口，德军预先架设好的迫击炮和机关枪瞄准了 E 连的士兵，伤亡人数开始增加。温特斯的脚踝被跳弹打中，但他们继续前进，很快就到了卡朗唐，发现敌人已经弃城逃走。于是，盟军占领了卡朗唐。

*

"我永远都不会忘记 6 月 11 日，"斯坦利·克里斯托夫森写道，"事实证明，对第 506 伞降步兵团来说，尤其是对我来说，这是非常伤心的一天。"自从 6 月 9 日装甲教导师第一次与英国第 30 军交战以来，激烈的战斗就一直在进行着。在圣皮埃尔、丰特奈和蒂伊的周围，局势一直不明朗，双方都遭受了重大伤亡。正如克里斯托夫森描述的那样，在这片乡村的附近有田野和树林，对于坦克来说，这是"令人讨厌的"，因为双方都没有取得多少进展。不过，圣皮埃尔被盟军攻下了，克里斯托夫森和中队留在第 103 号山头，第 B 中队、第 C 中队和第 506 伞降步兵团的司令部一起下山，向村庄进发。

中午，为了接一个电话，克里斯托夫森急匆匆地赶到新成立的兵团司令部，这个司令部就坐落在村子北部边缘的农舍里。在那里，他得知敌军直接击中了指挥官的坦克，也就是众所周知的"罗宾汉"，杀死了指挥官迈克·莱科克（Mike Laycock）少校、副官乔治·琼斯（George Jones）上尉和情报官劳伦斯·海德（Laurence Head）中尉。另有几人受伤。这是一个令人震惊的打

击；迈克·莱科克是兵团的忠实拥护者。战前，他加入了英国地方自卫队。他和他的马一起乘船前往巴勒斯坦，并于 1939 年回国。就在短命的前任指挥官在登陆日受伤后没几天，他才被任命为指挥官。克里斯托夫森和莱科克是关系亲密的朋友；克里斯托夫森认为他不仅是一个好人，而且是一个同样出色的军官，是这个兵团的中坚力量。

那天，赫尔穆特·里特根上尉——他指挥的第 130 装甲教导团第 2 营的士兵正在与舍伍德游骑兵团作战——也遭遇了类似的悲剧。他带着一支补给队前往蒂伊，去和普林茨·冯·申伯格-瓦登伯格交谈。到达第 2 营的司令部时，他发现一发炮弹不偏不倚地击中了他们的战地司令部，炸死了二等兵福赛尔（Füssell）——忠心耿耿追随普林茨的老随从。一大早，普林茨就被召去和第 901 装甲掷弹兵团的指挥官进行商议，但回来的时候，他伤心至极。他告诉里特根，福赛尔是他最好的朋友，他们有 25 年的交情。此外，他深信他们当天下午奉命发动的袭击是一个错误。里特根说："他认为这里的地形完全不适合装甲部队。" 266

里特根试图让他振作起来，但在他离开时，普林茨说："我们是不是都会死，谁知道呢？"在听到这番让人震惊的话后，里特根回到了帕尔富吕。晚上 10 点左右，营队副官拜访了他。在攻击第 103 号山头时，普林茨驾驶的指挥坦克的炮塔被击中。普林茨和通讯官当场死亡。这是在行动中丧生的第三名军官。里特根惊呆了，但他带着更多的补给匆忙向前行进，并发现整个营已经进入阵地（也就是所谓的"兵营"）过夜。然后，他就去和第 130 装甲教导团的指挥官葛哈德（Gerhardt）上校谈话。"他暂时委托我指挥这个营，"里特根写道，"我曾经多次默默地渴望得到这个职位，但不是在这种悲惨、可怕的情况下。普林茨的死深深地触动了我。"

第18章 财富限制和物资贫乏带来的 机动作战的自由

此刻，在登陆前线的上空为盟军提供近距离掩护的阶段已经结束了，战术空军又一次在更深入内陆的地方翱翔。6月12日星期一，盟军指派第354战斗机大队的野马战斗机中队在法国北部进行俯冲轰炸，三个中队一起从萨福克郡的鲍克斯特德（Boxted）出发。迪克·特纳少校率领第356战斗机中队攻击鲁昂（Rouen）附近的一座铁路桥，他预计这只不过是一次常规任务。他们顺利到达了目标区域，在成功找到了正确的桥梁后，特纳在5000英尺的高空绕桥飞行，查看是否有敌人的高射炮阵地，这将帮助他决定如何攻击目标。最有效的方式是"集中"攻击，也就是每架P-51战斗机沿着同一条俯冲路线，一架接一架地进行攻击。如果头两架飞机投下炸弹的时间太长或太短，那么后面的飞机可以相应地进行调整。不管怎样，集中攻击总是能够摧毁目标。

另外，如果桥上有敌人的高射炮阵地，那么集中攻击就太危险了，因为它可以让地面的炮手预测俯冲轰炸机的路线，从而击中飞机。头几架飞机可能会侥幸逃脱，但后面的飞机肯定无法幸免。还有一个更好的选择，那就是"协同"攻击，即一些战斗机瞄准高射炮阵地，让炮手忙着对付它们，其他战斗机则努力打击目标。进行一些审慎的侦察通常是有好处的，就像特纳此刻在大桥上空所做的那样，因为这可以确保他的飞行员毫发无损。"再说，"他说道，　268
"我的战友们彼此之间都是好朋友。"

　　他往下看，没有看到任何高射炮，于是舔了舔嘴唇，下达了集中攻击的命令。他带领中队向下俯冲，以令人满意的精确度扔下了两枚 500 磅的炸弹。看起来他们好像把 32 枚炸弹都扔到了樱桃树上；但在他们重新爬升，在浓烟和灰尘都落下去后，他看见两端的铁轨都扭曲、粉碎了，桥梁的残骸倒在下面的峡谷里。任务完成后，他们朝东北方向飞行，但特纳决定带着他的手下进行一次小规模的掠夺性狩猎。他们收到的报告说，有更多的纳粹德国空军部队正在向西飞行，所以他觉得去那里匆匆瞄一眼可能不是一个坏主意。

　　他的预感完全正确。过了不到一刻钟，他的一名飞行员兴奋地指着说，下面有一个简陋的空军基地，那里排满了福克-沃尔夫190 战斗机，机尾被树篱遮住了。特纳朝左边看了看，果然，战斗机就在那里，半掩在树木和树叶中。他迅速地环顾四周，看看有没有高射炮。他很满意，一个也没有。于是，他叫中队跟在他的后面，他翻转机身，开始俯冲。当最近一排的 190 战斗机进入他的视野时，他用 6 挺点 50 口径的机枪开火，子弹扑向目标。不一会儿，两架 190 战斗机着了火，冒出滚滚浓烟。他向左转了一个小小的弯，然后向上爬升。他看到另一架福克-沃尔夫战斗机正在第二块田野的边缘加油。特纳水平飞行，向前推操纵杆，压低野马战斗机的机头，然后又一次开火，击中了燃油箱和 190 战斗机，一道耀眼的火光腾空升起。之后，他再次爬升，飞离战场。

　　特纳环顾四周，看到他的中队正围绕空军基地盘旋，其中的一两架俯冲向下，攻击目标。空军基地一片混乱，燃烧着的 190 战斗机排列在空军基地的边缘，但特纳认为是时候逃跑了；因为其他敌机可能在附近巡航，所以继续低空盘旋并不是一个好主意。于是，他命令中队爬回 10000 英尺。刚爬到 1500 英尺时他就看到下面灰尘飞扬。他往下看，发现一架容克 88 轰炸机即将起飞。看到他飞过来，容克轰炸机的飞行员立即取消了起飞，但为时已晚。特纳说："就在他跟跟跄跄地停下飞机时，我击中了他，然后飞机爆炸了。"

由于弹药不足，也有可能是因为捅了马蜂窝，特纳命令手下返回。16 架飞机都安全着陆了，没有一架受损。除了大桥，他们还击中了 20 架福克-沃尔夫 190 战斗机。特纳补充道："加上我击中的容克 88 轰炸机，德军总共损失了 21 架飞机。这一天的工作令人满意。"

*

盟军空军取得了成功，这是一个非常受欢迎的消息，但是，第二天的早些时候，第一批 V-1 飞弹飞越英国上空，这就绝对不是一个好消息了。大多数飞弹都没有落在肯特郡、萨福克郡和埃塞克斯郡，不过，有一些落在了伦敦。"我们必须对十字弓行动的目标再次发起攻击"，美国第 9 航空队的指挥官布里尔顿将军在日记中写道。在此之前，盟军对"十字弓行动"涉及的发射场进行了一次又一次的打击；4 月 19 日，艾森豪威尔同意加大赌注，之后，发射场遭到了更严重的破坏；因此，在登陆过去仅仅一周，当盟军发现伦敦又遭到了飞弹的袭击时，人们感到非常震惊。

那天在英国首都的人中就有玛丽·穆瑞（Mary Mulry）中尉。她是亚历山德拉王后王家陆军护士队的一名护士。她即将被派往诺曼底，于是，她在难得的休假日来到城里，想买一个行李箱。幸运的是，她在维多利亚车站附近侥幸逃生。"这些嗡嗡作响的炸弹相当可怕"，她在日记中写道。在去地铁站的路上，她听到了不祥的嗡嗡声，刚走到车站入口，引擎就熄火了，飞弹掉了下来。"我下楼梯的时候都能听到救护车的鸣笛声，"她补充道，"伦敦人非常镇静，在躲避飞弹期间，他们居然还能继续正常生活。"

玛丽来自中立的爱尔兰。1939年，年仅17岁的她离开家，前往伦敦，因为家乡的工作机会非常少，钱更少。她的哥哥迈克尔（Michael）已经移民美国，但玛丽更喜欢英国，并在伦敦的盖伊医院找到一份实习护士的工作。宣战后，她被转移到位于滕布李奇微尔斯（Tunbridge Wells）选区的肯特郡和苏塞克斯郡的医院。

1940年5月底和6月初，盟军从敦刻尔克撤退，当时医院里挤满了受伤的军人，这是她第一次真正体验到战争的滋味。接着就是不列颠战役，大部分都是在医院上空进行的。三年后，她通过了国家注册护士考试。随后，她搬回了伦敦，在伍尔维奇的布鲁克医院工作。在那里，她负责照顾发热患者。1944年春，她终于完成了培训，并申请加入亚历山德拉王后王家陆军护士队。护士队成立于1902年，就在英布战争①结束的时候，目的是为了培训护士，以便让她们在军队效力。到了1944年，护士队的人数已经从1939年的600人增加到了大约12000人。玛丽一直渴望加入护士队，但她离开伍尔维奇的决定让医院的护士长和她的父亲都感到震惊。她的父亲是一位狂热的共和党人，曾在争取爱尔兰独立的斗争中与英

270

① 系英国同荷兰移民后裔布尔人建立的两个共和国（德兰斯瓦尔共和国和奥兰治共和国）为争夺南非领土和资源而进行的一场战争，又称"南非战争"、"布尔战争"或"第二次布尔战争"。英布战争是帝国主义时代到来的一个主要历史标志。

国人作战。这两人都无法阻止她；于是，5 月 10 日，她被护士队正式录取，成了战争期间选择加入英国军队的 16.5 万名爱尔兰中立分子之一。6 月 5 日，她来到了第 101 综合医院，这家医院坐落在伦敦北部赫特福德郡的哈特菲尔德庄园。这是一幢很大的乡村别墅，曾经是沙夫茨伯里（Shaftesbury）伯爵的府邸，现在被用作军事医院——玛丽觉得那里"非常漂亮，但相当可怕"。

　　就在她来到这里的第二天，一觉醒来，她就听到了登陆的消息。她在日记中写道："我可以听到极度兴奋的叽叽喳喳声，一群人在谈论这个消息。"她的哥哥迈克尔加入了美国陆军，几周前，两人在伦敦见了面，这是他移民后她第一次见到兄长。现在，登陆已经过去了一周，她想知道能否在诺曼底再次见到他。他们横渡英吉利海峡的行动是确定无疑的了——他们将在几天内到达那里。不过首先，她必须毫发无损地回到哈特菲尔德，而且不能被飞弹击中。

　　英国的战事领导人并没有那么冷漠。V-1 飞弹携带的 1000 公斤阿马托炸药是一种极具破坏力的弹头。在历经多年的战乱之后，英国人民发现自己面临着一场新的闪电战，感到非常惊愕，这是可以理解的。"伦敦民众遭受的这种新型攻击，可能比 1940 和 1941 年的空袭还要可怕，"丘吉尔说，"人们提心吊胆、紧张兮兮的时间比以前更长了。即使黎明到来，也无法给人们带来解脱；即使云层密布，也无法给人们带来安慰。"这让盟军有了更加充分的理由在诺曼底迅速击溃敌人，并在法国全境攻占这些新式恐怖武器的发射地点。虽然飞弹造成的破坏远远小于闪电战，但 V-1 飞弹的威胁最终还是来了，它像沉重的裹尸布一样盘旋在盟军——尤其是英国——的战事领导人的头上。

　　其中一个飞弹的落下地点甚至离艾森豪威尔将军有点近，让他觉得不舒服。6 月 16 日凌晨 1 点左右，他回到了宏翼——他在伦敦郊区的灌木公园设立的盟军远征军最高司令部总部的代号。当警笛声响起时，他正在床上看书。他的朋友、海军副官哈里·布彻（Harry Butcher）迅速来到他的房间，建议他前往防空洞。然而，艾森豪威尔拒绝了他的请求，直到他们听到一枚 V-1 飞弹在附近爆炸的砰砰声。"他们说，当砰砰声停止时，你有两秒钟的时间寻找防空洞"，布彻说道。"所以，我决定至少让布彻去防空洞"，几分钟后，艾森豪威尔也去了防空洞。 271

　　无疑，V-1 飞弹的攻击给诺曼底战役增加了压力和焦躁，这完全超过了它们造成的实际损失——总体来看，实际损失还是相对较小的。布里尔顿说："空军部认为，敌人向伦敦地区投放 90 吨飞弹的行为引起了人们的极度担忧。"不过，与盟军向德国投放的大量炮弹相比，这实在是微不足道。第二天，仅第 617 中队就向位于勒阿弗尔的供 S 艇靠泊的平行栈桥投下了 1230 吨炸弹。前一天晚上，轰炸机指挥部使用 303 架重型轰炸机，每架携带大约 4 吨炸弹，轰炸了盖尔森基兴（Gelsenkirchen）附近的一个合成燃料工厂；仅这次攻击就导致德军在接下来的几个星期里每天损失 1000 吨燃料。与此同时，美国第 8 航空队派出了令人惊愕的 1357 架美国重型轰炸机，每架携带大约 2 吨炸弹，对一系列广泛的目标进行了攻击；"施密提"·史密斯中尉和他的机组人员以及其他人，一起被紧急派去轰炸飞弹发射场，这个发射场位于法国北部的弗洛雷讷（Florenne）。德国发动了无驾驶员的新型闪电战，为此，盟军也需要以牙还牙、以眼还眼。

　　尽管如此，英国的领导人还是开始有点不耐烦了。6 月 15 日星期四，布彻说道："昨晚，艾克担心蒙蒂要到星期六才发起攻击。艾克渴望让德军失去平衡，希望我们的猛攻永不停息。"事实上，盟军的猛攻没有停息。盟军确实在向前推进；从登陆日到现在仅过去了一周半，而那些回到伦敦的人看着二维地图（上面的大海只不过是一种单调、恒定的蓝色），忘记了登陆面临的许多挑战，继续对盟军进行责骂。补给的集结速度比预期的要慢；目前，补给被积压了两天，这意味着，英国第 33 装甲旅的 150 辆坦克比预期晚了两天到达前线。在诺曼底战役的早期阶段，这对盟军使用所需的物资冲破德军防线的能力造成了很大的影响。更重要的是，正如德军在北非、西西里岛和意大利南部所做的那样，敌人丝毫没有表现出分阶段撤退的迹象，而是决心要守住每一寸土地，即使这意味着他们要继续处在盟军庞大的离岸海军火炮的射程之内。

272 　　即便如此，在登陆 10 天后，盟军还是有理由感到高兴的。他们建立了一个不间断的桥头堡——这是他们短期内的首要任务之一。现在，这个桥头堡大约有 50 英里长，8 ~ 20 英里深。在中部，也就是在英军战区和美军战区的边界，美国第 18 步兵团进入到了内陆 20 多英里的地方，在科蒙镇的周围占领了一个阵地的突出部。汤姆·鲍尔斯回忆说："双方发生的都是些小规模的战斗。德军试图把我们赶回去，而我们将击退他们。"盟军每天派他到前线维修电话线路两三次，甚至更多次。事实上，这就是第 1 步兵师的前进速度，他们很幸运地向南推进，进入了一个缺口，这个缺口位于左侧的装甲教导师和右侧的党卫军第 17 装甲掷弹兵师及第 352 步兵师的残部之间。盟军瓦解整个德军防线的机会正在出现。然而此时，第 1 步兵师没有装甲、炮兵支援或后备部队，无法推进到科蒙以外的地方。

　　与此同时，在东侧，空降部队和突击部队组成的混合部队正在经历一段非常艰难的时期。他们很快陷入了一种基本上静止的消耗战，而这支特殊的突袭部队绝对不适合这种战斗。现在，他们正在守卫一条防线。这条防线沿着布雷维尔山脊延伸，大约位于奥恩山谷和迪沃山谷的中间，然后向下穿过昂夫勒维尔（Amfreville）村，之后向北延伸，穿过奥恩河；接着穿过圣奥诺里讷（Sainte-Honorine），到达科龙贝勒的边缘和卡昂的东郊。双方都在拼命地挖堑壕，互相狙击，向对方投掷炮弹和迫击炮弹，这令人担忧地回想起了上一次大战中西线的情形。丹尼斯·爱德华兹在 6 月 11 日（星期天）的日记中写道："在准备战斗的阶段，德国佬像往常一样在黎明时分痛击我们，我们的防线遭到了彻底的攻击，也就是我们所说的'猛烈炮击'。"此刻，他同牛津郡和白金汉郡轻步兵团其他士兵正在守卫埃鲁维莱特（Hérouvillette）。爱德华兹发现，白天的时候，他和战友们抽了很多烟——这也算是有事可做吧，并且可以安抚他们的神经。但现在，他们的香烟快抽完了。那天晚上，有很多敌人巡逻，他们开始意识到德军即将发起反击。爱德华兹很清楚，这片土地的关键是布雷维尔山脊，它居高临下，可以俯瞰整个地区和两个山谷。

　　伞兵们仍在坚守外围，但兵力不是很强——驻守在牛津郡和白金汉郡轻步兵团左翼的是第 7 伞兵营的士兵，其中有理查德·托德中尉，和爱德华兹一样，在过去的几天里，他也不喜欢经常遭到"猛烈炮击"。不过，援军马上就要到了。6 月 11 日（星期天）是他的 25 岁生日，他接到了命令，被晋升为上尉，并被调往"温迪"·盖尔将军指挥的第 6 空降师的总部，担任 GSO-3 作战部参谋。在和战友们吃完一顿丰盛的生日午餐后，他带着所有的装备，爬上了一辆吉普车，向他在第 7 伞兵营的朋友们告别，然后迅速返回朗维尔。途中，他在战地救护中心短暂停留，让医生看看他那尚未愈合的手。

　　第二天，也就是 6 月 12 日，阳光明媚，天气暖和。援军抵达

273

了，他们是第 51 高地步兵师的一个旅，是一支老兵部队，参加过北非和西西里岛战役。这减轻了伞兵和突击部队的压力，尽管来得有些晚。那天的晚些时候，第 21 装甲师又发起一次反击。此时，汉斯·冯·卢克少校指挥的营得到了增援，其中有吸烟者坦克、侦察营的两个摩托车连以及贝克尔少校的一些突击炮。卢克战斗群使用吸烟者坦克——也称"呻吟米妮"，是一种多膛的速射迫击炮——和大炮发起攻击，迅速从加拿大伞兵的手中夺取了目标，即圣奥诺里讷村。冯·卢克紧紧跟在摩托车连的后面，第一次看到了敌人的防线。他看到周围似乎有数百架破碎的滑翔机，感到非常吃惊。他们迅速挖好堑壕，他希望他们可以利用圣奥诺里讷的斜坡作为进攻山脊的起点。"接着，"冯·卢克说，"我们迄今为止所知的最猛烈的海上轰炸开始了。"他甚至可以看到盟军的战舰在海上开火，大炮里喷出巨大的火焰，接着是炮弹的轰鸣声。战斗轰炸机紧随其后，毫无阻碍地俯冲下来。他继续说道："一个真正的地狱笼罩在我们的头顶。"

他的战斗群还向布雷维尔和奥热（Oger）村之间更北的地方发起了进攻，法国第 4 突击队在那里掘壕固守。一些德国军队设法推进了不到几百码。那天下午，休伯特·福雷中尉损失了 5 名手下。另一名士兵贝高（Bégau）被一块弹片击中，半个脸被炸飞了。"只剩下眼睛了，"福雷说，"太可怕了。血喷涌而出。"贝高在他们前方 50 码处被德军抓住了，但他还活着。所有人都不敢轻举妄动，于是，福雷跳起来，朝受伤的贝高跑去，抱起他，把他背在背上。德军本来可以轻而易举地打死福雷。他认为德军之所以放过他，是出于尊重，因为他抱起了受伤的战友。

274　　　在回到第 6 空降师的总部后，理查德·托德上尉发现那里的气氛非常紧张。大家担心山脊可能会陷落，但"温迪"将军决定现在轮到盟军发起反击了，因为德军已经暴露，并受到海军火炮和空军的打击。攻击将在那天晚上的 10 点开始，由第 12 伞兵旅打头阵，第 13/第 18 轻骑兵队给予支援，并利用重型炮火作为掩护。夜幕降临时，昂夫勒维尔和布雷维尔的村庄在夜空下火光四起。在圣奥诺里讷，加拿大军也进行了反击。在一场近距离的短兵相接后，冯·卢克被迫召回他的士兵，再次放弃村庄。他写道："我们还能用什么来对抗海军大炮和战斗轰炸机呢？"

盟军夺回了布雷维尔，并守住了山脊，但双方都付出了沉重的代价，特别是第 12 伞兵旅。开始进攻时，该旅有 160 人，但现在有 141 人伤亡。自前一天到达以来，黑卫士兵团第 5 营的伤亡人数也达到了 200 人左右，这个巨大的损失反映了诺曼底战役是一场残酷的消耗战。冯·卢克被这一天的战斗给击垮了。他写道："现在，我们终于放弃了在英军的桥头堡大干一场的希望，更别说摧毁它了。"东翼的僵局已经来临，士兵们开始沿着一条战线挖堑壕，在接下来的 10 个星期，双方将在这条战线僵持不下。

*

然而，蒙哥马利和邓普西已经启动了"栖木行动（Operation PERCH）"，这是他们试图取得决定性突破的第一次尝试。在登陆前，盟军将这个行动作为一种应急措施，以防盟军在登陆日或登陆后无法迅速夺取卡昂。邓普西的计划是，让第 7 装甲师——在北非战役中奋战到底的"沙漠之鼠"——作为进攻蒂伊的先头部队。此外，盟军还有另一个想法，代号为"狂野的燕麦（WILD OATS）"，就是让第 7 装甲师和第 1 空降师向卡昂发起猛攻。现在，这个想法正等着盟军领导人在英国进行讨论。然而，利-马洛里将这个想法扼杀在了萌芽状态，而且，由于延误和天气等原因，"沙漠之鼠"直到 6 月 10 日才准备好，而此时，装甲教导师已经抵达了蒂伊。根据邓普西在那天获取的情报来看，估计诺曼底现在大约有 500 辆敌方坦克，而且盟军已经正确识别出前线的所有德军师。6 月 9 日午夜，第二集团军的情报总结道："这些德军编队早就该进行协同打击了，而且随着盟军从奥马哈海滩继续向前推进，敌人越来越难以采用闪电战。"在盟军取得立足点时，他们最担心的问题是，在盟军集结足够的兵力之前，敌人发起大规模的反击。既然盟军已经成功地建立了坚固的桥头堡，那么他们既要向前推进，取得决定性突破，又要考虑到，当敌人最终发起反击时，他们必须准备迎战，并决定性地击败敌人。

不管怎样，美国第 1 步兵师占领了位于内陆 20 英里的科蒙，双方在蒂伊周围展开了激烈战斗，党卫军第 12 装甲师在卡尔皮凯和卡昂的西侧负隅顽抗，这意味着第二个缺口出现了。如果美军无法推进到科蒙以外的地方，那么也许第 7 装甲师可以迅速行动，在装甲教导师和党卫军第 12 "希特勒青年团"装甲师之间推进。他们的直接目标是小镇维莱博卡日，该镇距离卡昂西南大约 15 英里。

正如希望的那样，6 月 13 日星期二上午 8 点左右，第 4 伦敦义勇团和步枪旅第 1 营的装甲纵队开进了小镇。这是"沙漠之鼠"的先头部队，他们没有像平常那样使用侦察部队，而是把警惕抛到了九霄云外，急匆匆地向前推进。他们没有发现敌人的迹象，谢尔曼坦克、克伦威尔坦克、半履带坦克和卡车在贯穿小镇的主干道上排成一个长列，然后停了下来，享受着镇民们的热情接待，而该团的第 A 中队则向镇子东侧一个著名的小山丘推进，也就是地图上标注的第 213 号山头。然而，这个缺口实际上只能说是半个，因为

275

装甲教导师的许多支援部队（包括赫尔穆特·里特根指挥的第 130 装甲教导团的第 2 营）仍然驻扎在维莱博卡日东侧（而非西侧）的几英里处。

英军不知道的是，党卫军第 101 重装甲营（也就是第 101 重坦克营）的虎式坦克正从附近的第 213 号山头的南侧看着这一切，他们赶在武装党卫军的其他装甲部队的前面冲进了这个地区，准备与"希特勒青年团"会合。指挥虎式坦克的是德军的装甲王牌米歇尔·魏特曼（Michael Wittmann），他决定立刻派出三辆坦克，其中两辆在第 213 号山头对抗英国坦克，而他自己则前往维莱博卡日镇。当英军的装甲纵队一动不动地停在主干道上时，魏特曼轰隆轰隆地向前推进，几乎在近距离的射程内出其不意地发动了袭击。在短短的几分钟内，由三辆克伦威尔坦克和一辆谢尔曼坦克组成的队伍被炸翻，步枪旅的一些半履带坦克、卡车和运兵车也遭到了摧毁。魏特曼随即撤退，缓缓驶出小镇，留下了一片大屠杀的景象。这时，他的虎式坦克被一名英国炮手击中，无法行进，他和乘员只能步行逃走。这完全是一次没有步兵支援的机会主义攻击，他很幸运，因为在他发起进攻时，虽然英军的反坦克炮正对着他的虎式坦克，但没有一门大炮开火，因为炮手正在附近解手。本来一切可以截然不同的。

与此同时，在第 213 号山头，孤立无援的英军坦克正在逐步遭到重创。然而，随着更多的英军和德军的到来，战斗并没有就此停止。到了下午，德军在进行常规的反攻时，形势发生了扭转，因为德军也遭到了伏击，损失了 6 辆虎式坦克和差不多数量的 Mk IV 坦克。由于德军当时在诺曼底只部署了 36 辆虎式坦克，因而这是一个巨大的打击。总的来说，英军损失了 23~27 辆坦克，德军损失了 13~15 辆。

276

德军让一些新闻摄影师匆忙赶到维莱博卡日镇，拍下英军伤亡惨重的照片，这对"沙漠之鼠"和英国军队的声誉来说并不是一件好事。被烧毁的坦克、死去的坦克士兵和损毁的车辆构成了一幅悲惨的画面。事实上，在德军防线后面的任何一条道路上，或者在德军被攻陷的任何地方，都会暴露出一幅对德军不利的更加悲惨的杀戮画面，但他们却没有告诉记者，这样做的原因不难理解。在登陆日，第 21 装甲师损失了大半个营；6 月 8 日，加拿大军击退了党卫军第 12 "希特勒青年团"装甲师，夺回了布隆、奥蒂耶以及库尔特·梅耶在阿登修道院设立的总部，迅速摧毁了 13 辆坦克。不过，德军也对这些事实守口如瓶。

在这个艰难的时刻，德意志帝国的人民需要一些好消息。长期以来，纳粹在开展宣传活动时总是喜欢对个人进行大肆渲染，弄得他们好像电影明星一样，而且此时的米歇尔·魏特曼早就已经是一名家喻户晓的英雄了。纳粹政权喜欢授予"王牌"称号，有战斗机王牌、斯图卡①王牌、U 艇王牌、火炮王牌，当然还有装甲王牌。被封"王牌"的士兵长着方方的下巴，很健康，非常英俊——他们如此符合雅利安人心中理想士兵的形象，这实在令人惊讶；他们的照片被刊登在杂志的封面上，或者出现在电影院放映的《德国新闻纪录片》中。他们成了家喻户晓的明星，是德意志帝国的形象代言人。当然，这样做存在两个主要的问题。第一，这些被大肆渲染的人实际上是团队的一部分。例如，魏特曼从来没有在虎式坦克上开过火，开火的是他的炮手。U 艇指挥官也从来没有按下鱼雷上的触发装置。第二个问题也许更严重，这些王牌往往因为自己的名气而惹来杀身之祸，这对公关宣传来说是非常糟糕的，毫无

① 即一种俯冲轰炸机。

益处。

无论如何，魏特曼在维莱博卡日镇发起了进攻——撇开公关宣传中的奋勇进攻不说——但收效甚微。事实上，这次进攻已经成为整个大战中最夸张的情节之一，更不用说诺曼底战役了，而且的确需要通过更广泛的视角来看待，而不是从勇猛的战术胆识的角度来看待。英国的第 7 装甲师真的白白浪费掉了这个大好机会吗？英军本来可以突破装甲教导师和党卫军第 12 装甲师之间的缺口吗？恐怕不行。

要想成功进行防守，要想在不考虑侧翼的情况下拼命抵御，这通常意味着，试图防御猛攻的士兵和试图进攻的士兵一样多。在战争初期的闪电战期间，它给德国带来了巨大的成功。1940 年，德军在法国的表现非常出色，因为法国有一个高层指挥结构，这个指挥结构扼杀了士兵们的主动性，而且它的军队没有接受过有关战术灵活性和作战速度的任何训练。一旦德军突破了外围，虽然法国的后备部队受过训练，但他们的指挥水平和沟通能力存在不足，远水救不了近火，最终被彻底击败。另外，德军——或者至少是机动部队——无疑接受过与快速机动作战有关的训练。机动战——速战速决——是他们的作战方式；即使在 1944 年，德军由于缺乏空中力量而处于不利，但战术灵活性仍然是德军作战方式的根本原则。他们还拥有更好、更强大的反坦克炮等额外优势，这些反坦克炮可以远距离作战，速度也比 1940 年任何一方的炮弹速度都要快。

这一切意味着，如果德军遭遇他们在 1940 年实施过的那种快速进攻，那么在应对这类进攻时，德军不太可能采用和法军相同的方式。他们更有可能迅速组织最强大的兵力，以便进行快速反击。这不是正面反击，而是对进攻部队的根基进行打击——实际上是"断头行动"。这样一来，先头部队就会被包围，被切断，被阻止参与进一步的战斗，随之而来的就是英军失去关键的人力和装备，以及先头部队被歼灭，从而对士气造成影响。那么，局势很可能是另一番情况；本来可以取得决定性突破的英军，最后就不会有这样的可能性。那么值得冒险这样做吗？总的来说，可能不值得。

无论如何，盟军很少像德军那样以闪电般的速度或战术敏捷性作战，这是有原因的，这在很大程度上是由于他们拥有大量的物资，从而限制了这种敏捷性。盟军已经开发出了一种打败德军的方法，这种方法非常依赖于火力和大量的支持人员，同时也确保了盟军在战斗前线的人数总体上保持在相对较少的水平。例如，在诺曼底登陆的英军和加拿大军队中，步兵仅占 14%，装甲部队的比例更低。这是一件好事，因为它无疑保住了许多人的性命；上前线的士兵越少，伤亡也就越少。苏联红军和德国国防军的例子证明了派遣这么多师上前线是多么低效，代价是多么高昂；这就是他们在战争期间伤亡人数如此之高的原因，尽管迄今为止英国和美国在全球范围内的战争投入远远超过了苏联。

这种依赖火力和大量支援的作战方式存在一个缺点，那就是它需要更长的时间来组织。经验法则简单明了地告诉我们：火力支援越大，分配任务和投入行动的时间就越长。炮兵需要足够的时间，而任何形式的重型空中支援都需要更长的时间。在诺曼底，前线部队必须与炮兵、空军和海军协同合作。正如加拿大军在 6 月 7 日展示的那样，他们非常有可能阻止像党卫军第 12 装甲师这样的优势部队，但是，直到接下来的几天，所有的火炮都调齐了，系统和通讯设备都就位了，他们才能击退武装党卫军的士兵。也许这种方法在战术方面有些欠缺，但这不能成为批评它的理由。赢得诺曼底战役——从 1942 年的夏末开始，盟军就一直力图赢得这场战役——最终赢得这场战争，才是最重要的。这需要清晰的战略思维、超级高效的补给线以及精通、卓越的作战水平——在描述二战时，作战水平常常遭到贬低。但是，有了良好的战略、取得了控制权和对作战水平的理解，战争的战术问题在很大程度上就会自然而然地得到解决。单凭一己之力干掉几辆英国坦克似乎很厉害，但这并不表示德军即将赢得诺曼底战役，更不用说整个战争了，尤其是在德军无法很好地掌控大局的情况下，而且他们现在肯定做不到掌控大局。

279

同样，如果在努力发挥自己的才能和经验时，那些才华横溢、经验丰富的将军和指挥官受到阻碍、难有作为，那么他们也发挥不了多少优势。多年来，盟军的将军们一直被斥责为迟钝、按部就班，不像他们的德国同行那样在战术上冷酷无情。不过，至少他们是在非常明确的指挥系统下行动的。上层的政治领导人虽然有时爱管闲事，但并非极权主义的独裁者。丘吉尔和罗斯福在地缘政治方面有着过人的见解，在战略方面目光远大，并得到了政府部长和参谋长——他们都是各自部门的最高指挥官——的支持，他们可以自由地表达意见，即使与政治领袖的意见相左。他们还召开参谋长联席会议，并组织理性的辩论和平衡委员会，必要时，这个委员会能够调动和引入其他人。还有艾森豪威尔，他是最高统帅，一个出色的管理者和外交官，也是一个出色的促进者和推动者，他的方法很有学院风范。在他手下效力的是各个部队的指挥官，虽然没有人否认蒙哥马利是个难相处的人，但至少盟军创建了明确、顺畅的沟通渠道。在大多数情况下，盟军的师、军、集团军，甚至集团军群的指挥官都知道自己的位置、他们隶属于哪个部队，他们也知道身后有大量的补给和后勤支持。这既适用于陆军，也适用于空军和海军。最后，虽然兵种之间相互竞争，但在大多数情况下，不同的兵种都是由一个共同的目标所驱动。在登陆的第一周，海军、空军和地面部队进行了非常出色的协同合作，使盟军能够战胜迄今为止出现的许多危机和挑战。事实上，只有各兵种齐心协力，这种规模的登陆才有一丝成功的机会。

德军没有这种合作精神，因为地面部队没有值得一提的海军力量的支援，也几乎没有纳粹德国空军的支援。到目前为止，这场战争是在空中、陆地和海上进行的。德军从未拥有在西线抗衡所需的海军力量，这是因为德军的战前计划和战略存在缺陷。制造巨大的U 艇是对抗英国和美国海上力量的唯一可行的方法，然而，他们选择组建一支永远无法与英国王家海军（更不用说美国海军了）抗衡的水面舰队。在过去的六个月里，纳粹德国空军也被英国空军（尤其是美国空军）给击溃了，因为英美空军的装备更好、训练更好、补给更好，在战术和作战上都更胜一筹。驻扎在诺曼底的德国军队痛苦地发现——就像他们在意大利战场发现的那样——拥有压倒性空中力量的敌人获得了巨大的优势。较之于只能在一个领域作战的交战国，能够在三个不同领域作战的交战国总是具有更多的优势。

接下来要说的是指挥系统。居于这个系统顶端的是希特勒，他主宰着一切，他的话对任何事情都具有最终决定性。他时而懒惰，时而控制狂，过分沉迷于细节，时而疑神疑鬼，每天都在服用掺了处方药物的可怕的鸡尾酒，其中含有私人医生向他提供的可卡因和冰毒的混合物。希特勒也容易出现非理性的情绪波动和情感变化——考虑到他每天的摄入量，这也许并不奇怪——并且习惯了让阿谀奉承者证实他的才干，习惯了在每一件事情上都为所欲为。战争局势的逆转助长了他的偏执和非理性。他在国防军最高统帅部设立了一个联合服务总参谋部，但德军参谋长的运作方式与盟军的不同；他们只是希特勒的喉舌。对于地缘政治，希特勒也是一窍不通；他没有环游过世界，不会说其他语言，他受到的教育十分有限，他通过短视、狭隘的棱镜看待一切——他人、敌人、世界。他的部下都是些阿谀奉承、服从纪律的人，结果就是，他的指挥官们都是在一只手被绑在身后的情况下进行战斗。

　　他的指挥风格还有另一个特点，那就是他喜欢分而治之，这是老暴君喜欢使用的伎俩，以确保其至高无上的统治。在军队中，这导致了派系林立和平行的指挥结构，因此不像盟军（盟军的指挥系统类似于一条明确界定的直线，职权向下流动），德国的指挥官们常常不确定责任到底在哪里停止。这一点在隆美尔和盖尔·冯·施韦彭格的分歧中得到了明显的证明；现在，盟军已经登陆一周了，这意味着德军的指挥和控制结构仍然非常混乱。在登陆日，第84军的马克斯将军下令第21装甲师投入战斗，但是，告诉拜尔莱因何时行军的却是第七集团军的多尔曼将军。另外，到了登陆日后的第 1 天，告诉第 21 装甲师该怎么做的是党卫军第 1 装甲军。6月 10 日，盖尔接管了西线装甲集团的总指挥权，但其中并不包括第 21 装甲师——或者包括？——而隶属于西线装甲集团的装甲教导师已经按照隆美尔的命令进入党卫军第 12 装甲师以西的据点。盖尔评论道："西线装甲集团的指挥系统是最大的不幸。在目前的时刻，一切都取决于快速行动，但以下总部只向 $2\frac{3}{4}$ 个装甲师下达了命令：党卫军第 1 装甲军团、西线装甲集团、位于勒芒的第七集团军、B 集团军群、西线总司令部和国防军最高统帅部。"这绝对是一团糟。

　　除此之外，盟军取得了制空权，对德军的无线电通讯进行了有效干扰，在登陆前摧毁了德军的雷达站和通讯站，这也阻碍了德军。盟军可以在天空任意飞行，观察地面上的情况，但由于纳粹德国空军势力单薄，德军在战场上无法获得这样的眼睛。例如，拜尔莱因曾坚持不允许任何车辆进入距离装甲教导师的司令部 500 码以内的范围，以免司令部成为盟军空军的目标。

其他人就无法如此成功地对自己的司令部保密了。6 月 9 日下午，盖尔指挥的西线装甲集团的总部［该总部设在拉凯讷城堡（Château la Caine），位于蒂里阿库尔镇的东北 4 英里处］遭到了战斗轰炸机的袭击。西格斯蒙德·里特（Sigismund Ritter）将军和参谋长埃德勒·冯·达文斯（Edler von Dawans）以及其他 12 名参谋人员在爆炸中丧生。盖尔当时和马克斯·彭塞尔将军在一起，侥幸逃过一劫。6 月 12 日清晨，当马克斯将军听说卡朗唐陷落时，他不顾参谋人员的劝告，急忙坐上专车，亲自督导对这个城镇发起的几乎没有成功机会的反攻。当时是白天，他的汽车在圣洛以北的主干道上疾驰，战斗轰炸机发现并击中了他的汽车。由于他安的是木腿，行动不便，无法及时从车里逃出来，一枚炮弹击中了他的腹股沟。不久后，他因失血过多而死。这是丧生的另一位将军。

另外，诺曼底的德军仍然拥有许多优秀能干、训练有素、纪律严明的军队，而且还有更多的士兵正在赶来的路上，尽管步兵师缺乏装备，但西线的德军确实拥有大量非常好的武器。然而，与盟军相比，德军的火力要少一些，这使得德军往往能够更快地组织起来。他们也没有空军或海军的配合，一旦到达前线，也没有庞大的车队来开路。事实上，他们的物资条件相对贫乏，但他们拥有机动作战的自由，这让他们获得了盟军无法具备的灵活性。

更重要的是，诺曼底的地形无疑对德军的防御起到了很大的帮助作用。在西侧，田野和树篱组成了密集的网状结构（也就是"波卡基"），为德军提供了一个灵活的防御系统，在很多方面，这个系统比任何地堡都更加有效。它们提供了掩护和遮蔽物，如果某片田地或树篱失守或即将失守，那么德军可以直接撤退到下一片田地或树篱。但对德军来说，在"波卡基"中作战存在一个不利因素——这也是一个主要的不利因素——那就是他们无法看到更远处的情况。大多数时候，他们都不知道向己方冲来的是一支什么样的军队，也不知道有多少兵力，虽然天气干燥时，盟军靠近时扬起的尘土能够帮助他们进行识别。正因为这样，德军才会频繁利用教堂的钟楼来观察形势。

不过，在战场的东侧，虽然卡昂周围的土地比较开阔（那里的很多地方可以挖沟和躲避，无论是地下的洼地、树林、村庄，还是蜿蜒的山谷），但也有很多有利位置。盟军的规划者认为，这是德军认为最具有战略重要性的地区，事实证明的确如此。1940 年，德国曾威胁入侵英国，根据当时的地理形势，大多数英军和加拿大军队一直驻扎在英格兰南部的东侧；因此，当美军在 1942 年初开始抵达时，他们进入了英格兰的西半部。在这些军队横渡英吉利海峡后，英军和加拿大军队是在诺曼底的东侧登陆，美军是在西侧。然而，这意味着，现在，英军和加拿大军队正面临着向诺曼底转移的装甲师的攻击，而且很可能会有更多的攻击。

邓普西可以看到前线的战斗开始陷入胶着状态。此刻，盟军也知道，希特勒已经命令士兵坚守阵地，决不放弃一寸土地，必须战斗到最后一个人，这意味着，他们不太可能像德军在其他地方那样分阶段撤退，也不太可能像在罗马北部的战斗中那样分阶段撤退。如果说守住维莱博卡日有什么持久意义，那就是盟军意识到了，现在他们面对的是日益壮大的德军，与这样的军队作战是非常艰难的，也是非常消耗战斗力的。关键是要确保德军永远无法发动大规模的协同反击。在夺取维莱博卡日后的第二天，第二集团军的 10 号情报总结写道："在过去的 24 小时里，敌人一直处于守势，没有表现出使用增援部队以试图重新获得主动权的迹象，这些增援部队已经到达了第二集团军的战区。"这个评估完全正确。

蒙哥马利也认识到，迅速占领卡昂的机会已经错失了。甚至在 6 月 13 日的清晨，他仍然认为盟军有可能占领卡昂；然而，"沙漠之鼠"的先头部队突然停止了行动，让这一切变成了泡影，他也随之改变了自己的计划。现在的重点是把敌人的装甲部队引到第二集团军的战区，这样就可以让他们远离科唐坦。"拿下卡昂是夺取瑟堡的关键"，他告诉布拉德利，这在第一集团军的总部引发了人们的嘲笑。蒙哥马利最大的缺点之一是，他无法能言善辩或者机智、富有魅力地向同僚和下属解释自己的观点，但从本质上来说，他是完全正确的。到目前为止，最强大的敌军正在向卡昂进发，而不是桥头堡的西端。

然而，至关重要的是，邓普西的第二集团军继续在卡昂地区捣碎德国的装甲师和到达的新部队，而且为了确保敌人永远无法有效地集结力量，他一直在集结自己的军队，使得他能够在卡昂地区发起大规模的进攻。在拥有压倒性的物资优势（他知道，有了这种优势，他的军队将会获胜）之前，或者更确切地说，在他们不会遭受重大逆转之前，蒙哥马利从来没有发动过任何全面进攻。虽然这种态度经常招来人们的批评，但实际上，它是一种明智的态度。然而，在那一刻到来之前，他的军队所能做的只是向前推进，利用海军、空军和炮兵无穷无尽的火力攻击推进、探查和粉碎敌人。

接下来的战役模式已经设定好了。

第 19 章 　在后方

隆美尔元帅每天都忙着从一个总部跑到另一个总部。6 月 10
日，他拜访了盖尔·冯·施韦彭格，途中，敌机的活动异常频繁，
他不得不躲藏了大约 30 次。那天，他侥幸躲过了盟军对西线装甲
集团的总部发起的空袭，甚至没能到达党卫军第 1 装甲军的党卫军
最高集团领袖塞普·迪特里希那里。第二天，隆美尔拜访了冯·伦
德施泰特，讨论日益恶化的补给情况，因为在盟军的空袭下，德军
严重依赖的铁路网几乎崩溃。他也感到非常沮丧，因为德军没有派
更多的士兵到他那里。许多部队正在赶来的路上，包括第 2 伞降
军，来自布列塔尼的第 77 步兵师和党卫军第 17 装甲掷弹兵师已经
开始到达前线。直到 6 月 7 日，希特勒才同意抽调法国境内的所有
机动师，但所有机动师的进展都不顺利。然而，国防军最高统帅部
并没有派出驻守加来海峡的第十五集团军中的任何一个部队，因为
他们仍然担心盟军可能会发动第二次登陆。盟军究竟是如何完成这
些行动的，目前还没有得到解释。冯·伦德施泰特几乎什么也做不
了，无法安抚隆美尔的担忧。

那天（也就是 6 月 11 日）的晚些时候，隆美尔再次回到拉罗
什盖恩，和他的朋友兼同事鲁格上将一起散步。他们缓慢走过花
园，然后爬上古堡后面的山丘。在随后两个小时的交谈中，隆美尔
把他的担忧全都说了出来。他们没能阻止盟军登陆，已经丧失了主

动权；在他看来，最好的解决办法就是在德国还有些许议价权的时

285　候停止战争。他认为，美国和苏联之间相互敌对，这给了他们一个
进行谈判的机会。隆美尔知道希特勒想要战斗到底，但他坚信国家
利益高于希特勒的个人利益。他们还讨论了战争结束后将发生什
么。党卫军将被废除，希特勒青年团也将被废除，取而代之的是其
他组织。重建城市将成为首要任务。希特勒的双手也沾满了鲜血。
隆美尔对鲁格说："屠杀是一项严重的罪行。这场战争的指挥非常
外行。"隆美尔说出了自己的看法。当然，这只是闲聊，但这样的
闲聊就像天上掉馅饼一样不切实际。

　　就在几个星期前，隆美尔再次臣服于希特勒，他的信仰恢复
了。之前，他和希特勒因为装甲部队的指挥权发生争论，导致他的
信仰逐渐消失，并在盟军登陆后完全消散。隆美尔不是精力充沛、
信心十足，就是被绝望的乌云吞噬。他在北非和意大利战役反复展
示了这一点。

　　6 月 12 日，隆美尔在贝希特斯加登同国防军最高统帅部的总
长威廉·凯特尔谈话，并描绘了一幅凄凉的画面，就和前一天向
冯·伦德施泰特描绘的那样。他恳求凯特尔从国防军最高统帅部派
个高级军官到前线去亲眼看看。凯特尔告诉他："我已经向元首说
明了情况。你将得到从东线调来的两个装甲师。"这两个师是党卫
军第 9 装甲师和第 10 装甲师，他们将和党卫军第 2 "帝国"装甲
师（该师是从法国南部调来的）以及党卫军第 17 装甲掷弹兵师
（目前该师的大部分都在前线）会合。这个决定事关重大，但这两
个师要过几个星期才能到达前线。另外，党卫军第 1 装甲师和第
116 装甲师距离第十五集团军非常近，他们为盟军日后在加来海峡
发起的第二次登陆作好了准备，不过，这次登陆永远不会发生。事
实再次证明，德军的指挥结构，德军未能充分利用情报，以及仍在

贝希特斯加登休闲度日的难以对付的希特勒，都成了可怕的障碍。

似乎是为了证明这一点，德军对卡朗唐发起的反攻失败了。他们在 6 月 13 日的清晨发起反攻，使用了最近到达的突击炮、党卫军第 17 装甲掷弹兵师的装甲掷弹兵和大炮，还有冯·德·海德特的一些伞降猎兵，遭遇了第 506 伞降步兵团的美国伞兵，其中包括迪克·温特斯的 E 连。前一天，温特斯的腿受了伤，尽管如此，他仍在指挥作战。他坦言道："对 E 连来说，6 月 13 日是战争中最紧张的时刻。"尽管遭到了自行突击炮、貂鼠反坦克炮和其他跟踪式突击炮的轰炸，他们还是设法守住了据点。他们在第 2 营的战友也经历了一场激烈的战斗。F 连也不例外，实际上，该连一直打头阵，在撤退以便更好地与 E 连和 D 连并肩作战之前，他们至少击毁了敌人的两门突击炮。然而，德军的进攻是按照党卫军旅队领袖奥斯滕多夫的命令策划和执行的，并没有得到冯·德·海德特的批准。为了给敌人一个出其不意，奥斯滕多夫坚持认为不要事先侦察敌人的据点，也不要在袭击前进行任何形式的炮击，以免引起美军的警觉。事实上，美国空降部队已经发现了德军的飞机，所以，当党卫军第 17 装甲掷弹兵师发起攻击时，他们也在准备发起攻击；奥斯滕多夫对他的新敌人和形势作出了非常严重的错误判断。虽然刚开始时美军竭力抵挡德军的攻击，但很快，党卫军的士兵就变得混乱无序，指挥官开始失去对部队的控制。冯·德·海德特认为，到了中午时分，进攻显然已经失败了。到了下午 4 点 30 分，随着最近抵达的美国第 2 装甲师和第 29 步兵师的新步兵一起参与战斗，显而易见，德军的进攻失败了。

党卫军第 17 装甲掷弹兵师的反击失败了，这突显了德军面临的另一个问题。德军倾向于将所有部队都称为"精锐部队"，事实上，这些部队纳入了相当数量的新作战部队，并接受了不同程度的训练。装甲教导师可以被视为"精锐部队"，或者至少可以被认为是德国国防军中最好的军队，当然，党卫军第 12"希特勒青年团"装甲师也是一支训练有素、纪律严明的队伍。盖尔·冯·施韦彭格将军认为，德国最好的军队包括装甲教导师和党卫军第 12 装甲师，还有党卫军第 2 装甲师和第 9 装甲师。对于其他一些部队，他更加苛刻。在谈到党卫军第 1"警卫旗队"装甲师（最初的武装党卫军师）时，他说："该师在俄国流尽鲜血，而且无法弥补因伤亡造成的兵员空缺。他们佯称的纪律严明都是假的，军士的素质都很低下。在盟军登陆前，该师没有时间进行彻底的训练。"所谓纪律，他指的是训练和战斗纪律；党卫军第 1 装甲师拥有很好的装备和补给，每个士兵都严格服从命令。他们仍然是一股强大的力量，但是，他们根本不像传言中的那样是一支"精锐部队"。

　　对于党卫军第 17 装甲师，盖尔也没有什么好评价，他认为该师装备很差，作战效率值得怀疑。事实上，该师去年 11 月才成立，到了 6 月 1 日，虽然该师有 17321 名强壮的士兵，但军官和军士的缺口达到了大约 40%。大多数普通士兵都是刚参加战斗的，受过的训练也非常有限。作为一个师，它严重缺乏卡车。在从法国中西部的图阿尔（Thouars）向前线进发时，该师只有 245 辆卡车，短缺数量高达 1441 辆，大约占 80%，这个数字非常令人吃惊。这意味着该师的全员无法一起上前线。6 月 7 日，在六个装甲掷弹兵营中，只有四个能够行动，而且这些营没有完全搭乘机动车辆，而剩下的两个营必须骑自行车前往诺曼底——从图阿尔到卡朗唐大约有 200 多英里。结果，该师零零散散地到达目的地，在先头部队还没有了解地形，还没有作为一个整体采取行动之前，该师就投入了战斗。这意味着他们的攻击力量受到了影响。装甲教导师和党卫军第 12 装甲师也出现了这种情况，虽然程度不同。

由于缺乏机动车辆，威利·穆勒（Willi Müller）一直向北行走到卢瓦尔河（River Loire）上的索米尔（Saumur），然后一直待在那里。穆勒 18 岁，来自党卫军第 17 装甲掷弹兵师的先锋营（也就是战斗工兵营）。他的工兵营没有前往诺曼底，而是奉命在河上建造一座临时桥梁。和武装党卫军中的许多现役士兵一样，穆勒在 16 岁时就自愿参军了。他来自波西米亚的小镇皮科维茨（Pikowitz）。几个月后，他被派去接受基础训练，然后被派往新组建的党卫军第 17 装甲掷弹兵师，尤其是先锋营。即使到现在，也就是到了 1944 年 6 月，他仍然只接受了相当初级的训练。

在守卫诺曼底的部队从卡朗唐撤退几天后，穆勒和战友们在临时空袭观察哨密切监视卢瓦尔河的动静。大约在早上 7 点 40 分，100 多架敌方轰炸机出现了，并轰炸了新建的桥梁。通过双筒望远镜，穆勒看到炸弹像瓢泼大雨一样落下。在轰炸机飞走后，他和党卫军上级小队领袖昂格尔（Unger）被派去检查桥梁的损坏情况。当他们走近时，浓烟和灰尘开始消散，他们惊讶地看到桥梁仍然矗立着，尽管只剩一个骨架——大部分已经倒塌，但他们估计还可以勉强通过一辆摩托车。昂格尔大步走到桥上，穆勒跟在他的后面。穆勒注意到，在主桥桥面上方几英寸的地方，有一枚还没有爆炸的炸弹。他弯下腰，看到上面有字母，但当他用手擦去灰尘时，另一枚炸弹在岸边爆炸了。他急忙呼喊昂格尔，警告昂格尔桥上有未引爆的炸弹。随后，两人赶紧离开了。他说："我们刚一上岸，又发生了一起爆炸。就是我掸掉灰尘的那枚炸弹。"那天早上的卢瓦尔河岸，几乎和前线一样危险。

*

　　就在隆美尔急切地请求国防军最高统帅部派人去前线视察的时候，不少盟军高官抵达了诺曼底，这让蒙哥马利非常苦恼，此刻，他在克莱利城堡的篷车营地里安营扎寨，对寒暄和招待贵宾一点兴趣也没有。无论如何，他认为对上司表现出富有魅力和热情好客的一面，都会让他觉得特别不舒服。"现在不是大人物来诺曼底观光的时刻，"他向陆军大臣詹姆斯·格里格（James Grigg）抱怨道，"我不想把注意力从这场战斗中移开。" 6 月 12 日，丘吉尔也下船了，陪同他的还有帝国总参谋长艾伦·布鲁克（Alan Brooke）将军和南非的扬·史末资将军。在布尔战争中，史末资曾是英国的敌人，但现在是狂热的亲英者。这意味着蒙蒂必须取消与布拉德利的会议，这让他非常恼火。这是 6 月里天气非常好的一天，灿烂的阳光照耀在他们身上。他们在城堡的院子里吃午饭，丘吉尔非常高兴，终于到达诺曼底了，他松了一口气；他本来打算在登陆日横渡英吉利海峡的，但国王亲自出面干预，说没有必要这样做，太危险了。丘吉尔问蒙蒂他们离前线有多远。"大约 3 英里"，蒙哥马利回答道。首相想知道盟军是不是已经将前线整合成一条连续的战线，蒙蒂回答说："不是。"丘吉尔问道："那么，有什么办法可以防止德国装甲部队发动袭击，破坏我们的午餐呢？"蒙蒂告诉丘吉尔，他认为这种情况不太可能发生。

　　三天后，戴高乐将军来访。英美两国与戴高乐的关系仍然不是很融洽。罗斯福仍然不信任戴高乐，而戴高乐对盟军拒绝承认他的临时政府，并把他排除在"霸王行动"之外感到愤恨不已。尽管如此，丘吉尔和英国战时内阁还是同意了艾森豪威尔的建议，把戴高乐从阿尔及尔邀请过来，让他听取适当的汇报。5 月 27 日，罗斯福在写给英国首相的信中说："我希望您与戴高乐将军的谈话将促使他能够真正帮助解放法国，而不是我们将这个政府强加给法国人民。自决实际上意味着没有强迫。"

6 月 4 日，戴高乐极不情愿地飞到伦敦。在会见丘吉尔时，他得知同盟国正准备自行管理法国的民事事务，甚至准备引入美国印制的在占领区通用的货币，他感到非常愤怒。同盟国之所以这样做，完全是从务实的角度出发：法国可能会出现大量难民，需要在法国维持某种形式的法律和秩序，而且，如果德国人决定在撤退时使用焦土政策①，烧毁法国的货币，那么引入占领区的货币就不会出现货币短缺的情况。然而，戴高乐却不是这样认为的。当戴高乐坚持撤回与盟军部队往来的所有法国联络官以示抗议时，就连丘吉尔也对他失去了耐心。

6 月 14 日星期三，戴高乐最终登上了法国驱逐舰"战士号（La Combattante）"，向诺曼底驶去。下午 2 点左右，他们在库尔瑟勒附近登陆，戴高乐沉默不语、忧虑不安，不停地抽烟。既然蒙哥马利是盟军的总司令，那么他最先拜访的地方应该是克莱利城堡。不过，很难找出另外两个人像蒙哥马利和戴高乐那样虽然身居要职，但处事不够圆通，又缺乏魅力。在战术总部，工作人员被告知要准备一顿四道菜的大餐，其中要有黏黏的蛋糕。卡罗尔·马瑟说："有人向总司令解释说，这是法国人午餐不可或缺的一部分。"然而，蒙蒂坚决不同意。任何餐食都应当按照他的方式提供，而不是戴高乐的。三道菜足够了。

抵达后，戴高乐用法语同蒙哥马利交谈。蒙蒂听不懂，这应该是件好事，因为戴高乐解释说，现在他在法国，他应该重掌大权

①　系一种军事战略，就是毁坏地面上所有的一切，包含农作物、工厂和城市，破坏可能对敌人有用的任何东西，还可以包括破坏遮蔽所、交通运输、通讯与工业资源等。

了。最后，当他突然停止说话时，他的副官走上前对蒙哥马利说道："对于您为解放法国作出的英勇贡献，将军表示感谢。"在稍微紧张的气氛中吃完午餐后，戴高乐和随从立刻赶往巴约，在那里，他从吉普车里走了出来，开始在街道上行走。他写道（他用第三人称描述自己）："看到戴高乐将军时，居民们都大吃一惊，有的欢呼，有的流泪。"男人、女人和孩子把他团团围住，聚集的人群越来越多，所有的交通都被阻断了。他继续写道："我们就这样一起向前走，像兄弟一样，心潮澎湃，为这个国家再次从深渊中崛起而感到高兴、自豪，并充满信心。"然后他发表演讲，宣称法国民族解放委员会正在盟军的帮助下解放法国。

　　与他同行的战术总部的联络官们描绘了一幅稍微有些不同的画面，但对戴高乐来说，这无疑是一个重大时刻。他感到有些失意，这是完全可以理解的，尽管他试图用自负、傲慢和忘恩负义来掩饰，但也无济于事。他没有想到，当他走在大街上，被一大群人围住时，他阻断了丰特奈和蒂伊周围通往前线的军事交通。在对伊西尼和沿途的其他几个村庄进行计划外的访问时，他也没有事先获得盟军的同意。所以，当他横渡英吉利海峡返回英国时，盟军（尤其是蒙蒂）都非常高兴。

　　尽管戴高乐在登陆行动中居于次要地位，但全国各地的法国人都在尽自己的一份力来帮助盟军。就像在意大利、南斯拉夫和其他地方一样，法国也爆发了一场类似于内战的起义。许多男女仍然支持纳粹和维希政府，在游击队和其他抵抗者（德军将他们称为"恐怖分子"）同民兵①（反对游击队的法国准军事组织）进行的

---

① 指法兰西民兵，是法国维希政府在纳粹德国的帮助下于1943年1月30日建立的政治准军事组织，以镇压第二次世界大战期间的法国抵抗组织。该组织形式上的领导人是皮埃尔·赖伐尔，而实际领导人为约瑟夫·达南德。法兰西民兵曾参与处决、刺杀、逮捕和遣送犹太人和抵抗者。

激烈战斗中，他们站在了德国侵略者的一边。例如，保安局的头目克劳斯·巴比（Klaus Barbie）在里昂拥有数百名志愿者，这些志愿者仍在为他工作，几乎所有人都是法国人。保安局是党卫军下辖的一个情报机关。他说："虽然我只是个中尉，但我比将军拥有更多的权力。"

然而，随着越来越多的人加入抵抗运动，毫无疑问，这种平衡正在发生变化。人们的动机各不相同：不少人是为了逃避德国的义务兵役；有些人只是觉得是时候选择可能成为胜利者的一方了。另一些人热情地相信这个事业。在登陆前线的东部，也就是在苏尔库夫游击队的战区，罗伯特·勒布朗正在迅速失去信心。在登陆日和随后的几天，他和苏尔库夫游击队经历了一段疯狂时期，先是极度兴奋、恐惧、肾上腺素激增，然后越来越失望：与德军火拼，抓获通敌者，因获得德军的珍贵武器而感到高兴，因失去亲密的朋友和同事而备受打击，以及随之而来的负罪感。在登陆前夕招待他们的那个农夫被德军枪杀了。勒布朗曾警告他几天内不要回家，并建议他避避风头，看看局势将如何发展。但是，农夫需要挤奶牛，还要做农场的日常杂务，所以他没有理会这个建议。在得到消息后，德军便把农夫杀了。"可怜的人，但这不能怪我，"勒布朗在日记中写道，"我们要为这么多死去的人报仇。那些人滥杀无辜，真是混蛋！"

7 日，一辆德国汽车遭到枪击，5 名德国人丧生，但就在同一天，丁丁（Tintin）和伯纳德（Bernard）——效力于勒布朗的两个最优秀的年轻人——也相继阵亡。那天晚上，外面大雨滂沱，在躲过了民兵的巡逻后，勒布朗在另一个谷仓里坐下来写日记。他原以为盟军会在塞纳河的南侧登陆，但到目前为止，还没有任何迹象，只有盟军继续往西挺进的传闻。他写道："我必须承认，我们非常失望。我也感到很失望。我预料的重要日子不是这样的，我以为会有一大群飞机空投武器和士兵。对于接下来将发生的事情，我非常担心。但是，现在我们只有近 250 人，并且只能用最少的装备武装其中的 100 人！"他担心将会发生最坏的情况。

第二天，勒布朗再次把总部转移到其他地方。由于更多的游击队员阵亡，他们不得不再次转移。他们连夜步行了 9 英里，在 10 日凌晨 3 点 30 分到达了蒂耶尔维尔（Thierville）村的一个农舍。仍然没有任何迹象表明盟军将要空投武器，也没有人对他们疯狂发出的无线电讯息作出回应。现在，弹药快用完了，粮食也快吃完了。这 200 名游击队员都在疲于奔命，要为他们提供充足的食物是非常困难的。到了 6 月 11 日星期日，他们仍然躲在蒂耶尔维尔，民兵在村子里巡逻，逮捕、射杀了任何涉嫌参与抵抗或"恐怖主义"活动的人。勒布朗心情沉重。"过去，我们经常说，'要是他们来这里，我们就可以大干一场了'，"他在日记中悲伤地写道，"当然，他们在法国，不在这里。我感到很沮丧。"他还咒骂了英国人和美国人。他不明白为什么他们没有更多地依赖游击队。难道他们没有意识到之所以成立抵抗组织，就是为了让法国摆脱纳粹的控制？他们愿意为这个事业牺牲自己的生命，但是，没有武器和子弹，他们无法做到。"无论接下来发生什么，"勒布朗潦草地写道，"我永远不会改变自己的看法：盟军低估了我们。他们搞砸了法国的解放事业！"

难怪他会觉得自己被晾在了一边。在抵抗者的期望和现实之间，存在着一个巨大的鸿沟。勒布朗和他的手下想当然地认为，只要盟军一登陆，飞机就会飞过来，空投下大量的武器；游击队将拿起这些武器进行一场光荣的解放之战，他们将亲自驱逐纳粹，绞死叛徒，让法国恢复自由。在登陆前的几年、几个月、几个星期和几天里，他们的所有想法都在围绕着这一点转，一想到这些，他们就兴奋不已。勒布朗被这种英雄主义，甚至是浪漫主义冲昏了头脑。事实上，他们是孤军奋战，与外界的联系有限，而且根本不是盟军计划的一部分。在他们之中，鲜有人拥有军事经验或接受过武器训练；他们依靠的是激情、爱国主义、无畏的勇气和自己的智慧。对盟军的领导人来说，这是不够的，盟军领导人需要抵抗组织向他们说明当地的情况、拿出勇气和衷心，但前提是按照他们的方式行事。这些组织，比如苏尔库夫游击队（队伍中没有英国特种空勤团、杰德堡行动组或特别行动处的联络官），被视为缺乏纪律、陷入政治狂热的乌合之众。在力图解放法国的过程中，许多身处政治真空地带的年轻法国人积极参与政治活动，他们走上前线，武装到牙齿，但由于没有受过任何训练，无法吸引盟军领导人的注意。

6 月 13 日星期二，勒布朗接受了不可避免的结果。在盟军向他们空投新颖的武器之前，他的游击队维持不了多久，于是，他召集了所有游击队员，告诉他们有三个选择。他们可以和他一起战斗，也可以回家，或者躲起来。62 人决定和他一起战斗，62 人决定回家，12 人决定躲起来。勒布朗说："当墨菲恩（Morpion）等人说'罗伯特，你的老朋友永远不会让你失望，不管有没有武器，我们都会追随你，直到世界末日'时，我的眼泪流了下来。"

与此同时，杰德堡行动组和英国特种空勤团的各个分队也在努力训练游击队，以便让他们松散的战事工作变得有组织、有秩序。英国第 1 特种空勤团的比尔·托金（Bill Tonkin）少校在里摩日（Limoges）附近领导了一个代号为"灯泡行动（BULBASKET）"[①]

---

① 系 1944 年 6~8 月间，由英国第 1 特种空勤团的 B 骑兵中队在德军占领区的德军防线后进行的一次行动。该行动位于法国西南部维也纳省的普伊拉克以东。它的目标是封锁普伊拉克附近的巴黎到波尔多的铁路线，并阻止德军向诺曼底海滨派遣增援部队。

的任务。6 月 12 日，他取得了惊人的成功。一名当地的铁路工人
来到他们在普伊拉克（Pouillac）附近的营地，告诉他们，沙泰勒
罗（Châtellerault）西南方向的一条铁路上挤满了 11 列火车，全都
装有燃料。这是为诺曼底前线准备的，特别是为从蒙托邦
（Montauban）抽调而来的党卫军第 2 "帝国" 装甲师准备的，蒙托
邦位于图卢兹（Toulouse）的北侧。在最初的武装党卫军的装甲师
中，存在着一种暴力、不宽容的野蛮文化。虽然装甲师中有很多新
兵，但核心人员——军官和军士——都是在巴尔干半岛和东线身经
百战的老兵，正是这些人——狂热的纳粹分子——定下了装甲师的
基调。他们在东线的经历也让他们变得非常残暴，在那里，他们的
行动因为苏联游击队而受阻，这些苏联游击队用同样残忍的暴力对
待被俘的党卫军士兵。在 "帝国" 装甲师的老兵看来，大多数抵
抗者都是共产主义者，因此，他们都是最恶劣的人，应该用相应的
方式对待他们。这种看法便在被调往法国后加入 "帝国" 装甲师
的新兵中流传开来。

293　　　"帝国" 装甲师不顾一切地想要尽快赶到前线，投入战斗，要
是有人挡道，他们会毫不留情。当一名连长被抵抗组织的狙击手射
杀时，士兵们怒火中烧。他们认为行凶者来自一个叫 "奥拉杜尔
（Oradour）" 的村庄，于是，他们进入了格拉讷河畔奥拉杜尔
（Oradour-sur-Glane）——这是一个完全不同的村庄。他们把妇女
和儿童赶到教堂里，把男人赶到谷仓里，然后开枪扫射，并放火烧
了房子。6 月 10 日，大约有 642 人在那里惨遭杀害，其中 200 多人
是儿童。

　　6 月 12 日，盟军的行动进一步激化了他们的凶残情绪。托金
已经把运输汽油的火车的详细资料发回英国，晚上 8 点——就在托
金发出消息的六个小时后——两架蚊式战斗机中队飞了过来，它们

飞得很低，速度很快，投掷了 10 吨炸弹，并用加农炮向火车射击。
10 万加仑的燃料全部被毁，据报道，火球升到 8000 英尺的高空。
盟军的协同行动使用了特种部队、情报、空中力量和改进的技术，
对地面战争造成了实质性影响，真是既让人难以置信，又让人印象
深刻。

第 20 章　煎熬的战斗

　　盟军在诺曼底的据点日益强大。到了 6 月 15 日星期四，盟军已经在滩头阵地建造了 5 个空军基地，在接下来的 5 天，还将建造 7 个。无论如何，从组织和工程的角度来讲，这都是一项惊人的成就，因为很多时候盟军都是在敌人的炮火攻击下进行基地建造的。按照原来的计划，位于克雷蓬附近的巴藏维尔（Bazenville）的 B-2 空军基地要到 16 日才开始运作，但在 15 日的晚上 10 点 20 分左右，第 602 中队的喷火战斗机已经在那里降落。他们当中有一名法国飞行员皮埃尔·克洛斯特曼（Pierre Clostermann），他和好朋友、中队里的另一名法国同胞雅克·雷姆林格（Jacques Remlinger）是第一批回到法国土地的人；从战前开始，克洛斯特曼就一直没有回法国。为了庆祝这个时刻，他和雷姆林格决定脱下普普通通的王家空军的战服，换上帅气的法国制服，并拿上一瓶法国白兰地。

　　克洛斯特曼没有经历 1940 年的法国战败，尽管他已经是一名合格的飞行员，十几岁时就在德国人卡尔·贝尼茨（Karl Benitz）那里接受训练。他是一名法国外交官的儿子，曾在圣地亚哥的加州理工学院读书。在那里，他设法每天都飞行，练习特技飞行，并在飞行日志中累积飞行时间。

　　然而，当法国陷落时，他决定不能再等下去了。他的父亲给他写信，让他去非洲加入戴高乐的自由法国，并建议这个独生子也加入战斗。皮埃尔不需要劝说，便开始了前往英国的长途旅行，并成了英国王家空军一个前线中队的战斗机飞行员。四年后，他积累了丰富的经验，与老朋友雅克一起在第 602 中队飞行。这个中队曾是战前培养"绅士飞行员"的一个辅助单位，现在融入了法国人、加拿大人、新西兰人和澳大利亚人，已经磨炼成一个非常有效和战斗经验丰富的前线中队。

中队队长"马克斯"·萨瑟兰（"Max"Sutherland）在巴藏维尔着陆了，扬起了一团厚厚的尘土，克洛斯特曼和雷姆林格也跟在后面着陆了。克洛斯特曼从来没有见过这种情况，这是一个泥土机场，由于这几天天气干燥，在螺旋桨滑流的搅动下，尘土漫天飞扬。克洛斯特曼终于停了下来，并从机翼上跳了下来。他遇到了两名英国士兵，透过灰尘和汗水，他可以看到这两名士兵的眼睛。"你好，法国佬，"其中一个说道，"欢迎你们回到该死的法国！"这时，用手帕捂住嘴的雷姆林格走了过来，他和克洛斯特曼握了握手，终于回到了他们的祖国，尽管克洛斯特曼并没有尽情享受这美妙的时刻，因为他沉浸在悔恨中，后悔自己穿了最好的制服。他觉得自己不像法国空军的军官，更像马戏团的小丑。

一名加拿大上尉迅速向飞行员介绍了一些基本规则。他们不能离开空军基地，不能从跑道的一边跑到另一边，也不能碰任何东西。"到处都有匈人①埋设的地雷，"他告诉他们，"就在半小时前，一个德国狙击手打死了一个人，打伤了另外两人。"他们被带到树

---

① 系公元 4~6 世纪生活在中亚、东欧地区的民族，他们在 4 世纪西迁到了欧洲东部。被称为"上帝之鞭"的阿提拉率领匈人在欧洲进行了劫掠和屠杀。他被视为残暴和抢夺的象征。德皇威廉二世曾将匈人作为德国军人的榜样。一战期间，在协约国的政治宣传里，德军曾经长期被称为"匈人"，而当时的威廉二世则被称为阿提拉再世。二战时，同盟国也延续了这种叫法。

篱后面的一个流动食堂，得到了茶水、饼干和橘子酱，这些食物的上面洒满了灰尘。不过，至少那里有大量的高射炮，每一门的周围都建有炮廓。飞行员们对此感到震惊，因为自从登陆以来，他们几乎没有见过纳粹德国空军。一个中士告诉他们，等到夜里的晚些时候，他们就会明白了。

大约 11 点半左右，克洛斯特曼、雷姆林格和两个加拿大人一起抽烟，这时天已经完全黑了。一切似乎都很安静，突然，他们听到微弱的航空发动机的嗡嗡声。他们抬头查找，试图确定那架飞机的位置。

"别担心，皮埃尔，"雷姆林格说，"如果是匈人的飞机，高射炮早就开火了。"

过了一会儿，他们听到了炸弹落下的咻咻声。加拿大人消失了，这两名法国飞行员钻到一辆卡车的下面，随后一枚炸弹爆炸了，冲击波穿过地面，大地在颤抖。接着，他们感受到了一阵热气，碎片溅到周围的树木、卡车和帐篷上。然后，高射炮开火了，天空突然布满了移动的曳光弹，使天空看起来像白天一样明亮。一架喷火战斗机起火了，更多的容克 88 轰炸机轰鸣而过，扔下 1000 磅重的混合炸弹和较小的炸弹，同时博福斯大炮继续开火。地面在颤抖，弹片、沙砾和灰尘在他们的周围飞溅，空气似乎被巨大的喧闹声撕裂了。克洛斯特曼写道："爆炸声把我们震聋了，德军对我们进行了轰炸，我们蜷缩在卡车下面，吓得浑身发抖。"

在卡车下面度过了一夜之后，第二天早上，他们终于钻出来了。他们满身污垢，全身发冷，精疲力竭，舌头像沙漠一样干燥。他们惊恐地发现卡车里装满了弹药。他们晕头转向地来到野战厨房，排队要些茶点，却看到了他们的两个加拿大朋友。克洛斯特曼以为他们被炸弹炸死了。"哦，你知道的，"其中一个说道，"我们现在特别擅长急速奔跑。我们来这里一周了，已经练就了无可匹敌的本领。"过了一会儿，三架福克－沃尔夫 190 战斗机在树篱那么高的地方飞过，并开火射击，然后消失了。到了午餐时间，第 602 中队回到了福特（Ford），即他们位于英国南部的基地，尽管那里不是法国，但情况要舒服得多，也不那么危险了。

*

参加诺曼底战役的绝大多数人并没有在登陆日的当天登陆；大多数人即便不是在几周后到达，也是在几天后才登陆。不过，大多数盟军士兵到达这些海岸的方式与那些在 6 月 6 日（星期二）涉水抢滩的人相同：从海上横渡英吉利海峡。6 月 15 日星期四，轮到国王直属苏格兰边境团的第 6 营了。该团隶属于第 44 低地步兵旅，后者又隶属于第 15 苏格兰步兵师。和到达诺曼底的许多部队（包括盟军和德军）一样，他们都是新手，没有经过实战的考验。不过，他们经过了长时间的训练，装备精良，而且和其他人一样，他们已经准备好投入战斗。

罗伯特·伍尔库姆（Robert Woollcombe）中尉是 A 连第 7 排的指挥官。他只有 22 岁，在伦敦出生长大，而不是在苏格兰。然而，在国王直属苏格兰边境团服役是他的家族传统。在上一次战争中，他的祖父在该团担任上校，甚至在坎布雷战役中指挥了一个军团。他的叔叔也在这个团服役，不幸的是，在 1914 年战争的头几个月，他就在行动中阵亡了。罗伯特于 1941 年参军，但到了 1944 年，几乎没有一个团是本地人。康沃尔郡人在约克郡团服役，苏格兰人在伦敦营服役，汉普郡人在兰开夏郡服役。例如，斯坦利·克里斯托夫森从未在诺丁汉生活过——他童年的大部分时间都是在南非度过的，在加入舍伍德游骑兵团前，他一直在伦敦市生活和工作。战争以一种之前想象不到的方式让人们混居在一起。

国王直属苏格兰边境团的第 6 营已经在黄金海滩登陆了，伍尔库姆感到很惊讶，因为他既没有听到也没有看到任何战斗的迹象。"乍看之下，"他写道，"这里虽然有些混乱，但实际上有条不紊、安然无事，在布莱克浦（Blackpool），这可能算得上是一种奇妙的新鲜事物。"

这时，登陆诺曼底的还有北安普敦郡游骑兵团的第 1 营，该团隶属于第 33 独立装甲旅。20 岁的准下士肯·陶特（Ken Tout）是第 C 中队的一名坦克炮手，海岸线的景色让他深深陶醉。"在我年轻的生命中，"他写道，"在这种热血沸腾、喜不自禁的外国冒险中，我的希望慢慢地酝酿起来。"他在中世纪的集市赫里福德（Hereford）长大，父母都是救世军①的忠实成员，因此，培灵会②和随之而来的严格、近乎耶稣会式的生活准则成了他成长过程中不可或缺的一部分。他说："你不能去看电影，不能去舞厅，不能抽烟，不能喝酒，不能做任何禁止的事情，因为这是一种罪过。"

在他父母的眼中，这些纪律似乎并没有过度，因此，陶特参军入伍，以逃避这些纪律。"和我家里的生活相比，"陶特说，"军队

---

① 系一个于 1865 年由卜维廉、卜凯瑟琳夫妇在英国伦敦成立，以军队形式作为其架构和行政方针，并以基督教作为基本信仰的国际性宗教及慈善公益组织，以街头布道和慈善活动、社会服务著称。在最初成立时，其使用的名称是"东伦敦基督教传道部（East London Christian Mission）"，自称为"以爱心代替枪炮的军队"。它的创办人希望能够把福音传给穷困的人，并通过了解穷人的物质和心灵之需来提供帮助。其国际总部位于英国伦敦，在全世界有几千个分部，分布在 117 个国家，组织内包括不同年龄层的成员约 200 多万人。

② 系基督教会用于强化信徒对基本教义的认识的一种聚会方式，与主日崇拜聚会不同，培灵会一般一年举办一次或者一个季度一次，各地方教会视本地实际情况进行调整。

生活虽然让我的身体非常不舒服，却让我的心理很愉悦。"而且他在军队里表现很好，于是，在登陆日的前夕，他被派去接受军官培训。不过，在得知培训需要九个月的时间，而且在培训结束后他甚至无法回到北安普敦郡游骑兵团的第 1 营时，他还是决定留在游骑兵团当一名军士。他既不想离开战友，也不想错过参加登陆行动的机会。

*

与此同时，战斗仍在继续。盟军没有发动大规模的全面进攻，德军也没有发起反击，然而，这仍是一场艰苦的战斗，双方围绕着目标进行激烈的争夺，迫击炮和大炮轰隆隆地来回火，士兵们拼命地挖沟，并蜷缩在散兵坑里。6 月 15 日，斯坦利·克里斯托夫森被晋升为中校，正式获得了舍伍德游骑兵团的指挥权。16 日，他们重新开始作战，以便支援第 69 步兵旅的步兵。然而，就像经常发生的那样，在硝烟和战火中与步兵保持联系是非常困难的。不过，一旦坦克和步兵能够有效地并肩作战，那么他们的协同合作就会超过单个部分发挥的作用。这个问题让克里斯托夫森感到沮丧，但他又不确定怎样才能解决问题。之后，盟军撤回了第 69 步兵旅，派遣了一个新的师（也就是第 49 步兵师）进入前线，在接下来的三天里，他们为一个新的步兵旅提供支援，因为此时装甲教导师发起了反攻，并把步兵旅赶回了丰特奈的北侧。"克里斯托（Cristot）附近发生了一些非常不愉快的战斗"，克里斯托夫森说。他是一个喜欢轻描淡写的人，他眼中的"不愉快"意味着这是一场地狱般的战斗。当威灵顿公爵步兵团的步兵在敌人的猛烈炮击下冲锋陷阵时，他们一直在守卫高地。德军占领了这些阵地，缴获了被遗弃的

298

大炮，而舍伍德游骑兵团独自守住了一些林地。"这一天，"克里斯托夫森说，"整个团都感觉孤立无援。"伤亡人数还在继续增加。

对德军来说，这也算不上轻松的任务。在阳光照耀了一会后，雨又下了起来，尽管这意味着只有少量的战斗轰炸机出动，但是，即使是在低云的时候，德军也无法躲过敌人的轰炸。哪怕是一次小小的移动，也会在瞬间引来敌人的猛烈攻击。有一次，在蒂伊附近，赫尔穆特·里特根上尉和几辆坦克开进一条凹陷的小径。这时，炮弹开始四处落下。虽然没有被直接击中，但弹片在他们的周围咔嗒作响，损坏了潜望镜和对通讯至关重要的无线电天线。里特根的司机完全失去了勇气，崩溃了，哭着喊妈妈。他心慌意乱，导致他们的 IV 坦克被卡住了。当轰炸暂时停止时，里特根和炮手不得不跳出坦克，把拖绳绑在后面的坦克上，以便将他们的坦克拖出来。"我们很幸运，"里特根说，"英国士兵一直等到我们关上舱门，才开始下一轮攻击。"从外表看去，他们的坦克一团糟，天线也损坏了，他们别无选择，只能撤退。

在前线待了十天之后，里特根认识到英军采取了一种完全不同的作战方式。德军总是想进攻，但英军就不是这样了，他们的首要任务是"损害敌人，保护自己"。虽然这种做法带有一点居高临下的意味，但它在拯救己方生命的同时摧毁了敌人，确实是一种明智的作战方式，而造成重大损失的巴甫洛夫式的反攻也许并不总是正确的方式。然而，和参与战斗的几乎所有德国士兵一样，里特根也认为对英军发起快速反击，可以让德军迅速收复失地。不过，他也承认，这样做常常招致损失，"我们无法获得足够的补充兵员，而英军却能在夜里得到补充兵员"。如果某个作战机制既能更好地保护士兵和装备，又能迅速、有效地弥补兵力损失，那么这种机制肯定优于无法做到这两点的机制。和同时代的许多人一样，里特根仍然相信他们在进攻方面具有战术上的优势，但这主要是因为他们没有其他优势，而且根本无法与盟军的全部战争投入相较量。当然，这就是他们的损失如此惨重，没能取得任何重大进展的原因。在克里斯托与舍伍德游骑兵团进行的战斗就证明了这一点：虽然他们取得了一些进展，但都不是重大进展，即使英国步兵撤退了，进攻者仍然无法占领重要的高地。在这个过程中，他们也损失了更多的士兵。这种战术基本上是在军官和高级军士的领导下进行的，正是这种激进的战术造成了如此多的伤亡——尤其是给装甲教导师。

在往西的地方，美军正在向圣洛东北方向的山脊线推进，德军一直占据着这条山脊，它是德军在盟军登陆前准备好的下一道主要防线。6 月 12 日，美军曾试图穿过稀疏的德军防线，但由于缺乏重型火力的支援，没能取得任何进展。第 352 步兵师的残部正是沿着这条山脊撤退的。

6 月 19 日星期一，汉斯·海因兹少尉和第 916 掷弹兵团第 5 连的幸存者到达了勒梅尼勒鲁克瑟兰（Le Mesnil-Rouxelin），这里距离圣洛以北仅几英里。自从盟军登陆以来，他的士兵们一直在作战，他们筋疲力尽、肮脏不堪、饥肠辘辘。他们几乎没有睡过觉，一直处于炮火的威胁之下，许多人因为行军走路，靴子都磨破了，双脚血淋淋的。在挖好沟渠后不久，海因兹奉命到附近城堡的司令部向团长恩斯特·哥特上校进行报告。在走上前敬礼时，海因兹看了看自己：胡子拉碴，制服破破烂烂，脸上和手上都是泥巴、鲜血和污垢。哥特斥责他，朝他大喊道，无论在何种情况下，德国军官在向上级汇报时都应该保持整洁、体面。哥特让海因兹离开，给他 10 分钟的时间进行梳洗。一个勤务兵把他的薄夏装拿去快速清洗，还给了他一把剃刀、一面镜子和一盆水。然而，剃刀很钝，水很冷，又没有肥皂。海因兹说："我把剃刀贴在脸颊上，然后用刀片往下刮我的脸，我刮到了毛发和皮肤。"当他再次出现在哥特上校的面前时，他僵直着身子立正站好，同时感觉到刮伤的地方有几滴血顺着他的脸和脖子流了下来。

与此同时，卡尔·韦格纳和第 914 掷弹兵团的战友们到达了位于埃勒河畔圣克莱尔（Saint-Clair-sur-l'Elle）的村庄，并在埃勒河（River Elle）以南通往北方的道路上挖堑壕。由于兵力严重不足，因而士兵们间隔较远，不过，他们选择了一个很好的位置，并配备有迫击炮和机关枪，而且沿着树篱掘壕固守。正如之前在西西里岛和意大利的战斗中所表明的那样，在恰当的位置安放机关枪和迫击炮，再加上地雷和狙击手，可以有效地阻止盟军的步兵。然而，韦格纳和他的战友们感到很惊讶，因为美军没有对他们进行更大的打击。他说："一次集中攻击就可以像扫除玩具兵一样把我们扫到一边。"

不过，有充分的理由表明，集中攻击远远超出了美国先头部队的能力范围。大多数美国士兵只睡了几个小时，他们一直都在艰难地行动，不得不穿过水淹区，躲避地雷和狙击手，同时又没有炮兵的支援。事实上，在盟军发起进攻时，德军的第 352 步兵师已经在侧翼得到了一些补充兵力和支援。其中有第 3 伞降猎兵师，此刻，他们正在守卫盟军地图上标为第 192 号山头的关键区域附近以东的防线。第 192 号山头位于库万（Couvains）村和埃勒河畔圣日耳曼（Saint-Germain-d'Elle）村之间。尽管所有伞降猎兵部队都被认为是优秀的军队，但和纳粹德国空军的大部分军队一样，第 3 伞降猎兵师也严重缺乏训练和装备。

在挖堑壕的人中有约翰内斯·波尔纳（Johannes Börner），他只有 18 岁，来自莱比锡。1944 年 3 月（也就是 17 岁的时候），他被征召入伍。在服完国家劳役团①后，他加入了纳粹德国空军，成为一名地勤人员。1944 年 1 月，他志愿加入伞降猎兵。波尔纳说："他们问我们是希望作为梅塞施密特 109 战斗机的地勤人员去俄国，还是希望加入伞兵。于是，我自愿成了一名伞降猎兵。"他被送往柏林附近的空降学校，接受了三周的高强度训练，其中包括标准的 6 次练习跳。之后，他被派往布列塔尼，加入了第 3 伞降猎兵师第 5 团第 3 营的第 15 连。"我们是一支名副其实的精锐部队"，波尔纳说。尽管如此，他只接受了 21 天的伞兵训练。相比之下，在诺曼底着陆的美国伞兵中，没有一个伞兵的训练少于两年。

　　他们在布列塔尼的菲尼斯泰尔（Finistère）行军，练习使用机关枪和小型武器，埋设地雷，并建造了防御工事。他们从来没有接受过坦克方面的训练，只接受过少量的火炮训练。6 月 6 日清晨，他们开始向诺曼底进发。从布雷斯特和菲尼斯泰尔地区到圣洛附近的前线有 200 多英里，波尔纳和战友们不得不走完整个行程，从黄昏一直走到第二天的黎明。6 月 12 日星期一，他们到达了新的据点。波尔纳坦言道："真是太难了。我们真的很累，脚上都起了水泡。"尽管如此，他们还是立刻采取了行动，因为就在同一天，美军试图突破德军的防线。

　　第 116 步兵团 D 连的鲍勃·斯劳特中士也参与了进攻，他在同一天到达库万。他和中队在树篱的后面挖堑壕。就在他们刚刚完成对阵地的伪装时，斯劳特看到一个穿着新制服的接替军官走上前，开始用望远镜扫视前方。过了一会儿，德军的一枚高速炮弹呼

①　系纳粹德国在 1933~1945 年成立的一个重要的社会和教育组织。从 1935 年 6 月开始，每个德国男青年需要在 18 岁服兵役前首先履行六个月的劳动义务。第二次世界大战爆发后，国家劳役的适用人群扩大至女青年。

啸而来，正好击中了这名军官的上半身。斯劳特说："我和第 2 分队浑身都是血，这名军官被炮弹炸得向后飞，脑袋都没了。"

*

6 月 15 日（星期四）下午，蒙哥马利拜访了布拉德利。由于德国向英国投掷了 V-1 飞弹，英国的压力越来越大，他们要狠狠教训德国，并在诺曼底取得突破。身在诺曼底和英国的所有高级指挥官都听过蒙蒂在 4 月 7 日和 5 月 15 日发布的简报，当时他是那么自信，还展示了布拉德利极力反对的勾线图。然而，进展并不像预期的那样顺利，而伦敦和其他地方的指挥官看着地图，很快就忘记了盟军到目前为止已经取得的战果。卡昂是登陆日的目标，瑟堡是重中之重，这两个仍在敌人的手中。圣洛也是如此，盟军曾希望在几天内占领这个目标。

302　　在会议上，蒙蒂敦促布拉德利迅速夺取圣洛，但布拉德利告诉他，这个城镇没有意义；重要的是占领城镇两边的高地，这是他的军队第二天要进攻的地方。然后，他们开着吉普车和汽车去见美国第 7 军的指挥官"闪电乔"·柯林斯（"Lightning Joe" Collins）少将，讨论进攻瑟堡的计划。他们经过格朗康、伊西尼和卡朗唐。这些城镇都被毁了。道路坑坑洼洼，到处是被毁的车辆和瓦砾。工作小组已经在努力清理，但这是一个庞大的工程。"切特"·汉森说："卡朗唐遭到严重破坏，广场上到处都是碎石，还可以闻到木头燃烧的味道。"在城镇中心的德国兵营里，随处可见废弃的东西，似乎他们匆忙收拾好行装就离开了……教堂被击中，并遭到摧毁，窗户被打碎。商店的门面被砸碎了，到处张贴着民事部门的海报，警告说将对抢劫掠夺者处以死刑。

他们在司令部与柯林斯会面，这个司令部坐落在圣梅尔埃格利斯附近的一个农舍里。5 月，柯林斯刚刚过完 48 岁生日。1942 年，在出任第 25 步兵师的师长时，他是美国陆军中最年轻的师长。他曾率领第 25 步兵师在瓜达尔卡纳尔岛（Guadalcanal）的最后几场战役中作战，到目前为止，这些战役被证明是太平洋战争中抗击日本的决定性战役。在那里，他面对的是狂热的敌军和艰难的地形，但是，他仍因作战速度赢得了"闪电乔"的绰号。柯林斯的战争哲学很简单：尽可能占据制高点，让炮兵向前推进。安排他去指挥第 7 军的是布拉德利。两人曾一起在西点军校任职，后来在陆军步兵学校担任教官，并在那里成了朋友。1930 年代，柯林斯还在菲律宾短暂结识了艾森豪威尔。1943 年圣诞节前，他回到了美国，他已经准备好了，并渴望在欧洲战役的大熔炉中考验自己。

6 月 7 日，柯林斯在犹他海滩登陆。他让卸载上岸的部队迅速进入半岛，以确保北翼的安全，然后命令他的部队切断科唐坦，将仍在守卫瑟堡的德军困在北翼。随着第 4 步兵师向北推进，很快，他又纳入了第 90 步兵师。后者刚刚参加这场战争，但柯林斯希望这不会妨碍他们施展拳脚。他们奉命经过第 82 空降师，向圣索沃尔勒维孔特进发。圣索沃尔勒维孔特是一个重要的城镇，向北行驶的公路和铁路在这里交汇，它很可能受到德军的严密防守。不过，把守这个城镇的是刚从布列塔尼到达的德国第 265 步兵师，该师是一个素质较低的部队，掺杂了其他部队的士兵。

然而，经过两天的树篱战，第 90 步兵师并没有取得什么进展。于是，6 月 13 日，柯林斯亲自奔赴前线视察情况。在拜访了第 90 步兵师的司令部后，他和随行人员继续行驶，可是，他们既没有找到团或营的指挥部，也没有看到战斗的迹象。最后，他在路边的沟渠里遇到了第 90 步兵师的一队士兵。他停下来，问军士他们在干什么，并得到了一个含糊其词的回答。"很明显，他们在装病"，柯林斯写道。为了唤起他们的荣誉感，他谈到了 1918 年第 90 步兵师在法国取得的伟大战绩，以及第 82 空降师——在去前线的途中，他们经过了第 82 空降师——进行的令人难以置信的战斗，但士兵们不为所动。柯林斯命令他们立刻行动，随后向他们的指挥官杰伊·麦克尔维（Jay MacKelvie）少将报告了这个情况。"他没有找借口，"柯林斯说，"但似乎对他的师缺乏战斗力有些不知所措。"

　　不过，柯林斯非常清楚问题出在什么地方。一个师的好坏取决于他们的指挥官。麦克尔维指挥这个师的时间并不长，柯林斯觉得麦克尔维的前任应承担大部分责任，因为很显然，他没有对他们进行足够的训练和磨砺。另外，麦克尔维也不是能够激励他们的正确人选。这是战争——士兵们的生命处于危险之中，根本没有时间给麦克尔维这样的指挥官证明自己的机会。柯林斯向布拉德利提议说，让另一位太平洋战争的老兵尤金·兰德鲁姆（Eugene Landrum）少将迅速接替麦克尔维，并建议让已经登陆的第 9 步兵师和第 82 空降师一起向西穿过半岛。布拉德利接受了柯林斯的所有建议。在评价麦克尔维时，"切特"·汉森说："他仍然是一个优秀的炮兵，每个人都同意这一点。也许他还不够格成为一名优秀的师长，尤其是像柯林斯那样雷厉风行的指挥官。"在 24 小时内，这一切都已经付诸实施。柯林斯被称为"闪电乔"也不是没有缘由的。

　　然而，这确实意味着与第 101 空降师的战友相比，第 82 空降师留在前线的时间更长。在卡朗唐战役后，第 101 空降师撤回，并将返回英国进行休整和重新武装。6 月 15 日，第 82 空降师发起了最新一轮攻击，马克·亚历山大中校的第 505 伞降步兵团和第 325 滑翔机步兵团也带头向杜沃河的上游和圣索沃尔勒维孔特镇（也

就是第 90 步兵师未能攻占的城镇）发起冲锋。虽然亚历山大只得 304
到了两辆坦克来为他提供支援，但它们很快就发挥了作用，因为它
们和士兵们摧毁了一个又一个的据点。亚历山大发现自己在不停地
走动，在连队的前沿阵地、自己的营和团的司令部之间穿梭。

16 日傍晚，他们将敌人击退 15 英里，并到达了杜沃河的东
岸，这既证明了德军的据点不起作用，也证明了柯林斯对第 90 步
兵师迅速采取的行动是正确的。现在，他又命令第 9 步兵师前往第
82 空降师右侧的战线。然而，如何过河也是一个让人头疼的问题，
因为在敌人的炮火下过河并不容易，即使抗击的敌人很差劲。此刻，
亚历山大带着无线电通讯员有条不紊地进行侦察，却发现布拉德利、
柯林斯、马修·李奇微将军和第 505 伞降步兵团的指挥官比尔·埃
克曼（Bill Ekman）上校也已经到达了。德军没能炸毁大桥，所以，
他们计划进行猛烈、快速的打击，直接穿过大桥，即便要面临大规
模的炮火轰击。"在你过河之前，"亚历山大说，"你要知道你将会得
到支援，否则，如果你单枪匹马地出去，他们会把你撕碎。我们冒
着很大的风险，不过，将军确实为我们进行了猛烈的炮轰。"

盟军在近海作战时得手，也是因为获得了支援。海军战舰、轰
炸机和火炮进行了短暂但具有毁灭性的轰击，将圣索沃尔勒维孔特
夷为了平地；正如意大利人发现的那样，在考虑是救城镇、村庄还
是盟军部队时，排在首位的总是军队。亚历山大回忆说："我的第
1 营紧跟在第 2 营的后面过了桥，都没怎么进行战斗。盟军的轰炸
摧毁了圣索沃尔勒维孔特。"

*

与此同时，在更往南的地方，6 月 16 日，在重型炮火的掩护下，

美军再次对圣洛北部和东部的高地发起攻击。炮弹呼啸而过，然后爆炸了，把树木、建筑物炸得粉碎，并把地面掀翻了。虽然过去几天的停战是卡尔·韦格纳求之不得的事情，但是，当炮击开始时，他还是急忙戴上头盔，蜷缩在散兵坑的底部。当炮火最终停止时，美军的步兵和坦克继续向前推进。仍在散兵坑里的韦格纳不清楚外面的情况，但没过多久，二等兵卡尔布大声叫喊，让他们爬出来撤退。"大家可以感觉到空气里弥漫着恐慌的气氛，"韦格纳说，"我必须承认，就连我都觉得敌人就在我们身后。"一群群的士兵急匆匆地奔向维尔河上的最后一座桥梁，维尔河就在他们西侧大约一英里的地方；道路上挤满了全线撤退的部队和车辆，他们不顾一切地想要在工兵炸毁桥梁之前过桥。出人意料的是，他们没有被战斗轰炸机发现，大多数人都成功地安全撤退了。事实上，韦格纳和他在第 914 掷弹兵团的战友奉命停下来在拉莫夫村的附近挖堑壕，拉莫夫村就在横跨维尔河的大桥的前面。黄昏时，恐慌已经平息了。

　　第 116 步兵团的第 2 营发起了攻击，第 1 营和 D 连在他们的左侧，正在向库万推进。鲍勃·斯劳特和手下沿着高高的树篱匆忙穿过废弃的德军堑壕，直到看见库万教堂的尖顶。突然，炮弹和迫击炮弹开始在他们的周围落下。斯劳特跳进沟渠里寻找掩护，当炮轰停止时，他掸了掸身上的灰尘，却看到身边躺着一只德国士兵的胳膊，上面还裹着袖子。他尽量不去想这件事，他让士兵们重新行动起来。当他们走到树篱的一个缺口时，他听到有人呻吟。他向前走，迎面碰上了一个德国伞兵，这个伞兵是约翰内斯·波尔纳的战友，来自第 3 伞降猎兵师；库万就在第 3 伞降猎兵师和第 352 步兵师之间的边界上。这个伞兵的大腿被弹片击中，伤势严重，斯劳特以为他盯着的是一个狂热的纳粹伞兵，所以，他的第一个想法就是当场结束这个伞兵的生命。

　　"同志，请帮帮我"，那个伞兵含混不清地说道，斯劳特意识到他可能和自己一样年轻。在奥马哈海滩的时候，斯劳特曾告诉自己不要抓俘虏，直接毙了他们，但受伤的士兵看起来脏兮兮的，而且很绝望。"此一时，彼一时，"斯劳特思索着，"我做不到近距离射杀一个受伤的人。"于是，斯劳特蹲下来，在德国士兵的大腿上绑了一条止血带，涂上了磺胺粉末，给他喝了点水，还为他点燃了一根"好彩"香烟。

　　"谢谢，"那个士兵有气无力地笑着说道，"上帝保佑。祝你好运。"

　　他们离开了他，继续穿过村庄。副排长受了重伤，而罗密欧·比利（Romeo Bily）中士被狙击手的子弹击中两眼之间，当场死亡。炮轰仍在继续，而且相当准确，这意味着有一名侦察员在监视他们的一举一动。很明显，这个人在教堂的尖顶，只有摧毁了尖顶，他们才能通过村庄，继续向南推进。

　　尽管如此，到了 18 日的黄昏时分，美军只取得了非常有限的进展。他们成功渡过了埃勒河，但仍无法攻占高地。由于伤亡惨重，他们别无选择，只能停下来，挖壕沟，调来增援部队，以便再次推进。

306

＊

　　当双方在圣洛附近和科唐坦进行激烈的战斗时，下一个访问诺曼底的贵宾——英王乔治六世——于 6 月 16 日（星期五）抵达了海滩。对蒙哥马利来说，这也是一个大麻烦，不过，国王肯定比戴高乐更受欢迎，而且国王的造访无疑会鼓舞英军和加拿大军队的士气。当英国君主参观诺曼底的登陆前线，并在克莱利城堡受到蒙哥马利的款待时，隆美尔元帅再次从一个司令部赶往另一个司令部，不顾一切地争取更多的补给和补充兵员。

不过，在星期五的时候，他最关心的还是科唐坦半岛的命运，他承认这个半岛的陷落是不可避免的。从地图上看——就像希特勒在贝希特斯加登所做的那样——他也许会认为形势似乎还不算太糟：毕竟，德军部署了大约 7 个师，以对抗美军的 4 个师。然而，这些德国部队的情况非常糟糕，损失越来越大，而且没有补充兵员。迎战向北推进的美军的是三个师的残余部队，其中最西侧的是第 77 步兵师，因此，在美军切断半岛之前，他们是唯一一个能够逃回南侧的部队。现在，隆美尔命令第 77 步兵师尽可能地坚持战斗并坚守阵地，但随后要确保他们能够向南撤退到安全的地方。

隆美尔刚作出这个决定，希特勒就亲自下达命令，要求第 77 步兵师在任何情况下都不能撤退，必须继续为瑟堡而战。后来，元首再次向 B 集团军群下达了一个命令：要不惜一切代价保卫瑟堡以南的防线。不允许撤退到瑟堡的要塞。

无论从哪个角度来看，这都是一个荒谬的命令。希特勒总是对"意志"抱有极大的信心。他相信，仅凭意志力就能取得成功。现在，为了取得成功，保卫科唐坦的所有德国军队都非常自信。当然，这是无稽之谈；就在同一天，美军突破了圣索沃尔勒维孔特的重镇，在科唐坦半岛走过三分之二的路程便可到达该镇。如今，盟军完全切断北半部分只是时间问题。随着时间的过去，局势会愈发明朗。

凌晨 3 点，隆美尔终于回到了拉罗什盖恩。他精疲力竭，困得要命。不料，他从斯派达尔那里得知元首决定飞往西侧，亲自与他和冯·伦德施泰特会面。这两位指挥官必须在上午 9 点到达狼谷 2 号（Wolfsschlucht II）。这个司令部位于苏瓦松（Soissons）附近的马尔吉瓦勒（Margival），与隆美尔相距 150 英里，而隆美尔只有六个小时的时间到达那里。当他要求国防军最高统帅部的一些高级参谋亲自去前线看看情况时，他从没有想到希特勒会来前线。6 月 17 日清晨，他最初的惊讶很快就被恼火和愤怒所取代；但是，除了动身出发，他什么也做不了。元首要求他出席，他必须服从。在拿到最新的情报报告后，凌晨 3 点 30 分，隆美尔和斯派达尔出发了，汽车在黑夜中飞驰。不过，至少他们不用担心会遇到盟军的战斗轰炸机。

前一天下午，希特勒心血来潮，作出了这个决定。他的参谋人员发狂般地进行安排。到了下午的晚些时候，他已经在前往萨尔茨堡（Salzburg）的路上了。然后，他乘坐特别改装的福克-沃尔夫 200 兀鹰式飞机，他的参谋人员乘坐了另外三架福克-沃尔夫 200 飞机。午夜时分，他们在梅斯（Metz）着陆。早上 8 点左右，他们抵达了狼谷 2 号。这个司令部始建于 1940 年，两年后进行了大肆扩建。不过，这是元首第一次使用它。

途中，隆美尔遇到了冯·伦德施泰特，他们一起到达。让人称奇的是，他们按时赶到了。他们随即被党卫军的卫兵领进了会议室。虽然这是一个混凝土砌成的防爆碉堡，但陈设齐全，配备有木制家具、地毯、空书架，甚至还有一个壁炉，壁炉上方雕刻着拿破仑骑在马背上的浮雕。希特勒坐在一张简单的木凳上，等着他们。他看起来很疲倦，脸色苍白。他态度冰冷地接待了陆军元帅和参谋长，然后痛斥他们未能阻止盟军登陆，斥责他们迄今为止作战不力。他还说：“要不惜一切代价守住瑟堡要塞。”冯·伦德施泰特回答说，要对抗盟军强大的海军和空军优势是不可能的，然后他转向隆美尔，后者由于睡眠不足，心情有些烦躁。隆美尔清了清嗓子，简要汇报了最新的形势，然后进行了更加全面的评估。他告诉希特勒，他曾经就盟军的物资供应发出过警告，并指出德国的情况正在恶化，因为在兵力和物资供应方面，他们无法和盟军相比。盟军不断地使用空中力量对德军的补给线进行打击；与此同时，敌人的战斗轰炸机也蜂拥到了前线，随时准备发起突袭；而且盟军的海军大炮也非常强大，足以击退德军的集中反击。他告诉元首，蒙哥马利正在采取他在北非战役中使用过的同一种战术：缓慢、有条不紊地粉碎德国军队。英军将使用轰炸机攻击他们的防线；然后，炮兵和海军将进行大规模的炮轰；接着，强干、装备精良的步兵将使用特殊的新型武器向前推进。

希特勒一言不发，于是，隆美尔继续说下去。面对盟军的强大火力和物资力量，前线部队患上了爆炸性精神异常症，士气低落。由于损失了兵力和武器，前线迟早会崩溃。德军已经没有足够的固定据点了。

希特勒不同意这些观点。他说要守住瑟堡。隆美尔坚决表示反对。瑟堡是个没有用的堡垒，应该放弃。他说："一周内，瑟堡就会沦陷。"

隆美尔概述了自己对盟军意图的看法。每天都有更多的盟军抵达。他们将时不时地对德军的防线进行打击，然后向南推进，扩大他们的突破范围，随后向东朝着巴黎进发。他的评估完全正确。他说，形势看起来很严峻。他建议，不要试图争夺每一寸土地，而是撤退到盟军海军炮火的射程之外，然后将装甲师撤出前线，重新集结，并在他们选择的时间和地点进行反击，但要远离海岸，避开敌人的海军火炮。他请求希特勒向他授予在合适的情况下进行全权指挥的权限，还请求提供更多的装甲部队，并要求纳粹德国空军（尤其是纳粹德国海军）提供更多的支援。

上午的时间慢慢过去了，希特勒采用了一种更具安抚性的态度，但他还是拒绝了隆美尔和冯·伦德施泰特的请求——让 V-1 飞弹转向滩头阵地，或者将冯·扎尔穆特的第十五集团军往南调到诺曼底（这支军队用于防止盟军在加来海峡发起第二次登陆）。隆美尔越来越沮丧，他指出元首的消息来自于参谋人员，这些人只会俯看桌子上的地图。在国防军最高统帅部的高级指挥官中，没有一个访问过前线。"他们不了解前线，"他告诉希特勒，"你要求我们自信，但你自己却不相信我们。"他还指出，丘吉尔已经访问过前线，这极大地鼓舞了盟军的士气。他力劝希特勒考虑这个做法，效仿丘吉尔访问诺曼底。出乎大家的意料，希特勒同意了。

那天下午的晚些时候，隆美尔离开了。希特勒即将访问诺曼底，以及希特勒对 Me262 喷气式飞机、V-2 飞弹和火箭燃料飞机项目发表的热情洋溢的谈话，让他大受鼓舞。然而，在冯·伦德施泰特看来，这次会面完全是浪费时间。在这一点上，他是对的，隆美尔是错的。在诺曼底战役结束前，希特勒不会把全部的战术控制权交给隆美尔，不会派遣 Me262 喷气式飞机支援前线，也不会投掷 V-2 飞弹。德军的供给仍然速度缓慢，数量不足。他的部下将继续被逼到崩溃的边缘。

希特勒也没有访问前线。那天的早些时候，一枚离群的 V-1 飞弹偏离了轨道，在距离马尔吉瓦勒仅几英里的地方坠毁并爆炸。那天的晚些时候，希特勒得知了这个消息，国防军最高统帅部的参谋长约德尔将军力劝元首返回巴伐利亚。他说，想象一下，如果另一枚 V-1 飞弹偏离了轨道，误杀了帝国的领袖，那会怎么样。大约在同一时间，附近抵抗活动的报告传到了狼谷 2 号。突然间，访问诺曼底似乎要面临着很大的风险。无论如何，随着隆美尔和冯·伦德施泰特的离开，访问危险前线的提议似乎变得不那么有吸引力了，因为盟军的战斗机对前线进行肆意轰炸，让任何行动都变得不安全。因此，元首决定放弃这些计划，返回伯格霍夫。他再也没有踏入法国。

309

第 21 章 大风暴

6 月 18 日星期日，蒙哥马利颁布了修订后的新计划。和瑟堡一样，卡昂仍然是一个关键目标，尽管早在 5 天前盟军就意识到无法迅速、轻易地拿下它。此刻，他命令邓普西从这一天开始采取一系列行动，以便占领这座城市，行动将在 6 月 22 日达到顶峰，盟军将向卡昂的东侧和奥恩河发起进攻。布拉德利的第一集团军将孤立科唐坦半岛上的德军，然后前往瑟堡，同时继续试图夺取圣洛周围的高地。正如隆美尔担心和预先警告的那样，18 日黄昏，美国第 9 步兵师的士兵到达了科唐坦的西海岸，将德军围困在了北侧，其中包括第 77 步兵师。现在的问题是，围困将持续多长时间，北侧的四个德军师将给美军造成多少伤亡。不过，结果已经是毋庸置疑的了。不久后，那些德国步兵师将被歼灭，瑟堡将会掌握在美军的手中。蒙哥马利、布拉德利和柯林斯打算第二天动身去瑟堡。

到目前为止，艾森豪威尔对在诺曼底战斗的指挥官和士兵表现出了非凡的耐心、理解和支持。现在，他甚至禁止重要人物访问蒙哥马利的总部。6 月 18 日，他在写给蒙蒂的信中说："在这个时候，对于那些无法在战斗中直接向你提供帮助的人，我不想让他们来打扰你。"然而，作为交换条件，蒙哥马利现在应该命令军队不要拖延，继续向前推进。艾森豪威尔继续写道："你们需要集结合
理数量的火炮弹药，这我完全理解。但是，我非常希望，一旦攻击

开始，它将保持一种势头，长时间持续下去。"

　　战地记者恩尼·派尔正在访问盟军最近占领的科唐坦半岛的中部地区，他认为那里的乡村真的很美好。"放眼望去，一片生机勃勃的绿色，"他写道，"到处都是树木，从高处眺望田野，它就像宾夕法尼亚东部的土地那样肥沃、充满温情。这种景色如此美丽，一点都不像战争的场景。"尽管如此，他还是觉得这趟旅程相当怪异，因为他们开车行驶了几英里，却看不到一个人影。他继续写道："就好像生命在度假，而死亡却躲了起来。这让我心惊肉跳。"最后，他们在一所校舍前停了下来，现在这个校舍被用作战俘收容站。甚至在派尔访问期间，仍有越来越多的德国俘虏被陆续送到那里。他和一位德国医生交谈，这位医生会说英语，看起来心情还不错。"我已经在军队里待了四年，"他笑容满面地说道，"今天是我在军队里度过的最美好的一天。"在北侧，美军继续向瑟堡推进；在其他地方，法国平民试图继续过他们的生活。派尔一行人开车前往巴讷维尔（Barneville），幸好那里没有发生战斗。人们很快聚集上来，向他们问问题，询问自己应该做什么、有什么期望。一位身穿蓝色牛仔工装裤的老人邀请他们到他的餐馆喝酒，并给了他们一种叫作"生命之水"的调制品——这是他仅有的东西，因为德军把他所有的酒都喝光了。他们碰杯，高喊"法兰西万岁"，然后一饮而尽。派尔和同伴们发现眼泪顺着他们的脸颊流下来——不是因为情绪激动，而是因为在把烈性酒灌进喉咙时，他们尽力让自己别呛着，尽量不要痛苦地喊出来。派尔说："这种善意的举动实在是太难了，我认为每一个喝生命之水的美国人都应该得到一枚紫心勋章①。"

---

　　① 系美国军方的荣誉奖章，自 1932 年 2 月 22 日起开始颁发，一般颁发给对战事有贡献或在参战时负伤的人员。

*

　　与此同时，沿着登陆前线，不断有船舰横渡英吉利海峡。和大红一师一样，美国第 9 步兵师的老兵也参加过北非战役和西西里岛战役，现在，他们已经到达了科唐坦。其中的一位军官是俄里翁·肖克利（Orion Shockley）中尉，他 26 岁，来自密苏里州的杰斐逊。他曾作为第 47 步兵团 C 连的军官，在突尼斯和西西里岛参与了大部分战役。但是，在西西里岛战役结束后，他却让自己被捕，并差点受到军事法庭的审判。这是一个荒谬的事件。参与西西里岛战役的第七集团军的指挥官乔治·S. 巴顿（George S. Patton）将军是一个非常注重整洁和仪容的人，这意味着他随时都要打领带，扣好所有的扣子。有一天，在巴勒莫（Palermo），肖克利看到一名士兵在向分队的队长转交一封信后，因为没有扣上衬衫口袋的纽扣而遭到训斥。这名士兵说，他刚把信交给队长，就被告知应该立刻把扣子扣上。肖克利很生气，他走过去说道："也许你应该把我的名字也记上，因为我也没有扣上衬衫口袋的扣子。"这位军官照做了。没多久，肖克利就把这件事给忘了，但后来他遭到了严厉训斥，即使在第 9 步兵师被派往英国时，他仍遭到了正式逮捕。不过，一旦出了海，离开了巴顿的管辖区域，事情就结束了，肖克利只是被口头训斥了一顿。然而，在他们回到英国后，肖克利就被调到了勤务连担任特勤员。他的一个任务是与联合服务组织联络，该组织为部队提供娱乐活动。这让他有机会见到詹姆斯·卡格尼（James Cagney）等好莱坞明星以及拳击冠军乔·路易斯（Joe Louis）——所以说，纽扣事件最终让他因祸得福。

　　现在，他来到了诺曼底，在第 47 步兵团第 2 营的 B 连担任副

312

连长，并参与了切断半岛上德军的战斗。之后，第 2 营转向北侧，正在逼近瑟堡。不到一年前的这个时候，肖克利在西西里岛，他汗流浃背，因为他太热了。而在诺曼底，气候常常又湿又冷。有一次，他跳过一条小溪，但另一边的悬崖坍塌了，他失足掉入水中。由于德军仍在向他们开火，他花了一个多小时顺流而下，直到他能够再次爬出来。他写道："天气太冷了，让我觉得非常不舒服。直到晚上我才穿上干衣服。"

*

6 月 18 日，玛丽·穆瑞中尉终于踏上了前往法国的旅途。就在前一天，她和亚历山德拉王后王家陆军护士队以及 101 军医院的医务人员被送往美军的一个临时营地，这个营地坐落在南安普敦郊外的新森林。让她们高兴的是，营地里有一个美国的随军商店，在那里，她们可以买到巧克力、口香糖和水果罐头。

晚上，她们戴着锡头盔，穿着战服（而不是古板的连衣裙和帽子），登上了船。晚上 11 点半左右，船启航了。她在日记中写道："这是一个既恐惧又让人期待的时刻。那边会是什么样子？"在海上航行时，她们甚至遇上了水雷警报，引擎也被切断了。玛丽握着念珠祈祷着。最后，警报解除了，她们继续航行。然而，这时天气迅速变糟。所有人都晕船了，玛丽也不例外。当她们接近海岸时，纳粹德国空军正在进行空袭，火光、曳光弹和炸弹照亮了天空。凌晨 4 点左右，邻近的一艘船撞上水雷，爆炸了，这让护士们深感震惊。此时，登陆艇迎着不断上升的浪头，正在设法靠岸。最后，玛丽自告奋勇地第一个爬下吊在船舷上的攀缘网。她之所以这样做，与其说是出于勇敢，倒不如说是为了尽快上岸。

313

"抓住攀缘网，等我说可以的时候再放手，然后向后跳"，她身后的登陆艇传来一个声音。她已经浑身湿透了，又冷又怕。于是，她照做了，大胆地跳了下去。正如承诺的那样，他们抓住了她。"护士长是最后一个下来的，"玛丽继续写道，"但她并没有因此而颜面扫地。"没过多久，她们就在朱诺海滩的库尔瑟勒上岸了。她们暂时躺在谷仓里的担架上，补了一会儿觉。然后，那天早上的晚些时候，她们爬上卡车，向巴约进发。路上，她们经过被烧得黑黑的、残破不堪的坦克，几十辆坦克上挂着烧焦的乘员，半个身子挂在炮塔和逃生舱的外面。"每走一英里，都可以看到损毁的装甲车和各式各样的卡车，"玛丽潦草地写道，"还有爬满蛆虫的腐烂尸体，散发出一阵阵恶臭。"在穿过巴约后，她们沿着公路向卡昂驶去。接着，卡车开进了一个果园，几天后，她们将在那里搭建并运营新的野战医院。她们会很受欢迎的。

*

与此同时，"约吉"·简森上尉和阿尔冈昆号的船员在诺曼底和朴次茅斯之间来回穿梭，提供火力支援，然后进行反 U 艇巡逻。19 日，他们离开了奥恩河口，为仍在海岸附近挖堑壕的被围困的突击部队提供火力支援；自从登陆日以来，他们几乎没有移动过。晚上，他们遭到了德军 155 毫米大炮的轰击，尽管没有被击中。然而，天气开始变糟。简森说："当时天气太糟糕了，无法进行有效的巡逻，所以，我们和另外三艘驱逐舰临海靠泊。"

"我们在进攻时遇上了黑暗、寒冷、下雨的日子，""切特"·汉森在那天的日记中写道，"盟军的空中支援受阻，这让德军有更多的时间集结物资，以便送往与我们的第 5 军交战的前线。由于空军停止行动，这让德军获得了一个大好机会。"这是千真万确的，然而，这仍然没能阻止英军最终从装甲教导师的手中夺取瑟勒河畔　314
蒂伊。筋疲力尽的舍伍德游骑兵团可能会暂时撤离前线，但党卫军第 12 装甲团的装甲人员却不会。在库尔特·梅耶看来，这是一个需要不停地兼顾左右两侧的行动：在右边，他需要阻止加拿大军队；而在左边，他必须为装甲教导师的右翼提供支援。装甲部队再次反击，但没能取得任何进展，因此，在 6 月 18 日的晚上到 19日，他们撤回到蒂伊南侧的高地。这时，大雨倾盆而下，地面变成了泥潭。蒂伊和周围的村庄被彻底摧毁；蒂伊只剩下一所房子。到了星期一，那些地方变成了全世界最悲惨的地方。

然而，这让第 12 装甲团的左翼容易受到攻击。一些部队被派去支援仍在守卫丰特奈的装甲掷弹兵团，其中有党卫军上级突击队中队领袖汉斯·西格尔和他的第 8 装甲连。他们把 IV 坦克转移到村庄的北部，尽可能地把它们藏起来，然后在那里待了 24 个多小时，一刻也没有休息，以便抗击盟军的坦克。西格尔说："对我们的体力来说，这是一种前所未有的极其艰难的负担。要时刻保持警惕，不跟任何人说话。乘员们与外界隔绝，不知道其他地方发生了什么。"待在坦克里并不舒服；那里太拥挤了，臭气熏天，是一个让人感到幽闭恐惧的空间；但是，只有在需要解手的时候，西格尔才让部下出去，因为他担心弹片爆炸和小型武器会造成太大的威胁。于是，他们就待在那里，睁大眼睛望着，四肢在炮塔和驾驶室的狭小空间里变得僵硬、麻木。不过，西格尔的严厉措施取得了成效。没有人发现他们。他也没有损失一个士兵。

双方都精疲力竭，英军随即进入防守状态，并在按照计划发动下一次进攻之前重新集结。赫尔穆特·里特根上尉撤回了他领导的第 130 装甲教导团第 2 营的坦克，并将他的司令部从坦克下面的一个地洞换成了一间破碎的农舍。虽然这间农舍失去了所有窗户，但还能提供一些庇护。每个人都感到非常紧张。他写道："唯一让人感到安慰的是，英国士兵也好不到哪里去。但不幸的是，他们可以在短期内松一口气，而我们不可以。"

事实上，英吉利海峡正在掀起一场大风暴，它将打乱盟军的所有计划。在阿罗芒什，港口"桑树 B"快完成了，位于贝桑港的美国港口"桑树 A"也差不多完工了。前一天，也就是 18 日，海军少校安布罗斯·拉姆彭和他的团队成功沉放了另外 4 个"凤凰"，尽管刮着很大的风，尽管它们属于"A2"型，也就是最大的沉箱，大约高 50 英尺，尽管必须沿着西面的防波堤侧向潮汐流沉放。不过，他们越来越擅长这项工作，最初沉放亚林班克号时遇到的难题现在已经变成了遥远的记忆。他们完美地沉放了这 4 个"凤凰"。

强风呼啸着穿过海岸，海面上翻腾起 10 英尺高的巨浪，"桑树"将受到全面考验。巨浪冲击着封锁用沉船和"凤凰"，不只在那一天，21 日和 22 日也是如此。令人惊讶的是，在"桑树 B"，"凤凰"和昂贵的"马铃薯"桥墩屹立不倒，并且码头建在最受保护的地方，因此也经受住了暴风雨的考验。"我们都很自豪地看到，"拉姆彭说，"在整个风暴期间，卸载物资的工作一直没有中断。"这是事实，但在这段时间里，没有新的货船到达，因为其他船只和舰艇匆忙驶进港口，以寻求庇护，导致整个桑树港挤满了船舰。在确保港口安全的过程中，放置错误的亚林班克号起到了一定的作用，因为它横躺在顺风的方向。拉姆彭说："在它的背风处，没有一平方码的水域空无船只。"

然而，麻烦已经够多的了：两个"凤凰"的西端遭到严重破坏，另外 5 个"凤凰"的连接处出现了缺口，还有几个发生了移动。但是，总的来说，"桑树 B"的情况还不错，比"桑树 A"的要好得多。沉放在那里的 35 个"凤凰"中，只有 10 个完好无损，两个码头也遭到了破坏。虽然盟军为整个港口的建造、运输和修建付出了巨大的代价和努力，但在一周后，也就是 6 月 29 日，盟军决定弃用整个港口，只留下"桑树 B"。在犹他海滩，大部分"醋栗"遭到毁坏，而登陆前线的"犀牛"驳船和其他登陆艇在岸边被撞得粉碎。

"约吉"·简森上尉一直在阿尔冈昆号上，他对这些损坏感到震惊。这让他意识到自己身处大西洋的中部，而大量船只在海浪上翻滚的画面让他想起了一幅 18 世纪的暴风雨画作。他写道："现在，我们看到了那次灾难般的天气留下的各种漂浮的残骸。登陆艇沉没了，海面上偶尔漂过几具尸体。"

战争期间，整个欧洲的天气确实很糟糕。在 1942 年到 1943 年的冬天，天气非常恶劣；然而，在 1943 年到 1944 年的冬天，天气变得更加糟糕。它挫败了盟军在意大利的努力，极大地阻碍了空中行动，给每个不幸经历过这种天气的人蒙上了一层可怕的阴影。现在，美好的 5 月——盟军最初计划在那个月实施"霸王行动"——过去了，法国正在经历有史以来最糟糕的 6 月。

这场"大风暴"造成了巨大的影响。大约 800 艘船舰（其中大部分是登陆艇）失踪。这是一个庞大的数字，盟军无法立刻找到接替的船舰。由于 6 月初天气恶劣，盟军部队的集结已经严重滞后，现在，这个环节又出了岔子。登陆部队的数量减少了四分之三，车辆和其他装备减少了 50%。到了 6 月 22 日，与登陆前的目标相比，英国第二集团军还有整整三个师没有登陆。这不是一个小数字。"强劲的北风和低云持续了一整天，"邓普西将军在战争日记中写道，"它阻止了物资和车辆的登陆，空军也无法飞行。事实证明，它严重阻碍了我们的行动，因为第 8 军的大部分车辆还没有登陆，而且这次行动仍然缺乏足够的弹药。"

现在，蒙哥马利和邓普西不得不重新考虑他们的第一次重大进攻计划。在 6 月 22 日的一次指挥官会议上，蒙哥马利声称，目前的军队集结比原计划晚了 5~6 天。多亏盟军破译了"厄尔特拉（Ultra）"①，蒙蒂了解到，德军终于开始计划他们的大规模反攻。为了进行反攻，德军需要将新的步兵师派到前线，从卡昂周围和西侧的装甲师的手中接管防线，以便让这些装甲师撤退，然后重新集结，形成一支井然有序的攻击力量，从而真正打击盟军，特别是前线的英军和加拿大军队。从他收到的秘密情报来看，德军很可能会在月底发动进攻，所以，蒙哥马利此时需要执行一项紧急任务，那就是先发动进攻，打乱德国人的计划。在诺曼底遭到反攻简直是不可想象的。因此，盟军必须在卡昂地区发起一场重大行动，他们当然希望这项行动能够取得突破，发挥决定性作用；但在蒙哥马利看来，取得这样的战果将给盟军带来额外的优势，但不是盟军的主要目标。

317　　"无畏行动（Operation DREADNOUGHT）"——一场攻击卡昂东侧的行动——由于难度太大、风险太高，已经被排除了，而直接攻击卡昂的行动也被驳回了。这就意味着，向南推进到卡昂的西侧是盟军的唯一选择。最初，蒙哥马利打算使用三个军发动这样的进攻，这样一来，盟军就更有可能取得决定性的突破。然而，由于没能集结到足够的兵力，这些崇高的计划已经化为乌有，因此，代

---

① 第二次世界大战期间，纳粹德国使用了恩尼格玛密码机。在恩尼格玛密码机的所有版本中，最著名的是德国使用的军用版本。尽管此机器的安全性较高，但盟军的密码学家们还是成功地破译了大量由这种机器加密的信息。1932 年，波兰密码学家马里安·雷耶夫斯基、杰尔兹·罗佐基和亨里克·佐加尔斯基根据恩尼格玛机的原理破译了它。1939 年中期，波兰政府将此破译方法告知了英国和法国，但直到 1941 年英国海军捕获德国 U-110 潜艇，得到密码机和密码本后才成功破译。密码的破译使得纳粹海军对英美商船补给船的大量攻击失效。盟军的情报部门将破译出来的密码称为"厄尔特拉"，"厄尔特拉"极大地帮助了西欧的盟军部队。

号为"埃普索姆（EPSOM）"的作战计划不得不遭到削减。迪克·奥康纳（Dick O'Connor）中将率领的第 8 军最近抵达了诺曼底，它将成为主要的进攻力量，而右翼（也就是西侧）的第 30 军将首先发起攻击，试图把敌人的部队引开，并占领重要的欧赖（Rauray）山脊——这是一块地势较高的地方，在发起埃普索姆行动时，可以非常有效地阻止敌人。

"埃普索姆行动"也将分两个阶段进行。首先，进攻部队将从诺雷（Norrey）村的周围向南挺进，穿过圣芒维厄（Saint-Manvieu）和舍镇（Cheux），然后渡过奥恩河，到达另一边的高地，这块高地在盟军的地图上标为第 112 号山头。如果一切按计划进行，那么第 8 军的装甲部队将发起猛攻，冲到城外，绕到卡昂的后面，包围整个城市，然后围困所有德军。英军的装甲部队被分派了两个截然不同的角色。独立装甲旅——例如第 8 步兵旅，舍伍德游骑兵团隶属于该旅——将直接向步兵提供支援。一般情况下，盟军将诸如舍伍德游骑兵团的装甲团临时划归到某个步兵旅，将坦克中队划归到某个步兵营。装甲师由坦克组成，但也有搭乘半履带车和运兵车的摩托化步兵，以及大量的机动反坦克炮。他们接受了"开拓"训练，这意味着，一旦取得了初步突破，他们就会以让人生畏的速度和力量推进，迅速突破最初的防线，击溃敌人。

"埃普索姆行动"是一场严密策划的战役，正是这类战役让蒙哥马利声名鹊起。为支援进攻部队，盟军提供了大约 700 门野战炮。在进攻开始前，这些大炮将密集开火；然后在步兵和装甲部队向前推进时，它们将进行徐进弹幕射击①——换句话说，它们将在

---

① 系军事术语，炮兵射击种类之一，指军队使用炮兵火力，在冲锋的步兵前方构成一道移动的弹幕，掩护步兵冲击前进。

攻击部队的前方发射炮弹。推进的宽度将只有 2 英里，以便集中火力攻击主攻点（用德语表示就是 "Schwerpunkt"）。集中火力是英
318 军和德军都明白的一个原理。海军军舰也将提供支援，当然，战术空军也会鼎力相助。

　　然而，有几个因素表明，"埃普索姆行动" 很可能无法实现最终目标，即取得决定性突破。首先是兵力不足。其次是天气，一直以来，天气都很糟糕。战术空军需要的是高云层，最好是阳光充足，但在 6 月的最后一周，诺曼底北部几乎都是低云层，总云量达到了 10，并且毛毛细雨下个不停，这对英军毫无帮助。最后是地形。的确，这里没有茂密的 "波卡基"，也不像在城市中战斗那么艰难，但是，它仍然不适合任何形式的快速作战。东西走向的奥东山谷（Odon Valley）突然间陡直地延伸到河边，前进的主干道也变得崎岖、狭窄、曲折。在河的南岸，地面陡然上升，然后逐渐上升到第 112 号山头。这是那种最有利于守军的地形。由此看来，"埃普索姆行动" 并非易事。

　　然而，在内阁战时办公室或设在宏翼的盟军远征军最高司令部的二维地图上，这一切看起来似乎很简单，而且随着飞弹不断地在伦敦和英格兰的东南部落下，人们对 "埃普索姆行动" 寄予了很高的期望，希望盟军能重整旗鼓，占领线条勾出的地区——4 月 7 日，蒙哥马利在圣保罗学校的会议上预测盟军将占领这些地区。蒙蒂试图提出一点警告，强调说要是糟糕的天气一直持续下去，将会破坏他的计划。但现在不是悲观的时候，盟军需要的是信心，而高层必须首先拿出信心。"当然啰，" 蒙哥马利过了一会儿说道，"我们不会为了行政规划而坚持我们设想的时间表和勾线图。当然，我们也会像在所有战斗中那样，根据战术形势的发展，毫不犹豫地调整我们的计划和部署。我们当然不会墨守成规。我从来没有想过我

们会墨守成规。"这是一个完全合理的看法。问题是，在 1944 年 6
月的第三个星期，他没有向艾森豪威尔、丘吉尔或任何其他人清楚
地解释这一点。他们仍然记得那张勾画了占领区域的地图，以及他
在登陆前的豪言壮语，他曾如此自信地说，只需几天的工夫，盟军
就可以推进到南侧。

*

风暴结束后，盟军的人员、车辆和飞机继续前往法国。6 月 22
日星期四，第 356 战斗机中队飞往诺曼底的新基地，也就是位于克
里克维尔的 A-2 空军基地，它坐落在奥克角的南侧，布拉德利和
"皮特"·克萨达也在那里设立了野战指挥部。在第 356 战斗机中
队之前飞往新基地的是第 354 战斗机大队的另外两个中队中的一
个。在风暴来临前，先头部队已经出发了。在收到饮用水短缺的报
告后，迪克·特纳少校指挥的第 356 战斗机中队的飞行员用两个
75 加仑的副油箱装满了清水。然后，就在他们起飞前不久，大队
的财务官冲到特纳那里，要求他带上一袋现金，里面有 75000 美
元，用于向诺曼底的士兵支付工资。

尽管运送如此宝贵的货物让他们有些提心吊胆，但他们还是平
安无事地到达了克里克维尔。最先着陆的是特纳。他放下襟翼和起
落架，顺风飞行。在离跑道 50 英尺，离地面 25 英尺时，他突然感
到飞机失速了。特纳立刻意识到自己的错误：一般情况下，他在着
陆时飞机几乎是空的，但现在，两个副油箱装满了水，比燃料重得
多，再加上一大袋现金，他平时采用的进场滑行速度不足以支撑这
样的重量。此时，他离机毁人亡只有几步之遥，野马战斗机突然向
左倾斜，一个机翼掉了下来，乍看之下，飞机直奔跑道，轻型侦察

319

机的控制装置正停放在跑道的中途。特纳匆忙向前推油门杆，摆弄着操纵杆和方向舵控制器。他感到 P-51 野马战斗机在关键时刻重新恢复了动力，尽管他仍在奋力打开左翼。他使用全右舵，启动右副翼，加足马力，然后他突然开始爬升，在空军基地的上空加速飞行。在操纵装置和他的血压恢复正常后，他窘迫地提醒那些跟随自己的人，由于水的负荷，要把进场速度提高到每小时 15 英里左右。特纳说："这是一次死里逃生，如果我在几分之一秒之后加足马力，那么我的飞机可能无法恢复正常。"不久后，他进行了必要的调整，然后安全着陆了。现在，诺曼底有 11 个空军基地，以后还会有更多。

*

与此同时，在海上，盟军海军继续提供大力支援。6 月 24 日的黄昏时分，阿尔冈昆号与英国驱逐舰"斯威夫特号（HMS Swift）"一同开始了又一次的海岸巡逻。第二天的凌晨 4 点左右，天刚亮，约吉·简森中尉就来值班了。没过多久，他发现了一个漂浮的水雷，并用斯登手枪将其击沉。

片刻之后，斯威夫特号发出讯号："在你们巡逻的时候，我可以在你们的泊位锚泊吗？你们可以转而使用我的泊位吗？"

简森回答说："可以。"他看着斯威夫特号全速前进，然后下锚。紧接着，传来了巨大的爆炸声，并掀起了一股水花，接着是另一股水花。斯威夫特号撞到了几颗水雷，尾部也断了。随后，斯威夫特号开始下沉。幸运的是，船上人员悉数获救，斯威夫特号的不幸让阿尔冈昆号躲过一劫。第二天，他们回到了朴次茅斯，他们在登陆行动中扮演的角色暂时结束了。

*

　　阿尔冈昆号可能已经回到了其国内的海域，但是，随着风暴的减弱，人员和物资继续通过英吉利海峡涌入法国，每天大约有14500 人在美国、英国和加拿大的战区登陆——这相当于每 24 小时就可以集结两个师的兵力。现在，抵达诺曼底的是 21 岁的威廉·贝赫尔（William Biehler），他来自新泽西州萨米特的一个德裔美国人社区；他的祖父母在 1890 年移民到美国。贝赫尔一家不支持德国。贝赫尔说："我的家人肯定支持美国，他们想留在美国。他们认为美国很伟大。"贝赫尔是一个非常聪明、学习很好的年轻人。日本袭击珍珠港时，他在罗格斯大学读大一，主修化学。不久后，他被征召入伍。在获准完成大学二年级的学业后，他甚至报名参加了陆军专业培训计划（一种大学军官培训计划），以期成为一名工兵军官。然而，在完成基本培训后不久，他被告知自己目光短浅，不适合当军官。于是，他被派往步兵部队，而不是工兵部队。

　　5 月中旬，身高 6 英尺 4 英寸的贝赫尔横渡大西洋，然后乘坐火车前往德文郡，之后被送往兵员补充站。"兵员补充站是一个可怕的地方，"他说，"因为那里的人不属于任何特定的部队。"和已经登陆的许多部队不同，和那些正在横渡英吉利海峡的完整的师不同，兵员补充站的士兵几乎没有建立起同志情谊，也没有军团自豪感。他们只不过是随时待命的后备役。风暴推迟了补充兵员的运输，所以，直到 6 月 22 日，贝赫尔才涉水上岸。他们被带到另一个兵员补充站，在那里，他度过了第一个夜晚，远处传来零星的炮声。第二天，他和其他几个人被分成了两组，一些人乘坐一辆卡车，另一些人乘坐另一辆，然后，卡车轰隆隆地开走了。最后，他

321

们在被围困的第 90 步兵师的后方指挥部停了下来，这个指挥部仍然坐落在科唐坦。贝赫尔坐上了另一辆卡车，正是这辆卡车将他最终送到了第 357 步兵团第 3 营的 K 连。他又冷又饿，在涉水上岸后，他的靴子一直都是湿的。他随即被带到一个散兵坑，在那里，他结识了新伙伴。现在，他和另外三个人在 1 排 A 班——本来一共有 12 人，但他很快发现自己是第一批补充兵员，其他的人还没有到。该连在最近的首次战斗中遭到了重创。贝赫尔说："我觉得他们的人数不超过 30。"目前，他们只是在排队等待。不过，很快就会轮到他们了。第 90 步兵师还有很多事情要做，以便证明自己的实力。

*

最近到达诺曼底的另一个师是英军第 43 威塞克斯步兵师。该师在上一次战争结束时解散，并于 1939 年重组。现在，该师即将参与他们的第一次战斗。其步兵营下辖多塞特步兵团第 4 营，该营于 22 日在阿罗芒什登陆。然而，又过了三天，沃尔特·凯恩（Walter Caines）中士和该营讯号排的其他人才终于下船。此时，凯恩已经忍无可忍了，他饥饿难耐，厌倦了海上的生活。讯号排到达巴约附近的营集中区时已经是下午了。最后，凯恩快速吃了一顿热饭热菜（虽然是可供数天食用的干粮），洗了脸，刮了胡子，然后与营指挥官考伊（Cowie）中校和讯号官霍根（Hogan）中校一起参加了作战小组会议。他们将在第二天早上出发，并将在第三天接管目前由加拿大军队把守的据点。晚上，又开始下雨了。于是，凯恩爬到一辆卡车的下面，在那里过了一夜。到目前为止，他对诺曼底没什么印象。

现在，加入第二集团军的还有肯·陶特指挥的北安普敦郡游骑兵团第 1 营的姐妹营，也就是第 2 营，它不是独立装甲旅的一部分，而是隶属于第 11 装甲师。6 月 19 日午夜刚过，就在暴风雨真正降临前，他们在朱诺海滩登陆了。之后，他们向内陆推进，到达了克勒利附近。雷格·斯皮特（Reg Spittles）下士是第 A 中队第 2 分队的坦克指挥官之一。战前，他是英国本土防卫军的一员，虽然只是一名兼职士兵，但在 1939 年 9 月 1 日，他奉命到英格兰中部地区的北安普敦郡的当地演习场报到，并宣誓服役。从那以后，他见证了这个营从战前只有一辆过时的坦克转变为一个装甲营的过程，此时的装甲营经过了精打细磨、装备齐全，为现代战斗作好了准备。他写道："我觉得自己可以被视为一名战时老兵，因为虽然当时我只有 25 岁，但我已经参加了很多很多次训练。"

英军为该营重新配备了克伦威尔坦克，这是英国陆军为诺曼底战役开发的新型坦克。自 1944 年秋天以来，该营的队伍也壮大起来，纳入了各种训练团，以便应对登陆和接下来的战役。因此，当战斗开始，伤亡人员不可避免地增加时，该营将有足够的补充兵员。

每个坦克指挥官都被要求组织"第一批乘员"，他们将和这些乘员一起战斗。大多数指挥官选择了那些在营队中服役时间最长的士兵，但斯皮特是一个有独立思想、喜欢逆势而行的人，因此，他选择的大多数是 18、19 岁的年轻人。他在观察后发现，这些年轻人似乎比许多年纪大的士兵更加热情。他潦草地写道："毕竟他们刚刚接受训练，相比之下，那些年纪大的士兵在接受训练时随随便便的。"其中有丹尼·威尔斯（Denny Wells），他 18 岁，来自赫尔（Hull），是一名炮手，性格有点孤僻。还有比尔·巴格古利（Bill Bagguly），他来自伯明翰，是一名装卸工和无线电操作员。虽然他

也只有 18 岁，但他思维敏捷，生性好斗。第三名乘员是比尔·
"本尼"·本摩尔（Bill "Benny" Benmore），他 18 岁，来自伦敦，
是一名司机。他聪明机灵，非常可靠。最后一个是比尔·巴尼特
（Bill Barnett），他 23 岁，来自斯塔福德，是一名副驾驶兼机枪手。
他性格随和，脾气温和。在去诺曼底之前，他们在一起度过了九个
月的美好时光，在这段时间里，斯皮特和他们熟络起来。到目前为
止，他没有理由后悔作出这样的决定。然而，最大的考验将在他们
投入战斗的那一刻到来——很快，这些考验将在邓普西将军的
"埃普索姆行动"中到来。

*

现在，英国第 101 野战医院已经在巴约附近的田地里建成，并
开始运营，尽管只是由一些帆布帐篷组成。由于距离前线很近，盟
军便派了若干先锋部队来保护医务人员。玛丽·穆瑞认为他们看起
来非常不符合军人身份——大多数是出于良心而拒服兵役者或在英
国避难的外国人。很快，她和一名军官成了朋友。他是波兰籍犹太
323 人，名字不好念，所以大家都叫他"切兹（Chezzy）"。他性格开
朗，脾气很好，会说英语、德语、俄语和波兰语；在参军前，他是
一名职业钢琴家。玛丽在日记中写道："切兹是如此温暖，如此有
个性，这让我很吃惊。为什么丑陋的人往往比英俊的人更有吸
引力？"

医院太简陋了，玛丽不喜欢。最近的水源也在一英里以外，不
过先锋部队很快就设计出了一套系统，可以直接将水源送往医院。
消毒设备也很简单，主要依靠烈性酒来存储针头、手术刀等，还有
用于烧水的普里默斯炉。他们的第一批病人是德国人。其中一个是

年轻的德国狙击手弗里茨，他的腿部中了枪，被先锋部队抓获。玛丽认为他不可能超过 15 岁。他承认自己奉命留下来为祖国而战。刚开始，他"趾高气扬"；不过，在他们给了他一些食物后，他那傲慢的神情很快就消失了；他狼吞虎咽地吃了起来。

　　他的伤不太严重。他们给了他一根拐杖，不到一天，他就可以一瘸一拐地走路了。在他意识到自己不会被枪毙后，他恢复了生机，变得精神抖擞。玛丽和其他护士让他在病房里帮忙，他似乎很乐意这么做。三天后，又来了两名德国人。其中一个是年轻人，和弗里茨一样，他也是腿部受伤。另一个年龄稍大，30 多岁，名叫汉斯，他已经结婚，有小孩，他的家在法兰克福。因为被盟军抓住了，他的情绪有些激动，除了一些表面的割伤、擦伤和明显的营养不良外，他的身体状况还不错。和弗里茨一样，她们打算让他留下来，帮她们做些零活。"汉斯和我们想象中的穿长筒靴的匈人完全不一样，"玛丽说，"他彬彬有礼，有些羞怯，我觉得他只不过是这场战争中的一枚棋子。"

*

　　东侧，在离开盟军的桥头堡后，罗伯特·勒布朗和苏尔库夫游击队的日子也不轻松。6 月 21 日星期三，勒布朗被法国内务部队晋升为上尉，但他拒绝了，觉得自己不配得到这个职位，而且他还觉得这只是一种安慰，目的是为了在他的抵抗行动处于崩溃的边缘时，让他继续保持热情；几乎可以肯定的是，他的直觉是正确的。领导一支游击队的责任是巨大的，他几乎每天都面临的困境也是巨大的。他们的战果越小，越会为缺少武器而争斗，那么他们面临的风险就越大，不仅仅是被敌人压制的风险，还有被出卖的风险。这

个时代让人绝望。人们饥肠辘辘，忍无可忍，担惊受怕，一旦被
捕，他们可能会遭受酷刑，家人可能会受到伤害，他们甚至会被处
决。因此，有人会这样想，也就不奇怪了。

6 月 14 日星期三，机动后备部队（实际上是维希政府的军队）
在游击队的地区作战，他们传话说想加入苏尔库夫游击队。勒布朗
应该相信他们吗？或者这是一个陷阱？后来，他听到谣传说，他的
妻子和 4 个孩子都在蓬奥代梅（Pont-Audemer）的家中被捕。不
过，这个谣传后来被证明是假的。第二天，由于更多的手下遭到杀
害，游击队又开始转移。6 月 17 日星期六，他终于得到了一些好
消息，他们被告知盟军准备空投武器。那天晚上，他们带着灯，穿
过田野，走过树林，走了 6 英里路。但是，当他们到达约定的地点
时，既找不到所期待的联络小组，也看不到任何盟军飞机。他们非
常失望，一无所获地回去了。

20 日，他的 3 名手下——拉托皮雷（La Torpille）、拉莫乔
（Ramoutcho）和亨利三世（Henry III），他们使用的是化名——
的妻子被逮捕，并被带走；拉托皮雷的妻子是 7 个孩子的母亲。
他们了解到，一个当地人被德军抓获，出卖了他们，直接导致
这些人被逮捕。"他以为这样做可以救自己一命，"愤怒的勒布
朗潦草地写道，"他没有为国献身，但他最后还是会被杀掉，而
且会给自己带来耻辱。"他和分队的指挥官们开始感到德军把他
们逼入了墙角，这让他们陷入了一种杀气腾腾的情绪。此时，
他们正在考虑要不要处决关押的几名囚犯——一个德国士兵和
三名女通敌者。他们负担不起运送这些人的代价，而且，游击
队躲藏在当地农民的谷仓里，这些农民不想让囚犯靠近他们；
再者，德军在杀人时肆无忌惮，那么为什么不杀了这些囚犯？
不仅他的许多部下——还有无辜的平民——被德军杀害，现在，

这些畜生还把 7 个孩子的母亲关进了监狱！他写道："所有这些都令我作呕。我命令布尼亚（Bougnat）把他丢到某个地方，比如附近的一个白垩采石场，不少德国士兵的尸体都被丢到那里。"

接下来的问题是如何处置这三名女囚。他决定可以释放一个，另一个叫玛丽·特蕾莎（Marie-Thérèse），他认为这个人很危险，但没有确凿的证据。因此，他把特蕾莎转交给了分队的指挥官之一"罗伯特 1（Robert 1）"。还有一个是"XX001X"，他在日记中用这个代号称呼她。他们在登陆的几天前抓住了她，并在她的身上发现了一张照片，照片上是一个为她献身的有名的纳粹党官员。她一直否认自己是纳粹的特工，但勒布朗坚信她的德国情人是一名盖世太保。但是，他没有确凿的证据，而且没人愿意照管她。两天后，也就是 6 月 22 日，勒布朗作出了决定。他在日记中写道："是保障我们的安全，还是留下这个一直为德国兵效力的女人的性命，我没有犹豫。""罗伯特 1"同意了他的决定，并主动提出"完成这个任务"。

*

对于这群没有经过良好训练的抵抗组织的战士所经历的痛苦、考验和悲剧，蒙哥马利、邓普西和布拉德利并不关心。由于更多的德国军队也到达了前线，他们正在竭尽全力，以便让盟军卸下足够的补充兵员。虽然他们确实在数量上占优势，但还没有达到压倒性的程度，而且没有达到红军那样的优势，为了在东线发起新一轮的进攻，红军的兵力是德军的 10 倍——6 月 22 日（三年前的这一天，德国入侵苏联），苏联向德国中央集团军群发起了"巴格拉基昂行动（Operation BAGRATION）"①。不管怎样，虽然盟军火力强大，但他们在数量上仍然没有达到那种程度的优势。

　　6 月 23 日星期五。上午 9 点 30 分，邓普西发布了新的命令：向无法避免的情况屈服；他斗不过老天爷。他写道："我把第 8 军的进攻推迟到了 6 月 26 日，也就是星期一。"这意味着，从蒙哥马利最初计划向卡昂发起进攻以来，总共推迟了 8 天。这样做是有所必要的，尽管时间紧迫，尽管更多的德国装甲部队到达了卡昂附近，尽管越来越多的 V-1 飞弹已在伦敦落下。

---

　　①　系第二次世界大战中苏联于 1944 年对白俄罗斯发动的大规模攻势的代号，于 6
　　　　月 22 日开始实行。苏军从 4 个方向发起进攻，击溃了德国中央集团军群，收复
　　　　了白俄罗斯的首都明斯克，并在 8 月渡过了维斯瓦河，一直推进到了东普鲁士
　　　　边界的里加。苏军的这次攻势使得德国中央集团军群及其下辖的 3 个集团军
　　　　（包括第四集团军、第三装甲集团军和第九集团军）崩溃，损失了 28 个陆军
　　　　师，被认为可能是德军在二战中最大的一次败战。在这场行动结束后，苏军收
　　　　复了大部分西部领土，也在罗马尼亚与波兰边境取得了立足地。

第 22 章　埃普索姆行动

　　6 月 24 日星期六的晚上，党卫军旗队领袖库尔特·梅耶陷入 了困境。在开车返回党卫军第 12 装甲师的指挥部时，他从欧赖山脊往下看，看到在卡昂—维莱博卡日的道路上，仍有卡车在燃烧，火光照亮了天空。这些卡车装满了弹药，准备给士兵们送去，但遭到了可怕的战斗轰炸机的袭击。在回到指挥部后，他得知了最新情况，看到了一张张焦虑的面孔。他说："虽然我们没有公开谈论，但我们知道即将迎来一场灾难。"他的师正在遭到摧毁。装甲师原本是用作机动部队，但他们一直守在前线，基本上一动不动，因为盟军的空军、海军和大炮向他们猛烈开火。这已经让梅耶最优秀的一些士兵流血牺牲，并摧毁了许多宝贵的装备。他继续说道："我们只能靠自己。到目前为止，我们还没有获得补充兵员来接替受伤或阵亡的士兵，也没有得到一辆坦克或一门大炮。"

　　相比之下，因为补充兵员和军官的到来，斯坦利·克里斯托夫森——刚刚上任的舍伍德游骑兵团的指挥官——再次精神焕发。有了新人的加入，他感到非常高兴，但是，他担心他们没有作战经验，对舍伍德游骑兵团不了解。他们要么被打败，要么强迫自己学习。

　　该团迅速成了第二集团军的主要灭火部队之一。6 月 25 日星期日，该团重新投入战斗。黎明时分，云层很低，薄雾蒙蒙，细雨

绵绵，"无足鸟行动（Operation MARTLET）"开始了。在 250 门
野战炮的支援下，英国第 30 军的两个步兵旅发起了进攻。盟军把
327 进攻的矛头对准了党卫军第 12 装甲师。"无足鸟行动"和将于次
日黎明发起的"埃普索姆行动"原本是第二集团军实施的两个单
独的行动，但在德军和党卫军旗队领袖梅耶看来，它们其实是同一
个行动。在被英军的新攻势惊醒之前，梅耶勉强睡了几个小时的
觉。他立刻赶往丰特奈，在那里，他的装甲掷弹兵团的残部正在拼
命地坚守阵地。据点已被夷为平地，他几乎认不出来了；由于烟雾
太多，他也看不清前面有什么东西。炮弹不断地落在村庄和周围，
梅耶躲在一个弹坑里，敌人的坦克和大炮击毁了他的一辆又一辆反
坦克炮。当第 1 营的坦克指挥官跳到他身边，告诉他准备发起反击
时，他仍在弹坑里。很快，打头阵的英国坦克（包括舍伍德游骑
兵团）开始瞄准装甲掷弹兵团，于是，党卫军第 12 装甲师的坦克在
烟雾中轰隆隆地前进了。一场较为罕见的坦克大战爆发了。双方都
有坦克遭到摧毁，战场上弥漫着浓浓且油腻的烟雾。接着，德军领
头的连长的坦克被击中，向左拐了几米远。舱盖打开了，党卫军上
级突击队中队领袖路德维希·鲁克德舍尔（Ludwig Ruckdeschel）爬
出坦克，跳了下来，摇摇晃晃地走向梅耶，然后瘫倒在地。一些士
兵冲上前，把他拉到安全的地方；直到那时，梅耶才意识到鲁克德
舍尔失去了一只手臂。

　　不久后，梅耶被告知，在他的部队和装甲教导师之间的左边防
线上有一个危险的缺口。他急忙派遣筋疲力尽的侦察部队——这是
他能腾出来的唯一的部队——去堵住缺口。他不得不把部队拆分成
一个一个小组，他知道这样做存在致命的风险。尽管疲惫不堪的士
兵尽了最大努力，那天的晚些时候，丰特奈还是陷落了。然而，英
军的主要目标——欧赖山脊——仍在德军的手中。邓普西曾希望在

发起埃普索姆行动之前占领这块高地，因为从那里可以看到卡昂西侧的整个前线，但没能如愿。当然，"无足鸟行动"击垮了党卫军第 12 装甲师，造成了他们再也承受不起的伤亡。

"祝你和邓普西好运，"那天，艾森豪威尔向蒙哥马利发出了这样一则电报，"如果空军能够帮助到你，请不要犹豫，立刻提出支援请求。当合适的机会出现时，我们必须竭尽全力摧毁敌人。"埃普索姆行动最终将在第二天（也就是 6 月 26 日星期一）的黎明时分开始。 328

*

尽管盟军拥有强大的火力和长长的支援部队，但他们都是步兵和装甲部队，外加几个工兵，他们需要承担最艰难的任务。这些士兵不得不从堑壕和掩体里爬出来，起身前进。在这样做的那一刻，他们就暴露在了猛烈的机关枪、迫击炮和大炮的火力之下。特别是机关枪和迫击炮，对敌人来说，它们的成本相对较低；如果根据武器成本计算它们造成的损害，从易于获得它们以及易于在战场上操纵它们的角度来看，它们发挥了很大的作用。最简易的迫击炮就是一根可以移动的管子、几条腿和一个木板，管子就放在木板上，这样可以用手来搬运，不需要使用卡车、马或骡子。

德军也有"吸烟者"迫击炮，体型更大，型号也不同，但截至 1944 年，最常见的是 42 年式"吸烟者"。这是一种火箭推进的 6 膛迫击炮，看上去就像是在一把左轮手枪上安装了一个巨大的旋转弹膛。不过，需要使用运输工具将它们搬运到阵地。它们非常有效，可以发射 21 厘米或 30 厘米的迫击炮弹，射程约 8580 码（大约 5 英里）。"吸烟者"还可以对人们的心理造成影响，因为它们在呼啸而过时发出尖啸声，这就是盟军称它们为 "呻吟米妮" 或 "啸声炮" 的原因。各种迫击炮、机关枪甚至是有限的火炮（此外，德军还有很多其他武器）相结合，可以轻而易举地阻挡步兵和坦克的前进。

从很多方面来说，和在第一次世界大战中从西线的堑壕里爬出来穿过无人地带相比，这并没有太大的区别。步兵只能希望在被德军的各种反坦克炮击中之前，他们的随行装甲部队能够摧毁机枪掩体和迫击炮阵地等目标；而装甲部队和步兵只能希望炮兵、海军火炮和空军协同合作，完成一系列的任务：摧毁敌人的火炮阵地，压制敌人的火力，让德军为了躲避猛烈的炮火而低着头——大部分德军都是这样做的，因为低头潜伏在散兵坑能够有效地避免被炮弹击中；通常只有被直接击中了才会受伤或死亡。无论火力支援多么有效，步兵和装甲部队还是需要放手一搏，站起来，步行或爬行穿过开阔的地面，进而不可避免地暴露在敌人的眼皮底下，因为他们没有别的选择。

步兵的数量也没有表面上看起来的那么多。最近到达的第 8 军将作为 "埃普索姆行动" 的主攻部队。它有 3 个师，不过只有 1 个步兵师，也就是第 15 苏格兰步兵师，该师将作为进攻的先头部队。和所有英国步兵师一样，该师有 3 个旅，每个旅大约 3500 人。每个旅的核心部分由 3 个营组成，每个营大约 845 人。每个营（例如罗伯特·伍尔库姆指挥的国王直属苏格兰边境团的第 6 营）有 4 个步枪连，每个连 120 人，加上一个由迫击炮、反坦克炮和工兵组成的支援连。每个步枪连依次分成 3 个排（每个排有 37 人）和 1 个连队总部。A 连有 3 个排，伍尔库姆是其中一个排的指挥官，这个排又被划分成英国陆军中最小的步兵单位——班。每个班有 10 名强健的士兵，由 1 名军士指挥，通常是下士。该排余下的 7 名成员组成了排指挥部，其中包括排长和副排长，以及 1 个迫击炮队和 1 名送信员。

营长及其参谋人员在作战小组会议上向连长发布作战指示，接着，连长向排长发布作战指示，以此类推。英军向每个营分配了一个目标：村庄、小溪、树林或山脊，通常是一些具有挑战性但可以实现的目标。英军还向连分配了具体的目标，例如村庄里的教堂，或者村庄右边的农舍。英军使用的是标准地图，比例尺为 1∶25000。他们将地图划分成一个网格，每个小格 1 英寸，并进行了横向和纵向编号，然后使用铅笔或蜡笔，以 6 位数编号的形式在地图上标出目标。排长和副排长都有这样的地图。连队总部——在进攻期间将四处转移——将配备一个无线电台，并将电台调谐到营总部电台的频率，而营总部又调谐到旅总部。在战斗最激烈的时候，通过无线电进行联络有时会很困难，因为无线电波很快就会被阻断。

普通的步枪兵会被告知具体目标是什么，但更大的目标则取决于排长告诉了他什么，以及排长在一开始得到了怎样的作战指示。大多数士兵对更大范围的战斗几乎一无所知，也不知道几百码以外 330 他们的任何一侧发生了什么。一旦各排进入了空旷地带，与连队总部的通讯就只能靠送信员了。进攻步兵离敌人越近，烟雾就会越浓。随着战斗的进行，坦克、车辆、枪支和建筑将会不可避免地被击中并着火，产生更多的烟——通常是令人窒息的浓烟，熏得喉咙难受，并进入肺部，还会使能见度降低；但也可能是稀薄的烟雾，在军队经过时，以令人难以置信的速度立刻消散了。烟雾遮住了目标，但这种情况有利有弊。战斗可能会让人产生难以置信的晕头转向。

一般情况下，连以排为单位投入行动，而排又以班为单位投入行动，10 名士兵通常以 5~10 码的距离移动，每个班有一个布伦机枪小队。在西西里岛战役后编写的一份报告中指出，英军和德军的机关枪很少同时开火，这表明，一方的机枪手会先开火，然后在敌方还击时低下头。因此，压制机关枪和小型武器的火力是有帮助的，但是，如果迫击炮落在向前推进的某个班的附近，那么这个班的一半或全部成员很可能被炸毙或受伤。情况就是这样。在进攻时，步兵和装甲部队很容易即刻遭受令人震惊的伤亡，这些部队的伤亡比例和 1914~1918 年西线的伤亡比例一样高，甚至更高。

"埃普索姆行动"将由第 15 苏格兰步兵师的两个旅发起，他们将在第 31 装甲旅的丘吉尔坦克的支援下向前推进。从理论上来讲，两个旅似乎已经非常多了：加起来总共六个营 5400 人，还有三个装甲团，每个团配备有 50 辆坦克。然而，每个旅将只使用三个营中的两个来发起进攻，剩下的一个用作后备部队，这样一来，发起攻击的就只有四个营了，而不是六个。再者，10% 的兵力将免于作战，以防最坏的情况发生和营队被摧毁。这意味着，即使发生最坏的情况，仍会有一组核心人员围绕营队进行重组。各营也采取了相同的政策，三个连向前推进，一个用作后备部队，这意味着，进攻步兵师的主力实际上削减到大约 2000 人，而不是 5400 人，较之于 15000 人的德军师，这并不是很多。这个政策也适用于装甲团，因此，只有 80 辆坦克提供火力支援，而不是 150 辆。

331　　虽然后备营和后备连可以迅速投入战斗，但是，主力部队仍可能在短时间内轻而易举地损失 50% 或以上的兵力。根据以往的经验来看，战斗时，通常有三分之一的士兵阵亡，其余的不是受伤，就是被俘。盟军的目的是在步兵和装甲部队的主力遭到严重伤亡之前占领德军阵地，并碾压德军。在一场严密策划的重大战役中，步兵营的主力通常在 24 小时内被换下，由后续的旅接替。因此，任何重大攻击都需要在纵深方向获得兵力，最好在侧翼获得支援。

不该忘记的是，即使作为主力的步兵部队受过良好的训练，起到了良好的带头作用，但大多数都是义务兵，他们根本不想去那里，在大多数情况下，人们无法确定他们活下来、被飞落的弹片炸伤或炸毙的概率是多少。无论士兵们来自西方民主国家，还是极权的军国主义国家，他们的指挥官都对他们寄予了厚望。在针对任何一方的战斗能力进行批评时，都必须承认这一点，也必须了解战斗场所的地形，因为无论盟军的机枪、军舰和飞机提供了怎样的支援，在德军的眼皮子底下，从空阔的田野向卡昂西侧推进，都不是一件容易的事。作为打头阵的步兵连或乘坐领头的丘吉尔坦克向敌人挺进，都是前往一个进退维谷的境地。

*

6 月 26 日星期一，凌晨 3 点左右，当国王直属苏格兰边境团的第 6 营到达塞克维尔（Secqueville）城外的集结区，开始挖掘浅坑以应对敌人的反击火力时，漆黑的夜空下起了连绵不断的细雨。罗伯特·伍尔库姆上尉蜷缩在他匆忙挖出的坑里，旁边是他的勤务兵（为他服务的士兵），他们穿着防毒斗篷挡雨。两个小时后，他们被叫起来。在附近的谷仓里，一个正在为 A 连的士兵制作早餐的汽油灶发生了爆炸。里面的士兵挤成一团，一言不发。这一天就这样开始了。再过几个小时，他们就要开战了。外面，天渐渐亮了起来，雨终于停了，然而，他们马上就要挺进的地方仍被笼罩在薄雾中。他们咒骂着，因为薄雾和低云不利于战术空军。大家慷慨地分发绿色伪装涂料，反复检查武器，装上弹匣，把刺刀插入步枪的末端。他们将额外的口粮——罐装牛肉——装进随身携带的小干粮袋里，把香烟装进最上面的口袋里。"虽然每个人都拥有令人钦佩

332

的控制力，"伍尔库姆写道，"但气氛仍然很紧张。"没人知道将会发生什么。

伍尔库姆看了看手表，已经7点30分了。就在这个时候，700门大炮和离岸的海军火炮一起开火。它们是不同口径的大炮，有些藏在后面的田野里，发出巨大的、难以用语言描述的声响。大地震动了，仿佛被猛烈的攻击震得发抖。"我们的皮肤上都起了小小的鸡皮疙瘩，"伍尔库姆说，"大家感到忽冷忽热，打着摆子。所有这些'东西'都在支援我们！每一门大炮都在尽最大的努力杀戮敌人，都在帮助我们。"每个人都在抽烟，以此稳定情绪。伍尔库姆正在纳闷是否应该对士兵们说些鼓舞人心的豪言壮语，但他意识到这些话完全是多余的。

很快，他们就出发了，跟在王家苏格兰团第8营的后面。他们沿着一条崎岖的道路前进，就像在操练一样。德军没有发起反击的炮火，随后，他们自己的大炮停了下来，伍尔库姆感到胃里一阵冰凉。前面是党卫军第12装甲师，单是"党卫军"这个称呼就足以让人恐惧。加拿大军队曾经告诉他们，党卫军不抓俘虏。看起来他们似乎要和一种完全不同的人类开战，而且是一种可怕的人类。

这时，他们到达了布雷特维尔洛格约的废墟，穿过了卡昂到巴约的主干道，向贝桑地区诺尔雷（Norrey-en-Bessin）进发。在经过烧焦的谢尔曼坦克和被炸毁的运兵车后，他们进入一片田野，准备在那里集结。在他们的后面，大炮再次轰鸣，炮弹呼啸而过，然后在前面的某个地方爆炸。此刻，诺曼底的这片区域正在遭受混乱战火的肆虐。烟雾仍然笼罩着大地。没有一架飞机在他们的上空飞过。突然，天空中弥漫着旋转的黑色烟雾，接着传来噼里啪啦的爆炸声。德军进行了轰炸，炮弹在地面上爆炸，落下锯齿状的弹片。连指挥官吉尔伯森（Gilbertson）少校命令他们躺下；随后，当炮击停止时，他们再次前进，就像一群被党卫军抓获的衣衫褴褛的俘虏列队走过一样——这群年轻人没戴头盔，一脸的困惑，表情阴沉，穿着脏兮兮的迷彩服。

*

在西侧几英里处，第 30 军继续在雾、雨和烟的混乱中实施 333
"无足鸟行动"。同一天早晨，舍伍德游骑兵团的第 A 中队经过丰特奈的废墟。新上任的指挥官约翰·塞姆肯（John Semken）少校带领他们穿过南端。他拐了个弯，不料与一辆虎式坦克正面交锋。如今，诺曼底仅有几辆虎式坦克。幸运的是，他已经装好了穿甲弹，他的炮手在 30 码处击中了坦克，随后，坦克又被连续击中了 6 次。所有这些子弹都被弹开了，但有一枚击中了炮塔环，使坦克无法运转；快速射击和陀螺仪稳定器是 75 毫米口径的谢尔曼坦克的两大优势，尽管它的速度比不上德军最好的坦克。无论如何，虎式坦克里的乘员很快跳了出来。"我碰巧走在后面，"克里斯托夫森说："我当时正在通过无线电设备和旅队总部通话。事实上，约翰刚刚从我的身边经过，这的确是非常幸运的，否则和虎式坦克交锋的就是我了，结果可能会大不一样。"舍伍德游骑兵团继续推进，在向距离丰特奈 1.5 英里的欧赖进发时，他们的王牌德林中士又击毁了 4 辆坦克。

党卫军旗队领袖梅耶一直在策划重大反攻。此刻，他面临着"埃普索姆行动"的第二次进攻。他匆忙发布了新的命令，取消了行动，并命令党卫军第 26 装甲掷弹兵团的指挥官、党卫军上级突击队大队领袖麦克斯·温舍（Max Wünsche）不惜一切代价守住欧赖，舍伍德游骑兵团和步兵正在向那里挺进。在位于韦尔松

（Verson）的司令部，他可以听到己方的大炮正在猛烈开火。形势非常危急。梅耶的一个指挥官通过战地电话报告说，他的反坦克炮已经被摧毁，他的士兵在舍镇被盟军的坦克和步兵击溃，这时，线路被切断，电话断线了。他的参谋长请求党卫军第 1 装甲军给予援助，但得到的答复却是"必须坚守阵地，直到最后一刻"。他们要为争取时间而战，不过，党卫军第 2 装甲军已经在路上了，很快就会到达。梅耶痛苦地说："就像过去经常发生的那样，指挥和控制都是从战术的角度出发的，而不是从战略的角度。"

＊

这时，国王直属苏格兰边境团第 6 营正穿过田野，向圣芒维厄挺进，C 连在左边，B 连在稍微靠右的地方，A 连在中间。罗伯特·伍尔库姆中尉的第 7 排走在前面，他和领头的班一起走，送信员在他的旁边，在连队的右侧。他们穿过了又高又密的玉米地。杜克（Duke）中士的班在左边大约 100 码的地方，麦克白（Macbeth）下士的班走在他们的后面，随后是塔姆·麦克尤恩（Tam McEwan）下士的班和排总部的其他成员。吉尔伯森少校、连队的无线电通讯设备、通讯员和第 9 排在后面几百码远的地方。队伍有序地铺展开来。枪炮暂时停止了，偶尔还能听到前方某处传来刺刀的声音和小型武器的吧嗒吧嗒声。第 8 排占领了孤立无援的党卫军士兵的阵地，被炮火吓得目瞪口呆的党卫军士兵缴械投降了。第 7 排来到一个树篱前，然后停了下来。远处的田野里有一些苍白的物体，那是人脸吗？是德军吗？他们用布伦机枪开了几枪，然后意识到其中的一些人已经死了。伍尔库姆觉得恶心。他们再次前进，到达了第一个目标——已经干涸的米河的河床。前方，王家苏格兰团正利用丘吉尔坦克向拉戈勒（La Gaule）村挺进，而他们左边的王家苏格兰燧发枪团已经到达了圣芒维厄的边缘。在另一片田野里，伍尔库姆的手下发现了一些德国士兵的尸体，他们都停下脚步，带着好奇和恐惧的神情查看。其中一具尸体是金发的帅气小伙。在此之前，伍尔库姆从来没有近距离看到过尸体。

"快看，"他的一个手下翻遍了死者的衣物，然后说道，"他才17 岁！"

他们又停了下来，吉尔伯森命令伍尔库姆带 8 个士兵到前面巡逻，看看有没有狙击手。他们穿过玉米地，按照合适的间隔，沿着树篱往前走，一直走到距离其他连队几百码远的地方。突然，列兵布莱克（Black）开动布伦机枪，进行了短点射。当一个党卫军士兵从玉米地里站起来，向伍尔库姆冲去，然后倒在他的脚下时，伍尔库姆僵住了。这个士兵的肩膀被击中，血流不止。

"别开枪！别开枪！"党卫军士兵恳求道，"可怜可怜我吧！不要开枪！"他们迅速缴获了他的武器。伍尔库姆认为，盯着这个抓着他的腿恳求饶命的士兵看，是一种非常奇怪的经历。他写道："大家没有因为他感到恐惧而批判他。不过……没有人同情他。"他看上去蓬头垢面，没刮胡子，一头脏兮兮的金发，一双淡蓝色的眼睛。他 20 岁。

"干得好，我的孩子"，当他们带着受伤的战利品回来时，吉尔伯森以慈父般的口吻对伍尔库姆说。"这是最高形式的赞誉，"伍尔库姆说，"犯人被带走了。"

*

三个新的党卫军装甲师正在朝卡昂前线集结：党卫军第 2 装甲

师、党卫军第 9 装甲师和党卫军第 1 装甲师，尽管盖尔·冯·施韦
335 彭格将军曾计划在大规模的装甲反击战——这是德军可以想到的击
退盟军的唯一方法——中使用他们。然而，只有当已经在前线并且
正在作战的装甲师被步兵接替并撤退后，才可能进行装甲反击战，
因为需要重新组织装甲部队，以便与新到来的装甲师发起协同进
攻。正是因为了解了德军的意图，蒙哥马利才在人员和物资少于计
划数量的情况下继续推进"埃普索姆行动"。为了取得理想的战
果，他本来是要把"埃普索姆行动"再推迟一段时间的，但形势
不允许他有任何拖延。

　　事实上，6 月 26 日，新抵达的第 276 步兵师按计划接替了装
甲教导师。然而，赫尔穆特·里特根上尉的装甲营暂时留在前线，
该营隶属于没有战斗经验的第 276 步兵师的一个步兵团。他的两个
连分散在整个师的作战前线，并在那里静静地等待着，以便抗击盟
军的坦克。和库尔特·梅耶一样，里特根也讨厌这种做法；它违背
了机动装甲作战的所有原则，特别是装甲部队的使用原则。然而，
盟军的火力是如此强大，子弹和迫击炮弹呼啸而过，几乎对德军的
每一次炮轰都进行了反击。因此，德军的装甲部队只能待在原地，
屏住呼吸，更加不要去想发动引擎了。正如汉斯·西格尔发现的那
样，长时间坐在拥挤不堪、极度不舒服的坦克中，会让人极度疲
惫。现在，轮到里特根和他的手下遭受同样的痛苦了。

*

　　到目前为止，尽管缺乏空中支援且天气阴沉，但对英军来说，
上午的行动还算顺利。但不可避免的情况还是发生了，并不是所有
的前进部队都能跟上徐进弹幕射击，一些支援坦克也被困在了敌人

的雷区。此外，由于烟雾弥漫、雨水绵绵，以及盟军进入移动的弹幕后感到惶恐不安，导致他们在看地图时发生了错误，出现了混乱。步兵和坦克之间的通讯也继续出现问题——感到沮丧的不仅仅是斯坦利·克里斯托夫森。不过，英军在圣芒维厄有效地使用了鳄鱼型喷火坦克（一种特别残忍的新式战争武器）。它们不仅造成了巨大的伤害，还极大地削弱了敌人的士气——出现这种情况也是不足为奇的。笨重的坦克像喷气机一样喷射出石油和橡胶，在炮口处由点火器点燃，随即形成火焰，将德军包围，让他们无处可逃。

　　然而，这次行动并没有呈一边倒之势。虽然盟军首先攻下了圣芒维厄，然后夺取了舍镇，但德军的迫击炮、"吸烟者"火箭炮、火炮和隐蔽得很好的机关枪继续造成伤亡。盟军的前进速度还不够快，无法按照计划进入奥东河以南的高地。上午 10 点左右，迪克·奥康纳将军已经在考虑怎样做才能保持势头。早在 1940 年，当他在埃及指挥西部沙漠兵团时，他的小军队只有 36000 人，却击败了两支共 16 万人的意大利军队。他利用快速机动作战、战术的灵活性和自己的天赋做到了这一点。奥康纳并不是一个缺乏想象力的指挥官。第 11 装甲师原本是作为后备部队使用的，组建和培训这个师是为了在步兵和装甲部队在德军的防线上撕开一个裂口时，让他们迅速突围。然而，奥康纳决定让他们现在就投入战斗——或者至少让一个装甲营参战——以便推动和协助盟军实施"埃普索姆行动"，进而在德军能够妥善地重新组织军队之前实现其目标。

　　37 岁的"皮普"·罗伯茨（"Pip" Roberts）少将是英国陆军中最年轻的将军，也是第 11 装甲师的指挥官。他对过早让第 11 装甲师参战持高度怀疑的态度；虽然敌人已经被赶出去，但舍镇成了一个到处都是瓦砾和战争残骸的咽喉要道，通往河流的道路狭窄曲折，堆满了战争留下的残骸。盟军想以势不可挡的力量快速行进几

336

乎是不可能的。尽管如此，奥康纳认为，他需要更多的装甲部队，所以，北安普敦郡游骑兵团第 2 营、第 11 装甲师的侦察营被派往前线，并在中午 12 点 50 分开始前进。

那天早晨，雷格·斯皮特下士被周围的炮火粗暴地惊醒了。他们的坦克就在 25 磅重的大炮的旁边。他和乘员们迅速爬上克伦威尔坦克，匆忙关闭舱口，以便挡住噪声。那天，他所在兵团的任务是赶到奥东河，占领三座大桥，并向每座大桥派遣一支部队，然后通过无线电报告情况。这一切听起来很简单，而且这类任务他们已经练习过无数次了。在英格兰练习时，村庄和城镇都是完好无损的；但在诺曼底，它们已经被夷为平地，尽管克伦威尔坦克的速度很快，但要穿过它们也绝非易事。他们花了一个半小时才通过舍镇，在这个过程中，第 A 中队的副指挥官怀威尔·雷恩斯福德（Wyvell Raynsford）上尉被一名狙击手射杀，和他们一同前行的炮兵的前线观察员也被射杀。当坦克静止不动时，德军冲向坦克，投掷手榴弹。斯皮特从炮塔里扔出磷手榴弹，在它们爆炸后，他利用烟雾作为掩护，跳出炮塔，用斯登冲锋枪向周围扫射。他说："这事关生存。我还很年轻，不能就这么死了！"

他们穿过舍镇，然后经过勒博斯克（Le Bosq）村庄。得益于克伦威尔坦克的行驶速度，他们迅速前进，并以战斗队形铺展开来。第 4 部队向前推进，到达了奥东河，第 1 部队被壕沟挡住了。斯皮特领导的第 2 部队是后备役，所以，在第 3 部队继续穿过玉米地时，他们留了下来。就在这时，第 3 部队飞快地向满是树木和灌木丛的山脊冲过去；接着，他们的两辆坦克停了下来，燃烧起了熊熊大火。斯皮特惊呆了，他以前从来都没有见过坦克着火。"我当时想，'见鬼！'"他说。但随后，中队指挥官鲍比·皮尔（Bobby Peel）少校通过无线电设备说道："你看到发生的情况了吧，快到那儿去!"

"喂，B,"军队的指挥官霍布森（Hobson）中尉对斯皮特说道，"你听到了。带领队伍到那里去。"

他们胆战心惊地向前推进，斯皮特利用燃烧的克伦威尔坦克冒出的浓烟作为掩护，然后在霍布森中尉的催促下继续前进，越过了山脊。突然，奥东山谷在他的面前铺展开来，许多 IV 坦克，甚至几辆豹式坦克从一个位置移动到另一个位置。他向霍布森报告了看到的情况，后者又把消息上报给了皮尔少校。皮尔少校当即说道："那就炸死那些该死的东西!"

斯皮特听从命令，直接向敌人开火。没过多久，他便和部队的其他成员会合。与此同时，第 4 部队攻击了河边的几个火炮和迫击炮阵地。斯皮特报告说，他们摧毁了一辆 Mk IV 坦克和一辆半履带坦克，在这个过程中，他们用机枪扫射了乘员，之后敌人似乎撤退了。下午 5 点左右，他们接到命令，撤回到出发位置。于是，他们掉头轰隆轰隆地驶下山脊，同时炮塔向后旋转。途中，他们从燃烧的坦克中救出几名受伤的乘员。这时，大雨倾盆而下。营队记录员说道："由于一名前线观察员阵亡，其他前线观察员和步兵团之间的通讯状况不佳，给整个行动造成了不利影响，导致我们没有能够发射火箭弹的台风战斗机的支援，也没有炮火的支援。"情况可能是这样，但正如斯皮特发现的那样，演习和真正的战斗是有很大区别的。事情可能会出错，例如士兵们被射杀或受伤，这都是无法避免的。前线的战斗是残酷的，让人感到困惑，同时也是困难的。

338

*

虽然克伦威尔坦克到达了奥东河，但在 6 月 26 日的晚些时候，英军距离奥东河还有 2 英里。国王直属苏格兰边境团的第 6 营向圣芒维厄的废墟进发，在那里，他们发现了 28 名王家苏格兰燧发枪团的士兵，这是那天清晨穿过起始战线的那个连留下的全部士兵。伤亡人员包括连长，他已经阵亡。到处都在流传敌人顽强抵抗和反击的谣言。C 连急忙撤到村子的中心，A 连撤到西侧的矮树丛里。不久，他们再次转移，这次转移到圣芒维厄教堂墓地的角落附近的一个农场。教堂和农场都遭到了严重破坏。"院子里到处是废弃物和残骸，"伍尔库姆写道，"门口有一个大铁笼，里面有两只庞大的黑猎犬，它们已经死了，张开四肢躺在地上，嘴里爬满了苍蝇和蛆；那些可怜的野兽被锁在笼子里、被遗弃，它们曾经是人类世界的野蛮守护者。它们加剧了凄凉的氛围，既引起了人们的强烈反感，又引发了人们的怜悯。"

他们原地待命，紧张地等待着进攻。炮弹在他们的头顶上朝着两个方向呼啸而过，之后，敌人开始在前方约 100 码的交叉路口发起猛烈的炮轰。此刻，伍尔库姆指挥的第 7 排的总部设在教堂围墙的北侧，他们又一次拼命地在那里挖掘狭长的散兵坑。伍尔库姆完全不知道发生了什么。雨继续下着。在不远的地方，3 名阵亡的燧发枪手靠墙坐着，他们那面无血色的皮肤在暮色中显得愈发苍白。看到他们，想到那些躺在地上、被蛆虫啃咬的狗，还有持续不断的炮弹声和雨声，都给伍尔库姆蒙上了一层沉重的、沮丧的阴影，这是他从未经历过的。他写道："似乎已经没有希望，也没有理智了，只有这种未知的和无法预见的可怕情景。一切都腐烂了，只剩下孤独和雨水，正是在这样的情况下，生命才变得如此宝贵。这就是战争。充满血腥的战争。"更糟糕的是，不久后，C 连的塞顿（Seyton）中尉在巡逻时被狙击手击中头部阵亡。

后来，德军终于发起了承诺的反攻，针对的主要是 C 连。与此同时，A 连在原地待命，英军的炮兵拼死应对反攻。最后，战斗逐渐平息，党卫军撤退了。午夜时分，第 43 威塞克斯步兵师（包括多塞特步兵团第 4 营）的士兵抵达了，以便接替他们。国王直属苏格兰边境团的第 6 营撤退了，在雨中行进到了几英里外的相对安全的地方。下午的大部分时间，多塞特步兵团第 4 营的沃尔特·凯恩中士都在为进入前线作准备。他写道："必须安排好运输，必须检查无线设备，必须发放电池，还必须作出无数安排，因为没有人确切地知道将会发生什么。"这一切都完成的时候，大雨还在下着。

*

对于党卫军上级突击队中队领袖汉斯·西格尔和他的第 8 装甲连来说，这也是发人深思的一天。在丰特奈和欧赖附近的激烈战斗中，他们一直在为装甲掷弹兵团提供支援。在这个过程中，西格尔损失了几辆坦克。那天晚上的早些时候，西格尔在欧赖东北侧附近的一个军需品临时存放处匆忙为 4 辆 IV 坦克加油和重新装备，这时，他遇到了党卫军第 26 装甲掷弹兵团的指挥官、党卫军上级突击队大队领袖麦克斯·温舍，后者告诉他，盟军最近在勒博斯克的舍镇的东南侧取得了突破，让他去处理这个局势。在盟军发起的"无足鸟行动"和"埃普索姆行动"中，党卫军第 12 装甲师扮演了一个左右兼顾的角色，他们的机动部队从战场的一个地区快速行进到另一个地区，拼命地与盟军交火，并希望迅速堵住防线上的缺口。虽然西格尔只有这 4 辆 IV 坦克，但他们必须处理这个局势。随后，他迅速向成员发布了作战指示，他们回到坦克里，引擎轰隆隆地响了起来，舱盖拉了下来，坦克行进时发出的轰隆声和嘎吱声淹没了温舍的美好祝福。自 6 月 7 日以来，他们几乎每天都在行动，有时持续作战 24 小时以上。他们都筋疲力尽了。

在西格尔的坦克的带领下，他们以交错的队形穿过没有任何掩护的开阔的田野。仅仅走了几百码，他们就发现了一些英国装甲车，并在行进的过程中开火，击中并摧毁了 3 辆装有弹药的运输车，这些运输车发生了剧烈爆炸。他们开到通向奥东河的低地上的一小片矮树丛里，然后隆隆地向前走。这时，他们发现了一条路堤，有一个人那么高，位于从舍镇向南通往奥东河畔格兰维尔（Grainville-sur-Odon）的道路的左侧。他们继续往前走，在北侧，西格尔可以看到大约 1500 码开外的舍镇的破碎山墙。这个地形很完美。沿着这条路堤将 4 辆 IV 坦克分开部署，这样一来，炮塔和机枪位于路堤的上面，而坦克的其他部分则藏在路堤的下面，他想不出还有哪些半遮蔽阵地会比这个更好了。

340　　西格尔从坦克里跳出来，命令他的几个手下去右边侦察，他和炮手对左边进行了快速侦察。他们一个人也没有看到，只看到一辆废弃的水桶车。他们往前走，路的右边散落着被德军遗弃的大炮和空弹壳。四周寂静得令人毛骨悚然，随后，西格尔发现了一个土制地堡，枪手为他提供掩护，他上好膛、举起枪，走近了地堡的入口。令他松了一口气的是，他发现许多德军炮手蜷缩在那里，弹药已经耗尽，他们正在寻找藏身之地。

在坦克后面，其他人回来了，报告说西边 500 码处有掷弹兵，但没有足够的士兵来填补缺口。这意味着，西格尔必须用这 4 辆坦克来填补缺口。他们的位置很好：半遮蔽阵地，覆盖了向南的道路，炮轰范围极佳。夜幕降临，他们用一辆装甲坦克把遗弃的大炮和炮手拖了回来。现在，炮手们也加入他们，坐在半遮蔽的装甲坦克里。西格尔说："这是在大雨倾盆、漆黑的夜空下完成的。"此刻，西格尔坐上水桶车，迅速赶往格兰维尔。在那里，温舍把司令部设在了一间农舍里，里面只点着闪烁的蜡烛。他们将橱柜拉过来，挡住窗户，以防止弹片爆炸对他们造成伤害。西格尔喝了一杯热咖啡，味道很好。这时已经快到午夜了。

不久后，他带着新的口粮和火炮弹药回到了 4 辆 Mk IV 坦克。在他安全返回时，他发现炮兵指挥官、党卫军上级突击队大队领袖索普斯（Schöps）也在那里。就在他和索普斯交谈时，突然传来英国士兵的声音："举起手来！"几个人影从树林和灌木丛中跳出来。很明显，一支英国战斗巡逻队蹑手蹑脚地向他们逼近，然后把这群受惊的人抓住了。但是，当时天很黑，还下着雨，当英国士兵开火时，德国的坦克兵和炮手们纷纷扑向指挥官的 Mk IV 坦克，以寻求掩护。只有西格尔处在有利的位置，可以在最近的地方发起冲锋。他用左手抓住英国士兵的喉咙，用另一只手推开冲锋枪的枪管。当这两人都倒在地上时，那名英国士兵把整个弹夹的子弹都射完了，但子弹只是打穿了西格尔的皮裤，没有碰到他，也没有造成任何伤害。

西格尔的手还抓着英国士兵的喉咙，这个士兵气喘吁吁地说："救救我！救救我！"又有一个人影——另一名英国士兵——走近并开枪，但误伤了他的同伴，而不是西格尔。

"噢，我受伤了！"躺在地上的士兵呻吟着。西格尔掏出手枪，朝那个消失的人影开了一枪。他站起来，但那个英国士兵已经躺在地上，死了。

突然，四周一片寂静，只有雨点打在树叶上的声音。西格尔能感觉到血液在太阳穴里涌动，他跟跟跄跄地回到坦克，却发现索普斯跪在地上，喘着粗气。西格尔急忙跑过去，想把他扶起来，但党卫军上级突击队大队领袖踩到自己的血，滑倒了。西格尔把索普斯拖到坦克那里，他环顾四周，想知道其他 3 辆坦克上的人在哪里——也许他们没有听到扭打声。西格尔匆忙跑到离他最近的大约70 码远的坦克，一边跑一边换好弹夹。在接近坦克时，他又停了下来，当他看到另外两名英国士兵的身影时，他立刻惊呆了。他们站在坦克上，正在拉炮塔的舱盖。很显然，里面的乘员关上了舱盖。其中一个士兵对另一个喊道："手榴弹！"

西格尔回过神来，蹑手蹑脚地走上前，站在坦克上的英国士兵的叫喊声和雨声盖住了他的脚步声。他慢慢地举起手臂，就像在射击场练习的那样，他扣了两下扳机，朝每个士兵开了一枪。他们倒下了，枪声让里面的乘员如梦方醒，于是用冲锋枪朝炮塔开火。西格尔写道："英国侦察队蹑手蹑脚地走近，让坦克里面的乘员大吃一惊。他们这么惊讶也没什么好奇怪的：外面在下雨，他们很疲惫了，而且现在又是午夜！"他当然不会惩罚他们。

刚刚从过去几分钟的闹剧中缓过气来，西格尔就听到了自己坦克的引擎启动的声音，令他感到恐惧的是，他看到并听到坦克驶出，然后退回到后面的草地上，这时引擎又关闭了。他举着手枪，追着坦克跑，心里想是不是其他英国士兵占领了坦克。当他走近时，他蹲了下来，爬过湿漉漉的地面，走到后面的舱口，用手枪的把手轻敲坦克。刚开始没有声音，然后他喊出口令，并听到了正确的回答，这让他松了一口气。原来是其他乘员意识到有了麻烦，队长又下落不明，他们觉得应该弄清楚情况。炮手也不见踪影，但在半个小时后，炮手终于出现了；他在第一次打斗中被抓住了，不过，他趁着黑夜和大雨成功逃脱了。然而，党卫军上级突击队大队领袖索普斯因流血过多而死，其他几个士兵也受伤了。

对于西格尔和他的 4 辆坦克来说，这是多么幸运的一晚啊，342　本来结果可能会大不相同。西格尔很幸运，非常幸运，因为他毫发无损地躲过一劫，他的坦克也完好无损。要是英国巡逻队成功了，那么他们就会穿过先前出现的西格尔设法堵住的防线上的缺口。然而，最后的结果是坦克指挥官还好端端地活着，他的 4 辆坦克已经准备就绪，等待着第二天黎明的到来，也就是埃普索姆战役的第二天。

第 23 章　瑟堡和苏格兰走廊

　　　自登陆日起，第 70 坦克营就隶属于美国第 4 步兵师，他们与步兵一起沿着科唐坦半岛向北行进。单独坦克营（例如第 70 坦克营）的运作方式在许多方面与舍伍德游骑兵团和独立旅的英国装甲团非常相似。问题是步兵团的指挥官的军衔（在英国是准将）总是高于坦克营或坦克团的指挥官（准上校）。这意味着，坦克部队总是听命于步兵。6 月 26 日，第 70 坦克营的指挥官约翰·威尔博（John Welborn）中校接到命令，"立刻派遣联络官到第 22 步兵师，以便为在今天的进攻中使用的坦克制定计划。请报告可供我方和第 22 步兵师使用的坦克数量，以及你们建议使用的坦克数量"。没有讨论，也没有争辩。威尔博只能按照命令行事。

　　在大多数情况下，盟军的指挥系统均非常高效顺畅，并且坦克兵不介意充当副手。但是，只有在与步兵协同作战时，谢尔曼坦克才能发挥最大效力，而不是在既担任侦察兵又提供火力支援的时候。例如，卡尔·兰博中士发现，有时候他不得不拒绝步兵军官的命令。有好几次，步兵军官命令他沿着一条道路前进，直到招来了敌人的火力攻击。他说："除非是在空旷的野外，否则你们不能让坦克兵那样做。有些坦克兵那样做了，于是他们丢了性命。你们必须弄清楚前方有什么，或者让步兵进行侦察，看看拐角处有没有大炮或坦克。"

通常情况下，坦克指挥官和步兵军官很快就学会了如何最好地 344
协同作战，但是，军官和高级军士的伤亡人数太多，如果军官在建
立合作关系后被杀或受伤，那么整个过程就得重新开始，因为盟军
的训练存在一个主要的弱点，那就是没有召集各兵种进行协同训
练。总的来说，步兵、装甲部队和炮兵往往分开训练，然后边做边
学。让人感到匪夷所思的是，盟军部队在许多领域接受了良好、广
泛的训练——远远超过了他们的德国同行——但在其他领域却没有
进行任何训练。

在瑟堡战役中，兰博的谢尔曼坦克和其他 4 辆坦克以扇形排
开，以便支援步兵攻击一个机枪阵地。所有的 5 辆坦克都在猛烈地
开火——75 毫米口径的主炮发射出高爆弹，机枪也在开火——然
而，这没能阻止他的坦克被敌人的机枪击中，子弹从炮塔上弹下
来，就像冰雹从铁皮屋顶上弹下来一样。兰博是一名老兵，参加过
北非和西西里岛的早期战役，他也经历过很多的行动，因此意识到
这种情况不可能发生。单独的一挺德军机枪完全不可能在他们开火
后进行反击。他通过无线电设备提醒谢尔曼坦克的其他四名指挥
官："机枪的火力肯定来自于坦克。他在诱使我们上当。小心点，
别动。"

过了一会儿，一名步兵跑过来告诉他，一辆德国坦克正从后面
靠近，所以他的直觉是对的。兰博让其他人继续坚守，他把自己的
坦克开走，躲在树下，在那里，他可以看得更远一点，果然，拐角
处有一辆坦克。幸运的是，一门 57 毫米的反坦克炮已经就位，足
以将德军的坦克击倒。之后，步兵和谢尔曼坦克继续推进。兰博和
B 连的坦克战友是第一批进入瑟堡的军队，尽管他们已经到达了可
以俯瞰港口的高地，并开始小心翼翼地进入郊外，但他们仍须待在
谢尔曼坦克里，这真是一件折磨人的事，因为任何建筑物里都可能

有敌人的机枪或反坦克武器。

尽管如此，到了 6 月 25 日星期日，已经有 3 个美军师包围瑟堡，目前守卫瑟堡的是德国第 709 海防师（该师是一个素质很低的非机动步兵师）的残部以及由其他师的成员临时凑成的部队。卡尔-威廉·冯·施利本（Karl-Wilhelm von Schlieben）将军不幸成了第 709 海防师的指挥官。他经验丰富，曾于 1940 年在法国以及后来在东线担任装甲部队的指挥官；他甚至在库尔斯克战役①中指
345　挥过一个装甲师；因此，担任第 709 海防师的指挥官多少有点"降职"的意味。6 月 23 日，他被任命为瑟堡战役的指挥官，这是一个烫手的山芋，并被告知战斗到最后一人。6 月 24 日（星期六）的晚些时候，他发出了这样一则消息："敌人的密集炮火和轰炸已经把前线撕裂了。许多炮台已经失去了战斗力，或者遭到摧毁。作战效率大幅下降。部队被迫挤进一小片区域，难以抵挡 25 日的进攻。"当时的情况让德军感到希望渺茫。

6 月 25 日，美国海军调来了 3 艘战列舰、4 艘巡洋舰和屏卫驱

---

① 斯大林格勒战役后，苏军将战线向西推进，战场形势发生了有利于苏军的变化，轴心国集团内部的士气受到了很大影响。为了夺回战略主动权，改变日益不利的局面，希特勒决定在库尔斯克地区发动一次大规模的进攻，挫败苏军的进攻锐气。1943 年 7 月 5 日，德军集中两个集团军群，共有 90 万人、10000 门火炮、2700 辆坦克和 2000 架飞机，从南北两个方向向苏军发起进攻。苏军统帅部派出朱可夫和华西列夫斯基为大本营代表，指挥两个方面军，约 133 万人、20000 门火炮、3400 辆坦克和 2100 架飞机，抵抗德军。7 月 12 日，双方在库尔斯克附近的普罗霍夫卡地区进行了第二次世界大战中最大的一次坦克会战，双方共有 12000 辆坦克参战。此后，苏军集中了 6 个方面军的强大兵力，对德军实施进攻。8 月下旬（8 月 27 日），战役结束。在这次战役中，虽然苏军的损失也很大，但挫败了德军扭转战局的企图。德军共被击溃了 30 个师，损失官兵达 50 万人、坦克 1500 辆、火炮 3000 门、飞机 3700 余架。通过这次战役，苏军的战略战术得到了检验，完全掌握了战略主动权。德军从此彻底丧失了战略进攻能力，不得不转入全线防御。所以，也有学者认为，库尔斯克战役是苏德战场的转折点。

逐舰，以便让瑟堡的守军屈服；与此同时，3 个美国师到达了瑟堡的边缘，开始缓慢前进，依次攻下每条街道和每个据点。当天的晚些时候，冯·施利本将军再次向 B 集团军群呼吁，声称进一步的战斗和由此造成的人员伤亡不会改变结果。瑟堡是注定要沦陷的。隆美尔对他说："你要听从元首的命令，继续战斗到最后一发子弹。"

　　第二天，也就是 6 月 26 日星期一，盟军进一步收紧了瑟堡周围的绞索。恩尼·派尔隶属于第 9 师，这是第一集团军中为数不多的老兵部队之一，他们曾参加过突尼斯战役和西西里岛战役。在过去的一周，派尔对他们进行了仔细观察，发现他们没有丧失战斗力，这一点可以从他们迅速切断科唐坦以及随后向北挺进的过程中清楚地看出来。派尔认为，他们的表现就像一台平滑的机器，展现了一种不屈不挠的精神，那就是紧紧扼住敌人的脖子，即使在敌人撤退后也不让其恢复平衡。6 月 26 日，他和另外两个人——《时代》杂志的记者查尔斯·维尔登贝克（Charles Wertenbaker）以及《时代》和《生活》杂志的摄影师罗伯特·卡帕（Robert Capa）——驱车来到第 47 步兵团的指挥部。这个指挥部坐落在一块高地上，可以俯瞰瑟堡的西侧和港口。许多俘虏被带了进来，其中许多是为德国国防军战斗的苏联人。下方的城镇发生了几起大火，浓烟滚滚升起。海上，海军的大型火炮正在猛烈轰击敌人的据点，包括大西洋壁垒覆盖的旧堡垒和新掩体。大炮开火，炮弹呼啸着，步枪传来了单发射击的声音，机枪发出了突突声。派尔说："整个场面让我紧张得跳了起来。最近的德国作战部队离我们只有200 码。"

　　当他们还在指挥部时，第 47 步兵团 B 连的副连长俄里翁·肖克利中尉到达了。虽然天空乌云密布，但他穿着一件军用雨衣，戴

346

着一副很不协调的墨镜。

他说："几分钟后，我们连就要沿着这条路走，以便攻下一个据点。沿途的一些房子里可能有狙击手。你想和我们一起去吗？"

派尔肯定不想去，但他却说道："当然。"卡帕和维尔登贝克也同意去。于是，他们出发了，和肖克利一起走在连队的前面。当他们的子弹呼啸着飞过时，派尔发现自己不由自主地躲了起来。大多数士兵已经有两个星期没刮胡子了，制服又脏又破。自从登陆诺曼底以来，他们看上去都很疲惫，仿佛老了许多。

"你为什么不把这里的情况告诉国内的同胞？"其中一个对派尔说，"他们不知道，我们每向前推进 100 码，就会有人丧命。"派尔解释说，他一直在尽力这么做，但收效甚微；他了解这个同伴已经身心交瘁，因为目睹了太多的战斗，看到太多的战友倒下。所以，这个同伴有些怨言，这也是可以理解的。他们在城镇边缘的一个小农场旁停了下来，肖克利用地图向他们解释了如何攻击一系列混凝土掩体和机枪掩体，这些掩体坐落在城镇边缘的街道尽头，后面是山坡和农田。

他对他们说："让一个步枪排打头阵。跟在他们后面的是重型武器排的部分士兵，这些士兵将利用机枪掩护打头阵的步枪排。然后是另一个步枪排，接着是一个迫击炮分队，以防他们碰上德军的重武器部队。之后是另一个步枪排。最后面的是重型武器排的其余士兵，他们在背后保护我们。我们不知道会遇到什么情况，我也不想让你冲在前面，不如你和我一起走？"

"好吧"，派尔同意了。这时，他已经不再感到害怕了。

他们正准备出发，突然间，加农炮的炮弹在他们的头上呼啸而过。随着更多的 20 毫米炮弹开始击中农舍，所有人都蹲在墙边。不久前，农夫还在漫不经心地套马。这时，他已经逃走了。车道上躺着两个美国人和一个德国人的尸体。炮击停止了，士兵们奉命赶快行动，离开城墙的保护，穿过一个小涵洞，然后直接进入道路。肖克利冲着士兵们吼叫。"立刻让队伍铺散开来。你们是想引来炮弹炸死自己吗？"他喊道，"别那样挤在一起。保持 5 码的距离。铺散开来，该死的。"　347

　　一些士兵背着加兰德步枪，一些带着手榴弹，还有几个扛着巨大的勃朗宁自动步枪。一个士兵背着火箭筒。医务人员分散在士兵当中。所有人都表现出一副既不情愿又小心谨慎的样子。在派尔看来，与其说他们是猎人，倒不如说他们是猎物。"他们不是战士，"他写道，"他们都是美国男孩，由于偶然的机会，他们手里拿着枪，在倾盆大雨中悄悄潜入一个遥远国家的陌生、支离破碎的城市，进入一条充满了死亡气息的街道。他们很害怕，但他们无法放弃。"和往常一样，派尔的观察敏锐、描述准确。

　　派尔飞快地向前奔跑，安全抵达了街道。部队紧紧靠着街道两边的城墙，他跟在后面。大多数房子的窗户都被震碎了，到处都是子弹和炮弹留下的弹孔。随处可以看到乱糟糟、扭曲的电话线。一些狗突然在街上狂吠、咆哮。街道弯弯曲曲，很快，他们开始听到前面传来枪炮声——单发射击的枪声、连续射击的机枪声和德国机枪快速射击的突突声。这时，有消息传来，街道已经被攻下，一家医院被解放，里面有一些受伤的美国士兵。肖克利中尉、派尔、卡帕和维尔登贝克沿着街道往前走，到达了医院。远处似乎发生了更多的战斗，但很难说清楚究竟发生了什么；先是传来一些射击声，然后是莫名其妙的平静，然后传来更多的射击声。

　　在医院外的一条街上，派尔遇到了两辆谢尔曼坦克，它们相距50 码。派尔快步跑向领头的坦克，在离它只有 50 英尺时，坦克的75 毫米大炮开火了。他记录道："在狭窄的街道上，爆炸产生了巨大的威力。附近窗户的玻璃被震得叮当作响，烟雾弥漫在坦克的周围，空荡荡的街道也被震得颤抖起来。"派尔躲进一个门道，心想敌人可能会还击。他们的确还击了，就在领头的谢尔曼坦克沿着道路撤退的时候。伴随着巨大的撞击声，一束黄色的火焰穿透了坦克的腹部。第二击打中了坦克旁边的人行道。浓烟吞噬了坦克，但它没有起火。片刻之后，乘员们跳了出来，拼命冲向派尔躲藏的门道。五个士兵全都安然无恙，他们很兴奋，叽里咕噜地说个不停，为自己的幸运逃脱松了一口气。这是他们的坦克第三次被击毁，每次击毁后，他们都迅速进行了修复，并重新投入使用。他们把这个

348 称为"迅速重返战场"。这次，坦克的一条履带被击中。他们开始担心了，因为他们让引擎一直开着。最后，当射击似乎平息下来时，他们溜了出来，看了看损坏的地方，其中一个士兵爬上坦克，关掉了引擎。前方，有一辆德国卡车矗立在道路中央，被火烧得黑乎乎的。街上一个人影都没有。所有人都消失不见了。这时，一个美国步兵跑到街上呼喊医生。很快，又有一个士兵从另一栋楼里出现了。派尔跟在后面。在拐角的地方，他看到了一个被击毁的碉堡的残骸，远处还有一个——谢尔曼坦克一直在向它们射击，并把两个碉堡都摧毁了，之后，谢尔曼坦克才被远处的第三个碉堡击中。

当步兵从一楼往上爬，清查每一间房屋时，战斗暂时停止了。派尔跟在后面。道路中间全是水坑，几家商店用木板封了起来。突然，一小支德国军队从那辆烧毁的卡车旁边经过，朝他们走过来，走在前面的一名军官挥舞着白旗——他们是最后一个据点的守军。罗伯特·卡帕偷偷溜出去拍了张照片。美国步兵仍处于高度戒备状态，他们拿着武器，站在门口，环顾四周。不过，他们让一些德国士兵（这些士兵用担架抬着两名伤员）从自己身边走过，径直走向医院。盟军成功夺取了目标。这次很幸运，没有造成太多的伤亡。

那天晚些时候，冯·施利本、诺曼底战区的德国海军司令沃尔特·亨内克（Walter Hennecke）少将以及大约 800 名士兵全部投降；之后，大多数有组织的抵抗都停止了。即便如此，在城市的西侧，仍有一座墙壁很厚的坚固的武器库有待盟军攻克。第二天（6月 27 日）早晨，第 47 步兵团计划用 3 个营发动进攻，但在向德国守军发出最后通牒后，白旗出现了，又有 400 人投降。对美军来说，这是一个重大胜利。

*

随着"无足鸟行动"和"埃普索姆行动"的激烈进行，巴约附近的第 101 医院很快就挤满了人。玛丽·穆瑞正在病房里照顾大约 35 名病人，其中有德国人、威尔士人、伦敦人、波兰人、几个自由法国的民众、一个抵抗组织的平民、一个拉脱维亚人和两个美国人。她的朋友切兹充当起了翻译，帮了大忙。"当我坐在桌旁看夜班报告时，汉斯给我端来一杯茶，"她在日记中写道，"这里有来自不同国家的人，是战火燃烧中的欧洲的缩影，让人觉得既有趣又悲哀。"当汉斯为一个受伤的伦敦人递来一杯茶，并帮他把枕头固定好时，她无意中听到这个伦敦人对汉斯说："谢谢，伙计。"她继续写道："为什么在这个帆布帐篷里他们能够宽容地对待彼此，在外面却互相残杀呢？"

几天后，一批新的战斗服和卡其色短裤也运到了；这些衣服是成千上万种不同补给的一部分，盟军必须将它们运送到在英格兰的南海岸等待的船舶，然后横渡英吉利海峡，进行卸货，再运到诺曼底中部的某个地点。尽管盟军急需更多的坦克、炮弹、弹药，以及每天养活成千上万的士兵所需的大量口粮，但衣物还是要运送的。

"这些裤子太滑稽了，很大，腰部和腿部都有松紧带，"玛丽说，"我们几乎没有想到军需部门会给我们配备这种魅力十足的迷彩短裤。保持干净是一件幸福的事。"

27 日，一位受了重伤的年轻的英国士兵来到了第 101 医院。他的情况十分危急。眼睛瞎了，臭气熏天，浑身都是枪伤和弹片留下的伤口。然而，当玛丽和朋友塔菲忙着脱掉他的制服时，伦恩（Len）不停地说话，而且很高兴。她说："他完全无视自己的可怕处境。英国人向来以坚毅著称，但这也太荒谬了。"

他把自己的经历讲给她们听。在登陆日那天，他被人撞到海里，差点淹死。有人把他从水里拖了出来，他瘫倒在沙滩上，旁边是一个死去的德国士兵。之后，他一直在战斗。那天，他们正在进攻，他跳进了一个壕沟，他以为那是德军的散兵坑，结果发现那是敌人的厕所。过了一会儿，一枚炮弹落在附近，弹片弄瞎了他的眼睛，还溅了他一身。"他惊呆了，没有意识到发生了什么，"玛丽写道，"他的大部分右腿已经被炸掉了。他的脸被冲击而来的弹片熏黑了。"他设法爬出厕所，躲在一辆英国坦克的旁边，大喊着救命。有人来救他了，他们在他的大腿上绑了止血带。然后，他被绑在一辆吉普车的后备厢里，这辆车在路上颠簸地行驶着，直到另一枚炮弹呼啸而过，把吉普车炸飞到公路以外。此时，伦恩还被绑在车上。吉普车恢复了平稳，令人难以相信的是，伦恩还活着，他被送到了帐篷医院。玛丽写道："我为他静脉注射了血浆，并给他打了一针吗啡。他需要休息，以便为明天早上的大手术作好准备。"

*

350   在距离第 101 医院只有十几英里的地方，盟军争夺另一个目标——卡昂——的战斗仍在继续。到了 26 日的午夜，党卫军旗队领袖库尔特·梅耶感到绝望。早些时候，当他看到年轻的掷弹兵被屠杀时，他情不自禁地流下了眼泪。他写道："激烈的战斗造成了无可挽回的巨大损失。除非有新的部队来支援我们，否则我们无法阻止盟军突破防线。"那些部队正在路上，党卫军第 2 装甲军、党卫军第 2 装甲师、党卫军第 9 装甲师和党卫军第 10 装甲师都在迫近，但实际上，他们要到后天才能积极投入战斗。这意味着在右翼的党卫军第 1 装甲师、装甲教导师和第 276 步兵师的支援下，党卫军第 12 装甲师至少需要再坚持一天。梅耶深知，这是一个艰巨的任务。

唯一让他感到安慰的是，他的贴身男仆米歇尔（Michel）来到了军营。米歇尔是一个哥萨克人，忠诚地服侍了他好几年。米歇尔带着梅耶妻子的信来了，信中说，她正怀着他们的第五个孩子。虽然每天都有士兵死亡，但新生命却在成长。然而，到了第二天（也就是 6 月 27 日）早晨，随着英军发起了猛烈的炮击，他再一次清晰地感受到了处境的绝望。

就在梅耶指挥部的西北方向几英里处，党卫军上级突击队中队领袖汉斯·西格尔的 4 辆坦克还待在阵地。前一天晚上，他们在发现的路堤后面铺展兵力。天亮时，他们的处境得到了进一步改善。在黎明的灰色光线中，西格尔看到这实际上是一条干涸的小溪，它被当地人称为"塞博利河（Ruisseau de Sabley）"，横跨在从舍镇到格兰维尔的公路上。机缘巧合，它成了英军越过奥东河到达地图上标为第 112 号山头制高点时最明显的进攻轴线。这确实是一个理想的防御阵地，虽然 4 辆 Mk IV 坦克难以形成一个主要的防御力量，但是，对于试图通过此处的任何英国军队来说，这个半遮蔽的阵地、机枪和 75 毫米的主炮都是一个可怕的障碍。

西格尔已经起床走动了。在小睡了一小会儿后，他从坦克里走出来，察看他们的侧翼有哪些部队。他发现第一支部队在左边大约300 码处，他设法让他们放心。他往回走，当他逐渐靠近第一辆坦克时，敌人的炮弹呼啸而过，仿佛为他演奏了一支黎明合唱曲。幸运的是，它们都落在离他很远的地方，虽然有一些落到了他身后的树梢上，但大多数都落在了潮湿的土壤里，没有造成任何伤害。令他惊恐的是，他的手下发动了坦克，开始往外移动。他来回奔跑，

351　拼命挥舞着手臂，他们才停了下来。他们颇有歉意地解释说，由于他离开了，又遭到了攻击，他们认为应该撤退。西格尔立刻命令他们回到原地；他们要做的是阻止英军的进攻，绝对不能一走了之。

他们在关键时刻回到了原位，因为前面的英军正在发动进攻。现在，西格尔回到他的坦克里，通过无线电设备与其他三辆坦克进行联系，他让手下等待英国步兵靠近，然后只使用机枪射击，并且只能在他下令后才射击；他不想使用主炮以暴露他们的位置。西格尔说："我们让他们靠近，然后近距离射击，用 4 挺机枪集中火力攻击集结的进攻者。"不一会儿，敌方步兵在惊慌中掉头撤退。不久后，坦克出现了，西格尔命令他们用主炮开火。几个英国士兵被击中，其余的人撤退了，消失在密集的炮火中。

太阳升起时，西格尔发现他的右边有动静。由于担心侧翼被包围，他决定冒险将坦克从隐蔽的位置开走，以便看得更清楚。在开出去后，他通过望远镜看到一群英国士兵将沉重的背包扔在地上；他不明白他们在做什么，就在这个时候，他的一辆坦克开火了，炮弹猛烈地攻击着这些士兵，在巨大的爆炸声中，这些士兵侧翻着身子飞向空中。西格尔明白了，他们是处理炸药的工兵。

与此同时，库尔特·梅耶已经命令 17 辆豹式坦克向舍镇发起反攻。由于没有步兵的配合，豹式坦克主要靠自己的力量作战，并

碰上了一排已经准备就绪、正在等待的英国反坦克炮。尽管德国
88 毫米口径的大炮让人闻风丧胆，但英国 17 磅重的火炮速度更
快，射程达到了 1400 码，可以阻止豹式坦克的前进——就像它们
在今天早上所做的那样。豹式坦克被摧毁，党卫军第 12 装甲师的
反击失败了，这再次说明了要想在进攻中取得任何进展都面临着巨
大的困难；就豹式坦克和虎式坦克而言，德军的坦克可能在火力和
装甲厚度方面拥有更大的优势，但英军的坦克可以携带更多具有类
似威力的高速火炮。

　　对梅耶来说，稍稍让他感到安慰的是，前一天晚上，他的工兵
营遭到很大程度的摧毁，大约有 20 名士兵逃了出来；豹式坦克发
起攻击，让这些四处逃散的幸存者避免被捕获。不久后，他们的指
挥官党卫军上级突击队大队领袖穆勒在师指挥部向梅耶进行了报
告。梅耶说："他那深深凹陷的眼睛说明了一切。他身上的制服残
破不堪，膝盖上满是血，而且受了伤；脸上都是尘土，几乎让人认
不出来。一只胳膊用简易吊带吊着。"

　　尽管如此，党卫军上级突击队中队领袖汉斯·西格尔和他的 4
辆坦克还是成功守住了舍镇以南的防线。然而，10 点 30 分，另一
拨英国步兵和装甲部队向前进逼——这是那天的第 4 次进攻。很
快，德军的机关枪和主炮都开火了，由于忙着攻击前方的部队，西
格尔和乘员都没有发现英军在右侧进行了侧翼包抄。一辆英国坦克
设法靠近西格尔的坦克，以便开火，一枚反坦克炮弹突然袭击了西
格尔坦克的右下方。西格尔慌乱地命令炮塔转向三点钟的方向，但
就在炮塔转动的时候，第二枚炮弹击中了他们的右前方，坦克立刻
被火焰吞没。舱盖打开了，炮手从熊熊大火的左侧跳了出来，装弹
手从右侧逃了出来。西格尔试图爬到炮塔的顶部，但麦克风的电线
勒住了他的喉咙。他越来越慌乱，火焰蔓延到了坦克的内部，呛人

352

的浓烟迅速在坦克的腹部弥漫开来，他试图从侧舱口逃走，但猛然撞上了无线电操作员的头。操作员也想从侧舱口逃走，因为他自己的舱口被半横着的大炮挡住了。西格尔将无线电操作员推出舱口，在被火焰围困了一两秒后，他也往外跳，差点把自己挂在麦克风的电线上。他悬挂在坦克的侧裙板上，拼命挣扎，最后，他终于挣断了电线，瘫倒在地上。只有驾驶员、党卫军突击队员施勒维斯（Schleweis）无法逃脱，葬身火海。身上着火的炮手躺在地上，其他人跳到他的身上，把火扑灭了。西格尔的烧伤不是很严重，主要是因为他穿着皮衣，这些皮衣是温舍为他自己的手下抢来的。"这是从意大利海军的补给中抢来的战利品，"西格尔说，"救了不少人的命。"其中包括他自己。当剩下的三辆坦克继续攻击英军的坦克，并再次迫使它们后退时，他们在一旁看着。这已经是英军在那天的第 4 次撤退了，仅仅 4 辆 IV 坦克就挫败了英军到达奥东的企图。

随着战斗再次平息，西格尔将指挥权移交给了高级军士，并和353 受伤的乘员一同乘坐水桶车回到位于格兰维尔的指挥部。在那里，他再次向温舍进行了报告，当一名医务人员给他注射止痛药吗啡时，温舍拍了拍他的后背。西格尔很快就会回来，但他的烧伤导致他暂时无法参加战斗。无论如何，截至那时，已经有 17 辆豹式坦克抵达，更多的装甲师正在快速逼近前线。

*

在往北几英里的地方，国王直属苏格兰边境团的第 6 营在舍镇以北的一块地里安营扎寨。罗伯特·伍尔库姆中尉负责指挥一个安葬小队；出于卫生方面的考虑，必须尽快将死者埋在巨大的坟墓里。大多数死者都是高地步兵团的官兵。他发现了一名年轻军官的尸体，和他一样，也是一名排长。这名军官的表情有些吃惊，除了肾脏附近有一块深色的淤青外，他的身上没有任何伤痕。他胸前的口袋里有一块巧克力和一张结婚照，那是在登陆前拍的。另一个士兵的额头上有一个平滑的洞，蓝色的眼睛仍然惊讶地瞪着。其他士兵的尸体残缺不全。当中也有德国人。这是一项令人厌恶的工作。

就在同一天，第 43 威塞克斯步兵师开始行进，并从加拿大军队的手中接管了据点，加拿大军队一直都在守卫防线，这条防线位于"埃普索姆行动"的主攻目标的东侧。多塞特步兵团第 4 营暂时作为后备部队。沃尔特·凯恩中士是先头部队的成员之一。上午 9 点刚过，他们便向前挺进。启动营内的通讯系统，并使其正常运转，是凯恩的首要任务。他骑着摩托车来到了新成立的营队指挥部，这个指挥部坐落在一间农舍里。不久，讯号车到了，他开始在一个谷仓里架设讯号室，这样一来，野战电话线和无线电设备在一个小时内就可以正常工作了。营队指挥部里的每个人都想知道，敌人什么时候对他们发起加拿大军队预先警告的炮轰。但是，那天早上，德军似乎舍不得使用弹药。相反，首先开火的是盟军的大炮。凯恩写道："这是我们第一次听到来自我方枪炮的轰鸣声。这个声音持续了一整天，有时人们连自己的说话声都听不见了。"

那天的晚些时候，梅耶指挥的党卫军第 12 装甲师没有守住欧赖，但欧赖山脊并没有失守，它仍然躺在进攻部队可望而不可即的地方。从一般经验来看，一块地越有优势，对它的防御就越严密，因为它具有举足轻重的作用。而且，由于高地意味着守军可以居高临下地看到任何试图接近的人，因此，要占领高地就愈发困难。那天，舍伍德游骑兵团再次投入激烈的战斗，尽管伤亡人数再次增加。在步兵的帮助下，他们在正午前后成功进入了欧赖，发现了一

354

些被遗弃、被摧毁的敌方坦克，其中有豹式坦克、Mk IV 坦克，甚至还有一辆虎式坦克，它被隐藏在矮树丛中，因此完好无损。克里斯托夫森找到了一名乘员，这名乘员的谢尔曼坦克在之前的战斗中被毁。然后，克里斯托夫森用油漆把虎式坦克上的德军十字架涂掉，刷上兵团的狐狸头像，接着把坦克添加到兵团的军火库中。然而，令舍伍德游骑兵团感到遗憾的是，第 30 军的总部迅速宣布要将虎式坦克送回英国。兵团成员非常生气。克里斯托夫森对兵团的损失感到苦恼不已，尤其是失去了几名军官和士兵，他们从 1939 年起就一直同他和兵团并肩作战。他写道："事实证明，攻占丰特奈和欧赖付出了极其高昂的代价。现在，第 B 中队只能召集到两名军官和 16 辆坦克中的 7 辆。"

同一天下午，在向东几英里的地方，第 11 装甲师的先头步兵部队和装甲部队沿着一条狭窄、蜿蜒的道路成功到达了奥东河。他们发现了一座仍然完好无损的桥梁，并设法爬上了远处陡峭的山坡，建立了一个狭窄的桥头堡。往南几英里便是地形上占优势的第 112 号山头，从山上可以清楚地看到卡昂，也可以清楚地看到布尔盖比山脊（Bourgué-bus Ridge）、卡尔皮凯的空军基地，甚至西南 12 英里处的潘松山（Mont Pinçon）。盟军计划让第 11 装甲师在第二天继续推进，占领这片至关重要的高地，然后可能继续前进，向左横扫，再向东走几英里，越过奥恩河，在卡昂周围把敌人包围起来。

这听起来可能很简单，但是，对于一个师来说，要完成的任务太多了，尤其是他们得知了第 2 装甲军即将加入战斗。晚上，他们成功地让领头的步兵和装甲部队按计划顺利过河，但此时，党卫军第 1 "阿道夫·希特勒警卫旗队"装甲师下辖的党卫军第 1 装甲掷弹兵团已经抵达。到了上午，在临时指挥官库尔特·梅耶的率领下，他们已准备好反击。那一天，也就是 6 月 28 日星期三，双方爆发了一场混乱而惨烈的战斗。虽然有大约 25 辆英国坦克和同行的步兵设法到达了第 112 号山头的顶峰，但是，由于奥东河的渡口非常狭窄，到处是碎石和地雷，加上德军在不停地反击，第 11 装甲师无法悉数通过，无法支援部队向奥恩河挺进，甚至无法夺取第 112 号山头。

同一天，邓普西飞越战场去和布拉德利商议，后者计划在 7 月 1 日继续向南进攻——虽然盟军夺取了瑟堡，但半岛西北端的阿格角附近仍在进行激烈的战斗。晚上，邓普西命令"皮普"·罗伯茨的第 11 装甲师向奥恩河推进，但他很清楚，在以第 15 苏格兰步兵师命名的"苏格兰走廊"，双方仍在进行激烈的战斗。这条走廊从圣芒维厄向南穿过奥东。他在日记中写道："第 15 苏格兰步兵师仍在应对格兰维尔的战斗，而第 43 威塞克斯步兵师则在舍镇—圣芒维厄地区战斗。"占领第 112 号山头是件好事，但很明显，他们仍然需要小心谨慎。邓普西或任何人最不想看到的就是先头部队在孤立无援中被歼灭、切断和包围。正如蒙蒂不厌其烦地强调的那样，可能不会出现逆转。

6 月 29 日，在科唐坦的西侧，在攻占瑟堡后，第 9 步兵师向西挺进，清除了阿格角的最后一个抵抗据点。在俄里翁·肖克利看来，这是一场艰苦的战斗。敌人的机枪不停地扫射，导致步兵师进展缓慢。黄昏时，他和手下发现自己被困在雷区。一个士兵踩到了一枚木盒地雷。肖克利说："其他人想去救他，但我命令他们停下来，后来，我们找到一条没有地雷的路，才去救他。"幸运的是，当他们靠近他的时候，他还活着，尽管他的脚和腿受伤严重，他被安全地撤离了。他们连夜推进。第二天，也就是 7 月 1 日，他们占领了一个德国气象站和据点，发现它最近才被遗弃。紧接着，阿格角的战斗终于结束了。

在东南方向，卡昂周围的战斗仍在继续，双方的伤亡都在不断增加。在"甜心"①坦克被夺去后，准下士肯·陶特还没有一辆坦克，但北安普敦郡游骑兵团第 1 营的其他成员都参加了战斗。事后，陶特和迈克尔·亨特（Michael Hunt）谈天，他是第 4 部队的司机之一。"我们一败涂地，"亨特告诉他，"你知道，都是因为那些'波卡基'。田地太小了。你穿过一片大大的树篱进入一块田地，不到 50 码，你还得穿过另一片更厚的树篱。还有果园和农场建筑。对德国佬的坦克来说，那是理想的藏身之地。"接着，亨特一口气说出了一长串伤亡人员的名单。"还有弗兰克的 3 名乘员，"他继续说道，"战斗很激烈。毫无取胜的机会。雷恩·赖特（Len Wright）的头骨裂了个口子，坦克踩到了地雷，德国佬的坦克还有 356 大炮就在树篱后面等着……"两人就这样继续交谈。陶特感到非常震惊，尽管这次伤亡使他成了第 C 中队第 3 部队的谢尔曼坦克的炮手。

28 日的黄昏时分，邓普西和第 8 军的指挥官迪克·奥康纳开始意识到"埃普索姆行动"已经在按照计划进行。他们一致同意，第二天，他们需要拓宽和加深横跨奥东山谷的苏格兰走廊。"在完成这个任务之前，"邓普西指出，"装甲旅不会向奥恩河推进。"接着，他又告知了一些不祥的消息："当天，又有两个装甲师在前线投入战斗——来自圣洛的党卫军第 2 装甲师和来自巴黎地区的党卫

---

① 即斯图亚特轻型坦克，它是第二次世界大战中美国制造数量最多的轻型坦克。它以美国南北战争时的南方骑兵将军斯图亚特的名字命名。坦克全重 12.5 吨，装甲厚度为 25~44 毫米，配备 1 门 37 毫米的火炮、2 挺机枪，最大时速 58 公里，最大行程 312 公里，乘员 4 人。除装备美军外，还装备英军用于北非战场。在英国，它同时拥有"甜心（Honey）"的非官方昵称。美国陆军则仅以"M3 轻型坦克"和"M5 轻型坦克"为其官方名称。

军第 1 装甲师。"

不过，他们可以利用"埃普索姆行动"来摧毁这些新到达的装甲师，并确保德军不会发起盖尔·冯·施韦彭格将军计划的装甲部队的协同反攻。更重要的是，到了 29 日的上午，天空已经放晴，这意味着，盟军的空军终于可以加入战斗了。事实上，星期四那天，党卫军旗队领袖库尔特·梅耶被呼啸而过的离岸海军的炮弹惊醒。他试图从指挥部行进到前线，但他很快发现自己俯卧在韦尔松的一条公路上，以躲避战斗轰炸机的袭击，它们就像大黄蜂一样在天空盘旋。不远处，一辆载有火炮的卡车被击中，燃烧起来，弹药爆炸，四处飞溅。他写道："这条街太窄了，我们过不去，只能等着卡车烧完。"一辆救护车也被击中，并燃起了大火，车内人员都被活活烧死。

邓普西曾秘密参与解密德国无线电通讯的"厄尔特拉"破译活动，他知道，那天刚刚抵达的党卫军第 2 装甲军正计划在突出部的基地周围发动一系列反攻，这就是他命令奥康纳派部队进入苏格兰走廊并坚守阵地的原因。最初的计划是要取得决定性突破，但这个计划已经演变成了粉碎敌人的机会。正因为如此，在那天早上的作战小组会议上，多塞特步兵团第 4 营的沃尔特·凯恩中士才接到了作战指示，到被摧毁的舍镇去接替康沃尔公爵直属轻步兵团的第 5 营。命令要求他们在下午 3 点前完成任务。之后，凯恩骑着他那辆可靠的摩托车，带领着最重要的运输车和部队前往舍镇。这时，他们接到了紧急命令，要求他们停下来并迅速分散。他遵照命令行事，正在纳闷发生了什么事，突然，他们被隆隆的炮声震得发抖。很快，消息就传来了：敌人正直接向舍镇和苏格兰走廊的侧翼发起进攻。他们迅速调来了反坦克炮，以便援助康沃尔公爵直属轻步兵团的第 5 营，该营仍然在村庄的废墟中坚守阵地。

357

　　此刻，德军距离他们不到一英里，虽然他们的大炮、火炮和迫击炮在发起猛烈的攻击，但德军的猛烈反击再次让他们无法突围。在舍镇，到了下午的晚些时候，战斗已经平息，多塞特步兵团第 4 营可以按照原计划从康沃尔公爵直属轻步兵团第 5 营的手中接管阵地了。凯恩中士开始安装电话系统和交换机，这时，敌人发起了另一轮攻击。炮弹四处落下，虽然爆炸的强度比不上他们的大炮。即便如此，凯恩和战友们在想，如果德军取得突破，将会发生什么。即使有额外的支援，但康沃尔公爵直属轻步兵团的第 5 营还没有撤离；在一些地方，德军已经占领了他们的阵地。"没有时间可以浪费，"凯恩说，"我们采取了一切预防措施，士兵们拼命地挖掘堑壕，炮弹在营队的阵地周围四处落下，就像地狱一样。"

　　30 日，德军再次发起反攻，但仍然没能取得任何进展。库尔特·梅耶绝望了。他说："我们根本不可能取得进展，因为盟军的火力占据了上风，更不用说盟军获得了绝对的制空权了。"经历了过去三个星期的战斗后，他的师已经支离破碎了。从那以后，他就没有收到过任何接替的坦克。与此同时，在 24 小时内，舍伍德游骑兵团的补充兵员将会悉数到位。梅耶继续说道："持续进行零敲碎打的做法让我非常恼火。昔日利用装甲发起大规模进攻的日子究竟到哪里去了？"但是，盖尔和党卫军第 2 装甲军的指挥官、党卫军最高集团领袖保罗·豪瑟（Paul Hausser）还能有别的选择吗？元首坚持让他们不要放弃任何一寸土地，这意味着他们不能靠撤退和组织反击来争取时间。要想阻止英军建立桥头堡和向奥恩河推进，唯一的办法是在英军的先头部队到达前线的那一刻发起进攻。邓普西和英军的指挥官都很清楚，只要德军一如既往地发起反攻，那么他们就可以用强大的火力来打击德军。这就是后面发生的事情。

30 日，邓普西和奥康纳决定撤离第 112 号山头，这样一来，英军就失去了经过艰苦战斗才获得的重要高地，尽管他们守住了横跨奥东河的狭窄的桥头堡。在列举软弱的英军指挥官作出的糟糕决定时，这个例子被反复引用，他们缺乏德军指挥官的雷厉风行。然而，无论是奥康纳，还是第 11 装甲师的指挥官"皮普"·罗伯茨，都不能说他们缺乏干劲。他们也许能够守住第 112 号山头，但到了 30 日，桥头堡的周围至少会有 5 个德国装甲师，被德军消灭和切断的风险是相当大的。如果继续留守，那么守在那里的孤立无援的先头部队就会被包围和歼灭，真要发生这种情况，历史学家的批判肯定会更加无情。总而言之，如果继续留守，很可能会弊大于利。

7 月 1 日结束时，对双方来说，埃普索姆战役实际上已经快打完了。那天，库尔特·梅耶登上了第 112 号山头的顶峰，看到满目疮痍的破坏景象，他感到非常惊讶。双方的坦克残骸散落在地面上，几天前还覆盖着小山的树木，现在已经荡然无存。几乎没有一平方米的土地未受影响。在远离战场的地方凝视二维地图和在现场直面惨状的景象完全是两回事。

无论是在这里，还是在美军战斗的"波卡基"，情况已经变得越来越清楚，攻防战役很少能持续 4 天以上；因为在 4 天后，双方都没有兵力或后备部队继续战斗。在这个时候，进攻部队的残部必须暂停一会儿，评估他们的损失，然后撤退到后方进行休整。在当时，取胜的关键因素是，哪一方能够获得补充兵力来接替伤亡人员，包括士兵和装备。在诺曼底，盟军轻而易举地获得了补充兵力，这是因为他们的战争远见和作战智慧真正发挥了作用。战术上的优势确实能够发挥一定的作用，但是，与提供接替的坦克、大炮、步枪，当然还有士兵的能力相比，这种优势根本不算什么。在

358

24天的战斗中，德军损失了62603人，相当于每天损失2608人。

　　"埃普索姆行动"经常被认为是一场失败。当然，批评家们认为，英军拥有这么多火力，应该能够强势突围。那些指挥官的想象力到哪里去了？战术天赋到哪里去了？值得指出的是，以刚刚抵达前线的党卫军第12"希特勒青年团"装甲师为例，尽管它的兵力是加拿大军队的六倍，但在6月7日的战场上，它不仅没能取得任何进展，还遭到了盟军的反攻，之后陷入了僵局。批评英国作战能力的人不能"双标"，他们不能因为德军受过更好的训练、战术上更灵活、装备了更好的武器，就不去批判德军未能突破英军和加拿大军队的防线。在"埃普索姆行动"中，英军在自己的战区内遭遇的德国装甲师不少于7个。在和他们作战时，英军——毕竟他们是进攻者——只有一个装甲师。重要的是，要明白英军对付的装甲师是德国的武装部队中最优秀的军队之一。英军没能取得决定性的突破，但他们把敌人击退了很长一段距离，抵御了5个装甲师的反击，严重打击了敌人，使得德军无法在诺曼底发动进一步的攻势。

　　因此，6月30日，当盖尔·冯·施韦彭格取消计划的进攻时，他坦言道，"埃普索姆行动"彻底结束了德军发动决定性协同反攻的机会。如果说开战前人们还对诺曼底战役的结果存有些许疑问，那么现在肯定不再有任何疑问了。盟军将取得胜利，这只是时间问题，而不是会不会发生的问题。随着德军的败局越来越明显，在德军的司令部内，紧张气氛在加剧，这是可以理解的；然而，在盟军的司令部内，沮丧情绪也在加剧。随着6月去7月来，毫无疑问，双方都感到压力重重。

第 24 章 高层的麻烦

盟军向瑟堡和卡昂附近发起的进攻让埃尔温·隆美尔元帅深受打击。一天早上，在拉罗什盖恩吃早餐时，他痛苦地抱怨说："我们总是被告知要节约弹药，而别人总是被告知要保全性命。"别人是指盟军。令他愤怒的是，要想继续保持希望，那么就要依靠一些特殊武器；不过，在最终将 V-1 飞弹，甚至是 V-2 飞弹投入战斗时，它们并没有为德军赢得战争。他继续说道，穷人不应该参战，无疑，德国现在是贫穷的，由于多年的激烈冲突而变得贫穷，而且似乎还面临着一个拥有无限财富的敌人。他一次又一次地向国防军最高统帅部报告说情况危急，但是，他的警告被置之不理。在国防军最高统帅部，没有人会对希特勒说他不想听的话。

6 月 25 日晚，吃完晚饭后，隆美尔和他信赖的海军指挥官鲁格上将又一次到院子里散步。隆美尔告诉他，由于敌人在物资方面具有压倒性的优势，现在的形势已经没有希望了。在兵员方面，德军正在竭尽全力，四处征召；在大多数步兵师中，士兵的平均年龄是 35 岁，甚至达到了 37 岁，而填补装甲师的大多数是男孩。装甲教导师已经损失了 2600 人。此外，德军还缺乏燃料和其他物资，可是，国防军最高统帅部的那些马屁精总想把局势的恶化归咎于他！元首发布命令，要战斗到最后一人，这个命令毫无益处。由于盟军可以从空中和海上进行任意轰炸和打击，即使像瑟堡这样的要

塞也会望风披靡。不过，他必须小心；违抗命令或提出异议的行为

361　也只能到此为止。鲁格说："在同政委和保安局打交道时，还是小心点好。"

　　隆美尔曾打算在盟军登陆诺曼底之前把盟军赶回大海，现在，他的希望破灭了，又一次陷入了深深的绝望。阿拉曼战役的故事再次重演，而且更加糟糕。他接受了诺曼底战役必定会失败的现实，希望能够争取时间，以寻求政治解决途径。他这么做到底是什么意思，目前还不太清楚。也许隆美尔自己也不确定，但他确实感到非常痛苦。德国军官从小就被灌输要为荣誉而战，要极其认真地对待效忠的誓言。所有人都曾庄严地宣誓要效忠希特勒。责任是第一位的，高于政治，大多数人认为他们的任务是执行命令，而不是质疑命令。然而，德国国防军与希特勒和纳粹沆瀣一气，出卖了自己；他们参与了一场可怕的民族主义运动，导致数百万人死亡，并把他们引以为豪的国家引向深渊的边缘。隆美尔很幸运，他没有在东线指挥军队，那里的暴力和对无辜平民的屠杀已经上升到了可怕的程度；不管怎样，他还是升为陆军元帅；他仍然是这个组织的一员，即使他坚持平等待人和行为端正。他一直希望德国能够赢得战争，到那时，世界将会变成什么样子？直到现在，随着战败的幽灵笼罩着他们，他才开始思考一个没有希特勒、没有纳粹的时代。和德国国防军的指挥官同僚一样，他也与这个政权勾结，也效忠于元首。虽然他现在对荣誉、誓言和忠诚等问题进行了深刻的反思，但在很多时候，他和其他人本来可以做更多的事情来阻止这种疯狂的。相反，他们却心甘情愿，甚至热情洋溢地成了参与者。

　　27 日的深夜，隆美尔和冯·伦德施泰特都被召到贝希特斯加登去见希特勒，这是在战斗如此关键的时刻作出的可笑决定。第二

天早上，多尔曼将军因心脏病发作逝世的消息更是雪上加霜。至少他的参谋长马克斯·彭塞尔将军是这样报告的；后来，彭塞尔声称多尔曼服用了氰化物。不管怎样，他的死正好发生在瑟堡陷落和第七集团军的局势急转直下期间。当英军在卡昂附近发起进攻时，多尔曼一再表现出自己的无能，他不断改变主意，发布疯狂的命令，并坚持让党卫军第 2 装甲军将其刚到达的部队零零散散地投入战斗，而不是集结起来进行大规模的反击，就像党卫军第 2 装甲军的指挥官、党卫军最高集团领袖保罗·豪瑟建议的那样。这就意味 362 着，当德军拼命抵抗英军的进攻时，集团军群没有指挥官，第七集团军和党卫军第 2 装甲军的指挥都出现了中断。在关键时刻，缺乏领导——或者至少是指挥链出现了断裂和混乱——不利于在战场上取得成功。

　　在去贝希特斯加登的路上，隆美尔遇到了冯·伦德施泰特，他告诉后者，他打算向元首坦白，力劝元首放弃战争。然而，29 日下午 6 点左右，当他终于站在希特勒的面前时，元首拒绝让他谈论更大规模的冲突；元首只关注诺曼底的军事形势。当隆美尔提出抗议时，希特勒命令他离开房间。不久后，他一言不发地离开了贝希特斯加登；他从前线赶来，结果一无所获。然而，在他不在的时候，希特勒命令海军派出小型潜艇、1000 架战斗机，并在通往诺曼底的所有道路上布置隐蔽的高射炮。这个命令马上得到了执行，具体是怎样执行的，大家只能猜测。实际上，这些小型潜艇就是人体鱼雷，里面的操纵者只能依靠服用含有冰毒和可卡因的鸡尾酒才能正常工作，这些药物已经根据纳粹德国海军的命令对萨克森豪森集中营里的囚犯试验过了。想凭借少量的小型潜艇来扭转局势，对抗驻扎在诺曼底海岸的庞大舰队，这表明纳粹政权已经变得非常脱离现实。"然后，如果一切顺利，"希特勒继续说道，"也许我们可以对美军发起反击。"

　　30 日的晚上，隆美尔回到了拉罗什盖恩。然而，在他缺席期间，在斯派达尔的支持下，盖尔·冯·施韦彭格下令撤离卡昂附近的地区，并制定了计划，将党卫军的装甲军撤到新的防线，这个防线不在盟军的离岸海军大炮的射程之内。盖尔希望这个举动能给他们争取一些时间，以便重新组织装甲师，而不是像现在这样一动不动地守卫阵地，等着被敌人摧毁。现在，隆美尔撤销了这个决定，但此时，冯·伦德施泰特已经把盖尔放弃卡昂的命令报告给了位于贝希特斯加登的国防军最高统帅部。勃然大怒的希特勒立即下令解除盖尔的职务，尽管他疑心这位装甲部队的将军可能会投靠盟军，但很快，他又下达了进一步的指示，命令在接替盖尔的人到达前线之前不要告诉盖尔。接替者是 48 岁的海因里希·"汉斯"·埃伯巴赫（Heinrich "Hans" Eberbach）将军，他也参加过东线的战役。他还是一位经验丰富的士兵和指挥官。他参加过第一次世界大战，1915 年，他失去了大半个鼻子。战争结束后，他加入了警察队伍，1935 年重返军队。1940 年，他曾在波兰和法国作战；在入侵苏联期间，他在盖尔的麾下效力。从那以后，他一直留在东线，不断地证明自己，并不断地晋升。

　　盖尔不是唯一一个被撤职的。冯·伦德施泰特也被撤职了，接替他的是君特·冯·克鲁格（Günther von Kluge）元帅。克鲁格曾指挥一支军队在波兰作战，1940 年，他参与了法国战役。但是，从那以后，他一直在东线指挥军队。当他于 7 月 3 日的下午到达拉罗什盖恩时，他和隆美尔发生了争论，他敦促发动更大规模的侵略和进攻，而隆美尔指出，这位新老板从来都没有和西线的盟军交战过，不清楚敌人的空中力量在多大程度上扼杀了他们的进攻机会。

*

　　盟军的空中力量似乎给德军造成了最大的困扰，但它也让盟军的指挥部弥漫着紧张的气氛。6 月 13 日，乔·博伊兰中尉——他是第 391 轰炸机大队的飞行员之一——奉命飞往诺曼底，袭击了佩里耶，一个距离卡朗唐西南大约 10 英里的小小的乡村集镇。佩里耶大约有 2600 人，位于向北通往瑟堡和科唐坦的公路上的一个十字路口处。如果佩里耶被封锁了，那么敌人就无法获得一条向北的重要补给线。柯林斯的第 7 军仍在奋力穿越科唐坦半岛，封锁佩里耶肯定会对他们有所帮助。第一批轰炸机前一天就飞过来了，现在，博伊兰和他的机组人员以及其他的 B-26 轰炸机飞到这个城镇来完成任务。博伊兰写道："对于在第 391 轰炸机大队服役的我们来说，这不是一个重要的目标，而且看起来不会给我们的轰炸带来任何麻烦。"事实证明，他是对的——他们没有遭到高射炮或敌机的攻击，都安全地返回了。这是一次没有危险的飞行。他们也非常高效地按照命令行事；在他们飞走后，这个城镇也被摧毁得差不多了。大约 127 名当地人死亡，几乎所有人都无家可归，佩里耶变成了废墟。为了将法国从纳粹的枷锁中解放出来，这个城镇作出了牺牲。

　　指挥官们辩称，这样的轰炸是合理的，从长远来看是为了拯救生命，是为了击退敌人，战争是要付出代价的，一旦夷平了一个城镇，那么在摧毁另一个城镇时，就不会再次感到良心不安。尽管如此，大多数人认识到，应尽可能避免采取这类行动。另外，佩里耶的毁损表明，数量相对较少的中型轰炸机可以被用于支援地面行动，能够不偏不倚地进行准确的轰炸，不需要召集正在忙着轰炸工厂和石油设施的战略空军，就能造成相当大的破坏。

然而，第二天，也就是6月14日，空军中将特莱弗德·利-马洛里爵士独自飞到法国去和蒙哥马利商议。随后，他同意使用重型轰炸机直接协助地面部队，在下一次指挥官会议上，他宣布这是既成事实，这激怒了他的同僚和下属。地中海战役的老兵们嘟哝着"卡西诺（Cassino）"，一个位于罗马以南60英里的小镇，今年的早些时候，战略空军夷平了这里的本笃会修道院，然后摧毁了这个小镇，却没有给他们本应支援的军队带来任何好处；德军顺势占领了废墟，这片废墟的碎石瓦砾挡住了盟军装甲部队的道路。一颗文化和建筑领域的瑰宝也遭到了不必要的破坏，这个事件被广泛认为是避免使用战略空军的最好例证。事实上，卡西诺事件给盟军指挥官们上了一堂课，那就是在直接支援地面作战时，最好尽可能少地使用战略部队。虽然大型四式重型轰炸机可以从更高的地方进行轰炸，但它们不够准确，不习惯与地面部队协同作战，而且经验表明，在传递指示的过程中，很容易发生误传，友军也很容易被它们击中。由于担心重型轰炸机在登陆日会击中军队和船舰，因此，盟军只让重型轰炸机飞越上空，导致它们的努力基本上被浪费了。泰德、斯帕茨和哈里斯不想看到按照利-马洛里建议的方式使用重型轰炸机，而康宁厄姆和布里尔顿则对这种不咨询他们意见的会议感到恼火。让利-马洛里感到羞辱的是，艾森豪威尔和泰德态度坚决，迅速取消了这个计划。

大多数情况下，历史学家夸大了英美在指挥层面的竞争。总的来说，高级指挥官们配合得很好，与德国的高级指挥官相比，盟军的指挥官可谓天作之合。还必须记住，这些人肩负着巨大的责任，如果他们坚信某件事，他们就会据理力争，这是很自然的。不过，也有一些人就是无法友好相处，但这通常与国家间的差异没有多大关系；而是源自个性冲突以及从不同的角度和需求看问题罢了。

虽然盟军拥有强大的空中力量，但由于空中力量的使用以及指挥空中力量和负责地面作战的人有着不同的看法，紧张气氛仍在加剧。原因之一是利-马洛里，他不属于地中海空军指挥官这个群体，后者相互尊重、信任，建立了友谊，并帮助创建了新的战术和作战系统。他就像个局外人，缺乏魅力，容易发怒，只会使情况更加糟糕。似乎没有人想让他担任盟军远征军的空军总司令；坦率地说，没有人想要组建一支盟军远征军的空军。康宁厄姆、布里尔顿、泰德和斯帕茨都宁愿在盟军远征军最高司令部建立一个监督空军的指挥部，尽管在作为盟军副总司令期间，泰德已经建立了这个指挥部。然而，利-马洛里固执己见。人们越来越强烈地感觉到他已经过头了。他歇斯底里地要求在登陆日前使用空降部队，这对改善他的处境并没有太大的帮助。

还有蒙哥马利，盟军的高级指挥官们也不太喜欢他。在激怒别人方面，他是一个高手；美国人讨厌他的说教，而他的英国同胞从小就被告诫要表现得更加虚心和谦逊，因此能够容忍他的说教。双方都不喜欢他表现出来的优越感和傲慢态度。在北非的时候，泰德和康宁厄姆与蒙哥马利一起度过了漫长的几个月。1942 年 11 月初，在阿拉曼战役取得胜利后，他们觉得蒙哥马利越来越难以忍受；即便他们目睹了蒙哥马利制定"霸王行动"的过程，也没有因此改变看法。登陆前的计划有一个重要部分，那就是不仅要迅速占领卡昂，还要占领卡昂南部和东南部的高地和开阔地带，因为那里是建立空军基地的理想场所。在登陆前，蒙蒂呈现了这样一幅自信、积极的画面，这个做法是绝对正确的；他基于以往的经验估计德军将会分阶段撤退，这个设想也是完全合理的。毕竟，还会有哪些其他的可能呢？正如交战双方的指挥官认为的那样，当双方仍在世界上最强大的两支海军的射程之内时，在离海岸这么近的地方战斗是完全没有军事意义的，当然，希特勒不是这样认为的。

然而，令人感到奇怪的是，蒙哥马利拒绝承认登陆前的计划正在偏离轨道，也不承认他的预测是错误的。他声称，战斗开始后，所有的计划都会发生改变（以往的经验表明确实是这样的），这个说法是正确的；他还说，英军和加拿大军队仍在逼近敌人的大部分机动师，这个说法也是正确的。天气如此恶劣也不是他的错。在 4 月的时候，他曾警告说："如果在登陆日后的第 14 天前发生严重的、意想不到的天气突变，那么这将给两支部队造成严重影响。"恶劣的天气就这样来了。糟糕的天气不仅阻碍了部队的集结，也限制了直接空中支援的次数，在"埃普索姆行动"期间，这种阻碍可能产生了决定性的影响，因为在粉碎和摧毁德军的地面进攻方面，盟军空军可谓功勋卓著；所以，当 6 月 29 日天空放晴时，空军发挥了极大的作用，阻止了敌人的反击。

到了 7 月 1 日，盟军也有很多值得庆祝的事情。尽管是在最艰难的情况下发动的，这次登陆还是取得了巨大的成功。毫无疑问，盟军也赢得了集结军队的比赛。现在，瑟堡和整个科唐坦半岛都在盟军的手中，"埃普索姆行动"和蒂伊周围的战斗不仅大规模地摧毁了德军最优秀的两个师，也彻底阻止了德军发起协同反击。虽然这次行动没能让盟军取得决定性的突破，但是，尽管规模小、天气恶劣和空中支援非常有限，它还是取得了非常大的成就。截至 6 月底，共有 452460 名美国人、397819 名英国人和加拿大人登陆，另外还有 25000 名空降兵降落到诺曼底。总人数大约为 87.5 万人，这个数字是德军无法企及的。盟军即将获胜；关于登陆失败的所有焦虑、忧虑和担忧都被抛到了一边。

尽管如此，未能迅速攻占卡昂挫败了盟军更广泛的计划，蒙哥马利表面上拒绝承认这一点。无论如何，德军在如此靠近海岸的地方作战，实际上是在帮助蒙哥马利。这让他缩短了补给线；当然，还有那些离岸的海军大炮，它们也帮助他击溃了德军。但是，这也堵塞和阻碍了军队的移动。在登陆前，他曾强调快速集结军队是非常重要的。4 月 7 日，他在圣保罗学校说："英国军队应当尽可能远地向东部和南部推进，以便尽早为后方军事区域和行政机构的组建腾出空间，这是至关重要的是。"他还告诉与会者，第二集团军的主要目标是卡昂南部和东南部等区域，"以确保建立空军基地"；从那时起，战术空军就一直在着手这个计划。然而，现在，他对盟军未能迅速占领这片土地避而不谈，认为这没什么大不了的。这让康宁厄姆非常恼火。

367

问题是，虽然盟军在桥头堡仓促建造了大量的空军基地，但它们还是不够用。众多美国和英国的飞行编队和大队正从英格兰的南部飞过来，这意味着，建造速度慢于飞抵的速度，而且盟军无法对反复无常的天气变化作出快速反应。此外，V-1 飞弹的攻击也让所有的空军指挥官受挫。再者，起飞坡道很窄，难以进行准确的轰炸，控制中心在地下深处，被厚厚的混凝土包裹着。无论是战略空军，还是战术空军，都不喜欢打击"十字弓行动"的目标；虽然他们明白必须进行打击，但是，当轰炸机和战斗轰炸机收效甚微，没能击中石油设施、铁路或敌人的纵队时，这也是令人沮丧的。地面部队越早开始行动，盟军就能越快拥有自己的空军基地，就能更加迅速地摧毁 V-1 飞弹的发射基地，局势也就会变得更好。然而，蒙哥马利的脾气性格加剧了他们的不耐烦。

局势日益紧张的另一个原因是总部分散。在北非战役中，康宁厄姆发挥了重要作用，他把空军总部设在了陆军战术总部的旁边，蒙哥马利支持这个做法，而且一度取得了很好的效果。然而，现在，不仅康宁厄姆还在英国，因为他的大部分空军都在那里，就连蒙蒂的主要总部也还在朴次茅斯附近，他的参谋长弗雷迪·德古恩德将军的基地就在那里。德古恩德在很大程度上弥补了蒙蒂魅力不足的缺陷，并做了很多工作，消除了因蒙蒂拙劣的人际交往技巧而引起的误解。但是，他不在诺曼底，空军和地面部队的总部没有并排靠在一起。问题不容易解决，也没有得到解释，因此，人们的怨恨情绪在不断增长。

6 月 27 日，丘吉尔给泰德写信，询问诺曼底现在建立和运行了哪些空军基地。泰德说："我不得不报告说，我们的进度远远落后于计划。"截至那天早晨，法国共有 35 个战斗机和战斗轰炸机中队。英军战区有 5 个空军基地，美军战区有 8 个，都是盟军的工兵建造的。盟军没有占领德军的任何一个空军基地，已建成的两个空军基地因为离敌人的炮火太近而停止使用，美军的三条跑道被 C-47 达科塔运输机用于运送紧急物资，因此无法供战斗机使用。此时，盟军已经计划派遣 81 个中队在诺曼底作战，所以空军基地的缺口达到了 60%。现在，盟军陷入了两难的境地：空中力量的缺乏阻碍了盟军迅速取得决定性的突破，但是，如果无法取得突破，那么盟军只能建造有限的空军基地，并且只能从空军那里获得有限的支援。蒙哥马利认为空军可以发挥更大的作用，但康宁厄姆和泰德认为地面部队速度太慢，行动迟缓。在这场争论中，没有一方是对的；天气和地形阻碍了空中支援，而地面部队无法像往常那样快速地行进——在这种地形上，他们是无法快速推进的，而且无法迅速抗击遭遇的敌军。

368

*

6 月 25 日，第 602 中队的所有成员都飞到法国，前往位于滨海隆涅的新基地。虽然在登陆日纳粹德国空军确实飞行了不到100架次，但是，由于敌人的部队日益接近前线，情况发生了变化：在最初的36个小时内，200多架战斗机从德国飞了过来；到了登陆日后的第4天，又飞来了100架战斗机。截至6月底，德军已经在西线部署了400多架战斗机。虽然与盟军相比，这个数字依然很少，但这足以让盟军的战斗机不得不经常在空中与梅塞施密特109战斗机和福克-沃尔夫190战斗机搏斗，并面临越来越多的高射炮的轰击。

几天后，也就是6月29日，第602中队在晚上7点左右起飞，开始执行当天的第三次任务，对战斗前线进行武装侦察。他们朝东南方向飞去，但是，清晨出现的好天气结束了，突然间乌云密布，开始下起雨来。皮埃尔·克洛斯特曼发现自己和中队的其他成员飞散了，雨水像小溪一样从挡风玻璃上流过，又从座舱盖上的一个小缝里流了下来，最后滴落在他的腿上，导致飞机里面越来越湿。他降低了飞行高度，试图找到一些标志物，而且越来越确信自己随时都会碰到高压电缆。此外，他还迷路了。他说："我开始感到孤独地生活在一个充满敌意的世界里是多么恐惧。我以为德军会从每个树篱、十字路口、树林的背后射出致命的曳光弹。"

369

他决定爬到云端之上。当他出现在10000英尺的高空，看着他的喷火战斗机的影子像一只快乐的海豚在云层上跳舞时，他有点着迷了。这时，他突然看到10个黑点朝他飞来。过了一会儿，他们就飞到了他的上方——那是福克-沃尔夫190战斗机，数量很多，他的喷火战斗机寡不敌众。他唯一的希望是潜入云层，然后利用飞行技巧摆脱它们，但这说起来容易做起来难。有那么一会儿，他发现自己盘旋着向下，上方有2架敌人的战斗机，另一架在前面转弯，第4架挡住了他的退路。其他的战斗机到哪里去了？他只能看到4架；他拼命地伸长脖子向四周看了看，然后使劲地把操纵杆拉向自己。之后，他急速爬升，好不容易躲开了一连串的曳光弹。就在这时，他的左腿神经质般地颤抖了一下，导致他前功尽弃。他压低身子，用身后的装甲钢板保护自己，重力导致他的氧气面罩从鼻子上滑了下来，他无法再戴上。他惊慌失措，口水顺着下巴流了下来。曳光弹越来越多，他朝后视镜瞥了一眼，看到4架福克-沃尔夫190战斗机跟在自己的后面，最近的也只有50码。

他用力蹬了一下方向舵，急忙把操纵杆拉向自己，然后侧着飞行。尽管加农炮击中了他的飞机，重力作用导致他的眼前一黑，但这个动作已经甩掉了敌人；当他垂直地冲向云层时，敌机从他的下方飞过。不管怎样，自卫本能开始起作用了。但是，他仍然迷失了方向，当他从云层中短暂地冒出来时，他发现前方有一架福克-沃尔夫190战斗机，可能与其他飞机飞散了。克洛斯特曼紧紧跟在它的后面，并在被它发现前开了火，第一枪就击中了德军的战斗机。克洛斯特曼写道："在一个十字路口旁，它撞倒了路边的一排树，然后撞到旁边的一块地里，在那里发生了爆炸。"他压低身子继续飞行，最终认出了梅维尔的高架桥，几周前他们曾俯冲轰炸过这里。他向正在重建桥梁的德军发起攻击，然后返航。当他降落在B-9空军基地时，飞机只剩下一加仑的燃料。

*

美国第354战斗机大队的P-51野马战斗机正在逐渐适应位于克里克维尔的新空军基地，尽管他们现在以不同的方式飞行，但他们再次成了第9航空队的一部分，不再为第8航空队的重型战斗机护航。这意味着，他们将很少作为一个大队执行任务；在大多数时候，这三个中队将各自飞行，进行战斗机扫荡、海滩巡逻、俯冲轰炸和近距离支援地面部队。迪克·特纳说："新的行动方式是为了团结各个中队，因为它们作为战斗单位执行任务，独立于其他中队的行动。但这样一来，我们都错过了与德军的大规模空战。在过去，我们作为大队执行任务时会与德军发生空战。"

不过，他们偶尔也会与敌机交火。6 月 28 日，特纳带领他的中队在滩头阵地巡逻，当他从巴约附近的海岸飞向勒阿弗尔时，他看到前方有一些战斗机从云底往东边稍远的地方俯冲。他加大油门，操纵飞机向左转了一个 S 形的弯，这样一来，他就可以迎面接近那些飞机，以便更好地迅速识别它们。它们仍然朝着他的方向前进，此时，他认出那是一架被喷火战斗机追赶的梅塞施密特 109 战斗机。特纳想了一会儿，思考德国飞行员将会作出怎样的决定，然后，看着飞机向南朝卡昂方向飞去。特纳写道："我不打算浪费时间礼貌地对待我们的对手。正如后来的事实证明的那样，我可是非常粗鲁的。"他驾驶着野马战斗机，急速地向右转，然后向梅塞施密特 109 战斗机冲去，插到梅塞施密特 109 战斗机的后面和喷火战斗机的前面。由于特纳中队的其他成员也加入进来，喷火战斗机停了下来，放弃了追击。特纳靠近梅塞施密特 109 战斗机，进行了短点射，猛烈射击德军飞机的机翼。梅塞施密特 109 战斗机开始向左缓慢爬升，但特纳紧随其后。就在敌机到达云层底部的边缘时，特纳再次按下了炮弹发射器，从机翼根部一直射到发动机罩。梅塞施密特 109 战斗机拖着浓烟和火焰消失在云层中。

不一会儿，飞行员跳下飞机，打开了降落伞。特纳绕了一圈，险些撞上熊熊燃烧的梅塞施密特 109 战斗机的残骸，但他继续跟随飞行员降落。当降落伞接近地面时，特纳看到英国军队朝着自己跑来，甚至举起了武器。特纳来回晃动机翼，他们才放下武器。在离巴约很远的地方，在城堡附近的一片树林里，他看到了那架梅塞施密特 109 战斗机在滑行、迫降。他在脑子里记下了这个地点，再次打开油门，爬升飞回中队。

过了一会儿，他安全降落在 A-2 空军基地。他抓起机工长汤米（Tommy），启动一辆备用的吉普车，开车来到巴约附近的城堡。在树林里，他们发现那架梅塞施密特 109 战斗机几乎完好无损。两人数了数飞机上的弹孔密集区，大约有 200 个弹孔。他们把"卐"标志从垂直尾翼上剪了下来，并带着其他一些战利品返回。

特纳说："没有什么能比一场精彩的空战更能让战斗机飞行员时刻保持警觉，并且迫不及待地想要参加战斗。"

其他飞行中队可能花上整整一个星期的时间也看不到一架敌机，然而，特纳和第 356 战斗机中队只等待了两天，6 月 30 日，当他们向南在维尔到卡昂之间的地区巡逻时，他们很快又发现了一些飞机，在他们上方大约 30000 英尺的高空飞行。他们拼命爬升、追赶，小心翼翼地跟在这些飞机的后面，以免被它们发现。大约过了一刻钟，特纳认出它们是梅塞施密特 109 战斗机，他很高兴。他告诉中队要尽量紧紧地跟在后面，然后他慢慢靠近。

特纳选择了左边的那架梅塞施密特 109 战斗机，但由于误判了距离，加上可能失去了耐心，他过早地开火射击。紧接着，其余的敌机向右逃窜，野马战斗机在后面追赶，但由于某种原因，特纳最初的目标仍在继续前进，因此，为了让点射的时间间隔较长，他再次开火，对梅塞施密特 109 战斗机进行了长点射[①]。飞机上冒出浓烟，但没有起火，特纳靠得更近了，再次进行猛烈射击。梅塞施密特 109 战斗机摇晃了一下，冒出更多的浓烟，但没有迹象表明飞行员要跳伞了，也没有迹象表明飞机失控了。为了击毁它，特纳进一

---

① 系点射间隔时间较长的射击。

步逼近，击中了机翼和机身。这时，被击中的飞机猛烈地左右摇摆，偏离了航线，并翻转着向下俯冲。在下降的过程中，它突然起火，火焰包围了整个飞机。特纳正看着这一幕，突然曳光弹一闪而过，接着两架梅塞施密特 109 战斗机疾驰而过。他毫发无损，便跟着它们往下飞，当他停止俯冲时，他开火了，击中了其中一架。他慢慢靠近梅塞施密特 109 战斗机，再次开火，看着敌方战机在半空中爆炸。这是三天内的第三架。这表明，纳粹德国空军的战斗机飞行员太年轻、训练不足、缺乏经验，他们与老练、经验丰富的盟军王牌飞行员（例如迪克·特纳）之间的差距越来越大。然而，在交战时，根本没有时间比较孰优孰劣。

　　与此同时，轰炸机继续对欧洲各地的敌军目标进行打击。"施密提"·史密斯中尉和第 385 轰炸机大队的机组成员有时连续飞行两天，有时每隔一天飞行一次，他们完成的任务越来越多，离结束战斗之旅也越来越近。6 月 20 日，他们轰炸了位于科尼茨伯恩（Königsborn）的一个 V-1 飞弹制造工厂，这是他们的第 24 次任务，这意味着，他们只剩下最后一次任务了。但后来，规则改变了，他们还得飞行 35 次才能被送回国。尽管史密斯很失望（他们都很失望），但他还是很庆幸自己在诺曼底没有成为一个"地下鬼"。他们的投弹手"厄特"·尤特勒支（"Eut"Eutrecht）在那次飞行中出了点问题。击中目标后，他们都等着听他说"投弹完毕"，但他什么也没有说。在投放炸弹后，飞机也没有像往常那样突然向上侧飞。相反，尤特勒支笔直地坐着，像被催眠了一样，僵在原地，无法动弹。最后，驾驶员"伊尔斯"·穆迪（"Ears"Moody）用手肘轻推了他一下，让他赶快行动。炸弹落了下来，他们加大油门，尽力追上了大队的其他成员。史密斯说："尤特勒支被自己的潜意识打败了。从我自身的感受来讲，我们机组的每个人

372

都感染过这种可怕的病毒，都在与自己的心魔作斗争。它迟早会吞噬我们，这只是时间问题，因为我们能够承受的摧残程度是有限的。"

尽管如此，第二天，他们（包括尤特勒支）还是被派往柏林，并在次日轰炸了巴黎附近的标准石油公司的炼油厂，这是他们三天内的第三次飞行之旅。在那次飞行中，"伊尔斯"·穆迪的降落伞被高射炮的弹片击中，他平时从来不穿降落伞。当史密斯用对讲机呼叫他们时，他只能听到"伊尔斯"和"厄特"的争吵声，两人为了一块巧克力发生了激烈的争吵。"厄特"说巧克力是他掉在地上的，而"伊尔斯"说巧克力是他发现的，谁发现的就归谁。这场争吵很愚蠢，也没有必要，这表明他们的神经绷得太紧了。随后，他们又执行了几次任务，在不到 80 天的时间里完成了 28 次飞行。之后，所有的机组人员都被叫来了，并被告知他们将被送到"高射炮基地"，在那里休整了两个星期。这些基地都是英国的大型乡村庄园，机组人员可以在那里休息、放松，远离战争。然而，史密斯讨厌这个做法。他觉得太隆重、太正式了。当另一名飞行员因为尿床羞愧地离开时，史密斯决定和他一起离开。在签名登记离开后，他去了伦敦，他们一起在萨沃伊酒店订了一个昂贵的房间，喝酒，远离 V-1 飞弹，去了风车剧院。在那里，他结识了两个女孩。面对她们的自信，他却失去了勇气。他写道："以前听到别人说，'你们这些空军小伙一只手搂着一个女孩，还有很多钱'，现在我也尝试了一下，觉得这不像传闻中的那么美好。我身无分文了，就算我兜里有钱，我也该回去工作了。"他和他的机组人员还有七次飞行任务要完成。

*

7月7日，在和泰德商议后，艾森豪威尔给蒙哥马利写了一封 373
信，敦促他扩大滩头阵地，尽快获得更多的机动空间。艾克对他
说："无论你为了阻止僵局付出何种努力，我都会全力支持你，也
会尽我所能把你认为需要的部队调到前线去。"他甚至同意再派一
个美国装甲师给蒙哥马利。他继续说："我要强调一下，请放心，
如果任何计划能让我们获得足够的空间，那么我将竭尽全力帮助你
完成这些计划。空军和其他一切都将到位。"

此时，蒙哥马利正在积极行动，越过康宁厄姆提出请求。在请
求空军合作时，要经过康宁厄姆，但蒙哥马利无视康宁厄姆，直接
向利-马洛里提出请求。7月7日，在空军指挥官会议上，利-马洛
里再次宣布，他已同意派遣轰炸机司令部的重型轰炸机，以支持蒙
哥马利发起新一轮攻占卡昂的行动。攻击卡昂的"查恩伍德行动
（Operation CHARNWOOD）"原定于第二天早上开始，因此没有太
多的时间制定计划。康宁厄姆和泰德都没有出席会议。不过，康宁
厄姆的参谋长报告说，第二集团军请求使用重型轰炸机攻击"4个
瞄准点"，这些瞄准点由"刺猬式"的混凝土防御工事组成，而且
玛丽建议使用重型轰炸机。空军上将哈里斯出席了会议，他回答
说，他有350架轰炸机正在待命，如果放弃原计划的"十字弓行
动"的目标，那么他可以把数量增加到450架。但随后，泰德警
告利-马洛里不要使用轰炸机司令部；此外，旨在摧毁德国某些防
御工事的行动现在变得更加宏大。泰德认为，这些计划没有得到充
分的考虑，也没有充分认识到在对战场进行如此猛烈的轰炸时存在
哪些限制。三周前，人们还在担心卡西诺事件会重演。此刻，人们

仍然有理由表示担忧。

　　当轰炸机司令部的 467 架飞机起飞时，康宁厄姆同意的最初目标已经发生了改变，不再是某个设防的村庄，这个村庄位于德军主要防线后面的城市北侧。他们担心，就像登陆日那天一样，即使是在相对较低的 8000 英尺高空，炸弹也可能击中他们自己的部队，所以他们调整了目标，这些目标更加接近卡昂。这个妥协完美暴露了泰德警告过的缺点：要么将这些重型轰炸机用来打击特定的目标，要么不要使用。如果这样的行动对他们自己的军队造成了太大的风险，那么轰炸机司令部应该停止行动，而不是在不需要的地方投下大量的炸弹。

374

　　然而，木已成舟。第 466 中队的肯·汉德利中士和来自澳大利亚的机组人员也被派去参加这次突袭行动。"22 点是投弹打击目标的最佳时刻，"汉德利愉快地说道，"高射炮冲向云层，在云层上留下斑痕。目标被浓烟包围，尤其是在德军坦克击中的地方。"中世纪城市卡昂的北郊并非德军坦克集中的地方，但也遭到了炸弹的袭击，它被 2276 吨炸弹摧毁，盟军非常准确地在 2.5~3 平方英里的范围内投下了炸弹。然而，除了在通往卡昂北部的所有道路上留下大量的瓦砾、碎片和弹坑外，盟军在这个目标上收效甚微。卡昂的大学也在很大程度上遭到了摧毁，大约 350 位平民被杀。被击中的德国军队似乎少之又少。

　　在盟军的高级指挥部中，越来越多的人担心英国和美国的军队正在陷入僵局，找不到明显的出路。预示着死亡和毁灭的 V-1 飞弹仍在英格兰南部的上空嗡嗡作响；在东线，红军正在大刀阔斧地摧毁德国中央集团军群，这与诺曼底的小规模进攻形成了鲜明对比。然而，对希特勒来说，东线并不具有非常重要的战略意义；因此，德国没有在苏联部署可以报仇雪恨的部队。只有在诺曼底，纳粹德国才集结了陆、海、空三军，尽管后面两个军种没有作出什么贡献。新一代的 U 艇已经在赶来的路上。然而，一旦那些大西洋基地不复存在，那么德国只能后悔莫及；一旦盟军在欧洲大陆建立了更稳固的立足点，那么想要阻止他们的行动几乎是不可能的。就连希特勒也明白这一点。

让所有主要的盟军指挥官坐下来开会是很有必要的，尽管这会分散蒙蒂和布拉德利对战场的关注。他们可以对东线和西线的不同战略形势进行评估，并从中获得慰藉；而且冷静、慎重地评估形势将会让他们确信，虽然他们似乎没有取得什么进展，但德军正处于绝望的境地，这最终会导致德军的崩溃。但是，盟军的领导人太着急了，任由登陆前的假设助长了他们日益严重的不耐烦，而事实证明这些假设是错误的。盟军本应撤回攻城槌以便为另一轮撞击作好准备，但他们却下令发起新一轮的进攻。对卡昂进行的计划不周的轰炸是这轮进攻的一部分。

第25章 血腥波卡基

　　现在，战斗绝对没有停止，因为盟军正沿着一条宽广的战线进发，以期打破德军的防线。伤亡十分惨重。沿着圣洛附近的山脊线，盟军发起了新的严密策划的进攻，而在更往西的地方，由于科唐坦半岛最终完全落入了美国人的手中，布拉德利可以让柯林斯的第7军挥师南下了。柯林斯的部队经历了一段艰难的时期，因为他们的主要任务是在北侧战斗，突破科唐坦，夺取瑟堡。而德军守着南边的防线，在从卡朗唐向西延伸到佩里耶等地的水淹区的另一边，德军一直在挖堑壕，加强防御。

　　其中就有第6伞降猎兵团，在6月下半月，他们一直在充分利用所在地区的战斗间歇期。现在，他们隶属于从法国中部的欧塞尔（Auxerre）飞抵的第5伞降猎兵师。冯·德·海德特上校对他的新师有些嗤之以鼻，因为几乎没有士兵接受过跳伞训练，而且只有不到20%的军官接受过适当的步兵训练或者拥有战斗经验；大部分成员都是从解散了的其他地方的纳粹德国空军部队调来的。"武器和装备既不完整，也不统一，"他如是写道，绝望之情表露无遗，"只有50%的部队配备了机枪；有一个团没有钢盔；而且没有重型反坦克武器，也没有机动车辆。"第5伞降猎兵师自豪地认为自己是一支精锐部队，但很遗憾，他们实际上只是一群乌合之众。另外，截至6月底，冯·德·海德特获得了800多名补充兵员，以帮

助重建他那遭受重创的连队。同时，几个反坦克营带着突击炮和豹 377
式坦克抵达了前线。他继续说道："在此之前，无论是在苏联，还
是在北非，第 6 伞降猎兵团的部队从来没有见过德军集结这么多的
物资和军队，仅仅是为了进行防御。"当德军的装甲师在卡昂周围
集结时，更多的部队正在向诺曼底前线的西半部进军；虽然瑟堡和
科唐坦可能已经沦陷，但德国第七集团军仍然打算严格执行元首的
命令。美军预计，双方将在"波卡基"进行一场艰苦血腥的战斗，
无疑，那里的地形有利于守军。

　　此刻，第 6 伞降猎兵团正在梅奥蒂（Méautis）的南面挖堑壕，
梅奥蒂是一个小村庄，距离卡朗唐的西南仅 4 英里；近三周来，这
里的前线没有任何动静，伞兵们打算让美军为仍然让他们感到痛苦
的损失付出代价。由于在冯·德·海德特上校的眼中，马丁·波佩
尔中尉不再声誉不佳，于是，他重新获得了第 12 连（第 3 营的重
型武器部队）的指挥权，尽管兵力仍然不足，但他还是获得了一
门 150 毫米的新型榴弹炮和几门 80 毫米的迫击炮。6 月 22 日，他
说："我们巩固阵地的工作正在取得良好进展。现在，我们已经通
过堑壕将各个洞连接起来，形成一条统一的防线，而且我们还凿穿
土墙，挖了精心伪装的观察缝。我们还在道路上埋设了地雷，每天
晚上，我们的工兵都在阵地前面的土地上铺设地雷。补充兵员准备
的带刺铁丝网也已经布置到位。"

　　现在，轮到他们摧毁一个令人烦恼的教堂塔了，他们知道美军
将这个塔作为观察哨。7 月 1 日，他们的一门 105 毫米的自行火炮
轰隆隆地向前开进，发射了至少 8 轮炮弹，但仍然没能摧毁教堂
塔。第二天，波佩尔奉命使用 150 毫米的火炮再试一次。第一发炮
弹射得太高了，不过，第 2 发从塔的一边穿到另一边，撕开了一个
显而易见的洞。波佩尔说道："射击了 8 发，一发比一发好，但那

个怪物就是不掉下来。"另外，敌人现在似乎尽可能避免使用教堂塔。与此同时，他手下最优秀的狙击手也在不断增加美军的死亡人数。似乎是为了表明自己不计前嫌，他们准备了一张大大的白色卡片，上面画着裸体女郎，正在邀请美军指挥官和参谋人员参加7月6日举行的名为"巴黎妇女"的综艺节目。晚上，巡逻队把卡片放在美军防线前的一根木桩上。波佩尔说："看到我们的小玩笑时，美军简直不敢相信自己的眼睛。"

此刻，美国第83步兵师的步兵正在诺曼底，面对第6伞降猎兵团的邀请，很显然，他们不打算接受。7月4日（也就是美国的独立日）凌晨，他们发动了猛烈的炮火攻击。到了早上6点，他们已经攻进了第2营和第3营之间的区域。波佩尔本能地想要立刻进行反击，他建议率领后备排去扭转局势。在德军迫击炮的掩护下，他们爬出堑壕，匆忙向前推进，经过死去的美国士兵的尸体，然后到达一条凹陷的小径。炮弹在他们的头顶呼啸而过，子弹砰砰作响。接着，他们听到英军的声音越来越近，波佩尔命令部下准备好手榴弹。他抬起头，看到一个举着汤普森冲锋枪的美国士兵正向他冲来。波佩尔夺过美国兵的MP40冲锋枪，朝他开火，并将他击毙。不料，波佩尔看到树篱的缺口中出现了另一名美国士兵。波佩尔举起武器，再次开火，但美国士兵同时开火，一颗子弹穿过了波佩尔的右上手臂。"该死，"波佩尔说道，"不过，至少美国士兵也被击倒了。"他回到那条凹陷的小径，看了看自己的伤口，疼得要命。他的部下在继续战斗。此刻，他躺在那里，左手握着枪，聆听着战斗的声音。最后，战斗平息下来，他的一些部下再次出现在他的面前，包括他的勤务兵，后者搀扶他回到野战急救站。他很幸运，伤口不是致命性的，也不会失去手臂。然而，他在诺曼底的日子结束了。

在第 83 步兵师附近的是第 4 步兵师，他们还没来得及喘口气就被派往南面，穿过卡朗唐西南侧被水淹没的沼泽地区发起进攻。第 70 坦克营仍然隶属于第 4 步兵师。7 月 6 日，在柯林斯的第 7 军还没有真正发起进攻前，卡尔·兰博中士的 A 连就被派去对"波卡基"发起进攻。他们有了一个新排长，在兰博看来，新排长似乎急着想让自己受伤或丧命。盟军向这个排分配了一辆谢尔曼坦克推土机。只有这样，谢尔曼坦克才能通过高大的树篱和"波卡基"；普通的谢尔曼坦克只是前部往上抬，暴露出较弱的底部，但仍然无法继续前进。推土机可以推倒树篱，先撞出一个缺口，然后撞出第二个缺口，这样一来，其他坦克便可以通过缺口推进。新排长无视兰博的警告，第一个冲了过去，并让其他坦克跟在后面。很快，他就被躲藏在旁边田地的树篱后面的反坦克炮击中。兰博的坦克跟在后面，他的机枪手向前方的树篱扫射，并从主炮发射了高爆弹，同时，他在炮塔上指示驾驶员继续前进。脱险后，一名乘员停下来，试图营救第一位乘员。结果，他也被击倒了。

兰博不停地让驾驶员向左移动，然后向右移动，但是，一枚 88 毫米的炮弹仍然击中了副驾驶旁边的角落，炸毁了一大块地方，但幸运的是，炮弹没有穿透装满弹药的主体。这时，他们开始后退，不停地开火。同时，一名逃出来的乘员爬到后面，但很快，他的腿被击中了。此刻，坦克推土机掉头往回走，但侧面被击中，并燃烧起来。虽然指挥官开始往外爬，但火焰挡住了他，他跌回舱里，和其他乘员一起被烧成了灰烬。兰博利用燃烧的坦克作掩护，退了回来，躲到另一个相对安全的树篱后面。"战争期间，最让我生气的就是此时"，兰博回忆说。跟在他们后面的第 2 排是一支后备部队，他呼叫他们请求援助。

"出什么事了？"对方问道，"那儿的泥是不是太深了？"

379

"不是的，"兰博回答道，"泥很快就会干的。我们有 4 辆坦克着火了，我的坦克也被击中了。"

后来，他们撤退了。那天下午的晚些时候，P-47 雷电战斗机俯冲轰炸了敌人的阵地。之后，他们发现一辆新到的德国豹式坦克被击中。在美军的 6 辆坦克中，有 4 辆在几分钟内被击毁。在"波卡基"中战斗是非常艰难的，而且进展缓慢。

在西北方向几英里的是第 82 空降师，尽管该师主要作为一支奇袭部队参与重要的作战行动，尽管自登陆日以来该师的伤亡人数已经达到了 50% 以上，尽管他们的姐妹师已经被送回英国，但他们仍然在前线奋战。马修·李奇微将军曾为此向布拉德利抱怨过，但第一集团军的指挥官坚持要李奇微的士兵再打一仗；然后他们就可以撤离，返回英国。

马克·亚历山大中校从第 505 伞降步兵团调到了第 508 伞降步兵团，并在该团担任副指挥官。他对这两个安排都不满意；在他看来，他隶属于第 505 伞降步兵团。更重要的是，他更喜欢在前线担任领导，而不是扮演行政管理的角色，可是，他的抗议遭到了无视。调任决定是李奇微将军作出的，因为他对第 508 伞降步兵团的指挥官罗伊·林德奎斯特（Roy Lindquist）上校感到担忧。李奇微担心林德奎斯特的进取心不强，更适合当一名参谋。于是，他让亚历山大进入第 508 伞降步兵团，以便在前线发挥强有力的领导作用，而林德奎斯特就负责行政管理工作。实际上，指挥官和副指挥官的角色颠倒了，尽管地位和级别没有调换。

第 82 空降师的目标是夺取拉艾迪皮（La Haye-du-Puits），这是诺曼底的一个乡村小镇，不幸地坐落在通往北面、南面和东面的道路的交会处。第 505 伞降步兵团要占领一个叫作"第 131 号山头"的山脊，第 508 伞降步兵团将穿越这个山脊，占领下一个山脊，也就是"第 95 号山头"，之后向拉艾迪皮进发。按照计划，盟军在 7 月 3 日占领了第 131 号山头，但第 508 伞降步兵团第 2 营的指挥官被地雷炸伤，因此，在进攻第 95 号山头时，亚历山大临时接管了指挥权，就像他在拉菲尔时一样。

第二天（也就是 7 月 4 日星期二）的黎明时分，第 2 营将带领部队进攻第 95 号山头，因此，在 3 日晚上离天亮还有半个小时的时候，亚历山大轻手轻脚去前方侦察。他爬上一堵墙，设法移开了一块石头，用望远镜窥探。他的正前方是一片浅浅的山谷，没有遮蔽，很空旷，山谷后面是耸立的小山，但左边是一片树林，一直延伸到山顶。他还在第 95 号山头上发现了敌人的两门大炮，并且相当确定其中一门的口径至少达到了 88 毫米。他下定决心从左侧小山鞍部的树林掩蔽处发起进攻，于是，他回到了营指挥部，打电话给林德奎斯特上校，告诉他穿过空旷地带直接发起进攻无异于自杀。他说："他们正好可以从那里将子弹射进我们的喉咙。"

他刚挂断电话，德军就开始用迫击炮轰击他们的阵地。亚历山大听到了第一枚迫击炮的轰隆声，但为时已晚，他的背部被一些碎片击中。他只能躺在地上，嘴里骂骂咧咧。医护人员很快就赶来了，在给他包扎好伤口后，他们把他放到一辆吉普车的前排座位上，然后开车把他送到最近的野战医院。他受了重伤，血很快就从绷带里渗出来，流到座位上。当他最终到达医院时，他已经渐渐失去知觉。不过，美国的医疗服务是首屈一指的，在紧急手术后，最糟糕的情况已经过去了。虽然亚历山大的伤势不会一下子就好起来，但他终将恢复健康。

对他手下的许多人来说，麻烦可就大了。副指挥官切特·格雷厄姆（Chet Graham）上尉接管了第 2 营的指挥权，林德奎斯特上校命令他从开阔地带直接进攻，而不是沿着亚历山大建议的路线。

381

结果就是，登陆日那天，该营有 640 名士兵着陆，进攻结束后，只剩下 225 名。尽管困难重重，他们还是穿过了开阔地带，对小山发起了猛烈的攻击。5 日的凌晨 4 点左右，他们夺取了这座山，但代价非常可怕，将近 50% 的人员伤亡。然而，这是他们这段时间以来的最后一次行动。和第 101 空降师一样，是时候把"所有美军"从前线撤出，送回英国了。

*

在圣洛的东北部，到处都是同样茂密且难以通过的"波卡基"。此刻，德军正沿着低矮的山脊挖掘堑壕，这片山脊蔓延 15 英里左右，一直延伸到海岸。从科唐坦的底部到科蒙，再到英军和加拿大军队的战区，到处都是小村庄，狭窄、曲折的道路和小径将它们连接起来。没有一条道路是用沥青铺成的，都是砂砾和夯实的泥土。每一条道路、每一个凹陷的小径、每一块田地的两边都砌有土墩，上面是树篱。大多数田地只有几英亩大。美国第二十一集团军群规划小组的"蒂克"·博恩斯蒂尔上校曾警告第一集团军的策划者，这个地区的地形具有潜在危险，甚至还向美国第 1 步兵师——大红一师——作了详细的汇报。尽管如此，虽然第一集团军的大部分训练都是在英格兰的西南部（和诺曼底一样，那里的田地也很小，树篱也很高）进行的，但训练的重点是锻炼身体、如何使用武器、如何进行沙滩攻击和袭击固定阵地，鲜有人考虑如何攻击沿着树篱掘壕固守的敌人。博恩斯蒂尔说："所以，我认为这个地形判断至少是不完美的。我们没有接受过与突破'波卡基'所需的特殊战斗技巧有关的训练。"

盟军面临的挑战是如何在不被歼灭的情况下穿过树篱，越过田野，然后穿过下一个树篱。德国守军可以在树篱土墩后面的较远角落架设机枪，步枪兵会在两个角落之间遭到射杀。再往后，在一两块田地的后面是德军的迫击炮小队。不管美军怎样竭尽全力地突破树篱，他们都会暴露在德军的眼皮子底下，都会遭到在田野各处架设的双管机枪的扫射。从很多角度来讲，树篱为德军提供了比混凝土掩体更好的防御。混凝土掩体是固定的，而树篱提供了更灵活的防御，因为部队可以在树篱后面移动，也可以随时撤回到下一块田地。正如德军发放的内容广泛的培训指导手册中指出的那样，德军的问题是，在树篱耸立的乡村，前方的视野往往不是特别好。当然，在登陆后的第一次内陆战斗中，德军一直在猜测敌人可能袭击哪些地点、有多少兵力，因为他们没有空中侦察来充当地面上的眼睛。

382

然而，在圣洛周围的山脊上，大多数情况下，德军能够从被他们称为主防线的地方俯瞰美军。早在登陆前，第 352 步兵师就已经在那里作了标记，并备好了一大片散兵坑和射击阵地。与此同时，德军还在主要道路和十字路口的最佳位置部署了反坦克炮，例如令人恐惧的 88 毫米和 75 毫米的 Pak 40 反坦克炮，这是一种同样高速的致命武器。为了有效地保卫山脊，他们不需要大量的军队。少量位置适当的火炮、尽可能多的迫击炮、相当多的机枪和训练有素的狙击手可以非常有效地阻止更大的进攻部队的推进。虽然德军在物资上很贫乏，但他们拥有足够多的武器来阻止美军前进。

对美军来说，一个重要而又特别棘手的地方是埃勒河畔圣乔治（Saint-Georges-d'Elle）村附近的第 192 号山头，那里可以俯瞰海岸，并且覆盖着茂密的树篱、凹陷的小径和矮树丛。位于大红一师右翼的第 2 "勇士" 师奉命夺取这个高地。6 月 11 日，他们发动了第一次进攻，但毫无进展。16 日，他们发动了第二次进攻。尽管他们成功地到达了山顶，但他们再次被击退。四天后，他们不得不撤退；他们没有足够的火炮支援，也没有进行夜间巡逻，以探明敌人的阵地。不过，真正的难题是如何穿过树篱而不会让步兵遭到屠杀。虽然空军和炮兵无疑会提供援助，但真正需要的是谢尔曼坦克与步兵并肩作战。在理想的情况下，谢尔曼坦克可以从树篱中间冲出去，利用 75 毫米的大炮对各个角落进行扫射，摧毁敌人的机枪阵地；然后用机枪扫射整个树篱，步兵在后面呈扇形散开。问题是，树篱下面的土墩和树篱本身都超出了坦克的能力范围，坦克只能爬升一定的高度，却无法通过。不过，坦克推土机可以发挥作用，就像它们为第 70 坦克营所做的那样，但是，通常只有那些在登陆日登陆的部队才拥有推土机。由于无法通过树篱，坦克几乎成了多余的；对第 2 营的士兵们来说，"德国佬之角"和"紫心吊桥"已经成了死亡区域，当他们从散兵坑里出来的那一刻，守卫山脊的第 3 伞降猎兵师的重型机枪便造成了可怕的人员伤亡。

美国第 29 步兵师的士兵也没有取得什么进展。截至 7 月 1 日，他们每天都蜷缩在更加复杂的散兵坑里，双方互相狙击，用迫击炮和火炮轰炸对方。那天，鲍勃·斯劳特中士正在进一步整修散兵坑，这时，从美国抵达的牧师带来了一个消息：5 月，斯劳特的父亲死于动脉瘤，年仅 49 岁。他几乎无法接受这个消息。他写道："没有时间悲伤。"不管怎么说，他每天都在面对死亡，特别是他们在前面的斜坡上掘壕固守，而敌人就在浅峡谷的另一边。其中的一个排还在作战最前线，当排长麦凯（Mackay）上士被一名狙击手击毙后，斯劳特奉命接管该排。

他急匆匆地沿着一条凹陷的小径，弓着腰向新排的阵地走去。所有士兵都躲在散兵坑里，似乎没有人在放哨，这让斯劳特感到不安。意识到自己需要表现出一定的领导风度，他慢慢地抬起头，并把头伸到树篱上方，然后向两边看了看。几秒钟后，他的头盔飞了出去，他的身子向前倒下，双手和膝盖着地，鲜血从脸上喷涌而下。有那么一刻，他觉得自己必死无疑，但他很幸运；狙击手的子弹击中了他头盔的小尖顶，穿过了衬垫，擦过了他的头部。难怪这些美军一动不动。

　　不过，到了晚上，德军的狙击手就无法顺利工作了，这让美军能够进行广泛巡逻，以便抓获敌人的部队并探明阵地的情况，然后回来告诉迫击炮队和炮兵。此刻，卡尔·韦格纳正在鲍勃·斯劳特和第 29 步兵师的对面山脊上挖堑壕，他痛恨夜晚。"白天，树篱是我们的盟友，"他说，"但到了晚上，它们就不再是朋友了。"在一次夜间巡逻中，"德国佬之角"——它俯瞰着沿着山脊的道路向第 192 号山头推进的部队——最终被制服了。7 月 6 日的晚上，第 2 步兵师第 38 步兵团的拉尔夫·温斯蒂德（Ralph Winstead）中尉率领一支小巡逻队，在黑暗以及预先布置的迫击炮和大炮的掩护下，在田野上缓慢前进，直到他们距离德军的机枪阵地（这个阵地位于邻近田地角落里的树篱的另一边）只有几码远。他们轻轻地扔出一枚班加罗尔鱼雷，点燃了炸药，然后站起来冲向阵地，射杀了 11 名士兵，缴获了关键文件，最后安全地回到了自己的防线。

384

*

　　与此同时，卡昂周围的战斗仍在继续。加拿大第 8 步兵旅的任务是，在对卡昂发动重大进攻之前，占领卡尔皮凯的空军基地。在过去三周的大部分时间里，女王直属步枪团一直在布雷特维尔洛格约和勒梅尼勒帕特里（Le Mesnil-Patry）之间挖堑壕；英国第 8 军正是通过这些战线发起埃普索姆战役。7 月 3 日，他们到达了马塞莱（Marcelet）村，距离卡尔皮凯空军基地的西侧不到一英里，这个空军基地仍由库尔特·梅耶指挥的党卫军第 12 "希特勒青年团" 装甲师控制着。德国的讯号情报部门发现加拿大军队的无线电通讯次数有所增加，并准确地预测到攻击即将来临，所以他们也作好了准备，尽管梅耶确信这次攻击意味着他的师将会升入瓦尔哈拉①。

梅耶的党卫军第 12 装甲师早就到了无法正常运作的地步。他的第 26 装甲掷弹兵团只剩下一个营的兵力，而且是非常衰弱的营队；该团最初带着整整 3 个营的兵力抵达诺曼底。他的装甲力量减少了大约四分之三。他的侦察营只剩下一个混合连——也许有 100 人——而他的作战工兵营实际上已经被歼灭了。一个炮兵营也被歼灭了。此外，弹药不足，整个师已经缩减到只有一个战斗群，并且只有第 25 装甲掷弹兵团仍然井井有条地守卫着卡昂的西半部。尽管如此，他在党卫军第 1 装甲军的上级、党卫军最高集团领袖塞普·迪特里希继续让党卫军第 12 装甲师承担保卫卡昂的大部分工作；在他们右侧的是一个实力较弱的纳粹德国空军的野战师，而第 21 装甲师继续留在奥恩河以东。迪特里希是一个优秀的纳粹分子，也是一名勇敢的士兵，但并不是最能干的人。和武装党卫军的许多高级军官一样，他最初是一名街头战士，几乎没有受过教育，也没有接受过军职人员的培训，而且德不配位。但是，越来越多像迪特里希这样的人被赋予了维持德军战斗力的任务。尽管他们缺乏训练和军事意识，但他们的忠诚弥补了这一点。迪特里希对元首可是相

385

---

① 即北欧神话中的天堂，也译 "英灵神殿"；掌管战争、艺术与死者的主神奥丁命令女武神 "瓦尔基里" 将阵亡的英灵战士带来此处服侍，享受永恒的幸福。

当忠诚的。

梅耶只能听天由命。他知道元首的命令是战斗到最后一刻，这意味着第 12 装甲师将走向终结。他写道："我们想战斗。我们准备献出自己的生命，但是，战斗必须有目的。一想到要让我的年轻士兵在城市的废墟中流血牺牲，我就感到愤怒。为了进行更灵活的作战，必须保全这个师。"他说得很对，德国在战争初期的成功是基于灵活性、快速机动以及前线指挥官能够利用他们的训练、经验和判断来作出战术决定。早在 1941 年 12 月，在德军攻占莫斯科失败后，希特勒就接管了军队的总司令一职，于是，这种灵活性也就不复存在了。

在卡尔皮凯的村庄和空军基地，梅耶只有大约 200 名手下。不过，他也有几辆坦克被藏在毁坏的飞机库中，以用于抗击盟军的坦克；他还有一门 88 毫米的大炮和一些"吸烟者"坦克，它们都被部署在关键的道路和阵地上。虽然他们遭到削弱，但在防御方面，这些士兵仍然构成了相当大的威胁。7 月 4 日，加拿大第 8 步兵旅使用猛烈的大炮和海军火炮发起攻击。在攻击中，他们发现这些德军士兵的确构成了威胁。当盟军开始炮轰时，梅耶和他的装甲掷弹兵团埋伏在空军基地南侧的飞机库中。他们从地堡的入口看着远处的村庄消失在浓烟和灰尘中，看着飞机库和空军基地的建筑被摧毁。台风战斗机在空中盘旋，其中有"肯"·亚当和第 609 中队的飞行员。然而，当加拿大步兵和装甲部队从浓烟中冒出来时，梅耶指挥的守军从防空壕和散兵坑里冲出来开火。温尼伯步枪团遭到重创，被德军 88 毫米的大炮和机枪打得溃不成军。

查理·马丁中士的 A 连在温尼伯步枪团的右侧，他奉命占领阵地以及空军基地东北边缘的一些建筑物和被摧毁的飞机库。尽管有重炮支援，这仍是一个很大的挑战，因为这里的地面平坦、开

阔。他没有别的选择，只能继续前进，希望战争的烟雾能给他们提
386 供足够的掩护。A 连向前推进，几个排按照一定的距离间隔开来，
其中一个 10 人的小队打头炮，另外两个小队提供火力掩护，交替
着向前推进。在占领了几座建筑物后，女王直属步枪团被告知要掘
壕固守。"太可怕了，"马丁说道，"我们不得不沿着跑道和部分旧
机库的建筑物挖堑壕。敌人注视着我们的一举一动。"

　　尽管守军顽强地守卫着空军基地的南侧，但梅耶的手下还是没
能守住卡尔皮凯。虽然进攻者的情况很糟糕，但党卫军的情况更加
糟糕，他们不得已发起的反击同样失败了。在保卫村庄的装甲掷弹
兵中，没有一个军官或军士能够死里逃生。梅耶请求迪特里希允许
他撤退，但他的请求再次被当作耳旁风。元首的命令就是铁律，雷
打不动。

*

　　到了 7 月 7 日，北安普敦郡游骑兵团第 1 营已经向东走了一
段路，来到方丹亨利（Fontaine-Henry）村。他们沿着缓缓向上的
斜坡上的树篱一字排开。前方是莱比塞伍德（Lébisey Wood），再
往前是中世纪城市卡昂。虽然准下士肯·陶特还没有参加过战
斗，但他已经目睹了很多死亡，足以让他对这次冒险失去了之前
怀有的兴奋之情。最初，他们在克勒利附近看到一辆被烧毁的德
国坦克。出于好奇，他和新加入的乘员爬上坦克。然后，他们犯
了一个可怕的错误，朝里面瞥了一眼，看到那些浑身发黑、干瘪
的乘员仍然坐在那里。陶特写道："烧焦的人体，燃烧的弹药，
还有上百万贪婪的苍蝇排出的粪便，营造了一种震撼人心的恐怖
气氛，让我们望而却步。"后来，在不远的地方，有一具德国人

的尸体散发着越来越难闻的恶臭，于是，他们奉命把他埋了。由
于雨水的缘故，土壤还很松软，他们挖坟的时候没有花费很大的
劲。他们挖了一个很好很深的坑，希望它能埋掉那既可怕弥漫，
又令人作呕的臭味。一挖好，他们就赶紧把尸体抬起来，扔进坑
里，但陶特托住的那具尸体的胳膊脱落下来。在呕吐了一场后，
他们把腐烂的尸体铲进坑里，匆忙堆上土。他们为那个可怜人举
行的葬礼一点儿也不庄严。

　　有传言说他们将前往卡昂，但是，在接到命令离开前，他们目
睹了英国王家空军的轰炸机飞过卡昂，摧毁了卡昂的北部。在看到
重型轰炸机之前，陶特和战友们已经听到了它们飞过来的声音：一
种低沉的嗡嗡声，然后越来越响，像雷声一样在他们的脑壳里回
荡。在他们第一次发现重型轰炸机的时候，它们就像斑点一样，非
常小，让人想不到它们会发出如此巨大的轰鸣声。令人难以置信的
是，这个声音越来越大，似乎空气中的所有部分都被这巨大的轰鸣
声完全吞噬了。他们想数一数有多少架，但很快就放弃了，因为几
十架变成了几百架——这是一幅恢宏的、不可思议的景象。一阵阵
的曳光弹开始从地面射入天空，就像一场非凡的灯光秀一般，但这
支庞大的机群咆哮着继续前进，显然没有受到任何干扰。然后，炸
弹开始落下，他们在坦克旁等待着，即使在那里，他们也能感到随
之而来的震荡和冲击波。"让他们见鬼去吧，小伙子们！"他们欢
呼着。在这波巨大的破坏浪潮过后，他们得知，他们将在第二天早
上与英国第 3 步兵师和加拿大军队一起攻击这座城市，这是"查
恩伍德行动"的一部分。

　　"就这样吧"，汤米·塔克（Tommy Tucker）说道，他是机组
的装弹手。"英军和加拿大军队的小伙子们都已经大显身手。现在
轮到北安普敦郡游骑兵团解放卡昂了。"

387

"希望在我们到达卡昂前德国佬已经卷铺盖回家了"，驾驶员斯坦·"希基"·希肯（Stan "Hickie" Hicken）加了一句。

*

在发起攻击卡昂的"查恩伍德行动"前，海军大炮、炮兵和战术空军的火力组成了一个巨大的攻城槌。"地窖的每个角落都在震动"，库尔特·梅耶说，当时他正在卡昂西南边缘附近的指挥部里躲避。"石膏和灰尘落在蜡烛照亮的地图上。"加拿大军队从西北方向进攻，占领了奥蒂耶，并开始对阿登修道院发起猛烈的攻击。阿登修道院最初是梅耶的指挥部，现在由党卫军上级突击队大队领袖卡尔－海因茨·米利厄斯和他的第 25 装甲掷弹兵团控制。到了下午，掷弹兵团第 2 营的所有连指挥官都被击毙。在他们的右边，德国的第 16 空军野战师正在试图冲出重围。梅耶允许米利厄斯在那天晚上撤离修道院，包括躲在地窖里的临时野战医院里的所有伤员。

那天清早，北安普敦郡游骑兵团第 1 营已经向莱比塞伍德进发。看到几千名步兵和坦克排成攻击队形，准备出发，肯·陶特感到惊叹不已。然而，令人不安的是，在他们停下来的地方附近，一名骑摩托车的英国传令兵张开四肢躺在树篱中，就像被钉在十字架上一样。他是被炸弹炸飞的，他的摩托车被炸飞到更高、更远的地方。

下午，他们轰隆隆地向前挺进，穿过莱比塞伍德，进入一片开388 阔的地带。在那里，可以看到宽阔的奥恩河山谷，甚至可以看到科龙贝勒（卡昂郊区的工业市镇）的烟囱。步兵分成两路前进。

指挥官"斯诺威"·斯诺登（"Snowie" Snowdon）下士通过

对讲机喊道："操作员，将 75 毫米的大炮装满穿甲弹。"炮手的座位在炮塔和 75 毫米主炮的右侧，装弹手在较远的一侧，指挥官坐在后面，他的头伸到炮塔外面。他们都戴着耳机。在诺曼底的坦克中，谢尔曼坦克是独一无二的，它在火炮上安装了一个陀螺仪稳定器。这意味着，较之于其他坦克，它可以在行进中进行更精准的射击。作为炮手的陶特、指挥官和装弹手坐在一个随炮塔旋转的用金属丝网围成的锥形室里，离他们较远的驾驶员和副驾驶员分别坐在左右两边，入口是炮塔前面的舱盖。在驾驶坦克时，他们可以把头伸出舱盖，也可以关上舱盖，把座位调低，然后使用潜望镜。陶特坐在火炮旁的位置上，使用潜望镜察看情况，并操纵炮塔和瞄准器，这些瞄准器用十字线来进行瞄准。不过，指挥官有一个超控开关，可以在需要时快速地转动炮塔。他的脚边有两个按钮，右边用来发射 75 毫米的火炮，左边用来发射点 30 口径的机枪。弹药随处堆放，既有实心钢穿甲弹，也有尖端装有炸药的高爆弹，它由延迟信管引爆，或者在撞击目标时爆炸。这些炸药被竖立着堆放在炮塔的周围，位于驾驶员和副驾驶员旁边的车体下面。虽然所有这些炸药距离乘员的头部非常近，空间又是如此狭窄，但乘员们不想过多地思考这个问题。

"喂，所有台，各位战友"，这是第 C 中队的指挥官在说话。现在可以通过设定的 A 频率听到这个说话声，不过，也可以在对讲机上听到，"那些烟囱里有一些不受欢迎的人。看看你们能不能把他们击倒"。

他们给火炮装上高爆弹，陶特利用潜望镜察看情况，他的前额靠在橡胶垫子上。然后，坦克进行了试射。在反冲力的作用下，整辆坦克都在颤抖。当子弹快速冲向目标，但没有击中时，他发射了几枚曳光弹。

"射程不够远！加长 200 米"，斯诺登喊道。

当敌人的炮弹令人不安地落在附近的地面上时，陶特再次开火，然后发射了更多的炮弹，就像营中的其他坦克所做的那样，但混凝土烟囱仍然完好无损，很显然，这个射程内的炮轰是无效的。没过多久，烟囱就被烟雾遮住，完全看不见了。

大约在同一时间，党卫军旗队领袖库尔特·梅耶快要被活埋了，因为他的指挥部被第 2 战术航空队的轰炸机击中。幸运的是，他已经转移到地窖里去了，尽管爆炸扫灭了蜡烛，空气里弥漫着厚厚的灰尘，导致他和参谋几乎无法呼吸。一名年轻的士兵被冲击波撞到了地窖的入口处，他情绪激动，有些失控。地窖上方的所有无线电通讯车都被摧毁了。

389

*

当北安普敦郡游骑兵团第 1 营第 C 中队向卡昂市的废墟进发时，天已经黑了。肯·陶特的坦克在前面开路。前一刻他们还在草地上跋涉，下一刻就在碎石堆上嘎吱作响地缓慢行进，谢尔曼坦克在弹坑和砖石堆上颠簸着，一会儿上，一会儿下。"不管怎样，"斯诺登下士说道，"我们已经到了卡昂。"他们都惊呆了。卡昂——或者说至少是它的北部——已经化为乌有，只留下一片废墟，尸体散发出可怕的令人作呕的恶臭，让这一切变得更加糟糕。他们爬上一个陡峭的碎石堆，然后摇摇晃晃地走到另一边。陶特使用潜望镜观看，但他什么也看不到，于是向指挥官进行了报告。

"没关系，"斯诺登回答说，"这里也一样糟糕。如果有必要的话，我们可以使用 75 毫米的火炮轰炸这里，这样一来，他们会比我们更害怕。"

他们爬上另一座山，越过了山顶。这时，驾驶员希肯失去了控制，坦克熄火了。塔克唱起一首古老的儿歌《约克大公爵》（*The Grand Old Duke of York*）。

斯诺登跳下来，他准备去和阿尔斯特燧发枪团及中队指挥官鲍比·麦科尔（Bobby McColl）中尉商议。他让陶特在这期间站岗放哨。最后，他回来了，爬回了炮塔。

他说："前面没有路了。鲍比也是这样认为的。阿尔斯特燧发枪团说留在这里没有什么用。我们来了，我们看见了，我们征服了。待在这儿确实没什么用。"当然，没有敌人朝他们开火。除了他们外，似乎没有一个人住在卡昂的废墟里。

他们还是得从深陷的弹坑里驶出来，但是，在启动坦克后，希肯设法让他们往回走。陶特写道："这是别人生活的家园，我们就在这片家园的废墟里嘎吱嘎吱地行进，然后沿着来时的路往回走。"

那天深夜，库尔特·梅耶再次请求迪特里希允许他撤离卡昂，但他的请求再次遭到拒绝。然而，这一次，梅耶决定抗命不遵，他命令手下（就是那些仅存的士兵）开始撤离。米利厄斯的团几乎全军覆没，不仅第 2 营失去了军官，现在，第 3 营也失去了军官，该营只剩下 100 多人，占其兵力的 50%。梅耶写道："党卫军第 12 装甲师的士兵已经到了体力的极限。早在几个星期前，他们就已经上战场了。那时，他们面色红润、容光焕发。现在，沾满泥巴的迷彩钢盔在那些瘦削的脸上投下了阴影，他们的眼睛常常望向另一个世界。这些士兵展现了一幅苦难深重的画面。"事实上，盖尔·冯·施韦彭格的继任者"汉斯"·埃伯巴赫将军也下令当晚从卡昂撤退到奥恩河的东侧。

查理·马丁中士在空军基地一头的散兵坑里提心吊胆地坐了 5

天，当党卫军终于撤退时，他长舒了一口气。这种经历对他们的神经没什么好处。他们终于爬出弹坑，穿过开阔地带向南走去；为夺取空军基地进行的战斗使该营又损失了 70 人，包括马丁的战友弗兰克·蒙伯森（Frank Mumberson），他失去了一只胳膊。此时，蒙伯森正坐在一辆运输车的后座上，抽着雪茄，残缺的胳膊上绑着厚厚的绷带。汽车向野战医院驶去。"英国见！"他在离开时喊道。马丁看着他，第一个月的战斗已经让马丁筋疲力尽、肮脏不堪、心烦意乱。

第 26 章　像狐狸一样生活

7 月 9 日，玛丽·穆瑞在日记中写道："我觉得非常不舒服，太累了，好几天都没办法写日记。今天早上，伦恩的绷带拆掉了。他能用左眼辨认物体，尽管很模糊。这是一个好消息。每个人都为他高兴。"伦恩刚到达时的状态非常可怕，现在他还活着，更别说还能看见东西，这简直是个奇迹。这要归功于玛丽以及医院里的所有医生和护士，但也要归功于快速改进的外科技术和青霉素的问世，这种神奇的药物能够非常有效地抑制细菌感染。这是一门新的医学科学，德国人还做不到。美国医院的水平更高；在到达诺曼底的美国野战医院后，四分之一的病人能够恢复健康，重返前线。按照战争时期的标准来看，这是一项了不起的成就，特别是因为这些帐篷医院是在一会儿泥泞不堪、一会儿尘土飞扬的条件下运作的。

病人所受的伤各种各样，非同寻常，玛丽发现自己不得不治疗非身体伤害，这是取得巨大进展的另一个领域。马丁中尉是一名军官，年仅 20 岁，刚从桑赫斯特军事学院毕业，虽然毫发无损，但他变得离群索居，不再说一句话。"如果这个年轻人想恢复健康，他需要的时间远远超出了我们能够安排的时限，"玛丽说，"他需要镇静、安慰和言语治疗。"另外，看到病房里的其他人对他充满同情、态度热情，她非常感动。马丁中尉不停地发抖，所以一些"能够站起来"的病人便帮助他进食。

392　　　然而，仍然有很多病例是现代医学无力解决的。一天，一群参与了卡尔皮凯战役的年轻的加拿大士兵来到医院，他们在一场可怕的友军火力误伤事件中被烧焦了，当时友军误以为他们是德军，便用火焰喷射器向他们开火。帐篷里的担架上挤满了被烧焦的躯体，一些人安静地死去了，一些人在大声尖叫。玛丽写道："他们的身体焦黑，样子十分可怕。我们给他们注射了一次又一次的吗啡，然后无助地看着他们死去。我们把尸体抬出病房，然后继续救人。他们都那么年轻，那么害怕。"

　　虽然在上代人发生的大战中，数以百万计的年轻人在西线惨遭屠杀，但是，这些人在前线经常轮换，而在大规模的进攻之间——任何人一年参加一次以上的大规模进攻都是不幸的——并没有发生太多的战役。虽然那时有无情的炮击，有夜间巡逻，还有狙击手，但对在诺曼底作战的士兵来说，这些危险也是司空见惯的。而现在，士兵们每次上前线一待就是好几个星期。鲍勃·斯劳特和第111步兵团、第4步兵团以及加拿大第8步兵旅的小伙子们，还有舍伍德游骑兵团的坦克兵们，一直都在参加激烈的战斗，几乎没有中断。盟军是这样，德军更是如此；自登陆日起，卡尔·韦格纳就一直处于命悬一线的状态。汉斯·海因兹和库尔特·梅耶也是如此。海因兹的第5连饱受逃兵之苦，尤其是那些德意志裔人——由来自德国境外的德裔组成的军队。当逃兵是件危险的事，如果被抓住，就会立刻被处死。尽管如此，海因兹还是能够理解他们为什么要冒险这样做。"我们的星星正在落下，"他说，"因此，又有谁可以责怪他们呢？"

　　7月12日，查理·马丁中士和他在A连幸存下来的战友们终于被转移到一个休息区，尽管他们仍在敌人炮火的射程之内。这里搭建了移动淋浴设备，他们可以在里面洗澡，这是他们自登陆前在英国登船以来第一次洗澡。从那时起，马丁连内衣都没有换过，脱掉内衣后，他直接扔了。马丁本来可以把脏内衣换套新的，但负责洗浴的军需官告诉马丁，因为他没有上交脏内衣，所以不能请求换一套新的。听了这话，马丁火冒三丈，他光着身子，抓起一把布伦机枪，在营地里追着军需官，并对军需官大喊大叫。他说："当我回到移动淋浴设备时，他们同意为我提供一套新内衣。事实上，那里突然安静下来，于是，我自己拿了一套。" 393

　　德军饱受缺水之苦。驻守在蒂伊附近时，在大部分时间里，赫尔穆特·里特根上尉和他的手下根本无法靠近瑟勒河。他说："脱衣服和洗澡都是一件极其奢侈的事情，但士兵们会抓住每一个机会刮胡子。"在漫长的夏日，即使是阴天也常常很温热，再加上他们总是绷紧神经，这意味着，他和部下常常觉得口干舌燥。由于缺水，他们开始喝当地的苹果酒、白兰地、葡萄酒，甚至是干邑，尽管出于某种原因，他们很少喝醉。他们还尽可能多地抽烟。打败英军的最大一个好处就是可以获得大量的食物，特别是还可以获得香烟。他们的军粮只在晚上供应，而且通常很难吃。

　　7 月 4 日，沃尔特·凯恩和多塞特步兵团第 4 营的士兵在前线做了一些清洗工作。太阳出来了，阳光猛烈、温暖，他们便在一条小溪里洗衣服，甚至在那里得到了一些干净的内衣。这也是凯恩离开英国后得到的第一套内衣。然而，挖堑壕占据了他们日常生活的很大一部分。凯恩发现，在前线的时候，他们挖堑壕，然后撤退一小段距离，之后又回到前线。他们就这样不间断地重复这个过程。作为讯号排的一名高级军士，他还必须一次又一次地安装讯号设备，然后拆除设备。不过，他们很擅长这项工作。只要情况允许，他们就会利用破旧的门、碎木片或树枝作为额外的掩护。查理·马丁认为，最好的散兵坑是 L 形的，一名士兵在较短的部分值班，其他士兵可以在较长的部分睡觉。

在头部中弹 4 天后，鲍勃·斯劳特回到了前线——自登陆日以来，他也只是在那几天离开了前线。他和一位来自马里兰州预科学校的列兵刘易斯·卡斯（Lewis Cass）一起进入了一个狭长的掩壕。虽然斯劳特只有 19 岁，却叫卡斯"晚辈"。他们的散兵坑盖有木头，上面堆着泥土。他们住在这里，像地底下的老鼠一样。斯劳特写道："晚辈和我都非常可怜。细小的黄色尘土从顶部的缝隙中漏下来，粘在我们汗涔涔的皮肤和眼睛上。"他们的眼睛充血、肿胀。当他们想上厕所的时候，他们就放好武器，在堑壕里的一个容器中方便一下。尽管不断有新的兵员到来，但斯劳特认为，任何人只要活过一周，都可以认为自己是老前辈。大多数时候，他们吃的是"K-口粮"①、盒装冷食——加工肉类、巧克力、硬饼干和糖果——早餐、午餐和晚餐的内容略有不同。之所以这样设计，是为了每日给军队提供足够的能量，然而，士兵们还是很快消瘦下来。斯劳特注意到，他们的肋骨、肩胛骨和喉结都开始凸出来。他们的制服很脏，手也很脏，沾满了油泥。年轻的马丁中尉并不是唯一一个在崩溃边缘垂死挣扎的人。斯坦利·科里恰克（Stanley Koryciak）是斯劳特指挥的 D 连的一名士兵，他只有十几岁。在登陆日抢滩后，他在树篱间英勇作战，不过，他也失去了几位亲密的朋友。他的行为突然开始变得怪异，经常哭；当猛烈的炮火袭来时，他甚至变得歇斯底里。很明显，他承受着巨大的战斗压力，于是，他被送回炊事区休息一下；大家希望他离开前线几天，吃几顿

---

① 系一种单兵军用口粮，完整的一份可满足一名普通士兵一天的消耗。K-口粮在第二次世界大战中由美国陆军引入。但早期的 K-口粮只配发给空降兵、坦克部队、摩托化部队等机动部队，供机动部队作为临时性的食物。一份完整的 K-口粮被包装在三个独立的盒子中，分为早餐、晚餐、夜宵。

热饭，休息一下，那样他就会好起来，恢复正常。结果，他用枪爆了自己的头。

"总而言之，"赫尔穆特·里特根说道，"我们就像狐狸一样生活在地上。"在大部分时间里，他们都在遭受炮火的攻击——白天，他们受到战斗轰炸机、大炮、迫击炮和离岸海军火炮的骚扰；晚上，火炮和迫击炮的炮弹继续像雨点般落下。里特根认为，只要炮弹不是直接向他飞来，他就可以在炮火中安稳地睡觉，尽管睡眠不是很深。约翰·塞姆肯少校是舍伍德游骑兵团第 A 中队的指挥官，在夺取蒂伊的战斗期间，他精疲力竭，即使大炮在距离他只有几百码的地方开火，他仍可以在猛烈的炮火中睡着。大多数时候，里特根都睡在坦克下面的狭长掩壕里。他甚至将第 2 营的指挥部建在一辆坦克的下面。尽管那里环境幽闭、空气浑浊、烟雾弥漫、油渍斑斑，但和冒险住在地上比起来，这是一个更好的选择。

肯·陶特和雷格·斯皮特也是一样的，他们经常在地上挖一个洞，然后将坦克开到洞的上面，以此作为掩护。在"埃普索姆行动"期间，雷格·斯皮特和他的中队撤回来过夜，并奉命在一个已经被步兵占用的区域集合。斯皮特从坦克里跳下来，就在他准备让驾驶员关掉坦克的时候，一个声音说道："你能把坦克往前开一点吗？"当时在下雨，占据着狭长掩壕的两名士兵想让克伦威尔坦克停在他们的上方，以防他们被雨水淋湿。斯皮特很乐意帮忙，因为他和他的乘员打算在坦克里打几个小时的盹。

在坦克车组工作是非常累人的，因为驾驭这样的野兽极其耗费体力，而且，在一天结束的时候，还要进行维修检查，给坦克加油、装弹药。这一切都需要时间，在完成前，没人可以休息。车组人员经常急匆匆地吃完饭。肯·陶特说："你无法和大家一起吃饭、睡觉。你只能在适当的时候吃饭。"在行进过程中或者在前线

395

以外的地方，他们可以从当地农民那里交换食物。许多乘员在坦克背后或车体的箱子里养鸡，以便获得鸡蛋。整个诺曼底布满了动物的尸体，只要动物还没有开始腐烂，士兵们就会把它们切成一块一块的。"这可以增加我们的口粮，"陶特说道，"虽然数量不多，但足以改变局面。"

然而，驾驶坦克并不是一项自然而然就会的工作。坦克里面会变得非常非常热，虽然有舱盖，但很快就会烟雾弥漫，尤其是在不断行进和开火的时候。坦克里弥漫着一股油、汗、尿、线状无烟火药和橡胶的臭味。没过多久，喉咙就会变得很干，眼睛刺痛。尽管豹式坦克体型庞大，但里面的空间非常狭小。驾驶室和炮塔是不能连起来的。炮塔内的空间只能勉强容纳三个人——指挥官、炮手和装弹手。谢尔曼坦克有一个反冲力防范装置，豹式坦克虽然很复杂，但它没有这样的防范装置；这尤其不利于装弹手，因为他们的手臂、肩膀甚至头部经常被震伤。

坦克的伤亡情况和步兵差不多，甚至更糟。德国的豹式坦克和虎式坦克以及英国的丘吉尔坦克都装上了最厚的装甲，但是，这些坦克还是很容易被击中并发生爆炸。谢尔曼坦克、克伦威尔坦克和Mk IV 坦克更容易受到攻击，因为它们的装甲没有那么厚，而且它们的火炮口径没有豹式坦克和虎式坦克的大，因此，它们需要靠得更近才能发挥效力。谢尔曼坦克被称为"龙森打火机（Rason）"——美国的香烟打火机——或"英国士兵的炊具"，因为一旦被高速炮弹击中，它们经常会燃烧起来。坦克的个别部位装有更厚的装甲，例如炮塔和前斜面，它们的装甲通常是最厚的。然而，即便 88 毫米的高速炮弹没有完全穿透坦克，也能杀死乘员。例如，炮弹穿透的尺寸也许只有硬币那么大，但是，这足以在另一边冲压出一个与炮弹直径一样大的环形坑。冲压出来的大块装甲会撞到最近的坚硬物体，但剩下的碎片变成了数以千计的熔化的钢屑，这些钢屑被甩到坦克的内部，然后冷却成锯齿状的碎片。如果炸弹击中了坦克内的炸药，后果将是灾难性的。炮弹在坦克内部产生的动态压力也可能是致命的。一旦坦克开始燃烧，乘员们只有几分钟的时间逃生；在其他情况下，当爆炸和压力相结合，这就意味着，坦克的整个内部连同里面的所有东西都将被炸毁。一个几吨重的炮塔像香槟的软木塞一样在空中爆炸，这种景象并不少见。在前线待了一两个星期后，很少有乘员的坦克不会被撞坏；可能是履带损坏，也可能是一些相当小的部件损坏，但是，当坦克在行动中停止时，它就变成了一个静止而非移动的目标，这使得它更容易受到攻击。

396

*

7 月 7 日，在原定日期的 12 天后，装甲教导师终于开始向西移动，以支援德军守卫圣洛，尽管该师打算暂时不要与敌人交火。这是一支后备机动部队。赫尔穆特·里特根上尉的一个装甲连还要再待几天，其余的连将在那晚出发。虽然距离只有约 25 英里，但他们仍然花了三个晚上的时间，在崎岖狭窄、布满弹坑和残骸的道路上迂回前进，前往新的阵地。

9 日午夜前后，他们终于到达了蓬埃贝尔（Pont-Hébert）附近的集结区，随即投入了一场攻击行动，德军曾向他们保证不会执行这样的行动。然而，这都是因为局势让人绝望，以及美军的最新攻势造成了威胁。这意味着，他们没有时间进行任何形式的侦察，也没有时间欣赏位于诺曼底那片区域的茂密的"波卡基"。里特根说："波卡基导致我们的视野受限，对炮轰造成了影响，也让我们无法在为数不多的狭窄道路的两边移动，我们在使用坦克时遇到了很大的困难。"每一个美国和英国的坦克车组人员都会同意他的看法。

反攻不可避免地彻底失败了。和在更东边的空地上的情况一样，在"波卡基"中也是如此：要想成功发起决定性的进攻是极其困难的。那天晚上，里特根又损失了两名军官，在接下来的几天，他还将失去更多的军官。由于缺乏火力支援和步兵数量锐减，他的装甲部队被迫充当反坦克炮手，他们堵塞了道路和潜在的咽喉要道。更糟糕的是，由于缺少步兵，他们投入战斗的时间远远超出了能够承受的范围。此外，就像他们在英军和加拿大军队的阵地遭到了炮轰一样，他们在美军的阵地也遭到了同样猛烈的炮火和迫击炮的轰击。里特根说："我的乘员因为无法移动而遭受了极大的痛苦，他们四肢肿胀，精神崩溃。"到了 7 月 15 日，自从将第 2 营的军官部署到诺曼底以来，他已经损失了 15 名军官；同第 2 营一起离开德国的中尉，现在一个也不剩了。军士们的情况也好不到哪里去。对士气和战斗力来说，这都是不利的。责任的重担，目睹了这么多士兵的牺牲，还有战争的无情，让里特根痛苦万分。即使离开了前线，也无法逃脱。第 2 营的经历是整个师的缩影。到达法国时，该师装备精良，但从它开始向诺曼底进军的那一刻起，它就每天遭到一点一点的蚕食。很快，装甲教导师的兵力所剩无几。然而，美军甚至还没有发起重大进攻。

*

虽然盟军在集结兵力方面毫无疑问地赢得了胜利，但是，越来越多的德国军队正在到达前线。和第一批驻扎在诺曼底的援军一样，他们也是渐次到达的，一次一个部队。他们沿着因为盟军持续不断的空袭，或者因为抵抗组织、英国特种空勤团和杰德堡行动组而惨遭破坏的公路和铁路艰难地前进。所有试图走这条路线的士兵都接到了严格的新指示。新指示规定："兵分几路。避开主干道！部队里的每个士兵都必须知道目的地是哪里（把它写下来！）。这样做的理由是：如果行进中的某个排因为空袭而被炸飞，那么每一辆汽车和每一个士兵仍必须到达行进的目的地。在适合盟军空袭的天气期间，不要使用封闭的乘用车！如果有必要，观察员应该站在脚踏板或挡泥板上！"新指示还介绍了护卫队、如何进行伪装、等待修路部队的正确流程、车辆之间的距离等细节。新指示明确指出，虽然这会造成损失，但关键是尽量把损失控制在最低限度。

　　正如第 277 摩托化炮兵团发现的那样，这让他们前往诺曼底的速度变得异常缓慢。该炮兵团隶属于第 277 步兵师，驻扎在法国南部的贝济耶（Béziers）附近。他们于 6 月 23 日接到了行军命令。炮兵列兵埃博哈德·贝克（Eberhard Beck）时年 18 岁，是第 10 炮兵营的炮手，他操纵的是 sfH18 式 150 毫米重型榴弹炮。他出生在阿尔巴尼亚的地拉那（Tirana）。他非常不情愿地应征入伍，如果不是因为战争，他做梦都想不到自己会穿制服。法国南部的条件很艰苦，如同地狱一般，但至少是平静的，他尽职尽责地参加训练，尽管没有多少热情。现在，他要上前线去打仗了。这对他来说毫无吸引力，他只是希望战争能结束。

　　旅程从火车开始，火车开得很慢，而且经常中断。但是，在到达卢瓦尔河后，他们步行走完了余下的路程，炮管和炮架分别由马拖着走，就像腓特烈大帝时代一样。"有匹马掉了一个蹄铁，造成了很大的麻烦，这时有人发布命令：'修蹄帅到前面去！'"贝克写道，"这个情况导致所有的一切都瘫痪了。它扰乱了整个部队，中断和拖延了行军。"当他们终于接近前线时，与他们一起跋涉的步兵部队也加入进来，尽管这两支部队间隔一段距离分开行军。当步兵部队经过这支马拉的炮兵队伍时，他们反复询问贝克和他的战友们那些神奇的新武器什么时候到达。

在行军的最后一晚，当贝克和战友们接近前线时，他们看到炮弹和照明弹照亮了天空：争夺卡昂的战斗仍在继续。然后，他们来到埃夫雷西（Évrecy）的废墟，它坐落在第 112 号山头的东南几英里处。他写道："前线的火光照亮了田野和街道。整条火光在扭动着、闪烁着……行军让人疲惫不堪，心情沮丧。炮声越来越响，火光越来越亮。"他们走到埃夫雷西和埃斯凯圣母镇（Esquay-Notre-Dame）之间的道路上，这条路穿过第 112 号山头的北侧，一直通往埃泰尔维尔（Éterville）和卡昂。那是 7 月 9 日星期日的凌晨 2 点左右。贝克被分配到第 2 炮队，马被拉进了一条狭窄不平的小路，路的两旁种植着高大的树木。走了几百码后，他们离开小路，进入了一块空地，周围耸立着更多的树木，这可以给他们提供一些急需的掩护。贝克爬上一棵树，想砍断一些树枝，就在他这么做的时候，敌人的炮弹呼啸而过。不久，第一个伤亡人员产生了。在将马从火炮那里牵走时，一名马夫被击毙。贝克说道："据说他的头被一枚炮弹炸了下来。"下一个任务是挖散兵坑。贝克筋疲力尽；所有人都一样，而且都饥肠辘辘。天一亮，一辆炊事马车到达了他们的射击阵地，带来了一些热食。一切都很好，就在这时，更多的炮弹呼啸而过，马的后腿直立起来，食物罐被打翻。

399　　那天的晚些时候，他和战友们去侦察新环境，遇到了党卫军第 9 "霍亨斯陶芬" 装甲师的一些士兵。党卫军士兵的迷彩服、闪亮的新武器和最新的装备让贝克和战友们惊叹不已。贝克尊敬这些人，但并不嫉妒他们。贝克写道："对我们来说，战争早就输了，而我们必须活下去。我们知道，这些人是被无情地卷入战火的。"

*

埃博哈德·贝克不知道的是，他在英国第二集团军发动最新一轮攻击——木星行动（Operation JUPITER）——的前一天到达。虽然卡昂已经陷落，但德军仍在顽强地守卫着奥恩河另一边东南侧的阵地，他们仍然控制着第 112 号山头，迈尔斯·邓普西将军和盖尔的继任者"汉斯"·埃伯巴赫将军都清楚，这是一块至关重要的高地。十天前，奥康纳将军决定撤离第 112 号山头，虽然这个决定很可能是正确的，但不可否认的是，这里会再次成为一块难啃的硬骨头。守卫防线的是党卫军第 9 装甲师和第 10 装甲师，他们的状况比党卫军第 12 装甲师要好得多，而且他们的所有部队现在都抵达了前线。此外，他们的麾下有第 102 重装甲营，该营装备了虎式坦克，他们还拥有一系列 88 毫米的火炮和反坦克炮，而且第 277 步兵师也加入了党卫军第 2 装甲军。进攻这块高地的是第 43 威塞克斯步兵师，他们有丘吉尔坦克和鳄鱼喷火坦克作为火力支援。

为第 43 威塞克斯步兵师提供支援的是常规的重型火炮。沃尔特·凯恩中士从未经历过这样的战斗。他几乎无法专心思考。随后，从头顶飞过的台风战斗机发起猛烈的攻击，利用火箭弹、炸弹和大炮扫射敌人的阵地。他们轻而易举地攻破了第一个目标，这主要是因为埃伯巴赫已经命令他的部下回到横跨第 112 号山头的战线。凯恩在多塞特步兵团第 4 营的起始防线附近安装了讯号设备。虽然敌人的"呻吟米妮"和炮弹呼啸而过，但他们还是抓获了第一批俘虏；凯恩认为他们看起来既疲惫又惊恐。几个小时后，营指挥部得到消息，盟军成功占领了埃泰尔维尔，它就坐落在从埃夫雷西到卡昂的路上。因此，凯恩和讯号排的其余成员同营指挥部一起向村庄教堂的废墟进发。"我们刚进入教堂，炮弹就像雨点一样落在我们的身上，"凯恩说，"这真的很可怕，真的让人神经紧张。看来，我们在这个村子里不会过得很轻松。说实话，如果每次袭击都像这样，那么我也无法保证自己能否多活几天。"

400

激烈的战斗持续了一整天。丘吉尔坦克具有 150 毫米厚的车体前装甲，比战场上的任何其他坦克厚 30 毫米，从理论上来讲，它是支援步兵前进的不错选择，而且从一开始进展就很顺利。盟军不仅占领了埃泰尔维尔，还占领了远处的马尔托（Maltot），坦克和步兵都轰隆隆地沿着缓缓倾斜的不是很陡峭的宽阔斜坡向第 112 号山头进发。然而，当他们接近山顶时，在远处等待的虎式坦克和 88 毫米的大炮对他们进行了近距离轰炸。无论丘吉尔坦克的车体前装甲有多厚，也无法抵御。那天，第 31 装甲旅损失了 39 辆坦克，大多数坦克散落在坑坑洼洼的第 112 号山头的空地上，燃烧着熊熊的烈火。

后来，第 43 威塞克斯步兵师的师长艾弗·"屠夫"·托马斯（Ivor "Butcher" Thomas）少将命令另一个旅的坦克——这次是装甲较薄的谢尔曼坦克——前去支援丘吉尔坦克。但是，新上任的年轻旅长迈克尔·卡弗（Michael Carver）断然拒绝了，导致二人发生了争吵。然而，卡弗原地不动，因为他明白谢尔曼坦克将卷入一场自杀性进攻，程度要比轻骑兵旅在巴拉克拉瓦（Balaclava）经历的更具毁灭性。[①] 毫无疑问，他作出了正确的决定。

与此同时，沃尔特·凯恩看见大量的伤亡人员涌回村庄；医务

---

① 在 1854 年 10 月 25 日爆发的克里米亚战争的巴拉克拉瓦战役中，卡迪根伯爵带领英军的轻骑兵向俄军发起冲锋。当时，英军总指挥拉格兰男爵派遣轻骑兵夺取战线附近正在撤退的俄军大炮，通讯人员错误地传达了他的命令，仅装备马刀的轻骑兵在易守难攻的地形上正面冲向准备充足的俄军炮兵。轻骑旅在猛烈的火力下成功冲入了炮兵阵地，但因为伤亡惨重，被迫撤退。在战斗中，英军付出了沉重的代价，引以为傲的轻骑兵团几近全灭，但没能取得任何战果。

官和他的团队正在努力应对。凯恩和他的部下正在拼命地挖堑壕，他估计自己挖了整整两个小时，他不停地抽烟，大口喝着水壶里的水。连队的送信员说他看起来非常冷静。凯恩则说："他不知道我有多害怕。"过了一会儿，60 码外的两辆布伦机枪运输车被击中，并燃烧起来。凯恩意识到，要是燃烧着的运输车上的弹药发生爆炸，可能会击中装甲车，车上装有与炮手进行无线电通讯的设备。装甲车停在一条小路上，几辆废弃的摩托车挡住了小路，他和几个士兵冲过去，把摩托车拉开。就在这时，一枚炮弹从他的头上呼啸而过，击中了他们身后的一堵墙。不过，他们完好无伤。现在，他们可以把装甲车移到一个更安全的位置。

　　下午 3 点，喀麦隆人苏格兰步枪团接管了他们的阵地，他们撤退到一个树林的边缘。在那里，他们发现了一些德国士兵的尸体。他们还没来得及补充燃料、喘口气，就听到消息说汉普郡步兵团第 1 营在马尔托特被包围了，需要援助。于是，在坦克的护送下，他们出发了。在到达村庄边缘时，他们遭到了猛烈的轰击。凯恩走在讯号队和营指挥部的后面，但是，当他们穿过村子前面的空旷麦田时，机关枪对他们进行了扫射。"简直就像地狱一样，"凯恩写道，"没有人敢把头伸到玉米的上方。德国佬一发现动静，就是一通猛烈的扫射。"他们被压制住了，只能待在那里，直到晚上 7 点左右，他们才奉命撤退。

　　然而，对带头进攻马尔托的 A 连来说，一切都太晚了。整个连的士兵要么阵亡，要么受伤，要么被俘。死里逃生的士兵沿着一条奉命要不惜一切代价守住的防线拼命地挖堑壕。凯恩发现他的人部分讯号设备在进攻中被毁，而与连队一起行进的讯号员不是丢失就是遗弃了无线电设备；两名讯号员受了重伤，两人被俘，至少一人死亡。对多塞特步兵团第 4 营来说，这是非常可怕的一天；而对

401

整个师来说，这也是非常糟糕的一天。

第二天（也就是 7 月 11 日星期二）的黎明时分，凯恩和战友们一直处于戒备状态，他们累得像狗一样，几乎要倒下了。这是他一生中最糟糕的 24 小时。他写道："看着士兵们倒下，听到受伤的士兵痛苦地哭泣和呻吟。只要活着，我都不会忘记这个经历。"他们还非常饿。一名炊事员和一些士兵设法从一些被击毁的运输车上抢救出了一些袋装野战口粮。于是，每个人都得到了一些食物。更让凯恩担心的是，他的香烟弄丢了——自从到达诺曼底后，他就成了一个烟鬼——不过，他讨要了足够的香烟来维持自己的烟瘾。

天刚亮，德军的迫击炮就开火了。很快，他们就看到敌人正在集结，准备发起反攻。凯恩看到一名前线观察员正在一辆侦察车里指挥他们身后的炮兵。"感谢上帝，"凯恩说，"因为几分钟后，我们进行了猛烈的炮轰，轰击他们，是的，轰击他们。我们看到炮弹落在德国佬中间的玉米地的边缘，发生了爆炸。"两辆坦克瞬间起火。

到了傍晚，战斗逐渐结束。英军的步兵和装甲部队再次向前推进，他们再一次用机枪、迫击炮和反坦克高速炮来对付掘壕固守的德军。然而，正如预见的那样，德军随后发动了一系列猛烈的反攻，就在这个时候，盟军开始反击，并彻底阻止了德军。第二天，也就是 12 日，多塞特步兵团第 4 营撤退，幸存的士兵们能够洗洗脸、刮刮胡子、洗个澡。然而，他们几乎没有时间休息，因为他们必须从后方指挥部的车辆上卸下所有阵亡士兵的个人物品，然后筛选一番，送到死者的亲属那里。凯恩和佩尼（Penny）下士一起整理了讯号排士兵的个人物品。看到他损失的那些士兵的妻子、爱人和家人的照片时，泪水涌上了他的眼睛。

*

　　然而，越来越多的士兵到达了前线，对许多人来说，第一次战斗的经历是一种可怕的打击，这是一种地狱般的经历，再多的训练也无法让他们作好准备。7 月 12 日，在党卫军第 17 装甲掷弹兵师的第一批部队到达一个月后，17 岁的威利·穆勒和该师先锋营的其余成员终于到达了。正如预料的那样，这趟旅程非常可怕——速度慢得令人苦恼，一路上不断受到战斗轰炸机的攻击。让穆勒和战友们大为烦恼的是，他们接管了党卫军第 38 装甲掷弹兵团第 1 营驻守的位于特里贝乌（Tribehou）村两边的阵地。一到达阵地，他们就派出了侦察队。紧接着，其中的一群人碰到了一些美国士兵，很快就被俘获了，而穆勒和战友兰格（Lange）、斯派达尔（Speidel）乘坐一辆两栖车逃离，幸运地躲过一劫。他们向莱尚德洛斯克（Les Champs-de-Losque）村驶去，就在该村东南侧的几英里处，他们遭到了一架战斗轰炸机的攻击。他们急忙停下车，跳下车，径直走向另一个部队，该部队的副官解释说，指挥官已经被击毙，美军的坦克正在突破防线。突然，另一架战斗轰炸机向他们俯冲过来，穆勒急忙扑向树篱，子弹在他的周围呼啸而过。在战斗轰炸机飞走后，他回到路上，却发现两栖车和两名战友不见了。穆勒不相信他们抛弃了自己。随后，穆勒意识到，一定是副官命令他们把他送到营指挥部，以便报告美军的突破情况。

　　穆勒孤身一人，陷入了困境。他想回到大本营，但大本营离他几英里远。他开始跑起来，但突然间，马路遭到了美军炮火的袭击，炮弹呼啸而过。每当他听到警报的哨声，他就跳进树篱，尽可能缩成小小的一团，然后站起来继续跑。就在这时，他发现了一辆旧的自行车。其中的一个轮胎瘪了，但他并不担心；只要能让他回到大本营就行了。最后，他看见一辆汽车向他驶来，他向它招手，看到驾驶员是自己的副官，他松了一口气。回到大本营后，他和兰格、斯派达尔再次被派去执行最初的侦察任务。虽然这看起来很疯狂，但话说回来，这个营刚刚抵达，对周围的情况不是很了解，如果美军真的在突破，那么很显然，他们需要了解情况，并弄清楚美军已经突破到了何种程度。

　　他们又出发了，直到看见一个惊恐的、没戴头盔的德国士兵方才停下来。德国士兵告诉他们，美军已经包围了他们。仿佛是为了印证他的话一样，他们听到身后传来美军机枪的嗒嗒声。穆勒和战友们下定决心不能被美军俘虏；如果不得已被抓了，他们就拿起卵形手榴弹把自己炸了。"我们是如何产生这个可怕的想法的？"穆勒写道，"在我们的潜意识里，我们认为武装党卫军的士兵被抓是有失身份的。谢天谢地，事情没有发展到那样的地步！"事实上，夜幕一降临，战斗的声音就停止了。于是，他们开始步行，最终到达了哨兵那里。这些哨兵是伞降猎兵。现在已经过了午夜，他们不知道口令是什么，但设法让守卫相信他们的身份。获准通过后，他们继续前进。没过多久，他们发现了两个连的残部。这就是穆勒在前线的第一天，这一天当然是令人难忘的：他曾多次遭到空中扫射和炮击，两次迷路，后来发现自己被敌人包围，并考虑自杀。"一个17岁的小伙子如何忘得了这样的日子？"他暗暗思忖道。

　　在树篱的另一边，威廉·贝赫尔已经到达了前线，并加入了第90步兵师的步枪排。现在，他来到了前线，想要证明自己的能力。7月6日，他效力的第357步兵团K连第1排开始行动，这是第7军向南广泛推进的计划的一部分，他们沿着公路的轴线穿过"波卡基"发起进攻，这条公路是古罗马时期建造的，从圣若雷（Saint-Jores）

村延伸到勒普莱西拉斯泰尔（Le Plessis-Lastelle）。下午 3 点左右，当 K 连发起攻击时，他们正在接近博库德赖（Beau-Coudray）村南侧的高地。

这里的守军在地形上占优势。就在博库德赖的北面，有一片特别密集的田野，很难占领。南边的地势向上爬升，周围环绕着很多并排的树篱，由西向东延伸，与美军前进的轴线成 90 度角。在诺曼底，很难找到比这更密集的树篱了，有些田地的宽度只有 20~30 码。田地的角落有些缺口，贝赫尔和第 1 排正在攻击那些田地。头两名士兵一进入田地，就被炮火向后炸飞。

"医生！"有人喊道。

贝赫尔低头看着他们毫无生气的身体，鲜血从他们的口中喷涌而出。他说："我觉得医护人员也帮不了他们。"可是，盟军一直告诫他们永远不要停下来，要继续前进，因此，贝赫尔和班里的新战友跑过去，冲进了田野。他回忆说："机枪在开火，头两个士兵被打死了，还剩下 3 个。突然间，我向四周看了看，发现除了我以外，没有其他人。所以，我站起来，跑了回去。"他们面对的是拥有大量机枪的第 15 伞降猎兵团，德军的这支伞兵部队刚刚到达诺曼底。贝赫尔安全地回到树篱的后面。之后，他和战友们用无线电请求炮兵和空中支援。不久，美军的炮弹呼啸而过；接着，P-47 雷电战斗机出现了，对德军的阵地进行了狠狠打击。但是，这没能阻止他们在博库德赖陷入困境，贝赫尔和第 3 营的战友们跳到散兵坑里。从那时起到 7 月 11 日，他们不得不面对敌人的 14 次反击。在敌人的一次进攻中，贝赫尔惊奇地看到伞降猎兵冲过田野，步枪上的刺刀闪闪发亮，队列里奏着军乐。他说："我们不停地开火，直到弹药几乎用完。"不过，这足以拖延敌人的进攻。他们再次重复了相同的作战模式：用步兵进行攻击，遭受重击，撤退，等待反

404

击，打击敌人。这个模式速度慢、消耗大、代价高，但他们没有切实可行的替代方案。

理查德·布莱克本（Richard Blackburn，昵称"布莱基"）少尉在第 90 步兵师以西几英里处的拉艾迪皮镇开始战斗。他来自宾夕法尼亚州的贝德福（Bedford）县。7 月 3 日，他刚满 25 岁。尽管他从 1940 年起就有资格应征入伍，但直到 1942 年 2 月，他才被征召。作为一名大学毕业生，他最初被挑选出来从事参谋工作，但他在训练中表现出色，而且身体强壮、天资聪颖，足以申请候补军官学校，即使这意味着要申请当步兵，他曾发誓永远不会当步兵。尽管如此，他还是同意了，因为比起坐在桌子后面填写无数的表格，他更愿意扛着步枪上战场，帮助盟军赢得战争。作为一个虔诚的基督徒，他认为这是他的道德义务。他写道："经过深思熟虑和祈祷，这似乎是一条正确的路。"

7 月 4 日，他以替补军官的身份抵达诺曼底，这是他的战斗之旅中最艰难的部分之一。他被分配到第 8 步兵师第 121 步兵团 A 连。7 月 13 日，他加入了亚瑟·凯泽（Arthur Kaiser）上尉指挥的 A 连。凯泽很友好，立刻欢迎他的到来，但严肃地警告他把中尉的标签从衣领上取下来，因为德军专门把军官作为袭击目标。布莱克本对周围的死亡和毁灭场景感到震惊。当他和凯泽交谈时，就在离他们几英尺远的地方，躺着两具德国士兵的尸体，他们的身体膨胀变形。

第二天，也就是 7 月 14 日星期五，该营向南攻打亚伊河（Ay River）。这里的地形是一片连绵不断的沼泽，开始时深至脚踝，后来深至膝盖。很快，他们遭到了轻武器、迫击炮和大炮的攻击。当布莱克本接近进攻的起始点时，子弹开始砰砰砰地呼啸而过，他可以感觉到自己的心在狂跳，但奇怪的是，他一点儿也不害怕。他想到可能会发生什么，但很高兴自己还能思考。沼泽里、路上、沟里都躺着死尸。倒塌的建筑物，曾经的住宅，都变成了废墟。被击中的车辆在燃烧，车上的人也在燃烧。

此刻，指挥官下达了向前进攻的命令。布莱克本向前推进，并敦促他的手下前进。他意识到，这一点儿也不光荣。相反，这非常残酷，充满了暴力，死亡在每个人的头顶盘旋。尽管如此，他还是完成了任务，占领了目标。随后，他们开始挖堑壕，这是他第一次体验每个步兵都要做的事。几天后，他这位新人的光彩就消失了。长了好几天的胡子遮住了他的脏脸；他又脏又臭，住在一个地洞里。他写道："我很难习惯这样一个事实：在附近的树篱中，隔壁房子的窗口处，前面的沟里，或者下一棵树的后面，总是埋伏着德国士兵，他们等着杀我。"

*

到了 7 月中旬，仍然没有迹象表明盟军取得了决定性的突破，不过，他们正在开拓阵地，攻击和粉碎敌人，削弱敌人的力量。此外，他们也在学习。自 6 月 11 日以来，美国的第 2 "勇士"师就一直被困在第 192 号山头附近的山脊下。不过，当他们于 7 月 12 日发起第三次大规模进攻时，他们有了一个野战炮兵装甲团、邻近的大红一师的另外两个营和一个装甲团的支援。更重要的是，尽管在过去的一个月里他们遭受了巨大的损失，但补充兵员已经抵达，这确保了进攻营是以几乎全部的兵力发起进攻，人数要比驻守阵地的第 3 伞降猎兵师多。那天，美军最终占领了第 192 号山头，向前推进了 1500 码，非常接近从巴约通往圣洛的关键的高速公路。

第二天，也就是 7 月 13 日星期四，《纽约时报》的记者汉森·鲍德温（Hanson Baldwin）来到布拉德利的总部，开始向"切特"·汉森和其他参谋发表自己的看法，他毫不掩饰自己对盟军在内陆取得的有限进展所表现出来的蔑视。汉森说："他问我们为什么不加快速度，却没有考虑到我们战斗的乡村遍布树篱，对我们的行动造成阻碍的地形，阻碍我们前进的沼泽，机动空间有限，以及我们在发起进攻前必须集结兵力等问题。"汉森有理由感到愤怒。鲍德温的言行折射出身在英国的某些人的行为和看法：他们盯着一张二维地图，将诺曼底战役与东线的激烈战役进行比较。在东线，苏联的快速推进已经导致红军伤亡数十万人，只有斯大林那样的政权才能承受这种损失，因为在那里，士兵的生命一文不值。信奉民主的同盟国以及他们征召的军队，压根不会这么轻率地浪费年轻士兵的生命，他们的指挥官和战事领导人都是坚持这种理念的善人。随着技术和战术的不断改进，盟军可以在物资方面获得巨大的支持，这才是他们应该选择的做法。尽管鲍德温发表了一些可鄙、傲慢的看法，但盟军的做法还是起作用了。如果艾森豪威尔、蒙哥马利、布拉德利等人像墙上的苍蝇一样趴在敌人的总部和指挥部的墙上观看，那么他们一定会充满信心、振奋起来。虽然德军的大坝还没有决堤，虽然在接下来的一个星期里，令人失望的事情还在继续，但是，他们已经非常接近目标了。自登陆日以来，他们一直在争取实现突破，现在，突破已经近在咫尺。

1944年7月28日，加拿大南艾伯塔兵团的谢尔曼坦克的乘员在卡昂的南侧休息。

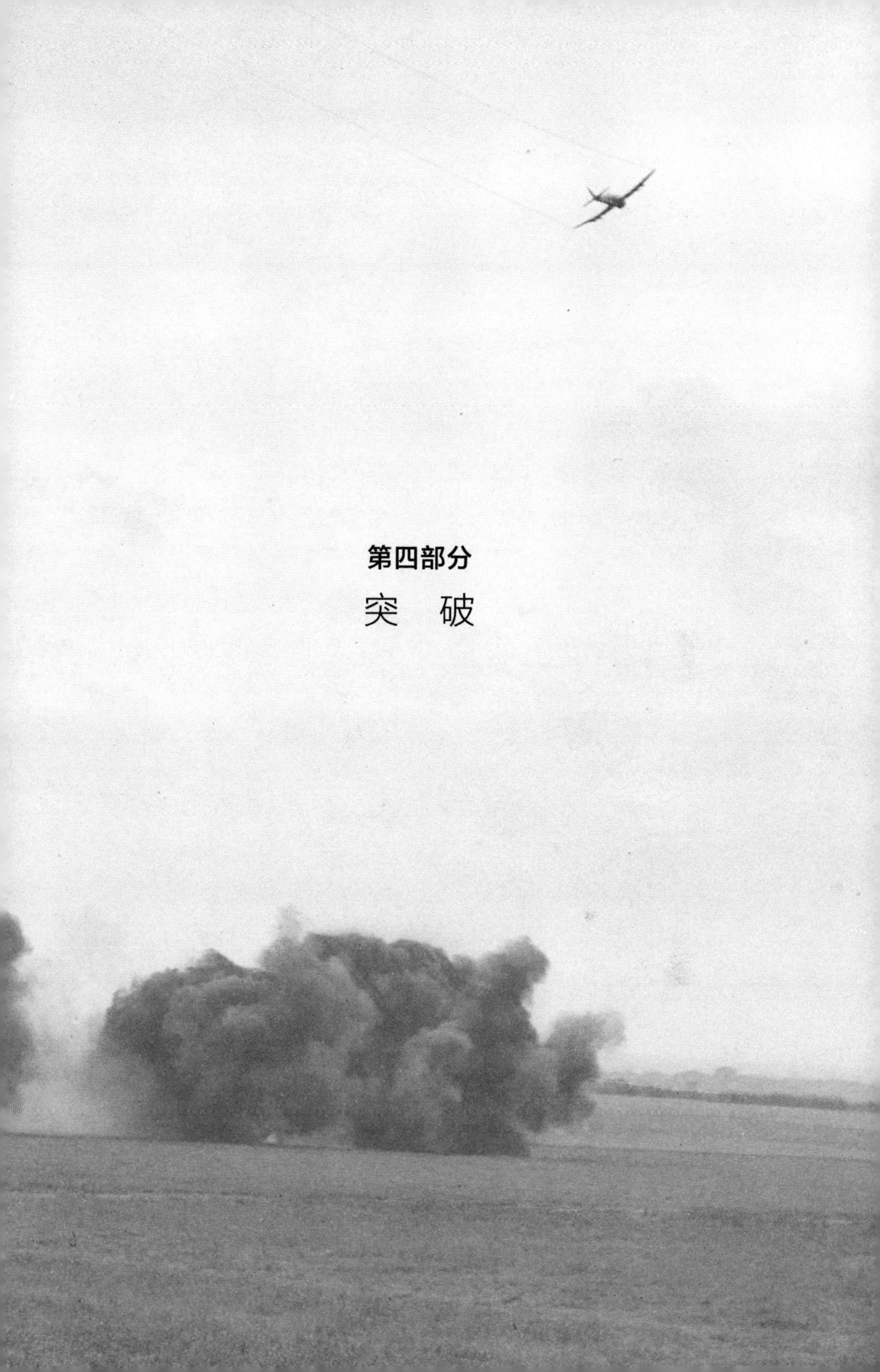

第四部分

突　破

第 27 章　武器和作战水平浅论

长期以来，人们都有一种谬见，那就是虽然盟军拥有庞大的物资，但他们面对的是配备了更好武器的德军。然而，人们需要打破这种谬见，因为在小型武器——手枪、步枪、冲锋枪和机关枪——方面，双方实际上并没有太大的差别。

美军常常迷恋德国的鲁格尔手枪，这种手枪于 1898 年研制成功。不过，战争时期使用的鲁格尔手枪可以追溯到十年后首次生产的 P08 版本。这是一种可以发射 9 毫米子弹的半自动手枪，尽管更常见的半自动手枪是瓦尔特 P38。德军向纳粹德国空军和坦克乘员发放的是其他类型的手枪，例如小型的绍尔手枪和其他瓦尔特手枪。手枪被用于近距离战斗，坦白地说，在 10～20 码的射程内，它们没什么区别。如果某个人发现自己需要使用手枪，而且要确保能够杀死试图干掉他的人，那么子弹（口径）越大，速度越慢，效果也就越好。高速手枪发射的口径较小的子弹可能会利落地穿过受害者，而低速手枪发射的口径较大的子弹会击中目标，动能在撞击时扩散开来，从而造成更大的伤害。近距离射击时，最好的做法通常是一枪毙命。

正是出于这个原因，1911 年首次投入使用的美国柯尔特点 45 半自动手枪成了最理想的选择。它像岩石一样坚固，杀伤力强，名副其实。英军和加拿大军队有很多这样的武器，他们向空降兵、突击队员和坦克乘员以及一些步兵军官发放这种手枪。英军还拥有威力强大的左轮手枪，但在战斗最激烈的时候，用颤抖的手指胡乱地装子弹并非理想的做法。美军的俄里翁·肖克利中尉在瑟堡亲身体验了口径上的差异。那时是在郊区，他走在一个排的右翼，这个排正在靠近一幢营房式的建筑。在转过建筑物的一个角落时，他听到了一声巨响，于是掏出英国制式的韦伯利点 38 手枪，看到一个德国士兵出现在他的面前。"听着！"肖克利朝他大喊，但那名士兵举着 MP40 冲锋枪对准了他。肖克利开枪了，击中了对方的肩膀，但对方并没有被击倒，而是摇摇晃晃地试图再次用冲锋枪开火。肖克利第二次开枪，这一次击中了对方的头部，杀死了他。肖克利说："我们检查了他的伤口，得到一些经验教训，那就是点 38 手枪的冲击力和击倒力比不上点 45 手枪。"

在步枪方面，德国的 K98 毛瑟枪是最低效的。它一次只能装 5 发子弹，而且枪栓上的拉机柄距离太远，因此，瞄准目标的人在拉动枪栓上膛时必须把脸移开，每次开火时又要重新瞄准。英国李-恩菲尔德弹匣式短步枪 Mk IV 的枪栓上的拉机柄距离较近，一个弹匣可以装 10 发子弹，而且可以随时上膛；此外，由于拉机柄距离较近，不需要把脸移开，使用者每分钟发射的子弹数量是德国 K98 毛瑟枪的两倍。美军使用的是手动栓式春田步枪，较为常见的是 M1 加兰德步枪，这是第一种投入使用的半自动步枪，因此没有枪栓。它能装 8 发子弹，不过，要在全部 8 发子弹打完后才能重新上膛。这些武器都非常坚固可靠，一名优秀的射手可以使用这些武器中的任何一种击倒 400 码外的敌人。

冲锋枪也是近距离作战武器，但它可以在相当大的范围内发射较多的子弹，是一种理想的选择。冲锋枪能够用于摧毁建筑物和堑壕，并可以用于近距离的树篱战斗。美军拥有汤普森冲锋枪，虽然它重达 10 磅，但它也能发射口径更大、更具致命性的点 45 子弹，美国、英国和加拿大军队通常使用的是 30 发子弹的弹匣。美军还拥有 M3 "注油枪"，这种枪只有 8 磅重，更小，不过，它使用的也是 30 发子弹的弹匣，可以发射点 45 口径的子弹。它便宜、简单，但有点不可靠，通常不受欢迎。它的不可靠性问题将会得到解决，但不是在 1944 年的夏天之前。

413

　　另一种毁誉参半的冲锋枪是英国的斯登冲锋枪，它的结构甚至更加简单，可以被轻而易举地拆解成不同的部分，进行更好的压缩，而且很轻，制造成本非常低。众所周知，它很容易走火，而且弹匣会把两颗子弹交替地送入一个弹膛，导致卡壳，但在登陆日时，它的早期缺点基本上得到了解决。这是因为它非常简单，出错的可能性很小，而且坚不可摧。它能发射 9 毫米的子弹，所以如果情况允许，它可以使用缴获的德军弹药，而且它还有一个从左边斜伸的弹匣，能够躺在地上开火。除非按照一定的角度侧身开火，否则其他冲锋枪无法做到这一点。

　　德军配备了 MP38 冲锋枪，更常见的是 MP40 冲锋枪，它们本质上是同一种武器，被盟军称为 "施迈瑟（Schmeissers）"。它们都是精良的武器，造型美观，均衡协调。在 75 码的射程范围内，汤普森和 MP40 的精确度略高一些，但这类武器通常在 30 码或以下的射程内使用，在这种情况下，它们之间难以分出胜负。MP40 极其昂贵，需要经历过多的制造流程，特别是在战争的这个阶段，德国几乎什么都缺乏的时刻。

　　德国的轻机枪也是如此。虽然非常昂贵的 MG34 基本上被 MG42 取代了，但它仍然需要耗费 75 个工时，而英国和美国的机枪只需要 45~50 个工时。它的射击速度非常快，大约每分钟 1400 发，这在伏击或最初攻击登陆海滩的士兵时非常有用，但它也存在着不足之处：这是一种霰弹枪，所以不是很准确，而且由于发射速度非常快，每秒发射 15 发子弹后，会在后膛引发一次小小的冲击，导致枪管容易过热。因此，这类枪械需要制定非常严格的射击纪律，也需要更换多个枪管，这意味着，德国部队必须携带至少 6 个备用枪管，每个枪管上都有多个检验印记。德军如此注重细节，部分原因在于他们制定了非常卓越的工程标准，他们无法脱离这些标准；部分原因是他们使用了大量的奴隶劳工，而且理所当然地担心这些劳工会蓄意破坏武器。然而，这样做增加了时间和金钱。每挺 MG42 机枪的售价约为 250 德国马克，相当于今天的 10500 美元。

414　　　美军装备有勃朗宁自动步枪，这是一种介于步枪和轻机枪之间的武器，弹匣可以装 20 发子弹。它的生产成本只有 MG42 机枪的一半。到目前为止，勃朗宁自动步枪还算不错，不过，美军也使用了更重的点 30 口径的勃朗宁 M1919 机枪，这是一种使用弹药带的一流武器：坚固，可靠，以合理有效的速度发射，而且准确无误。英军使用的是布伦机枪，它也非常可靠、精确，几乎不需要更换枪管——每个枪管至少可以发射 25 万发子弹——枪管上的木柄非常有用，便于携带，也便于在迫不得已的情况下更换枪管。它用的是弹匣，而不是弹药带。

　　　虽然这些武器的使用方法和射击速度不同，但它们的有效射击速度——而不是实际射击速度——都在每分钟 120 发左右。换句话说，它们都有自己的长处和短处。在理想的状态下，双方都希望拥有所有种类的组合。然而，如果像多年来人们一再声称的那样，说 MG42 是战争中最好的机枪，那么这当然是不真实的。的确，它的射击速度是最快的，从很多角度来讲，它都是一种非常好的武器，但它也有缺点。总的来说，在各种各样的小型武器之间，参战国其实并没有太多的选择。

*

　　尽管一直以来盟军都围绕着德国小型武器的优劣展开激烈的争论，但是，与涉及坦克和反坦克炮的观点相比，这些都显得有点微不足道了。长期以来，德国的坦克和反坦克炮一直占据着上风，而英国的坦克遭到了愤怒的蔑视。即使在战争期间也是如此。1942年夏天，英国生产大臣奥利弗·利特尔顿（Oliver Lyttelton）被迫在议会上为英国的坦克和反坦克炮的生产进行辩护，他耐心地解释说，英国的反坦克炮和德国的一样好，英国的坦克也是如此。在那时，他的说法是相当正确的。

　　实际上，激发这场辩论的是盟军的战斗人员，因为他们看到虎式坦克、豹式坦克和 88 毫米的大炮无处不在。信件、日记、回忆录和采访都在谈论被 "88 毫米的大炮" 攻击的经历。有时候，它们的确是 88 毫米口径的大炮，或者官方所说的 36 型高射炮，不过，德军还有很多其他大炮，例如埃博哈德·贝克操纵的 150 毫米的重型榴弹炮，以及其他火炮，不仅是德国生产的，还有他们早期的征服军队从世界各地搜罗来的火炮。然而，这可能会让德国的军需官面临相当棘手的问题，因为诺曼底的德军使用了数量惊人的大炮，这些大炮的口径各不相同，更不用说射击表了。目前，指挥西线装甲集团的 "汉斯"·埃伯巴赫将军估计，他有 133 个炮台，大约 400 门大炮，不包括高射炮。他指出："由于弹药非常少，因此，必须将我们在射击方面的开支和英国的开支保持在 10：1 的范围内。所以，这些多的大炮和火箭发射装置对我来说没什么用处。"这也许有些言过其实，但可以肯定的是，西线装甲集团的军火库中有 24 门意大利重炮，它们的火力非常强悍，以至于一旦它

415

们用尽了所有可用的弹药，埃伯巴赫就会下令摧毁它们，因为比起它们的价值来，它们自身是个更大的麻烦。

然而，德国的大多数反坦克炮并不是 88 毫米的双重用途防空炮/反坦克炮，尽管不可否认，德国有很多这样的大炮。它是一种重型武器，大约重 5 吨，因为它主要被用来击落飞机，因此，它比较显眼，这使得它易于遭到攻击。然而，它能够以每秒 2690 英尺的速度发射 88 毫米口径的炮弹，这意味着，一般情况下，那些受到攻击的人只有在被炮弹射中后才意识到发生了什么，有时可能已经太迟了。

不过，所有的反坦克炮都是高速的。这就是问题的关键所在：需要用巨大的力量和能量在平弹射道上发射炮弹。相比之下，榴弹炮——野战火炮——被设计用来发射远距离的炮弹，而且不是在直接射击的情况下，而是盲目地在山后发射，例如，在观测者和观察员的帮助下，将炮火直接射向前方。这两种大炮都有高爆弹和穿甲弹，具体情况视目标而定。一般来说，炮弹越大，爆炸威力越大，造成的损伤和弹坑也就越大。尽管盟军部队使用"88 毫米的大炮"来笼统地称呼德国的所有反坦克武器，但德国的主要武器实际上是 50 毫米口径的 Pak 38 反坦克炮，以及 75 毫米口径的 Pak 40 反坦克炮。这两种武器都比较低调，重量更轻，用途更广，更容易使用马匹和车辆来拖动。虽然这些武器是最常见的，但德军还有许多其他武器，大部分是改装的缴获的大炮和 88 毫米的专用反坦克炮 Pak 43，它每秒的射速达到了 3280 英尺，而且外形低调得多。

截至 7 月中旬，到达诺曼底的德国坦克和突击炮的数量大约为 2500 辆。在德军投入这次战役的所有武器中，只有 2 辆虎王坦克和 126 辆虎式坦克，尽管盟军常常发现它们无处不在。还有更多的豹式坦克，总共大约 655 辆，最常见的是 Mk IV，它看起来有点像更小型的虎式坦克，因此，盟军难免把它和虎式坦克相混淆。它是一种中型坦克，可以与配备了 75 毫米大炮的常规谢尔曼坦克相媲美；事实上，它们的大炮非常相似。此外，德军还有很多突击炮，总共大约 453 门，都是在 Mk III 坦克的底盘上焊接了固定炮塔的突击炮。虽然炮塔不能旋转，但它们的外形都很低调，而且非常可靠，比德国的大多数其他坦克更易于驾驶和维护。除此之外，德军还有 114 辆猎豹式驱逐战车、高速突击炮、对 1940 年缴获的法国坦克进行改装后的武器，以及其他一些由贝克尔少校特别改装的供第 21 装甲师使用的坦克。这意味着，德军拥有的高速火炮坦克和突击炮的总数不到 1000 辆。

在大多数情况下，盟军使用的是 30 吨左右的中型坦克，装备了 75 毫米的中速火炮和机枪。在诺曼底战役接近尾声的时候，在英国国内的领导人对装甲质量表现出极大的担忧后，英军对一些乘员进行了调查，让他们谈谈对坦克的看法。克伦威尔坦克的乘员们普遍对他们的坐骑感到满意，其中包括雷格·斯皮特和他的同伴。这种坦克速度快，机械性能可靠，易于维护。报告中写道："当然，他们也发出了和谢尔曼坦克旅一样的抱怨，那就是他们的装甲和武器都比豹式坦克和虎式坦克的轻。"

对于大多数盟军坦克来说，情况的确是这样的，但是，他们也有装备了顶置武器的谢尔曼坦克——例如英国和加拿大军队使用的萤火虫坦克，其配有 17 磅重的高速炮，以及美军使用的装备了 76 毫米高速炮的谢尔曼坦克。它们的确没有豹式坦克和虎式坦克那样的装甲，但它们拥有强大的杀伤力，而且随着战斗的继续，它们的数量也在增加。例如，在配备了谢尔曼坦克的大多数英国兵团中，每个部队都有一辆萤火虫坦克，但后来，这个数字渐渐翻了一倍。盟军的军火库中还有其他令人生畏的武器，比如英国和加拿大军队的鳄鱼喷火坦克。有记录显示，敌军在看到这些怪异的坦克后拔腿就逃。虽然虎式坦克因其大炮和不易遭受炮弹攻击而让盟军感到害怕，但鳄鱼坦克似乎也让德军产生了同样程度的恐惧。一份报告描述了鳄鱼坦克在奥恩河的塞克维尔附近发起的行动，它写道："两次袭击都取得了全面成功，敌人一看到鳄鱼坦克就决定离开这些村庄。"可是，谁能因此而责怪他们呢？在诺曼底，几乎没有什么武器能比一辆喷出 120 码长的燃烧着汽油、石油和橡胶等混合物的坦克更让人感到恐怖了。"敌人害怕它，"另一份报告中的证词写道，"我们自己的军队也因此受到鼓舞。"

417

尽管如此，对盟军坦克的大多数批评都集中在缺乏相对有效的装甲保护，以及谢尔曼、克伦威尔和丘吉尔坦克上的 75 毫米大炮存在劣势，尤其是与虎式坦克和豹式坦克相比。然而，即使是虎式坦克，在反坦克高速炮的面前也是不堪一击的，而且盟军拥有相当多的反坦克炮，甚至拥有数倍的弹药。英国 17 磅重的坦克，以及美国的 3 英寸（也就是 76 毫米）反坦克炮，都拥有很快的出膛速度和很高的杀伤力。在对战斗中损伤的己方坦克和美国陆军第二十一集团军群损毁的敌方坦克进行广泛的分析期间，盟军发现，一辆豹式坦克被一枚 17 磅的炮弹击中并击毁，这枚炮弹首先击中了一辆非装甲车辆，直接穿过了它，然后穿过一堵 18 英寸厚的砖石砌成的谷仓墙，之后击中了坦克。"实际上，"报告说，"总共开了 6 次火，都穿过了谷仓。打中了豹式坦克的下前底板，坦克因此燃烧起来。"此外，盟军的新型脱壳穿甲弹也于近期抵达了诺曼底。这种穿甲弹装在一个套环内，在发射的过程中，套环脱落，从而使其具有更快的速度，每秒大约 4000 英尺，这使其成为战场上速度最快、最强大的反坦克武器/炮弹组合。当距离超过 2000 码时，它就不那么准确了，不过，超过这种距离的情况很少发生，所以这不是什么大问题。不久后，还会有大量 17 磅重的脱壳穿甲弹抵达诺曼底，它们是非常有效的坦克杀手。

英军和美军拥有大量的反坦克炮，远远超过德军。例如，每个英国步兵师都有三个野战炮兵团为他们提供支援，每个团配备了 24 门 25 磅重的大炮，总共是 72 门，还配备了数量吃惊的 78 门 6 磅重的反坦克炮和 32 门 17 磅重的反坦克炮，它们的速度略快于 88 毫米的高射炮，与 Pak 43 反坦克炮不相上下。这些大炮的外形低调，而且可以使用卡车（也就是火炮牵引车）和半履带车轻而易举地将它们拖到阵地。17 磅重的大炮可以倒进树篱或类似的掩蔽物中，伸出炮管，在后膛装上炮弹，然后在不到半分钟的时间内开火。除此之外，每个师还配备了一个轻型防空炮团，装备有 71 门 20 毫米的加农炮（与喷火战斗机和台风战斗机上的火炮的口径相同），以及 36 门 40 毫米的加农炮和 18 门安装在坦克底盘上的 40 毫米的自行火炮。由于作为盟军袭击对象的纳粹德国空军的数量太少，特别是在白天，因此，这些防空武器被用于地面攻击的情况并不少见。加农炮（例如博福斯 40 毫米的加农炮）的速度大约为每秒 2890 英尺，所以，这种速度肯定能够有效地在地面进行直接的火力攻击。它们也能进行快速射击，每分钟大约可以发射 120 发炮弹。

美军也得到了类似的火炮和反坦克炮的支援，尽管它们的部署不像英国和加拿大军队那样以团的方式进行。每个步兵营都有一个重武器连，装备了 6 门 37 毫米的较小型反坦克炮，也有数量逐渐增多的 57 毫米的反坦克炮，可以说是英国 6 磅重的反坦克炮的美国版本——这样一来，每个师共有 54 门大炮。每个团还配备了 6 门 105 毫米的榴弹炮。此外，每个师下辖四个炮兵营，其中的三个营每个拥有 12 门 105 毫米的榴弹炮，一个营拥有 12 门 155 毫米的榴弹炮。如此看来，美军确实拥有很多火力装备。

在近距离的树篱战中，6磅重的大炮是一个理想的武器，因为它比英国17磅重的大炮轻得多。还有陆军地面部队的总司令莱斯利·麦克奈尔（Leslie McNair）将军促成采用的3英寸的反坦克炮。然而，这种拖拽炮太重，难以操控，无法在"波卡基"里有效地发挥作用，但它是麦克奈尔钟爱的火炮类型。不过，在发展坦克歼击车营方面，美国也是无与伦比的。在登陆日前夕，美军在英国部署了30辆歼击车，其中的19辆是完全自行推进的，包括一些振奋人心的新型高速履带式装甲车。坦克歼击车中心于1942年在美国成立，旨在帮助开发和训练军队的一个新的独立分支，这个分支与步兵、装甲部队、空降部队和美国陆军地面部队的其他单位并肩作战，尽管它从来都没有获得同等程度的官方拨款。麦克奈尔是坦克歼击车营的先驱者之一，他坚信，坦克应该能够没有阻碍地与步兵一起作战，摧毁敌人的非装甲部队，而敌人的装甲部队应该由配备了反坦克武器的专业的机动部队来摧毁。新的坦克歼击车营的部分信条是，士兵们应当无所畏惧；反坦克行动本质上不是防御性419 的，而是攻击性的，由装备了反坦克炮的坦克狩猎队实施行动。

麦克奈尔希望这些部队装备精良，行动快速、敏捷。这样一来，这些坦克就能比那些速度更慢、更笨重的坦克更易于操纵，从而能够更加容易地进入有利的射击位置。然而，在北非，它们被证明是相当失败的，部分原因是像巴顿将军这样的指挥官不知道如何使用它们，部分原因是在面对敌人的坦克时，坦克歼击车营表现出很强的进攻性，但它们的装甲却很薄弱，这对它们不利，使得它们无法像在侦察和伏击中那样咄咄逼人。此外，在突尼斯南部的沙漠中寻找掩护也不是一件容易的事。不过，那都是很久以前的事；到了登陆日，坦克歼击车营的信条得到了进一步发展，其士兵也得到了更好的训练。现在，他们变成了强大的战斗部队，每个营大约有800人，配备了一流的无线电通讯设备（每个坦克歼击车营不少于90 台 SCR619 电台），以及防空保护装置和 36 门 3 英寸的拖曳炮或自行火炮或者 76 毫米的反坦克高速炮。它们既能摧毁敌人的反坦克炮，也能摧毁装甲车，还能充当先遣队，而且能够掩护撤退。M10坦克歼击车装备了 3 英寸的火炮，而 M18 "地狱猫" 坦克歼击车配备了 76 毫米的火炮，两者都能以每小时 50 英里的速度前进。

虽然坦克歼击车营没能参与登陆日的最初一拨行动，但它们很快便投入战斗，并被部署到需要的地方；一般情况下，坦克歼击车营往往隶属于拥有坦克营的步兵师。除了每个营拥有的 36 门反坦克炮外，它们还拥有 40 多门点 50 口径的重型机枪和 62 门火箭炮。虽然坦克歼击车营缺乏有效的装甲保护，但毫无疑问的是，它们速度快、行动敏捷，并拥有强大的火力。

在对付德国的坦克时，普通的老谢尔曼坦克并不像人们经常描述的那样无能。斯坦利·克里斯托夫森承认，6 月 27 日，在欧赖附近发生了一场 "最不愉快" 的战斗，人们对舍伍德游骑兵团在这场战斗中的行动进行了研究，发现一辆谢尔曼坦克击中了一辆豹式坦克的侧面，当时豹式坦克正以每小时 12 英里的速度在 80 码的射程内行驶，"谢尔曼坦克一枪就击中了豹式坦克的后转向架上的垂直钢板"。然后，虎式坦克在 120 码处迎面撞上了约翰·塞姆肯及其乘员，并遭到了他们的攻击。他们快速地开了三次火，随后虎式坦克反击了一次。虎式坦克的乘员跳了出来，塞姆肯的炮手又开了三次火，虎式坦克开始燃烧——4 枚炮弹穿过顶部进入坦克，其中一枚弹离了射道，飞入侧舷炮架。舍伍德游骑兵团的头号王牌德林中士在 200 码开外的地方击中了一辆 Mk IV 坦克，并看着它燃烧起来。然后，他在 1000 码的地方与一辆虎式坦克交火。虎式坦克向他开了一次火，但没有打中；随后，德林的乘员向敌人的这头野兽开了 5 次火，之后没有再进行任何报复，德军的乘员跳了出来。后来，这辆虎式坦克被盟军缴获，并被送往英国。接下来，沉着冷静的德林在一个十字路口遇到了一辆豹式坦克，并在 500 码的地方发射了一枚穿甲弹，击中了豹式坦克的链轮齿；豹式坦克的乘员也跳了出来，"坦克燃烧起来"。似乎这还不够，而后，德林在欧赖村外 1400 码的地方向另一辆虎式坦克开火，他快速地连续开了 6 次火，其中 4 次击中目标，最后一次点燃了虎式坦克。刚开始，德林以为自己没有击中，打到了后面的墙壁，但他的一名乘员告诉他："砖墙上是不会燃起这样的火花的，"乘员继续说道，"我们看到坦克上燃起大火，八成是被击中了。"德林中士的英雄事迹还没有结束。后来，他在 1200 码的地方又遇到了一辆 Mk IV 坦克，于是，他发射了两枚高爆弹和一枚穿甲弹，炮弹穿过履带，进入坦克的底盘，坦克开始燃烧起来。

这次事件和其他许多类似的事件表明，装备了 75 毫米大炮的普通谢尔曼坦克完全有可能摧毁敌人在诺曼底部署的最厉害的坦克。诚然，这些都发生在相对较短的射程内，而盟军坦克进行的唯一一次远距离交火是在卡昂附近的开阔地带发生的战斗中。即使在那时，作为整个战斗的一部分，坦克对坦克的交战实际上也是相当罕见的。在近距离作战中，谢尔曼坦克在城镇或乡村的战斗中经验丰富，的确拥有一些重要的优势。首先，它可以快速开火。其次，炮塔的转动速度比德国坦克快。再次，由于它拥有独特的陀螺仪稳定器，在事先无准备的情况下开火时，它的准确度更高。最后，它通常更容易操作，主要是因为它不那么复杂。例如，虎式坦克的变速器是由费迪南德·保时捷（Ferdinand Porsche）设计的六速半液压预选式变速箱。这听起来就很复杂，事实也确实如此。豹式坦克的变速箱也是一项工程杰作，但是，对于刚刚接受基本训练的十几岁的普通驾驶员来说，它太复杂了。换挡需要同时拉动两个拉杆，而传动轴穿过坦克的腹部，乘员几乎无法接近。为了找到发动机，需要将炮塔移动到正确的位置，还需要抬起一个舱盖，然后打开另一个更大的舱盖，并需要使用重型起重吊车。相比之下，谢尔曼坦克的发动机后置，可以从后面找到，它安装在简单的支座上。只需要使用适度的起重装置，便可以在一两个小时内取出并更换发动机。与此同时，它的变速箱是简单的手动结构，有四个前进挡、一个后退挡，操作方式和汽车完全一样——当然，美国甚至英国国内还有很多这样的坦克，但德国却没有。

421

每一辆坦克都是非常复杂的装备，因此，部件越少越好，越简单越好。然而，更重要的是，在美军制造成千上万辆谢尔曼坦克的时候，他们也建造了成千上万个移动修理车间、坦克运输车和坦克抢修车。被击毁的坦克很快就被撤出战场，要么重新投入战斗，要么被送到后方的车间，要么被肢解或拆卸。整个系统非常周全、有效，令人难以置信，而且它极大地确保了任何一天都有尽可能多的坦克可供盟军使用。

如果盟军的坦克被摧毁了，而乘员们还能毫发无损，那么他们会尽量隐蔽起来，躲在安全的地方，等战斗平息或危险过去了再步行或搭便车赶回团指挥部。以英军和加拿大军队为例，如果发生这种情况，几个小时内，王家装甲军团运输兵团的士兵便会驾驶一辆新的谢尔曼坦克抵达。接替坦克是从英国运来的，运到阿罗芒什，直接开进码头，然后运到后方的各个军事区域。各种运输工具不断地来回穿梭。在此期间，受损的坦克将由轻型支援分队进行修理。有时，移动修理车间——也就是后面装有各种可以想到的工具的卡车，以及绞车和起重装置——可以当场对坦克进行修理；但在其他情况下，盟军不是把坦克拖走，就是将坦克吊到运输车上。只有在坦克被完全烧毁时，才会把它留在战场上，尽管它最终会被清除并被拆解成碎片。

每个团都有自己的支援部队，称为"B 梯队"。天黑后，坦克就会撤退，然后"围拢起来"——通常每个部队围成一个圈，炮口朝外，或者退到树篱或有天然伪装的其他地方。根据他们与前线的距离，他们可能会在地上挖个洞，然后睡在坦克的下面，或者从坦克侧面拉出一块防水帆布。这时，B 梯队将带着更多的弹药、基本的备件、桶装燃料和口粮，乘坐非装甲车——卡车、吉普车、武器运输车——抵达。与德军不同的是，英国的坦克乘员或坦克营从来都不会遇到支援不足的情况。对美军来说，这个系统也差不多，他们的供给甚至更加高效、更加充足。

德军也有类似的系统。它是由 19 个士兵和两辆修理车组成的装甲维修分队，和英国的轻型支援分队相当。每个装甲团下辖一个 120~200 人的装甲维修连，并配备有车床、电工和一些起重设备。火炮牵引车是一辆重 18 吨、使用迈巴赫发动机的半履带车，能够牵引 20 吨的大炮。将几个迈巴赫发动机耦合起来，便可以驱动较重的坦克。德军没有美军和英军那种低架运货车、坦克抢修车或拖拉机；因为没有哪个国家能像美国那样有能力建造强大的大型火炮牵引车。德军也有装甲维修排，通常附属于各个坦克营；例如，赫尔穆特·里特根上尉就有一个维修排为他的营服务，他们能够更换发动机和变速箱，并进行焊接工作。里特根的营配备有 Mk IV 坦克，不过，维修 Mk IV 坦克要比豹式坦克或虎式坦克容易多了。

从理论上来讲，德国的系统似乎足够有效。然而，这个系统还是在许多不同层面上出现了问题。首先，从 1942 年开始，对豹式和虎式等新型坦克的迫切需求已经超过了装甲生产的其他方面，比如零部件的生产。因此，到了 1944 年，坦克营总是缺少零件；由于缺少新的垫圈、嵌齿或齿轮，太多的坦克不得不被遗弃。其次，德军全面减少了训练的时间，与此同时，德国坦克的数量和种类却在增加，例如 Mk III 有 13 个不同的变种；此外，某些型号的坦克尺寸大幅增加，变得更加复杂，例如豹式坦克和虎式坦克。修理被击毁的装甲坦克往往超出了维修小组的能力范围。

　　德军与美军的对比再明显不过了。战争开始时，美军为每辆机动车分配了两名美国士兵，而德军为每辆机动车分配了 47 名士兵。美军拥有成千上万名机械师，他们有能力、有时间、有材料来确保那些拥有机械技能的人能够接受出色的训练，以便完成被分配的任务，无论是坦克、卡车、大炮还是飞机维修。最后，在诺曼底，德军没有足够的燃料或火炮牵引车；即使某些师（例如装甲教导师和党卫军第 12 装甲师）全体奔赴前线，诺曼底的痛苦之旅还是很快就会断送他们的希望。这也是拜尔莱因对他的非装甲车在途中发生的损失感到如此愤怒和沮丧的原因之一。没有了非装甲车，他的坦克就得不到支援，在战场上无法得到适当支援的坦克对任何人都没有好处。美国一份关于德国坦克维修的研究报告写道："任何一个希望在遥远的战场开展大规模军事行动的国家，只有当他们的坦克能够在战场上获得适当的维修时，才能保持其装甲的作战效率。"这个说法难以反驳，但诺曼底的德国军队无法恪守这个虽然简单但又非常重要的原则。到了 7 月中旬，美国和英国（以及加拿大）在诺曼底战区分别拥有大约 3500 辆坦克，这是一个庞大的数字。德军拥有的坦克总数少于 1000 辆。双方的不同之处在于，盟军能够维持这些数字，甚至能够保持增长，但德军却无法做到。对他们来说，图表上的线条是不断向下的。

*

　　不管怎样，盟军的作战水平的确要好得多，但是，如果认为他们的装甲水平肯定较差一些，那么这个想法无疑是错误的。这真的不仅仅关于大炮和装甲，尽管当时人们通常是这样认为的，而且此后在很多方面持续存有这样的看法。关于谢尔曼坦克（诺曼底战场上数量最多的坦克），人们常常忽视了一些其他的因素，但它却成了盟军部队中非常实用的坦克。自从 1942 年 10 月和 11 月的阿拉曼战役以来，盟军一直在推进。轴心国的军队在不断撤退，他们在过河后通常会炸毁桥梁，这意味着，盟军的工兵不得不携带架桥设备。最好、最有效的方法是铺设一座 40 级贝利桥①，它在任何时候都可以承载 40 吨的重量。一辆谢尔曼坦克重 30 吨；即使加上乘员、燃料、弹药、装备和用于增大坦克侧面防护力的履带板，它的重量仍然不到 40 吨。相比之下，较重一些的坦克，例如 56 吨的虎式坦克，就无法通过贝利桥。克伦威尔坦克的重量与谢尔曼坦克相当，但速度也能达到每小时 50 英里，比任何其他同类坦克都快，当英国装甲部队设法进入开阔的乡村时，克伦威尔坦克将发挥巨大的优势。它的时代将会到来。谢尔曼坦克还可以很好地安装在自由轮和登陆艇上，而且与大多数德国坦克相比，它们更易于维修。在考虑任何一种装甲战车的优缺点时，必须进行全面的审视，而不是仅仅从它的装甲和火炮的角度出发；不过，谢尔曼坦克的这些实际优势确实非常重要。

424

---

① 即活动便桥，系英国工程师唐纳德·贝雷于二战时期，为解决军队渡河的问题，利用预先设计好的钢桁架迅速组合而成的桁架桥。

　　相比之下，虎式坦克不仅复杂得令人难以置信，而且非常耗油，而缺乏燃料和食物是纳粹德国的最大劣势之一。必须通过铁路运输才能将虎式坦克运送到尽可能靠近前线的地方，但是，它们太大、太宽了，不在铁路车辆的载货限定外形尺寸之内。解决方案是让坦克的履带变窄，以便能够运输，这样一来，当它们到达前线时，就必须取下较窄的履带，更换成较宽的、适合作战的履带。在敌人的战斗轰炸机的监视下，这个过程不仅非常复杂，而且耗费时间。然后，坦克不得不自行走完剩下的路，乘员们希望在坦克真正投入战斗之前，途中不会发生损坏。德国仅制造了 1347 辆虎式坦克，相比之下，盟军制造了 49000 辆谢尔曼坦克和 74000 辆用于谢尔曼坦克的火炮牵引车，而且由于它们的均一性，它们还可以被改装成突击炮、运兵车和其他装甲战车。据估计，在 1347 辆虎式坦克中，有一半因为缺乏燃料或机械故障而被丢弃。

　　德军面临的一个问题是，由于德国在战前就不是一个特别强大的汽车制造国，因此，他们最初拥有的司机、机械师和大型汽车工厂的数量要少得多。随着战争的进行，训练一次又一次地遭到削减，燃料变得越来越少，而他们的坦克需要更多的可用燃料。这意味着，德军需要削减巨大的开支。从在诺曼底抓获的俘虏那里，盟军清楚地了解到，许多豹式坦克甚至虎式坦克的驾驶员在接受了仅仅 10 个小时的训练后便投入了战斗，对于操作机械性能如此复杂的野兽来说，这种准备是非常不充分的。难怪德林中士的乘员能在一次行动中打败几辆豹式坦克和一辆虎式坦克。就德军装甲接受过拷问的大多数俘虏估计，平均而言，在一个拥有 22 辆豹式坦克的连队中，至少有 5 辆将永久留在车间进行维修。一个虎式坦克连有 14 辆坦克，据估计，至少有 2 辆坦克总是无法运转，并待在车间里，通常要待 5~10 天。发动机过热、垫圈失效、主驱动器损坏、缺乏维护和不良驾驶，都是导致机械故障的最常见原因。

425　　　　还有其他一些细微却并非无关紧要的差异。虎式坦克和豹式坦克的悬吊系统、履带和车轮系统都很复杂，不容易维修。例如，豹式坦克每边有 18 个轮子（包括驱动轮），都是相互连接的，两边总共有 36 个轮子，悬吊系统在较远的一端。相比之下，谢尔曼坦克每边有 8 个轮子（包括驱动轮），每边有 3 个双悬吊杆，位于履带的外部，这样一来，如果发生损坏，就可以很容易地找到它们，并进行更换。所有这些都是用螺栓简单地固定起来。在激烈的战斗中，由于能够在前线进行维修和修理是非常重要的，因此，这种实用性和易于维修性确实很有帮助。对于损坏的履带，维修起来十分简便，必要时，还可以更换谢尔曼坦克的悬吊系统和车轮，完全不需要拆除履带。然而，对于虎式坦克、豹式坦克或者 Mk IV 坦克来说，为了维修某个部分，通常需要拆除整个履带和车轮系统。

　　"波卡基"并没有给德军装甲师带来好处，正如它没有给进攻的美军带来好处一样。"我们最多只能在 200 码的范围内击毁敌人的坦克，"弗里茨·拜尔莱因说，"因为树篱掩盖了远处的一切。德军的坦克是为远程射击而造的。"情况确实是这样；尤其是豹式坦克和虎式坦克，以及改进的突击炮，在设计时考虑的是俄罗斯开阔的草原和同样开阔的北非沙漠。在如此遮蔽的诺曼底乡村作战，对于庞大的重型坦克来说，简直就是一场噩梦。"在诺曼底，我们的 Mk V 坦克无法越过田野"，他继续说道。即使向他分配了一些虎式坦克，这些坦克也无法越过田野。在他看来，克伦威尔坦克是最适合在"波卡基"中作战的，因为它"拥有较大的接近角。我们认为，它是专门为诺曼底战役建造的"。

　　然而，毫无疑问的是，在开阔的乡村，比如卡昂附近，英国的坦克能够抵挡豹式坦克和虎式坦克的攻击，却难以抵挡反坦克炮的攻击。盟军的坦克乘员从他们自己的经验来看待战斗，这是可以理解的，他们认为，这些令人难以置信的德国武器似乎正在粉碎他们，并表现出了压倒性的优势。然而，德军的坦克乘员不得不与更多的敌军反坦克炮、具有压倒性优势的大炮、海军大炮，当然还有战斗轰炸机作战，他们对这些武器感到困扰和恐惧，程度胜过了盟军对虎式坦克和 88 毫米大炮的困扰和恐惧。可是，大多数盟军从来都不知道德军的这个想法。

　　在由"波卡基"地形组成的乡村，英国的坦克也容易受到反坦克炮的攻击，在那里，几乎所有的战斗都是在短程进行的，坦克很容易遭到隐藏的 88 毫米大炮、Pak 40 反坦克炮，甚至 Pak 38 反坦克炮和其他德国反坦克武器的攻击，例如手持型反坦克火箭步枪和反坦克榴弹发射器。"蒂克"·博恩斯蒂尔上校曾向第一集团军的规划者提议说，他们迫切需要更大型的 M26 潘兴坦克，虽然目前正在装配线上生产这种坦克，但还没有被运送到欧洲战区。乔治·S. 巴顿将军——他通常被认为是首屈一指的装甲专家，不久后，他将在布列塔尼指挥美国第三集团军——曾建议不要使用这种 46 吨重的装备，因为它需要部件、燃料和运输等方面的支持。此外，对于 40 级贝利桥来说，它确实太大了，尽管它有一门 90 毫米的高速炮。另外，它的装甲不如虎式坦克的厚，和豹式坦克的相当，它正面的装甲厚 102 毫米，侧面装甲厚 55 毫米；丘吉尔坦克的正面装甲厚 150 毫米，而虎式坦克的厚 100 毫米，并装备有 120 毫米厚的炮盾。这意味着，即使在树篱丛生的乡村，潘兴坦克也难以抵挡反坦克武器的攻击，而且不容易进行维修或操纵。在由"波卡基"地形组成的乡村清除敌军、迫击炮和小型火炮时，谢尔曼坦克的机关枪和 75 毫米的主炮非常有效。要想在树篱中取胜，秘诀是迅速开发新的战术和技术。虽然理查德·布莱克本中尉等人

426

一到达前线就看到了令人恐怖和震惊的破坏景象，但到了 7 月中旬，情况已经开始发生变化。

必须记住的是，在 1940 年 6 月的时候，也就是四年前，英国、美国甚至加拿大的军队建设还是一片空白。1939 年 9 月，美国的军队规模还很小，几乎没有坦克，只有 70 多架战斗机，也没有一家烈性炸药生产商。从敦刻尔克撤退后，英国失去了驻扎在法国的规模本来就很小的战斗部队，而且从一开始，英国就不打算建造一支庞大的军队；在战前联盟中，法国也是这样打算的。可是，突然间，他们发现自己面临着一个可怕的危险，对自由的西方世界构成了威胁。四年过去了，他们不仅扩充了本已庞大的海军，还打造了世界上最大的两支空军和数百万人的陆军，这些军队装备精良，并得到了有力的支援。这些军队呈指数级的快速增长，并拥有作战所需的基础设施来维系他们，这样一个惊人的成就缓和了人们对坦克的批评。此外，盟军的战事领导人已经找到了一个方法来击败敌人，以当时的标准来看，这个方法拯救了年轻士兵的生命，还是具有成本效益的。盟军的战事工作不仅应该受到称赞，而且让人感到427 惊讶。这是一个真正令人难以置信的成就，之所以会发生，只是因为同盟国的各个成员专注、冷静、务实，他们全身心地投入到战斗中，在世界历史上的任何时候，从来没有人能做到这一步。

问题是，那些可怜的步兵和坦克乘员不得不冒着失去生命的风险，走进树篱，穿过开阔地带，去面对来势汹汹的敌人。当左翼、右翼和中翼的坦克开始燃烧，吓人的损失开始增加，士气受到打击也就不足为奇了。难怪那些遭受重创的士兵开始对德军的武器产生羡慕之情，尤其是当他们看到更大的虎式坦克或豹式坦克在地平线上隐约出现或者从拐角处冲出来时。他们对自己装备不足感到怨恨，这种感受是完全可以理解的，尤其是因为他们实际上是盟军的牺牲品。虽然与任何其他参战国相比，英国和美国的作战方式更加有效，并获得了更好的支援和补给，虽然盟军信奉"我们依靠的是钢铁，而不是血肉之躯"，虽然盟军有重型武器为战斗提供支援，但步兵和装甲部队的参与是根本无法避免的。为了摧毁德军，让他们遭受猛烈的火力攻击，必须有一个诱饵，而那个诱饵就是步兵和装甲部队里的可怜家伙。

第 28 章　指挥层的危机

　　在登陆日，理查德·冯·罗森（Richard von Rosen）少尉、男爵刚刚在奥尔德鲁夫（Ohrdruf）的部队训练场重返第 503 重装甲营。他出身于普鲁士的贵族家庭，在德累斯顿南部山区的阿尔滕堡的一个庄园里长大。1940 年，年仅 18 岁的他怀着激动的心情，加入了军队中令人兴奋的新型装甲部队。和其他战士一样，他刚开始也是一名士兵，后来成了候补军官。他争取到了进入军事学校的权利，并正式成了军队先锋部队（也就是精英部队）的一名军官。截至 1944 年，他已经经历了许多战斗：当巴巴罗萨行动开始时，他在现场，并熬过了俄罗斯的寒冬，活了下来；去年 7 月，他在库尔斯克战役中受伤。在伤好并休息了一阵子后，现在，他非常高兴能回到原来的部队。他的指挥官罗尔夫·弗罗姆（Rolf Fromme）上尉任命冯·罗森为营总部的特别职务军官，他的首要任务之一是为 6 月15 日装甲兵总监海因茨·古德里安元帅的来访作准备。从很多方面来看，古德里安仍然是"装甲兵之父"，所以，能见到这位伟大的战士确实是一种荣誉。

　　古德里安是军官派对的客人。在宴会上，他特意过来和中尉们坐在一起，严肃地谈论东西线的局势。在谈到诺曼底时，他说："如果我们无法在未来的 14 天内成功摧毁敌人的桥头堡，那么我们就会输掉这场战争。"这番话是由像他这样有身份有地位的人说

出的，因此给冯·罗森和军官同事们留下了特别深刻的印象，尽管
在接下来的几个星期里，冯·罗森试图将这番话抛诸脑后，再次集
中精力准备前线行动。6 月 27 日，行动命令终于到达了；第二天
（也就是冯·罗森 22 岁生日当天）早上 6 点，他们将离开奥尔德
鲁夫，前往诺曼底前线。

　　和前往诺曼底的任何新部队一样，第 503 重装甲营的旅程也不
是一帆风顺的。一路上，他们不断受到盟军空袭的干扰，为了避开
被炸毁的桥梁，他们不得不绕道而行。因此，他们直到 7 月 2 日和
3 日才到达铁路的终点站。在随后的几个晚上，他们千辛万苦地赶
往前线，终于在 7 日的黑夜到达了目的地。第二天，他们被划拨到
第 21 装甲师。这时，冯·罗森被任命为第 3 连战斗中队的指挥官。
在被摧毁的卡昂城东南方向的田野和树林中，该营的坦克连集结起
来，并轮流值勤，尽管这几天德军没有召集他们行动。于是，他们
利用这段时间来适应新的环境。冯·罗森意识到，这里的战斗与东
线的非常不同，在这里，敌人掌握了制空权，这是无可争议的。

　　7 月 11 日星期四，早上 5 点左右，冯·罗森被一名骑摩托车
的传令兵叫醒。传令兵告诉他立刻让连队作好警戒准备，并赶往营
指挥部。在那里，他得到了战况简报：加拿大军队突破了屈韦维尔
（Cuverville）和科龙贝勒（Colombelles）之间的防线，现在占领了
那里的烟囱和工厂大楼北面的高地。卡昂东侧的道路已经向敌人敞
开，非常危险。据报，大批英国坦克正在向前推进。他率领的第 3
连的任务是摧毁坦克，击退敌人，并夺回前线，然后坚守阵地，等
待进一步的命令。

　　冯·罗森行了个礼，匆匆赶回连队。他们的虎式坦克已经集结
起来，作好了准备，并等待着。他的命令很快就被传达下去：他们
要行动起来，作好战斗准备，然后摆脱困境。在接到指示的 30 分

钟后，第 3 连以最快的速度前进，不到 15 分钟，他们就到达了吉贝尔维尔（Giberville）。吉贝尔维尔位于科龙贝勒的东南，距离奥恩河以东 1 英里。在那里，虎式坦克轰隆隆地开过，巨大的震动导致一所损坏的房子倒塌在其中一辆坦克的上面，挡住了他们前进的步伐。罗森说："没有人受伤，但首先必须把坦克挖出来，因为连队无法通行，当时的道路太窄，一次只能通过一辆坦克。越是忙乱的时候，越是容易发生这样的事！"与此同时，冯·罗森少尉从他自己的虎式坦克上爬下来，骑着摩托车匆匆向前驶去。他在一家面包店楼上的一个房间里发现了第 200 突击炮营的炮兵司令部。通过双筒望远镜，他很快就在饱经战乱的圣奥诺里讷村里发现了一些英军的谢尔曼坦克。很显然，这些坦克是他们的目标。

他赶忙返回，看到虎式坦克已被挖出来了，他松了一口气。他们再次出发，不过，在到达村庄的北侧时，他们遭到了攻击。这时，冯·罗森命令两个排呈扇形排开，第三个排作为后备部队，他的坦克在中间的位置行驶。很快，他们就遭到攻击，不过，大多数炮弹都被弹开了，没有造成任何伤害。一旦全员就位，冯·罗森就命令他们全速前进。让他恼火的是，他的手下根本没有任何反应。于是，他用更加尖锐的声音重复了一遍。然而，还是没有任何反应。他的虎式坦克继续从所在的地方开火，击中了目标，谢尔曼坦克开始着火，浓浓的黑烟从燃烧的残骸里蹿出来。

"如果你们不马上进攻，"罗森对着麦克风喊道，"我就把炮塔转到 6 点钟的方向，从我身后开火！"但是，士兵们仍然没有反应。敌人的炮弹打在他的虎式坦克上，铿锵作响，不是从装甲上弹落，就是从旁边一闪而过。直到那时，他才意识到无线电天线被击中了——这就是为什么没有人响应他的命令！一时间，他不知道该怎么办，但他果断作出决定，除了独自进攻，别无他法。

　　他的虎式坦克开了出去，加速向前跑了几百码。让他松了一口气的是，其他人清楚地意识到发生了什么，也跟了上来，幸亏他的手下接受过良好的训练，懂得见机行事，而不是仅仅依赖于口头命令。他们的作战手法和步兵推进是一样的：一个排向前推进，另一个排提供火力掩护。敌人的坦克在烟雾中消失了一会儿，但很快又出现了。他写道："我们每开一次火，都会击中一辆谢尔曼车坦克。然后，坦克就开始起火。"英军的坦克开始撤退。这时，冯·罗森的虎式坦克开到了空旷的地方，几乎没有任何掩护。很快，一架侦察机开始在上空盘旋。过了一会儿，敌人的炮弹呼啸着冲了过来，地面摇晃着、震动着，就像发生了地震一样。尘土、沙砾和烟雾在他们的周围盘旋，遮住了他们的视线，让他们无法呼吸。冯·罗森从来都没有经历过这样的事情，即使在东线，他也没有经历过。他迅速向手下发出信号，让他们后退 500 码。他以为他们是安全的，然而，他们再次遭到了攻击。他的虎式坦克直接被击中，震耳欲聋的声音回荡着，让所有人感到眩晕。坦克里的灯熄灭了，令他们吃惊的是，他们都还活着，除了耳朵里的嗡嗡声之外，他们都没有受伤。

　　他们被炮轰了八个小时。冯·罗森对盟军海军炮手的精准感到震惊，尽管他们不断改变位置，但每一次移动都会遭到炮弹的又一轮齐射。然而，尽管多次被炮弹击中，焊缝裂开，但虎式坦克仍能正常运作，他的乘员也毫发无损。最后，当侦察机消失，恢复了平静的时候，冯·罗森抓住机会从坦克里跳出来，往前走，以便清点坦克的残骸。敌人总共有 11 辆坦克被摧毁，包括几辆萤火虫坦克，还有 5 门反坦克炮。他还发现了 2 辆废弃的谢尔曼坦克，很显然，它们相撞，然后被卡住了；在战斗最激烈的时候，乘员们仓促地逃走了。他带着胜利的喜悦之情，设法把这些东西拖了回来。

*

英军计划占领卡昂的东南郊区，为第二集团军的下一轮大规模进攻——"古德伍德行动"——作好准备，而冯·罗森的虎式坦克阻止了这个计划。第 51 高地步兵师的步兵和第 148 王家装甲军团的装甲部队迅速投放烟幕弹，撤退到了圣奥诺里讷。"我们在诺曼底的第一次交战非常成功，"冯·罗森评论说，"不过，这只具有局部意义，无法对总体局势产生影响。"

他说得很对，但这次小规模的交火再一次说明，盟军想要在这种毫无助益的地形上夺取阵地是多么困难。在登陆前，蒙哥马利就已经意识到卡昂周围的乡村不适合进行大规模的装甲战，不过，他也推测隆美尔不会选择在距离海岸这么近的地方作战。他认为隆美尔会撤退到一系列灵活的防线，这样一来，德军的机动师就可以在远离盟军海军火炮射程的地方更好地进行反击。如果隆美尔无法立刻将盟军赶回大海，那么隆美尔会采取这样的做法；6 月 17 日，隆美尔在马尔吉瓦勒向希特勒提出的正是这样的建议。不过，现在桥头堡变得非常拥挤；几乎每个地区都有空军基地、后方军事营地、仓库和野战医院。这就像是把 1944 年 5 月的英格兰南部搬到了诺曼底，并压缩成一个更小的区域。第二集团军的周围分布着大量的师，但卡昂的杂乱无序（现在，卡昂基本上是一片废墟）和大量的河流（这些河流不利于盟军的前进）限制了这些师的进攻。理想情况下，他们可以在卡昂的任何一边发动大规模的正面攻击，但那里没有足够的空间，甚至没有足够的火炮或弹药来发动如此大规模的攻击。盟军所面临的困难，怎么夸大都不过分。现在，蒙哥马利面对的是 4 个敌军军团，包括 7 个装甲师和 6 个步兵师。虽然到目前为止这些装甲师确实遭到了重创，尤其是党卫军第 12 装甲师，但是，一些新的部队（例如第 503 重装甲营）仍在陆续到达，一些虎式坦克可以尽情地配合进攻部队，正如冯·罗森的连队展示的那样。盟军的步兵和装甲部队需要推进到空旷的地方，这是无法避免的；随后，伤亡人数开始上升，并迅速达到了不可接受的水平。这是一个难题，而且由于政治上的考量，它变得更加严峻。

在担任第八集团军的指挥官期间，蒙哥马利基本上不受那些与政治和最高指挥层有关问题的影响，这些问题让他的上级备受困扰。当他在遥远的北非作战时，他的直属指挥官将军哈罗德·亚历山大爵士巧妙地保护了他，使他不受丘吉尔急于采取迅速行动的影响。亚历山大是一位杰出的外交官和军队领导，也是一位出色的战地指挥官。艾森豪威尔曾和亚历山大一起在前线和伦敦、华盛顿之间扮演缓冲角色，首先是在突尼斯前线，然后是西西里，最后是意大利南部。现在，蒙哥马利在距离英国本土更近的地方作战，亚历山大在意大利指挥盟军，蒙蒂的参谋长弗雷迪·德古恩德仍在朴次茅斯留守，艾森豪威尔和几乎所有人对蒙哥马利的耐心正在一点点地消磨殆尽。这一方面是由于形势的变化，另一方面是由于蒙蒂本人，随着人们要求他迅速、果断地采取行动，他面临着越来越大的压力，也变得越来越让人难以忍受。

艾森豪威尔、布拉德利和蒙哥马利最近经常见面，他们试图重新考虑他们的计划，以便打破目前的僵局，而艾克也想帮助这位陷入了困境的战场指挥官。6 月 30 日星期五，布拉德利拜访了蒙蒂的战术总部，这个总部最近搬到了布莱（Blay）村附近的一个山坡上，距离巴约以西几英里，靠近第一集团军。他们发现他的心情非常烦躁。

"我说，"他看着最近晋升的"切特"·汉森，对布拉德利说

433 道，"现在，你让一个少校来当副官？你知道的，这个职务要的只是一个干杂活的、一个替罪羊而已。我不希望让一个军衔超过上尉的人来担任副官。"

究竟是什么原因迫使他说出这样的话？这是对布拉德利的侮辱，也是对汉森——蒙蒂以前见过汉森很多次——的侮辱，而且态度是如此的粗鲁、无礼，这番话也是非常不必要的。不过，布拉德利没有中计，而是耐心地解释说，他之所以让助手晋升，原因在于，他认为即使他们不在他的麾下效力，他们也能在其他地方获得这样的军衔。

"匹夫之见，纯粹是匹夫之见"，蒙哥马利嘟囔着，硬是说出了最后一句话。然后，他对设计精美的美国 M1 钢盔进行了侮辱性的批评。即便是复述这段对话，人们都会感到尴尬。蒙哥马利和布拉德利需要肩并肩、手拉手，团结一致、相互尊重、建立友谊。当一个穿着灯芯绒裤和毛衣的小个子英国人坐在那里，表现得如此无礼、挑衅和粗鲁时，想让他们团结起来是多么困难啊。很难理解为什么他会那样做。

两天后，他们再次来到蒙蒂的战术总部，这次是和艾森豪威尔一起。蒙蒂仍然穿着同样的灯芯绒裤和毛衣，汉森想知道他有没有洗过。他的两只小狗（"希特勒"和"隆美尔"）也在那里，一只是猎狐犬，一只是西班牙猎犬；"希特勒"是英国广播公司的一些记者送给他的。他对记者菲利斯·雷诺兹（Phyllis Reynolds）说："迫不得已的时候，'希特勒'和'隆美尔'会挨打，不过，它们变得很听话。"可惜的是，他无法常常发挥这样的聪明才智。商量之后，他们都出去看俘获的豹式坦克和约翰·塞姆肯的虎式坦克。虽然他们知道这些坦克在机械方面存在局限性，但很难不为它们的体型感到震撼。蒙哥马利告诉他们，"等我们的物资运来，我们要跟它较量较量"。他还汇报说，前一天，大约有 42 辆敌方坦克被击毁。

　　一个星期后，卡昂终于陷落了，但盟军仍然没能取得任何突破。在英国，V-1 飞弹继续肆掠。水平爆炸的炸弹产生了巨大的威力，震碎了窗户，造成的伤亡范围比常规炸弹的还大；伦敦居民又一次躲在避难所和地铁站里睡觉。每个人都厌倦了，而从地图上看，盟军在诺曼底进行的大规模战斗似乎毫无进展。事实上，从地图上看，盟军惨遭围困，甚至不堪一击。

　　7 月 10 日，蒙哥马利再次和布拉德利会面。这一次，他还见到了邓普西。蒙哥马利的首席规划官、陆军准将查尔斯·理查森（Charles Richardson）已经告诉蒙蒂和邓普西，他对步兵的状况感到担忧，并敦促他们要多多利用现有的大量装甲。布拉德利也在为一次重大进攻作准备，但他告诉蒙哥马利，他的部队需要更多的时间向南移动，然后才能对圣洛的西北侧发起进攻。这次行动的代号是"眼镜蛇（COBRA）"。艾森豪威尔承诺给予空中支援，有了这个承诺，布拉德利打算让重型轰炸机在一个严格指定的区域空投大约 4000 吨炸弹。两天后，他对"切特"·汉森说："自从我们登陆以来，我就一直想这么做。当我们发动攻击的时候，我希望这是世界上最大的一次攻击。我们真想直接粉碎敌人。"他设想利用三个师和大量的装甲部队发起进攻，在坦克歼击部队的支援下，直接穿过轰炸机造成的巨大缺口。不过，他还没有准备好。蒙哥马利被这个计划说服了，但他也承认，最重要的是在卡昂周围保留尽可能多的装甲师，这样一来，第一集团军就可以集中对抗那些训练不足、装备简陋的德国步兵。他们已经得到情报，装甲教导师已经向西转移；他们不想再错失良机。

　　此外，不断增加的伤亡人数是困扰蒙哥马利的主要的政治考量

434

因素之一。那天的早些时候，当他会见副官罗纳德·"比尔"·亚当（Ronald "Bill" Adam）将军时，这个问题再次成了焦点。亚当坦率地告诉他，英军面临着人力短缺的问题，如果他们不小心的话，这个问题将变得更加严重。

截至 6 月底，英国有大约 95 个步兵营，从表面上看好像很多。但是，只有 5 个是正规的步枪营，其余的 90 个混杂着本土防卫营、后备营或防守营；其中，只有 26 个营具备战斗力，其余的完全不够资格作为补充兵员，他们要么不适合在欧洲大陆作战，因为他们仍在转运途中，或者已经被指派到了其他地方——例如缅甸和意大利；要么"素质低劣"，只适合用于国内防御。因此，就诺曼底的部署而言，可供英军调配的兵力并不多。此外，防空司令部有172815 人，其中 50000 人被指派到了第二十一集团军群。然而，V-1 飞弹的攻击阻止了他们的调派；因为英国人民再次需要他们的保护，从政治上来讲，抽调本国的防空炮手，把他们派到法国前线，在目前的情况下，无论如何都是不可能的。

英国在全球具有极大的影响力：它对意大利战役作出了贡献，它的海军力量——它将于 8 月组建太平洋舰队——遍布世界各地，它参与了缅甸战役和诺曼底战役，它还拥有庞大的空军。当然，英国确实有较多的人力，但它很明智，继续将大量人力投入工厂。相比之下，德国却把工业劳动力从工厂中抽调出来，给他们步枪，然后用低效的奴隶劳工接替他们。现在，德国正在输掉这场战争。英国不准备犯同样的错误，但近五年来，英国都处于全球冲突的漩涡之中，这让英国付出了代价；只有德国的参战时间比英国长，不过也只多了两天。

然而，同样明显的是，美国和苏联的军事力量正在日益增强。很快，美国向法国运送的军队和物资将会超过英国。巴顿的第三集团军已经被运往诺曼底，并准备在几周内投入战斗。7 月 14 日，盟军最终决定着手进行"铁砧行动"，也就是以美国为首的登陆法国南部的行动。此时，英国的战事领导人都在展望即将到来的和平，无论是在年底之前到来，还是在 1945 年到来。战争结束后，美军将回到自己的国家，但苏联却威胁着要把共产主义带到欧洲，英国对共产主义的恐惧几乎和对国家社会主义的恐惧一样强烈。英国是欧洲的一部分，也是法国的邻国——而且为了把法国从纳粹的枷锁中解放出来，英国已经作出了巨大的贡献；至关重要的是，它将继续这样做。从丘吉尔到蒙哥马利，大家都明白，在战争胜利后，英国需要同美国和苏联坐下来好好谈一谈。因此，蒙哥马利担心伤亡人数，这也就没什么好奇怪的了。

　　然而，更重要的是，英国和美国的整个战争策略的基础是，将参战士兵维持在最低的限度内。对于这个做法，他们应该得到夸赞，而不是受到谴责。出于个人和人道方面的原因，蒙哥马利（不管他的性格有什么缺点）从来都没有草率地对待征召的大部分士兵的生命；布拉德利也是如此。他们希望尽快赢得战争，但要尽可能少地牺牲士兵。这是一条非常困难、非常狭窄的路线，正是因为如此，他们才准备使用空中力量和火力来支援军队。例如，在英国第二集团军中，只有 7% 的人是坦克兵，16% 的人是步兵，17% 的人是炮兵，13% 的人是工兵，5% 的人是讯号兵，还有 42% 的人是服役士兵。第一集团军的情况也是如此。盟军能够以如此少的兵力在前线作战，而且取得了胜利（就像他们正在做的那样），这是非常了不起的。这种作战方式确实比德国、日本或苏联的方式高效得多，但它确实意味着有时候进展似乎很慢，在地图上几乎看不出什么变化。蒙哥马利本来可以无情地冲破德军的防线，如果他是苏军的领导人，或者是德军的指挥官，他会这样做的。然而，代价将

436

会是巨大的，而且是非常巨大，这是他无法承受的。英国和美国的其他战事领导人也不想承受这样的代价。然而，他们不理解的是，为什么在盟军势不可挡的火力之下，他们仍然无法在不造成大量伤亡的情况下取得突破。蒙哥马利无法说明为什么会出现这种情况，而这正是当前紧张局势不断升级的根源所在。他不是一个糟糕的将军，而是一个很好的将军。布拉德利也是一样。不过，布拉德利天生拥有很强的人际交往能力，擅长和最底层的普通步兵、将军及政治家打交道；相比之下，蒙哥马利令人难以忍受的傲慢和不圆滑促使人们反对他。毫无疑问，他的名誉因此受到了损害。

同一天，也就是 7 月 10 日星期一，在与布拉德利和邓普西会面后，蒙哥马利发布了一道新的指令，明确表示他打算把桥头堡拓展到卡昂东南部的奥恩河，但不会进一步推进。他想利用英国和加拿大的军队把德军困在自己的地盘上，但也仅限于此，不会有更多的行动；即使是这样，也只能在不付出太多代价的情况下进行。那天，他在指令中宣布："我不打算为了获得奥恩河上的桥头堡而让大量士兵遭受伤亡，因为我们在其他地方还会遭受很多伤亡。"在得知这个情况后，泰德觉得蒙蒂过于谨慎，尽管他也担心即将到来的兵员短缺；不过，他还是对艾森豪威尔说了同样的话。

不管怎样，在接下来的日子里，英国的下一次进攻计划开始成形。不过，发动"古德伍德行动"的想法不是蒙蒂而是第二集团军的指挥官提出的，而且这个想法比蒙哥马利最初的计划要雄心勃勃得多。蒙哥马利属于支配型人格，因此风头盖过了迈尔斯·"宾沃"·邓普西（Miles "Bimbo" Dempsey），但邓普西并不是一个胆小怕事的人，而是一名远超人们想象的更为强硬的指挥官。他聪明、敏锐、思路清晰，善于倾听，也愿意服从命令。当布拉德利需要更多的时间思考良策时，邓普西看到了一个机会，可以帮助盟军将大部分德军装甲师围困在英国和加拿大的地盘，同时进一步削弱德军的力量，甚至盟军有可能最终取得突破。他认为，这样的突破是完全可以实现的；他非常清楚康宁厄姆和泰德都渴望到达布尔盖比山脊以外的高地，而向卡昂东南约 20 英里的法莱斯进发，不仅可以阻挡第二集团军面对的德军，而且还有可能把其他德军从更远的西侧引过来；德军不可能不作出回应，一旦他们采取对策，很显然，这将对布拉德利和"眼镜蛇行动"有利。

然而，蒙哥马利警告说，不要有这样好高骛远的野心，因此 7 月 15 日，盟军缩减了"古德伍德行动"。不管怎么说，它仍然是一个重大行动，需要将所有 3 个装甲师纳入迪克·奥康纳的第 8 军，以便最大限度减少直接参与行动的步兵的数量。加拿大军队也将参与这个行动，他们的任务是夺取科龙贝勒和卡昂东部郊区的剩余部分。布拉德利提出在实施"眼镜蛇行动"之前进行地毯式轰炸，艾森豪威尔和泰德都准备支持这个想法，邓普西也被这个想法吸引。可是，在解释说明的过程中又出了问题。虽然蒙蒂阻止了邓普西的计划，但邓普西仍然向奥康纳明确表示，他认为突破法莱斯是可以实现的。不管怎样，这个做法非常符合邓普西的指挥风格和信念，那就是给手下提出一个雄心勃勃但不能实现的目标，总比目标不够雄心勃勃，然后发现自己因为缺乏计划而无法获得成功要好。

然而，麻烦也在暗中酝酿着。7 月 12 日，就在缩减"古德伍德行动"之前，蒙哥马利第一次向艾森豪威尔传达了有关"古德伍德行动"的信息。原来的计划更加积极、更加雄心勃勃，引起了艾森豪威尔和泰德的热烈反应，他们打算全力支持这个计划。泰德说："艾森豪威尔和我决定在答复时明确表示，即使天气阻止我们给予全力支持，我们也希望蒙哥马利继续执行这个计划。"第二天，艾森豪威尔作出了非常肯定的答复："我们对你的计划非常感兴趣。一想到这个计划的前景，我们就感到非常兴奋，如果我们能提供任何帮助，无论是泰德、我，还是我们两人，都很乐意去拜访你。"

438　在经历了这段时间后，他们本应当更加了解蒙哥马利。蒙蒂总是做他认为最好的事情，除了直接命令（艾森豪威尔的答复不属于直接命令），任何东西都无法动摇他执行经过修改和缩减的行动计划。蒙哥马利非常清楚自己对"古德伍德行动"的期望。然而，邓普西、奥康纳和第二集团军的参谋仍然怀有更大的雄心，而且泰德和艾森豪威尔当然希望第二集团军全力以赴，取得决定性的突破。换句话说，在这个关键时刻，最高统帅部、集团军群和军队都在唱着略微不同的赞美诗。

*

与此同时，在德军看来，盟军的空中力量仍然占据上风。虽然恶劣的天气继续阻碍着盟军的野心，但是，更多的空军基地在桥头堡内拔地而起，更多的飞机正在抵达。7 月 1 日，第 609 中队的先遣部队抵达了诺曼底，并进入 B-10 空军基地，这个基地位于卡昂以北 4 英里的普鲁姆托（Plumetôt）。他们在达科塔（Dakotas）着陆，还带来了大队长比利，比利是他们当中最厉害的人，也是中队的福星，他们都非常喜欢他。副官说："让他留下来似乎没有什么问题，尽管他最热心的支持者约翰尼·威尔斯（Johnny Wells）在一周前就把第 609 中队交给了马努·基尔特（Manu Geerts），基尔特是中队的第一位比利时指挥官，曾获得杰出飞行十字勋章。威尔斯认为，不事先向大队长比利打声招呼，就开始执行任务，是非常愚蠢的冒险行为。"

对于放弃英国的舒适生活，空军中士"肯"·亚当并不是很在意。毕竟，成为这支强大的登陆部队的一员，最终把敌人赶跑，是一件非常兴奋的事情。7 月 2 日，他们在漫天飞扬的尘土中飞行。他们从 B-10 空军基地起飞，在 B-5 空军基地扎营，那里距离卡昂和敌人的炮火更远。对此，亚当并不介意。他的帐篷很舒服：他和好朋友诺曼·梅雷特（Norman Merrett）各自分到一个露营用的睡袋，两人还分到一个帆布盥洗台。晚上，当纳粹德国空军的怪异轰炸机飞来时，他们觉得自己可能会受到攻击。然而，亚当睡得很安稳，因为他睡觉时戴着锡头盔，遮住了身体最重要的部位。

伤亡在增加。5 月，有 5 名飞行员阵亡，6 月有 4 名，约占中队飞行员总数的 40%。7 月 11 日，中队的日记中写道："中队被派去攻击位于荷托特（HOETOT）的坦克集中区，并通过红色烟雾锁定了目标。"他们发现了 12 辆坦克，并发射了火箭弹。"在发动袭击后，空军中士布利斯（Bliss）似乎被高射炮击中，然后失踪。" 尽管纳粹德国空军没有采取什么行动，但这些飞行员仍然面临着很大的危险。台风战斗机是对地攻击飞机，通常在非常低的高度飞行；当它们进攻时，很可能在距离地面只有几百英尺的地方发动攻击。这意味着，一旦出了问题，几乎没有回旋的余地，而且往往没有机会逃脱。如果一架飞机坠毁了，那么飞行员必定会跟着飞机一起坠毁。

盟军正在采用新的战术。除了四处轰炸目标外，第 609 中队还会被召去支援地面上的具体行动。在法国，精准是非常重要的，盟军采用了一个新的系统，该系统效仿驻扎在意大利的第 1 战术空军，并由空军中将、第 83 大队的指挥官哈里·布罗德赫斯特和第 2 战术空军的指挥官"皮特"·克萨达引进。它被称为"视觉控制点"，由一位经验丰富的英国王家空军的地面控制员乘坐一辆陆军坦克在前线移动，并配备一台调到正确频率的无线电设备，然后将台风战斗机引向非常精确的目标，控制员通常坐在炮兵观察员的旁边。这些控制员被称为"巡游者"。飞行员（4 架为一组）将实行"待命飞行"制度：他们的膝盖上放着和控制员一样的地图，然后轮流起飞，爬升到飞机跑道上方 8000 英尺的高空，之后盘旋一圈，等着被引导到具体的目标。亚当回忆道："控制员会说，'好了，这是参考坐标网格，15 秒后，你会看到红色烟雾。下去攻击吧'。之后，我们就会发现一辆虎式坦克或 88 毫米的大炮，然后发射火箭弹。"飞行频率是如此之高，飞行高度又是如此之低，难怪飞行中队会觉得很痛苦。

在谈到伤亡时，亚当承认："这太难了。"为了不去想这些事，晚上，很多飞行员跑去喝酒，他们把很多时间花在赌博上。如果第二天早上他带着宿醉醒来，那么他会发现，在 10000 英尺的高空，氧气充足，他的头脑很快就会清醒过来。不过，可以肯定的是，现在天气似乎在好转，他们预计将会进行更多的飞行。盟军的地面指挥官对战术空军的依赖正在增加，而不是减少，这种情况既出现在美国陆军航空军的身上，也出现在英国王家空军的身上。

阿奇·莫尔特比中尉和第 365 战斗机大队的其他成员已于 6 月底飞往法国，他们几乎是不间断地飞行。第 354 战斗机大队也是如此。7 月 3 日，迪克·特纳少校奉命为"皮特"·克萨达和盟军的最高指挥官艾森豪威尔将军提供战斗机护航。艾克要求从空中视察圣洛战场，克萨达建议他们乘坐野马战斗机，这种飞机经过第 354 战斗机大队的改造，移除了机身的油箱，换成了第二个座位，他们偶尔使用这种飞机向新的飞行员演示战术。于是，特纳乘坐一架全新的 P-51 野马战斗机前去护送两位将军，不料油压下降。令他极为尴尬的是，他被迫降落，匆忙着陆。幸运的是，他的另外两名飞行员像胶水一样护卫着最高指挥官。安全着陆后，布拉德利觉得艾克和克萨达看起来像学生一样窘迫不安。艾森豪威尔敦促克萨达飞快一点，但克萨达保持在每小时 250 英里左右。"天哪，"克萨达对"切特"·汉森说，"我真希望我能一路开着它。"

　　哈里·布罗德赫斯特把他的战术总部设在迈尔斯·邓普西的总部的旁边，就像"皮特"·克萨达把他的总部设在布拉德利的总部的旁边一样。在这两种情况下，地面指挥官和空中指挥官都相处得非常好，经常一起吃饭。当然了，"切特"·汉森和布拉德利非常喜欢克萨达，毫无疑问，由于过从甚密，两位指挥官能够更好地了解彼此面对的问题和限制，并且更好地处理它们。在攻下瑟堡后，克萨达告诉他的手下，要他们明白，工作才刚刚开始。7 月 6 日，乔·柯林斯将军的地面部队正在努力推进，他请求克萨达帮忙；就在同一天，卡尔·兰博和第 70 坦克营的谢尔曼坦克进退不得。于是，两个战斗机大队，总共 96 架战斗机在前线上下飞行。下午 3 点 30 分左右，他们在空旷处发现了一些德军，用 1000 枚炸弹对德军进行了轰炸和扫射。他们还回应了攻击特定目标的请求，使用了 250 磅碎裂弹，这种炸弹可以形成最小的弹坑，但弹片和爆炸力可以覆盖一大片区域。虽然这种轰炸并不是精准攻击，但是，盟军的制空权让德军越来越感到恐惧和困扰，以至于战斗轰炸机的到来足以阻止德军发起攻击，或者确保盟军能够迅速击败德军。值得注意的是，在天气变好的日子里，盟军的地面部队往往取得不错的进展，比在雨天和阴天取得的进展要多。但问题是，天气一直反复无常，只晴了那么一两天，云雨天气又出现了。

*

无论蒙哥马利和盟军面临怎样的问题和麻烦，与德军相比，这
441　些根本不值一提。在东线，康斯坦丁·罗科索夫斯基（Konstantin
Rokossovsky）元帅指挥的部队已经突破了德国中央集团军群。现
在，德国北方集团军群也遭到了重创。在短短两天的血腥战斗中，
德军的防线被破出了一个 50 英里的缺口。与卡昂不同的是，在东
线，德军没有集结装甲部队来阻止敌人，而那里的纳粹德国空军比
诺曼底上空的还要少见。

德军的最新情报图片显示，巴顿将军随时准备跨越英吉利海峡
进行登陆；这个行动在德军的意料之中，尽管巴顿和他的第三集团
军正在向布列塔尼进发，而不是德军预计的加来海峡。7 月 15 日，
隆美尔给他在西线总司令部的新上司冯·克鲁格元帅写信说，自 6
月 6 日以来，他已经损失了 97000 名士兵，但只得到了 6000 名补
充兵员；他还损失了 225 辆坦克，但德军只派来了 17 辆接替坦克。
盟军的空军、海军和炮火正在粉碎 B 集团军群。事实上，实际情
况还要糟糕：截至 7 月 7 日，已经有 10 万多人阵亡。约翰内斯·
波尔纳仍在圣洛附近掘壕固守，但是，仍在战斗的第 3 伞降猎兵师
的兵力仅剩下了 35%，他是其中之一。第 353 步兵师只剩下 180
人。隆美尔请求冯·克鲁格把这封信直接交给希特勒。在第一次剑
拔弩张的会面后，这两人已经在一定程度上和解了。7 月 11 日，
在卡昂陷落后，冯·克鲁格抵达了拉罗什盖恩，他浑身颤抖，疲惫
不堪，早些时候的信心也消失不见了。现在，他承认隆美尔的判断
是正确的。隆美尔也为自己奉命坚守卡昂而感到痛苦。第 16 空军
野战师被击溃，党卫军第 12 装甲师遭到摧毁。他觉得，损失远远

超出了应付出的代价。此外，德军也存在指挥无能的情况。

"人们如何看待那些对局势持完全不同意见的人？" 7 月 12 日的早晨，隆美尔在吃早饭时问道，"任何人不要根据一厢情愿的想法行事，而是应当清醒地立足于现实。"

7 月 17 日星期一，党卫军旗队领袖库尔特·梅耶被召集到党卫军第 1 装甲军的总部，该总部坐落在一个茂密的林区，位于卡昂以南约 10 英里的莱兹河畔布雷特维尔（Bretteville-sur-Laize）的附近。他指挥的党卫军第 12 装甲师被击败了，溃不成军，目前正在休息，并希望在法莱斯北部的波蒂尼（Potigny）周围进行休整。他本来可以径直前往布雷特维尔，但是，盟军的战斗轰炸机在笔直的罗马道路上进行侦察、频繁出现，中断了他的行军，所以他比预定到达时间晚了一个小时。当他到达时，他发现迪特里希、埃伯巴赫和冯·克鲁格正坐在树荫下，痛苦地抱怨国防军最高统帅部持续不断地干扰他们，让他们左右为难。他们邀请梅耶共进午餐，梅耶惊讶地听到最忠诚的党卫军士兵塞普·迪特里希公开谴责诺曼底的战事指挥。梅耶说："在谈话的过程中，很显然，总司令、总指挥官和我都认为目前的局势是不可能扭转的。"

之所以召集他有两个原因。第一，英军在第 112 号山头附近持续作战，迫使第 272 步兵师后退；马尔托——多塞特步兵团第 4 营曾在那里遭受重创——已经沦陷了；现在，处于戒备状态的党卫军第 12 装甲师需要返回前线。第二，隆美尔即将抵达，在他到达时，他特意承认了自登陆以来党卫军第 12 装甲师的努力。他还要求对局势进行坦率的评估。梅耶告诉他，他们预计英军随时可能在卡昂附近发动袭击。梅耶对隆美尔说，守卫卡昂的军队将继续战斗，继续献出生命，但他们仍无法阻止敌人打败他们，向巴黎进发。盟军的空中力量势不可挡，导致任何战术谋略都行不通。由于掌握了制空权的盟军空军不放过任何移动的物体，即使是最小的部队也无法快速移动。他力劝隆美尔设法为他们寻求空中支援。"我们不怕敌人的地面部队，"他对隆美尔说，"但是，我们无力对抗大规模的空军。"

隆美尔反应激烈。难道梅耶认为他是闭着眼睛在诺曼底视察吗？难道梅耶真的认为他没有请求空中支援吗？他曾一次又一次地警告国防军最高统帅部提防盟军的空中力量——他在北非亲身经历过。"上级当然更加了解情况！"他咆哮道，"但他们不再相信我的报告！一定会出事的！西路的战争必须了结！但是，东路会发生什么呢？"

不久后，隆美尔离开了他们。迪特里希警告隆美尔要小心，不要沿着主干道行驶。他还建议隆美尔乘坐水桶车，而不是霍希专车。隆美尔笑了笑，他让迪特里希不要担心，然后便开车走了。

隆美尔坐在前排，挨着司机格弗雷特·丹尼尔（Gefreiter Daniel）。后排坐着他的两名副官赫尔穆特·朗上尉和纽豪斯（Neuhaus）少校，还有三级中士霍克（Hoike），他是隆美尔的飞机监视员。下午 6 点左右，他们刚刚离开利瓦罗特（Livarot）镇，向北返回拉罗什盖恩。就在这时，第 412 中队的两架加拿大喷火战斗机俯冲下来，从左边和后面向他们横扫过来。在距离 300 码的地方，空军上尉查理·福克斯（Charley Fox）驾驶的领头的喷火战斗机使用 20 毫米的机关炮向他们开火，炮弹溅在路面上，击中了霍希专车的侧面，碎片砸到隆美尔的脸上，另一枚炮弹击中了丹尼尔的肩膀。由于伤势严重，司机无法控制高速行驶的汽车，汽车冲出道路几百码远，撞进一条沟里。朗没有受伤，纽豪斯受了轻伤，丹尼尔受了致命伤，隆美尔被抛向前方，撞碎了头骨。

这位陆军元帅失去了意识，被送往贝尔奈（Bernay）的纳粹德国空军医院。有那么一刻，他情况危急，医生们不确定他能否活下来。但是，第二天，他恢复了意识，最糟糕的情况似乎已经过去了。然而，这标志着他出色的军人生涯结束了。又有一位德国将军离开了前线，而且是所有军官中最重要的一位。

第 29 章　古德伍德行动

444　　双方都花费了相当多的精力来制定新的战术，引进新的武器，确保士兵得到充分的训练，尽管训练图毫无疑问地表明德军呈现向下的趋势，而盟军的作战技能在很大程度上呈现向上的趋势，因为训练有素的新兵逐渐吸取了最好的教训——从战斗中学到的教训。盟军的战斗回忆录和事后报告经常谈到敌人高超的战斗技能，而战后分析表明，在一对一的情况下，德国的战斗士兵要比任何其他国家的士兵强。这些说法后来被法庭证明是错误的，而分析人士也犯了一个错误，就是把战场上的技能与在面临难以形容的危险和损失的情况下继续战斗的意愿——或者更确切地说决心——混淆在一起。战斗技能是一回事，纪律是另一回事。如果希特勒告诉他的手下不要作出任何让步，那么从作为他喉舌的国防军最高统帅部的走狗，到隆美尔，再到军、师、团、连、排和分队的指挥官，无一例外都会按照他的意思去做。否则，他们就会被枪毙。在第一次世界大战中，德国只处决了不到 50 名逃兵。在第二次世界大战中，他们处决了 30000 名士兵——或者说两个师的士兵。这个数字是保守估计的，可能不准确。

另外，如果说德军没有接受过特别好的训练，那么为什么盟军花了这么长的时间才能通过树篱？这主要是因为德军坐在树篱后面的散兵坑里，用机关枪、步枪、迫击炮或"装甲拳"反坦克武器进行射击，而这并不需要进行大量的训练，需要的只是纪律和勇气。德军（除了几个东方营外）总是纪律严明；毕竟他们来自一个极权主义、军国主义国家。接下来说的是装甲师，他们在训练标准和战斗能力上存在很大的差异，但是，正如埃博哈德·贝克在与党卫军第 9 装甲师的士兵交谈时发现的那样，较之于贝克和第 277 摩托化炮兵团的战友等不情愿的应征入伍者，装甲师的士兵更加心甘情愿地参与狂热的战斗。这意味着他们更有攻击性，更愿意投身前线。再加上像样的武器，他们就变成了所谓的狂热的纳粹精锐装甲师，很多见过这些装甲师的盟军部队对他们进行了零零碎碎的描述。当然，这使他们成了一个相当可怕的敌人，但这并不意味着他们受过特别好的训练。两者还是有区别的，这一点在叙述中经常被忽略。

445

英军和美军一直在学习，尤其是美军，毫无疑问，他们愿意学习新的战术并吸取教训。盟军曾担心美军需要花很长时间才能穿过"波卡基"，实际上，从登陆日到 7 月中旬，他们只花了大概六周的时间；在这段时间里，他们大幅增加了桥头堡的数量，占领了科唐坦和瑟堡——所有这一切都是在树篱茂密的乡村完成的，而且是在逐渐获得更多的装甲、大炮和坦克歼击车的支援下完成的。为此，布拉德利和第一集团军应当受到表扬，而不是因为行动迟缓而遭到批评。盟军花了六个月的时间攻占突尼斯，花了 36 天的时间占领西西里岛，从 1943 年潮湿、寒冷和痛苦的冬天到 1944 年，盟军花了好几个月的时间才攻占了那不勒斯和罗马，所以，参考过去的经历，盟军无可指摘。那么在这个庞大的计划里，如何衡量这六个星期呢？在登陆前，蒙哥马利估计需要 90 天才能到达巴黎。目前他们只花了一半的时间。

无论如何，美军的情况在不断好转，即使不是一天比一天好，也是一周胜过一周。他们普遍地愿意学习，也愿意创新。举个例子，军队学会了如何在"波卡基"中炸出足够大的洞，以便让坦克通过。一旦这个大难题解决了，那么主要的障碍就被移除了，因为这意味着装甲部队可以突围，同时在装甲部队的掩护下，步兵可以跟进。然后，谢尔曼坦克就可以用机枪扫射对面的树篱，并用主炮炸掉敌人的机枪阵地。接着，步兵就可以呈扇形排开，清除敌人，然后继续前进。为了突破树篱，一种方法是使用推土机；另一种方法是与战斗工兵一起攻击，为装甲部队炸出一条路；第三种方法是在谢尔曼坦克的前部安装钢叉。

446

6 月底，在埃勒河畔圣日耳曼附近一片安静的前线区域视察时，美国第 5 军的指挥官伦纳德·格罗（Leonard Gerow）少将向第 102 骑兵中队部队 F 的指挥官詹姆斯·迪皮（James Depew）上尉求助，问他是否采取了一些行动来解决树篱问题。迪皮承认还没有想出任何办法。格罗要他尽快找到解决方案。当晚，迪皮召集军官和高级军士开会。参谋军士柯蒂斯·库林（Curtis Culin）说他有一个主意。库林指出，谢尔曼坦克和树篱就像两辆汽车相撞一样。他认为，现在需要的是一种类似犁雪机的东西，它可以利用坦克的冲力穿过树篱，而不会直接撞上树篱。

迪皮很喜欢这个主意，并向中队维修官史蒂夫·利顿（Steve Litton）中尉提出了这个问题。利顿建议使用叉子之类的东西——坚固、足够长，能够把树篱里的灌木和树木的根挖出来，而且很容易被安装在谢尔曼坦克的前面。事实上，这些非同寻常的坦克在较低车体的前部安装了一组环状物。利顿认为，也许可以使用德军在奥马哈和犹他海滩设置的障碍物——它们由坚固的钢铁制成，具有锋利的切口，可以割裂登陆艇的底部。他建议，也许可以对它们进行切割，并焊接到坦克的前部。

两天后，迪皮报告说，样车已经开发出来，可以进行测试了。刚开始，坦克停了下来，然后推撞树篱，履带开始爬到土堆上，就像前面没有安装叉子一样。不过，他们后来又试了一次，让坦克径直向树篱冲去，这一次，谢尔曼坦克毫不费力地直接砍断树篱，就像切割黄油一样。

消息很快传遍了整个指挥部，并传到了布拉德利的耳朵里。随后，布拉德利又向艾森豪威尔报告说，他即将看到一种可以砍断树篱的新装置。7 月 14 日，布拉德利站在格罗将军的旁边，观看了演示。这场演示给两人留下了深刻的印象。布拉德利说："这个象牙状的装置是由柯蒂斯·G. 库林军士发明的，他 29 岁，来自纽约。就是这样一个简单的装置，困扰了军队 5 个多星期。"公平地说，这个装置是大家共同努力的结果，其中就有利顿中尉的功劳，他负责设计树篱切割机。

这些树篱切割机被称为"犀牛"。布拉德利立刻命令第一集团军军械科的科长监督建造和安装尽可能多的新装置。随后，第一集团军的军械科在滩头阵地和英军的后方地区召集焊工和收集焊接设备。这些团队使用德军的海滩障碍物中的金属废料，建造了大部分装置。在 7 月 14~25 日期间，盟军制造了 500 多台树篱切割机；到了 7 月底，在第一集团军的所有谢尔曼坦克中，大约有 60% 配备了这种装置。

诚然，这些装置来得太迟，没能参与圣洛北部的树篱战，但现在，它们可以用于"眼镜蛇行动"和随后可能发起的进攻。在这个世界上，还没有哪个军队会听取一个区区军士的最初想法，然后如此大张旗鼓地证明和支持这个想法。美国陆军是一支由平民义务兵组成的真正的人民军队，不受军团传统的限制，这使得它能够在一个快速发展的世界里自由地进行创新，这一点却是英国和德国都

447

无法做到的。

美国和英国还进行了其他一些创新，包括改善步兵和装甲部队之间的通讯方式。例如，在坦克的背部安装电话；这些都需要反复摸索，斯坦利·克里斯托夫森认为还需要进一步的磨炼。然而，在大多数情况下，英国和加拿大军队采用一种方法，美国军队采用另一种方法；因为他们是联盟的伙伴，一起战斗，但又彼此独立，虽然他们共享战术发展，但几乎没有共同的指导原则。空军也是如此。例如，"皮特"·克萨达与康宁厄姆和布罗德赫斯特都相处得非常好，但他为自己的空军制定了不同的战术，这主要是因为在"波卡基"中的战斗与英国和加拿大军队在卡昂附近地区经历的战斗不同。英国王家空军采用的是"待命飞行"制度和视觉控制点，但在策划"眼镜蛇行动"的过程中，克萨达正在制定一个更加完善的制度，以便为地面部队提供直接支援。这是盟军在诺曼底进行创新和快速实现创新的另一个例子。

"布拉德利喜欢我，我也非常喜欢他"，克萨达将军回忆说。在策划"眼镜蛇行动"的过程中，他们每天都交谈，克萨达敦促第一集团军的指挥官在狭窄的前线集结装甲部队，这样一来，他们就可以突围，继续挺进。克萨达想证明自己缺乏地面作战经验的说法是错误的，他说："听着，布拉德，如果你能集结装甲部队，那么我会告诉你我将怎么做。我将为你组建的每一支纵队安排一群轰炸机，从早到晚为你们提供空中支援。"

"你会吗？"布拉德利问道。

"是的，我会的"，克萨达回答说。

"为我组建的每一支纵队？"

"是的，布拉德，除此之外，我们还会做一些我认为很有帮助的事情。我们会在每个纵队的领头坦克里安放一台与飞机进行通讯的无线电设备，这样一来，他们就可以与头顶上方的飞机通话。"

　　这还不是全部。在那次谈话中，克萨达还提出要在领头的坦克里安排一名飞行员。于是，在一次简单的谈话中，一个令人兴奋的新战术突然诞生了；然后，他们开始对这个战术进行了口头讨论。现在，克萨达的战斗机使用的是高频无线电设备，同时受到地面上的微波早期预警雷达、无线电和高频测向器的控制。克萨达提议为美国空军制定英国王家空军使用的"待命飞行"制度和"巡游者"制度，但允许存在重大区别。由于飞行员在装甲纵队的上空直接飞行，因此可以看到前方。如果他们发现 88 毫米的大炮或敌军，那么他们可以警告下面的纵队，然后自己对付这些敌军，或者帮助装甲部队打败敌军。由于领头的坦克和上方的飞行员直接进行口头联系，误伤友军的事件将会减少。在战役中，误伤友军的情况并不少见。事实上，由于直接进行无线电联络，下面的装甲部队和上面的战斗轰炸机之间的行动间隔将会缩短，这也有助于装甲部队更快地到达目标。

　　就在那天下午，他们试着在一辆坦克里安放一台与飞机进行通讯的无线电设备，并在设备旁边安排一名飞行员，他们发现这个方法能够有效地运行。几天之内，他们在更大的范围内进行了演练。四架 P-47 雷电战斗机轮流在装甲纵队的上方飞行，每次 30 分钟。这意味着，它们可以在任何推进的装甲部队的上空提供长时间的空中掩护，并可以打击和搜索目标。这也意味着，装甲纵队可以向前冲锋，而无须担心侧翼的情况，因为在这个范围内的任何行动都有可能被战斗机侦察到。为了持续提供这样的掩护，克萨达需要提供大量的战斗机，这些战斗机将无法用于拦截任务，不过，它们不需要一直提供掩护；相反，它们可以在需要时提供——比如"眼镜

449 蛇行动"。装甲纵队掩护就这样诞生了。这是在诺曼底血腥的树篱战中形成的陆空一体化，是一种具有潜在毁灭性的发展。

*

在准备"眼镜蛇行动"的过程中，邓普西的第二集团军发起了"古德伍德行动"。这场战役的规划恰恰解释说明了，为什么到目前为止，英国和加拿大的战事工作一直集中在卡昂的西侧，而不是东侧。奥恩河和卡昂运河上只有 6 座桥，3 个装甲师以及成千上万的车辆和士兵必须通过这些桥。这意味着，需要将炮兵留在西侧，但是，这样一来，炮兵就无法有效地参与作战。因为这是一次由装甲部队领导的行动，所以，攻击主要依靠的不是步兵。换句话说，基本上没有支援的英国装甲部队将在德国反坦克高速炮（这些反坦克炮在他们的上方掘壕固守）的眼皮底下前进。大多数时候，英国坦克炮的射程比较近，没能发挥特别的作用。当他们向布尔盖比山脊挺进时，几乎可以肯定情况将会是这样。

即使不是一个聪明的军事战术家，也能发现这是在叫士兵去送死。但是，应该怎样做呢？艾森豪威尔和泰德正在推动军队突破；虽然蒙哥马利此时有 3500 辆坦克，但也被警告要保留步兵部队；盟军向西侧发动了两次进攻，但都未能取得决定性突破。最可能的原因是蒙蒂意识到他的装甲部队可能会受到一些打击，因此坚持采取更加有限的行动；不管怎样，总的来说，他们还是可以继续粉碎德国军队的，特别是在英国王家空军和美国陆军航空军进行地毯式轰炸，为他们提供支援的情况下。毕竟，艾森豪威尔和泰德曾表示支持任何进攻行动。另外，如果蒙哥马利告诉他们，他要大幅缩减邓普西最初的计划，那么他们还会全力支持"古德伍德行动"吗？

他的装甲部队又会怎样？

然而，"古德伍德行动"的指示反映了盟军对战斗目标模棱两可。在《7月16~18日第二集团军行动记录》中，蒙哥马利向邓普西亲笔写下了作战指示。在标题为"本次行动之目的"的章节中，他写道：

> 与德军的装甲部队交战，并"击败他们"，使作为战斗基础的他们对德军不再具有任何价值。
>
> 在流经卡昂的奥恩河上夺取一个有利的桥头堡，进而改善 450
> 我们在东侧的局面。
>
> 总体目标是摧毁德军的设备和人员。

只有邓普西和奥康纳得到了这些作战指示——没有向任何师长分发这些指示，也没有发给艾森豪威尔和泰德。事实上，对于泰德热情鼓励的后续行动，蒙蒂回答说：

> 有三件事非常重要。①从现在起到7月18日，全力遏制敌人，尽可能拖住敌人，不让他们向滩头占领区挺进。②检验每一种手段，以便空军能够在7月18~19日发挥作用，即使天气不是100%的令人满意。③我们的计划是成功实现决定性的突破，因此，有必要让空军承担全部的重任。

蒙哥马利故意不把行动目的说得那么真诚、具体，因为他非常清楚，艾森豪威尔和泰德对"古德伍德行动"的期望可能比他认为的要高。也许他们会得到幸运女神的青睐，取得决定性的突破，但是，蒙蒂肯定不会赌一把。不过，他还是需要空军的全力支援。

另外，在向指挥官发布的命令中，奥康纳给出了一个更具体的目标：夺取"从布尔盖比到维蒙（Vimont），再到莱兹河畔布雷特维尔"的地区；布雷特维尔村位于卡昂以南约 10 英里处，远在布尔盖比山脊之外，塞普·迪特里希指挥的第 1 装甲军的指挥部就坐落在这个村庄。"如果条件有利，"奥康纳补充道，"随后就向南侧进发。"这些都反映出邓普西对"古德伍德行动"雄心勃勃，无论如何，他的雄心肯定远远超过了蒙哥马利。

由于空间不足，要想在短暂的黑夜中让 3 个英国装甲师的 44892 人、1098 辆坦克和 11772 辆汽车通过 6 座桥梁，是非常困难的；因此，"皮普"·罗伯茨将军的第 11 装甲师率先出发。他指示军队前往布尔盖比山脊，最好是越过山脊，但他的摩托化步兵需要首先占领进攻起点附近的两个村庄。罗伯茨担心他的装甲部队距离步兵太远，这种担心是可以理解的——距离步兵太远并不是一个451 很好的做法，因为步兵是坦克的眼睛，需要步兵来防止潜伏的德国"装甲拳"发起攻击，并阻止敌方的步兵爬上坦克、杀死乘员。在进攻中，装甲部队实际上无法完全独立地发挥作用。然而，当罗伯茨对此提出质疑时，奥康纳坚持让他按照命令行事，不过，他允许罗伯茨在卡尼（Cagny）寻找掩护，然后在装甲近卫师赶上时从隐蔽处现身。他还移交了一些炮兵部队的半履带自行火炮，以便用作装甲运兵车。邓普西对"古德伍德行动"的设想（而不是蒙哥马利的设想）决定了战斗计划。然而，正如蒙哥马利正确判断的那样，人们担心，这次行动的要求太高了，目前的情形并不适合突破。地形、时间限制、德军占领了具有优势的高地或者盟军突然缺少步兵，使得这次战役看起来胜算不大。然而，木已成舟。

根据泰德的指示，空军上将阿瑟·哈里斯爵士命令英国王家空军的轰炸机司令部尽最大努力，在黎明时分派出 1056 架重型轰炸机进行攻击。美国第 9 航空队的近 500 架中型轰炸机和第 8 航空队的 539 架重型轰炸机将紧随其后。2000 多架轰炸机将对德军的阵地进行轰炸。这是一个庞大的数字；以前也发生过这样的事情，例如 1943 年 7 月的三个晚上，汉堡被 3500 架轰炸机摧毁。轰炸机司令部的目标是科龙贝勒、卡尼、图夫雷维尔（Touffréville）、萨内尔维尔（Sannerville）和巴纳维尔（Banneville）的村庄，这是一个大约 4 英里×4 英里的对角区域，从卡昂向东南方向延伸，覆盖了缓慢上升的斜坡和山脊线；卡尼村横跨布尔盖比山脊，是德军的关键阵地，也是指挥部的所在地。

　　第 466 中队的肯·汉德利和他的澳大利亚机组人员也参与了攻击行动。汉德利的战斗之旅终于要结束了，但他对待这次任务的态度还是和过去一样冷淡。和大多数重型轰炸机一样，他们携带了 8000 磅（4 吨）炸弹。他说："在取得突破之前，战区中的坦克和敌人的火炮设施在一个美好的清晨遭到了轰炸。"就连轰炸机司令部的机组人员也得到承诺，"古德伍德行动"将起到决定性作用。"1000 架飞机参与了行动，它们的飞行高度为 6000~8000 英尺。"用汉德利的话说，他们进行了"炮火洗礼"；到目前为止，他们非常幸运，毫发无损地完成了任务。不过，一块锯齿状的碎片穿透了轰炸机机头的挡风玻璃，只差几英寸就击中瞄准器了。"其他方面进展得还不错"，汉德利说。

　　对地面上的德军来说，情况就没有那么愉悦了。前一天晚上，理查德·冯·罗森少尉、男爵参加了一个由营军械军官组织的聚会，但他们遭到了比平时更猛烈的炮轰，聚会很快就解散了。冯·罗森不知道如何解释这种情况，不过，他视察了 3 个连的哨兵，警告他们如果发生什么事就叫醒他，然后爬到他的装甲"311 虎式坦克"的下面，和炮手、二级下士韦克迈斯特（Werkmeister）一起滑进了狭长堑壕。

第二天早上 5 点左右，他被飞机引擎的轰鸣声吵醒。他爬出狭长堑壕，穿过伪装堑壕的树叶，看着像圣诞树灯光一样的照明弹慢慢地落在周围的地上。炸弹呼啸着落了下来，就在 200 码远的地方，地上被炸出一个巨大的坑，石块像间歇喷泉一样涌向天空。随之而来的是一个猛烈的压力波，几乎把他撞倒在地。当他冲向虎式坦克时，更多的炸弹落了下来，这次离他更近了，坦克摇晃着，压力波刺痛了他的耳朵。"从那时起，我无法思考，"他写道，"我就像被扔进了汹涌大海的溺水者一样无助。"空气中充满了炸弹的呼啸声，冯·罗森蜷缩成一团，紧紧地贴着地面。一拨又一拨的轰炸机飞过，大地在颤抖，身边的空气像是被抽走了一般，呼啸声、爆炸声不绝于耳，泥土、岩石和沙砾被搅动起来。冯·罗森感到深深的、彻底的无助。他根本无法逃脱，所能做的就是捂住耳朵，尽可能地蜷缩成一团，并祈祷着。

突然，离得很近的一次喷射把他和韦克迈斯特甩到了狭长堑壕的另一边，并把他们埋在了土里。不一会儿，两人都被撞昏了。当他们醒过来时，他们看到狭长堑壕的一侧已经塌陷，312 虎式坦克在燃烧；他们重达 56 吨的坦克也被掀到了一边。接着，袭击又开始了，又是一拨轰炸，更多的炸弹落了下来。冯·罗森躺在虎式坦克的下面，用手指堵住耳朵，把毯子塞进嘴里，以防止自己尖叫。

这次袭击持续了大约一个半小时。盟军用 Oboe 导航系统（一种盲炸导航系统）精确地标出了 4 个目标，并通过探路者标出了第 5 个目标。美军的轰炸机紧随其后，在一系列的袭击中总共投下了 6800 吨炸弹。冯·罗森简直不敢相信昔日的景色发生了怎样的变化。他写道："在曾经如此美丽的草地上，除了残破的树木外，什么也不剩。搅动的草地上留下无数巨大的弹坑，就像灰色的、令

人厌恶的月球表面一般，空气中飘浮着让人难以呼吸的尘雾。透过　453
浓雾，可以看到燃烧的树木和玉米地发出红光。"

　　头晕茫然的士兵们开始出现，他们尽力让自己恢复意识。冯·
罗森的连队损失了两辆虎式坦克；其中一辆被掀翻了，炮塔朝地。
这两辆坦克的乘员都死了，大部分乘员的内脏露了出来。他的维修
分队也被杀，设备被毁。排长们聚集在他的周围；冯·罗森知道他
必须迅速采取行动。一些虎式坦克仍在正常运行，但其他的坦克不
是履带坏了，就是被横着的树木挡住了。在他操纵的坦克的后面，
就在几码远的地方，有一个巨大的坑，要是炸弹提前十亿分之一秒
爆炸，那么这个大坑就会把他整个人给吞噬掉。

＊

　　英军第 11 装甲师的坦克和步兵开始前进。刚开始，他们跟在
徐进弹幕射击的后面，进展不错。然而，他们越接近轰炸的区域，
进展就越困难，因为他们必须小心翼翼地穿过大量的弹坑。从位于
埃斯科维尔以西的起始点到第一个目标有 6~8 英里，从地图上看
可能不太远，实际上，这是一段相当远的路程，尤其是这里的大部
分土地此刻被盟军的轰炸搅得一片狼藉。上午 10 点 30 分左右，王
家坦克团第 3 营和领头的其他坦克到达了布尔盖比附近的村庄，但
是，当他们接近于贝尔福利（Hubert-Folie）时，他们突然陷入了
孤军奋战的境地，因为那里超出了盟军炮火的射程，他们暴露在敌
人的眼皮底下。大量的德军从狭长堑壕中钻出来，加上大量的大
炮、自行火炮和装甲部队，足以对领头的英国装甲部队进行狠狠的
打击。

　　没过多久，冯·罗森少尉和他的部下听到了敌人坦克逼近的声

音。与营指挥部的无线电联系中断了，他的士兵和坦克都被这次经历给击垮了，无法清晰地思考，更不用说战斗了。冯·罗森爬过弹坑和碎片，步履匆匆地找到了弗罗姆上尉。弗罗姆命令他尽快让手头上的坦克和士兵作好准备，在马讷维尔（Manneville）和卡尼之间组建一支阻挡部队。这时，敌人的海军炮弹呼啸而过，在冲回连队的残余部队时，冯·罗森不得不多次寻找掩护。他的第 3 排没有损失一辆坦克，第 1 排的 3 辆虎式坦克已经报废了，第 2 排有望得到 2 辆坦克，并可以很快地将它们投入战斗。至于这是否足够快，大家只能猜测。所有的虎式坦克都遭到了不同程度的损坏，需要送到车间进行修理；不过，这事得先放一放。到了上午 10 点，他们已经有 6 辆坦克可以上路了。

454

　　一小时后，几辆谢尔曼坦克出现在他们的面前。虎式坦克开火了，杀伤范围大得吓人；每一次炸弹爆炸后，他们都不得不重新校准枪炮。这时，冯·罗森计划向敌人的侧翼发起进攻。于是，他命令虎式坦克朝西南驶向卡尼，然后向西转入勒皮埃尔（Le Prieuré）的农庄。但途中，他又有 2 辆虎式坦克被击中，并燃烧起来。于是，他命令剩下的 4 辆后退 200 码。当战斗似乎平息时，他急匆匆地走到位于马讷维尔的营指挥部。到目前为止，他已经损失了 16 名士兵。

　　直到上午 9 点左右，汉斯·冯·卢克少校才抵达战场，所以他躲过了轰炸。在被授予骑士十字勋章后，他在巴黎休了几天假，在那里，他和心爱的未婚妻达格玛（Dagmar）团聚。当他最终到达他的团指挥部并见到第 1 营的指挥官时，他收到了非常可怕的消息。冯·卢克感到茫然不知所措；与第 1 营和第 2 营的其余成员的所有联系都中断了。他非常生气，放弃了吃早餐的念头，跑向一辆可供他使用的 Mk IV 坦克，对着副官大喊，让副官联系师总部，请求立刻派遣后备部队。然后，他递给司机一支烟，让司机载着副官从主干道直奔卡昂。在卡尼，他震惊地看到英军的坦克正在快速逼近，却没有看到德军在还击。他发现了一些废弃的 88 毫米的高射炮，命令士兵把这些大炮搬到村庄的北端，并让炮手继续开火。之后，他返回了指挥部。① 他曾担心自己兵团的一半兵力已被歼灭，但是，当他找到贝克尔少校并得知突击炮炮台的消息时，他松了一口气。

贝克尔告诉他："有一个炮台被炸弹完全炸毁了。"不过，他解释说，左翼的两个炮台完好无损，目前正在支援第 1 营的掷弹兵。右翼的另外两个炮台随时准备投入战斗。库尔兹（Kurz）少校正在积极防御，他和第 2 营的士兵在右翼建立了一个防御封锁阵地。不久，副官回来了。福希廷格尔没有后备部队，但他派出了侦察营。冯·卢克下令阻止盟军沿着山脊向东突破。

与此同时，盟军调来了加拿大军队，以便夺取卡昂的东郊，特别是科龙贝勒工业区和吉贝尔维尔村，这两个都位于奥恩河的东侧。女王直属步枪团的目标是夺取吉贝尔维尔，对步枪团来说，这是非常艰难的一天。A 连从村庄的左侧发起进攻，C 连和 D 连从右侧进攻，他们充分利用盟军的轰炸来掩护部队前进。早上 7 点左右，他们逼近村庄。他们遭到了重型机关枪和小型武器的攻击，三名排指挥官阵亡，查理·马丁中士的一名战友乔治·班尼特（George Bennett）的腹部中了 5 枪，另外两名战友也受了伤。

那天早上的晚些时候，女王直属步枪团占领了吉贝尔维尔村，

---

① 汉斯·冯·卢克的说法经常遭到质疑，但后来确实有坦克在卡尼被击毁，卡昂周围也有纳粹德国空军的高射炮。虽然盟军的空中侦察没有发现这些高射炮，但事件的证据表明，冯·卢克所说的就是事实。笔者认为没有理由怀疑他对这个事件的描述。

同时抓获了第 16 空军野战师的大量士兵。他们为一名受伤的俘虏包扎好腿部的伤口，但是，当担架员把这名俘虏抬走时，他掏出手枪向几个人开枪，打死一人，打伤两人。查理·马丁和其他几个人扑向他，夺过手枪，扭断了他的胳膊，并对他进行了殴打。然后，他和一群俘虏一起被带走了，步枪团附上了一张纸条，描述了他的所作所为。马丁说："这是一个残忍且难以解释的行为。不过，我们没有听到进一步的消息。"

那天的晚些时候，A 连的一些士兵从村庄向南推进，并占领了铁路沿线的阵地。然而，他们很快就遭到了反击，至少有两个连的德国士兵从掩护他们的茂密的树篱后面冲了出来。看到眼前的情况，查理·马丁派了一名士兵到连队总部，请求火炮和迫击炮支援。然后，趁着手下为他提供火力掩护，他急忙跑上前去提醒那些仍守在铁路路堤旁的士兵，让他们赶快撤退。大多数士兵都成功撤退了，这多亏了巴克·霍金斯（Buck Hawkins）仍留在后面利用布伦机枪掩护他们撤退。但是，就在霍金斯准备撤退时，他胸部中枪身亡。马丁悲痛欲绝——整个连队悲痛欲绝。霍金斯是个出类拔萃的人物，他 39 岁，比大多数人都年长很多，而且已经结婚了，也有了小孩。不过，他意志坚定，有着很强的幽默感，而且无所畏惧，是一个似乎体现了连队精神的人物。"无法用言语来表达我们对巴克的感情，"马丁坦言道，"那天的痛苦无法形容。"现在，该连的兵力已经减少了大约 50%。他们夺取了目标，但付出了可怕的代价。

同样遭殃的还有英军第 11 装甲师的先头部队。北安普敦郡游骑兵团第 2 营一直在等着王家坦克团第 3 营，以便跟在他们的后面。上午 11 点左右，该营向前推进。在经过德穆维尔（Démouville）附近时，他们与德军交火，并摧毁了德军的两门自行火炮。直到下午 4 点 30 分，他们才接到命令去营救王家坦克团第 3 营。第 A 中队的下士雷格·斯皮特和他的乘员已经向铁路路堤推进，这段路提朝东南方向蔓延至德穆维尔市外。他的第 2 部队打头阵。他们穿过拱门，轰隆隆地驶过科尔梅勒（Cormelles）的工厂。在大约 500 码外的地方，他们沿着灌木丛后高低不平的地面停了下来，以便察看目标。就在这时，他们遭到了攻击，军队中士的坦克被击中并燃烧起来。斯皮特向前开动坦克，然后跳了下来，帮助军队中士，以便让炮手和装弹手脱离险境。之后，他开着坦克，载着那些乘员回到进攻的起始位置，然后放下他们，再次返回遭到攻击的地方。这并不是一个很好的开头。

当布拉和于贝尔福利附近的战斗仍在继续时，英军在更远的东侧发起的进攻已经失去了势头。汉斯·冯·卢克认为，最糟糕的情况在中午前后就已经停止了，他通过重新接通的无线电设备向福希廷格尔报告了这个情况。第 21 装甲师的指挥官福希廷格尔告诉他，党卫军第 1 装甲师正被紧急调回前线，而库尔特·梅耶指挥的党卫军第 12 装甲师也在被调回前线。“党卫军第 1 装甲师将在今天下午的晚些时候到达，”福希廷格尔告诉他，“党卫军第 12 装甲师将在明天中午之前到达。我们必须坚持到那个时候。”事实上，冯·卢克并没有出大的差错，尽管此时英军和加拿大军队已经爬上了山脊，到达了另一边。位于进攻战线左翼的第 3 步兵师的步兵已经推进到了特罗阿恩，而伞兵已经在登陆日炸毁了特罗阿恩的桥梁；尽管冯·卢克竭尽全力守卫卡尼，近卫师和第 7 装甲师还是占领了这座城市。之后，他们继续向前推进，越过山脊来到布尔盖比村。不久后，这个村庄的名称就被英军改为“载满同性恋的大巴车（Bugger's Bus）”。第 11 装甲师仍控制着布拉和于贝尔福利，而加拿大第 2 步兵师则从卡尼向南推进。

457

　　然而，到了下午 4 点，马讷维尔地区的战斗似乎已经平息。由于党卫军第 1 装甲师正在赶来，弗罗姆上尉便命令理查德·冯·罗森带着幸免于难的虎式坦克回到维护小组，利用那些还能行驶的坦克拖回那些被击毁的坦克。在他的 311 虎式坦克出发前，冯·罗森又看了看翻倒在地的 313 虎式坦克。这时，他想检查一下炮塔上的逃生舱口。看到舱口微微半掩着，他俯下身，大声叫喊，让他感到惊讶的是，有人回应了他。可是，舱口被卡住了，不管他怎么使劲都挪不开。被困在里面的人也无法挪动舱口。最后，在另外三个人的帮助下，他们终于打开了一道足够大的口子，能够让里面的人慢慢地爬出来。冯·罗森说："我们把他们救了出来，累得个半死。现在，是时候让我们所有人都离开那个鬼地方了。"

　　沿着山脊及更远的地方，战斗一直在继续。埃伯巴赫将军拼命地想要弄清楚发生了什么，但直到下午 3 点左右，一头雾水的德国人才发起猛烈的反击，即使在那时，他们仍遭到了战斗轰炸机、海军火炮和反坦克炮的轮流打击。空军中士"肯"·亚当那天飞行了两次，他在早上攻击了敌人的火炮阵地，然后进行了一次武装侦察，并在党卫军第 1 装甲师向前线行进时开火射击。下午 6 点半左右，下士雷格·斯皮特终于回到了他在布拉的中队，在那里，他们与加入战斗的党卫军第 1 装甲师交火。最后，他们在晚上 11 点左右撤退；不过，第二天，他们又开始行动了。

　　然而，就在这个时候，邓普西将军却认为盟军将不会取得重大突破。埃伯巴赫感到很吃惊，因为英军没有在一夜之间推进；不过，即使有照明弹，要想在黑暗中协调如此大规模的战斗也是不可能的，而且伤亡将是相当大的。第二天，埃伯巴赫继续推进他在 18 日取得的进展；不过，随着更多的德国援军（包括那两个党卫军装甲师）的到来，德军的防线再次得到了巩固。19 日早上，雷格·斯皮特回到布拉参与行动，就在那天，他的坦克后部被敌人的炮弹击中了。当时，他们正在进行第一次齐射，没有关闭舱口，所以他、炮手和装弹手都被弹片击中了，但不是很严重。然而，坦克外部的所有东西都被炸掉了，包括无线电天线，斯皮特失去了任何内部或外部通讯。他开动坦克去找第 7 装甲师和克伦威尔坦克部队，看他们能否帮忙。他说："装配工修好坦克，医务人员为我们包扎好伤口。"第二天，他们返回兵团，这时天开始下雨，"古德伍德行动"也停止了，这让双方的士兵都松了一口气。

　　7 月 20 日星期四的晚些时候，斯皮特再次受伤。德军开始炮击他们的营地。因为下着大雨，他和乘员们决定不睡在坦克下面湿漉漉的狭长堑壕里，而是睡在卡车里。炮击一开始，他们就立刻从卡车上下来，但此前不久，附近的另一辆卡车（车上装满了成箱的弹药）被击中并发生了爆炸，弹片到处飞散。"很不幸，"斯皮特潦草地写道，"我被一块相当大的弹片砸到了，差点弄断我的背和一只胳膊。"由于淤青严重、伤口很深，他被转移到了野战医院。

458

*

　　在英军参与的所有诺曼底战役中，"古德伍德行动"让蒙哥马利受到了最多的批评。有人指出，那天英军损失了大约 400 辆坦克，但只推进了 7 英里。400 辆坦克！在一天之内！艾森豪威尔对此感到非常愤怒。正如他向哈里·布彻坦言的那样，即使对资源丰富的盟军来说，每英里损失的坦克重量就达到了 1000 吨，这个代价似乎也太高了。泰德也很愤怒，要是他能随心所欲，他会撤掉蒙哥马利和利-马洛里的职务，因为他觉得他们越来越多地躲在康宁厄姆的背后策划阴谋。泰德写道："7 月 20 日，我和波特尔谈论了军队的失败。我们一致认为蒙哥马利是主因。"

对于这个说法，我们需要从不同的角度来考虑。首先，在蒙哥马利看来，"古德伍德行动"达成了他预期的目标，并没有失败。第二集团军扩大了卡昂东部和东南部的桥头堡，这场战役让他的部队挺进了布尔盖比山脊。它还击溃了大量德国军队，并导致党卫军第 12 装甲师和党卫军第 1 装甲师前来救援，这意味着，德军无法抽调出更多的装甲师进入美军的战区。虽然它不是一个绝妙的作战计划，但它是邓普西制定的，而不是蒙哥马利，正因如此，这个计划才无法继续推进；此外，他们没有适当的步兵支援，装甲部队处于孤立无援的境地。英军的装甲师是用来开拓前进的，是为了在取得突破后迅速而广泛地推进。本来应该由独立装甲旅与步兵并肩作战，以便实现这一突破。然而，对于第二集团军来说，不幸的是，由于地形以及根据希特勒的命令奋战的德军在如此靠近海岸的地方作战，导致英军的装甲师无法按照最初的设计和组建意图来发挥作用。

然后是坦克损失问题。雷格·斯皮特指出，北安普敦郡游骑兵团第 2 营拥有 52 辆坦克，在"古德伍德行动"中，该营损失了 37 辆。然而，在操纵这些坦克的 185 人中，只有 25 人伤亡，这表明大多数被击毁的坦克并没有燃烧起来。事实上，盟军也需要对一天之内损失了 400 辆坦克这一数字进行修正。军事作战研究部的详细报告审查了所有坦克的伤亡情况，并将其归类为被摧毁的和被烧毁的、损坏严重但可以在后方车间维修的，以及那些可以在前线附近维修但需要超过 24 小时的。他们的调查结果证实，虽然 493 辆坦克遭受了某种程度的损坏，但只有 156 辆报废，总共只有 136 名坦克乘员阵亡；相比之下，在 7 月 18～22 日的古德伍德战役中，本应保留的步兵中有 3432 人阵亡、受伤或失踪，其中 300 人是加拿大人，他们发现自己被完全包围，于是在 7 月 21 日被迫向党卫军第 1 装甲师投降。

然而，最终的坦克损失数字，恰恰说明了为什么盟军会赢得这场战争，因为数量惊人的 218 辆坦克在被击毁后的 24 小时内重新投入战斗，而在几天内又有 62 辆坦克重返战场。随着夜幕降临，成群的英国坦克抢修车和火炮牵引车涌向战场，找回了除烧黑的壳体之外的所有残骸。轻型支援分队和车间里的工人们利用大量的工具、绞车和备用零件，拼命地进行抢修，使得坦克能够重返战场。在古德伍德战役的前夕，蒙哥马利拥有 3500 辆坦克，而英军永久性损失的坦克数量大约为 156 辆，这是一个他们可以很容易消化的数字。比起人们在讨论"古德伍德行动"时众说纷纭的 400 辆，156 辆还差得远呢。

德军损失了 83 辆坦克和突击炮，相当于一个完整的装甲师的兵力，其中包括 26 辆豹式坦克、7 辆虎式坦克和 3 辆 72 吨重的虎王坦克，德军在诺曼底只投入了这几辆虎王坦克。埃伯巴赫将军不得不接受这一事实：遭受重创的第 16 空军野战师的余下一半兵力已被"摧毁"，党卫军第 21 装甲师也是如此。他还说："当地的后备部队已经被歼灭或粉碎，他们的大炮还没开火就被击毁了。"

也许要不了多长时间，蒙哥马利就会顺理成章地受到表扬，沐浴在荣耀中，不过，他也遭到了猛烈的抨击。在开展"古德伍德行动"前，他一直处于一种微妙的境地，当这次行动与艾森豪威尔的期望相去甚远时，他并没有试图指责任何人；毕竟，制定更加雄心勃勃的计划，让装甲师发挥显著作用都是邓普西的想法。事实上，"古德伍德行动"已经超出了蒙蒂的所有期望，而且总的来说，这次行动付出的代价并不大。不过，正如他预料的那样，他会安然地度过这场风暴；回到英国后，他得到了一个强有力的支持

460

者——帝国总参谋长艾伦·布鲁克爵士。布鲁克知道没人能够取代蒙哥马利的位置，坦白说，也没有人能够比蒙哥马利更好地管理这支以平民为主的军队。更重要的是，蒙哥马利拥有人民的选票，没有人想要解除蒙蒂的职务。

　　然而，无论盟军面临怎样的危机，与德军面临的危机相比，这些都不算什么，因为在 7 月 20 日星期四，就在古德伍德战役逐渐停息时，德国发生了一场企图暗杀希特勒的行动，这个行动差一点就成功了。这个惊天动地的事件将使诺曼底的德国守军陷入更大的混乱。

第 30 章　圣洛

尽管"古德伍德行动"实现了蒙哥马利的战斗野心，但毫无
疑问，到了 7 月的第三周，所有盟军部队都出现了士气下降，这是
一种潜在的危险状态。前线的大多数盟军部队根本不知道德军的处
境实际上有多危险；在大多数人看来，他们撞上的是一堵由狂热
的、训练有素的纳粹分子组成的砖墙。然而，实际情况却恰恰相
反：德军撞上了由盟军的强大火力组成的砖墙，他们正在流尽鲜
血，虽然速度缓慢，但一定会有流血而亡的那一天；现在，希特勒
侥幸躲过了暗杀行动，负责战事的德国指挥官们预计高层将进行更
加严格、更具有破坏性的干预。

7 月 20 日星期四，克劳斯·冯·施陶芬贝格（Claus von
Stauffenberg）① 上校、伯爵设法带着一个装满炸药的公文包，来到
希特勒位于东普鲁士的地堡"狼穴"与元首会面。炸弹爆炸了。

---

① 纳粹德国陆军上校，系 1944 年 7 月 20 日密谋案的主要执行人物之一。他与汉
斯·奥斯特（Hans Oster）和海宁·冯·特莱斯科夫（Henning von Tresckow）
密谋刺杀希特勒，并把纳粹党清除出政府。他是国防军内的抵抗组织"黑色乐
队"的核心人员。他加入抵抗组织后，立即采取刺杀行动，最后一次行动就是
瓦尔基里行动。1944 年 7 月 20 日，刺杀行动失败，希特勒逃过一劫。1944 年
7 月 21 日午夜，施陶芬贝格被抓获，和另外 4 名同伴被判死刑，立即枪决。施
陶芬贝格的尸体被埋在刑场附近，但党卫军头子希姆莱下令把尸体挖出来焚
烧，并把骨灰撒入污水中。

584 诺曼底 1944：登陆日与史诗般的 77 天法国战役

令人称奇的是，希特勒死里逃生，只受了点皮外伤。他真是太走运
了。政变失败了，头目被枪毙，政治迫害开始了。之后，关于隆美
尔也参与了刺杀行动的猜疑声此起彼伏，但可以肯定的是，他根本
没有参与；也许他听说了推翻元首的阴谋，但是，别人在拉拢他
时，给出的理由五花八门、莫衷一是，以至于他可能没有完全意识
到别人提议的究竟是一个怎样的行动。他当然没有吞饵上钩，没有
加入共谋者的行列。他的参谋长斯派达尔更多地参与了这次行动，
尽管可能没有他在战后回忆录中描述的那么多。然而，有一点毋庸
置疑，那就是隆美尔曾向他的高级指挥官们建议，是时候与西方同
盟国讲和了。诸如此类的谈话，7 月 17 日抵达党卫军第 1 装甲军
指挥部的库尔特·梅耶就曾在无意中听到过。如果隆美尔没有受
伤，他可能已经向盟军投降了；不过，在炸弹阴谋失败后，这种可
能性大大降低了，因为如果真的要投降，那么他需要豪瑟、迪特里
希和埃伯巴赫的支持，也可能需要冯·克鲁格的支持。战事指挥和
国防军最高统帅部让人绝望——每个人都讨厌他们——但进行抱怨
和发牢骚是一回事，而投降（在党卫军的思想观念中，投降是不
可想象的）则是另一回事。但是，隆美尔受伤了，无法再参与诺
曼底战役。关于这方面的推测虽然有趣，但最终毫无意义。

　　甚至在暗杀发生前希特勒就已经变得越来越偏执，他的头脑已
经被每天的毒品鸡尾酒给弄得混乱不清。当时，他觉得到处都是背
叛。令人难以置信的是，在暗杀行动后的第二天，冯·克鲁格给元
首写了一封信，转发了隆美尔于 7 月 16 日发送的信件。在前线战
斗了 14 天之后，冯·克鲁格写道，对于诺曼底的前景，他得出了
和隆美尔一样的结论。他还说："这个超负荷的前线必将崩溃的时
刻很快就会到来了。一旦敌人到达了开阔的乡村，那么德军想要妥
善地进行协调指挥几乎是不可能的。"

不出所料，这些来自前线的报告在希特勒的总部极度不受欢迎。冯·克鲁格的战斗日子已经所剩不多了，但他们不能撤退——撤退是不可想象的。他们将继续战斗并摧毁盟军。军队对这个消息的反应基本上是震惊。库尔特·梅耶说：“所有部队一致反对恐怖主义行为。士兵们一点儿也不同情 7 月 20 日事件的共谋者。”赫尔穆特·里特根上尉也很震惊，在党卫军第 6 装甲师服役时，他就认识冯·施陶芬贝格了。他写道：“虽然我讨厌希特勒，但他的死对我们来说将是一场灾难，至少暂时是一场灾难，会造成很大的混乱，从而导致敌人坚定他们毁灭德国的目标。”不过，埃博哈德·贝克和他在第 277 摩托化炮兵团的战友们持有不同的看法。贝克说：“他的死会给我们带来转机，我们非常希望这场毫无意义的战争能够结束。”他的指挥官冯·斯滕格林（von Stenglin）少尉、男爵视察了所有炮组，告诉他们，不仅暗杀失败了，而且元首还下达了命令，从现在开始，他们只能使用纳粹的举手礼，而不是传统的军礼。显然，冯·斯滕格林非常震惊。贝克继续说道：“暗杀行动失败了，我们感到很失望。”不久后，冯·斯滕格林就消失了，再也找不到他的踪影。理查德·冯·罗森少尉对这个消息深感不安，尤其是因为实施者似乎都是贵族。“年轻人，别让这件事影响到你，”弗罗姆上尉对他说，“我们会保护你的。”冯·罗森说道：“很遗憾隆美尔没有采取行动。我们非常信任他。如果他现在说一句话，会对我们起到很大的帮助。”威利·穆勒（Willi Müller）也对这个消息感到“不安”，这似乎是大家的普遍反应。在充满巨大的不确定性之际，这个消息着实令人不安。

到目前为止，装甲教导师已经完成了转移，进入了圣洛以西的战线，党卫军第 17 装甲师在他们的左侧，党卫军第 2 装甲师在他们的旁边。这意味着，美军将第一次遭遇两个装甲师和一个党卫军装甲掷弹兵师。他们之所以能够毫发无损地到达那里，在很大程度上是因为天气恶劣，盟军无法像往常那样进行空袭。赫尔穆特·里特根指挥的第 130 装甲教导团第 2 营已于 7 月 10 日晚抵达，他们将在次日清晨即刻展开反击。在不熟悉的战场上作战，而且没有时间进行侦察将会导致灾难，事实证明的确如此。"正如人们担心的那样，"里特根说，"部队的进攻完全失败了，损失惨重。"到了 7 月 15 日，里特根已经损失了 15 名军官。

　　与他们交火的是美国第 9 步兵师的老兵。在轮到第 47 步兵团发起反攻时，俄里翁·肖克利中尉和他的士兵们正在绕过一个果园，尽管迫击炮和轻武器的炮弹从这个方向飞来。他们刚走过去，雷电战斗机就从他们的上方掠过，而后调头朝他们飞过来。肖克利和士兵们以为自己会遭到德军的攻击，然而，P-47 雷电战斗机开火了，并向果园投掷炸弹，把一些坦克从隐蔽处赶了出来。肖克利吃惊地看着这一切，突然几辆坦克轰隆隆地驶过。当最后一辆坦克经过时，肖克利的一个手下跳了出来，向坦克发射了一枚火箭弹，击中了坦克，但没有让坦克停下来。一名受了重伤的德国士兵跌落到路上。肖克利走到他的面前，那个士兵举起一只手臂，好像是在求助。肖克利说："我觉得他已经没有救活的希望了，我对整个战争以及它对人们造成的伤害感到深深的痛惜。我见过很多朋友受伤或阵亡，但不知怎的，这件事对我的触动很大。"

464　　　7 月 12 日星期三，肖克利和他的部下设法前进了 0.75 英里；在接下来的日子里，情况依然如此，一路上有更多的士兵受伤或阵亡。一个士兵的胃部被弹片击中。"中尉，我要死了，是不是？"他说道，他是在陈述事实，而不是在问问题。他的胃被切开了，他用双手捧着肠子。肖克利叫来医生，试图提供帮助；这个士兵被送往医院，但几天后死了。次日，也就是 7 月 16 日，肖克利的好朋友詹姆斯·卡梅隆（James Cameron）上校在驾驶吉普车时触雷身亡。自从在北非作战以来，他们就一直在一起战斗。第二天，另一位朋友保罗·布法罗（Paul Buffalo）中尉被炮弹碎片炸死。20日，肖克利被授予了 B 连的指挥权。

肖克利目睹的暴力场景足以让他这一辈子都难以忘记，但此刻，在艾斯格兰迪斯（Esglandis），就在他们等着发起"眼镜蛇行动"时，盟军召开了连长会议。他们刚到营指挥部，敌人就开始向他们发射炮弹。第一枚炮弹在附近落下，于是他们纷纷寻找掩护。明顿（Minton）上尉和罗杰·默里（Roger Murray）中尉——肖克利刚刚和他们谈过话——最先从帐篷里走出来。紧接着，第二枚炮弹呼啸而来，其中的一块碎片割下了明顿的脑袋，另一块碎片击中了默里。

"哦，我被击中了"，默里说道。就在肖克利面前几英尺的地方，他被整整齐齐地切成了两半，一倒在地上就死了。肖克利知道，炮弹爆炸时，远处的弹片要比爆炸点周围的弹片分散得多。当另一枚炮弹击中一棵树时，他钻进了一个远离爆炸点的散兵坑，弹片落在树下战壕里的两个士兵的身上，把他们也炸死了。那几天真不是什么好日子。

*

美国第 2 装甲师第 67 装甲团 E 连的排长约翰·罗杰斯中尉说："这些树篱真是太可怕了。"这个师被称为"地狱之轮"，这个称呼表明那个地区就如同地狱一般。"我们在那里待了 18 个白天和 18 个夜晚，"他说，"就是为了和德军一决雌雄。"他们都感到很沮丧，但就是无法穿过树篱，一丁点儿也不行。他把推土装置固定在

谢尔曼坦克的前面，这帮了他的大忙，但在他看来，这是一场特别
残酷的恶战，双方都没有取得多大进展。

在 7 月的第三个星期，双方都士气低落。逃兵的数量有增无
减。这场折磨人的激烈战役让士兵们精疲力竭。死亡随处可见，给
曾经美丽的乡村蒙上了一层腐烂的阴影。似乎每一块田地都有被战
争蹂躏过的牛和马的尸体。大多数尸体都会因为体内的腐败气体而
膨胀，这导致尸体翻转过来，四脚朝天。一天，雷格·斯皮特用双
筒望远镜往外看时，发现一名德国机枪手坐在狭长堑壕里晒太阳。
躺在他前面的是一头死牛，已经肿胀起来。斯皮特和乘员们坐在几
百码开外的坦克里，很安全。于是，斯皮特让机枪手向这头牛开
枪，机枪手照做了。德国士兵的反应完全符合斯皮特的预期。他迅
速拿起武器和弹药带，环顾四周，然后跳出了散兵坑。"最后，他
嘴里叼着一根烟，"斯皮特说，"他看了看开枪的方向，笑着朝我
们挥舞拳头。"

臭味通常来自那些在战斗中阵亡、永远留在战场上的人。它似
乎无处不在。同样糟糕的是，可怕的景象也可能发生在曾经魁梧的
年轻人身上。在蒂伊附近，沿着舍伍德游骑兵团经常使用的一条小
路，斯坦利·克里斯托夫森发现了一名德国士兵的尸体躺在小路
上。每当坦克经过时，他的手臂就会遭到一次又一次的碾压，只剩
下被碾碎的骨头和肉，就像人们经常看到的被汽车碾死的动物一
样。雷格·斯皮特也多次经过一辆被击毁的 IV 坦克。一名乘员吊
在炮塔外，已经死了，他腐烂的尸体每天都在发生变化——皮肤肿
胀，然后变黑，最后头部和手臂完全脱落下来。

炮击持续不断，暴力无处不在，恶臭四下弥漫，不适的景象随
处可见，这是非常残忍的。即使在"古德伍德行动"持续期间，
英军仍在攻击第 112 号山头的周边地区以及奥东河以南的邻近的第

113 号山头。自"埃普索姆行动"结束后，罗伯特·伍尔库姆中尉就和国王直属苏格兰边境团的第 6 营及第 15 苏格兰步兵师断断续续地待在那里。他确信自己将死在那里，尽管到目前为止，这个自我应验的预言并没有实现。不管怎样，他是幸运的。他所在的 A 连有 75 人爬上了第 113 号山头，但只有 32 人回来。他知道，只有蜷缩在散兵坑里，才有很大的生存机会，但作为一名军官，他经常被召唤到营总部。他写道："在回到这附近的过程中，必须像猫一样蹑手蹑脚的，就连平常的行走、跑步都必须这样，要经常停下来听听周围的动静，在另一轮猛烈的炮弹呼啸而来之前，要提心吊胆地停下来；眼窝凹陷、下巴上长满胡子的士兵们纷纷逃窜寻找掩护，步枪、铁锹和堑壕壁板发出哐啷的撞击声——你为了暂时寻求掩护，可能会跳进一个陌生的堑壕里，然后撞到某个人的身上。剧烈的爆炸导致堑壕发生震动，掀起一块块泥土，然后泥沙便像细小的河流一样落在你的身上。金属嘎啦嘎啦地转动，尘土飞扬，之后是一片寂静。"该营在第 113 号山头损失了 9 名军官。就在一个月前，伍尔库姆还是一名初级中尉。现在，他是一名高级中尉了。

　　炮兵列兵埃博哈德·贝克就在山谷对面，伍尔库姆试图躲避的炮弹有一部分就是他发射的。弹药有限意味着他们的射击受到了限制，而他们仍然在英国反坦克炮的射程内，并因此失去了朋友和战友。他的朋友鲍曼（Paumann）当场被弹片炸死；本来要去军事学校的弗里茨·阿诺德（Fritz Arnold）受了伤；曾与贝克一起接受训练的炮兵列兵路德维希·格罗格尔因为精神崩溃被送进了医院。贝克再也没有见过他。还有冯·斯滕格林少尉，他消失了。贝克想念他的母亲，甚至想让自己中一个"归家弹"——一个可以让他脱离苦海的伤口。他写道："我只是想摆脱这种痛苦。"让他感到苦恼的另一个原因是，他还从来没有和女人交往过。

466

*

　　越过棘手的山脊线的并非只有英军。在攻占了圣洛东北的高地第 192 号山头之后，美军的整个战线正在势不可挡地向南推进，到了 7 月 17 日，第 29 步兵师终于逼近圣洛。鲍勃·斯劳特中士及时回到了所在的排，准备发起进攻。当第 29 步兵师最终进入被摧毁的城镇废墟时，他们已经在前线连续奋战了 42 天。斯劳特几乎不敢相信自己失去了这么多朋友；就在过去的几天里，在距离圣洛东北不到 2 英里的"死亡山脊"马丹维尔（Martinville），他的好朋友"阿贾克斯"·布朗宁（"Ajax"Browning）中士和他信赖的机枪手、一等兵"法兹"·威廉姆斯都阵亡了。斯劳特认为他身体的一部分已经和那两个人一起死在了山脊上。他说："每次听到某某某被击中的消息，总是让人很痛苦。每天都有新的面孔取代那些老练的步兵。"

　　四等兵卡尔·韦格纳和他在第 914 掷弹兵团的小分队是守卫圣洛废墟的部队之一，他们一直坚守在圣洛北部的第 122 号山头。自登陆日以来，在过去的六个星期里，他一直与二等兵卡尔布和朋友威利关系密切。一种深厚的同志情谊形成了。在 7 月 17 日夜晚至18 日凌晨，他们和连队的残部（现在只有几十人）经过路旁沟渠里丢弃的设备和残骸，艰难地返回营地。"卡尔，傻瓜都看得出来，我们输了，"卡尔布对他说道，"这片法国废墟是没有希望保住的。"但是，克莱斯将军下令要守住圣洛：虽然这座城镇已被彻底摧毁，但仍要进行防御。疲倦不堪的他们又开始挖堑壕。

　　然而，第二天，德军在圣洛的防御很快就被瓦解了。下午的晚些时候，他们得到消息，实际上美军已经在他们的后面，接着炮弹

467

飞了过来——是他们自己的大炮发射的炮弹。如果他们被包围了
（看起来他们好像被包围了），那么很显然，是时候弃城而逃了。
这时，卡尔布和他的小分队从散兵坑里爬出来，开始穿过城市，并
注视着角落的动静，然后冲了过去。随后，就在快速瞥一眼的时
候，卡尔布的手被击中了。韦格纳用机关枪开了一枪，然后他们冲
进了另一条小巷，但在下一个拐角处，他们径直撞上了一些美国装
甲车。当他们试图返回时，威利滑倒了，撞到了卡尔布，而后被一
排子弹击中。卡尔布把威利从火线上拉了下来，但威利受了重伤，
痛苦、恐慌地尖叫着。韦格纳抱着他的头，握着他的手，低头看着
这位垂死的朋友，卡尔布手忙脚乱地帮他包扎伤口。威利的尖叫声
越来越弱，脸上也失去了血色。他开始轻轻地哭了起来。"卡尔，"
他抬头看着韦格纳，喃喃自语道，"经历了这一切，就是为了死在
废墟里，这毫无意义。"然后他死了。

　　卡尔布收拾好威利的东西——他妻子的照片、他的结婚戒指和
身份证明——用手帕把它们包好，然后把自己的头盔换成了帽子，
并告诉其他人他会先出去，如果一切顺利，他们就跟着出去。他把
双臂举过头顶，走了出去。韦格纳又看了一眼死去的朋友，然后跟
了出去。"感谢上帝，"他说，"一切都结束了。"

　　对汉斯·海因兹少尉来说，一切也差不多要结束了。他和最后
几个士兵也被困在圣洛，突然，他们看到美国坦克正在向他们逼
近。他们被困在露天场所，为了给部下争取一些时间，海因兹抓起
一件"装甲拳"反坦克武器，跑到路中央，向领头的坦克开火。
炮弹爆炸的冲击波把他撞倒在地，当他苏醒过来时，他发现自己躺
在地上，右臂和身体一侧受了重伤。奇怪的是，他最先想到的竟然
是他再也不能打网球了。他的第二个想法是，他必须赶快移动身
体，否则就会被向他逼近的谢尔曼坦克碾碎。他掏出一条手帕，拼

命地挥舞起来。令他惊讶的是，美军的坦克指挥官停了下来，让海因兹的部下抓住他，把他拉到一旁。即使在地狱中，似乎仍然有充满人性的时刻。

海因兹不仅得救了，还被送到了一个救护站，然后上了一辆救护车，并被带到了南部，离开了废墟圣洛。他躺在车里，抬头看到车顶上有一大堆弹孔。他迷迷糊糊地问司机被敌人击中过多少次。司机告诉他："几乎每次开车我们都会遭到扫射。"他解释说，盟军以为他们是在用救护车向前线运送弹药和补给。对于德军来说，盟军的空中力量太强大了，无处不在，他们确实无法逃脱。不过，海因兹还是安然无恙地来到了野战医院。他的诺曼底战役结束了。

*

7 月 19 日星期三，对奥马尔·布拉德利将军来说，这是忙碌的一天。在 7 月 12 日向将军们作了简报后，这天早上，他在总部营地与部队指挥官就"眼镜蛇行动"进行了商议。计划的关键是在一段狭窄的战线发起进攻，而这正是"皮特"·克萨达一直敦促他做的，但这个做法违背了大多数美军指挥官的直觉，他们倾向于采用宽战线攻势，这样一来，他们就可以在整个战线施加压力，并充分利用物资优势。然而，由于空袭是整个行动的关键，因此，"眼镜蛇行动"需要更加重视空中力量。乔·柯林斯的第 7 军将打头阵，在轰炸机扫清道路后，他的装甲部队将会向前冲。

接下来，诺曼底的盟军指挥官将飞到英国，讨论空袭计划。下午 1 点 30 分，在"切特"·汉森的陪同下，布拉德利和克萨达在浓雾中起飞。不过，当他们在伦敦附近的诺斯霍尔特（Northolt）降落时，天气状况还不错。布里尔顿和康宁厄姆在那里迎接他们。

布里尔顿个头小，身材瘦削，戴着一副金属框眼镜；康宁厄姆个头高大，面色红润。他们坐着一辆别克敞篷车向宾利庄园驶去，身材瘦削、言语简略、很少微笑的利－马洛里正在那里等待他们。等待他们的还有斯帕茨（他冷静、自信、睿智精明）和泰德（他精瘦结实、个头较小，嘴里叼着烟斗，"警惕性高"）。

　　布拉德利预计"眼镜蛇行动"的空袭计划可能很难有说服力，尤其是在"古德伍德行动"之后。然而，这个计划很受欢迎，与会者进行了审慎讨论。美国第 9 航空队的战斗轰炸机将率先进行空袭，它们将在进攻时辰前的半个小时攻击圣洛—佩里耶公路以南的德国防御工事。之后，斯帕茨的重型轰炸机将轰炸德军的主要抵抗线（也就是公路）后面 7000 码宽、2500 码深的地方，每架轰炸机将携带 40 枚重达 100 磅的炸弹。这意味着，整个 7000 码×2500 码的区域将遭到大约 72000 枚炸弹的轰炸。这还不是全部的炸弹。跟在重型轰炸机后面的是中型轰炸机，然后还有更多的战斗机。汉森说："布拉德利将军对他得知的计划感到很满意。"总而言之，守卫这段防线的装甲教导师将遭到 1800 架重型轰炸机、300 架中型轰炸机和 350 架战斗机的猛烈打击。如果说德军对盟军势不可挡的火力还有怀疑，那么在这次攻击之后，他们将不再有任何怀疑。

　　与会者还讨论了在实施这次可怕的轰炸行动时，应将突击部队安置在什么地方。布拉德利想让他们尽可能靠近前线，这样一来，他们就可以在德军有机会恢复之前进行猛烈袭击，但飞行员提议说，突击部队应该后撤到至少 3000 码以外的地方。布拉德利讨价还价说 800 码；最后，双方同意后撤到 1200 码的地方。之后，与会者还讨论了进攻的角度。布拉德利和克萨达认为，角度应该是由西向东平行于轰炸区域的起始点；然而，轰炸机的飞行员有其他想法，他们指出，试图让计划的轰炸机部队进入仅 1.5 英里宽的区域

469

是不可能的。此外，还要考虑导航、雷达和敌人的高射炮等因素，但最重要的是轰炸区域是否太狭窄了。因为在这一次的空袭行动中，重型轰炸机占据了很大比例。然而，没有轰炸机实战经验的利-马洛里不同意飞行员的看法，他支持布拉德利和克萨达。就这样，会议结束了，问题没有得到妥善解决。

下午5点，他们结束了会议，飞回了诺曼底。到达诺曼底后，他们又从A-1空军基地快速飞往A-3空军基地，然后去第7军的总部见柯林斯。布拉德利已经开始信任柯林斯，并给了他相当大的回旋余地来策划"眼镜蛇行动"。在过去的一个星期，柯林斯和他的参谋一直在努力工作，他们把行动分为三个阶段。第一个阶段是突破，他希望第9步兵师和第30步兵师分别在左右两侧，第4步兵师在中间。第9步兵师和第4步兵师向南挺进马里尼（Marigny），然后，第9步兵师向西转，进攻海岸附近的库唐斯（Coutances）；这样一来，他们就可以包围党卫军第2装甲师、党卫军第17装甲师和各种步兵部队，切断他们的退路。这是一个大胆而激动人心的提议。与此同时，第4步兵师将作为后备部队，以抵御德军从南面发起的反攻。第30步兵师将向南挺进，然后向东推进，以保护左翼。接下来是装甲部队，第2装甲师和第3装甲师将同大红一师一起搭车前进。这是第二个即开拓阶段，快速行动是关键。第三个阶段是巩固，在军队攻击并占领了关键的城镇和节点后，盟军需要进行巩固。

7月19日晚，汉森坦言道："现在，所有的一切都已经就绪。我们要争分夺秒，及时让这些部队奔赴前线，不过，这是可以做到的。"盟军将使用6个师，并配备了1000多门大炮和14万枚弹药，以便为第7军的进攻作好准备。此外，盟军还为第8军另外留出了27000枚弹药，第8军将继续向南推进，然后稍稍向西挺进。盟军

总共派出了 1269 辆谢尔曼坦克、694 辆斯图亚特轻型坦克和 288
辆履带坦克歼击车。这是一支庞大的军队，比为诺曼底的任何一次
行动集结的军队都要庞大。当他们准备出发时，布拉德利告诉柯林
斯，他还计划让战斗机把装有凝固汽油弹的辅助油箱扔到攻击区
域。汉森在日记中写道："这样做是为了给他们一点教训。"确实
应该这样。第二天，柯林斯发布了第 7 军的第 6 号野战命令。

第 31 章　眼镜蛇行动

　　7 月 21 日,"切特"·汉森简略地写道:"袭击本应在这天进行的,却因为天气不好取消了。"大雨倾盆而下,很快就把地上的一切都变成了泥浆。前一天晚上,艾森豪威尔非常恼火。"在我死的时候,"他一边说,一边从布拉德利的帐篷望向外面的雨,"他们可以在雨天抬着我的尸体,在雷雨中把我埋葬,因为这种鬼天气会把我气死。"空军基地无法使用,前线的大部分地区似乎都停止了运转。然而,战斗从未完全停止,双方仍在进行猛烈的炮轰;在卡昂的东侧,加拿大军队和党卫军第 1 装甲师之间的战斗仍在继续。在"古德伍德行动"之后,盟军开始转移,第二集团军的大部分撤回到卡昂以西,大批部队进入战线中间靠近美军战区的地方。现在,卡昂的周边地区已经落入哈里·克拉尔(Harry Crerar)中将指挥的加拿大第一集团军的手中。克拉尔是被"约吉"·简森上尉和阿尔冈昆号的船员带到诺曼底的。

　　总共有 64 万英军和加拿大军队以及 81.2 万美军驻扎在诺曼底。相比之下,德国向诺曼底派遣了 49 万人,但已经损失了近 11.7 万人,并且只得到了 10078 名补充兵员。这意味着,盟军的兵力是德军的 3.8 倍,和盟军在登陆日及其后日子的人数相比,这个数字要合理得多。

　　尽管如此,蒙哥马利还是希望美军能在"眼镜蛇行动"中取得突破，但他没有信心，所以他继续施加压力。第 112 号山头附近的战斗还在继续进行。7 月 22 日，第 43 威塞克斯步兵师再次发起了所谓的"演习行动"。这个事例说明，在这场艰难的战役中，盟军是怎样吸取教训的。他们留出时间制定计划，对前线进行了侦察，步兵、装甲部队和炮兵事先商定了一个计划，以便能够执行。该师的战争日记中写道："据说，这场战斗是一场严密策划的战斗。在这场战斗中，训练手册上的所有规定都得到了遵守。"威尔特步兵团的两个营与丘吉尔坦克并肩作战，击溃了敌人，占领并夺取了马尔托村，在过去的两个星期，这片废墟几经易手；沃尔特·凯恩、多塞特郡步兵团第 4 营和汉普郡步兵团第 1 营曾在这个村庄遭受重创。尽管如此，22 日，盟军成功应对并击退了德军不可避免地发起的反攻，抓获了大约 400 名俘虏，这在一定程度上抵消了前一天损失的 300 名加拿大士兵。整体来看，攻击部队的伤亡情况比较少。在早些时候的战斗中死去的士兵仍然散落在村子里，而那里只剩下一堆堆的瓦砾。那些尸体散发着恶臭，不过，至少现在可以开始清理了。第 43 威塞克斯步兵师在这里进行的战斗虽然规模不大，但同样重要。这表明他们正在适应和学习。

*

第二天（也就是 7 月 23 日星期天）也是灰蒙蒙的，再次没有了发起"眼镜蛇行动"的可能。布拉德利认为他需要三个大晴天。这个想法很正确，他可不想因为不耐烦而危及这场战斗；毕竟，这不像登陆日，只需要潮汐和月亮满足条件就行了。话虽这样说，但这仍然让人感到沮丧，因为每个人都很兴奋，都急切地想要战斗。

"见鬼，"布拉德利抬头看着天空，喃喃地说道，"如果我们再遇到这样的天气，我就把牧师送上军事法庭。"

布拉德利会见了乔治·S. 巴顿将军。此刻，巴顿将军也在诺曼底，他渴望参加战斗。巴顿是一个敬畏上帝、敢说脏话、严肃、直来直去的人，他仍然是战场上最著名的美国将军。他总是衣着整洁，是一个十足的煽动家和职业骑兵，曾参与墨西哥战争，并于1918 年在法国作战。在突尼斯，他曾担任第 2 军的指挥官；之后，盟军将第 2 军交给布拉德利，以便让巴顿为登陆西西里岛作好准备，他曾在西西里岛指挥美国第七集团军，而且指挥得很好。巴顿主张采取进攻性的行动，在战术上，他是相当精明的，但他性子火暴，他在了解别人的观点之前就有发火的倾向。这给他带来了麻烦，尤其是在西西里岛战役后，当时他扇了一名患有战斗疲劳症的士兵一巴掌，而这种病巴顿根本就没有接触过。

在这次事件后，艾森豪威尔撤去了巴顿的职务，尽管他和巴顿是老朋友。不过，他后来还是让巴顿回来领导第三集团军，第三集团军在战争后期才投入战斗。在登陆日，巴顿给妻子写信说："站在一旁，看到所有的荣耀都与我无关，这简直就是地狱。"布拉德利对战役的指挥也没有给他留下特别深刻的印象，他一直在对战役中的每一个有争议的细节进行跟进；就算巴顿得到了结果，他也无法即刻参与指挥，因为比起大多数盟军指挥官，他显然更愿意让他的部队在战斗中牺牲生命。他是如此迫切地想要投入战斗，以至于他提出，要是艾森豪威尔能够比原计划更早地让他重返战场，那么每提前一个星期，他就向艾克支付 1000 美元。虽然第三集团军还没有得到行动批准，但巴顿在 7 月 4 日来到了诺曼底，他乘坐 C-47 运输机在滨海圣洛朗的 A-21 空军基地降落，然后立刻乘坐吉普车前往奥马哈海滩。消息很快传开了，当时海滩上正在进行卸员工作，因此很快就聚集了一群人。"能在这里和你们并肩作战，我感到非常自豪，"他站起来，用他那奇怪的大嗓门说道，"现在，让我们把德国佬的内脏掏出来，然后向柏林进发。等我们到了柏林，我会亲自崩了那个纸糊的狗杂种，就像干掉一条蛇一样。"这番话让倾听的人群反响热烈。巴顿就是一个表演者。

在那以后，他又往返奥马哈海滩好几次。和布拉德利一样，他对"眼镜蛇行动"抱有很高的期望，因为一旦第一集团军到达阿夫朗什（Avranches），他的第三集团军就会从诺曼底西部的集结待命区向南进发。在阿夫朗什的南侧，巴顿的部队将横扫布列塔尼，他们将在那里夺取布雷斯特半岛（Brest Peninsula），然后向东行进。汉森在那天的日记中写道，他们已经远远落后于计划，这是巴顿不耐烦的原因之一——因为在登陆前，巴顿就希望这场战斗能早点结束——不过，"眼镜蛇行动"还是很有希望的，显而易见的希望。

*

当布拉德利拜访恩尼·派尔和其他战地记者，向他们作非正式简报时，他们感受到了这种希望。他没有隐瞒，生动、详细地解释了他将在空军的帮助下实施哪些行动。派尔非常激动，尽管军队指挥官没有提到"突破"这个词，但他的随行人员却提到了。他们告诉派尔："这不是一次受到限制的由目标驱动的行动。是的，这是一次重大突破。" 474

7月21日星期五，派尔预计盟军将发起行动，于是加入了第4步兵师，该师正忙着发起进攻。第一个晚上，他在师指挥部的帐篷里非常舒服地度过了一夜；第二个晚上，他住在稍微靠近攻击起始点的一间摇摇晃晃的旧农舍里；然后，7月23日星期天，他在更加靠近攻击起始点的果园里睡了一觉；但是，攻击仍然没有发生，次日晚上，他来到距离攻击起始点更近的地方，并在树篱后面挖了一个洞，这样一来，88 毫米的大炮就打不到他了。

盟军原计划在 7 月 24 日发起"眼镜蛇行动"，进攻时辰是下午 1 点。利-马洛里飞到战场，但在到达后，他觉得天空乌云密布，能见度不够好，于是立刻下令推迟行动。然而，空军部队已经上路了，虽然大多数飞机在收到消息后折返，但并不是所有的飞机都返回了。三个战斗轰炸机大队仍然轰鸣着飞过，它们平行着轰炸起始线飞行，从西向东进行纵向攻击。虽然第一个重型轰炸机编队抵达了目的地，但由于能见度很差，它们折返了；而在第二个编队中，只有 35 架重型轰炸机投下了炸弹，它们不是平行着轰炸路线投下，而是由北到南以成直角的方式投下。第三个编队的 300 架轰炸机也按照这个方式投下了 550 吨炸弹。不幸的是，第 30 步兵师有 25 人阵亡，131 人受伤，这些伤亡不是由于士兵们撤退到距离轰炸线太远的地方造成的，而是因为轰炸机的投弹手在移动投弹装置时遇到困难，不小心误投了一些炸弹。随后，他身后的 15 架飞机也跟着这样做。

看着进行到一半的进攻，布拉德利、柯林斯和克萨达越来越害怕。"这究竟是怎么回事？"布拉德利问克萨达。但克萨达不知道，直到最后打通了利-马洛里的电话，他才弄清楚事情的缘由。现在，他回到了宾利庄园。在布拉德利和克萨达看来，利-马洛里已经同意了由西向东进行平行轰炸，他们认为这样可以降低地面上的盟军士兵的风险。这个做法并不完全正确，而且在 7 月 19 日的会议后也没有得到解决；因为重型轰炸机和短程轰炸机一样，打击范围都很宽广。这时，利-马洛里告诉克萨达，斯帕茨和美国第 8 航空队的指挥官吉米·杜立特将军坚持要按照由北到南的方向进行垂直轰炸。从西到东进行轰炸是不可能的，因为没有足够的空间，也不可能像布拉德利坚称的那样，让多架轰炸机在一个小时内对狭窄的走廊发起攻击。所以，参与讨论的指挥官必须作出选择：是让重型轰炸机由北向南发起攻击，还是取消进攻。布拉德利只好默许了由北向南发起垂直轰炸的决定。现在，这场不够投入的进攻已经引起了德军的注意，布拉德利认为，有必要尽快发起"眼镜蛇行动"。这意味着，盟军将在第二天（也就是 7 月 25 日星期二）的下午 1 点发起行动。克萨达说："人性的真相就是，人们只希望听到他们想听的。"

475

*

　　甚至在装甲教导师离开蒂伊向西进发之前，弗里茨·拜尔莱因将军就已经损失了 5000 多人，其中很大一部分是战斗人员。而在登陆前，他拥有 17000 名士兵。他遭受了灾难性的反攻，又损失了 20 辆坦克和 500 多人。由于几乎没有补充兵员，这意味着，到了 7 月 24 日，也就是在盟军发起"眼镜蛇行动"之前，装甲教导师——就在七个星期前，它还是整个国防军中装备最精良、素质最高的师之一——就已经名存实亡了。拜尔莱因多次提议撤退。"没有希望了，"他说，"但上级命令我们不得放弃一寸土地。"

　　到了 7 月 24 日，拜尔莱因让一个兵团作为后备部队，其余的兵团向前挺进。他的副官亚历山大·哈特杰根上尉感觉到有什么事情要发生，于是告诉拜尔莱因，他们很可能会遭到一次大规模的攻击，但拜尔莱因并不是很确定。那天下午 1 点，当盟军的轰炸机靠近时，拜尔莱因以为它们会继续往南飞，但随后炸弹开始落下。他的指挥部是一座古老的城堡，位于勒梅尼勒阿梅（Le Mesnil-

Amey），距离轰炸区以南约 3 英里，坐落在圣洛的正西方向。幸运的
是，它有着非常厚的中世纪的石墙，拜尔莱因可以爬上塔顶，从箭
缝①和雉堞墙查看情况，而不会遭到袭击。他看到炮兵阵地被炸毁，
前线似乎已经溃不成军。与前线部队的所有通讯都中断了，因此，
当轰炸结束后，他派遣骑摩托车的传令兵去调查情况，同时他尽量
把车子往前开，然后步行走到位于拉贝斯纳戴尔（La Besnardière）
的第 902 装甲掷弹兵团的指挥部。这个指挥部位于他的城堡以西大
约 1 英里处。指挥官几乎一个也不剩。之后，他走到埃贝克勒翁
（Hébécrevon），得知第 275 步兵师实际上已经被盟军歼灭了。最
后，他设法与接替马克斯担任第 34 军指挥官的迪特里希·冯·乔
提兹（Dietrich von Choltitz）中将取得联系。乔提兹告诉拜尔莱因，
如果没有至少一个团的增援，他是不可能守住前线的。乔提兹还
476 说，他已经没有多余的人力和物力了，但他重申了元首的命令：不
能撤退。

*

　　杜鲁门·"施密提"·史密斯中尉也在 7 月 24 日执行了飞行
任务，这是他作为正驾驶进行的第一次飞行。7 月 14 日，他们完
成了一次前往阿尔卑斯山的长途飞行任务。在这次任务结束后，曾
驾驶飞机载着他们执行前 32 次任务的"穆恩"·鲍曼喝醉了，后
来他的尖叫声惊醒了史密斯和其他机组人员，"快跳伞！快跳伞！
我们着火了！快跳伞！"然后，他从床上跳下来，把床单当作降落

---

①　系防御工事中狭窄的垂直小孔，通过这个小孔，弓箭手可以发射箭。箭缝后面
　　的内壁通常以倾斜角度切掉，因此弓箭手拥有广阔的视野和射击场。

伞紧紧地扣在胸前；接着，他的头撞到了水泥地板上，昏了过去，并撞出了一个大口子。他因为惹了麻烦而被停飞，史密斯便成了机组的正驾驶。

在这个戏剧性的事件发生 10 天后，他们同一名新的副驾驶（史密斯既不喜欢也不信任他）和另一名投弹手（因为"厄特"·尤特勒支仍处于丧失了战斗力的状态）前往圣洛。"根据我对副驾驶的能力的了解，"史密斯说，"我很不情愿，甚至有点害怕让他开飞机。"不过，他还是交出了操纵杆，结果，这个新来的男孩差点撞上了前面的轰炸机。史密斯刚要抓住飞机的操纵杆，这时，副驾驶咧嘴笑了笑，把操纵杆拉了回去；他故意这样做是为了吓唬史密斯。这可不是开玩笑的时候和场合。半小时后，史密斯再次接手，并发誓不会再把操纵杆交给副驾驶。之前在圣洛的上空，因为云太多，他们折返回去。现在，他们又要飞过圣洛了，但这一次，史密斯告诉副驾驶，自己将负责所有的飞行，他所需要做的就是看着油压表。

在轰炸区域的起始线以北，恩尼·派尔正在 800 码外的一个农家院子里观望天空。"在接下来的两个小时里，"他写道，"只要能再推进 800 码，我愿意付出我拥有的每一分钱、每一个愿望和每一个希望。"布拉德利、克萨达、柯林斯以及聚在一起的其他将军和高级参谋也在观望。"我们坐在一个小小的咖啡馆里，在早先的战斗中，这个咖啡馆遭到了部分损毁，"柯林斯写道，"它就坐落在指挥部的旁边。敞开的窗户上挂着硬挺的花边窗帘。"首先飞过的是战斗机，总共 350 架，它们咆哮着，沿着一条平行于轰炸区域的路线向特定目标投掷炸弹，而且似乎准确无误。派尔看着炸弹成群结队地落下，噼啪作响，机关枪咔嚓咔嚓地响个不停，引擎发出巨大的轰鸣声。"一切都很迅速、很激烈，"派尔说，"但又明确清楚。"之后，他们逐渐意识到一个低沉的嗡嗡声在空中回荡。

477 是重型轰炸机的声音。地面上铺着巨大的彩色布条，以表明边界。

"上帝，快看，那些德国人在逃窜！""施密提"·史密斯的副驾驶喊道。

史密斯反手打了他一下。"好好看着那些该死的仪表！"他命令道。

它们位于三层飞机编队的最末端，也就是最后一个大队的最后一个中队的最后一个小队。毫无疑问，当炸弹开始落下时，它们在轰炸机编队中处于最孤立无援、最易于遭到攻击的境地。现在，它们成群结队地在空中翻腾；当中队的领头飞机作出调整，以避开朝它飞来的炸弹时，其他的僚机也要作出调整。这意味着，此刻，史密斯也需要急剧地倾斜转弯，以避免被击中。他写道："我们没有被一枚炸弹击中，最后，我们在离地面不到 1000 英尺的地方降落，当然，我们尽可能远离人群。"在投下了炸弹后，史密斯随即返航。他在这场大轰炸中扮演的角色结束了。

派尔望着它们。它们似乎开得很缓慢，但很平稳。他写道："我从未见过哪场风暴、哪台机器或哪个坚毅的人能够营造出如此可怕而无情的氛围。"在他的周围，其他人不惜违反命令，从散兵坑里爬了出来，聚在一起观望，其中包括理查德·布莱克本中尉和他在第 121 步兵团的一些士兵，他们将在那天和第 8 步兵师的其他士兵一起发起进攻。一开始，炸弹投得非常准确，但风开始把烟雾往北吹向美军的战线。由于爆炸、沙砾和灰尘不断增多，地面上标示的界线很快就看不见了。派尔被这个令人难以置信的情况惊呆了，但随后他感到越来越恐惧，就像所有人突然意识到的那样，因为炸弹开始四处散落。当炸弹开始在他们的周围爆炸时，士兵们扑向散兵坑。布莱克本说:"我曾听过炮弹和炸弹爆炸的声音,但没有哪一次能和这次的爆炸相提并论。"他钻进一条狭窄的堑壕,激动地背诵着《诗篇》第23篇。在不远的地方,恩尼·派尔发现了一个马车棚,他扑向地面,然后像鳗鱼一样扭动着身子,钻到了一辆马车的下面。他写道:"爆炸真是令人胆战心惊。持续震颤的空气不断地向我们袭来。我们的耳朵嗡嗡作响。我们可以感觉到冲击波快速撞击着我们的胸腔和眼睛。"

虽然汤姆·鲍尔斯位于后面较远的安全的地方,但他也在观看着轰炸。在科蒙平安无事地待了六个星期后,他和大红一师的其他成员离开了那里。现在,他们是后备部队,准备开赴库唐斯。"从来没有见过这么多的尘土,"鲍尔斯说,"太糟糕了,什么也看不见。"俄里翁·肖克利中尉比其他人更早地意识到发生了什么,在轰炸开始后,他命令士兵们进一步往后退,尽管这没能阻止一些士兵受伤。接着,在重型轰炸机离开后,中型轰炸机登场了。在躲避的地方,肖克利看到了陆军地面部队的指挥官莱斯利·麦克奈尔将军,他正在诺曼底视察。当B-26轰炸机飞过来时,麦克奈尔站在大约150码外。炸弹开始落下,犹如火山爆发般撕扯着大地,浓烟和灰尘遮住了麦克奈尔所站的位置。他是迄今为止在战争中阵亡的级别最高的美国将军。另有110人死亡,490多人受伤。

478

*

当轰炸再次开始时,弗里茨·拜尔莱因将军真的认为他的末日到了。虽然他曾在北非、东线和法国作战,但他还没有为这一天作好准备。"在圣洛的这三天,"他说,"是我经历过的最糟糕的三天。"昔日的一切似乎都被抹去了。与外界的所有通讯都被摧毁了。在前线，德军的伤亡可以说是相当大的：大约 1000 人伤亡，损失了 25 辆坦克和 10 门突击炮，占他指挥的整个战斗部队的三分之二；还有一个伞降猎兵团，实际上这个团已经被歼灭了。他说："整个地方看起来就像月球表面，所有的东西不是被烧毁了，就是被炸毁了。汽车无法开过来，也无法找到损坏的汽车。死里逃生的人像疯子一样，没有任何用处。"这是真的，士兵们疯了似的到处游荡，这次经历已经让他们失去了理智。

赫尔穆特·里特根上尉原计划在 24 日将他的装甲营转移到后备部队，但这次行动推迟了 24 小时，这意味着，他和幸存的 Mk IV 坦克仍然驻扎在圣吉勒（Saint-Gilles），这里距离轰炸区的南部 1 英里。轰炸开始时，他和手下躲在一间被他们用作指挥部的农舍里。尽管许多牛被杀，尽管弹片像雨点一样不停地落在他们的身上，但是，在轰炸机离开后，他们掸去灰尘，在看到他们的坦克虽然遭到了袭击，但仍然完好无损时，他们松了一口气。

在轰炸机离开后，美国步兵开始前进，小心翼翼地穿过战痕累累的地面。在因为美军的轰炸而误伤严重的团中，就有俄里翁·肖克利中尉服役的第 47 步兵团，尽管他的 B 连没有一个人阵亡。然而，第 3 步兵营损失惨重，以至于第 1 营不得不在切断道路时打头阵，这意味着，B 连现在成了"眼镜蛇行动"的先头部队。他们穿过马路，小心翼翼地行进。到处都是德军士兵的尸体，还有一些伤员，大多数伤员很快就投降了。肖克利发现很多士兵的鼻子、耳朵和嘴巴都在流血。随后，攻击部队遭到了里特根的坦克和幸存的德国炮兵的猛烈攻击。炮火中夹杂着一种强烈的愤怒之情，这是肖克利从来都没有体验过的。副连长克劳斯（Klauz）中尉和他一起挤在一个弹坑里，克劳斯对他说："这次炮轰太震撼了，如果我们能挺过这次炮击，那么我想我们能挺过这场战争。"

处在中间位置的第 8 步兵师也开始前进，理查德·布莱克本中尉和部下穿过马路，小心翼翼地走过战痕累累的地面向前推进。他也没有损失任何兵员，但是，麦克奈尔将军的死和步兵团试探性的推进意味着，到了晚上，美国的高级指挥官中弥漫着一种极度失望的气氛。艾森豪威尔不打算再用这种方式使用战略空军了。他向布拉德利的一名副官抱怨道："我不认为它们可以用来支援地面部队。这是炮兵的工作。我给他们开了绿灯，但这是最后一次了。"

第二天（也就是 7 月 26 日星期三）早上，看起来"眼镜蛇行动"好像失败了。德军似乎恢复了战斗力。德军的炮火和迫击炮阻碍了三个盟军步兵师的前进，盟军只能取得非常缓慢的进展。令人担心的是，盟军很快就会陷入更加寸步难行的消耗战中，而德军将会重新获得某种平衡。不过，指挥官柯林斯认为，德军一定还处在前一天战斗的余震当中。他写道："我觉得他们的通讯和指挥结构受到的破坏比我军意识到的还要严重。"他说得很对，德军陷入了混乱。除了派遣士兵步行传送消息外，拜尔莱因无法和任何人进行通讯联络；他根本无法联系上冯·乔提兹或豪瑟，也不知道敌人的确切目标或意图。毕竟，美军现在已经牢牢地抓住了突破的机会。

考虑到这一点，7 月 25 日星期二的晚些时候，柯林斯命令装甲部队开赴前线。7 月 26 日星期三的上午，大红一师的骑马步兵将与第 3 装甲师的作战司令部 B 一道向库唐斯发起猛烈的进攻，而第 4 步兵师的第 22 步兵团也将全力以赴，加入第 2 装甲师，然后向南发起进攻。他想让骑马步兵和装甲部队发起猛烈和快速的进攻。此时，卡尔·兰博和第 70 坦克营的坦克正在轰隆隆地向南进发，他们用推土机和"犀牛"冲破远处的树篱；还有约翰·罗杰斯中尉和第 67 坦克团，他们和坐在谢尔曼坦克后面的第 22 步兵团的士兵一起前进。

那个星期三也是克萨达的装甲掩护纵队参与行动的第一天，罗杰斯和一名飞行员坐在坦克里。那天的晚些时候，当向前推进的第 7 军遇到匆忙拼凑起来的装甲教导师的装甲部队时，P-47 战斗机被迅速调来，很快阻止了装甲部队的前进。"这招真的非常有用，"罗杰斯说，"一架接一架的飞机不断、不断、不断地飞行。"赫尔穆特·里特根的指挥部所在的圣吉勒已经被盟军占领了，随后，卡尼西（Canisy）也被占领了，战斗机不停地飞过。"我们通过无线电给他们发呼号和讯号，"仍在和"地狱鹰"第 388 战斗机中队一起飞行的阿奇·莫尔特比中尉回忆道，"我们安置在地面上的飞行员会呼叫我们进入轰炸区域。他会说：'嘿，我们在这片森林里发现了一些坦克，我们准备向里面投放一枚粉红色的炮弹，你们飞到那里去，把它们赶出来。'"在其他时候，标记物可能是一个路障或其他特定目标。

7 月 27 日星期四，"切特"·汉森说："每个人都对行动迅速感到欣喜若狂。第 2 装甲师带头大刀阔斧地向南挺进，第 3 装甲师切断了通往库唐斯的道路，打得德军惊慌失措、节节败退。"那天，布拉德利发布了新的命令，他们要向阿夫朗什全面推进。阿夫朗什是通往布列塔尼的枢纽。虽然在发起"眼镜蛇行动"时盟军的表现让人失望，但现在，德军的大坝似乎终于决堤了。这可是盟军一直以来都希望取得的突破。

诺曼底的决战已经打响了。

第 32 章 蓝衣行动

7 月 25 日星期二，在实施"眼镜蛇行动"的同一天，最新加入
战斗的加拿大第一集团军发起了"春季行动（Operation SPRING）"。
他们使用第 2 军的步兵，在英国第 7 装甲近卫师的装甲部队的支援
下，从卡昂向南挺进。从地图上来看，他们要和盘踞在卡昂以南的
7 个敌军师作战，其中 5 个是装甲师，第 116 装甲师几乎全员出
动，现在已经到达了诺曼底，尽管还没有进入前线。不过，直接面
对加拿大军队的只有 2 个师，一个是素质较低的步兵部队，另一个
是党卫军第 1 装甲师，该师的损伤情况要比其他师少一些。在防御
上，他们掘壕固守，这给盟军制造了一个很大的障碍，导致加拿大
军队的最初进攻没能取得什么进展。"春季行动"失败了，第 2 军
的指挥官盖伊·西蒙兹（Guy Simonds）中将泪流满面，但蒙哥马
利认为它只不过是一次守住阵线的行动，事实证明，它的确如此。
现在，他把焦点转向如何最好地支援美军，以取得突破。"春季行
动"表明，幸存下来的德国装甲部队的很大一部分仍然驻扎在卡
昂的南部和东南部，但在科蒙周围更往西的地方，敌人的防线似乎
更弱了，现在，该防线被第 15 苏格兰步兵师控制着。

正是邓普西想出了从科蒙地区向诺曼底的最高点——潘松
山——推进的计划。这个任务将交给杰勒德·巴克诺尔（Gerard
Bucknall）中将指挥的第 30 军，在他左翼的是迪克·奥康纳将军

的第 8 军，他们已经从"古德伍德行动"中恢复过来。在卡昂附近的开阔地带进行了大部分战役后，他们将前往一个被称为"诺曼底瑞士"的地方，那里有着连绵起伏的山丘和茂密的"波卡基"。英国的装甲部队没有想到使用树篱切割机和推土机——当时也没有这个必要——但现在，他们要向南推进，进入那种曾在科唐坦和圣洛的前面让美军陷入困境的乡村。不管怎样，盟军无法回避这些挑战。守卫这里的是德国步兵师和党卫军第 10 装甲师；毫无疑问，这里目前是防线中的薄弱部分，随着德军逐渐向西撤退，"蓝衣行动（Operation BLUECOAT）"计划似乎是利用美国第一集团军的成功，并有可能从位于卡昂以南的德军装甲师的侧面进行切入的最佳机会。盟军将于 7 月 30 日发起"蓝衣行动"。

482

*

在这条防线的西部，德军正蜂拥而回，而美军正从堤坝的决口处涌入。到了 7 月 26 日，豪瑟已经很清楚，他的防线已经崩溃了。位于"眼镜蛇行动"的起始线以南 12 英里的马里尼已经落入大红一师和第 3 装甲师的手中，第 2 装甲师推进了 7 英里。在德军的左翼，美国第 8 军也开始向南挺进，占领了已变成废墟的佩里耶。豪瑟写道："我们不得不撤回中间和左翼的部队。唯一的困难是要获得集团军群的同意。"然而，即使是冯·克鲁格也意识到，除非这些部队——不仅包括党卫军第 17 装甲师，还包括相对完整的党卫军第 2 "帝国"装甲师——紧急撤退，否则他们将被悉数包围和歼灭。

那天上午 9 点刚过，党卫军第 17 装甲师的先锋营就收到了右翼崩溃的消息。到了下午 4 点 45 分，他们接到命令，尽快向正南方撤退，并前往库唐斯东南约 18 英里外的龙塞（Roncey）。威利·穆勒在日记中写道："由于敌人采取了行动，这是不可能的。"但到了晚上 9 点 20 分，他们已经成功撤退了。第二天（也就是 7 月 27 日）凌晨 3 点，他写道："即使敌人没有行动，军队还是崩溃了。"同样撤退的还有赫尔穆特·里特根上尉，他的装甲营现在隶属于第 901 装甲教导掷弹兵团。似乎每条退路上都有雷电战斗机在巡逻。里特根说："士兵们不得不冒着极大的风险搏命，他们试图在飞行员俯冲攻击，然后飞回空中的瞬间迅速撤退。"然而，这一招并没有持续太久。首先，所有的无线电通讯都遗失了；然后，他的装甲被击中了，他不得不放弃装甲，不过，所有的乘员都安然无恙。他们徒步向南前进，发现前面有美军坦克，但他们设法避开了坦克，成功逃脱了。

威利·穆勒和先锋营的战友们也在步行前进，而且不再是只等 483 到夜晚才行军；如果有飞机飞来，他们就跳进路旁的沟里，或者逃到最近的掩蔽物那里，无论是树篱还是树林。晚上 8 点，他们到达了库唐斯以东几英里的贝尔瓦尔（Belval）村。晚上 8 点 22 分，他们接到命令，与"帝国"装甲师的党卫军第 3 装甲团联系。2 辆豹式坦克离他们只有 1 公里远，另外 4 辆距离稍远一点，但他们找不到这些坦克的位置，只好继续徒步前进。第二天（也就是 7 月 28 日星期五）清晨 5 点，他们被告知前往瑟里西拉萨勒（Cerisy-la-Salle），设法与"帝国"装甲师的士兵联系。上午 9 点，他们终于到达了第 3 装甲团的指挥部。在那里，他们发现了豹式坦克。至少他们现在有东西可坐了，不用再徒步行军了。

追击他们的是美国第 9 步兵师，该师正跟在主要的装甲先头部队的后面；肖克利中尉和部下仍在扫荡德军的后卫部队，他们发现自己不得不停下来躲避敌人的炮击。在更往西的地方，理查德·布莱克本中尉和第 8 步兵师的士兵们于 7 月 28 日到达了库唐斯，不过，他们来晚了，没能包围党卫军的师和德国步兵的残部。德军急着赶路，在经过的城镇中，一些免遭蹂躏，但另一些就被完全摧毁了。在一些地方，布莱克本发现，由于到处都是士兵和马匹的尸体和腐尸，很难顺利通过。他写道："到处都是死去的德国国防军士兵的尸体，死后他们的皮肤变成了一种病态的绿色。"在库唐斯，美军不仅发现了遗留在那里的死尸，还发现了被完全摧毁和烧毁的 66 辆坦克、204 辆汽车和 11 门大炮，还有被遗弃的 56 辆坦克和 55 辆汽车。那可是相当大的收获。

7 月 27 日，阿夫朗什被盟军攻陷。第二天，党卫军第 2 "帝国"装甲师的指挥官、党卫军上级突击队大队领袖克里斯丁·坦森（Christian Tychsen）在与美军的交火中阵亡，而部队指挥官、党卫军最高集团领袖豪瑟遭到枪击，不得不跳进沟里逃生。冯·克鲁格因溃败而指责豪瑟，但他不能或者不敢解除这位党卫军将军的职务。于是，他撤去了豪瑟的参谋长马克斯·彭塞尔的职务，代之以第 34 军的指挥官冯·乔提兹，而后让奥托·艾尔菲尔德（Otto Elfeldt）中将接替冯·乔提兹之前的职务。指挥层面的变动并没有带来丝毫帮助，因为突然间，不熟悉地形、情况或参战部队的新指挥官被扔进了完全混乱的局面中，而且要立刻掌控局面——这是一项不可能的任务。不过，这越来越像德军的做法；德军撤换诺曼底指挥官的次数是非常惊人的。相比之下，盟军的指挥官在战役中通常是连续任职的，这无疑使他们受益。盟军也会解雇指挥官，但这种情况很少见。

7 月 28 日星期五，赫尔穆特·里特根已经安全抵达了圣德尼莱加斯（Saint-Denis-le-Gast）。他所有的装甲部队都被摧毁了，整个装甲教导师的大部分装甲部队也是如此。不过，他现在有了一辆加了挂车的摩托车，他和传令兵一起乘坐这辆车去参加一个指挥官会议，去见拜尔莱因。这时，他们突然遭到了雷电战斗机的袭击。他们来不及下车，急忙向左转，雷电战斗机的子弹射在了离他们只有几英寸远的地方。

7 月 29 日星期六，威利·穆勒和他的先锋营乘坐豹式坦克，从龙塞向南前往圣德尼莱加斯。他们得到消息说，他们和第 34 军的其余成员已经被包围了。穆勒的纵队迫不及待地想要找到一条出路；似乎还有一条路通往圣德尼莱加斯，而且这条路还没有被盟军切断。然而，不久后，穆勒看到前方的战斗轰炸机在一个村庄边缘的十字路口降低了飞行高度，尖叫着俯冲过来。他写道："这吓坏了我们。可是，我们不得不穿过这个十字路口。"变幻莫测的天气拯救了他们。很快，云变浓了，并开始下雨；战斗轰炸机突然飞走了，穆勒和同伴们继续前进，越过十字路口和更远的地方，摆脱了包围。然而，其他人就没有那么幸运了。为了拼命地逃离敌人设下的圈套，他们把马车和机动车辆首尾相连地排成一条长龙，长达约 3 英里。一开始，盟军只派了一个战斗群来攻击这些车辆。但是，在得知具体情况后，克萨达将军调来了其他部队。这导致德军总共有 100 辆坦克、250 辆汽车和其他马车被烧毁。对当时正在迅速瓦解的德国第七集团军来说，这是一场灾难。现在，没有一个德军师的兵力能够超过一个战斗群。

就在同一天，拜尔莱因将军的副官亚历山大·哈特杰根上尉被捕，并被带去见布拉德利将军。哈特杰根毫不遮掩地谈到了隆美尔关于装甲部队的使用，以及登陆前应该在哪里部署他们。他还告诉盟军，元首下令守住每一寸土地。匆忙记录哈特杰根的证词的汉森写道："拜尔莱因将军和隆美尔认为这是一场毫无用处的谋杀。斯大林格勒和高加索让他痛苦不堪，党卫军的人才甄选和军官让他感

485

到不满。"哈特杰根还告诉盟军，他憎恨希特勒，为了尽快结束战争，他愿意做任何事情。汉森写道："他觉得希特勒是在带着德国人民一起自杀。"他们把他带到外面，向他展示了一个挤满了卡车、坦克和成堆设备的贮存场所。哈特杰根失声痛哭起来。他说："要是我们德军也能做到这样，那该有多好啊。"

后来，艾森豪威尔出现在布拉德利的总部。他很高兴——既高兴，又松了一口气——并开玩笑说，要是他们 10 月份在巴黎为"切特"·汉森庆祝生日，那么他们将接手最大的酒店，举办世界上最大的派对，让每个人一醉方休。这似乎是大家向往的日子，就连最高统帅也兴奋得忘乎所以，作出了轻率的承诺。在把艾克送到机场后，汉森返回总部，同布拉德利及其副手考特尼·霍奇斯将军一起吃牛排晚餐，他们还在地图上标出了最新的进展，现在盟军推进了大约 30 英里。汉森补充说："我们渴望听到来自前线的好消息。"

7 月 30 日星期日，理查德·布莱克本中尉非常高兴地参加了一个由牧师在果园里主持的简短的礼拜仪式。无需劝说，连队的大多数士兵主动参加了礼拜仪式。和过去几天一样，雨断断续续地下着，但在他们祈祷的过程中，突然间乌云散开了，大片的阳光照了下来。那天，布莱克本的第 121 步兵团稍事休息，但装甲部队继续向前推进。到目前为止，德军已经从卡昂地区调来了第 2 装甲师，第 116 装甲师也在赶来的路上，因为冯·克鲁格拼命地想要阻止德军的溃败。30 日，英国的第 4 装甲师占领了塞伦河（River Selun）上的一座重要桥梁。这座桥位于蓬托博（Pontaubault），是通往布列塔尼的关卡。当 7 月接近尾声时，德军已经摇摇欲坠，第七集团军的大部分装甲部队都被摧毁，约 20000 名士兵被俘，死伤无数。

现在是巴顿的第三集团军投入战斗的时候了，此外，美国的第十二集团军群也被启用了，布拉德利担任该军群的指挥官。这意味着，从 8 月 1 日星期二起，蒙哥马利不再是盟军地面部队的总司令，他按照原计划，单独指挥第二十一集团军群，这使他与布拉德利平起平坐，而不是高于布拉德利。诺曼底登陆本来是一场由英军主导的行动，但转变即将发生。不仅美国陆军的第一个集团军群将投入战斗，而且在法国的美军人数也已经超过了英军和加拿大军队。美国成了占据主导地位的合作伙伴。

486

*

　　在更远的东侧，英军一直在策划并准备发起"蓝衣行动"。能让第 8 军一路转到科蒙地区而不被德军发现，这其实是盟军在后勤方面实现的一个非凡的壮举。盟军让装甲部队在夜间行动，并用油漆盖住了第 8 军的白色骑士标志。盟军还进行了虚假的无线电通讯传输，以欺骗敌人。就算盟军没有采取这些欺骗手段，埃伯巴赫也会凭直觉认为英军没有能力在这样的地形上发动装甲攻势——一场确保在最终发起"蓝衣行动"时让德军措手不及的装甲攻势。

　　尽管德军的装甲师可能遭到了削弱，但德军从布列塔尼调来了越来越多的步兵部队，现在还调来了第十五集团军的步兵——这支军队最初是留守部队，以防止盟军随后发起两栖登陆。到了 7 月的最后一个星期，德国已经有 4 个军团来和英军及加拿大军队抗衡。然而，科蒙的周边地区还是落入了埃里希·斯特劳布（Erich Straube）将军指挥的第 14 军的手中。斯特劳布向手下宣布，关键的地带是科蒙以南的第 309 号山头，而不是邓普西认为的潘松山。斯特劳布下令，在任何情况下都不能放弃第 309 号山头。

　　在准备战斗的英军中，有最近获得晋升的罗伯特·伍尔库姆上尉，他现在是国王直属苏格兰边境团第 6 营 A 连的副指挥官。在夺取第 113 号山头后，他们欣然抓住机会在科蒙进行休整，而且非常高兴地接管了大红一师的旧阵地，后者非常乐意交出大量的剩余物资。"这笔意外之财，"伍尔库姆说，"铺满了一间农舍阁楼的整个地面，而且深及膝盖。"这些物资包括香烟、巧克力、水果罐头和足够整个旅使用的卫生纸，甚至还有成箱的雪茄。

舍伍德游骑兵团也在向前移动，他们也从美军手中接管了一些部队，这次接管的是约翰·罗杰斯中尉和第 67 坦克营的部队。舍伍德游骑兵团刚刚获得了大量的补充兵员，包括军官和其他军衔的军士；自从登陆以来，他们已经损失了 40 名坦克指挥官，这些指挥官不是阵亡，就是受伤，大约占坦克指挥官总数的 80%。第 8 装甲旅的第 24 枪骑兵团遭到了猛烈袭击，已经支离破碎——舍伍德游骑兵团接收了枪骑兵团的部分士兵——并被第 13/第 18 轻骑兵队取而代之。与此同时，国王直属苏格兰边境团也派出了一些北爱尔兰人。战争开始时，当地的兵团都是由当地人组成。五年过去了，这些兵团里充斥着来自全国各地的人。

在像往常那样进行轰炸和炮击之后，7 月 30 日，两个军团开始发起"蓝衣行动"，他们从科蒙的两侧发起进攻。位于左侧的是迪克·奥康纳指挥的第 8 军，他们看到第 15 苏格兰步兵师率先行动。支援步兵师的是第 6 近卫旅。奥康纳明确表示，他希望步兵和坦克能够密切合作；他们将穿过密集的乡村，他告诉指挥官们，他们必须齐心协力。幸运的是，在登陆前，他们曾在英国一起接受训练，所以他们的参谋和高级军官很快就能合作无间。这取得了很大的成效，而且更重要的是，大量的鳄鱼坦克和排雷坦克（这些坦克被存放在他们的军火库中）确保了他们的推进。他们对第 309 号山头发起的进攻尤其让人印象深刻。第 309 号山头是第一天的主要目标，由德国的第 326 步兵师把守，该师最初是由东线的老兵组成，但也是一个非机动师，只有少量的运输工具或者根本没有运输工具。

尽管英国步兵在树篱战中受阻，但丘吉尔坦克独自推进，并在下午 7 点前占领了第 309 号山头；这些坦克可以爬上其他坦克无法攀登的山峰和土丘，也许比其他坦克更适合在"波卡基"中作战。步兵紧随其后，并在夜间夺取了第 309 号山头。这是一个不小的成就。那天，又有一位德国将军阵亡，这一次是第 326 步兵师的指挥官维克多·冯·德鲁比奇-威希特（Victor von Drabich-Wächter）中将。第二天，也就是 7 月 31 日，英第 8 军继续前进，占领了下一座小山。三辆巨大的猎豹式驱逐战车的高速突击炮瞬间击倒了 11 辆丘吉尔坦克，但配备了 17 磅大炮的英国版本的 M10 坦克歼击车很快加入了战斗，它们的大炮更胜一筹，迫使猎豹式驱逐战车撤退。

与此同时，第 8 军发起了进攻，打头阵的是左翼的第 50 诺森伯兰步兵师，他们向维莱博卡日进发，而第 8 装甲旅直接支援右翼的第 43 威塞克斯步兵师。斯坦利·克里斯托夫森是一个很有幽默感的人，脸上常常挂着微笑；此刻，他和一本正经、纪律严明的威塞克斯步兵师的指挥官伊沃·托马斯（Ivor Thomas）少将发生了冲突。托马斯被称为"屠夫"，但在舍伍德游骑兵团的眼中，他是"冯·托马"——一位曾参与突尼斯战役的德国将军。"他个头不高、精瘦结实，"克里斯托夫森说道，"眼睛小而锐利，鼻子很长，嘴唇上留着一小撮竖起的胡子；他完全没有幽默感，是一个冷酷无情的鼓动者，却是一个好战士，我相信他很享受战斗和战场上的不适感。"这不是一个正面的性格评价，不过，他们也不需要成为亲密的伙伴。虽然在托马斯的指挥部里，士兵们可能不会经常说笑，但托马斯已经证明了自己是一个卓有成效的师长。在那个星期天，由于天气好转，强烈、灼热的阳光照耀着大地，威塞克斯步兵师取得了很好的进展。此外，在登陆前，他们曾在肯特郡乡村的茂密田野和洼地里接受过训练，这也对他们有所帮助，因为他们目前走过的地形与那时并没有什么不同。

7月31日，卡阿涅（Cahagnes）沦陷，近200名德国人被俘，另有100名德国士兵阵亡。多塞特步兵团第4营本来是后备部队，但在那天，他们被派去攻占村庄外的山脊。他们于凌晨4点作好准备，8点30分吃早餐，然后开始进攻，尽管不是全营出动。他们和汉普郡步兵团第7营一起进行了战斗巡逻，事实证明，这个做法非常有效。沃尔特·凯恩中士设法在仅使用无线电设备的情况下保持通讯顺畅。晚上，在各个巡逻队传回情报后，他们于7点左右对山脊发起进攻。"我们占领了山脊，"凯恩说，"没有一个人伤亡。"随后，该营派遣了更多的巡逻队去打探敌人的确切位置。他们带着一些俘虏回来了。"德军像往常一样在挖堑壕"，凯恩继续说道。第二天（也就是8月1日星期二）早晨，天气仍然非常炎热，敌人仍然没有丝毫的行动迹象。凯恩说，到目前为止，德军一直都是一块难啃的硬骨头，他本人对此感到非常不安，因为德军毫无动静，一切都太安静了。

然而，这一天，英军的第7装甲师——"沙漠之鼠"——将从两个步兵师之间穿过，占领维莱博卡日以南几英里的城镇奥东河畔欧奈（Aunay-sur-Odon）。他们奉命以最快的速度前进，然而，德军的零星抵抗、雷区以及太多的车辆试图通过又少又窄的道路阻碍了他们的前进。此外，晨雾导致能见度很低，加剧了他们的麻烦。当晨雾散去时，他们发现自己在前方的斜坡上，在那里，他们很快就遭到了IV坦克的扫射，这些坦克来自奥佩伦-布罗尼科夫斯基上校指挥的第 21 装甲师的战斗群。这个战斗群被匆忙派去救援德军，此刻正在挖堑壕，以此作为掩护，他们急切地想要彻底阻止英军的进攻。

然而，"沙漠之鼠"似乎丧失了他们在战争初期表现出来的胆 489
识和锐气。此刻，第 30 军的指挥官巴克诺尔敦促第 7 装甲师的指挥官乔治·厄斯金（George Erskine）少将赶快采取行动，不要畏首畏尾的。他接着说，部队的炮兵能够为他们提供支援。邓普西也失去了耐心。"虽然你们可能会损失所有的坦克，"他对巴克诺尔说，"但你们必须在今晚的午夜之前占领欧奈。"

然而，这并没有发生。厄斯金不打算把他的手下逼得太紧，他的下级军官也不愿意为了推进到欧奈而作出潜在牺牲。1940 年，在迪克·奥康纳将军的率领下，"沙漠之鼠"在西部沙漠同意大利军队进行了第一次较量。他们还曾在北非、西西里岛和意大利南部作战。诚然，他们中的大部分成员（但不是全部）都经历了人事变动，该师早已不是当初的那支队伍；此外，如果一部分人认为在这场战争中他们已经做了超出自己分内工作的事，那么公平地说，这种观点也是无可厚非的。虽然布拉德利和蒙哥马利曾希望登陆部队是一支由经验丰富的老兵和新兵组成的队伍，但柯林斯目前也在担心曾参与突尼斯和西西里岛战役的老兵师——大红一师——可能会表现不佳，没有动力，这种担心也许并非空穴来风。

与此同时，第 43 威塞克斯步兵师和第 8 装甲旅在第 7 装甲师的右翼南侧发起了一次大胆的夜间进攻，以夺取卡阿涅以南几英里的瑞尔克（Jurques）村。沃尔特·凯恩说："那是一个糟糕的夜晚，士兵们爬上坦克，然后不停地打盹。"凯恩像往常一样骑着摩托车跟在后面，在前两次战役被击败后，他开始了第三次战役。当他们以每小时 5 英里多一点的速度前进时，他既担心敌人随时可能开火，又感到筋疲力尽，不得不尽力让自己保持清醒。

2 日凌晨 5 点 30 分，纵队在瑞尔克村的边缘停了下来。他们可以听到前方传来开火的声音，有消息说先头连遭到了抵抗。凯恩写道："有几个狂热分子在村子里坚守。这些傻瓜很快就被解决了，我们再也没有遇到这样的狂徒。"他们继续穿过村庄，但后来凯恩被告知，一直在先头连的后面行驶的讯号侦察车撞上了地雷，被摧毁了；副官阵亡，控制设备操作员佩尼下士也阵亡了。讯号官死里逃生，但脸部和手臂被烧伤了。更糟糕的是，他们在村庄外遇到了更顽强的抵抗，德军的大炮、自行火炮和机关枪齐齐开火；和第 7 装甲师一样，此时，他们也遭遇了奥佩伦-布罗尼科夫斯基上校指挥的第 21 装甲师的战斗群。

现在，该营安装讯号设备的责任落在了凯恩的肩上。不过，随后传来消息说，B 连的两名讯号兵也阵亡了，几辆坦克被击毁，D 连的指挥官莱特森（Letson）少校也受了重伤。此时，凯恩只有一台无线电设备，讯号无法传到旅部，于是，英军派遣骑摩托车的传令兵去传送消息。与此同时，多塞特步兵团第 4 营和一同前行的装甲部队设法向前推进，并夺取了下一个村庄拉比尼（La Bigne）。然而，令人难以置信的是，在讯号侦察车被击中的一个半小时内，一辆配有全新设备的新车到达了战场。很难想出比这更好的事例来说明在诺曼底作战的英军拥有一流的后勤，难怪盟军会取得胜利。多塞特步兵团第 4 营开始挖堑壕，更多的补给也接连到达了。炮击从下午一直持续到深夜，凯恩和精疲力尽的团队忙着铺设电话线、修理被炮击损坏的电话线。第二天，也就是 8 月 3 日，天刚亮，每个士兵都得到了热腾腾的饭菜、巧克力和香烟，这类激励是英军能够保持士气的另一个重要原因。凯恩说："我太累了，真的筋疲力尽了，我没有精力去挖堑壕了。"讯号营的士兵都没有多少属于自己的时间，因为他们总是忙着维护和修理线路。

与此同时，第 8 军面临的危险远远超过了左翼的第 30 军，因此，第 15 苏格兰步兵师和随行的装甲部队停下来，以便让第 43 威塞克斯步兵师追上来；不过，他们也利用这段时间击退了德军的多次反击，和往常一样，德军在这些反击中暴露了自己，并逐渐被摧毁。同时，右翼的第 11 装甲师原本只提供侧翼支援，但在奥康纳的催促下，他们与第 15 苏格兰步兵师齐头并进；由于他们在夜间开展了不同寻常的行军，到了第二天（也就是 7 月 31 日）上午 11 点，他们向圣马丹德伯萨斯（Saint-Martin-des-Besaces）村发起了攻击。就在发起进攻的时候，一件不寻常的事情发生了。来自第 2 骑兵卫队的侦察兵一直在前方进行侦察，寻找德军防御的漏洞。由于德国守军将注意力放在圣马丹德伯萨斯的战斗上，没有注意到一辆野狗侦察车和一辆装甲车疾驰而过。在迪基·波尔（Dickie Powle）上尉的率领下，侦察队又向前行驶了 6 英里，到达了苏洛夫尔河（River Souleuvre）上的一座桥，这让他们能够通往 2 英里外的勒贝尼博卡日（Le Bény-Bocage）村，这个村庄坐落在一个高地的山脊上，横跨一条由南向东通往法莱斯的道路。如果他们能迅速拿下勒贝尼博卡日村，毫无疑问，那将是一场巨大的胜利。在装甲车的掩护下，野狗侦察车快速前进，驶过了大桥。随后，骑兵卫队派出了哨兵，尽管在这片连绵起伏、树木繁茂的乡村发送无线电讯号是非常困难的，但最终他们还是收到了传回的讯息。在几个小时内，第 11 装甲师沿着同一条道路轰隆隆地前进，向村外的山脊进发，以便占领勒贝尼博卡日村，并从那里向维尔镇进发。维尔镇位于由西向东通往法莱斯的主干道上，此时美军也在向维尔镇推进。

491

从某些方面来看，这次行动非常走运，因为这条路不仅位于两个德军师之间的边界上，也位于西线装甲集团和第七集团军之间的边界上。不过，由于混乱和行军中断，不清楚是英军还是美军先到达了维尔镇。与此同时，第15苏格兰步兵师也继续向南挺进。8月1日，国王直属苏格兰边境团的第6营开始行动，他们的头盔上插着玫瑰，以纪念七年战争期间发生于1759年的明登战役①。在8个炮兵团和一大群能够发射火箭弹的台风战斗机的支援下，他们穿过从阿夫朗什到维莱博卡日的主干道，发起了进攻，并到达了远处的树林，发现了许多被击毁的豹式坦克和大量的敌军尸体。这是一次典型的联合作战，让人想起了古德里安将军领导下的德军在1940年采取的具有毁灭性效果的那种信心十足的协调与合作。伍尔库姆说，大多数死者是第276步兵师的年轻新兵，这太令人震惊了。他写道："但此时此刻，我们似乎对任何景象都麻木了。我们不假思索地在金发男孩的尸体间穿行。"后来，英军派他到狭窄山谷远处的树林里巡逻，看看是否还有敌人活着。他看到的只有死尸。

虽然盟军在8月1日的进展并不像前两天那样巨大，但到了那时，德军的整个防线都面临彻底崩溃的危险。由于英军和加拿大军队突破了前线的东半部，给德军造成了最大的威胁，现在，冯·克鲁格命令卡昂地区的党卫军第2装甲军采取行动，试图阻止从科蒙

---

① 系七年战争期间的一次重大战役。1759年8月1日，德孔塔德斯元帅率领法国军队64000人与不伦瑞克的费迪南德率领的英国和普鲁士联军54000人交战于明登地区。费迪南德先派出一支10000人的部队威胁法军的后方，然后发起猛攻，一举突破法军第一道防线。由于联军骑兵未能及时投入战斗，损失惨重的法军得以顺利撤退。此次战斗中，法军伤亡和被俘7086人；联军损失2762人，其中一半为英军6个营的士兵。联军骑兵司令乔治·萨克维尔子爵因贻误军令被乔治二世的军队除名。联军取得的此次战斗胜利解除了法军对汉诺威的最后一次严重威胁。

赶来的英军。8 月 2 日，第 11 装甲师攻占并控制了下一条山脊线——佩里耶尔（Perriers）山脊，这条山脊可以俯瞰从维尔到法莱斯的主干道。在接下来的几天，党卫军第 10 装甲师和第 9 装甲师拼命地想要击退山脊上的英军，但都没有成功。因为"皮普"·罗伯茨将军遵循了乔·柯林斯的信条：夺取高地，不要轻易放手。

492

在更偏东的地方，第 15 苏格兰步兵师继续向南部扫荡，此时，他们遭遇了党卫军第 2 装甲师。与此同时，德军从卡昂地区调来了第 21 装甲师的其余士兵，并将他们部署到党卫军第 2 装甲师的右侧。这意味着，目前德军派遣了 4 个装甲师来应对第 8 军的进攻。在最右边的地方，北安普敦郡游骑兵团第 2 营接到了一个吃力不讨好的任务，那就是弥补第 8 军和右翼美军之间的缺口。游骑兵团的士兵们不愿意在没有步兵的情况下独自作战，尽管一开始进展还算顺利，因为缺口很小，而且他们又非常靠近向南推进的路线的其余部分。然而，到了 8 月 2 日，他们占领了一个约 7 英里宽的区域，各个中队之间分散得很远，这令人担忧，而且他们还位于以"波卡基"地形为主的乡村。刚刚从医院归队的雷格·斯皮特说："即使是 3 辆坦克组成的分队也看不见彼此，只能依靠无线电联络。"这种情况无异于自找麻烦，果然，他们遇到了大麻烦。第二天，增援的德军意识到北安普敦郡游骑兵团就在家门口，于是利用装甲和掷弹兵进行反击。第一天，盟军的第 B 中队损失了 6 辆坦克；到了第四天的晚上，第 2 营只剩下 14 辆坦克了。

8 月 4 日，第 50 步兵师占领了维莱博卡日，自从"沙漠之鼠"的领头坦克在 6 月的那个清晨攻入该镇后，维莱博卡日就被夷为了平地。同一天，国王直属苏格兰边境团的第 6 营也开始行动了。那天的天气酷热难耐，他们向蒙绍韦（Montchauvet）附近山脊的背风面发起进攻，但遇到了德军的顽强抵抗。"吸烟者"

炮弹呼啸而过，迫击炮弹遍地开花，威尔士近卫团的坦克与德军的虎式坦克交战。黄昏降临时，罗伯特·伍尔库姆上尉看到整个山顶都在燃烧，干草堆、农舍和灌木丛都燃起了熊熊大火。他写道："大量的'吸烟者'炮弹在现场尖啸，而A连无法夺取他们的目标，原因很简单，因为它着火了。"不过，到了第二天早晨，随着步兵师的其他部队向前挺进，更多的鳄鱼坦克提供支援，他们已经越过了山脊。

在更远的东侧，邓普西终于对巴克诺尔和厄斯金失去了耐心，解除了两人的职务。这个决定是由邓普西作出的，而不像人们通常认为的那样是由蒙哥马利作出的，但它得到了蒙蒂的支持。这也是一个正确的决定，虽然不解雇战场上的指挥官的做法要好得多，但偶尔也需要这样做。柯林斯和布拉德利曾对第90步兵师进行过人事变动——到目前为止进行了两次，因为接替麦克尔维的尤金·兰德鲁姆少将也被撤职了——但也只进行过这些变动。邓普西和蒙哥马利都深深地意识到不要把部队逼得太紧，但这个做法让他们进退维谷：不逼士兵们一把，战斗就会拖延下去，造成更大的伤亡；逼得太紧，可能会出现杀戮、碰钉子、士气大幅下降，甚至更糟的情况。然而，在欧奈，第30军和第21装甲师对抗的时间并不长，因为另一个装备简陋的德国步兵师在前线接替了后者，加上英军冲破了防线，这本应让第7装甲师获得一个实施猛攻的机会，但第30军和第7装甲师都错失了良机。虽然邓普西必须对指挥官们有信心，这是非常重要的，但他还是对巴克诺尔和厄斯金失去了信心。巴克诺尔非常愤怒，这从侧面说明了这个决定是正确的；接替他的是布莱恩·霍罗克斯（Brian Horrocks）中将，受伤前霍罗克斯曾在蒙蒂麾下指挥过一个军团。

无论如何，欧奈最终还是落入了"沙漠之鼠"的手里，但只有教堂和另外一座建筑物仍然矗立着。工兵们被派来清理碎石和残骸。德国士兵的尸体散落在街道上，撤退时，德军在欧奈埋设了饵雷和地雷，在意大利的时候他们就很擅长这样做。这种方法能够非常有效地延缓盟军的进攻。与此同时，在稍微往西的地方，英军于4日早晨召集了多塞特步兵团第4营，以便进攻和夺取翁德方丹（Ondefontaine）村。他们遇到了非常顽强的抵抗。前进的D连步兵被机关枪和迫击炮弹击倒，炮击持续了一整天。一直以来，沃尔特·凯恩都在与人手严重不足作斗争，这一次还多了设备短缺；自7月30日以来，他们使用了太多的电线，几乎没有剩余。准下士哈里斯和凯恩肩负着让整个营保持联系的重任，他们必须一边躲避炮弹，一边安装讯号设备。哈里斯的头盔一度被弹片打凹；在笑容满面的连队送信员给了他们一杯茶后，他们才恢复镇静。紧接着，凯恩被一名狙击手击中，随后一排炮弹飞来，他不得不跳起来逃命。"我真的很害怕，"他坦白道，"可能是因为我已经很长时间没有睡觉了吧。不知怎的，我觉得我应该做个祷告，于是我躺在地上，双手紧紧地握在一起，默默地祈祷着。"

第二天，由于与旅的联系中断了，他骑着摩托车返回指挥部，等待进一步指示。他们将再次进攻翁德方丹，这一次，他们的身后有全体出动的大炮，还有舍伍德游骑兵团的支援。那天上午的晚些时候，凯恩参加了一个阴郁的作战小组会议：在过去的几天里，军官们几乎一个不剩，接替他们的人又没有到达；整个营的伤亡情况令人毛骨悚然。"这支部队确实受到了打击，"凯恩说，"我永远都不会忘记下巴上挨的那一枪，但我们并没有气馁，每个人都准备打起精神、继续战斗。"

那天晚上，约翰·塞姆肯少校率领舍伍德游骑兵团第A中队带头发起进攻，但他们不得不沿着唯一的道路前进——对于领头的

494

坦克来说，这始终都是一个让人神经紧绷的经历——而且要考虑到侧翼的高地，德军在那里设立了指挥部，并部署了坦克。由于当晚未能占领翁德方丹村，他们打算第二天早上再次发起进攻。在另一轮猛烈的炮火袭击后，多塞特步兵团第 4 营和舍伍德游骑兵团一起进入了村庄。在这个过程中，斯坦利·克里斯托夫森的朋友、第 C 中队的指挥官彼得·塞莱里（Peter Seleri）被迫击炮炮弹的碎片击中，受了伤；虽然没有生命危险，但这意味着英军暂时又损失了一名军官。塞莱里总是乐呵呵的，克里斯托夫森知道自己会非常想念他，尽管这两人在行动时通过无线电发布命令的风格完全不同。"他喜欢用又长又拗口的句子，"克里斯托夫森写道，"而不是简洁明了的短句，例如，'在我左边前方的树林里，三辆敌军坦克正从左边移动到右边，即刻交战'。他在通过无线电发布命令时总是用罗里吧嗦的句子来显摆自己，例如，'我可以毫无疑问地辨别出那边树林里有三个物体在移动，我觉得很像三辆虎式坦克，似乎非常有敌意。我的想法是立刻进行交战'，这样的表述会让其他坦克乘员变得非常不耐烦。"

不管怎样，这次进攻非常成功。那天早晨，他们在村庄的废墟中前进，杀死了更多的德国人。凯恩写道："现在，翁德方丹在多塞特步兵团第 4 营的手中了。"潘松山也是如此，在与德军第 21 装甲师进行了残酷的战斗后，第 43 威塞克斯步兵师最终在同一天（也就是 8 月 6 日）占领了潘松山。威尔特郡步兵团第 5 营只剩下两个连，到了下午的晚些时候，该营只剩下 63 人了；在第 13/第 18 轻骑兵队采取的大胆行动的帮助下，他们的姐妹营威尔特郡步兵团第 4 营最终占领了山顶。

"蓝衣行动"已经结束了，对第二集团军来说，它取得了巨大成功。第二集团军展示了新一级的战术气势和灵活性，发挥了最高

水准的作战技能；事实证明，在过去两个月的激烈战斗中，他们吸　495
取了惨痛的教训。从登陆到现在已经过去了八个星期，虽然这段时
间真的不是很长，特别是在放眼整个战争的情况下，但盟军的最高
司令部遭受了种种挫折，其取得的成就理应得到比以往更大的赞
誉。截至 8 月的第二周初，盟军已经在诺曼底取得了惊人的胜利。
然而，在这场艰苦的战斗中，德军还有一场反攻好戏将要上演。

第33章 吕蒂希行动

　　理查德·冯·罗森少尉错过了英军向南对欧奈和潘松山发起的进攻，因为古德伍德战役一结束，他就获准在巴黎休假三天。德军很少休假，特别是在大战期间，但是，由于他的大部分坦克都在车间里进行维修，没有什么东西可以让他指挥，他和副官巴克豪森（Barkhausen）中尉可以暂时远离战场。当他们仍在巴黎休假时，施尔夫（Scherf）上尉到达了酒店，告诉冯·罗森，幸存下来的装甲部队已经移交给了第2连，他应和第3连的其他人向位于沙隆（Châlons）附近的迈利莱康（Mailly-le-Camp）的部队训练场进行报告，以便获得一些新的虎式坦克。然而，在到达迈利莱康后，他发现那些宝贵的新虎式坦克还没有离开德国——在战争的这个阶段，情况一直都是这样——直到8月3日，这些坦克才最终到达迈利莱康。

　　它们也不是虎式坦克，而是虎II坦克，也就是人们通称的虎王坦克，重量超过了70吨，是世界上最重、最耗油的战斗坦克。这是一个可怕的巨大野兽，德军专门将它用于一场已经输掉的战役，而在这场战役中，德军几乎没有宝贵的燃料或基础设施来让这个怪物继续战斗。确实如此，在战役的这个阶段，很难想象还有什么能比把这类武器送到诺曼底更加没有意义了；如果这些坦克出了机械故障，那么它们将发挥不了任何作用。事实上，在到达迈利莱康时，它们的大量设备都遗失了。

　　冯·罗森认为他应该亲自到营队的指挥部去汇报情况。途中，他经过了苏尔库夫游击队驻守的地区。他说："在这次行程中，我第一次遭遇了法国的抵抗组织，也就是游击队。我遇到了一些危险，但我毫发无损地逃了出来。" 497

　　在整个法国，抵抗组织英勇奋战，为盟军的事业提供了巨大帮助，但值得注意的是，在盟军的控制程度越高的地方，这些破坏活动就越成功。对于抵抗组织应在哪里提供支持，人们的意见各不相同，但大多数情况下，都集中在能够最有效地利用破坏活动来阻止或阻碍敌军行动的地区。另一方面也很重要，那就是当盟军最终突围时，没有成群的过度武装的抵抗组织战士来阻碍盟军。苏尔库夫游击队之所以被盟军遗弃，主要是因为他们挡了盟军的道。

　　自登陆日以来，苏尔库夫游击队仍然没有得到武器，仍在苦苦挣扎。处境艰难的领袖罗伯特·勒布朗继续花费大量的时间，从一个藏身地转移到另一个藏身地；与此同时，他还要应付组织中越来越愤怒的成员。抵抗者遭到揭发和逮捕，勒布朗就用同样残暴的手段对付那些背叛他们的人。一位女士，即"XX014X 女士"，被怀疑是间谍，并支持了一位被控犯有强奸罪的德国人。"我决定绞死这个老泼妇，"勒布朗在日记中潦草地写道，"首先，她罪有应得。其次，康皮尼（Campigny）的每个人都会松了一口气。这会对那些准备揭发我们的人起到警示作用。我们正处于战争状态，我在作战！"他的口吻听起来像德国人或法兰西宪兵。7 月 4 日，这位女士被勒布朗的 7 个部下杀死，他们用步枪的枪托打她的头，尽管刚开始的时候并不是很用力。她反抗，咬了一个部下的手，那人抓住她并大声呼救；随后，他们一次又一次地打她，然后把她吊死在树上。圣埃蒂安拉利耶（Saint-Étienne-l'Allier）的教堂司事迪乌夫

（Deuve）神父被指控揭发了苏尔库夫游击队的一些成员，也被绞死了，不过他是被吊死在教堂的塔楼上。在富尔默托（Fourmetot），另一名被指控揭发的男子被抓走了，并被带到了镇长的面前，他遭到了公开殴打，然后被吊死在市政厅前的路灯上。这种做法非常野蛮。

与此同时，勒布朗的更多手下遭到逮捕，而另一个抵抗组织的分支正在以游击队的名义抢劫其他人。7 月 6 日，勒布朗写道："我们陷入了无政府状态。"情况确实是这样，但目前还不清楚在帮助盟军、从纳粹压迫者的手中解放法国的过程中，他们发挥了哪些积极作用。

498　　英国广播公司一直敦促人们在 7 月 14 日的巴士底日举行反对德国人的示威活动，勒布朗尽职尽责地在一些阵亡战友的墓前组织了一场大型仪式。然而，他们不得不取消原计划的夜袭，因为周围有太多的德国人——毫无疑问，当天早些时候的反抗示威活动引起了德国人的警觉。到了 8 月 3 日，勒布朗仍在四处转移，这一次他转移到了第 35 个藏身处。前线传来了一些好消息，但他们的处境仍然很艰难、很危险。缺乏武器和弹药的苏尔库夫游击队，除了助长当地民众的不信任和暴力情绪外，几乎没有取得什么进展。似乎是为了证明这一点，又有三位他最得力的游击队员被抓获，并被杀害；第二天早上，又有其他人遭到逮捕。"派力肯、让·拉比、拉斯帕伊都死了！"他写道，"所有的联络都中断了！米雷耶和雷蒙德被逮捕！这真是一场灾难！"

在布列塔尼，抵抗运动被证明是非常有效的，因为盟军在那里投入了大量精力，他们向游击队和法国内务部队提供了大量武器。法国的特种空勤团也在登陆日空降到了那里，而从英国赶来的法国内务部队的负责人皮埃尔·柯尼希将军就驻扎在盟军远征军最高司令部，并定期与布拉德利进行联系。此时，新上任的第十二集团军群的指挥官宣布，布列塔尼的所有抵抗运动都将由巴顿将军和他的第三集团军直接指挥，但应在整个地区开展破坏活动和游击活动。8 月 3 日，英国广播公司反复播放了一则公告，敦促法国内务部队和布列塔尼的游击队奋起反抗并采取行动。然而，到了第二天，巴顿的另一个装甲先头部队——第 6 装甲师——已经在滚滚尘土中驶离了布列塔尼半岛，于是，柯尼希请求允许他指定的指挥官艾伯特·意昂（Albert Eon）上校和副手帕西（Passy）上校立刻从英国空降过来，这样一来，他们就可以控制抵抗运动。双方同意了，不过前提是，意昂和帕西要自行承担这样做的风险，因为他们都还没有进行过跳伞训练。第二天晚上，也就是 8 月 4 日，两人成功着陆。另外，来自 3 个特种空勤团的 150 名法国士兵也成功着陆，他们空降到这里，是为了保护莫尔莱（Morlaix）的铁路桥，莫尔莱位于布雷斯特的东部。5 日晚，10 架美国滑翔机在瓦讷和洛里昂之间降落，它们装载着吉普车、武器和弹药，以供法国内务部队使用。次日，也就是 8 月 6 日，他们与美国装甲巡逻队取得了联系。

截至那时，布列塔尼半岛的大部分地区已经被盟军占领，但第 8 军（现在隶属于第三集团军）的指挥官米德尔顿（Middleton）将军却感到茫然不知所措。因为自从他的装甲部队开赴远方后，他就不知道他们在哪里。8 月 2 日，他得知他们已经经过了圣马洛。 499
之前米德尔顿担心位于诺曼底和布列塔尼之间的这个枢纽比较薄弱，于是命令装甲部队先占领那里。可是，巴顿却命令米德尔顿尽快夺取布雷斯特——这是第 6 装甲师的目标。此刻，米德尔顿无法找到巴顿，以便争取把更多的精力放在迪纳尔—圣马洛地区，因此他觉得必须求助布拉德利。

布拉德利生气地说道："有些人更关心的是能不能成为新闻头条，以及他们将创造怎样的新闻，而不是战术的合理性。无论是明天还是 10 天后夺取布雷斯特，我都觉得无所谓。如果我们切断了半岛，那么无论如何我们都会拿下布雷斯特。但是，我们不能对圣马洛这个枢纽放任不管，因为这样做的风险太大了。"他继续说道，如果德军现在决定用三个师发起反攻，那么他们的举动就会突显出我们的愚蠢，也会让巴顿难堪。米德尔顿建议他们把第 79 步兵师调到圣马洛。虽然布拉德利不喜欢否决巴顿的决定，但米德尔顿是对的，因为第 79 步兵师距离圣马洛最近，而且没有时间可以浪费了。后来，布拉德利批评了第三集团军的指挥官，但巴顿只是耸了耸肩，不以为然。"布拉德回顾了一下当时的情况，"汉森说，"乔治笑了起来，用胳膊搂着这位老人，对他说他做得对。"事情就这样解决了。与此同时，第 4 装甲师向雷恩进发。第二天，他们包围了雷恩。

　　装甲部队闪电般地冲过布列塔尼，这种做法非常符合巴顿的风格。他加入战斗的时机再完美不过了，因为当时的形势非常适合他喜欢的那种战斗方式。"自信、快速、大胆"，这是他的口号。现在，布拉德利是第十二集团军群的指挥官，他的前副手考特尼·霍奇斯将军接管了第一集团军，这使得驻扎在法国的美军人数突然急剧增加。新来的队伍中还有两个完整的军团，第 15 军和第 20 军，从 7 月中旬开始他们就被用作后备部队，还有第 12 军，当盟军涌向南部时，他们进入了诺曼底。法国部队第一次抵达这里，此时，与第 12 军一起登陆的是菲利普·勒克莱尔将军指挥的由美军进行装备的第 2 装甲师。

　　这还不是所有的部队。一直听命于第 9 战术空军司令部的第 19 战术空军司令部现在也独立运作了。"玛丽"·康宁厄姆指挥的第 2 战术航空队的总部已经飞越英吉利海峡，在诺曼底设立了分部，而第 9 航空队的总部也将紧随其后。还会有更多的士兵、更多的坦克、更多的大炮、更多的战斗机和更多的轰炸机抵达诺曼底。4 年前，就在罗斯福总统和一些工业巨头进行了一系列会晤之后，美国的工业开始全面崛起，在令人难以置信的短时间内，美国已经转变为一个强大的战争物资制造业的巨人。这在世界历史上是前所未有的，也是非常了不起的。对德国人来说，美国军队就像是可怕的九头蛇的脑袋；不管他们发射了多少枚"吸烟者"炮弹，不管他们将多少门 88 毫米的大炮、豹式坦克或机关枪投入战斗，仍有更多的美国士兵朝他们冲来。

　　盟军面临的最大挑战似乎是，如何将这些数量庞大的美国军队和大量的物资运送到南部的开阔地带，以供盟军在那里进行调动，并开始向东部推进。大多数部队仍在奥马哈和犹他海滩登陆，然后穿过圣洛、库唐斯和阿夫朗什等废墟前进。实际上，只有两条路线是可以使用的；他们在库唐斯和阿夫朗什汇合，然后再次分路而行；路的两旁都是死去的德国人、死去的马匹、翻倒的马车、被烧毁的坦克和车辆，以及被摧毁的房屋的残骸。因此，盟军匆忙地将推土机运往南部，以便从废墟中清出一条道路。令人难以置信的盟军后勤系统再次确保了这些重要的设备、工兵以及负责安排人员和监督工作的勤务部队随时都能迅速到位。

*

　　到了 8 月 1 日，身在诺曼底的所有德国高级指挥官都清楚地知道这场战役失败了，当埃伯巴赫建议冯·克鲁格迅速撤退到塞纳河的后面时，他是在呼应豪瑟、迪特里希等人的想法。这个举措有一定的道理。当诺曼底显然守不住时，德国第十五集团军的大部分兵力仍驻扎在塞纳河的后面，因为直到巴顿和美国第三集团军到达诺曼底之后，德军才最终接受了盟军不会登陆加来海峡的事实。要是采取这个举措，他们便可以竭尽全力地解救第七集团军，并让西线装甲集团驻守东翼，随后让第 1 装甲军和第 2 装甲军的剩余装甲部队撤退。此外，由于第十五集团军的大部分已经驻守在塞纳河的后面，这些师就不需要调动奔波了，这是一件好事，因为盟军已经完全掌握了制空权——随着时间的推移，这种控制日益明显。近两个月的战斗已经证明，德国军队的调动越多，他们在从 A 地到 B 地的过程中遭到的打击就越大。

501　　　国防军最高统帅部不假思索地拒绝了撤退计划，和往常一样，这种做法反映了元首对这个问题的看法。希特勒想拖延时间；他计划准备下一道防线，以保护德国的西部边境。旧的西格弗里德防线，也就是西墙，一直以来受到冷落，但现在德军正在加紧修建。然而，希特勒估计他需要 6 ~ 10 个星期的时间来准备防线。他推测，盟军需要港口，于是，他命令士兵们保卫港口，直到最后一场战斗和只剩最后一个人，并且要尽可能久地牵制盟军部队，不让他们使用港口设施。事实上，盟军在布列塔尼的时候就已经想到了这一点。盟军远征军最高司令部预计，撤退的德军将会破坏港口设施，因此计划在布列塔尼南部的基伯龙（Quiberon）半岛建立一个新的港口。与此同时，盟军在"桑树 B"登陆了大量的物资，并继续乘坐登陆艇和登陆舰抵达诺曼底的海滩。到目前为止，盟军都是在没有事先建好港口的情况下进行整个战役的。

　　对冯·克鲁格来说，坚守这些"要塞"只意味着一件事：德军将不可避免地损失 18 万 ~ 28 万士兵和装备。既然德军决定不撤退到塞纳河的后面，那么唯一的选择就是拼命地试图堵住大坝的缺口。德军将党卫军第 2 装甲军撤出了奥东山谷，准备将它移交给第七集团军，但后来英军利用"蓝衣行动"向南部发起进攻；于是，第2装甲军便被派去阻止这场进攻。现在，卡昂的南部非常容易遭到攻击，因为只有一个装甲师（也就是党卫军第12装甲师）驻守在这个地区，而且填补防线缺口的是第十五集团军的步兵单位。当然，所有这些部队的行动都不得不在夜间和最困难的情况下进行。

随后，令人震惊的事情发生了。8月2日，冯·克鲁格接到了希特勒的命令，要求他向阿夫朗什发起反攻，因为尽管他在诺曼底的所有部队都已经投入战斗，但有6个步兵师和另外一个装甲师正从加来海峡和法国南部向诺曼底赶来。他们能否及时到达诺曼底还是一个未知数，不过，德军有3个步兵师很可能会在接下来的几天内到达前线。

8月3日，国防军最高统帅部的策划负责人瓦尔特·瓦尔利蒙特将军抵达了前线。埃伯巴赫再次提议，撤退到塞纳河是唯一可取的行动方案，但瓦尔利蒙特告诉他，这"在政治上是无法忍受的，在战术上也是不切实际的"。和埃伯巴赫一样，冯·克鲁格也告诉瓦尔利蒙特，这次反攻绝对不可能成功，尤其是在盟军掌握了制空权的情况下。然而，这些忠告被置若罔闻。希特勒的观点并非完全没有逻辑；毕竟，诺曼底前线比塞纳河要短，而且塞纳河也不是一个理想的防线。另外，事态发展迅速，局势不仅每天都在变化，而且几乎每时每刻都在变化；到了8月4日，诺曼底的前线就像一个遭到致命枪击的人身下的血泊一样，迅速向南延伸，而且面临着向东扩散的危险。8月4日，德军仍存在以卡昂地区为中心撤退到塞纳河的可能性。然而，再过一天，也许两天，最多三天，德军将会丧失这种可能性。

如果要举例说明德军在远离前线的地方根据二维地图作出了一个糟糕的决定而没有考虑到战场上的实际情况——更重要的是空中情况——那么这个例子就是那种决定。由于冯·克鲁格同时担任B

集团军群和西线总司令部的指挥官，希特勒便堂而皇之地承担起了后一种角色。在爆炸阴谋发生后，他更加不信任国防军的将军，并且更加执着于事无巨细的盯梢型管理。他已下定决心：让冯·克鲁格集结一支装甲部队，利用驻扎在诺曼底的9个装甲师中的8个，在1000架战斗机的支援下，向西进攻阿夫朗什，而纳粹德国空军将出动所有后备部队。这个行动被称为"吕蒂希行动"。

*

与此同时，巴顿的部队正在横扫布列塔尼。8月3日，第4装甲师包围了雷恩，但盟军意识到需要一些步兵来帮助他们进入这个城镇，这些步兵将来自第8步兵师。同一天，理查德·布莱克本中尉和他的连队在倾盆大雨中停下来休息，他设法找到了一间覆盖着稻草的棚屋，然后在干燥的地上休息了一会儿，喘口气。他筋疲力尽，整个连队也是如此。在过去的几天里，他们走过库唐斯、格兰维尔和阿夫朗什，一路上都是满目疮痍的景象，他感到十分沮丧。有一次，他看见一头死牛被吊在100英尺高的树杈上。还有一次，他经过一辆被摧毁的德国坦克，一名乘员的半个身子挂在外面，都被烧焦了。他们还走过龙塞包围圈的废墟，经过许多死尸和被撞毁的车辆。他看到一匹马受了伤，但还活着，一个劲儿地踢腿、挣扎，于是他掏出手枪，结束了它的痛苦。随后，他看到一个拼命逃跑的德国士兵，但士兵突然失足绊倒了。不一会儿，他就被一辆坦克压死了。随后的坦克也从士兵的身体上碾过，最后只剩下一堆扁平的肉浆。布莱克本说："这样的事情让我感到软弱无力、身心俱疲，看到尸体被碾压得面目全非，这真让人难以置信，这在我的记忆中留下了一道巨大的伤疤。"

第二天，也就是 8 月 4 日星期五，第 8 步兵师的一半士兵被派去占领雷恩，余下的士兵（包括第 121 步兵团）暂停行动，之后他们将向圣马洛进发。圣马洛就是那个让布拉德利和米德尔顿感到不安的薄弱枢纽。然而，让全体士兵（尤其是布莱克本中尉）感到宽慰的是，他们带了一套移动淋浴装置，以及清洁干净的制服。布莱克本把他的那套旧制服给扔了，因为他已经穿了整整一个月。

8 月初，第一集团军也深入南部，乔·柯林斯将军指挥的第 7 军向小镇布雷西（Brécy）挺进。当天，第一集团军的新任指挥官霍奇斯将军命令他的士兵们向东南方进发。大红一师，特别是汤姆·鲍尔斯和第 18 步兵战斗队，刚刚占领了维勒迪约（Villedieu）；此刻，柯林斯敦促第 1 步兵师的士兵向维尔以南约 14 英里的莫尔坦（Mortain）镇推进。8 月 3 日，柯林斯在布雷西以南的一个十字路口遇到了第 1 步兵师的指挥官克拉伦斯·休布纳（Clarence Huebner）少将，并指着地图上的一个地标第 317 号山头，这个山头可以俯瞰周围的乡村。

柯林斯告诉他，"拉尔夫一定会拿下第 317 号山头"。

"乔，我已经知道了"，休布纳笑着回答道。

第二天，右翼的第 7 军和第 15 军之间出现了一个缺口，于是，柯林斯命令大红一师向南推进，以填补缺口，同时调来第 30 步兵师以接管莫尔坦地区。这样一来，目前位于其左翼的第 9 步兵师便靠近圣普瓦（Saint-Pois）村，而即将到达其左翼的第 29 步兵师将在维尔向北挺进，他们将同从北侧发起进攻（这次进攻是"蓝衣行动"的一部分）的英军在维尔镇会合。在 8 月 1 日占领了穆瓦昂（Moyen）村后，第 116 步兵团正在攻占该镇周围的山丘。

几天后，也就是 8 月 6 日，第 1 营的任务是占领第 203 号山头，鲍勃·斯劳特中士觉得这将是一块难啃的硬骨头。那天早上，当他们开始进攻时，即刻遭到了迫击炮和炮弹的袭击。更糟糕的是，D 连意识到他们必须越过一个十字路口，很显然，那里的德国炮兵已经把大炮对准了他们。士兵们必须计算出炮声的间隔时间，然后冲过去，但问题是，他们携带的是机枪和迫击炮等重型装备；

504 扛着这些武器冲锋并不是一件容易的事。克劳利（Crawley）中士的计时非常准确，他顺利地冲过路口，但在跑了大约 50 码后，他的大腿被弹片击中。随后，鲍勃·斯劳特也冲了过去，但他中途停下来帮助同伴，后者已经失血过多。斯劳特帮他绑好止血带，给他打了一针吗啡，然后急匆匆地追赶排里的其他成员，他们正沿着一条多石的小溪往下走，第 203 号山头就在前面。当他终于赶上其他士兵的时候，他已经上气不接下气了。这时，他听到了迫击炮的嗖嗖声，但一切都太迟了。炮弹落在他们身后大约 8 英尺的地方，造成一人死亡，两人受伤，其中包括斯劳特，他感到一块滚烫的碎片击中了他的右肾上方。一开始，他觉得不是很疼，于是挣扎着想要站起来。一名中尉帮他包扎伤口。但在那个时候，斯劳特还是陷入了困境。他爬到靠近小溪河床的几块岩石上，待在那里，一直到黄昏时分。最后，一名战地医疗兵开着吉普车到达，帮他包扎好伤口，把他放到后备厢的担架上，然后带他回到第 45 前方流动医院。鲍勃·斯劳特在诺曼底前线的日子结束了。

*

对于"吕蒂希行动"，冯·克鲁格只组建了 4 个装甲师，而不是 8 个，再加上党卫军第 17 装甲师的残部。这支部队由汉斯·冯·芬克（Hans von Funck）将军、男爵指挥，他最近刚刚抵达诺曼底，率领一个加入战斗的新编队——第 47 装甲军。他是一个有能力、经验丰富的装甲部队指挥官，尽管他的同辈不太喜欢他。如果让埃伯巴赫指挥进攻可能会更加合理，因为他已经在诺曼底待了一个多月，对战场非常了解；而且，参战的士兵都来自西线装甲集团，现在改名为"第五装甲集团军"。事实上，在开始"吕蒂希行动"的四个小时前，希特勒就已经命令埃伯巴赫接替芬克，然而，现在要坚持这样的指挥官变动已经太晚了。不过，坦率地说，既然这次行动注定要失败，那么谁负责指挥已经不重要了。

在整个诺曼底战役中，当德国军队发起进攻时，盟军往往会对他们进行全面打击。一直以来，盟军都面临着一个危险，那就是德军的多个装甲师可能会倾巢出动，发起协同反击，这些装甲师配备有武器，最近才投入战斗，而且狂热积极。不过，这种危险早已消失，因为这些精锐的国防军和党卫师已经被盟军击垮了。在芬克指挥的师中，唯一状态良好的是最近才抵达的第 116 装甲师，但是，它的指挥官对这次行动十分悲观，甚至没有及时让他的兵团作好准备。在这次进攻中，芬克总共有大约 300 辆坦克，然而，由于部队的行进通常很困难，在狭窄的道路上调遣部队往往存在很大的麻烦，加上白天有战斗轰炸机的持续监视，因而这些支援对"吕蒂希行动"来说是远远不够的。

505

虽然他们终于远离了盟军海军大炮的射程，但现在有更多的盟军空军在诺曼底的上空作战；而且，随着天气好转，参与"吕蒂希行动"的德军部队在行进的过程中扬起灰尘，这使他们成了明显的目标，尽管这次行动是在 8 月 7 日星期一凌晨的浓雾中发起的。对德军来说，更糟糕的是，布拉德利已经知道德军将发起进攻。由于盟军破译了"厄尔特拉"，他在 8 月 5 日就获悉了布莱切利园破译的德军使用恩尼格玛密码发送的无线电讯息，这则讯息揭示了德军的动向，这些动向表明德军似乎正在策划某种反击。到了

6 日下午 2 点，有消息称德军将向西进攻，晚上 8 点前，盟军获悉了关于进攻部队的更多细节。8 月 7 日 0 点 11 分，另一份解密文件传送给了布拉德利，报告了德军将对莫尔坦发起进攻。多亏了这些宝贵的讯息，布拉德利调遣了几个师，以防出现危机，其中包括第三集团军的第 20 军。尽管如此，莫尔坦还是很快就被党卫军第 2 装甲师占领了，虽然关键的高地第 317 号山头没有被占领。美国第 30 步兵师第 120 步兵团第 2 营的士兵们在第 317 号山头挖了堑壕，尽管他们遭到地狱般的轰炸，他们仍然丝毫不动摇。

下午，当薄雾开始消散时，德军的第 2 装甲师加入战斗，进一步向北挺进。纳粹德国空军奉命全力支援"吕蒂希行动"。然而，希特勒调派的数千架战斗机并没有出现在战场，尽管确实有几百架战斗机从巴黎周围的前线机场起飞。一些战斗机的确完成了骚扰美国补给线的任务，但数量少之又少。大多数战斗机还没有起飞就遭到了盟军的突袭，而剩下的许多战斗机在离莫尔坦地区不远的地方遭到了盟军战斗机的袭击，不得不撤离。接替彭塞尔担任第七集团军参谋长的鲁道夫-克里斯多夫·冯·戈尔斯多夫（Rudolf-Christoph von Gersdorff）少将、男爵说："事实上，没有一架德国飞机到达了指定的作战区域。"

上午，迪克·特纳少校和他的野马战斗机中队执行了一项任务，但无功而返。下午，他们第二次被派去侦察德国的空军基地，并在巴黎地区已知的着陆点周围发现了纳粹德国空军的踪影。特纳说："我们对德军经常使用的空军基地进行了多次袭击，所以他们放弃了这些空军基地，转向了开阔地带、高速公路或者几乎所有靠近森林、可以提供掩护的平坦地区。"在沙特尔上空盘旋了一圈后，特纳带领中队向东飞去。没过多久，他在两边都是树林的一大片田野中发现了什么东西。他下降到 3000 英尺的高空，看到了田

506

野里有一捆捆的小麦，还辨认出了熟悉的梅塞施密特 109 战斗机。他把自己的发现告诉了中队的其他成员，并从其中一架 109 战斗机的上空飞过，同时向该战斗机开火。看到子弹击中了战斗机，他感到非常高兴。随后，109 战斗机发生爆炸，并燃烧起来。"在接下来的 5 分钟里，"特纳写道，"我们对这个隐蔽的机场进行了一番猛烈袭击。"

特纳没有发现德军的地面火力，但他的一名机组成员还是被击中了。在回程的途中，他设法小心翼翼地护卫这位机组成员的 P-51 战斗机。之后，他在一个美国坦克编队的上空跳伞，后者载了他一程；那天的晚些时候，他回到了空军基地。特纳估计，仅在那次扫射中，他和中队至少摧毁了地面上的 19 架梅塞施密特战斗机。这是一个很大的收获。当他们向纳粹德国空军的基地开火时，雷电战斗机和台风战斗机（包括"地狱鹰"第 388 战斗机中队的 P-47 战斗机）一直在攻击试图向前推进的领头的装甲部队。他们并没有遭到纳粹德国空军的阻碍，不断地向装甲纵队俯冲、投掷炸弹、发射火箭弹，用加农炮和机关枪猛击装甲纵队。"盟军掌握了绝对的制空权，"戈尔斯多夫说道，"这导致进攻部队无法进一步行动。"到了中午，党卫军第 1 装甲师在阿夫朗什以东约 16 英里的瑞维尼勒泰特尔（Juvigny-le-Tertre）的附近停了下来，由于损失了大量坦克，加上战斗轰炸机的猛烈袭击，他们无法前进。下午 1 点左右，他们不得不在路边寻找掩护。

在美军的积极反击和持续空中打击的重压下，德军只能停止了前进的步伐。到了晚上，第七集团军一再要求冯·克鲁格作出决定，告诉他们应该怎么做：是继续进攻直到被歼灭，还是撤退？晚上 10 点左右，终于有了答复，而且是希特勒和国防军最高统帅部传达的。他们将继续进攻，党卫军第 12 装甲师和第 10 装甲师将被调来支援他们。

　　然而，这时，党卫军第 12 装甲师卷入了卡昂南部的另一场战斗。诺曼底战役开始进入尾声。位于诺曼底的德国军队几乎被包围了，现在，他们不仅面临着失败，而且面临着被歼灭的命运。

第 34 章 圣艾尼昂的坦克大战

8 月 7 日，英国首相视察了前线，并特意会见了布拉德利将
军。当布拉德利迎接丘吉尔时，后者说道："我来这里是为了告诉
你，我们认为你的表现非常出色。"他和蔼可亲，他的称赞完全符
合时宜；正是这种姿态对增进同盟国之间的关系起到了很大的作
用。首相态度热情，深刻把握了局势的变化，这让所有人都对他产
生了好感。"上帝，"他看着地图上标出的那一大群部队说道，"你
们怎么养活这支军队？"布拉德利笑着解释说，他们已经清理出了
两条向南的道路，这些路每天 24 小时都用来向前线运送补给。

"铁砧行动"（现在更名为"龙骑兵行动"）即将在法国南部
启动；艾森豪威尔坚持实施这个行动，并如愿以偿。虽然盟军在法
国北部的登陆行动取得了成功，但丘吉尔仍在考虑这个行动是否值
得。"美国军队已经打开了前门，为什么还要砸开后门呢？"他对
布拉德利说道。他们还就德国的反攻进行了简短讨论，在聆听了这
些谈话后，汉森坦言，没有人对这次行动感到非常担心。他们也不
需要感到担心，"吕蒂希行动"只是加快了诺曼底战役结束的步
伐，而不是像希特勒希望的那样延长战役。

在诺曼底，人们有一种明显的感觉，那就是英军和加拿大军的
表现不如美军——不过，这反映的是他们对蒙哥马利的态度，而不
是对他领导的英军和加拿大军的态度。然而，不管人们多么反感这

508 个难以相处的家伙，实际上，英军和加拿大军所取得的进展比地图上显示的要好得多。在两个月的时间里，他们把 7 个最精锐的德军师折磨到崩溃的地步，一点一点地击退他们，并在前进中吸取了重要的教训。到目前为止，在整个战争中，还没有哪一支军队能够在只有 3 个装甲师的情况下对抗如此集中的装甲部队。无论如何，他们的努力都不应该被贬低。

　　然而，现在的计划是最终向南进攻法莱斯，以便完成军事行动。这项任务交给了加拿大第一集团军，更具体地说，是由盖伊·西蒙兹将军领导的第 2 军，在"春季行动"遭遇挫折后，他急于证明自己和部下的能耐。西蒙兹当时只有 41 岁，虽然他出生在英国，但在他还是个小男孩的时候，他的父母就搬到了加拿大。他出身于一个将军世家，祖上是东印度公司的职员，他的血管里流淌着军人的血液。作为一名炮手，他曾就读于英格兰和加拿大的参谋学院，虽然"春季行动"失败了，但蒙哥马利还给予了他很高的评价。他聪明、富有想象力、敢于创新，他当然不会安于已经取得的成就，而是不断地努力改进战术，这让他功勋卓越。西蒙兹身材瘦削，黑眼睛，留着整齐的小胡子，看上去相当帅气。对于"总计行动"（进攻法莱斯的行动的名称），西蒙兹想尝试一些不同的东西。

　　8 月 7 日下午，强烈而温暖的阳光直射着大地，北安普敦郡游骑兵团第 1 营的士兵们得知了接下来的行动。准下士肯·陶特光着膀子，把谢尔曼坦克上的瞄准镜对准目标。那一整天，他们都知道自己将在晚上投入战斗——夜袭是西蒙兹的一个创新打法；无疑，夜间联合攻击在诺曼底是一个新事物。

　　"乡村四周都是爆炸声，你认为在这样的黑夜里德国人真的还能睡着吗？"一个小伙子问道。西蒙兹回答说"不能"，但他希望能在黑暗中对刚到前线的德国步兵进行突然袭击。下午 5 点 30 分左右，部队指挥官鲍比·麦科尔中尉加入了他们的坦克队伍。每个人都站了起来。

"小伙子们，开始干正事吧，"他说，"真的。命令很简单。继续走，继续前进。站在可以看见前方坦克尾灯的地方。"匈人对所有的村庄进行了设防，他告诉他们。如果有人迷路了，他们应该跟着博福斯大炮发出的绿色曳光弹。戴维·福斯特（David Forster）上校和中队军官随后到达，他们听取了简报，并发表了鼓舞士气的讲话。福斯特上校似乎在拼命思索恰当的表述；他公开表示，他非常痛恨把年轻士兵送上战场的行为。"现在，德军几乎都被我们包围了，"他告诉他们，"我们奉命在德军撤退时关上大门。"他重申，他们将继续前进。目标是一个叫圣艾尼昂德卡梅尼勒（Saint-Aignan-de-Cramesnil）的村庄，代号为"夜间飞行（Fly By Night）"，他们预计将在凌晨 3 点到达那里。福斯特轻轻敲了敲黑色贝雷帽上的银色团徽。"我们的小银马看起来不是很野蛮，"他说，"但它可以在乡村疾驰。祝你们好运！"

盟军计划在即将到来的夜晚设法突破德军的第一道防线，然后在黎明时分巩固阵地，等待重型轰炸机炸开一条路，以便穿过德军的其他防线。两个多兵种纵队——装甲部队、机动步兵和反坦克炮兵——将进行夜间突袭，步兵将乘坐半履带车和新型装甲运兵车，这些运输工具是加拿大人利用谢尔曼坦克的底盘开发的，称为"袋鼠"。然后，装甲部队（包括最近抵达的波兰装甲师）将向法莱斯发起进攻。夜间行军困难重重，但探照灯、照明弹和无线电光束将帮助福斯特的纵队辨别方位。随后，第二拨步兵将紧随其后，消灭前线的敌人，而两个装甲纵队将在轰炸后迅速向前推进。

晚上 9 点 15 分，肯·陶特的坦克指挥官斯诺维·斯诺登

509

（Snowie Snowdon）喊道：“驾驶员，开动坦克！”北安普敦郡游骑兵团和第 33 装甲旅的其余成员与第 51 高地步兵师的步兵协同作战，而在道路的另一边，第 2 步兵旅和第 2 装甲旅将带领加拿大纵队发起进攻；这一次，查理·马丁、“鲍勃”·罗伯茨和第 8 步兵旅的士兵不在先头部队的队伍中。

陶特和乘员们都穿着坦克工作服，戴着黑色贝雷帽，穿着各种不符合规定的鞋子：无论是在坦克里，还是在坦克上，带有平头钉的笨重靴子都是不合适的。一些人穿着橡胶底帆布鞋；肯·陶特有一双斯达德—辛普森鞋业公司制造的棕色鞋子。他们需要戴上耳机——为了能够在发动机的轰鸣声以及身后开火的大炮的轰炸声中进行交流，在贝雷帽的顶部戴上简陋的耳机是唯一可行的方式。他们颤颤巍巍地从科尔梅勒爬上斜坡。周围的大部分土地都遭到了轰炸，被搅动起来，坑坑洼洼的，但他们仍然跟着博福斯大炮发出的绿色曳光弹穿过玉米地，向前推进——突然有人打开了照明灯的开关。坐在谢尔曼坦克炮塔里的肯·陶特通过潜望镜向外看，他认为这个举动很怪异，有些费解。

“那是在制造人造月光，”斯诺登说。“探照灯射在云层上。这应该会起到一点帮助作用。”

午夜时分左右，第一拨轰炸机飞过来了，大约有 660 架兰开斯特轰炸机和哈利法克斯轰炸机，每架都投下了大约 4 吨炸弹，对行军途中侧翼的地面和村庄进行了轰炸。当每一串炸弹爆炸时，巨大的震荡波穿过地面，传导到坦克里面。爆炸导致了一种奇怪的亮光——近处的亮光非常暗淡、有纹理，而前方的亮光十分耀眼，火焰喷涌到树木的上方。陶特坐在炮塔里观望，他紧挨着斯诺登，看到一辆坦克被缓慢地抛向空中，然后又落到树林里。陶特写道：“在炮塔里，我感觉自己仿佛站在一个刮着气旋性风暴的海滩上。”

温度较高的恶臭空气从他们的身上吹过，灰尘吹进了他们的眼睛。炮塔距离爆炸地点仅 1000 码。

他们继续前行，经过燃烧着的树木和大火，穿过坑坑洼洼、荒凉的地方，这些地方因为"古德伍德行动"而变得满目疮痍，如同月球景观一般。坦克在坑坑洼洼的地面上颠簸摇晃，东倒西歪地行驶着，最后，他们进入了基本上无人问津的乡间，那里遍布树篱、凹陷的小径和田野。凌晨 1 点，战斗开始了。凌晨 1 点 20 分，陶特听从斯诺登的指示，转动炮塔，他的眼睛盯着望远镜，脚踩在引爆按钮上，然后按住同轴机枪①的发射按钮。他发射了高爆弹，炮管向后收缩，压缩炮膛内的弹簧，炮弹冲了出去，之后炮管向前滑动复位，以便发射另一枚炮弹，自动打开的炮尾喷出令人窒息的烟。他又开了一炮，然后一炮接一炮，灰尘、烟雾和沙砾盘旋飞起，让漆黑的夜空变得更加黑暗、浑浊不清。在参加战斗的所有人看来，这个场面非常混乱、无序、嘈杂。

凌晨 3 点 15 分，他们到达了代号为"夜间飞行"的村庄——圣艾尼昂德卡梅尼勒，兵团停了下来。陶特终于可以爬出炮塔，伸伸腿。之前，他拼命地不让自己的脑海中出现凶残的党卫军和虎式坦克的画面，现在，他的头脑稍微平静下来，一些黑卫士兵团的步兵正准备和他们交谈。"在我们的身后和我们的右后方，月光下的夜晚都被火光染红了，"陶特说，"但是，这里一片寂静，如同结了霜一样泛着白光。难道德军没有意识到我们到了这里？"

---

① 系安装在坦克火炮旁边的小口径机枪，又名"同步机枪"，因与主炮同步转动而得名。有些型号的坦克因其机枪安装的位置刚好与火炮处于同一高度，所以又称"并列机枪"。这种武器在战争中被证明是非常有效的，因为其可以大大加强坦克对轻型目标的反应能力，节省主炮弹药，加强坦克近距离作战时反步兵的能力等。

德军意识到了，只不过他们已经被击溃了；第89步兵师是一支素质较低的队伍，没有接受过良好的训练，装备也很差，三天前，他们才坐船从挪威匆匆赶来；现在，这支队伍基本上不复存在了，在空军、炮兵和由各兵种组成的庞大的机械化纵队的联合打击下，一些士兵逃跑了，一些被打死，一些受了伤，一些被俘获。盟军夺取了第一个目标，英军仅伤亡40人，加拿大军队的伤亡人数较多，大约340人，但他们还是渗透到了4英里宽、5英里深的范围内。他们在下一阶段的任务是扫荡敌方据点，巩固已经取得的成果，等待轰炸机在下午1点飞过来，在德军的下一道防线上炸开一个洞，然后让另外两个装甲师（加拿大第4装甲师和波兰第1装甲师）推进。

事实上，"总计行动"的第一部分取得了全面成功，如果两个纵队继续前进，说不定他们可以狠狠地打击党卫军第12装甲师，在当时，该师的兵力不足，并且因为前线兵员补给的突然中断而彻底垮了。然而，正是由于盟军拥有大量的人力和物力，从而限制了机动作战的自由，导致盟军未能乘胜追击。西蒙兹将军和指挥官们并不清楚这个计划有多么成功，也没能充分了解形势以改变策略；此外，轰炸机本应在中午1点后抵达，但迟迟未能现身，如果没有轰炸机的帮助，他们无法立刻采取行动。不管怎样，这些轰炸机无法在短时间内轻易取消，而且它们在轰炸敌人方面确实具有很大的威力。出于上述原因，攻击部队什么也做不了，只能对着他们的目标干瞪眼。

在听到第一批炸弹落下的声音后不久，库尔特·梅耶就匆忙赶往莱兹河畔布雷特维尔，却发现村庄无法通行。当他看到惊恐的德国士兵沿着道路蜂拥回来时，他感到非常震惊。他开着水桶车在路上疾驰，意识到如果有人能够阻止这场进攻，那么只能是他的党卫军第 12 "希特勒青年团"装甲师；他肯定不能依靠从前线蜂拥而来的乌合之众，也不能依靠第 85 步兵师，该师也是最近才抵达诺曼底的，而且素质和第 89 步兵师一样糟糕。不久后，梅耶抵达党卫军旗队领袖蒙克（Mohnke）指挥的党卫军第 25 装甲掷弹兵师的司令部。过了一会儿，埃伯巴赫将军也抵达了，他同样亲自到前线视察情况。他们一起商定了一项行动计划。梅耶总共只有 48 辆坦克，因为他的一些军火已经被运到了莫尔坦——该师的其他部队也将被调到莫尔坦——所以，他不得不凑合着使用由掷弹兵、坦克、反坦克炮和迫击炮组成的战斗群。梅耶派遣两支部队去夺回圣艾尼昂周围和圣西尔万（Saint-Sylvain）以西的高地，并派遣第三支部队去占领和保卫道路以西的高地。

*

8 月 8 日，北安普敦郡游骑兵团从圣艾尼昂向前挺进，第 C 中队行走在村子正南方的田野上。第 3 部队（包括斯诺维·斯诺登的坦克）正坐在树林的边缘。在他们的正前方，有一条小路通向一条狭窄、弯曲的沟壑，这条沟大约深 15 英尺，有一个足球场那么宽；接着，小路向上爬升，通向一大片灌木篱墙，再往前是一个农庄，也就是地图上标注的"罗贝尔梅尼勒（Robertmesnil）"。一大片玉米地从他们所在的地方向外延伸，一直延伸到从卡昂通往法莱斯的主干道，远处是乡村小城堡的围墙。第 2 部队已经冲进沟里，他们的计划是从沟的另一边爬出来，然后进入树篱，以便监视罗贝尔梅尼勒。第 4 部队位于左翼，分散在树林的边缘，第 1 部队在他们的远处。在斯诺登的坦克的左边，有一个果园，黑卫士兵团正在那里掘壕固守。第 A 中队在他们的右侧散开，第 B 中队在他

512

们的后面。他们知道，他们是"总计行动"的先头部队，正在等待党卫军的反击，这是在美国第 8 航空队的重型轰炸机到来之前实施的巩固行动的一部分。现在已经是上午 10 点了，可是什么也没有发生。

"就这样坐在这里，"驾驶员斯坦·希肯（Stan Hicken）说，"还不如去看板球比赛。什么也没有发生，没人移动，无聊透顶，简直是浪费时间。"

很显然，希肯想冒险行动。不久后，也就是在上午 10 点半左右，传来了一声巨响和撞击声，从营部的通话记录来看，似乎是指挥官的坦克被击中了。在斯诺登的坦克里，人们只能推测上校和乘员是受了重伤，还是更加糟糕，但随后，第 B 中队的指挥官也被击中了。不过，在上午 11 点 15 分左右之前，他们所在的小小战区仍然非常安静。这时，通讯网络上突然传来了第 2 部队的斯坦利下士的声音："你好，收到了吗，B2？请注意！我似乎看到左半部分有动静，就在屋顶左边 100 码处，但还不能确定。B2，我报告完毕。"每个人都喜欢斯坦利。他留了一撮希特勒式的小胡子，用来逗笑别人。他是中队的开心果，他让每个人都心情愉悦。在斯诺登的坦克炮塔里，肯·陶特通过潜望镜和多倍放大的望远镜从炮手的位置往外看，并来回转动炮塔。

突然，通讯网络里传来令人战栗的巨响，在炮火轰鸣声中，这个声音是如此响亮、如此接近。

"B2，我他妈中弹了！"斯坦利喊道，"快救救我！大黄蜂在……上帝！"

"大黄蜂"指的是敌人的坦克或突击炮。但他是什么意思呢？陶特再次转动炮塔，拼命寻找敌人的踪迹。后来，他在树篱中间发现了一些顶部很结实的东西。他踩了一下引爆按钮，炮管砰的一声向后收缩，炮口喷出了火，谢尔曼坦克因为后坐力不停地摇晃。这时，几道火光击中了沟壑另一边的树篱。最后，斯诺登下令停火。他们非常担心斯坦利，但没有看到着火或谢尔曼坦克燃烧的迹象。也许他已经脱险了。也许所有人都已经脱险了。然而，在远处的树篱里，浓烟正在升起——只有浓浓的烟雾，没有火焰。那是德军的大炮。接下来，他们只能继续等待。

*

同一天，也就是 8 月 8 日星期二，党卫军突击队大队领袖米歇尔·魏特曼指挥的第 101 重装甲营的虎式坦克向圣艾尼昂进发。魏特曼是赫赫有名的装甲王牌，在整个德意志帝国享有盛誉，在被希特勒亲自召唤到"狼穴"接受骑士十字勋章后，他刚刚带着党卫军第 12 装甲师归来。在盟军登陆一周后，魏特曼在维莱博卡日孤军奋战、炮轰英军，这让他的名气和声望越来越大；然而，可能是他过于自信和鲁莽，也可能是库尔特·梅耶向他施压，要他夺取并守住高地，导致他在中午 12 点 30 分刚过的时候，直接穿过北安普敦郡游骑兵团第 1 营前面的开阔田野，向圣艾尼昂挺进。

最先出动攻击他们的是 C3，也就是配备有 17 磅大炮的第 A 中队的萤火虫坦克。通讯网络传来的命令吓得肯·陶特直发抖。

"你好，OA 呼叫 C3，"陶特听到第 A 中队的队长说，"我现在看见他们了。保持隐蔽，在他们距离大约 800 码的时候再开火。然后朝最后一辆坦克开火，我来对付其他坦克。报告完毕。"盟军打算用高爆弹来打击敌人，他们并不想摧毁敌人，只想搅乱敌人，让敌人淹没在烟雾之中，然后让敌人继续成为瓮中鳖。他们希望让敌人的能见度保持在很低的水平，这样一来，敌人就无法进行有效还击了。

"OA 呼叫 C3。敌人距离足够近了。开火！报告完毕。" C3 的指挥官确认收到报告，并命令炮手开火。大炮砰的一声，击中了最后一辆虎式坦克，顿时火光冲天，这让游骑兵团的士兵们非常高兴；然后，C3 掉头躲进掩体，而第 A 中队的 75 毫米的大炮发射了高爆弹，虎式坦克开始盲目地还击。又是砰的一声，在不到一秒的时间里，萤火虫坦克的炮弹嘶嘶地飞向目标。

"OA 呼叫 O。第 2 辆虎式坦克着火了。我来转移第 3 辆的注意力，C 负责攻击。报告完毕。"

514　　"O 收到，干得好。报告完毕。"

德军第 3 辆虎式坦克的 88 毫米大炮和盟军 C3 坦克的 17 磅大炮几乎同时开火，但德军的装甲部队（包括第 4 辆坦克）也遭到了舍布鲁克燧发枪团从城堡旁边的墙后发起的攻击；尽管盟军出动了所有谢尔曼坦克（而不是萤火虫坦克），但它们只在 150 码左右的地方开火。过了一会儿，第 3 辆虎式坦克也被击中了。陶特看到火焰从他面前的树后蹿了出来。

虽然人们一直对究竟是谁击中了魏特曼的坦克议论不已，但显而易见的是，一枚炮弹穿透了几乎装满弹药的坦克主体，点燃了里面的炮弹，加上巨大的动能，产生了巨大的爆炸，将重达 15 吨的整个炮塔、魏特曼和乘员都高高地抛到空中。虽然 75 毫米的低速大炮可以摧毁虎式坦克，但通常只能击中其后背等弱点部位，或者只能摧毁履带。虎式坦克遭到了猛烈而暴力的摧毁，这表明攻击它的是高速大炮。当时开火的高速大炮只有 C3，他的炮手是骑兵乔·埃金斯（Joe Ekins）。

然而，这并不是战斗的结束。没过多久，大约 20 辆 IV 坦克开始和他们交战，当敌人的坦克被击中时，中队的通讯网络传来了忙乱的、喋喋不休的声音；接着，他们依次被德军击倒。

"C2！在你后面！我说，在你后面！A2，向右转！C！C！"第2部队的一名指挥官发疯似的喊道。"哦，天哪，C2 在燃烧。A2，你就不能向右转吗？对极了！转动炮塔……哦，我的上帝……快救我……救救我！"突然间，斯诺登的坦克似乎暴露了，陶特拼命地转动炮塔，用望远镜搜寻着敌人，为了击中敌人，他愿意牺牲自己的性命。"这一天变得非常混乱，充满了噪音、火焰、烟雾，还有炙热的阳光、臭气熏天的汗水、强烈的恐惧、滚滚的狂风，"陶特写道，"我们的坦克颤抖着、摇晃着，即使它一动不动地停在暴露的，哦，如此暴露的山脊顶上。"现在，他们慢慢地向前移动，陶特和斯诺登伸长脖子，看到敌人的装甲部队击毁了第 2 部队的所有坦克。这时，陶特在沟壑边缘的树林和树篱中间看见了一个物体，一个非常不协调的盒子状的东西。

"大黄蜂！大黄蜂！大黄蜂！"斯诺登喊道。陶特架高大炮，把十字线对准那个物体，然后跺了跺脚，接着传来一声轰响！大炮开火了，炮管砰的一声向后收缩，然后向前滑动复位。当曳光弹在空中划过时，又有一道火光出现了，另一枚曳光弹朝坦克飞去。虽然德军的坦克装有很宽的装甲外壳，但陶特的炮弹和第 2 枚炮弹还是击中了坦克——一股浓烟升起，这个物体晃动着向后退，然后带有火焰的浓浓黑烟升上天空。陶特再次开火，然后又开了一次。那辆坦克被摧毁了。

炮火渐渐平息，但在轰炸机——681 架重型轰炸机，包括空中堡垒和解放者轰炸机——到达后不久，第一批炸弹令人担忧地在陶特和战友们的周围落下。坦克手发射了黄色的烟雾，然后炸弹开始在偏离目标轰炸地的更远地方落下——又是一场损失惨重的大屠杀，在这个过程中，又有更多的法国村庄被摧毁。当最后一批炸弹如雨点般呼啸而下时，又有两辆 Mk IV 坦克在法莱斯公路的附近交战，并燃烧起来。然后，轰炸机飞走了，战场——圣艾尼昂周围的战场——突然又沉寂下来。陶特停了下来，思考着发生的事情，如果他和乘员被击中，那么他们将会怎样。恐惧又一次攫住了他。他写道："心里的紧绷感穿透了喉咙，冰冷的针扎一样的感觉刺入颈后和耳下，眼睛后面、脸颊里和眉毛上都有一种灼烧感。"

*

与此同时，在西侧，尽管希特勒要求重新发起进攻，以夺取阿夫朗什，但"吕蒂希行动"没有取得任何进展。在前一天，也就是 8 月 7 日，德军装甲师遭到了猛烈的空中袭击。81 辆坦克被毁，54 辆受损，另有 26 辆被遗弃了，原因是燃料不足、机械故障或者乘员不愿面对无情的空中轰炸而放弃。数百辆卡车、装甲车、半履带车和其他车辆被毁。

此刻，威利·穆勒正在莫尔坦的废墟中，他的先锋营只有几百名强健的士兵，该营仍然隶属于党卫军第 2 "帝国"装甲师——或者说是该师的残部。他们没能取得什么进展——他们就是个跑龙套的，当装甲部队遭到屠杀时，他们没能发挥什么用处；当美军顽固地抓着第 317 号山头不放时，他们只能坚守莫尔坦。在其他地方，美军师的数量继续减少，因为他们自己也遭受了伤亡。8 月 8 日，第 9 步兵师第 47 步兵团在维尔和莫尔坦之间的圣普瓦附近作战，以抗击德军的"吕蒂希行动"。俄里翁·肖克利中尉被击中了两次——第一次是一辆美军坦克开火，炮弹杀死了他的传令兵，一块呼啸而过的弹片击中了他的背部。肖克利是幸运的，因为他的情况还不算太糟，弹片被取了出来，他的背部得到了包扎，他继续带领

士兵作战。后来，他的连队奉命占领一个山坡阵地。在过马路时， 516
他挂在腰间的水壶被击中，水喷洒出来，弄湿了他的腿。之后，德
军宣布休战，以便让伤员离开。肖克利前去会见代表团，发现拿着
临时休战旗的德国医生在战前曾移民美国，但在 1939 年回到德国
探亲，并被征召入伍。他根本不想打仗，尤其是不想跟美国人打
仗，正因为如此，他成了一名军医。

　　与此同时，在卡昂以南，"总计行动"进入到最后阶段。梅耶
命令士兵们进行反击，这无意中暴露出他们所待的地方没有遭到轰
炸机的袭击；他们没有被轰炸机炸死，而是被地面上的英军、加拿
大军队和波兰军队打得溃不成军，但他们却没有杀掉一些敌人，就
像在圣艾尼昂的情况一样。总的来说，在魏特曼的 7 辆虎式坦克
中，有 5 辆被摧毁，其中 3 辆是被北安普敦郡游骑兵团和舍布鲁克
燧发枪团摧毁的。在路的另一边，梅耶的另一次反击也失败了，他
的掷弹兵被击溃，坦克被摧毁，在装甲部队发起下一次进攻之前，
残余部队撤退了。然而，盟军放慢了"总计行动"的速度，不是
因为党卫军第 12 装甲师发起了反攻，而是因为这支由来自美国、
加拿大、英国和波兰的装甲、步兵、炮兵和重型战略轰炸机组成的
多面部队不得不严格遵循作战计划，虽然在前一天的时候这个计划
看起来还是完全合理的，但盟军的行动已经超过了预期。可是，由
于这个计划牵扯到很多不同的部分和国家，因此，不可能对时间表
进行修改。尽管梅耶发起了反攻，但在下午 1 点 55 分，"总计行
动"的第三阶段——装甲突袭——准时开始；虽然党卫军的士兵
躲开了轰炸机，逃过一劫，但他们却在反击中丢了性命。德意志帝
国的装甲王牌英雄魏特曼也阵亡了。

　　在圣艾尼昂以南，北安普敦郡游骑兵团仍在坚守阵地、巩固防
御，并击退了好几波试图进攻的掷弹兵。他们用机关枪和高爆弹扫

射敌人，接着，炮兵也开始投掷炸弹，刚开始，他们投掷的距离有点短，让人恐慌不安，但后来准确无误。下午 2 点半左右，一切又恢复了平静。斯诺登的乘员奉命进入沟壑。一些幸存者已经被救了起来，但其他人（包括斯坦利下士）仍下落不明。他们发现树林边缘有 3 辆谢尔曼坦克，一辆在左边，一辆在右边，第三辆在左边稍往前一点的地方。其中 2 辆还在冒烟。斯诺登爬下坦克，他叫陶特也跳下来。

"肯，你去看看附近的那两辆谢尔曼坦克，"他说，"我去看看最远的那辆。快点。"

在最近的一辆谢尔曼坦克上，陶特看到斯坦利张开四肢躺在炮塔里。斯坦利的眼睛直勾勾地望着他。陶特爬上坦克的背部，弯下身来，碰了碰斯坦利的手。这双手冰冷。没有任何伤口，但他已经死了。陶特跳了下来，急忙跑到下一辆坦克上——像他这样非常暴露地四处走动，说得轻一些，是非常让人提心吊胆的。他来到坦克的面前，但坦克还没有燃烧。通过炮塔，他看到驾驶室里有人。于是，他绕到炮塔的前面，打开了舱口。他真希望自己没有这么做。绰号为"173 法官"的骑兵坐在那里，手放在操纵杆上，脚踩在踏板上，他坐得很直，只是没有了脑袋。"地板上有个黑乎乎的东西，"陶特说，"上面爬满了苍蝇。"然后，陶特找到了恩尼·韦尔比洛弗（Ernie Wellbelove），第三个失踪的坦克兵，他躺在不远处的草地上，也死了。就在几个小时前，他还和这三人一起谈笑风生。他们是他的朋友和战友。

陶特无法抑制自己的好奇心，继续穿过灌木丛，发现了被他击中的 Mk IV 坦克和摧毁第 2 部队的德军坦克。坦克指挥官还在炮塔里——至少是他的上半身。一枚炮弹——可能是陶特发射的炮弹——炸掉了他的下半身，就像炸掉"173 法官"的脑袋那样，既干净利落，又残忍血腥。这时，斯诺登向陶特挥了挥手，陶特便跑了回去，看到的景象让他感到恶心。

几个小时后，掷弹兵再次发起攻击，这一次，谢尔曼坦克刚刚开火，能够发射火箭弹的台风战斗机就俯冲过来，迅速干掉敌人。肯·陶特看见敌人四处逃散，不一会儿，他们看见几个俘虏向他们走来，一个劲儿地强调自己不是党卫军。陶特和副驾驶雷克斯·杰克逊（Rex Jackson）爬出来，挥手示意他们走到后面。陶特用手枪打手势，不小心开了一枪，把其中一名士兵击倒在地，这名士兵一个劲儿地求饶。杰克逊把他拉了起来，将一根香烟塞进他最上面的口袋，并轻轻推了他一把，让他放心。"你的战争已经结束了，感谢上帝，"杰克逊说，"可我们还要继续那该死的任务。"

然而，"总计行动"已经失去了势头。在第一次行动中，波兰军队竭力参与作战，却遭到了友军轰炸机的火力攻击——加拿大第 4 装甲师也是如此；总共有 315 人在轰炸中丧生，这突显出在 1944 年，使用战略重型轰炸机支援地面作战是多么困难。这种悲剧说明，在短时间内，从数百架四引擎大型轰炸机上向有限的空间投放大量的炸弹是存在局限的。波兰军队和炮兵之间也存在通讯方面的问题，这延缓了盟军的推进，当然，在这方面，德军的炮兵、"吸烟者"炮弹和迫击炮也功不可没。40 辆波兰坦克在短时间内被摧毁；这再一次表明，在空旷的乡村，处于有利位置的反坦克炮可以造成严重破坏。自诺曼底登陆日以来，双方都一再证明，防守要比进攻容易得多。到了黄昏时分，波兰军队只推进了 2.5 英里。

晚上 11 点，北安普敦郡游骑兵团终于撤了回来。直到凌晨 1 点以后，肯·陶特和乘员才找到机会睡觉，截至那时，他们已经连续不停地战斗了 27 个多小时。他们都精疲力竭、疲惫不堪。那天，该营损失了 20 辆坦克。即使在战争的这个阶段，当德军的失败已是显而易见之时，战斗仍然非常残酷。这种情况将一直持续下去，直到诺曼底战役最终结束。

第 35 章　死亡走廊

在英国第 101 综合医院，玛丽·穆瑞中尉和往常一样忙碌。随
着前线进一步向南转移，来自敌人炮轰，甚至是德国空军的威胁消
失了，这里的设施每周都在改善，社交生活也在好转。这里举办了
王家空军舞会、海军军官舞会、巴约之旅，并吸引了很多风度翩翩
的年轻军官的注意力。一天，一个加拿大朋友开车带着玛丽去一个
饱受战火蹂躏的乡村，毁坏的严重程度让她感到震惊。她说："这
一切是对生命和财产的极大浪费，还有这么多如此严重的破坏。然
而，它却让人感到侥幸和刺激。我知道，我应该憎恨这一切，因为
人类遭受了令人震惊的痛苦，但是，我必须承认，我很享受这种刺
激感。"

与此同时，扩建后的美国第 9 航空队和第 2 战术航空队的战斗
机继续进行破坏活动。他们从来没有这么忙过。许多中队每天执行
5 次任务，无论以何种标准来看，这样的工作量都是巨大的。8 月
9 日星期三的黎明时分，空军基地的上空笼罩着薄雾，但天气预报
说，那天将会是晴朗、温暖的一天。在 B-7 空军基地（现在是第
609 中队的驻地），联络官们还没有踏进巨大的深绿色情报帐篷进
行晨报，集合在一起的飞行员们就明显地感受到，那天会有很多飞
行任务。

不管怎样，至少没有一个飞行员抱怨自己不知情、被蒙在鼓

里。组成第 123 联队的两个中队——第 609 中队和第 198 中队——共用一个空军基地，他们每天在"内部行动"帐篷里进行简报，
520 为每个飞行员提供关于盟军进展的大量信息。出席会议的有陆军和海军的联络官，以及他们各自的情报官员和气象官员。诸如此类的细节是必不可少的：因为盟军的驻地通常和敌人的相距不远，第 2 战术航空队的职责是帮助军队，而不是误伤友军。空军中士"肯"·亚当仔细听取了军队联络官的简报，然后是气象官员，最后是联队指挥官的报告。上午 10 点左右，在薄雾消散后，第 609 中队将派出一架飞机，在法莱斯地区执行武装侦察任务。如果他们看到任何明确的目标，就会狠狠地对敌人进行打击。

亚当的朋友诺曼·梅雷特参与了当天的第一次飞行。他们发现敌人的坦克在法莱斯东南侧 6 英里的地方由北向西移动，于是发动了攻击，击毁了两辆坦克。下午 1 点 45 分，另一架武装侦察飞机起飞，他们再次发现了目标，并向法莱斯—阿让唐公路上的敌军纵队开火，导致一辆卡车和另一辆坦克起火。那天下午的晚些时候，飞行 A 队有 8 名成员被选中进行第三次武装侦察，亚当是其中之一。4 点半刚过，他就轻快地走向霍克台风战斗机。战斗机体型庞大、威风凛凛，一动不动地停靠在空军基地周围的一些树下，以此作为掩护，旁边还有一些其他的飞机。地勤人员已经在那里了。弹药箱就堆放在附近，还有成堆的火箭弹。亚当从机翼上取下降落伞，将穿着皮靴的两条腿分别伸进安全绑带，之后把另外两条安全绑带系在肩膀上，然后扣上带扣。他迅速看了一眼各个机翼下装载的 4 枚火箭弹，然后把靴子踩在可以伸缩的搁脚凳上，爬上已经磨损且油漆剥落的机翼根部，最后进入驾驶舱。

台风战斗机的机翼非常厚实，一个巨大、鼓出的散热器从机头下面伸出来。很显然，它不像喷火战斗机那样精巧、优雅，但它的

炮台非常有效，速度也非常快。它还可以携带 1000 磅的炸弹，亚当发现自己非常擅长发射台风战斗机的火箭弹：在那年春天的训练中，他经常发射，平均误差为 50~60 码；虽然只有 8 枚 60 磅重的弹头发生了爆炸，但这仍然造成了相当大的破坏。

　　在驾驶舱里，亚当迅速戴上头盔，和往常一样，他在执行任务前把手上的戒指转了三圈。在向地勤人员发出信号后，他把氧气面罩戴在脸上，打开了启动器，巨大的 24 缸纳皮尔军刀发动机在刺鼻的浓烟中突然启动。噪音很大，机身剧烈摇晃。亚当立刻打开氧气，以避免吸入涌进驾驶舱的致命的一氧化碳烟雾。他关上了透明的圆形玻璃罩，看着地勤人员拿开了楔形轮挡。螺旋桨扬起了巨大的灰尘，他们的脸上裹着面巾，挥手让他转向由铁丝网（或穿孔钢板）制成的跑道。

　　台风战斗机成对起飞，轮到亚当的时候，灰尘太厚，他几乎什么也看不见。由于纳皮尔军刀发动机的动力太强，以至于螺旋桨的扭矩导致飞机猛烈地向右转向，直到飞行员用力压左舵，尽力修正偏航才得以恢复。如今，他已经完全习惯了这个缺点，但即使如此，起飞（尤其是在能见度这么低的情况下）仍然是一项危险的工作，他不得不盲目地起飞，用陀螺仪——飞机的罗盘——来保持直线。

　　飞机陡然爬升，向北转向大海。平时，亚当可以看到保护桑树港的银色防空气球在阳光下闪闪发光，但那天早上却不是这样：诺曼底笼罩在一片柔和的乌云中。梅雷特把他们带到 8000 英尺的高空，然后他们调转方向，再次向内陆飞去。在巡逻区域的上空盘旋时，他们很快发现了一群分散的敌军运输车——卡车、货车和小型车辆。于是，梅雷特带领他们下降，发动机尖叫着，以接近每小时 600 英里的速度下降。

当他们飞过敌人的车辆时，亚当发射了一半的火箭弹，每次发射两枚，并用拇指按住大炮的按钮。很显然，他们的炮弹击中了目标。火球和浓浓的黑色烟柱直冲云霄。随后，8 架台风战斗机成功逃离了战场，再次爬升，然后对一片他们认为可能藏着更多敌军装备的树林发起攻击。他们发射了剩下的火箭弹，留下了一片火海。亚当回头一看，只见浓烟直冲上天。10 多分钟后，所有 8 架飞机再次降落在 B-7 空军基地。

在随后的几天里，随着一股持续的高压脊笼罩在诺曼底的上空，带来了炎热干燥的天气，这让中队能够继续保持这种攻击速度。10 日，中队执行了 3 次任务，11 日执行了 2 次任务，12 日执行了 1 次任务，13 日执行了 2 次任务。"地狱鹰"和第 354 战斗机大队也同样忙碌。当德国的诺曼底战役继续走向失败之际，这种连续不断的轰炸再次给予了德军致命的一击。8 日的晚些时候，勒芒陷落，巴顿的部队继续向东快速扫荡。对德军来说，这是一个巨大的打击，因为它是第七集团军的主要补给基地，而且它正好位于诺曼底战场的东南方。现在，豪瑟被提升为党卫军最高集团领袖，他是最后一批离开勒芒的人士之一。他只带着一名勤务兵和司机，乘坐一辆装甲车悄悄地离开。此时，巴顿在阿夫朗什以南部署了十几个师，布拉德利命令他将其中一个军团向北调往阿朗松，以便在诺曼底对德军进行大规模的围剿。"切特"·汉森说："现在，我们在侧翼进行扫荡的主力部队已经行进到了勒芒之外，距离巴黎大约 80 英里。德军未能认清形势的严峻性，[布拉德利]将军感到十分惊讶，他觉得他们不是太愚蠢了，就是完全无视我们的意图。"

德军的指挥层继续发生变动。现在，冯·克鲁格命令埃伯巴赫把第 5 装甲军的指挥权移交给塞普·迪特里希。埃伯巴赫将转而指挥隶属于第七集团军的"埃伯巴赫"装甲集团，并将对阿夫朗什发动新一轮的进攻。这个做法非常疯狂。为什么这样说呢？因为他们无法得到理查德·冯·罗森少尉最终从迈利莱康运来的巨大的虎II坦克，装在火车车厢上的这些坦克被盟军的战斗轰炸机击中，受损严重。袭击发生时，冯·罗森正好坐在其中一辆坦克的炮塔里，他也被弹片炸伤。不管怎样，这反映出德军目前所处的可怕境地。他们几乎无法移动，更不要说进攻了。埃伯巴赫还是被指挥层的变动给激怒了。"迪特里希完全没有资格胜任这份工作！"他绝望地抱怨道。不过，没有资格指挥军队并不是问题的关键所在，主要的问题是，到目前为止，已经开始实施"吕蒂希行动"的那些师的残部差不多回到了进攻起始点，然而，德军却希望他们能够借助更少的部队和更少的装备来取得突破。埃伯巴赫说："在斯大林格勒、突尼斯、克里米亚和克列门舒格（Krementschug）战役后，国防军最高统帅部居然还不明白这一点，这真是不可思议。"

8月9日，卡尔·兰博和第70坦克营抵达了莫尔坦，并在那里停留了3天。他们进入城镇附近的一块田地，把坦克围成一圈，并把它们伪装起来。他们的任务是坚守阵地，因为他们暂时没有兵力发起进攻。兰博说："我们能做的就是坐在那里，让他们炮轰了好几天。他们把大地炸得粉碎，却没有伤到我们之中的任何一个人。"当他们最终移动时，也只是走了几块地。兰博看到他的旁边有一辆德国坦克，便让炮手进行轰击。炮手接连发射了三枚炮弹，击中了坦克，坦克开始冒烟。"我们打中了"，兰博对乘员说道，然后命令他们掉头离开。他们一边行进，一边开火。没过多久，他的大炮变得太热，以致有一发炮弹卡住了。在疏通大炮时，炮手跳了出来，使用推弹杆进行疏通，这个推弹杆一直挂在炮塔下面的坦克主侧上。最后，他把炮弹弄了出来，疏通了大炮。

11日，德军终于撤退了——被围困的美国第120步兵团的第2

营仍然坚守在第 314 号山头；在 277 人阵亡、受伤和失踪后，第二天早上，他们终于松了一口气。他们英勇抗敌，在很大程度上限制了德军的前进。"敌人夺取了阿朗松和阿让唐，"党卫军第 17 先锋营的战争日记中写道，"第五集团军和第七集团军面临着被包围的危险。"那天晚上，威利·穆勒和战友们撤退了 15 英里。后来，由于两栖车的发动机没有油，卡住不动了，他们不得不放弃两栖车。他们设法搭上了另一辆车，并奉命继续前进。他们经过一个城镇，然后是另一个，接着是第三个，所有的德军都撤离了这些城镇。随后，他们到达了贝莱姆（Bellême），贝莱姆位于阿朗松以东，距离诺曼底很远。在那里，穆勒和战友们惊讶地发现城镇挂满了英国、法国和美国的国旗——他甚至看到一位妇女正准备在楼上的窗户悬挂国旗。穆勒写道："她看到了我们，于是放弃了自己的计划。"

埃博哈德·贝克和德军第 277 步兵师的炮手们也在撤退，尽管还没有撤离诺曼底。他们一直待在埃夫雷西附近，不过，英军也在沿着其战线（位于欧奈周围的"蓝衣行动"区域和潘松山之间）向南推进，加拿大军队则在卡昂以南的战线推进。8 月 9 日上午，炮手们到达了一个早已有之的高射炮阵地。虽然贝克不太确定他们在哪里，但那里靠近一个村庄，他设法从一所旧房子里找到了一张床垫。挖好散兵坑后，他便和其中一个战友将床垫放在散兵坑的底部。随后，敌人的炮弹又开始呼啸而过。到了晚上，他们再次收拾东西。贝克写道："我们必须快点，敌人紧紧跟在我们的后面。"他们只剩下 300 发炮弹，这些炮弹被放在大炮的后面，但马已经备好了鞍，正等着他们。这时，他们意识到自己根本没有时间把弹药扛上马车。他们将立刻发射所有的炮弹，希望能阻止英军。贝克钻进了 2 号大炮，指挥官命令道："所有炮兵，开火！"

炮管很快就发烫、变红。黄昏降临，是时候再次动身了。第二天天刚亮，他们就到达了下一个射击阵地，旁边是另一个早已有之的防空炮台，但这个炮台没能保护好自身，它在空袭中被摧毁了。"我们不应该在这个阵地停留 24 小时，"他说，"用不了多久，敌人就会发现我们。"贝克再次掘壕固守，敌人的炮弹呼啸而过，并在离他很近的地方爆炸，这让他提心吊胆。随后，指挥官利尼斯迈尔（Niesmayr）少尉把他们召集在一起。他告诉他们，敌人已经突破了，从现在起，他们中的一些人将不得不充当步兵。穆勒被派去当炮手，并被告知须向兵团的指挥部进行报告。这时，盟军进行了空袭，炮弹在齐腰高的地方爆炸，弹片如雨点般散落在这片地区。穆勒看到一名士兵跑去寻找掩护，不料另一枚炮弹在他的头上开了花。"他的头被炸弹炸掉了，"穆勒记录道，"他又跑了几步，最后浑身是血，瘫倒在地。"他在指挥部没有得到任何消息，于是，他急忙回到炮台发射阵地。在那里，他们再次收拾行装、准备出发。

524

*

与此同时，"总计行动"于 8 月 9 日和 10 日继续进行。加拿大女王直属步枪团的查理·马丁中士也加入了战斗，对魁奈森林（Quesnay Wood）发起攻击。魁奈森林位于罗马时期建造的道路的两边，党卫军第 12 装甲师的反坦克炮在那里负隅顽抗。自行反坦克炮连抵达了，为梅耶的部下提供了援助。女王直属步枪团本应和波兰军队的坦克一起发动攻击，但这些坦克没有出现，因为它们被盟军的轰炸机意外击中。在炮兵的支援下，加拿大步兵还是发起了进攻，但没能夺取目标。女王直属步枪团又损失了 85 人，其中包括马丁的另一位得力助手吉米·布朗（Jimmy Browne）。"当他被狙击手的子弹击毙时，"马丁说，"空气中弥漫着像铅一样沉重的悲伤。"

到了 8 月 10 日，"总计行动"结束，虽然盟军再次没能突破，但他们最终还是向南推进，越过了卡昂，把党卫军第 12 装甲师和剩下的步兵推到了崩溃的边缘。对库尔特·梅耶和他的士兵们来说，这几天无疑是惨淡凄凉的。他说："招募的士兵和军官都是一副惨兮兮的样子。"他知道，他们已经走投无路了。"我们为什么不放弃？为什么要继续这场毫无意义的战斗？"他的师撤退了，并于 8 月 12 日被移交给了第 85 步兵师。此时，梅耶只剩下 20 辆装甲战车、300 名掷弹兵、4 门 88 毫米的高射炮和少量其他火炮。刚到达诺曼底时，他的师有 20504 人，现在只有不到 1000 人。

各个地方的盟军队伍都在向前推进，只有一个地方的除外：最初位于卡昂东北方向奥恩河对岸东侧的队伍。在那里，丹尼斯·爱德华兹、理查德·托德、休伯特·福雷和弗兰克·赖特都还待在登陆后的老地方。这种情况很像 1914～1918 年的西线，当时士兵们在阵地上挖堑壕，进进出出，但基本上没有移动，因为双方都在坚守阵地。"我们在诺曼底待了 70 天左右，"丹尼斯·爱德华兹在 8 月 15 日的日记中潦草地写道，"在这段时间里，我们的行动都只限制在桥梁周围几英里的范围内。"德军沿着这条防线发起的反击被盟军击退了，英军和加拿大军队的任务是向南进攻；毕竟，越过被水淹没的迪沃山谷向东发起进攻是毫无意义的。

与此同时，英国第二集团军继续巩固"蓝衣行动"的进展，加拿大军队则发起了"温顺行动（TRACTABLE）"，即对法莱斯发起最新一轮的进攻。一个诱人的机会正在迅速出现，可以让盟军在一次毁灭性的包围中对诺曼底大部分德军的残余部队进行围剿。为了实施"吕蒂希行动"，大部分德军集中在法莱斯的西侧。然而，德军的反攻失败了，他们受到了四面八方的围攻。如果盟军迅速采取行动，那么美军有机会向这座古老的诺曼底城市的南部推进，而英国、加拿大和波兰的军队则有机会向北部推进，以便封锁德军的逃跑路线。这条狭窄的走廊被称为"法莱斯隘口"或"法莱斯口袋"。

8 月 13 日，沃尔特·凯恩中士参加了多塞特步兵团第 4 营的作战小组会议，在那里，他们得到了一份关于当前形势的情况简报。他说："我们接到通知，位于我们左翼的部队已经越过了卡昂镇，美军已经向南挺进，此刻正在勒紧法莱斯隘口的咽喉。"第二天，该旅攻打了位于翁德方丹西南约 14 英里的普鲁西村，他们曾在"蓝衣行动"中占领这个村庄。多塞特步兵团第 4 营的目标是村庄边缘的一座小山。他们不顾敌人的炮轰，发起了进攻。不过，凯恩认为敌人已经被他们的大炮打得溃不成军了，这使得连队能够迅速前进，并且伤亡很少。"在这次进攻中，我们抓获了很多俘虏，"凯恩写道，"所有人似乎早就准备好向我们投降了。他们中的一些人看起来很可怜，没刮胡子、饥肠辘辘、衣衫褴褛。"

虽然盟军迅速占领了布列塔尼的大部分地区，但是，由于希特勒的老巢命令布雷斯特、洛里昂和圣马洛的守军按照命令行事，而且到目前为止，他拒绝认输，这意味着，在巴顿的装甲部队横扫半岛的大部分地区后，一些不愉快且艰难的战斗仍然持续了很长时间。当巴顿的机动部队挥师向东时，步兵留下来和德军一决雌雄。 526

美国第 121 步兵团的目标是迪纳尔（Dinard），这是一个相对而言不太重要的小镇，位于圣马洛的狭窄河口的对面。8 月 8～12 日，在 4 天的激烈战斗中，在对抗敌人的大量据点时，理查德·布莱克本中尉的第 1 营没能取得任何进展，而在他们侧翼行动的第 3 营被包围了。当诺曼底战役只剩下寥寥几场时，盟军却发生这样的事，即使这种情况算不上惨烈，也可以说是非常荒唐的。因为从战略上来讲，迪纳尔并不重要，而且此时第三集团军的大部分兵力在向东推进，所以盟军只有少得可怜的兵力能够用于解救被围困的第121 步兵团。被包围的第 3 营在没有任何补给的情况下坚持了 4 天，最后在第 331 步兵团的帮助下得到了解救。布莱克本的 A 连带着 180 名士兵和 6 名军官开始向迪纳尔推进，但是，当他们在 8 月 13 日重新开始推进时，只剩下 3 名军官和大约 100 名士兵。8 月 13 日星期天，他们终于接近迪纳尔。虽然诺曼底战役已接近尾声，但他们预料这将是一场硬仗。A 连的指挥官亚瑟·凯泽上尉找到布莱克本。在过去五周的激烈战斗中，两人结下了深厚的同志情谊，成了亲密的朋友。然而，凯泽紧张不安，他想达成一个约定：如果其中一人活不过这一天，那么幸存者将给另一人的父母写信，详细解释他是如何阵亡的，然后在归国返乡时看望他们。布莱克本同意了，他们握了握手。然而，这让布莱克本感到深深的不安。

他们的进攻得到了炮兵的支援，凯泽计划用 3 个排发起进攻，布莱克本随后将带着第 4 排外加迫击炮和机枪发起攻击。按照计划，上午 9 点 30 分，大炮停止射击，凯泽来找布莱克本，以便商讨最后的指示。他们跪在地上看着地图，这时，敌人的炮弹呼啸而过，在他们的周围发生爆炸。就在凯泽站起来准备移动时，一枚炮弹击中了他们上方的树木——他们都没有听到炮弹飞过来的声音，所以这一定是一枚反坦克炮弹——弹片四处飞溅。

527　　　"哦，布莱基，不……"凯泽一边说，一边倒了下去。布莱克本吓坏了，他让凯泽躺在地上，鲜血从他朋友的胸口喷涌而出。"当我把双手从上尉的尸体上拿开时，"他写道，"我的手上沾满了鲜血；我意识到他的胸部被几块很大的弹片炸开了。"布莱克本感到震惊、绝望，站都快站不稳了。泪水从凯泽脏兮兮的脸上流了下来，尽管他刚刚死去。布莱克本试图接受刚才发生的悲痛事件；他目睹过无数的死亡，但是，他的朋友前一刻还活着，还在跟他说话，下一刻就永远地离开了他，这让他感到十分震惊，他实在是想不通。

他自己也受了伤，手臂和臀部都有小小的碎弹片。然而，由于凯泽死了，他现在是连长了。他停顿了一会儿，短暂地闭上眼睛，祈求指引。然后，他站起来，命令士兵们前进——他们需要行动起来——尽管每走一步，他都感到臀部一阵疼痛。在发现屁股也出了很多血后，他迅速脱掉裤子，让医护人员在伤口上涂抹磺胺粉，然后替他包扎好。一名士兵在附近阵亡，另一名士兵失去了一条腿。布莱克本知道自己很幸运，虽然走路的时候很痛苦，但他还是决定留在连队。

这次袭击非常成功。那天下午，他们俘获了德军的炮手。布莱克本意识到，炸死凯泽和其他士兵的很可能就是这些人。当德国士兵高举双手朝他们走来时，他听到几个手下拉开了保险栓。他写道：“但是，人们总是教导我要做正义的事，要心怀慈悲，即使在一个似乎已经疯狂的世界里。”于是，他命令手下不要开火。

第二天（也就是 8 月 14 日）上午 9 点，盟军对迪纳尔发起了最后一次攻击。刚开始，他们迅速夺取了目标；但到了下午，他们不得不穿过开阔地带，并再次遭到了猛烈的炮轰。然而，他们继续前进，下午 4 点左右，他们到达了水边，最后炮轰停止了。在圣马洛—迪纳尔行动中，盟军俘获了大约 13000 名俘虏，但付出了可怕的代价。8 月 8 日开始进攻时，A 连有 180 人，现在只剩 84 人。人数即将减少到 83 人，因为布莱克本最终还是去了急救接收站，加入了轻伤者的行列。建筑物仍在燃烧，浓烟滚滚、直冲云霄，街上散落着战斗留下的残骸和死者，既有德国人，也有平民。恶臭熏

528 天，让人难以忍受。布莱克本刚出现在急救接收站就被告知，短期内他不会回到部队。相反，他被遣送回英国。理查德·布莱克本的诺曼底战役就这样结束了。

*

在第 8 军的战区参与战斗的是北安普敦郡游骑兵团第 2 营的士兵。就在 10 天前，在"蓝衣行动"之后，雷格·斯皮特和战友们只有 14 辆坦克，但现在，他们又有了充足的火力，拥有了 65 辆坦克，其中一辆是新的"挑战者"——装备了新的炮塔和 17 磅大炮的克伦威尔坦克。14 日晚上，他们到达了瓦西（Vassy）的边缘。瓦西是一个小镇，距离法莱斯的正西方大约 25 英里。然而，到了早上，步兵发现德军已经撤离了这个小镇，于是他们继续前进。克伦威尔坦克快速前进，在同一天将他们一路送到南面 12 英里的弗莱尔（Flers）。

德军之所以撤离弗莱尔，是为了撤回第七集团军最西端的部队。希特勒仍然坚持用埃伯巴赫指挥的幽灵装甲部队进行反攻，但现在，这个做法显然是不可能的了。8 月 14 日晚，冯·克鲁格离开拉罗什盖恩，驱车前往前线，以便在第五装甲集团军的总部和塞普·迪特里希进行商议。大家一致认为，局势已经完全没有希望了。尽管如此，第二天一早，冯·克鲁格还是前往法莱斯以南约 6 英里的内西（Nécy），去和埃伯巴赫及豪瑟会面。途中，他遭到战斗轰炸机的袭击，他的无线电通讯车被毁。现在，冯·克鲁格元帅完全失联，没有人知道他在哪里，这意味着他无法执行任何命令。那天深夜，希特勒同意暂时让豪瑟负责指挥，但在命令到达第五集团军之前，冯·克鲁格又出现了。很显然，现在发布撤军令已经太迟了，但仍然有必要撤军。然而，没有人敢反抗元首，即使在进攻的路上会遭到盟军的残杀，即使会被盟军完全包围。

与此同时，"温顺行动"于 14 日开始，加拿大军队开始对法莱斯发起新一轮的进攻，以试图堵住隘口。现在，德军被完全包围了，盟军打算迅速地挥师南下，切断那些仍在法莱斯口袋的德军。这个计划又是西蒙兹将军制定的，他决定遵循一个与"总计行动"相类似的模式。他们将利用联合作战纵队、重型轰炸武器和大量的装甲部队向前推进，尽管这一次他们将在白天发起进攻，但会有烟幕来掩护他们前进。

上午 11 点 37 分，康宁厄姆的第 2 战术航空队率先利用中型轰炸机发起攻击。下午 2 点，轰炸机司令部的 805 架飞机开始抵达战场。大多数轰炸的准确率达到了令人难以置信的程度；然而，在空袭进行到一半的时候，一些飞机开始向某个加拿大炮兵团驻扎的采石场投掷炸弹。加拿大军队发射了黄色的警告信号弹；不幸的是，战争中发生了一个可怕、无意的悲剧性错误，那天，用来标识轰炸目标的信号弹也是黄色的。地面上的查理·马丁中士可以看到发生了什么。"你不知道我们有多么恐惧、多么无助，"他写道，"其他了解情况的英国飞机集结了自己的轰炸机，它们快速地飞去阻止那些飞机，试图让后者离开。"加拿大军队所能做的就是发射更多的黄色烟幕，然而，这个做法实际上是在火上浇油。虽然大多数士兵设法躲进了狭长掩壕，但是，仍有 13 人死亡，53 人受伤，一些车辆和大炮被毁。查理·马丁差一点就进入了伤亡名单，幸亏他躲在附近的一所房子里，而不是狭长的掩壕里。空袭结束后，他发现自己的狭长掩壕被直接击中。

烟幕也引起了混乱。随后，加拿大第 2 军中的加拿大、英国和波兰士兵不得不渡过莱兹河（River Laize）。党卫军第 12 装甲师和

529

德国步兵师最后的残部与势不可挡的敌人火力作战，整个下午都在
进行激烈的战斗。那天下午，库尔特·梅耶失去了另一个值得信赖
的老朋友——党卫军突击队大队领袖卡尔-海因茨·普林茨（Karl-
Heinz Prinz），他是党卫军第 12 装甲团第 2 营的指挥官。"我又一
次目睹了一位战友的最后一场战斗，"梅耶写道，"从 1940 年起，
普林茨就一直和我并肩作战。"一枚炮弹导致了他的死亡。成千上
万的炮弹呼啸而过，对德军的阵地进行了猛烈打击。装配有火箭弹
的台风战斗机也俯冲下来，当时梅耶和他的一个团指挥官麦克斯·
温舍正在第 159 号山头，那是一个已经遭到坦克和步兵攻击的居高
临下的阵地。火箭弹在他们的周围爆炸，梅耶感到头部火辣辣地
疼，鲜血从他的脸上流下来。他感到头晕目眩，回头看了一眼公
路——他的水桶车不见了，但随后又出现了，一个手下正在开车。
他催促梅耶跳进车里，他们一起疾驰而去；后来，夜幕降临，随着
盟军穿过波蒂尼，渐渐靠近法莱斯，梅耶撤回了他的部队。

　　第二天，也就是 15 日，西蒙兹派装甲师包围了不断遭到削弱
的德军阻挡部队。第三天，也就是 8 月 16 日星期三，盟军最终占
领了法莱斯。德军第 21 装甲师的残部分为两个部分：一个战斗群，
连同所有的坦克进入了法莱斯口袋，但汉斯·冯·卢克少校的战斗
群留在了外面。这时，他接到命令，要在隆美尔受伤的维穆捷
（Vimoutiers）附近建立一个阻击阵地。在拉罗什盖恩，冯·克鲁格
整个上午都在等待德军高层答复他的撤退请求。中午 12 点 45 分，
他终于按捺不住，给国防军最高统帅部的阿尔弗雷德·约德尔将军
打了个电话。"无论下达多少道命令，"冯·克鲁格告诉他，"军队
都不能、无法也没有强大到能够打败敌人。固守一个无法实现的希
望，这将是一个致命的错误；在这个世界上，任何权力都不能通过
下达命令来实现其意志。情况就是这样。"他挂掉电话，然后命令

斯派达尔备好撤军令。下午 2 点 30 分，冯·克鲁格仍未收到回应；9 分钟后，他宣布撤军。这位陆军元帅很快就因此被解除了职务——毕竟，希特勒需要一个替罪羊——接替他的是瓦尔特·莫德尔（Walter Model）元帅，不过，莫德尔至少两天内无法到达前线。

战斗仍在继续。肯·陶特在萤火虫坦克上当了几天炮手，当时他们正前往迪沃河畔圣皮埃尔，以试图堵住隘口。8 月 17 日，由于缺少坦克指挥官，他被授予了一辆谢尔曼坦克的指挥权。自"蓝衣行动"后，斯坦利·克里斯托夫森和舍伍德游骑兵团几乎一直在战斗。8 月 17 日，他们帮助盟军夺取了贝尔茹（Berjou）。贝尔茹位于从维尔到法莱斯的中途，在法莱斯口袋的西端。他们采用各兵种联合作战的经典打法，占领了这座山。但是，在进攻的过程中，德军的炮弹和迫击炮如雨点般落下，他们也遭受了非常多的损失。截至那时，除了指挥官外，第 C 中队的所有军官都死了。那天晚上，在攻占贝尔茹后，克里斯托夫森走到村子的尽头，俯视着努瓦罗河（Noireau River）。他说："从那里，我可以看到周围乡村的美景，也弄清楚了为什么迫击炮和炮弹如此精准，因为德军可以看到我们的一举一动。"

"在 8 月 7~17 日期间，"俄里翁·肖克利中尉说，"在迫击炮、大炮、机关枪和步枪的射击下，我们损失了 53 人。"在这些人中，有 11 人阵亡。8 月 17 日，他和连队来到了圣伊莱尔德布里乌兹（Saint-Hilaire-de-Briouze）附近，它位于法莱斯以南 12 英里处，第一集团军在法莱斯口袋以南进行了扫荡，其中就有这个村庄。当他们走近村庄时，天色渐渐暗了下来。当他们到达公路时，一辆德国半履带车慢慢地在拐角处转弯。肖克利走了过去，用手枪向它射击，但只击中了车门，半履带车轰隆隆地继续行驶——就这样跑掉了。

不过，大多数德军车辆就没有这么幸运了。无论是过去还是现在，法莱斯周围的乡村都美得令人惊叹，这里绿意盎然、土地肥沃，带有宁静乡村的魅力，是一个伊甸园。纵横交错、狭窄的乡间小路将各个村庄连接起来，其间点缀着由树林、田野和溪流组成的牧场。然而，在 8 月的第三个星期，当绝望的德国军队试图通过最后的出逃路线逃跑时，这里变成了地狱。迪沃河畔圣朗贝尔（Saint-Lambert-sur-Dive）和尚布瓦（Chambois）曾经是整个诺曼底最可爱的两个村庄，现在变成了一个死亡之地，德军的士兵、坦克、半履带车、马匹和马车都涌进了浅滩和横跨河流的狭窄桥梁。他们不再是只等到夜晚才行军，因此，在 8 月的酷暑中，他们很容易成为战斗轰炸机的猎物。此刻，迪克·特纳少校和第 354 战斗机大队的飞行员驻扎在离雷恩不远的一个新基地，他们每天都在行动。在 8 月 14~18 日期间，特纳执行了 5 次巡逻，对德军纵队进行了低空扫射，并对任何移动的物体进行了射击。

汉斯·冯·卢克从阻击阵地向外望，可以看到正在进行的诺曼底战役的最后阶段；他欣赏到了一幅壮观的景象，战斗轰炸机俯冲下来，炸弹爆炸形成了蘑菇云。他想起了一名十字军骑士的诗："上帝作证，士兵、马匹和卡车都被击中了。"他之前曾两次回忆起这首诗——1941 年 12 月在莫斯科附近，1943 年在北非；以及现在这一次。

与此同时，查理·马丁在法莱斯东北几英里处的迈济耶尔（Maizières）。他已经目睹了太多的大屠杀和破坏，然而，他此刻看到的却是规模完全不同的场面。凹陷的公路上到处都是尸体，还有烧毁的设备和车辆。他说："这是为战争付出的可怕代价，敌方士兵的尸体、死去的马和牛、损坏的马车、报废的反坦克炮和烧毁的卡车。"臭气熏天，让人难以忍受。令他悲痛的是，他看到死者中有太多的平民。在诺曼底，自由的到来伴随着沉重的代价，一个又一个的城镇或村庄被夷为平地，一条又一条的生命消失。破坏程度是非常巨大的：卡昂基本上被摧毁了，还有圣洛、库唐斯、维尔、欧奈、维莱博卡日和征服者威廉①的出生地法莱斯。在这些城镇之间，还有太多的村庄被彻底摧毁。战争带来的这场台风确实非常可怕。

　　波兰军队迅速吸取了宝贵的战斗经验，占领了关键的第 262 号山头——奥尔梅山（Mont Ormel），崎岖蜿蜒的德军的主要逃跑路线之一就直达这里。之后，在 8 月 19 日星期六下午，盟军最终堵住了法莱斯隘口。从这里一直到迪沃谷，路上到处都是杀戮。的确，那儿呈现的是一幅战败的可怕画面，目之所及都是为战争付出的惨痛代价。不管怎样，诺曼底战役终于结束了。

---

①　威廉一世，通常被称为"征服者威廉"，有时被称为"私生子威廉"。他是第一位诺曼王朝英格兰国王，从 1066 年开始统治英格兰，直到 1087 年去世。他是维京掠夺者罗洛的后裔，从 1035 年起成为诺曼底公爵威廉二世。威廉经过长期的努力，确立了自己的权力。1060 年，他稳固自己在诺曼底的统治。1066 年，他要求成为英格兰国王。他率领一支由诺曼人、布列塔尼人、佛兰德人和法国人（来自巴黎和法兰西岛）组成的军队入侵英格兰，在黑斯廷斯战役中战胜哈罗德二世的英军，随后镇压英格兰人的反抗，这就是著名的"诺曼征服"。

后　记

532　　8 月 22 日，也就是盟军堵住了隘口，但最后一批德军还是设法逃脱的三天后，空军中士"肯"·亚当目睹了战场的惨状。这一天，中队获得了一个难得的休假，于是，他和其他飞行员乘坐一辆卡车前往法莱斯地区。他很快就后悔了。他们的卡车堵在了一支长长的英国装甲纵队的中间，这支纵队在废墟中以蜗牛般的速度行进。公路，或者说仅剩的残破公路上到处都是残骸、肿胀的尸体以及死去的牛和马。"那气味太难闻了"，他回忆道，尽管大家用手帕捂住脸，但还是没法挡住它。在接下来的几天里，他们的衣服上一直残留着令人作呕的死亡气息。他说："这是我第一次在地面上接触那些死者和曾经的敌人。"在空中，大多数飞行员可以在某种程度上远离地面上的惨痛现实。现在，他离恐怖如此之近，这让他感到深深的震惊。然而，奇怪的是，比起看到敌人的死尸，看到肿胀腐烂的马和牛让亚当感到更加痛苦。作为一个德国犹太人，他和家人遭到了驱逐；躺在那里的不再是他的同胞，而是敌人，就像对中队里的其他人来说，那些死者也是敌人一样。然而，这确实是一幅非常凄惨、可怕的景象。过了迪沃河畔圣朗贝尔，有一条小路，一直通到迪沃河的浅滩，从那里开始，又有一条曲折狭窄的道路一直通到村里，路的两旁种满了树篱。浅滩两边的小路和渡口完全被大屠杀的场景填满了。在拥挤的尸体、破损的马车、被遗弃的豹式

坦克、突击炮、野战炮和其他碎石堆中，想要畅通无阻地前进是不
可能的。人们拍下了黑白照片，让这种破坏景象得以留存下来，虽
然这些照片既没有颜色，也没有气味，但看到这些恐怖景象，人们
很难不感到震惊。

有些人确实逃脱了。威利·穆勒就是其中之一，赫尔穆特·里
特根上尉也逃脱了，在德军发起"吕蒂希行动"之前，他就和装
甲教导师的其他幸存者从诺曼底撤出了。最近被提拔为党卫军上级
领袖的库尔特·梅耶也逃脱了，虽然只是带着少数人勉强逃脱；他
很幸运，因为该师在盟军登陆前就驻扎在那片地区，他非常了解那
里的地形。8月21日，埃博哈德·贝克被捕，他的苦难终于结
束了。

对于胜利者来说，几乎没有休息的时间，特别是装甲部队，他
们正以史上最快的速度向前推进。在欧洲，进攻的军队还从来没有
占领过如此之多的领土——1940年德国横扫法国时的惊人进展都
无法与之比拟。8月25日，进攻的军队渡过塞纳河；就在同一天，
巴黎陷落，它并没有像希特勒命令的那样被撤退的德军摧毁。第一
批进入巴黎的部队是勒克莱尔将军率领的法国装甲师。到了9月
10日，盟军已经解放了比利时，并在美国的坦克歼击车和英国制
造的克伦威尔坦克的帮助下进入德国和荷兰的边境。盟军常常因为
这些轻型坦克和坦克歼击车不像豹式坦克或虎式坦克那样而遭到斥
责，然而，那些怪物虽然庞大，却在机械方面不可靠，无法取得盟
军在诺曼底战役结束后所取得的成就。

盟军在诺曼底的努力遭到了大量批评，但这些批评通常来自那
些纸上谈兵的历史学家，他们被德军的速射机枪、大型坦克、可怕
的反坦克炮和所谓的战术敏锐性所迷惑，以至于草率地发表批评意
见。他们指责英军和加拿大军队太古板，行动太迟缓，太害怕冒

险。就连美军也因为战术缺乏想象力和在树篱中行动太慢而受到指责。然而，这些批评是错误的，也是不公平的。虽然盟军拥有强大的火力和令人难以置信的后勤力量，但占领大部分阵地的却是步兵和装甲部队，任何一个人都没有理由批评这些士兵——他们大多来自民主国家，而不是极权的军国主义国家——行动迟缓。他们面临着很大的风险，也作出了很大的牺牲。例如，舍伍德游骑兵团损失了 44 名军官，尽管整个兵团在最初编制人员时只设置了 36 名军官。在诺曼底战役中，该团的 200 名坦克兵中又有 175 名其他军衔的士兵阵亡。第 116 步兵团损失了 100% 的兵力。不过，盟军拥有令人难以置信的兵员补充系统，使得这些部队能够继续作战，但他们在诺曼底前线遭受了可怕的打击。当然，他们也会犯错，不同的决策可能会产生不同的结果，但总的来说，这些公民军队已经表现得非常好了。

534

无论如何，这都是盟军的一次伟大胜利。只有 50000 德军和 24 辆坦克逃出了法莱斯口袋。第 3 伞降猎兵师的约翰内斯·波尔纳是连队中成功逃脱的 12 名士兵之一。两个集团军——第七集团军和第五装甲集团军——完全被歼灭，包括他们几乎所有的大炮和 2500 辆坦克，这是盟军在登陆后的 74 天内做到的，如果算上 8 月 22 日结束的诺曼底的最后一场战斗的话，则是在登陆后的 77 天内做到的——事实上，这比蒙哥马利在登陆前估计的时间早了近两个星期。诚然，这场战役的结果并没有完全像他预料的那样，不过，即使蒙蒂和所有签署"霸王行动"计划的高级指挥官曾认为，德军会像过去那样分阶段撤退，这也是可以原谅的。正如隆美尔 6 月 17 日在马尔吉瓦勒向希特勒指出的那样，德军正位于盟军海军大炮的射程之内，在如此靠近海岸的地方作战是毫无军事意义的。另外，泰德等人对摧毁 V-1 飞弹的行动感到失望，提出了批评，而蒙哥马利总是惹怒他的同僚，而且他不愿承认这次行动完全没有按照计划进行。不过，这些都不重要了，因为最终盟军的战果比预期的要好。这一点是不应被忘记的。

然而，时间勾勒出了一幅更加微妙、更加均衡的画面，经常被忽视的战争操作水平又重新出现在这个画面之中。从中，我们看到德国陆军、空军和海军的管理确实令人吃惊。正如德国人发现的那样，在诺曼底发动进攻是非常困难的，尤其是在敌人比他们更擅长打仗的情况下。虽然米歇尔·魏特曼在维莱博卡日取得了光荣胜利，但这只是表明，如果发现战事工作的其他方面存在不足，那么赢得一场小规模的战术交战并没有多大用处。无论从哪一个层面来说，德军的最高指挥层都失败了。他们没有制定周全的计划，没有充足的兵力和物资，只能跟随盟军的节奏跳舞，而不是让盟军跟着他们走。盟军粉碎了他们威名显赫的装甲师，在他们还没有准备好之前就把他们拖进战场，让他们永远无法按照计划作战。很长一段时间以来，人们在描绘英军时，总是将他们描绘成用头撞一堵由德国装甲师组成的砖墙，而实际情况恰恰相反。

德国的指挥结构是荒谬的——对于那些被迫围绕平行的指挥结构，以及必须听从摇摆不定和杂乱无章的命令的士兵和将军们来说，这个结构不灵便、分裂、毫无帮助。不仅希特勒远在千里之外，在大部分时间里，隆美尔、冯·克鲁格和军队的指挥官们都待在远离战场的地方。当蒙蒂和布拉德利在前线附近安营扎寨时，隆美尔却待在拉罗什盖恩的豪华城堡里。即使有一次盟军在平原登陆，隆美尔也仍然待在拉罗什盖恩。如果他待在离战场更近的地方，而不是无休止地在前线来回奔波，那么他本来可以避免7月17日遭受的近乎致命的袭击。

丘吉尔简直不敢相信盟军是怎样养活这么多张嘴的。后勤工作复杂得令人难以置信，但盟军却表现得相当出色。到了 9 月 4 日，"桑树 B"已经运送了 39743 辆汽车、220231 名人员和总共 517844 吨补给。然后是海滩，平均起来，这些海滩每天继续运送大约 16000 吨补给。供应的燃料足以让 10 万多辆盟军车辆在路上行驶。平均算来，每辆坦克每周消耗 8000 加仑的燃料，整个装甲师每天消耗 60000 加仑的燃料。这是一个难以置信的数字，但这些燃料主要是由四条船岸输油管道提供的，这些管道建造在各个海滩地区，使得油船可以每小时卸载 600 吨燃料。它们的代号叫"通博拉（Tombola）"，是另一个独创发明。8 月中旬，盟军从英国开始铺设"冥王星行动"的海底管道，该管道也开始运行。这是更高一级的技术突破，因为该管道需要足够坚固，以便承受海床上的压力，同时还需要足够大、足够牢固，以便应对持续的燃料流动。与此同时，德军也在开展创新性发明，但他们却把大部分精力集中在诸如 V-1 飞弹的武器上，这种武器杀死了相当多的平民，却没能在前线杀死一名战斗人员。

德国总共派遣了 37 个师参加诺曼底战役，总人数约为 50 万。到战役结束时，有超过 30 万人被杀、受伤、失踪或被俘。确切的数字是多少，我们无法证实；一份军方记录称，党卫军第 12 装甲师最初的兵力是 20500 人，只损失了 8000 人，然而，对于一个在盟军用最多不过几百人的兵力封堵法莱斯隘口之前逃脱的师来说，这样的存活率是非常低的。事实上，在诺曼底结束时，党卫军第 12 装甲师已经不复存在，而第 21 装甲师损失了 167 辆坦克和突击炮（这是该师的全部军火），以及大约 350 名军官和 12000 名其他军衔的士兵。事实上，在被困在法莱斯口袋的 7 个装甲师中，只有大约 1300 名士兵和 24 辆坦克逃脱——德军向诺曼底派遣了 14 万名装备精良、训练有素的装甲士兵和总共大约 2500 辆坦克。这些统计数据令人吃惊，它证明了德国的精英部队遭到了多么彻底的惨败。

盟军将 200 多万名士兵运过英吉利海峡，损失了大约 20.9 万人，第二十一集团军群损失了 83045 人，美军地面部队损失的人数较多，达到了 125847 人，其中约 37000 人阵亡。此外，盟军空军的死亡人数为 16714 人，这是一个巨大的数字，而法国的死亡人数为 15000～20000，主要是盟军的轰炸造成的。这相当于每天伤亡大约 6870 人（不包括德国战俘），比第一次世界大战中的索姆河、帕斯尚尔和凡尔登等战役还要糟糕，这三场战役通常被视为无节制屠杀的比较基准。

*

在这个故事涉及的男男女女中，大多数人幸存了下来，尽管很多人只是苟延残喘。身中六弹的亨利·鲍尔斯恢复过来，并在 1944 年 12 月至 1945 年 1 月的突出部战役①中和弟弟会合，重返大红一师。鲍勃·斯劳特也重返战场，理查德·布莱克本也是如此。后来，也有其他人受伤，比如"鲍勃"·罗伯茨和约翰·瑞森，不过后者仍留在美国陆军，并当上了将军。汉斯·冯·卢克在战争

---

① 发生于 1944 年 12 月 16 日到 1945 年 1 月 25 日，系纳粹德国于二战末期在欧洲西线战场比利时瓦隆的阿登地区发动的攻势。此次战役与一些次要的较小规模作战协调进行，其中包括地板行动和狮鹫行动等。德军此次作战目标是希望突破英美盟军战线并将其一分为二、重新占领安特卫普，包围并消灭盟军位于突出部北面的 4 个军，迫使盟军在轴心国占优势的条件下展开停战谈判。此次作战如果成功，希特勒就可以集中全力应付东线战事。德军的这次反攻虽使美军遭受重大损失，但严重削弱了德军在西线的防御力量和在东线的机动兵力，再无后备力量可以补充，由此德军不仅彻底丧失了反攻能力，而且也难以进行持久的有效防御。四个月后，纳粹德国战败投降。

中幸存下来，然后在苏联的古拉格集中营生活了 10 年，后来成为一名非常成功的商人，从南美进口咖啡。他还致力于英国陆军战场研究和参谋现地调查。"他非常有魅力，"彼得·卡迪克–亚当斯（Peter Caddick-Adams）博士回忆道，他在考察的过程中结识了冯·卢克，"他什么都可以喝，就是喝不醉。"战后，汉斯·西格尔也从创伤和战争中恢复过来，成了加拿大战场研究的成员。理查德·冯·罗森也活了下来，后来娶了凯撒·冯·霍法克（Caesar von Hofacker）的女儿，冯·霍法克因参与 7 月推翻希特勒的阴谋而被处决。冯·罗森于 2015 年去世，享年 93 岁。赫尔穆特·里特根也去了苏联的集中营，但他活了下来，科尼利厄斯·陶伯、威利·穆勒、埃博哈德·贝克、卡尔·韦格纳和弗朗茨·戈克尔也是如此。韦格纳和戈克尔在晚年的时候经常回到诺曼底，并与以前的对手建立了友谊。

库尔特·梅耶于 1944 年 9 月被俘，并被带到了英国。在与其他战俘的谈话——英国对这次谈话进行了监听——中，他透露了自己对国家社会主义的忠诚。战后，他因战争罪，特别是 6 月 8 日在阿登修道院谋杀加拿大战俘而受审。尽管梅耶没有直接下令处决他们，但作为处决执行人的指挥官，他仍然对他们的死负有责任。他被判处死缓，并被判处终身监禁，后来获得减刑。1951 年，他回到德国，并于 1955 年获释。两年后，他出版了回忆录《掷弹兵》（Grenadiere），书中描绘了一幅英勇执行使命的画面，并对犯罪行为进行了粉饰。不管怎样，该书还是生动讲述了武装党卫军的前线行动。

在飞行员和机组人员中，伯特·斯泰尔斯完成了轰炸机之旅，然后改驾战斗机，并于 1944 年 11 月在战斗中牺牲。1944 年 7 月，"加比"·加布雷斯基在德国遭到地面攻击，一个机翼被炸掉，飞机坠毁，他被俘。这是他回家前的最后一次飞行。战争结束后，他留在美国空军，后来飞往朝鲜半岛作战。在诺曼底战役结束后不久，迪克·特纳就归国返乡了，他后来也去了韩国。"肯"·亚当留在第 609 中队，一直到战争结束，之后成为著名的电影布景设计师。他负责早期邦德电影的大部分制作设计，以及《飞天万能车》（*Chitty Chitty Bang Bang*）的设计，后来凭借《疯狂乔治王》（*The Madness of King George*）获得了奥斯卡奖。他的奥斯卡奖杯就放在书房的角落里，旁边是他的台风战斗机的缩尺模型。杜鲁门·史密斯和肯·汉德利最终在诺曼底战役结束前完成了他们的飞行之旅，并活了下来，过上了长寿且充实的生活。斯坦利·克里斯托夫森也挨到了战争结束。此时，舍伍德游骑兵团自登陆以来已经获得了 16 个战斗荣誉，在整个战争期间，他们成了英国陆军中获得最多战斗荣誉的部队。在后来的生活中，这个始终充满魅力和快乐的群体遭受了战时经历带来的可怕的抑郁症。约翰·塞姆肯也是如此；在经历了漫长的 5 年后，1945 年 3 月，他彻底崩溃了，他的战争生涯也随之结束。

　　查理·马丁和他的英国妻子回到了加拿大；"鲍勃"·罗伯茨也回到了加拿大，尽管他后来又回到了英国，并在英格兰的南部海岸结婚、工作。"约吉"·简森仍留在加拿大王家海军，后来他退役，并前往新斯科舍，随后成了一名深受人们喜爱的艺术家和作家。罗伯特·伍尔库姆在战争中幸存下来，并写了几本书，其中包括一本关于他在战争期间经历的著作《雄狮》（*Lion Rampant*），这是一本永恒的经典之作。雷格·斯皮特也活了下来，而且活得很长久，他写了回忆录，并把它们捐赠给了博文顿坦克博物馆。肯·陶特也熬到了战争结束，之后结了婚，有了孩子，他为各种慈善机构工作了很长一段时间，拥有一个非常成功的职业生涯。后来，他退

538

休，前往萨塞克斯郡的海岸。安布罗斯·拉姆彭移民到了加利福尼亚，他在阿罗芒什为建造桑树港立下的汗马功劳今日仍可以看到。丹尼斯·爱德华兹、休伯特·福雷和弗兰克·赖特都挨到了战争结束，理查德·托德也是如此，他后来成了英国最著名的电影明星之一。他在《轰炸鲁尔水坝记》（The Dam Busters）中饰演盖伊·吉布森（Guy Gibson），他还在关于诺曼底登陆日的电影《最长的一天》（The Longest Day）中饰演约翰·霍华德。玛丽·穆瑞继续护士工作，一直到战争结束，后来结婚，并在英国定居。

俄里翁·肖克利也挺过了战争，卡尔·兰博也是如此。马克·亚历山大和迪克·温特斯也熬到了战争结束，后者在《兄弟连》（Band of Brothers）出版后名声大振。《兄弟连》是斯蒂芬·安布罗斯（Stephen Ambrose）撰写的小说，后来，HBO拍摄了同名电视剧，该剧蜚声国际，大获成功。沃尔特·哈洛伦也挨到了战争结束，后来也在越南服役。他们都活到了老年。然而，富有传奇色彩的战地记者恩尼·派尔却没有。1945年4月，他获得了前往太平洋战区的机会，并在那里报道冲绳战役，采访期间被一名日本机枪手射杀。在美国，人们对他的逝世深表哀悼，他已经成为最受欢迎的作家之一。

在指挥官中，君特·冯·克鲁格于1944年8月20日自杀身亡，虽然隆美尔从事故中恢复过来，却卷入了暗杀希特勒的阴谋。1944年10月，两名党卫军成员来到他的宅邸，让他作出选择：要么立刻吞下氰化物，随后为他举行国葬；要么被逮捕，接受审判，被判有罪，并以叛国罪被处死。在与深爱的妻子和儿子告别后，他服用了氰化物。战后，斯派达尔试图把隆美尔塑造成一个致力于推翻希特勒的伟大英雄，但事实上，没有任何证据表明隆美尔参与了暗杀阴谋。斯派达尔在7月后的政治迫害中幸存下来，后来在西德

539

军队服役。弗里茨·拜尔莱因曾指挥过一个兵团，后来又指挥过一支集团军，和海因里希·埃伯巴赫及盖尔·冯·施韦彭格一样，他在战争结束时被俘。这三个人后来都接受了美国人的采访，并帮助美国人进行书面研究，以便他们了解德国在战争中的观点。

蒙哥马利和布拉德利继续留任，并撰写了战后回忆录——布拉德利写了两次，"切特"·汉森为他代写了其中一个版本。战后，艾森豪威尔担任过两届美国总统。"皮特"·克萨达仍在空军服役，并一直活到晚年。1948 年 1 月，"玛丽"·康宁厄姆在飞越百慕大三角的飞机失事中丧生，特莱弗德·利-马洛里和伯特伦·拉姆齐上将也死于空难，两人都是在 1944 年结束前去世的。巴顿将军也英年早逝，他是在二战结束时在德国的一场车祸中去世的，那时他已经成为二战中最著名的盟军将领之一。然而，和蒙蒂一样，他也一直是一个有争议的人物。

虽然面临着两败俱伤的争吵和背叛的威胁，罗伯特·勒布朗还是幸存下来，后来指挥了一支半正式的法国营队。战后，他被誉为抵抗运动的英雄。热纳维耶芙·杜博克和她的家人也在战争中幸存了下来。夏尔·戴高乐将军确实当上了民选总统，并成了自由法国的领袖。

诺曼底，甚至整个法国，都花了一段时间才从战争的苦难中恢复过来。特别是诺曼底，花了很长时间来重建被摧毁的城市、城镇和村庄。战后的很长一段时间，乡村里到处都是残破的坦克和其他碎片，农民们收集了大量的金属废品，并从中赚到了一笔可观的收入；米歇尔·魏特曼的虎式坦克残骸在一个农民的谷仓里待了几十年。不管怎样，诺曼底逐渐成了一个重要的朝圣之地，特别是在交战国为成千上万的阵亡者建造了大型墓地之后。它的教堂塔得到重建，坦克履带消失了，生活恢复了正常。如今，它成了世界上一个美丽且令人惊叹的地方。在犹他海滩、奥马哈海滩、黄金海滩、朱诺海滩和剑滩，度假者、风筝冲浪者和孩子们享受着繁茂的沙滩和大海。然而，古老的地堡依然存在，沿着海岸到处都可以看到博物馆。这场战争给诺曼底带来了商机——诺曼底因为 1944 年的战役而繁荣起来，在经历了所有的苦难之后，没有人会对蓬勃发展的经济充满怨恨。

战争的故事也在演变，随着世界的发展变化，人们的讲述也在变化，其中很多已陷入了神话的泥潭。不过，重要的是，要记住 1944 年在那里发生的事情，并意识到巨大的牺牲和屠杀。这是一场可怕的战斗，并且在德国于 1945 年 5 月最终投降前，随后发生的事情也是可怕的。不管怎样，在这场悲剧中，一个更美好的世界出现了——当然，一个更美好的欧洲也出现了。对于主要的交战国来说，随之而来的是多年的和平——这种和平一直延续到今天。

不久前，我登上了奥尔梅山，那是诺曼底战役结束的地方，也是一个美丽的地方。站在这个绝佳的有利位置，可以看到整个法莱斯隘口出现在我的面前。它在夏日的阳光下闪烁，那是一幅宁静美丽的图画，有无数的田野、小村庄、教堂尖顶和郁郁葱葱的农田。我简直不敢相信，在我脚下左边的路上，曾经有过如此可怕的景象，曾发生过如此痛苦和凄凉的事情。它提醒我们，虽然我们生活的世界具有非凡的再生能力，但我们仍须照顾好它，并记住，我们仍然可以轻而易举地将这个避风港重新置于动乱之中。

540

术 语 表

ADC	副官
C-in-C	总司令
CO	指挥官
Corncob	玉米芯,用来形成近海防波堤的封锁用沉船
Corps	军,军事编制单位的一种,由两个或两个以上的师组成
CP	指挥所
Division	师,军事编制单位的一种,由各兵种组成,通常以步兵或装甲部队为主——在第二次世界大战中,它是判断一支军队的大小和规模的基本军事单位
Fallschirmjäger	德国伞兵
FOB	(海军)轰炸前线观察员
Gefreiter	下士
Gooseberry	醋栗,用来形成防波堤的一排玉米芯
HE	高爆炸药
Heeresgruppe	集团军群
Leaguer	车阵,夜间时分前线外的坦克阵地,通常围成一个圈,大炮朝外
Maquis	游击队,法国的抵抗组织
OB West	德军的西线总司令部
Oberst	上校
Obersturmbannführer	中校
OKW	国防军最高统帅部
OP	观察哨
Phoenix	凤凰,桑树港的最大部分;用来建造海港堤坝的沉箱

续表

PIR	伞降步兵团
PSP	带孔的钢板（用于建造在各种气候条件下使用的机场跑道）
RAMC	王家陆军医疗队
RCN	加拿大王家海军
RTR	王家坦克团
Schwere Panzerabteilung	重装甲营
Spud	马铃薯，浮动的墩头，可以跟随海面升降而上下活动
Standartenführer	武装党卫军旗队领袖，相当于上校
Sturmbannführer	武装党卫军突击队大队领袖，相当于少校
TI	目标指示器
TURCO	转向指挥组织
VCP	车辆集结点
Whale	鲸鱼，浮动码头的一部分
WN	抵抗力量据点

人们正在建造沉箱或"凤凰"，
这些沉箱将构成桑树港的堤坝。

附　录

位于阿罗芒什的人工港口 "桑树B"

注：这幅素写来自安布罗斯·拉姆彭少校的文件。

英国步兵营

	营总部	总部连			辅助连					4个步枪连（A连、B连、C连、D连）	
	营总部	总部	讯号排	行政排	总部	3个迫击炮排	运输排	反坦克排	先锋排	总部	3个排
营指挥官－中校	1										
营副指挥官－少校	1										
少校/上尉		1			1					1	
副官（上尉）	1										
上尉								1	1	1	
中尉	1		1	1		1	1	1	1		1
军需官				1							
军官总计	4	1	1	2	1	1	1	2	1	2	1
准尉和其他军衔的军士	45	5	35	51	8	41	60	51	21	14	36
总计	49	6	36	53	9	42	62	53	22	16	37
1名随军牧师（王家陆军牧师部）											
医疗官（王家陆军医疗队）	1										
装甲和汽车机械师				3		1	1	2			
鞋匠（王家陆军军械队）				1							
炊事员（陆军炊事队）				15							

注：兵力：36名军官，809名士兵，总共845人。

第二十一集团军群的人员编制，截至 1944 年 8 月[1]

兵种		王家陆军医疗队	4%
王家炮兵[2]	18%	王家陆军牧师部	
步兵（包括空降部队）	14%	王家陆军军械队	
王家工兵	13%	王家陆军财务队	
王家装甲部队	6%	王家陆军兽医队	
王家信号部队	5%	王家陆军教育队	
总计	56%	情报队	10%
		陆军体能训练陆战队	
勤务部队		陆军炊事队	
王家陆军勤务队	15%	王家宪兵队	
先锋部队	10%	军事宪兵部队	
王家电气机械工兵队	5%	总计（勤务部队）	44%

1. 以 66 万士兵为基准计算百分比。
2. 炮兵的相对兵力是根据从第一次世界大战的经验中得出的理论确定的。

王家炮兵团

招募、训练和指导使用各种大炮的兵团。英国对所有部队进行了编号，并保留了兵团的传统叫法。

编　制

1. 来自正规军或本土防卫军的兵团。

2. 原属于本土防卫军的骑兵（游骑兵团），后调至王家炮兵团的兵团。他们通常保留了原来的名称，同时获得一个编号，例如本土防卫军王家炮兵团第 153（莱斯特郡游骑兵）野战炮兵营。

3. 王家骑炮团，后调至装甲师，装甲师的某些炮兵团保留了荣誉炮兵连的传统。

4. 来自改建的步兵营的兵团。

5. 反迫击炮部队。使用雷达或声呐探测迫击炮的部队。他们从 1944 年 7 月开始编入师。

6. 探照灯部队。隶属于预备役防空团的探照灯部队。

7. 空中观察哨中队。用于观察和瞄准火炮的轻型飞机中队，隶属于集团军或集团军群。飞行员和观察员隶属于王家炮兵团，而飞机和地面人员由英国王家空军负责。

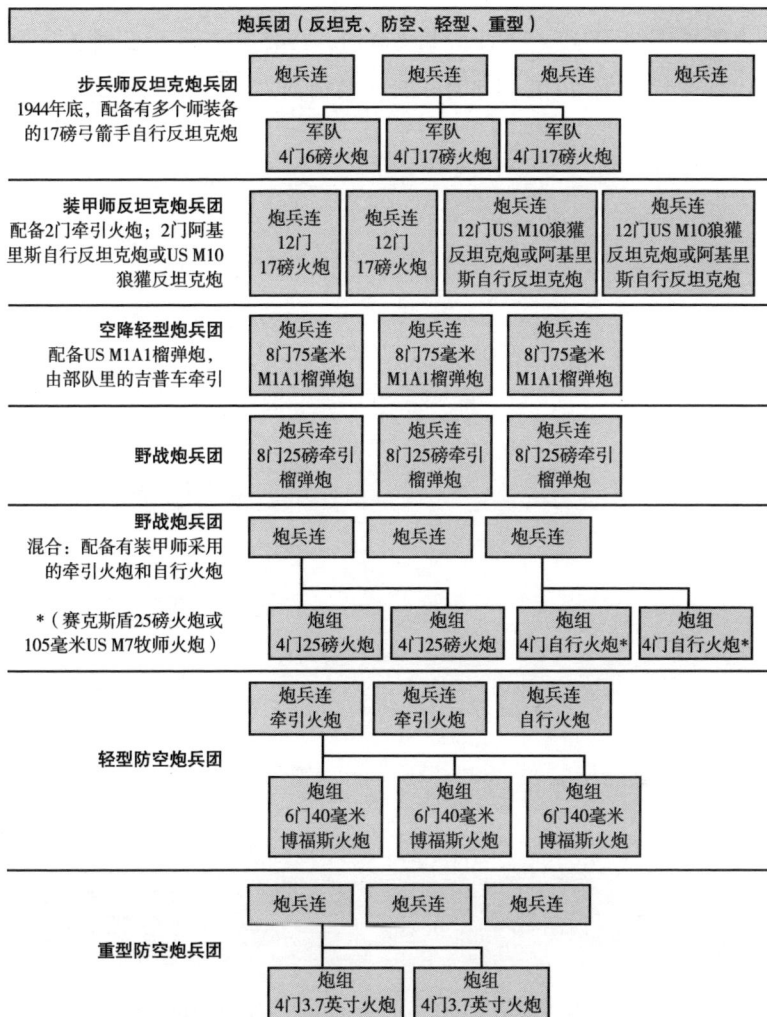

炮兵团（反坦克、防空、轻型、重型）			
步兵师反坦克炮兵团 1944年底，配备有多个师装备的17磅弓箭手自行反坦克炮	炮兵连 / 军队 4门6磅火炮	炮兵连 / 军队 4门17磅火炮	炮兵连 / 军队 4门17磅火炮	炮兵连
装甲师反坦克炮兵团 配备2门牵引火炮；2门阿基里斯自行反坦克炮或US M10狼獾反坦克炮	炮兵连 12门 17磅火炮	炮兵连 12门 17磅火炮	炮兵连 12门US M10狼獾反坦克炮或阿基里斯自行反坦克炮	炮兵连 12门US M10狼獾反坦克炮或阿基里斯自行反坦克炮
空降轻型炮兵团 配备US M1A1榴弹炮，由部队里的吉普车牵引	炮兵连 8门75毫米 M1A1榴弹炮	炮兵连 8门75毫米 M1A1榴弹炮	炮兵连 8门75毫米 M1A1榴弹炮	
野战炮兵团	炮兵连 8门25磅牵引 榴弹炮	炮兵连 8门25磅牵引 榴弹炮	炮兵连 8门25磅牵引 榴弹炮	
野战炮兵团 混合：配备有装甲师采用的牵引火炮和自行火炮 *（赛克斯盾25磅火炮或105毫米US M7牧师火炮）	炮兵连 / 炮组 4门25磅火炮	炮兵连 / 炮组 4门25磅火炮	炮兵连 / 炮组 4门自行火炮*	炮组 4门自行火炮*
轻型防空炮兵团	炮兵连 牵引火炮 / 炮组 6门40毫米 博福斯火炮	炮兵连 牵引火炮 / 炮组 6门40毫米 博福斯火炮	炮兵连 自行火炮 / 炮组 6门40毫米 博福斯火炮	
重型防空炮兵团	炮兵连 / 炮组 4门3.7英寸火炮	炮兵连 / 炮组 4门3.7英寸火炮	炮兵连	

第 43 威塞克斯步兵师 （指挥官：G. I. 托马斯少将）

创建时间：1939 年 9 月 （一线本土防卫师）。

参与西北欧战役的时间：1944 年 6 月 24 日到 1945 年 8 月 31 日。

参加过的战斗：1944 年 6 月 25 日到 7 月 2 日：奥东河/7 月 4~18 日：卡昂/7 月 18~23 日：布尔盖比山脊/7 月 30 日到 8 月 9 日：潘松山/9 月 17~27 日：下莱茵河；1945 年 2 月 8 日到 3 月 10 日：莱茵兰/3 月 23 日到 4 月 1 日：莱茵河。

总部

- 王家装甲军团
- 米德尔塞克斯团中型机枪部队第8营
- 王家宪兵队第43宪兵连
- 邮政部队（RE）
- 王家信号军第43信号师

第43侦察军团（总部）

第129步兵旅（总部）
- 萨默塞特轻步兵团第4营
- 威尔特郡团第4营
- 威尔特郡团第5营

第130步兵旅（总部）
- 汉普郡团第7营
- 多塞特郡团第4营
- 多塞特郡团第5营

第214步兵旅（总部）
- 萨默塞特轻步兵团第7营
- 伍斯特郡团第1营
- 康沃尔公爵直属轻步兵团第5营

炮兵师（总部　王家炮兵团）
- 第92野战步兵团
- 第112野战步兵团
- 第179野战步兵团
- 第59反坦克步兵团
- 轻型防空步兵团

工兵师（总部　工兵师王家工兵团）
- 第207野战维修连
- 第204野战步兵连
- 第260野战步兵连
- 第553野战步兵连
- 第13架桥排

邮政部队（总部　王家陆军补给与运输勤务队）
- 第204野战步兵连
- 第260野战步兵连
- 第553野战步兵连
- 第506师部连

王家陆军军械队（总部）
- 第43野战军械维修队
- 第306机动鹽洗部队

王家电气机械工兵队（总部）
- 第129步兵旅的车间
- 第130步兵旅的车间
- 第214步兵旅的车间

王家陆军医疗队（总部）
- 第129野战救护队
- 第130野战救护队
- 第213野战救护队
- 第14野战急救站
- 第15野战急救站
- 第38野战卫生队

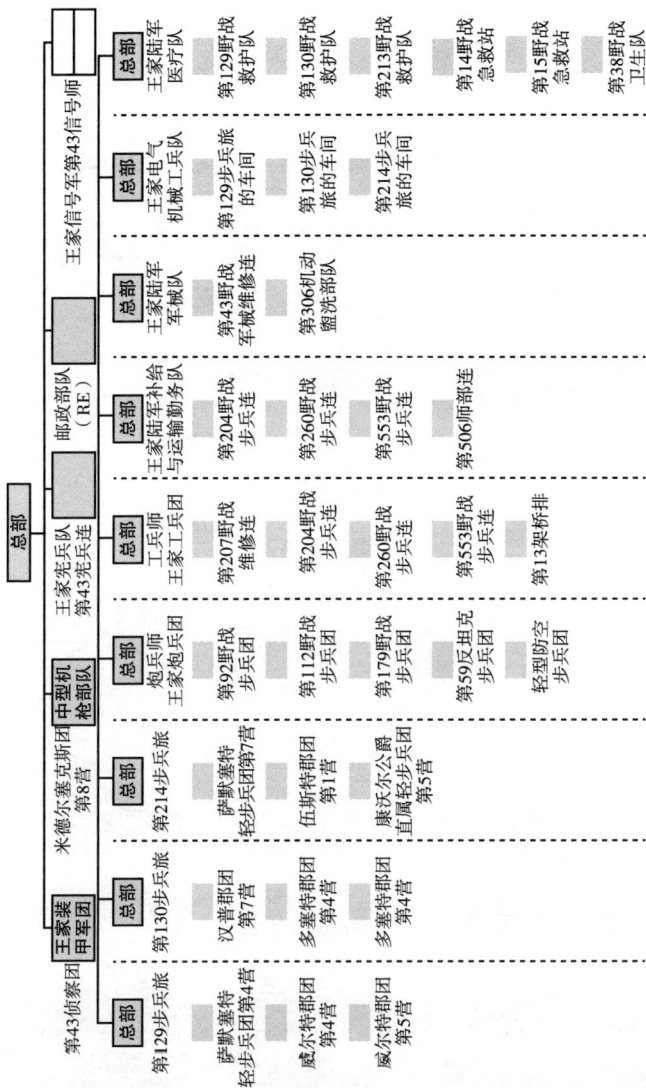

第 129 步兵旅指挥官：G. H. L. 鲁斯准将（曾受伤；1944 年 11 月 14 日阵亡）；J. O. E. 范德勒准将（1944 年 11 月 15 日阵亡）。

第 130 步兵旅指挥官：N. D. 莱斯利准将；B. B. 沃尔顿准将（1944 年 8 月 17 日阵亡）；B. A. 科德准将（1944 年 10 月 7 日阵亡）。

第 214 步兵旅指挥官：H. 埃萨姆准将。

英国装甲团

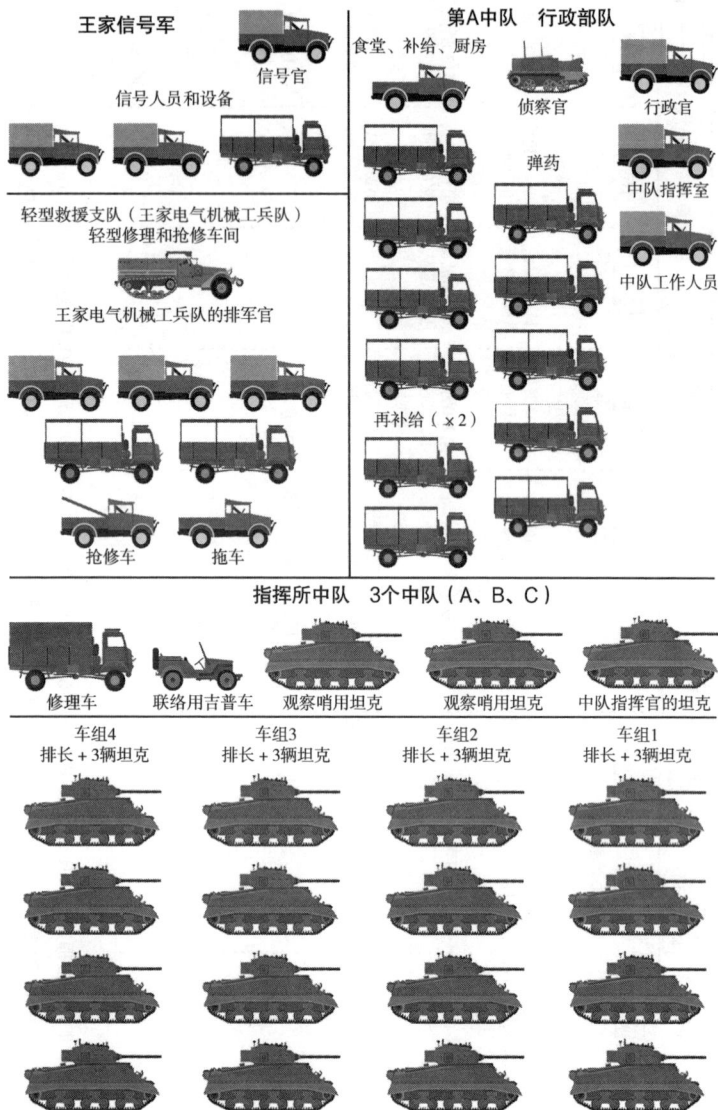

王家信号军

信号官

信号人员和设备

轻型救援支队（王家电气机械工兵队）
轻型修理和抢修车间

王家电气机械工兵队的排军官

抢修车　　拖车

第A中队　行政部队

食堂、补给、厨房

侦察官　　行政官

弹药

中队指挥室

中队工作人员

再补给（×2）

指挥所中队　3个中队（A、B、C）

修理车　　联络用吉普车　观察哨用坦克　　观察哨坦克　　中队指挥官的坦克

车组4　　　　　车组3　　　　　车组2　　　　　车组1
排长＋3辆坦克　排长＋3辆坦克　排长＋3辆坦克　排长＋3辆坦克

团总部
军队指挥官的指挥所

观察哨工作人员　团总部轻型车辆

第4辆坦克　观察哨用坦克（前线观察）　观察哨用坦克（前线观察）　团指挥官的坦克

高射炮排
排长＋7辆坦克

侦察排
排长＋10辆坦克

行政排（包括8辆摩托车）
联络用车　　　　　　　副指挥官用车

联络用车

抢修车
　　　　　　　观察员用车
医疗护送用车

讯号官用车　军需官用车　军官食堂运输车
弹药运输车
　　　　　　　　食堂运水车

食堂运输车

运输车

抢修车

联络排
排长＋8辆侦察车

德军作战序列，8 月 1~6 日

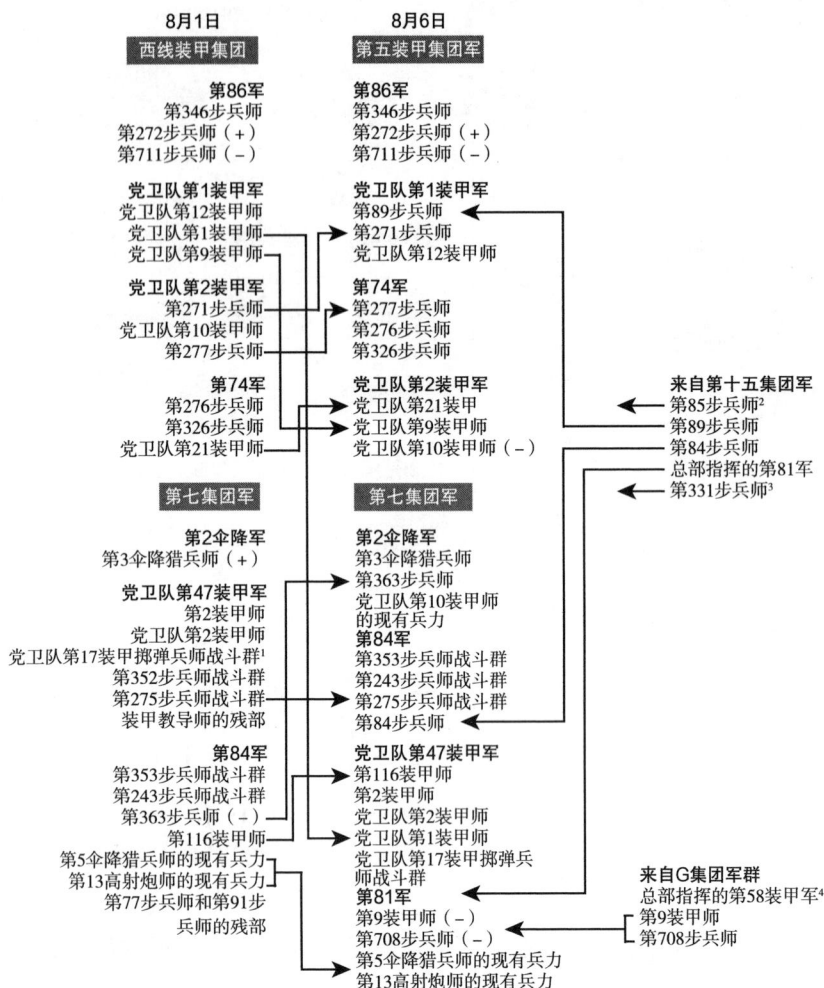

8月1日	8月6日
西线装甲集团	第五装甲集团军

第86军
第346步兵师
第272步兵师（＋）
第711步兵师（－）

党卫队第1装甲军
党卫队第12装甲师
党卫队第1装甲师
党卫队第9装甲师

党卫队第2装甲军
第271步兵师
党卫队第10装甲师
第277步兵师

第74军
第276步兵师
第326步兵师
党卫队第21装甲师

第86军
第346步兵师
第272步兵师（＋）
第711步兵师（－）

党卫队第1装甲军
第89步兵师
第271步兵师
党卫队第12装甲师

第74军
第277步兵师
第276步兵师
第326步兵师

党卫队第2装甲军
党卫队第21装甲
党卫队第9装甲师
党卫队第10装甲师（－）

来自第十五集团军
第85步兵师[2]
第89步兵师
第84步兵师
总部指挥的第81军
第331步兵师[3]

第七集团军	第七集团军

第2伞降军
第3伞降猎兵师（＋）

党卫队第47装甲军
第2装甲师
党卫队第2装甲师
党卫队第17装甲掷弹兵师战斗群[1]
第352步兵师战斗群
第275步兵师战斗群
装甲教导师的残部

第84军
第353步兵师战斗群
第243步兵师战斗群
第363步兵师（－）
第116装甲师
第5伞降猎兵师的现有兵力
第13高射炮师的现有兵力
第77步兵师和第91步兵师的残部

第2伞降军
第3伞降猎兵师
第363步兵师
党卫队第10装甲师的现有兵力

第84军
第353步兵师战斗群
第243步兵师战斗群
第275步兵师战斗群
第84步兵师

党卫队第47装甲军
第116装甲师
第2装甲师
党卫队第2装甲师
党卫队第1装甲师
党卫队第17装甲掷弹兵师战斗群

第81军
第9装甲师（－）
第708步兵师（－）
第5伞降猎兵师的现有兵力
第13高射炮师的现有兵力

来自G集团军群
总部指挥的第58装甲军[4]
第9装甲师
第708步兵师

---

1. 战斗群的缩写是"KG"。

2. 在前往第五装甲集团军的途中，其为 8 月 6 日参与鲁昂南部战役的主要部队。

3. 在前往第七集团军的途中，其为 8 月 6 日在布里尤兹附近作战的主要部队。

4. 8 月 2 日，总部指挥的第 58 装甲军接管了在前线作战的西线装甲集团的第 271 步兵师和第 277 步兵师的指挥权。8 月 6 日，这些师被重新划拨到第七集团军。

蒙哥马利将军（左）和盟军最高指挥官德怀特·D.艾森豪威尔将军（右）。

时间线：诺曼底，1944 年

1 月

12 日，星期三

伯纳德·蒙哥马利将军、爵士在位于伦敦圣保罗学校的新总部召开会议，高级指挥官，包括奥马尔·布拉德利将军和肯尼斯·安德森将军、爵士（后来被任命为第二集团军的指挥官）出席了会议。

15 日，星期六

蒙哥马利要求 5 个师登陆。海军上将伯特伦·拉姆齐爵士同意提供必要的支援和海军力量。

埃尔温·隆美尔元帅被任命为 B 集团军群的指挥官。

17 日，星期一

艾森豪威尔和拉姆齐讨论是否有必要离开伦敦。拉姆齐提议去朴次茅斯。

19 日，星期三

艾森豪威尔同联合参谋部的高级官员谈到团结和密切合作的重要性。

21 日，星期五

盟军召开大会，确定了"霸王行动"的计划纲要，同意派 5 个师进行突击。拉姆齐阐述了海军的作用和需求。

27 日，星期四

迈尔斯·邓普西将军接管英国第二集团军的指挥权。

2 月

1 日，星期二

"霸王行动"的高级指挥官合影。

19 日，星期六至 24 日星期四

纳粹德国空军不分昼夜袭击伦敦。

29 日，星期二

拉姆齐召集高级将领和海军上将开会。

3 月

15 日，星期三

盟军在海军部召开大型海军会议，讨论"霸王行动"的反 U 艇措施。

19 日，星期日

隆美尔被召到贝格霍夫去见希特勒。

25 日，星期六

盟军召开轰炸政策会议。

4 月

7 日，星期五

这是在圣保罗学校召开的"霹雳行动"会议的第一天，与会者包括参谋长、陆军大臣（詹姆斯·格里格爵士），还有参与"霸王行动"的部队高级指挥官中的所有主要的将军、海军上将和空军元帅。蒙蒂就军队计划发表了一个半小时的演讲。拉姆齐针对将会影响陆军和空军计划的海军问题发表了一个小时的讲话。

8 日，星期六

"霹雳行动"会议的第二天，下午 1 点 45 分结束。

19 日，星期三

艾森豪威尔同意将德国的 V-1 和 V-2 武器基地作为更优先的打击目标。

29 日，星期六

拉姆齐会见了东部特遣队的指挥官，讨论了进攻时辰。

5 月

1 日，星期一

盟军召开高级指挥官会议，讨论海滩障碍物和进攻时辰。

3 日，星期三

"费比乌斯行动"开始——诺曼底登陆日的预演。

7 日，星期日

盟军分发《关于可能制定行动以夺取滩头占领区的意见》。

8 日，星期一

希特勒分配西线装甲师的指挥权。

15 日，星期一

盟军呈报行动计划。

19 日，星期五

英国王家空军的轰炸机司令部袭击奥尔良。

21 日，星期日

"查塔努加酷酷"行动——美国第 8 航空队的战斗机攻击铁路目标，并摧毁 91 辆机车。

22 日，星期一

"查塔努加酷酷"行动的第 2 天。

晚上：英国王家空军的轰炸机司令部袭击奥尔良和勒芒的编组场。

24 日，星期三

英国王家空军的轰炸机司令部袭击亚琛的编组场。

25 日，星期四

美国第 8 航空队袭击塞纳河沿岸的桥梁。

27 日，星期六

英国王家空军的轰炸机司令部袭击亚琛的编组场。

28 日，星期日

加兰德将军得知 Me262 将被用作轰炸机，而不是战斗机。

德国上空发生了大规模的空战，德国损失了 78 架战斗机。

30 日，星期二

隆美尔在诺曼底海岸巡视。

6 月

2 日，星期五

上午 10 点：盟军召开指挥官会议，重点讨论了天气问题，同意继续执行当前的计划和继续实施行动。

蒙哥马利向第二十一集团军群总部的工作人员发表了鼓舞士气的讲话。

3 日，星期三

登陆部队上船。

隆美尔在巴黎拜访格尔德·冯·伦德施泰特元帅。

晚上 9 点 30 分：盟军召开指挥官会议，同意继续执行在 6 月 5 日登陆的计划。

4 日，星期日

凌晨 4 点 15 分：艾森豪威尔决定应执行前一天晚上讨论的临时推迟行动的建议。

戴高乐将军从阿尔及尔抵达伦敦。

晚上 9 点 30 分：空军上校詹姆斯·斯塔格宣布天气即将好转。艾克决定 6 月 6 日星期二行动。

隆美尔离开法国，去德国看望他的妻子，然后去见希特勒。

5 日，星期一

上午 4 点 15 分：盟军指挥官在索斯威克府召开会议。艾森豪威尔确认，6 月 6 日为诺曼底登陆日，晚上将开始空降行动。

西线总司令部的情报汇总报告说，目前不存在盟军即将登陆的威胁。

6 日，星期二，诺曼底登陆日

另请参见第 716 页的时间线。

7 日，星期三

武装党卫军第 12 装甲师向卡昂西部发起反击，被加拿大军队阻挡。双方在圣梅尔埃格利斯以西的梅德列河发生了激烈的战斗。

第 101 空降师占领圣科姆迪蒙。

游骑兵争夺奥克角。

双方沿着前线战斗。

盟军解放巴约。

8 日，星期四

凌晨 4 点：王家海军突击队占领贝桑港。

第 82 空降师拿下考奎尼。

德军的第 352 步兵师退守第二防线。

舍伍德游骑兵团到达瑟勒河畔蒂伊以北的第 103 号山头。

第九战术司令部的指挥官皮特·克萨达少将在犹他海滩附近的 ELS-1 登陆。

盟军开始在贝桑港和阿罗芒什修建"桑树港"。

9 日，星期五

诗人基斯·道格拉斯阵亡。

美军占领格朗康和迈西炮台。

德国装甲教导师的主力部队在瑟勒河畔蒂伊参战。

10 日，星期六

英国第二集团军发起"栖木行动"。

争夺卡朗唐的战役达到高潮。

武装党卫军第 2 "帝国"装甲师在里摩日附近的格拉讷河畔奥拉杜尔杀害了 642 名法国平民。

11 日，星期日

最后一批德军撤出卡朗唐。

美军将犹他海滩和奥马哈海滩连接起来。

12 日，星期一

来自犹他海滩和奥马哈海滩的美军在卡朗唐附近会合。

第 6 伞降猎兵团和武装党卫军第 17 装甲掷弹兵师对卡朗唐发起联合反击。

卡朗唐战役结束。

马克斯将军被英国王家空军击毙。

第 51 高地步兵师的部队在东翼增援英国突击部队和伞兵部队。

德军的第 21 装甲师在奥恩河以东发起反击。

温斯顿·丘吉尔访问诺曼底。

英国第 1 特种空勤团在沙泰勒罗附近炸毁德国的燃油列车。

13 日，星期二

第一批 V-1 飞弹在英格兰落下。

德军对卡朗唐发起的反击失败了。

英国第 7 装甲师的主力部队在维莱博卡日停了下来。

14 日，星期三

"栖木行动"停止。

双方继续在维莱博卡日作战。

轰炸机司令部的 300 多架重型轰炸机袭击了勒阿弗尔。

戴高乐访问诺曼底，并在巴约发表演讲。

15 日，星期四

在太平洋战区，美军对马里亚纳群岛发起攻击。

此时，盟军已经在桥头堡内建造了 5 个空军基地。

美军再次试图切断科唐坦半岛。

16 日，星期五

在拉姆齐的陪同下，国王乔治六世乘坐"紫石英号"视察了突击海滩，并在克勒利会见了蒙蒂。

美军攻击圣洛以北的高地。

17 日，星期六

隆美尔在马尔吉瓦勒与冯·伦德施泰特和希特勒会面。

18 日，星期日

蒙哥马利发布了新计划：首要任务是占领瑟堡和卡昂。

傍晚：美军到达科唐坦的西海岸，切断了德军在北部的进攻。

装甲教导师在蒂伊和丰特奈附近发起反击。

夜晚：装甲教导师撤退到欧赖和蒂伊以南的高地。

19 日，星期一

英吉利海峡开始刮起大风暴。

美军开始向瑟堡推进。

20 日，星期二

大风暴仍在继续。

21 日，星期三

大风暴结束——"桑树 A"在很大程度上遭到摧毁。

22 日，星期四

苏联在东线前线发起"巴格拉基昂行动"。

蒙哥马利和邓普西同意"无足鸟行动"和"埃普索姆行动"的计划。

23 日，星期五

拉姆齐前往诺曼底视察"大风暴"造成的损失。

由于天气和军队集结等问题，邓普西将"埃普索姆行动"推迟到 6 月 26 日。

24 日，星期六

双方派遣的更多部队抵达前线。

争夺瑟堡的战役仍在继续。

25 日，星期日

英国第 30 军向欧赖山脊发起"无足鸟行动"。盟军占领欧赖村。

26 日，星期一

英国第二集团军发起"埃普索姆行动"。

27 日，星期二

瑟堡的德国守军向美军投降。

党卫军第 12 装甲师在卡昂以西发起的反击停止了。

英国第 8 军在布隆渡过奥东河——盟军在第 112 号山头建立"苏格兰走廊"。

傍晚：隆美尔和冯·伦德施泰特被召到贝格霍夫去见希特勒。

28 日，星期三

早上，英军第 11 装甲师在奥东河建立桥头堡。

英军占领第 112 号山头。

另外两个党卫军装甲师参与埃普索姆战役。

隆美尔和冯·伦德施泰特抵达贝格霍夫。

29 日，星期四

多尔曼将军逝世，党卫军将军保罗·豪瑟接替了他的职位。

德军装甲部队在埃普索姆战役中被击退。

30 日，星期五

科唐坦半岛的最后一支德国军队投降。

德军在埃普索姆战役中发起进一步反击。

邓普西将军和奥康纳将军同意让英军撤出第 112 号山头。

隆美尔回到拉罗什盖恩。

7 月

1 日，星期六

埃普索姆战役结束。

盖尔·冯·施韦彭格被解除了西线装甲集团指挥官的职务，由汉斯·埃伯巴赫将军取而代之。

冯·伦德施泰特也被解除了西线总司令部指挥官的职务，由君特·冯·克鲁格元帅取而代之。

3 日，星期一

冯·克鲁格抵达拉罗什盖恩，随即和隆美尔发生争论。

美军对拉艾迪皮发起攻击。

4 日，星期二

盟军发起"温莎行动"：加拿大军队和第 79 装甲旅对卡尔皮凯村发起攻击。

美军向南发起攻击。

5 日，星期三

双方在卡尔皮凯和圣洛周围战斗。

6 日，星期四

双方在卡尔皮凯和圣洛以北战斗。

7 日，星期五

艾森豪威尔给蒙哥马利写信，敦促他加快行动。

装甲教导师转移到圣洛地区。

轰炸机司令部用 467 架重型轰炸机对卡昂北郊发起攻击。

8 日，星期六

盟军发起"查恩伍德行动"。

9 日，星期日

英军和加拿大军队进入卡昂。

装甲教导师在圣洛的西北方发起反击。

10 日，星期一

英军和加拿大军队占领卡昂。

英军发起"木星行动"，夺回第 112 号山头。

蒙哥马利发布新的指令。

11日，星期二

"查恩伍德行动"停止。

"木星行动"停止。

双方在科唐坦半岛的山脚发生激烈的战斗。

装甲教导师在圣让德代附近发起反击。

12日，星期三

蒙哥马利向艾森豪威尔告知"古德伍德行动"的计划。

布拉德利向将军们简要介绍了"眼镜蛇行动"。

双方在西侧地区激烈交战。

美军第2步兵师在圣洛的东北侧发起进攻，占领了第192号山头。

13日，星期四

双方在西侧地区激烈交战。

14日，星期五

美军继续在圣洛附近向南推进。

盟军授权开展"铁砧行动"。

15日，星期六

蒙哥马利授权缩减原定于8月18日发起的"古德伍德行动"的规模。

16日，星期日

德军在圣洛附近发起反击。

17日，星期一

隆美尔在空袭中受伤。冯·克鲁格接手。

美军正在向圣洛逼近。

18日，星期二

盟军发起"古德伍德行动"。

美军占领圣洛。

19 日，星期三

盟军继续在"古德伍德行动"中作战。

布拉德利将军前往英国，向空军指挥官简要介绍"眼镜蛇行动"。

20 日，星期四

在狼穴刺杀希特勒的行动失败了。

21 日，星期五

"古德伍德行动"失去势头。

由于天气不好，盟军推迟了"眼镜蛇行动"。

22 日，星期六

盟军发起"快速行动"——第 43 威塞克斯步兵师和王家坦克团第 7 营对第 112 号山头发起攻击，并占领了马尔托。

23 日，星期日

加拿大第一集团军在哈里·克拉尔将军的领导下开始行动。

"眼镜蛇行动"因天气恶劣再次推迟。

24 日，星期一

"眼镜蛇行动"推迟了 24 小时，尽管美国第 8 航空队的一些重型轰炸机仍在轰炸目标。25 名美军士兵被误炸身亡。

25 日，星期二

盟军开始实施"眼镜蛇行动"，1500 架重型轰炸机进行了地毯式轰炸。

盟军发起"春季行动"：加拿大第 2 军在装甲近卫师和第 7 装甲师的支援下向韦里耶尔山脊推进。

26 日，星期三

美军向南推进。

第 9 战术空军司令部首次引入装甲纵队掩护。

27 日，星期四

美军夺取马里尼。很显然，抗击美国第一集团军的德国防线正在瓦解。

英军和加拿大军队面对 645 辆坦克、92 个步兵营。美军面对 200 辆坦克、85 个步兵营。

阿夫朗什落入美国第一集团军的手中。

蒙哥马利发布新指示，命令在科蒙附近实施"蓝衣行动"。第 30 军和第 8 军为此向西进发。

28 日，星期五

英国第二集团军调集部队，为"蓝衣行动"作准备。

美军继续从圣洛向南推进。

29 日，星期六

龙塞包围圈——盟军发起空袭，德军损失 100 多辆坦克和 250 多辆汽车。

30 日，星期日

美军占领蓬托博的关键桥梁。

英国第二集团军发起"蓝衣行动"。

8 月

1 日，星期二

"铁砧行动"——盟军计划于 8 月 15 日登陆法国南部的行动，后改名为"龙骑兵行动"。

冯·克鲁格抵达第七集团军的战术总部："先生们，盟军的这次突破意味着对我们和德国人民来说，这是决定性的痛苦结局的开始。我认为我们已经没有可能阻止这场进攻了。"

第 21 装甲师对英军发起的反击失败了。

希特勒命令冯·克鲁格准备反击。冯·克鲁格希望撤退到塞纳河的后面，但这个希望破灭了。

党卫军第 2 装甲军奋力抗击盟军的"蓝衣行动"。

美国第一集团军在 6 天内俘获了 20000 名德国士兵。

乔治·S. 巴顿将军接管美国第三集团军的作战指挥权。

2 日，星期三

美军占领了维勒迪约的大部分地区。

第 30 军的指挥官杰勒德·巴克诺尔中将被邓普西撤职，由布莱恩·霍罗克斯中将取而代之。

希特勒命令冯·克鲁格准备向西对阿夫朗什发起大规模反击。

3 日，星期四

美军第 4 装甲师逼近雷恩。拜尔莱因将军说，这"让人震惊不已，就像一颗炸弹在我们的身上爆炸了一样"。

厄斯金少将被解除了第 7 装甲师指挥官的职务，由杰拉德·弗尔尼取而代之。

4 日，星期五

英军第 50 步兵师占领了已被夷为平地的维莱博卡日。

美国第三集团军夺取了雷恩。

5 日，星期六

英军第二集团军向奥恩河挺进。

6 日，星期日

英国占领潘松山。

英国的密码破译人员获悉了德军的"吕蒂希行动"计划。

7 日，星期一

德军发起"吕蒂希行动"，向莫尔坦发起反击。

盟军发起"总计行动"。

德军的装甲王牌米歇尔·魏特曼阵亡。

8 日，星期二

"总计行动"仍在继续。

美国第三集团军占领勒芒。

9 日，星期三

德军撤至"吕蒂希行动"的进攻起始点。

10 日，星期四

"总计行动"停止。

11 日，星期五

美军夺回莫尔坦。

12 日，星期六

美国第三集团军夺取阿朗松。

13 日，星期日

德军被困在法莱斯口袋。

14 日，星期一

加拿大第一集团军发起"温顺行动"。

15 日，星期二

盟军在法国南部登陆——"龙骑兵行动"。

16 日，星期三

盟军占领法莱斯。

17 日，星期四

瓦尔特·莫德尔元帅接管了西线德国军队的指挥权，并下令撤退。

18 日，星期五

德军绝望地试图通过"死亡走廊"撤退。

19 日，星期六

美国、波兰和加拿大军队在法莱斯口袋的束口处会合。

诺曼底战役结束

25 日，星期五

盟军解放巴黎。

时间线：登陆日

00：07　德国哨兵在科唐坦半岛的卡朗唐的北部发现一架低空飞行的飞机。

00：10　第一名美国探路者跳进科唐坦，为即将在几分钟内抵达的 C-47 运输机的飞行员标出伞降区。

00：16　3 架英国滑翔机中的第一架降落在距离贝努维尔桥（也就是"飞马桥"）不到 50 米的地方。在约翰·霍华德少校的带领下，牛津郡和白金汉郡轻步兵团 D 连的士兵匆忙离开滑翔机，前去攻击大桥。

　　　　梅维尔的德军炮台遭到英国王家空军第 7 中队的 5 架兰开斯特轰炸机（由阿芙罗飞机公司制造）的攻击。

00：17　3 架英国滑翔机的第二架在飞马桥附近降落。

00：18　3 架霍莎滑翔机中的最后一架在飞马桥附近降落。

00：20　6 架阿尔伯马尔运输机在奥恩河以东的着陆区 N、着陆区 V 和着陆区 K 空投第 22 独立伞兵连的 60 名探路者。

00：35　2 架霍莎滑翔机在朗维尔桥（也就是"霍萨桥"）附近着陆。计划参与行动的第三架滑翔机失踪。

00：50　在奈杰尔·波依特准将的指挥下，英国第 6 空降师的第 5 旅在朗维尔桥附近空降。

01：10　在迪欧特森林和普吕姆莱克附近，36 名法国伞兵分成 4 队，在布列塔尼的上空空降。

受第 84 军指挥的所有德国军队从奥恩河前往圣马洛，并进入戒备状态。

01：21　第 82 空降师的探路者在诺曼底的科唐坦半岛的上空空降，试图为其余的师标出 3 个着陆区（着陆区 N、着陆区 O 和着陆区 T）。

01：30　德国第七集团军的指挥官多尔曼将军下令全面戒备。奥克角炮台的警报声响起，以通知德军盟军的轰炸机出现了。

01：50　在巴黎的布洛涅森林附近，在收到大量令人震惊的报告后，西线海军集团军群的作战部部长、海军上将卡尔·霍夫曼召集了各个参谋，并向德军发出消息："向元首的总部进行报告，盟军登陆了。"

01：55　美国第 8 航空队的轰炸机在英国起飞，共部署了 1198 架飞机。

02：00　在德军发现伞兵后，冯·伦德施泰特元帅获悉了警报，特别是第 352 步兵师的报告。

02：05　第 716 步兵团第 1 装甲歼击连离开比耶维尔，沿着奥恩运河向贝努维尔桥和朗维尔桥巡逻。

02：29　部队 U 的船舰抵达犹他海滩，在距海岸 24 公里的地方靠泊。

02：40　冯·伦德施泰特通过无线电向德国第七集团军报告说，他不认为这是一次大规模的登陆。

02：51　部队 O 抵达奥马哈海滩，在距离海岸 23 公里的地方靠泊。

03：00 奥马哈海滩附近的部队 O 的美军士兵开始登上登陆艇。犹他海滩附近的部队 U 的美军士兵开始登上登陆艇。

英国王家空军对卡昂的目标进行轰炸。

03：20 第 6 空降师的指挥官盖尔将军和参谋在朗维尔桥附近的着陆区 N 的上空跳伞。

03：30 第 21 装甲师的部队和车辆已作好部署准备。

03：35 搭载英国第 6 空降师的 55 架霍莎滑翔机在朗维尔地区空降，该行动是"汤加行动"的一部分。

03：54 搭载美国第 101 空降师的 52 架美国韦科滑翔机在耶斯维尔的北部空降，该行动是"底特律行动"的一部分。

04：00 美国第 82 空降师第 505 伞降步兵团第 3 营的士兵解放圣梅尔埃格利斯。美国国旗在市政厅升起。

作为"底特律行动"的一部分，52 架美国韦科滑翔机在圣梅尔埃格利斯的西北部空降。

冯·伦德施泰特向柏林的最高司令部提出请求，允许其向海岸部署两个师。

盟军对德军的 44 号、47 号和 48 号抵抗力量据点发起猛烈的空袭。

04：10 西线装甲集团进入 2 级戒备（准备时间最多只有一个半小时）。

04：13 第 352 步兵师的参谋向第 915 掷弹兵团的卡尔·迈耶上校下达行动命令，让其沿着蒙特马尔坦—代维尔方向，在讷伊以西的桥梁处进行部署。

04：25　第352步兵师的参谋向第914掷弹兵团下达命令，让掷弹兵团对卡朗唐以南的伞兵发起攻击。

04：30　特伦斯·奥特维中校带领第6空降师第3旅第9营的幸存者进攻梅维尔炮台。

04：45　负责标明盟军舰队路线的袖珍潜艇X20和X23到达距离诺曼底海岸近1公里的地方。

奥特维中校向天空发射了一枚黄色的火箭弹，被巡洋舰"阿瑞塞萨号"发现——该信号表明他现在控制了梅维尔炮台。70名英国军官、军士和士兵在攻击中丧生。

05：10　位于黄金海滩附近的"俄里翁号"巡洋舰上的海军炮兵向德国沿海阵地发起了第一轮炮轰，然后是"阿贾克斯号"、"阿尔戈英雄号"、"翡翠号"巡洋舰发起炮轰，荷兰炮舰"弗洛雷斯号"和13艘驱逐舰也发射了炮弹。

美国陆军航空军的18架掠夺者轰炸机对位于卡尼西山的德军炮台发起攻击。

自由法国的军舰"乔治莱格号"和"蒙特卡姆号"对位于滨海隆涅炮台的德国海军炮台进行炮轰，该炮台向"阿肯色号"战舰开火。

05：20　第21装甲师的指挥官埃德加·福希廷格尔将军到达位于迪沃河畔圣皮埃尔的指挥所。

05：25　3艘德国炮艇从卡昂运河的乌伊斯特勒昂逃跑，在飞马桥被霍华德少校的士兵拦截：一艘被摧毁，另一艘在附近搁浅，第三艘在勒马雷斯奎尔地区的北侧躲避。

05：30　部队 S（"S"是剑滩的英文名称"Sword"的首字
　　　　母）的第一拨士兵登上登陆艇。盟军在法莱斯附近
　　　　实施当天的第一次俯冲轰炸。

05：31　在海军少将菲利普·维安的率领下，东部特遣队的战
　　　　舰向英国和加拿大军队登陆的黄金海滩、朱诺海滩和
　　　　剑滩开火。

05：35　美国第 741 坦克营的 29 辆水陆两栖坦克在距离奥马
　　　　哈海滩 6 公里处下水，27 辆在前往海滩的途中沉没。

05：37　滨海隆涅炮台的德国大炮对"埃蒙斯号"驱逐舰和
　　　　"阿肯色号"巡洋舰开火。

05：45　盟军的海军炮兵对乌尔加特、卡尼西山和维勒维尔的
　　　　炮台进行炮轰。

05：50　美国"得克萨斯号"战舰第一次向奥马哈海滩的美
　　　　军战区提供火力支援。

05：52　美国"阿肯色号"巡洋舰再次开火。

05：55　329 架英国解放者轰炸机对德国沿海设施发起攻击。
　　　　一艘负责引导登陆艇前往犹他海滩的船舰 PC1261 进入
　　　　一个雷区，并撞到水雷。几分钟后，其他船舰因为同
　　　　样的原因沉没。

05：58　日出时分。天空灰蒙蒙的，涌浪很重要，低云带来了
　　　　短暂降雨。风力 3~4 级。

06：00　270 架美国掠夺者轰炸机向诺曼底海岸的目标投掷了
　　　　4404 枚 110 公斤的炸弹。
　　　　第 3 伞降中队的工兵和加拿大第 1 伞兵营的伞兵炸毁
　　　　了迪沃河上的罗贝欧姆大桥。

06：06　据报告，德军位于阿罗芒什、圣奥诺里讷和科勒维尔

的据点遭到了猛烈的空中轰炸。

06：27　奥马哈海滩：盟军对海岸的密集轰炸结束。

06：29　奥马哈海滩、D 区绿段、D 区白段：32 辆水陆两栖坦克登陆（第 743 坦克营的 C 连和 B 连）。

06：30　奥马哈海滩：盟军用 18 架掠夺者轰炸机对奥克角进行空袭，随后，"得克萨斯号"驱逐舰向德国炮台开火。

第 21 装甲师的指挥官福希廷格尔将军下令攻击奥恩河外英国第 6 空降师的桥头堡。

06：31　犹他海滩、昂克尔红区：美军第 4 步兵师第 8 步兵团的第 2 营登陆。

06：35　奥马哈海滩：负责发起第一拨攻击的美国第 29 步兵师的第 116 步兵团登陆。

犹他海滩：负责发起第二拨攻击的美国第 4 步兵师的第 8 步兵团登陆。

06：36　奥马哈海滩：负责发起第二拨攻击的美国第 29 步兵师的第 116 步兵团登陆。

06：40　德怀特·D. 艾森豪威尔将军小睡片刻后醒来，拉姆齐上将乐观的电话让他恢复了信心。

06：42　美国海军少将、西部海军训练队的指挥官柯克报告说："一切都在按计划进行。"

06：45　犹他海滩：第 70 装甲营的 32 辆水陆两栖坦克登陆。28 人上岸。

奥马哈海滩：负责发起第二拨攻击的士兵登陆。

英国王家空军的第 8 中队和第 342 中队的 B-25 中型轰炸机（包括法国的"洛林"小组）完成了烟幕的

施放，以保护盟军舰队。

斯派达尔将军让第 21 装甲师听命于德国第七集团军。

07：00 奥马哈海滩：负责发起第二拨攻击的士兵继续登陆。

07：10 奥马哈海滩：德军 61 号抵抗力量据点的 88 毫米大炮被海军炮兵或特纳·谢泼德中士的谢尔曼坦克直接击中，无法发挥作用。

07：11 奥马哈海滩：鲁德尔上校的 225 名游骑兵由于错误的导航和强劲的洋流延误了行动，登陆奥克角的时间比原计划晚了 41 分钟。

07：15 奥克角：特遣部队 C 的游骑兵正在前往 D 区绿段（奥马哈海滩）的路上，因为他们没有收到从奥克角发出的请求增援的讯号。

奥巴马海滩：德军第 726 掷弹兵团报告说，60 号抵抗力量据点遭到了猛烈轰炸，37 号抵抗力量据点发现了 20 艘登陆艇正在靠近。

黄金海滩：装备有 127 毫米火箭发射器的登陆艇对德军的海岸防御工事开火。

07：20 奥马哈海滩：第 916 掷弹兵团报告说，在滨海维耶维尔地区发现了水陆两栖坦克。

盟军海军结束对黄金海滩、朱诺海滩和剑滩的轰炸。

剑滩：第 22 龙骑兵团的坦克搭乘 10 辆坦克登陆艇登陆。

07：25 黄金海滩、朱诺海滩和剑滩：用于扫雷和清除障碍的特殊坦克登陆。

黄金海滩：由格雷厄姆少校率领的英军第 50 步兵师登陆。

剑滩：第 79 装甲师第 5 突击团的王家工兵装甲坦克登陆。

07：30　第 101 空降师第 502 伞降步兵团第 3 营的伞兵占领海滩的 3 号出口，该出口位于奥杜维尔拉于贝尔附近的犹他海滩的西侧。

奥马哈海滩：C 连幸存的游骑兵到达位于滨海维耶维尔的 D-1 出口以东的高原。

07：32　剑滩：（自由法国）基弗尔突击部队在奥恩河畔科勒维尔前登陆。

07：40　奥马哈海滩：91 号步兵登陆艇被地雷和德国大炮击中，导致 73 名士兵丧生。

07：45　奥克角：游骑兵在德军炮台以东的 L409A 高射炮（37 毫米大炮）前的弹坑里设立了临时指挥部。

奥马哈海滩：驻守 70 号抵抗力量据点的德国士兵宣布，6 辆美军坦克取得突破，其中 3 辆进入 66 号抵抗力量据点。

奥马哈海滩：特遣部队 C 由第 2 游骑兵营的 A 连和 B 连组成，他们即将在 D 区绿段和 D 区白段的边缘登陆。第 5 游骑兵营的全体人员向 D 区绿段进发。

朱诺海滩：凯勒将军率领的加拿大第 3 步兵师登陆。

08：00　犹他海滩：4 个营已登陆。

德军科瑞斯贝克（Crisbecq）炮台的一门 2 毫米×210 毫米的斯柯达 K52 火炮被盟军的军舰击毁。

奥马哈海滩：美军十兵到达 60 号抵抗力量据点的沙丘顶部。

奥马哈海滩：第 5 游骑兵营登陆，他们原计划在奥克角登陆。

剑滩：盟军的反坦克炮登陆，将个别德军防御阵地的大炮打哑。

08：05 朱诺海滩：加拿大第 3 步兵师报告说，在海滩的 M 区绿段，每分钟大约有 16 发炮弹爆炸。

08：09 奥马哈海滩：准备在 F 区绿段登陆的所有两栖坦克在从起点前往海滩的途中沉没了。

08：20 奥马哈海滩：第 726 掷弹兵团报告说，61 号抵抗力量据点的 88 毫米大炮不再发挥作用，在 37 号抵抗力量据点和 37a 号抵抗力量据点的前面发现了登陆艇。

黄金海滩：第 50 诺森伯兰步兵师第 69 步兵旅格林霍华德步兵团第 7 营登陆。

剑滩：第 1 特种旅的 4 个突击队悉数登陆。

08：24 奥马哈海滩：登陆部队报告说，他们遭到了迈西炮台的火力攻击。

08：25 奥马哈海滩：美国士兵攻入 62 号抵抗力量据点，61 号抵抗力量据点遭到了前后夹击。德军与贝桑港的无线电通讯中断。

黄金海滩：第 47 王家海军陆战突击队登陆。

08：30 奥马哈海滩：第 915 掷弹兵团发起反击，重新控制 60 号抵抗力量据点。

奥马哈海滩：科塔将军在海滩上建立指挥所。

在第 3 伞兵中队的工兵的帮助下，加拿大第 1 伞兵营的 C 连炸毁了迪沃河上的瓦拉维尔大桥。

08：45 奥马哈海滩：第 916 掷弹兵团报告说，70 号抵抗力量据点已落入美军的手中。3 辆盟军坦克通过 66 号抵抗力量据点，62 号抵抗力量据点的上方炮塔被摧毁。

剑滩：第 41 王家海军陆战突击队登陆。

08：55　奥马哈海滩：第 352 炮兵团试图通过无线电与 60 号抵抗力量据点的盟军取得联系。

08：57　奥马哈海滩：第 726 掷弹兵团报告说，30 辆敌方坦克在 35 号抵抗力量据点和 36 号抵抗力量据点之间登陆。

09：00　在盟军舰艇的炮轰下，科瑞斯贝克炮台的第二门 210 毫米的大炮无法发挥作用。

奥克角：游骑兵击退第 916 步兵团 1 连发起的反击。

奥马哈海滩：保护 F1 出口的 60 号抵抗力量据点（F 区红段）被美国第 1 步兵师打哑。

剑滩：基弗尔突击部队的幸存者对乌伊斯特勒昂的赌场地堡发起猛攻。

09：05　加拿大士兵在 M 区红段（朱诺海滩）登陆，并报告说形势一派大好。

09：15　第 352 步兵师报告说，65 号、68 号和 70 号抵抗力量据点失守。

沙弗中尉带领的第 3 伞兵中队的士兵们炸毁了迪沃河上的巴雷斯铁路大桥。

09：17　盟军宣布登陆："在艾森豪威尔将军的指挥下，盟军海军在强大的空军力量的支援下，于今天上午开始在法国北部海岸登陆。"

09：20　克拉伦斯·休布纳少将命令奥马哈海滩附近的船舰向德国的防御工事发起新一轮的海军炮轰，尽管此举有可能杀死美军士兵。炮轰持续了 28 分钟。

德军的滨海隆涅炮台停止开火。

09：25　剑滩：在乌伊斯特勒昂，根据基弗尔的要求，两栖支援坦克到达赌场地堡前，并开火，从而让法国海军突击队燧发枪团的第 1 营能够对该阵地发起猛攻。

奥马哈海滩：第 352 炮兵团报告说，35 号和 36 号抵抗力量据点被摧毁，40 号抵抗力量据点的大炮摧毁了盟军的 4 辆坦克和 3 艘登陆艇。

黄金海滩：12 架福克-沃尔夫 190 战斗机对海滩发起攻击。

朱诺海滩：北岸新不伦瑞克步兵团和女王直属步枪团解放贝尔尼埃。

剑滩：南兰开夏郡步兵团第八营团解放埃尔芒维尔，萨福克步兵团第 1 营登陆。

09：48　盟军结束对奥马哈海滩发起的第二轮炮轰。

英国王家空军侦察巡逻队报告说，在卡昂北部发现了装甲车。

09：55　第 352 步兵师报告说，与第 916 掷弹兵团的所有无线电联络都中断了。

10：00　奥马哈海滩：2 艘美国驱逐舰靠近海岸半英里内的地方，以便为试图离开海滩、向内陆进发的个别小组提供支援。

奥马哈海滩：美国第 29 步兵师第 116 步兵团第 1 营的约 200 名士兵爬上悬崖，到达滨海维耶维尔。

奥马哈海滩：64 号抵抗力量据点被美军打哑。

剑滩：第 4 突击队的英国士兵抵达德国防御力量集中

的乌伊斯特勒昂港。

马克斯将军决定用第 21 装甲师发起反击。

福希廷格尔将军下令用坦克沿着奥恩河对英国第 6 空
降师的伞兵发起反击。

希特勒在贝格霍夫醒来，前一天晚上，他听着瓦格纳
的音乐，睡得很晚。

10：15　奥马哈海滩：在 62 号抵抗力量据点的科勒维尔吊桥，
2 门 76.5 毫米的大炮同时被盟军海军的火炮摧毁。

10：30　奥马哈海滩：在"麦库克号"驱逐舰的炮轰下，佩
斯角峰的 2 门 75 毫米大炮无法发挥作用。

奥马哈海滩：位于 E 区绿段和 E 区红段交界处、保
护 E1 出口的 65 号抵抗力量据点遭到美军士兵的
猛攻。

福希廷格尔下令将第 21 装甲师调到奥恩运河以西，
以便在巴约—卡昂线路的北部交战。

11：00　"汤普森号"驱逐舰在奥马哈海滩附近对佩斯角峰的
德国雷达站发起攻击，这些驱逐舰发射了 127 毫米的
炮弹。

黄金海滩：盟军夺取了 7 号海滩出口。

11：27　奥马哈海滩：第 916 掷弹兵团报告说，攻击部队占领
了滨海圣洛朗海滩的高地。第 352 步兵师的指挥官再
次下令反击。

11：45　奥马哈海滩：美国第 1 步兵师第 18 步兵团的第 1 营
登陆。

12：00　犹他海滩：4 条海滩出口通道（堤道）被美国第 101
空降师的伞兵控制。

犹他海滩：第 8 团级作战队的第 2 营进入普珀维尔。

犹他海滩：第 501 伞降步兵团的 D 连到达昂戈维尔村。

奥克角：驻守观察哨的最后 6 名守卫向游骑兵投降。

奥克角：鲁德尔上校发来消息说："到达奥克角。任务完成，急需弹药和增援。损失惨重。"

奥马哈海滩：由于缺乏弹药，乌特维尔炮台（距滨海科勒维尔附近的海滩 4500 米）拒绝在登陆艇靠近时进行齐射。该炮台只能使用一门 105 毫米的大炮一发接一发地开火。

伦敦：丘吉尔在下议院发表演讲，告知国会议员盟军解放了罗马并开始在诺曼底登陆。

12：14　奥马哈海滩：美军到达滨海科勒维尔的教堂。

12：23　奥马哈海滩：美国第 1 步兵师第 18 步兵团的士兵爬上断崖，向滨海科勒维尔进发。

13：00　奥马哈海滩：72 号抵抗力量据点（位于滨海科勒维尔的 D 区绿段）被美军控制。

剑滩：萨福克步兵团第 1 营的士兵对奥恩河畔科勒维尔南部的莫里斯据点发起猛攻。

剑滩：德军发起反击，以期夺回由格雷中校率领的第 41 突击队守卫的 21 号抵抗力量据点（英军给它起了个代号叫"鳟鱼"）。

13：30　盟军对卡昂进行空中轰炸。

13：41　奥马哈海滩：德军停止了在 D 区绿段、E 区绿段、E 区红段和 H 区红段的前面发起的抵抗。

14：00　奥克角：德国第 84 掷弹兵团的守军放弃了西侧的

炮台。

14：13　奥马哈海滩：美国"哈定号"驱逐舰摧毁了滨海维
　　　　耶维尔教堂的钟楼，该教堂原本是德国炮兵观察员的
　　　　哨所。

14：58　奥马哈海滩：第352炮兵团报告说，滨海科勒维尔村
　　　　再次落入敌人的手中。

15：00　奥马哈海滩：2艘美国驱逐舰接近海岸，以便为登陆
　　　　部队提供支援。

　　　　奥马哈海滩：第916掷弹兵团在62a号、62b号和64
　　　　号抵抗力量据点之间对美军发起反击。

　　　　大约80名法国抵抗运动的战士在卡昂监狱被盖世太
　　　　保射杀，因为德军无法转移他们（第一批从上午10
　　　　点开始射杀，其余的则在下午进行）。

　　　　马克斯将军命令冯·奥佩恩-布罗尼科夫斯基上校用
　　　　第21装甲师进行反击："德国的命运和这场冲突取决
　　　　于你们能否成功进行反击。"

15：26　奥马哈海滩：在滨海科勒维尔，第916掷弹兵团带领
　　　　德军发起的反击失败了。

15：30　剑滩：英国控制了乌伊斯特勒昂港。

15：45　剑滩：东约克郡步兵团第2营的士兵和坦克以及第
　　　　13/第18王家轻骑兵队对14号抵抗力量据点发起
　　　　猛攻。

16：00　德军向距离圣梅尔埃格利斯2英里的拉菲尔桥发起反
　　　　击，这座桥梁由美国第82空降师第505伞降步兵团
　　　　A连的伞兵守卫。

　　　　黄金海滩：王家汉普郡步兵团第1营控制了勒阿梅尔

的 35 号抵抗力量据点。

盟军对卡昂市进行空中轰炸。37 架掠夺者飞机对位于卡尼西山的德国炮台进行轰炸，投下了 61 吨炸弹。冯·伦德施泰特授权他的两个装甲师参战。

16：20　第 21 装甲师下辖的 25 辆德国坦克在莱当河畔佩里耶尔的附近发起反击。

17：00　奥马哈海滩：休布纳少将在海滩的 E 区红段登陆。

奥马哈海滩：德国狙击手藏身的滨海圣洛朗教堂的钟楼被美国海军的炮兵摧毁。

奥马哈海滩：奥马哈最西端的要塞 73 号抵抗力量据点遭到第 5 游骑兵营和美国第 29 步兵师第 116 步兵团的猛攻。

17：10　第 916 掷弹兵团向第 352 步兵师的指挥部报告说，滨海圣洛朗已落入敌人之手。

18：00　朱诺海滩：在滨海圣欧班，驻守 N 区红段海岸设施的最后一批德军投降。

剑滩：东约克郡步兵团第 2 营的士兵向乌伊斯特勒昂的戴姆勒要塞（12 号抵抗力量据点）发起猛攻。

18：10　奥马哈海滩：第 915 掷弹兵团报告说，他们在滨海科勒维尔城堡从后方绕过了美军，他们的伤员无法撤离。

18：25　奥克角：第 352 步兵师的指挥官迪特里希·克莱斯将军命令第 916 掷弹兵团进行反击。

18：30　奥马哈海滩：美国第 1 步兵师第 26 步兵团开始登陆。

18：54　"哈定号"驱逐舰再次轰炸滨海维耶维尔教堂的尖顶。炮轰在 18 点 57 分结束。

19：00　奥马哈海滩：在滨海科勒维尔，美军和德国守军发生激烈交火。

19：25　奥克角：德军利用勒盖据点的兵力在东部向游骑兵的阵地发起反攻。

19：35　"哈定号"驱逐舰对滨海维耶维尔教堂的钟楼开火。

19：40　奥克角：克莱斯获悉德军发起进攻，并报告说第726掷弹兵团9连在东部和南部被敌军包围。

　　　　奥马哈海滩：德国炮兵对滨海科勒维尔地区的海滩（盟军继续在这片海滩上登陆）进行炮轰。美军也遭受了损失。

20：00　6辆德国坦克突破了滨海利翁，然后撤退。

　　　　萨福克步兵团第1营仍在攻击希尔曼要塞，该要塞由位于剑滩以南的第736掷弹兵团驻守。

　　　　法国海军突击队燧发枪团的第1营抵达勒豪格。

20：15　萨福克步兵团的士兵和第13/第18轻骑兵队的坦克对希尔曼要塞进行猛攻。

20：51　第6空降师的最后一批人员搭乘256架滑翔机在着陆区朗维尔（LZN）和贝努维尔（LZW）的西北空降，这是"绿头鸭行动"。

20：55　盟军开始空降行动，包括36架韦科滑翔机和140架霍莎滑翔机，由176架道格拉斯C-47运输机牵引。

21：00　德军第21装甲师的3连在朱诺海滩以南发起的进攻失败了。

　　　　奥克角：第5营A连的24名游骑兵从奥马哈海滩抵达奥克角炮台。

21：30　隆美尔从德国回到拉罗什盖恩。

22：30　盟军对卡昂市进行空中轰炸。

经过激烈的战斗，盟军解放了由第 736 掷弹兵团驻守的塔勒维尔镇。

王家汉普郡步兵团第 1 营的士兵解放了阿罗芒什。

23：00　奥克角：40 名德国士兵（他们隶属于第 352 步兵师第 914 掷弹兵团 1 连）在奥克角炮台对游骑兵发起反击。

注　释
（注释中各章内序号为本书边码）

注释中使用的缩略语

AFHRA	United States Air Force Historical Research Agency, Maxwell AF Base, AL
BA-MA	Bundesarchiv-Militärarchiv, Freiburg
BTM	Bovington Tank Museum, Dorset
CCL	Churchill College Library, Cambridge
DDE	Papers of Dwight D. Eisenhower
IWM	Imperial War Museum, London
LHCMA	Liddell Hart Centre for Military Archives, King's College, London
MdC	Mémorial de Caen
NWWIIM	National World War II Museum, New Orleans
TNA	The National Archives, Kew, London
USAHC	United States Army Heritage Center, Carlisle Barracks, PA
WSC	Winston Churchill, *The Second World War*

序　章

4　'Here we are on the eve . . .': cited in Sir Trafford Leigh-Mallory's notes, TNA AIR 37/784. Although Eisenhower's words are given in speech marks, it is pointed out that these are the gist of what he said not 100 per cent verbatim

5　'Gentlemen I am *hardening* . . .': cited in Omar N. Bradley, *A General's Life*, p. 241

第1章　大西洋壁垒

11　'We found no cheer . . .': cited in Vince Milano and Bruce Conner, *Normandiefront*, p. 37

12　'How is this possible?': ibid, p. 35

16　'In our circle . . .': Friedrich Ruge, *Rommel in Normandy*, p. 50

16　'He had a good sense of humour . . .': ibid, p. 49

17　'Our friends from the East . . .': cited in B. H. Liddell Hart (ed.), *The Rommel Papers*, p. 467

17   'I have to be satisfied . . .': cited in David Irving, *The Trail of the Fox*, p. 315
19   'Provided we succeed . . .': ibid, p. 313
19   'Subject: fundamental questions . . .': Ruge, p. 144
19   'It was to be hoped . . .': ibid
21   'On this beach . . .': ibid, p. 155
22   'Irrefutable documentary proof . . .': cited in ibid, p. 157

第2章　制空权

34   'Mary Coningham was . . .': General Elwood Richard 'Pete' Quesada, interview 3, AFHRA
35   'The strategic British . . .': cited in Richard G. Davis, *Carl A. Spaatz and the Air War in Europe*, p. 352
35   'Considering that they are all . . .': Churchill in WSC, Vol. V, p. 466
35   'I and my military advisors . . .': DDE, Vol. III, doc. 1,630, p. 1,809
37   'The ratio in which . . .': Adolf Galland, *The First and the Last*, p. 201
38   'It had been a long . . .': Wolfgang Fischer, *Luftwaffe Fighter Pilot*, p. 98
39   'Its pilot immediately . . .': ibid, p. 124
39   'Start travelling!': ibid, p. 125
40   'There is no torture . . .': Richard E. Turner, *Mustang Pilot*, p. 78
41   'The fighter arm . . .': Galland, p. 269

第3章　了解蒙哥马利和总体计划

43   'This is going to be quite a party!': cited in Carol Mather, *When the Grass Stops Growing*, p. 244
43   'Perhaps you will have him to dine . . .': ibid, p. 245
50   'This exercise is being held . . .': TNA CAB 106/1031
50   'Some of us here know . . .': ibid
52   'If projected phase lines . . .': Omar N. Bradley, *A General's Life*, p. 233

第4章　倒计时

55   'And, you know, when I joined . . .': cited in Holger Eckhertz, *D-Day Through German Eyes*, p. 94
55   'Every morning I thought of my brother . . .': ibid
55   'The Atlantic Wall . . .': ibid
56   'Feuchtinger had to delegate . . .': Hans von Luck, *Panzer Commander*, p. 167
56   'Gentlemen, I know the English . . .': cited in Werner Kortenhaus, *The Combat History of the 21. Panzer Division*, p. 68
56   'From my knowledge . . .': ibid
58   'In view of the thin . . .': Friedrich Freiherr von der Heydte, *A German Parachute Regiment in Normandy*, p. 6, B-839, USAHC
58   'Weapons from all over . . .': ibid, p. 8
58   'Emplacements without guns . . .': ibid
59   'A large percentage . . .': cited in Vince Milano and Bruce Conner, *Normandiefront*, p. 50

59　'Herr Major, we have . . .': ibid
59　'The weakest point . . .': Friedrich Ruge, *Rommel in Normandy*, p. 169
59　'The corporal was lying . . .': Arthur Blizzard, IWM 17979
61　'The success of any tank . . .': Stanley Christopherson Diary, February–6 June 1944
61　'I lay you 10–1 . . .': cited in ibid
62　'So, yeah . . .': Tom Bowles, author interview
62　'I know we had some guys . . .': Henry D. Bowles, author interview
62　'The men were honed . . .': John Robert Slaughter, *Omaha Beach and Beyond*, p. 89
63　'Sergeant, are you and your men . . .': ibid, p. 84
64　'The essence of his technique . . .': Carol Mather, *When the Grass Stops Growing*, p. 246
65　'He either fears his fate . . .': Montgomery of Alamein, Field Marshal the Viscount, *Memoirs*, p. 244, and Mather, p. 247
65　'Then everyone burst out . . .': Mather, p. 247

第5章　天气和风力
69　'If our planning . . .': DDE, Vol. III, no. 1,682
74　'I hesitate to increase . . .': TNA AIR 37/772
74　'However, a strong airborne . . .': ibid
74　'Brad, the best of luck . . .': Chester B. Hansen Diary, 2/6/1944
75　'We are done with the heavy . . .': ibid
77　'Gentlemen, the fears . . .': LHCMA LH 15/15/29
77　'Are we prepared to take a gamble . . .': ibid
77　'Pleasant dreams . . .': ibid
78　'Are there any dissenting . . .': ibid
78　'The fair interval . . .': ibid
78　'It's a helluva gamble . . .': cited in Stephen E. Ambrose, *The Supreme Commander*, p. 416
79　'The question is . . .': ibid
79　'Stagg, we've put it on . . .': LHCMA LH 15/15/29
79　'Lay and thought . . .': ibid
79　'OK. Let's go.': Ambrose, p. 417

第6章　大战
82　5,552,000 tons . . . : cited in Duncan S. Ballantine, *U.S. Naval Logistics in the Second World War*, p. 170
82　'Damn, he did unbelievable things . . .': Charles 'Tick' Bonesteel, USAHC
83　'It is a most complicated . . .': Robert W. Love, Jr., and John Major (eds), *The Year of D-Day: The 1944 Diary of Admiral Sir Bertram Ramsay RN*, 24/3/1944
85　'They *must* float up and down . . .': WSC, Vol. V, p. 66
86　'Every detail was there . . .', A. M. D. Lampen, *Naval Reminiscences*, LHCMA V/7
86　'It's been decided . . .': ibid, V/9

87   'However, there's no point . . .': ibid
87   'I became familiar . . .': ibid, VI/4
88   'No single question . . .': cited in *Battle Summary No. 39: Operation "Neptune", Landings in Normandy, June 1944*, TNA, p. 24
89   'Made 16 . . .': Ramsay Diary, 29/5/1944
90   'Everybody who was supposed . . .': General Elwood Richard 'Pete' Quesada, interview 3, AFHRA
90   'Goddam it, Pete . . .': ibid
91   'You have to have . . .': ibid
91   'The air forces were fighting . . .': ibid
92   'I stayed up . . .': Ernie Pyle, *Brave Men*, p. 351
92   'The Germans will have to . . .': ibid, p. 354
92   'From a vague . . .': ibid, p. 356
93   'I tried to visualise . . .': Stanley Christopherson Diary, 5/6/44
93   'I immediately set about . . .': ibid
94   'This was the invasion . . .': Chester B. Hansen Diary, 3/6/1944

第7章　空中力量

95   'Constant enemy air attacks . . .': cited in James A. Wood (ed.), *Army of the West*, p. 35
95   'Paris has been systematically . . .': cited in Major L. F. Ellis, *Victory in the West*, p. 111
95   'Large-scale strategic . . .': ibid
96   'In fact, the whole crew . . .': Truman Smith, *The Wrong Stuff*, p. 37
96   'There was an overpowering . . .': ibid, p. 136
97   'I'm not going.': ibid, p. 137
97   'This was the fourth . . .': ibid
98   'Once the pilots and crew . . .': Joseph J. Boylan, *Goon's Up*, p. 228
98   'One of our planes got it!': ibid, p. 227
100   'Living outside Germany . . .': Ken Adam, author interview
101   'We were the last in . . .': ibid
101   'Junior Soesman hit . . .': Ken Adam, logbook
101   'Target well pranged': TNA AIR 27/2103
103   '*Where* within this entire . . .': F. H. Hinsley et al., *British Intelligence in the Second World War*, Vol. III, Part 2, p. 64
104   'the arsehole from the Berghof': cited in Ralf Georg Reuth, *Rommel: The End of a Legend*, p. 170
104   'highly animated': Friedrich Ruge, *Rommel in Normandy*, p. 172

第8章　登陆日的前一天

109   'Well, here it is . . .': Mark J. Alexander and John Sparry, *Jump Commander*, p. 173
110   'I want to be there . . .': cited in ibid, p. 174
111   'There has been no . . .': F. H. Hinsley et al., *British Intelligence in the Second World War*, Vol. III, Part 2, p. 63

114　'Airborne troops . . .': Ridgway Papers, Box 2a, USAHC

117　'In D Company . . .': Denis Edwards, *The Devil's Own Luck*, p. 19

117　'Apart from flying training . . .': ibid

117　'I smoked a great many . . .': ibid, p. 33

118　'My muscles tightened . . .': ibid, p. 35

118　'You've had it chum . . .': ibid

119　'In my opinion . . .': Latham B. Jenson, *Tin Hats, Oilskins & Seaboots*, p. 215

119　'I have just been informed . . .': ibid, p. 222

第9章　登陆日：最初的几个小时

120　'This time, no more . . .': Robert Leblanc, *Journal du Maquis*, ed. Alain Corblin, 5/6/1944

121　'I make the most of the minutes . . .': ibid, 5/6/1944

121　'Two minutes from cast-off . . .': cited in John Howard and Penny Bates, *The Pegasus Diaries*, p. 117

122　'Probably the only thing . . .': Denis Edwards, IWM 23207

122　'Relief, exhilaration . . .': Denis Edwards, *The Devil's Own Luck*, p. 43

124　'Are you scared?': Bert Stiles, *Serenade to the Big Bird*, p. 5

124　'Maybe this is D-Day . . .': ibid, p. 79

124　'D-Day. Honest to God.': ibid, p. 80

125　'Hello Four Dog . . .': Howard and Bates, p. 123

126　'Fate had led me . . .': Richard Todd, *Caught in the Act*, p. 143

127　'Gentlemen, in spite of your excellent . . .': cited in Winston G. Ramsay (ed.), *D-Day Then and Now*, Vol. I, p. 238

128　'All units are . . .': Hans von Luck, *Panzer Commander*, p. 172

132　'Though I had been . . .': Dick Winters, *Beyond Band of Brothers*, p. 81

133　'The regiment is . . .': Friedrich Freiherr von der Heydte *A German Parachute Regiment in Normandy*, p. 4, B-839, USAHC

136　'It burned very nicely . . .': Edwards, *The Devil's Own Luck*, p. 45

137　'No mistake . . .': Leblanc Diary, 5/6/1944

137　'Nobody is killed . . .': ibid

137　'Highest Alarm Status . . .': Franz Gockel, *La Porte de l'Enfer*, p. 79; cited in Vince Milano and Bruce Conner, *Normandiefront*, p. 71

137　'In our lightweight uniforms . . .': Gockel, p. 80

138　'Thousands of ships . . .': cited in Milano and Conner, p. 72

第10章　登陆日：黎明

140　'They immediately made me . . .': John Raaen, NWWIIM

140　'We trained hard . . .': ibid

143　'The Allies are landing!': Geneviève Dubosq, *Dans la nuit du débarquement*, p. 73

143　'*Venez ici* . . .': ibid, p. 79

144　'Suddenly, I am . . .': ibid, p. 88

144　'We are extremely . . .': ibid, p. 99

144　'Here comes a car . . .': Malcolm Brannen, CRAOU

第 11 章 登陆日：美军登陆

第12章 登陆日：英军和加拿大军登陆

168 'Any minute now . . .': Latham B. Jenson, *Tin Hats, Oilskins & Seaboots*, p. 225

169 'Ten boats stretched . . .': Charles Cromwell Martin, *Battle Diary*, p. 5

170 'I was struck speechless . . .': cited in Holger Eckhertz, *D-Day Through German Eyes*, p. 70

170 'Are we sorry . . .': ibid, p. 71

171 'Our MG was running very hot . . .': ibid, p. 76

172 'Come on, be quick . . .': ibid, p. 78

172 'I began to understand . . .': ibid

173 'I looked into the MG room . . .': ibid, p. 80

174 'He certainly appeared . . .': Stanley Christopherson Diary, 6/6/1944

175 'Move! Fast! . . .': Martin, p. 6

176 'It was a great gun . . .': Bob Roberts, author interview

176 'Right out in the country . . .': ibid

176 'Because you didn't know what . . .': ibid

176 'When the explosions began . . .': cited in Eckhertz, p. 100

176 'However great the pressure . . .': ibid

177 'There was nothing . . .': Bob Roberts, author interview

178 'All I could see . . .': ibid

178 'They thought it was . . .': ibid

178 'Come on, let's . . .': ibid

179 'They screamed as they . . .': Eckhertz, p. 105

180 'I saw that his legs . . .': ibid, p. 108

180 'Up at 5.00 hours . . .': Revd. Leslie Skinner, *The Man Who Worked on Sundays*, 6/6/1944

181 'Chaos ashore . . .': ibid

181 'sneaking desire': Stanley Christopherson Diary, 6/6/1944

183 'It was terrific . . .': Arthur Blizzard, IWM 17979

183 'Jerry was machine-gunning . . .': ibid

184 'The most difficult challenge . . .': Hubert Fauré Oral History, MdC

185 'The shock was so strong . . .': ibid

第13章 登陆日：战役的转折点

187 'I'm sorry, Lieutenant . . .': Dick Winters, *Beyond Band of Brothers*, p. 85

187 'Move, for Christ's sake . . .': ibid, p. 86

187 'This entire engagement . . .': ibid

188 'No make me dead!': ibid, p. 88

188 'Perhaps the Germans were short . . .': ibid

189 'I took a final look . . .': ibid, p. 89

189 'I was thirsty as hell . . .': ibid, p. 91

189 'Everything is in his favour . . .': General Miles Dempsey, Ronald Lewin Papers, CCL

190 'So the enemy invasion . . .': cited in David Irving, *The Trail of the Fox*, p. 335

190　'Normandy! Normandy!. . .': cited in Daniel Allen Butler, *Field Marshal*, p. 480

192　'With every casualty. . .': Franz Gockel, *La Porte de l'Enfer*, p. 90

193　'Hey, Captain, look. . .': John Raaen, NWWIIM

193　'What's the situation. . .': ibid

194　'Our attitude was. . .': ibid

195　'Absolutely none. . .': ibid

195　'You could see bullets. . .': Tom Bowles, author interview

196　'You could see the shells. . .': Henry D. Bowles, author interview

197　'I am not ready. . .': Frank Wright, IWM 23819

197　'It was not altogether pleasant. . .': Stanley Christopherson Diary, 6/6/1944

198　'I had a feeling. . .': cited in Holger Eckhertz, *D-Day Through German Eyes*, p. 110

198　'Our gunners in their enthusiasm. . .': ibid, p. 111

199　'I looked back. . .': ibid, p. 114

199　'He missed the gunner. . .': Hubert Fauré Oral History, MdC

200　'Kieffer was not. . .': ibid

200　'Some of our battle positions. . .': Fritz Ziegelmann, B-432, USAHC

第14章　登陆日：立足点

202　'In training I placed. . .': cited in P. A. Spayd, *Bayerlein*, p. 156

203　'The nights were very short. . .': Fritz Bayerlein, ETHINT 66-ML-1079, USAHC

203　'Too late, much too late!': Hans von Luck, *Panzer Commander*, p. 178

204　'That is not too healthy. . .': Denis Edwards, *The Devil's Own Luck*, p. 51

205　'So to add to our. . .': Richard Todd, *Caught in the Act*, p. 177

205　'You English in the church. . .': Edwards, p. 53

206　'It's them!. . .': ibid, p. 54

207　'He was just sat. . .': Tom Bowles, author interview

208　'Apparently, the situation. . .': Chester B. Hansen Diary, 6/6/1944

208　'There was continual. . .': ibid

208　'Bradley shows no sign. . .': ibid

209　'We all crouched. . .': cited in Vince Milano and Bruce Conner, *Normandiefront*, p. 99

210　'After a long time. . .': ibid, p. 114

210　'The CO, Oberst Meyer. . .': Telephone Diary of the 352nd Infantry Division (Coastal Defense Section Bayeux), USAHC (provided by Fritz Ziegelmann)

210　'Never in my wildest. . .': Stanley Christopherson Diary, 6/6/1944

211　'Shot her right between the eyes. . .': Bob Roberts, author interview

211　'We followed the fields. . .': Charles Cromwell Martin, *Battle Diary*, p. 14

213　'I nearly got kaput over it. . .': Arthur Blizzard, IWM 17979

213　'What we really wanted. . .': ibid

214　'They really schlacked. . .': Mark J. Alexander and John Sparry, *Jump Commander*, p. 192

214 'I have never seen . . .': Geneviève Dubosq, *Dans la nuit du débarquement*, p. 116

215 'Mama uses boiled water . . .': ibid, p. 120

215 'The time had come! . . .': Kurt Meyer, *Grenadiers*, p. 216

215 'I have breathed . . .': Kurt Meyer, TNA WO 208/4177

216 'We knew what was in front . . .': Meyer, *Grenadiers*, p. 216

216 'They were imbued . . .': ibid, p. 214

217 'Then all hell broke loose . . .': von Luck, p. 179

218 'For us wounded . . .': Franz Gockel, *La Porte de l'Enfer*, p. 97

218 'Even in these . . .': ibid, p. 104

218 'It looked as though . . .': Karl Wegner, cited in Milano and Conner, p. 107

219 'I let fly . . .': Wolfgang Fischer, *Luftwaffe Fighter Pilot*, p. 137

220 'Charlie, it's such a sad day . . .': Martin, p. 16

第15章　桥头堡

226 'All looked orderly . . .': Richard E. Turner, *Mustang Pilot*, p. 85

226 'They've increased . . .': Truman Smith, *The Wrong Stuff*, p. 166

227 'So all the negatives . . .': Joseph J. Boylan, *Goon's Up*, p. 231

227 'One could hardly . . .': ibid, p. 232

227 'Not too bad . . .': ibid

227 'A soldier was lying . . .': Kurt Meyer, *Grenadiers*, p. 216

228 'Where was our Luftwaffe . . .': ibid, p. 220

228 'The whole expanse . . .': ibid, p. 222

229 'Decision made in view of . . .': Chester B. Hansen Diary, 7/6/1944

230 'Unless the wind drops . . .': TNA WO 285/9

231 'It is sometimes difficult . . .': TNA AIR 37/772

232 'On June 7 . . .': Mark J. Alexander and John Sparry, *Jump Commander*, p. 193

233 'I am astonished . . .': Geneviève Dubosq, *Dans la nuit du débarquement*, p. 147

234 'Here I am . . .': ibid, p. 176

234 'Winters, I hate . . .': Dick Winters, *Beyond Band of Brothers*, p. 97

235 'Combat in Normandy . . .': ibid, p. 98

235 'We can also hear . . .': Martin Pöppel, *Heaven and Hell*, p. 179

236 'The night of D-Day . . .': John Raaen, NWWIIM

236 'They were far better . . .': cited in Vince Milano and Bruce Conner, *Normandiefront*, p. 135

237 'We had practically . . .': Raaen, NWWIIM

239 'That was a bad day . . .': Arthur Blizzard, IWM 17979

240 'drive the enemy who had . . .': Hubert Meyer, *The 12th SS: The History of the Hitler Youth Panzer Division*, Vol. I, p. 134

240 'One could no longer . . .': Kurt Meyer, p. 224

241 'We quickly turned back . . .': cited in Hubert Meyer, Vol. I, p. 147

第16章　战斗轰炸机的赛场

244 'Any questions?': Frank Wright, IWM 23819

244 'Our target . . .': ibid

244 'I must be dreaming . . .': ibid
245 'White faced, hands held high . . .': ibid
245 'I'm going to die here . . .': ibid
246 'And we were over . . .': ibid
246 'What would be . . .': Carol Mather, *When the Grass Stops Growing*, p. 255
246 'There was the acrid . . .': ibid, p. 257
246 'Submerged tanks and . . .': Ernie Pyle, *Brave Men*, p. 360
246 'a shore-line museum . . .': ibid, p. 366
246 'On the beach lay . . .': ibid, p. 367
247 'They didn't need to . . .': ibid, p. 369
247 'Willi and I . . .': cited in Vince Milano and Bruce Conner, *Normandiefront*, p. 145
247 'Wegner, the Amis . . .': ibid
248 'And we took Pointe du Hoc . . .': John Raaen, NWWIIM
248 'We were given . . .': Stanley Christopherson Diary, 7/6/1944
250 'The main road . . .': cited in P. A. Spayd, *Bayerlein*, p. 157
250 'The section between . . .': cited in Paul Carrell, *Invasion! They're Coming!*, p. 113
250 'These are serious losses . . .': cited in Spayd, p. 159
251 'We knew it would be difficult . . .': Helmut Ritgen, *The Western Front, 1944*, p. 57
252 'Are you going to be . . .': Tom and Henry Bowles, author interview

第17章 会合

255 'They were AT&T's best . . .': General Elwood Richard 'Pete' Quesada, interview 3, AFHRA
256 'Headquarters IX Tactical . . .': cited in Thomas Hughes, *Over Lord*, p. 144
257 'I wanted all to be sunk . . .': Robert W. Love, Jr. and John Major (eds), *The Year of D-Day: The 1944 Diary of Admiral Sir Bertram Ramsay RN*, 8/6/1944
257 'Just a day . . .': ibid, 9/6/1944
257 'The method of scuttling . . .': Ambrose Lampen, *Naval Reminiscences*, LHCMA VII/7
257 'I saw the whole thing . . .': ibid, VII/9
258 'I knew immediately . . .': ibid
259 'So I made up . . .': John Raaen, NWWIIM
259 'One minute they were . . .': John Robert Slaughter, *Omaha Beach and Beyond*, p. 127
260 'If they would only fight . . .': cited in Vince Milano and Bruce Conner, *Normandiefront*, p. 155
260 'Even though we fell back . . .': ibid, p. 147
260 'But always we asked . . .': ibid, p. 148
261 'Point 103 became . . .': Stanley Christopherson Diary, 9/6/1944
261 'Mike's stammer . . .': ibid

262 'I was glad I didn't have . . .': Mark J. Alexander and John Sparry, *Jump Commander*, p. 197

262 'Ship after ship . . .': Martin Pöppel, *Heaven and Hell*, p. 184

262 'It's easy to imagine . . .': ibid, p. 202

264 'These shortcomings . . .': Dick Winters, *Beyond Band of Brothers*, p. 102

264 'All told, it was a rough . . .': ibid, p. 102

264 'Move out! . . .': ibid, p. 104

265 'June 11 I shall long . . .': Stanley Christopherson Diary, 11/6/1944

266 'He judged the terrain . . .': Helmut Ritgen, *The Western Front, 1944*, p. 60

266 'He temporarily . . .': ibid, p. 60

第18章　财富限制和物资贫乏带来的机动作战的自由

268 'Besides, my squadron-mates . . .': Richard E. Turner, *Mustang Pilot*, p. 86

268 'I hit him just . . .': ibid, p. 87

269 'And with my bonus . . .': ibid, p. 88

269 'Our attacks on . . .': Lewis H. Brereton, *The Brereton Diaries*, 13/6/1944

269 'These buzz bombs . . .': Mary Morris, 13/6/1944, IWM 4850

270 'beautiful but rather frightening': ibid, 5/6/1944

270 'Tremendous buzz of excitement . . .': ibid, 6/6/1944

270 'This new form of attack . . .': WSC, Vol. VI, p. 35

270 'They say you have . . .': Harry C. Butcher, *Three Years with Eisenhower*, 16/6/1944

271 'The Air Ministry estimates . . .': Brereton, 14/6/1944

271 'Last night Ike was concerned . . .': Butcher, 15/6/1944

272 'It was mainly little . . .': Tom Bowles, author interview

272 'At "stand to" . . .': Denis Edwards, *The Devil's Own Luck*, p. 77

273 'Then began . . .': Hans von Luck, *Panzer Commander*, p. 187

273 'A veritable inferno . . .': ibid

273 'There were only his eyes . . .': Hubert Fauré Oral History, MdC

274 'What more could we set . . .': von Luck, p. 187

274 'We now finally . . .': ibid

274 'A concerted blow . . .': TNA WO 285/9

281 'The chain of command . . .': Leo Geyr von Schweppenburg, B-466, USAHC

282 'In the past twenty-four hours . . .': TNA WO 285/8

283 'Caen is the key to Cherbourg': cited in Chester B. Hansen Diary, 17/6/1944

第19章　在后方

285 'The butcheries were . . .': Friedrich Ruge, *Rommel in Normandy*, p. 183

285 'I've already briefed . . .': cited in David Irving, *The Trail of the Fox*, p. 350

285 'June 13 was about . . .': Dick Winters, *Beyond Band of Brothers*, p. 108

286 'The division was bled white . . .': Leo Geyr von Schweppenburg, B-466, USAHC

287 'As soon as we reached . . .': Willi Müller, *Vom Pionier-Bataillon in der Normandie zum Panzerjagdkommando in Sachsen*, p. 74

288 'It is not a good time . . .': cited in Alistair Horne, *The Lonely Leader*, p. 154

288 'What is there then . . . ?': WSC, Vol. VI, p. 11

288 'I am hopeful . . .': Francis L. Loewenheim et al. (eds), *Roosevelt and Churchill: Their Secret Wartime Correspondence*, No. 544, p. 501

289 'It was explained . . .': Carol Mather, *When the Grass Stops Growing*, p. 263

289 'The General thanks you . . .': ibid, p. 264

289 'At the sight of General de Gaulle . . .': cited in Charles Williams, *The Last Great Frenchman*, p. 258

290 'I was only a lieutenant . . .': Peter McFarren and Fadrique Iglesias, *The Devil's Agent*, p. 49

290 'Poor people, but I can't . . .': Robert Leblanc, *Journal du Maquis*, ed. Alain Corblin, 6/6/1944

291 'I must confess . . .': ibid, 7/6/1944

291 'We used to say . . .': ibid, 11/6/1944

291 'Whatever happens next . . .': ibid

292 'Tears come to my eyes . . .': ibid, 13/6/1944

第20章　煎熬的战斗

295 'Well, Frenchie . . .': Pierre Clostermann, *The Big Show*, p. 171

295 'The Huns have left . . .': ibid, p. 172

295 'Don't worry, Pierre . . .': ibid

296 'Deafened, battered . . .': ibid, p. 173

296 'Oh, you know . . .': ibid

297 'At first sight . . .': Robert Woollcombe, *Lion Rampant*, p. 37

297 'All through my young life . . .': Ken Tout, *By Tank*, p. 10

297 'You couldn't go . . .': Ken Tout, author interview

298 'Some very unpleasant fighting . . .': Stanley Christopherson Diary, 20/6/1944

298 'For a day . . .': ibid

298 'We were fortunate . . .': Helmut Ritgen, *The Western Front, 1944*, p. 61

298 'to do harm to their enemies . . .': ibid, p. 63

299 'which we could not . . .': ibid

300 'I put the razor . . .': cited in Vince Milano and Bruce Conner, *Normandiefront*, p. 208

300 'One concentrated attack . . .': ibid, p. 192

300 'They asked us . . .': Johannes Börner, author interview

301 'It was very hard . . .': ibid

301 'The 2nd Squad . . .': John Robert Slaughter, *Omaha Beach and Beyond*, p. 128

302 'Carentan badly hit . . .': Chester B. Hansen Diary, 15/6/1944

303 'It was obvious . . .': J. Lawton Collins, *Lightning Joe*, p. 208

303　'He made no excuses . . .': ibid

303　'Still a good artillery man . . .': Chester B. Hansen Diary, 14/6/1944

304　'Before you cross . . .': Mark J. Alexander and John Sparry, *Jump Commander*, p. 215

304　'My 1st Battalion . . .' : ibid, p. 217

304　'One could feel . . .': cited in Milano and Conner, p. 204

305　'That was then . . .': Slaughter, p. 130

307　'The fortress of Cherbourg . . .': Hans Speidel, *Invasion 1944*, p. 90

308　'Cherbourg will fall in a week.': ibid, p. 91

308　'There's no front line . . .': ibid, p. 93

第21章　大风暴

310　'I won't have you bothered . . .': DDE, Vol. III, Doc. 1759

311　'Everything was a vivid green . . .': Ernie Pyle, *Brave Men*, p. 374

311　'It was as though life . . .': ibid

311　'I've been in the army . . .': ibid, p. 375

311　'This good-will business . . .': ibid, p. 378

312　'Maybe you ought . . .': Orion C. Shockley, *Random Chance*, p. 83

312　'It was cold . . .': ibid, p. 125

312　'There was fear . . .': Mary Morris, 18/6/1944, IWM 4850

313　'Hold on until . . .': ibid

313　'Matron was the last . . .': ibid

313　'There was mile after mile . . .': ibid, 19/6/1944

313　'The weather was . . .': Latham B. Jenson, *Tin Hats, Oilskins & Seaboots*, p. 231

313　'Dark, cold and rainy . . .': Chester B. Hansen Diary, 19/6/1944

314　'This was a never-before . . .': cited in Hubert Meyer, *The 12th SS: The History of the Hitler Youth Panzer Division*, Vol. I, p. 251

314　'The only consolation . . .': Helmut Ritgen, *The Western Front, 1944*, p. 65

315　'We were all proud . . .': Ambrose Lampen, *Naval Reminiscences*, LMHCA VIII/5

315　'Under her lee . . .': ibid

315　'Now was revealed . . .': Jenson, p. 232

316　'The strong north wind . . .': General Miles Dempsey Papers, TNA WO 285/9

318　'Of course we did not . . .': Montgomery of Alamein, Field Marshal the Viscount, *Memoirs*, p. 254

319　'It was a narrow escape . . .': Richard E. Turner, *Mustang Pilot*, p. 92

319　'While you play around . . .': Jenson, p. 233

320　'My folks were . . .': William A. Biehler, Rutgers Oral History Archives

320　'The repple-depples were terrible . . .': ibid

321　'I don't think . . .': ibid

322　'I suppose I could . . .': Reg Spittles, 'Story No. 24', BTM Archives

322　'After all, they were . . .': ibid

323　'Chezzy has so much warmth . . .': Mary Morris, 20/6/1944, IWM 4850

323 'very high and mighty': ibid
323 'Hans is quite unlike . . .': ibid, 23/6/1944
324 'He thought he would . . .': Robert Leblanc, *Journal du Maquis*, ed. Alain Corblin, 20/6/1944
325 'I do not hesitate . . .': ibid, 22/6/1944
325 'I postponed 8 Corps . . .': Dempsey, TNA WO 285/9

第22章　埃普索姆行动

326 'Without talking . . .': Kurt Meyer, *Grenadiers*, p. 242
326 'We were already . . .': ibid
327 'All the luck in the world . . .': cited in Hubert Meyer, *The 12th SS: The History of the Hitler Youth Panzer Division*, Vol. I, p. 335
332 'Everyone admirably controlled . . .': Robert Woollcombe, *Lion Rampant*, p. 53
332 'Little rashes of goose flesh . . .': ibid, p. 54
333 'I happened to be following . . .': Stanley Christopherson Diary, 26/6/1944
333 'As so often in the past . . .': Kurt Meyer, p. 242
334 'Look, he's only seventeen!': Woollcombe, p. 60
334 'Don't shoot – don't shoot! . . .': ibid, p. 61
334 'Well done, my boy . . .': ibid, p. 62
337 'It was a case of survival . . .': Reg Spittles, 'Story No. 41', BTM Archives
337 'I just thought . . .': ibid
337 'The absence of rocket-firing . . .': TNA WO 171/860
338 'The yard was a slough . . .': Woollcombe, p. 65
338 'It seemed there was no hope . . .': ibid, p. 67
349 'Transport had to be marshalled . . .': Walter Caines Journal, p. 6, IWM 306
340 'This was done . . .': cited in Hubert Meyer, p. 378
340 'Help me! . . .': ibid, p. 379
341 'The crew inside the Panzer . . .': ibid, p. 380

第23章　瑟堡和苏格兰走廊

343 'Send liaison officer . . .': cited in Marvin Jensen, *Strike Swiftly!*, p. 157
343 'Now you didn't do that . . .': ibid, p. 158
344 'That machine-gun . . .': ibid, p. 172
345 'Concentrated enemy fire . . .': cited in G. A. Harrison, *United States Army in World War II: Cross-Channel Attack*, p. 432
345 'You will continue . . .': ibid, p. 434
345 'The whole thing . . .': Ernie Pyle, *Brave Men*, p. 399
346 'Our company is starting . . .': ibid
346 'Why don't you tell . . .': ibid, pp. 399–400
346 'A rifle platoon goes first . . .': ibid, p. 400
346 'Spread it out . . .': ibid, p. 401
347 'They weren't warriors . . .': ibid

347 'The blast was terrific . . .': ibid, p. 404

348 'Hans brings me a cup . . .': Mary Morris, 24/6/1944, IWM 4850

349 'These pants are hilarious . . .': ibid, 26/6/1944

349 'He completely ignores . . .': ibid, 27/6/1944

349 'Although he is too shocked . . .': ibid

349 'I fix him up . . .': ibid

350 'The heavy fighting . . .': Kurt Meyer, *Grenadiers*, p. 248

351 'We let them come close . . .': cited in Hubert Meyer, *12th SS: The History of the Hitler Youth Panzer Division*, Vol. I, p. 394

352 'His deep, sunken eyes . . .': Kurt Meyer, p. 249

352 'It was booty . . .': cited in Hubert Meyer, p. 396

353 'This was the first time . . .': Walter Caines Journal, p. 6, IWM 306

354 'The capture of Fontenay . . .': Stanley Christopherson Diary, 27/6/1944

355 '15 Div is still involved . . .': General Miles Dempsey Papers, TNA WO 285/9

355 'Others started to get him . . .': Orion C. Shockley, *Random Chance*, p. 148

355 'We got clobbered . . .': Ken Tout, *By Tank*, p. 15

356 'Until this is done . . .': Dempsey, TNA WO 285/9

356 'The street was too narrow . . .': Kurt Meyer, p. 251

357 'There was no time . . .': Walter Caines Journal, p. 8, IWM 306

357 'It was impossible . . .': Kurt Meyer, p. 252

357 'The constant use . . .': ibid

第24章　高层的麻烦

360 'We are always . . .': Friedrich Ruge, *Rommel in Normandy*, p. 194

361 'Caution had to be exercised . . .': ibid, p. 196

362 'Then, if everything goes well . . .': cited in David Irving, *The Trail of the Fox*, p. 478

363 'For us in the 391st . . .': Joseph J. Boylan, *Goon's Up*, p. 232

366 'Should there be . . .': TNA CAB 106/1031

366 'It is essential . . .': ibid

367 'I had to report . . .': Arthur Tedder, *With Prejudice*, p. 555

368 'I began to feel . . .': Pierre Clostermann, *The Big Show*, p. 181

369 'He mowed down . . .': ibid, p. 184

370 'The new set-up . . .': Richard E. Turner, *Mustang Pilot*, p. 93

370 'I wasn't planning . . .': ibid, p. 97

371 'There is nothing like . . .': ibid, p. 99

372 'Eutrecht's subconscious . . .': Truman Smith, *The Wrong Stuff*, p. 179

372 'The myth about . . .': ibid, p. 243

373 'I will back you up . . .': DDE, Vol. III, 7/7/1944

373 'Please be assured . . .': ibid

373 '4 aiming points . . .': TNA AIR 37/1057

374 'Another good daylight prang . . .': Ken Handley Diary, 7/7/1944, IWM 3198

第25章　血腥波卡基

376 'Weapons and equipment . . .': Friedrich Freiherr von der Heydte, *A German Parachute Regiment in Normandy*, p. 26, B-839, USAHC

377 'Never before . . .': ibid, p. 25

377 'Excellent progress . . .': Martin Pöppel, *Heaven and Hell*, p. 210

377 'Eight shots . . .': ibid, p. 217

377 'The Americans will scarcely . . .': ibid

378 'Damn it . . .': ibid, p. 220

379 'The maddest I ever got . . .': cited in Marvin Jensen, *Strike Swiftly!*, p. 183

380 'They're shooting right down . . .': Mark J. Alexander and John Sparry, *Jump Commander*, p. 227

381 'So here was what I would call . . .': Charles 'Tick' Bonesteel, USAHC

383 'There was no time . . .': John Robert Slaughter, *Omaha Beach and Beyond*, p. 132

384 'The hedgerows were our allies . . .': cited in Vince Milano and Bruce Conner, *Normandiefront*, p. 217

385 'We wanted to fight . . .': Kurt Meyer, *Grenadiers*, p. 254

386 'It was terrible . . .': Charles Cromwell Martin, *Battle Diary*, p. 37

386 'The roasting of human . . .': Ken Tout, *By Tank*, p. 19

387 'Give 'em hell, boys!': ibid, p. 20

387 'That's it then . . .': ibid, p. 21

387 'Our cellar shook . . .': Meyer, p. 259

388 'Hullo, all stations, Yoke . . .': Tout, p. 22

389 'For what it's worth . . .': ibid, p. 24

389 'That's OK . . .': ibid, p. 25

389 'No way forward . . .': ibid, p. 26

389 'We scrunch around . . .': ibid

390 'The soldiers of 12. SS . . .': Meyer, p. 266

第26章　像狐狸一样生活

391 'Felt too ill . . .': Mary Morris, 9/7/1944, IWM 4850

391 'This young man . . .': ibid, 4/7/1944

392 'Their bodies were black . . .': ibid, 5/7/1944

392 'Our star was setting . . .': cited in Vince Milano and Bruce Conner, *Normandiefront*, p. 235

392 'When I went back . . .': Charles Cromwell Martin, *Battle Diary*, p. 45

393 'Undressing and bathing . . .': Helmut Ritgen, *The Western Front, 1944*, p. 63

393 'Junior and I . . .': John Robert Slaughter, *Omaha Beach and Beyond*, p. 137

394 'In general, we lived in the ground . . .': Ritgen, p. 63

395 'You were totally independent . . .': author interview

395 'We were able to add . . .': ibid

396 'The bocage allowed . . .': Ritgen, p. 96

397 'My crews suffered . . .': ibid

397 'March on several roads . . .': *Ausbildungshinweis* Nr. 33, BA-MA

398 'It was incredibly cumbersome . . .': Eberhard Günther Beck, *Tagebuch*, p. 7, BA-MA
398 'Fields and streets . . .': ibid, p. 12
398 'It was said his head . . .': ibid
399 'For us, the war was long lost . . .': ibid, p. 13
399 'Shells rained down . . .': Walter Caines Journal, p. 16, IWM 306
400 'Little did he know . . .': ibid, p. 17
401 'It was hell . . .': ibid, p. 19
401 'Something I will never forget . . .': ibid
401 'We thanked God . . .': ibid, p. 21
403 'How did we come . . .': Willi Müller, *Vom Pionier-Bataillon in der Normandie zum Panzerjagdkommando in Sachsen*, p. 88
403 'Can a seventeen year-old . . .': ibid, p. 89
404 'Medic! . . .': William A. Biehler, Rutgers Oral History Archives
404 'The machine guns . . .': ibid
404 'We just fired . . .': ibid
404 'After much thought . . .': Richard Blackburn, *In the Company of Heroes*, p. 93
405 'It was very difficult . . .': ibid, p. 155
406 'Disregarding the bocage . . .': Chester B. Hansen Diary, 13/7/1944

第27章　武器和作战水平浅论

412 'Examining his wounds . . .': Orion C. Shockley, *Random Chance*, p. 127
415 'But since ammunition . . .': cited in Samuel W. Mitcham, *Panzers in Normandy*, p. 56
416 'They have, of course . . .': 21st Army Group AFV Technical Report, 355.486.1 BTM
416 'The two attacks . . .': ibid
417 'The enemy are frightened . . .': ibid
417 'Actually, 6 shots . . .': ibid
419 'and he brewed it up . . .': ibid
420 'It brewed up.': ibid
420 'you don't see a brick wall . . .': ibid
423 'Any nation that anticipates . . .': 'German Tank Maintenance in World War II', Department of the US Army, No. 20-202, June 1954, p. 44
425 'We could only knock . . .': Fritz Bayerlein, ETHINT 66-ML-1079, USAHC, p. 35
425 'We could not use . . .': ibid

第28章　指挥层的危机

428 'If we do not succeed . . .': Richard Freiherr von Rosen, *Panzer Ace*, p. 226
429 'Nobody was hurt . . .': ibid, p. 232
430 'If you don't attack . . .': ibid, p. 233
430 'Every round we fired . . .': ibid
431 'Our first engagement . . .': ibid, p. 235

432 'I say, now do you have . . . ?': Chester B. Hansen Diary, 30/6/1944
433 'Hitler and Rommel . . .': cited in Alastair Horne, *The Lonely Leader*, p. 183
433 'We'll give him a battle . . .': Chester B. Hansen Diary, 2/7/1944
434 'I've been wanting . . .': ibid, 12/7/1944
434 By the end of June . . . : These statistics are cited in John Peaty, 'Myth,
Reality and Carlo D'Este', *War Studies Journal*, Vol. 1, No. 2. D'Este
made a big point about the number of rifle battalions in England and
argued that Britain was shirking in Normandy and overly relying on
America's young men to carry out much of the fighting. John Peaty has
dissected D'Este's accusations in considerable detail and emphatically
disproved the suggestion.
436 'I am not prepared . . .': cited in Arthur Tedder, *With Prejudice*, p. 560
437 'Eisenhower and I . . .': ibid, p. 561
437 'We are enthusiastic . . .': DDE Vol. III, 12/7/1944
438 'The question of leaving . . .': Frank Ziegler, *The Story of 609 Squadron*,
p. 290
438 'Squadron detailed . . .': TNA AIR 27/2103
439 'The controller would say . . .': Ken Adam, author interview
439 'It was hard.': ibid
440 'Gosh, I wish I had opened . . .': Chester B. Hansen Diary, 5/7/1944
441 'What do the people think . . .': cited in Friedrich Ruge, *Rommel in
Normandy*, p. 217
442 'During the course . . .': Kurt Meyer, *Grenadiers*, p. 270
442 'We are not afraid . . .': ibid, p. 271
442 'But the higher-ups . . .': cited in ibid

第29章　古德伍德行动

446 'So absurdly simple . . .': Omar N. Bradley, *A Soldier's Story*, p. 342
447 'Bradley liked me . . .': General Elwood Richard 'Pete' Quesada, interview
3, AFHRA
449 'Notes on Second Army . . .': cited in John Baynes, *The Forgotten Victor*, p. 199
450 'Three things important . . .': cited in Arthur Tedder, *With Prejudice*, p. 562
450 'If conditions . . .': Baynes, p. 200
451 'A good early morning . . .': Ken Handley Diary, 18/6/1944
452 'From now on, I could not . . .': Richard Freiherr von Rosen, *Panzer Ace*, p. 247
452 'Of the once so beautiful . . .': ibid
454 'One battery has been . . .': Hans von Luck, *Panzer Commander*, p. 194
455 'A cruel and . . .': Charles Cromwell Martin, *Battle Diary*, p. 46
456 'No words could express . . .': ibid, p. 50
456 'The 1. SS will arrive . . .': von Luck, p. 200
457 'We brought them out . . .': von Rosen, p. 251
457 'This they did . . .': Reg Spittles, 'Story No. 14', BTM Archives
458 'Unfortunately, one rather large . . .': ibid
458 'On 20 July . . .': Tedder, p. 562
459 'swept away': cited in Samuel W. Mitcham, *Panzers in Normandy*, p. 77

第30章　圣洛

462　'The moment is fast approaching . . .': cited in James A. Wood (ed.), *Army of the West*, p. 145

462　'The terrorist act . . .': Kurt Meyer, *Grenadiers*, p. 273

462　'Although I loathed . . .': Helmut Ritgen, *The Western Front, 1944*, p. 97

462　'His death could bring us . . .': Eberhard Günther Beck, *Tagebuch*, p. 19, BA-MA

463　'Young man . . .': Richard Freiherr von Rosen, *Panzer Ace*, p. 257

463　'unsettled': Willi Müller, *Vom Pionier-Bataillon in der Normandie zum Panzerjagdkommando in Sachsen*, p. 106

463　'As feared . . .': Ritgen, p. 96

463　'I saw that there was no hope . . .': Orion C. Shockley, *Random Chance*, p. 152

464　'Lieutenant, I'm going . . .': ibid, p. 153

464　'Ow, I'm hit.': ibid, p. 161

464　'The hedgerows were terrible': John Rogers, NWWIIM

464　'We were there . . .': ibid

465　'Finally taking a cigarette . . .': Reg Spittles, 'Story No. 3', BTM Archives

465　'The journey back . . .': Robert Woollcombe, *Lion Rampant*, pp. 90–91

466　'I just wanted . . .': Beck, p. 16

466　'Hearing the news . . .': John Robert Slaughter, *Omaha Beach and Beyond*, p. 137

467　'Karl, any fool . . .': cited in Vince Milano and Bruce Conner, *Normandiefront*, p. 239

467　'Karl, through all this . . .': ibid, p. 245

467　'Thank God . . .': ibid, p. 246

468　'Almost every time . . .': ibid, p. 250

468　'quivering with alertness': Chester B. Hansen Diary, 19/7/1944

469　'General was pleased . . .': ibid

470　'Everything is now . . .': ibid

470　'That's giving them . . .': ibid

第31章　眼镜蛇行动

471　'This was meant . . .': Chester B. Hansen Diary, 21/7/1944

471　'When I die . . .': ibid, 20/7/1944

472　'It has been said of this battle . . .': cited in John Buckley, *Monty's Men*, p. 147

472　'Dammit. I'm going to . . .': Chester B. Hansen Diary, 23/7/1944

473　'It is Hell . . .': Martin Blumenson (ed.), *The Patton Papers*, p. 464

473　'I'm proud to be here . . .': ibid, p. 477

474　'This is no limited . . .': Ernie Pyle, *Brave Men*, p. 456

474　'How the hell . . .': General Elwood Richard 'Pete' Quesada, interview 8, AFHRA

475　'The human truth . . .': ibid

475　'It was hopeless . . .': Fritz Bayerlein, ETHINT 66-ML-1079, USAHC, p. 43

476　'Bail out!! . . .': Truman Smith, *The Wrong Stuff*, p. 266

476　'Based on what . . .': ibid, p. 273

476   'And before the next . . .': Pyle, p. 434
476   'We sat in a little café . . .': J. Lawton Collins, *Lightning Joe*, p. 240
476   'It was all fast and furious . . .': Pyle, p. 459
477   'My God, look . . .': Smith, p. 276
477   'And while we didn't . . .': ibid, p. 277
477   'I've never known . . .': Pyle, p. 460
477   'I had heard my share . . .': Richard Blackburn, *In the Company of Heroes*,
      p. 160
477   'The feeling of the blast . . .': Pyle, p. 461
478   'You never saw so much . . .': Tom Bowles, author interview
478   'The three days . . .': Bayerlein, ETHINT 66-ML-1079, USAHC, p. 47
479   'Shock, if we survive . . .': Orion C. Shockley, *Random Chance*, p. 164
479   'I don't believe . . .': Chester B. Hansen Diary, 24/7/1944
479   'I sensed that their . . .': Collins, p. 242
480   'It really worked wonderfully . . .:' John Rogers, NWWIIM
480   'We'd have call . . .': Archie Maltbie, NWWIIM
480   'Everyone is overjoyed . . .': Chester B. Hansen Diary, 27/7/1944

第32章　蓝衣行动

482   ' The centre and the left . . .': Paul Hausser, B-179, USAHC
482   'Impossible due to . . .': Willi Müller, *Vom Pionier-Bataillon in der
      Normandie zum Panzerjagdkommando in Sachsen*, p. 111
482   'One had to play . . .': Helmut Ritgen, *The Western Front, 1944*, p. 114
483   'There were scores and scores . . .': Richard Blackburn, *In the Company of
      Heroes*, p. 163
484   'It horrified us . . .': Müller, p. 115
484   'General Bayerlein and Rommel . . .': Chester B. Hansen Diary,
      29/7/1944
485   'Felt Hitler . . .': ibid
485   'If only we Germans had this.': ibid
485   'We eagered for good news . . .': ibid
486   'This windfall covered . . .': Robert Woollcombe, *Lion Rampant*, p. 112
488   'He was a wiry . . .': Stanley Christopherson Diary, 29/7/1944
488   'This ridge was captured . . .': Walter Caines Journal, p. 27, IWM 306
489   'You may lose every tank . . .': cited in John Buckley, *Monty's Men*, p. 158
489   'It was a terrible . . .': Walter Caines Journal, p. 28, IWM 306
489   'A few fanatics . . .': ibid, p. 28
490   'I was so tired . . .': ibid, p. 29
491   'But it seemed . . .': Woollcombe, p. 113
492   'Even a troop . . .': Reg Spittles, 'Story No. 32', BTM Archives
492   'A profusion of Nebelwerfers . . .': Woollcombe, p. 114
493   'I really did feel scared . . .': Walter Caines Journal, p. 31, IWM 306
494   'The unit had certainly . . .': ibid, p. 32
494   'He was prone . . .': Stanley Christopherson Diary, 6/8/1944
494   'Ondefontaine was now . . .': Walter Caines Journal, p. 33, IWM 306

第33章　吕蒂希行动

496　'On this journey . . .': Richard Freiherr von Rosen, *Panzer Ace*, p. 257
497　'I decide that this old . . .': Robert Leblanc, *Journal du Maquis*, ed. Alain Corblin, 30/6/1944
497　'It's anarchy.': ibid, 6/7/1944
498　'Pelican, Jean l'Abbé . . .': ibid, 4/8/1944
499　'Some people are . . .': Chester B. Hansen Diary, 2/8/1944
499　'Brad went over . . .': ibid, 2/8/44
499　'Self-confidence, speed . . .': George S. Patton, *War As I Knew It*, p. 354
501　'politically unbearable . . .': Heinrich Eberbach, A-922, USAHC
503　'Events like these . . .': Richard Blackburn, *In the Company of Heroes*, p. 166
503　'Ralph, be sure . . .': J. Lawton Collins, *Lightning Joe*, p. 250
505　'In fact, not a single . . .': Rudolf-Christoph Freiherr von Gersdorff, B-725, USAHC
506　'We had hit . . .': Richard E. Turner, *Mustang Pilot*, p. 110
506　'For the next five . . .': ibid
506　'The absolute air . . .': Gersdorff, B-725, USAHC

第34章　圣艾尼昂的坦克大战

507　'I came to tell you . . .': Chester B. Hansen Diary, 7/8/1944
507　'Why break down the back door . . .': ibid
508　'Do you think . . .': Ken Tout, *By Tank*, p. 40
508　'Business this time . . .': ibid, p. 41
509　'The Germans are now . . .': ibid, p. 42
509　'Our little silver . . .': ibid
509　'Driver, start up!': ibid, p. 43
510　'That is artificial . . .': ibid, p. 46
510　'The physical sensation . . .': ibid, p. 49
510　'Behind us and to our right . . .': ibid, p. 70
512　'Sitting here like this . . .': ibid, p. 86
512　'Hallo, Roger 2 Baker . . .': ibid, p. 89
513　'Hullo, Oboe Able . . .': this incident in ibid, p. 92
514　'Two Charlie! . . .': ibid, p. 94
514　'The day degenerates . . .': ibid
515　'The clutching feeling . . .': ibid, p. 99
517　'Ken, have a look . . .': ibid, p. 110
517　'The mess on the floor . . .': ibid, p. 111
517　'Your war's over . . .': ibid, p. 119

第35章　死亡走廊

519　'What an awful waste . . .': Mary Morris, 16/8/1944, IWM 4850
522　'Our lead elements . . .': Chester B. Hansen Diary, 10/8/1944
522　'Dietrich's totally unqualified . . .': cited in Samuel W. Mitcham, *Panzers in Normandy*, p. 143

522 'It was unaccountable . . .': ibid, p. 144

522 'All we could do . . .': cited in Marvin Jensen, *Strike Swiftly!*, p. 194

522 'We got him.': ibid, p. 195

523 'She abandoned her plan . . .': Willi Müller, *Vom Pionier-Bataillon in der Normandie zum Panzerjagdkommando in Sachsen*, p. 133

523 'We had to hurry . . .': Eberhard Günther Beck, *Tagebuch*, p. 26, BA-MA

523 'Whole battery . . .': ibid, p. 24

524 'We were not supposed . . .': ibid, p. 27

524 'His head was torn . . .': Müller, p. 27

524 'When he was killed . . .': Charles Cromwell Martin, *Battle Diary*, p. 60

524 'The enlisted soldiers . . .': Kurt Meyer, *Grenadiers*, p. 283

525 'We have been in Normandy . . .': Denis Edwards, *The Devil's Own Luck*, p. 138

525 'We were informed . . .': Walter Caines Journal, p. 35, IWM 306

525 'Many prisoners were . . .': ibid

527 'Oh, Blackie, no . . .': Richard Blackburn, *In the Company of Heroes*, p. 173

527 'But I was always taught . . .': ibid, p. 181

529 'Talk about fear! . . .': Martin, p. 61

529 'Once again I was witness . . .': Meyer, p. 294

530 'No matter how many . . .': cited in Jean-Paul Pallud, *Rückmarsch!*, p. 67

530 'From there I had . . .': Stanley Christopherson Diary, 17/6/1944

530 'Between August 7 . . .': Orion C. Shockley, *Random Chance*, p. 179

531 ' "Man, horse, and truck . . ." ': Hans von Luck, *Panzer Commander*, p. 205

531 'This was an awful price . . .': Martin, p. 67

后 记

532 'The smell was terrible . . .': Ken Adam, author interview

536 'He was absolutely . . .': Peter Caddick-Adams, author interview

参考文献

个人证词

笔者的采访

Adam, Ken

Beamont, Roland 'Bee'

Börner, Johannes

Bowles, Henry D.

Bowles, Tom

Byers, Bill

Halloran, Walter

Mann, Douglas

Mather, Carol

Munro, Les

Neil, Tom

Roberts, Eldon 'Bob'

Semken, John

Tout, Ken

Watson, Stuart

Waughman, Rusty

俄亥俄大学的考李留斯雷恩档案馆（位于俄亥俄州的阿森斯）

Brannen, Malcolm D.

Cass, E. E. E.

Cota, Norman

Damski, Aloysius

Feuchtinger, Edgar

Freyberg, Leodegard

Gunning, Hugh

Hayn, Friedrich

Hermes, Walter

Keller, Robert

Morrissey, James

Oppeln-Bronikowski, Hermann, von

Pemsel, Max

Tempelhof, Hans

Thornhill, Avery

Voight, Bill

Wünsch, Anton

伦敦帝国战争博物馆

Blizzard, Arthur

Todd, Richard

约翰·凯恩的访谈

Seekings, Reg

勒加斯：位于伦敦的退伍军人视频档案馆

Corbett, Frank

Downing, Eric

Eagles, Charles

Renouf, Tom

Sullivan, Bob

卡昂纪念馆（位于诺曼底）

Fauré, Hubert

Zivolhave, Otto

国家二战博物馆（位于路易斯安那州的新奥尔良市）

Bailey, Richard

Baumgarten, Harold

Bell, Bryan

Brueland, Lowell K.

Denius, Frank

Farley, Dan

Ford, Richard

Gross, Clayton Kelly

Hawk, John 'Bud'

Lomell, Leonard

Maltbie, Archie

McCarthy, George

Raaen, John

Rice, Darold

Rogers, John

Utero, Cosmo

Venverloh, Joseph

Wichterich, George

Witmeyer, John James 'JJ'

罗宾·舍费尔的访谈

Leuffert, Karl

Seiler, Hermann

新泽西州立罗格斯大学

Biehler, William H.

Farrell, Francis

Johnson, Franklyn

Kingston, Clifford

Logerfo, Peter J.

Parisi, Joseph

Waters, John

美国空军历史研究局（位于阿拉巴马州的麦克斯韦空军基地）

Gabreski, Francis 'Gabby'
Quesada, Elwood R. 'Pete'

美国陆军遗产与教育中心（位于宾夕法尼亚州的卡莱尔兵营）

Bonesteel, Charles H.
Haley, Joseph M.
Ziegelmann, Fritz

福里斯特·博格的访谈

Alanbrooke, Viscount Sir Alan
Bonesteel, Charles H.
Bradley, Omar N.
Corbett, Paddy
De Gaulle, Charles
Dempsey, Miles
Gleave, Tom

Hughes-Hallett, John
Ismay, Hastings
Morgan, Frederick
Mountbatten, Admiral Lord Louis
Paget, Sir Bernard
Robb, James M.
Williams, E. T. 'Bill'

美国陆军历史分部，
外国军事研究系列：访谈

Bayerlein, Fritz
Rommel, Lucie
Schweppenburg, General Leo Geyr von, *Interview: Panzer Tactics in Normandy*

未出版的报告、回忆录、论文等（位于多塞特郡）

博文顿坦克博物馆（位于多塞特郡）

21st Army Group Administrative Statistics
21st Army Group AFV Technical Issues, 355.48.5
21st Army Group AFV Technical Reports, 355.486.1
Baulf, H. E. A., *Nine Elms: A Tank to Remember*, unpublished memoir
Casualties and Effects of Fire Support on the British Beaches in Normandy,
    355.48.5(4)
Current Reports from Overseas, Nos 46–57
Overlord Outline Mounting Plan
Spittles, Reg, 'Stories' No. 3, 14, 24, 32 and 41

德国联邦档案馆/军事档案馆（位于弗赖堡）

Beck, Eberhard Günther, *Tagebuch*
German Tank Production
Training Instructions, Nos 29–39

剑桥大学丘吉尔学院图书馆

Lewin, Ronald, Papers

伊顿公学图书馆（位于伊顿）

Henderson, John, Papers, Diary, Photographs

葛底斯堡博物馆（位于宾夕法尼亚州）

Winters, Richard 'Dick', Papers

艾克·斯凯尔顿联合作战研究图书馆（位于堪萨斯州的莱文沃斯堡）

70th Tank Battalion, 3663
737th Tank Battalion, 3608
741st Tank Battalion, 3522
893rd Tank Destroyer Battalion, 3518

伦敦帝国战争博物馆

Caines, Walter, Papers
Green, T. W., *Reminiscences*
Guillotin, Claude, *Memoir*
Handley, Ken, Papers
Harris, J. R., Diary
Mulry, Mary, Diary
Wright, Frank, Papers

伦敦国王学院利德尔哈特军事档案中心

Churcher, J. B., *A Soldier's Story*
Hutton, Michael, *Just a Bit of Time*, unpublished memoir
Jowett, George, *One Man's Long Journey*, unpublished memoir
Lampen, Ambrose, *Naval Reminiscences 1941–1944*, unpublished memoir

O'Connor, Richard, Papers
Wilmot, Chester, Papers
US Armed Forces Oral Histories

国家档案馆（位于伦敦邱园）

1st Northants Yeomanry War Diary, WO 171/859
2nd Northants Yeomanry War Diary, WO 171/860
4th Somerset Light Infantry War Diary, WO 171/1372
4th Wiltshire Regiment War Diary, WO 171/1394
5th Wiltshire Regiment War Diary, WO 171/1395
6 KOSB War Diary, WO 171/1322
21st Army Group Combat Reports, WO 205/422
602 Squadron, Operations Record Book, AIR 27/2078
609 Squadron, Operations Record Book, AIR 27/2103
AEAF Historical Record, AIR 37/1057
Airborne Air Planning Committee, AIR 37/773
Appreciation of Possible Developments, WO 205/118
Daily Reflections by Sir Trafford Leigh-Mallory, AIR 37/784
Dempsey Papers, WO 285
Employment of Air Forces in Operation Overlord, AIR 37/772
General Montgomery Planning Notes, CAB 106/1031
German POW Prisoner Statements, WO 232/10A
Montgomery Notes for Address to Senior Officers Before Overlord, PREM 3/339/1
Observations on RAF Bomber Command's Attack on Caen, AIR 37/1255
Overlord: An Assault by an Infantry Battalion, WO 205/422
Personnel & Morale, WO 163/53
Probability of Hitting Targets, WO291/1330
Report by Air Marshal Sir Arthur Coningham, AIR 37/867
Survey of Casualties, WO 205/116

国家档案和记录管理局
（位于马里兰州的学院公园）

4th Infantry Division after-action reports
29th Infantry Division after-action reports
82nd Airborne Division, reports, papers, etc.
101st Air Division, reports, papers, etc.
United States Army, *Notes From Normandy*, Vol. II, No. 27

朴次茅斯历史造船厂海军历史分部

Curtis, Rupert (ed.), *Chronicles of D-Day and the Battle of the Build-Up*

美国空军历史研究局（位于阿拉巴马州的麦克斯韦空军基地）

91st Bomb Group War Diary
354th Fighter Group War Diary
388th Fighter Group War Diary
391st Bomb Group War Diary

美国陆军遗产与教育中心（位于宾夕法尼亚州的卡莱尔兵营）

回忆录

Bayerlein, Fritz, *Panzer Lehr Division*, A-902
—, *Panzer Lehr Division*, A-903
Eberbach, Hans, *Panzer Group Eberbach and the Falaise Encirclement*, A-922
Elfeldt, Otto, *LXXXIV Corps*, A-968
Gersdorff, R. von, *The Argentan–Falaise Pocket*, A-919
—, *Normandy, COBRA and Mortain*, A-894
Groppe, Theodor, *SS versus Wehrmacht*, B-397
Hansen, Chester B., *Diary*
US Army Historical Division, Foreign Military Studies Series: Written Studies
Hausser, Paul, *Seventh Army*, A-907
—, *Seventh Army*, A-974
Heydte, Friedrich Freiherr von der, *A German Parachute Regiment in
    Normandy*, B-839
Holtzendorff, Hans-Henning von, *Reasons for Rommel's Success in the Desert*
Krämer, Fritz, *I SS Corps in the West in 1944*
Kraas, Hugo, *12th SS Panzer Division*
Pemsel, Max, *Battle of Normandy – Comments*, C-057
Ruge, Friedrich, *Rommel and the Atlantic Wall*, A-982
Schramm, Percy E., *OKW War Diary 1 April–18 December 1944*, B-034
Zerbel, Alfred, *Combat Operations of 6th Parachute Division in Northern France
    in 1944*, A-956

其他未出版的回忆录、博士论文等

Boylan, Joseph J., *Goon's Up*
Christopherson, Stanley, Papers, Diary, Photographs
Colvin, H. E., Diary
Neave, Julius, *The War Diary of Julius Neave*
Thomas Alexander, Hugh, *The Other Air War: Elwood 'Pete' Quesada and
    American Tactical Air Power in World War II Europe*, University of
    Houston, 1994
Wharton, Bill, Letters

当代的小册子、图册和培训备忘录

Army Life, War Department Pamphlet 21-13, US Government Printing Office, 1944

Basic Field Manual: First Aid for Soldiers, FM 21-11, US War Department, 1943

The Battle of the Atlantic: The Official Account of the Fight Against the U-Boats, 1939–1945, HMSO, 1946

Combat Instruction for the Panzer Grenadier by Helmut von Wehren, 1944; English translation by John Baum

Company Officer's Handbook of the German Army, Military Intelligence Division, US War Department, 1944

The Development of Artillery Tactics and Equipment, War Office, 1951

Der Dienst-Unterricht im Heer by Dr. Jur. W. Reibert, E. S. Mittler & Sohn, Berlin, 1941

Field Service Pocket Book, various pamphlets, War Office, 1939–1945

France, Vol. II, Naval Intelligence Division, 1942

France, Vol. III, Naval Intelligence Division, 1942

Germany, Vol. III, Naval Intelligence Division, 1944

German Infantry Weapons, Military Intelligence Service, US War Department, 1943

The German Squad in Combat, Military Intelligence Service, US War Department, 1944

German Tactical Doctrine, Military Intelligence Service, US War Department, 1942

German Tank Maintenance in World War II, Department of the US Army, No. 20-202, June 1954

Gunnery Pocket Book, 1945, The Admiralty, 1945

Handbook of German Military Forces, TM-E 30-451, US War Department, 1945

Handbook on the British Army with Supplements on the Royal Air Force and Civilian Defense Organizations, TM 30-410, US War Department, September 1942

Handbook on the Italian Military Forces, Military Intelligence Service, US Army, August 1943

Infantry Training, Part VIII – Fieldcraft, Battle Drill, Section and Platoon Tactics, War Office, 1944

Infantry Training: Training and War, HMSO, 1937

Instruction Manual for the Infantry: Field Fortifications of the Infantry, 1940, H.Dv. 130/11; English translation by John Baum

Instruction Manual for the Infantry: The Rifle Company, 1942, H.Dv. 103/2a; English translation by John Baum

Instruction Manual for the Infantry: The Machinegun Company, 1942, H.Dv. 130/3a; English translation by John Baum

Instructions for British Servicemen in France 1944, HMSO, 1944

Merchantmen at War, Prepared by the Ministry of Information, HMSO, 1944

Pilot's Notes General, Air Ministry, 1943

The Rise and Fall of the German Air Force (1933–1945), Air Ministry, 1948

R.O.F.: The Story of the Royal Ordnance Factories, 1939–48, HMSO, 1949

Der Schütze Hilfsbuch, 1943, by Oberst Hasso von Wedel and Oberleutnant
Pfasserott, Richard Schröder Verlag, Berlin, 1943

Shooting to Live by Capt. W. E. Fairbairn and Capt. E. A. Sykes, 1942

Statistics Relating to the War Effort of the United Kingdom, HMSO, November 1944

Tactics in the Context of the Reinforced Infantry Battalions by Generalmajor
Greiner and Generalmajor Degener, 1941; English translation by John Baum

TEE EMM: Air Ministry Monthly Training Memoranda, Vols I, II, III, Air
Ministry, 1939–1945

Truppenführung: On the German Art of War, edited by Bruce Condell and David
T. Zabecki, Stackpole, 2009

We Speak From the Air: Broadcasts by the RAF, HMSO, 1942

What Britain Has Done 1939–1945, Issued by the Ministry of Information, 1945

Whitaker's Almanac, 1940

Whitaker's Almanac, 1942

Whitaker's Almanac, 1944

官方历史文献

American Battle Monuments Commission, *American Armies and Battlefields in
Europe*, US Government Printing Office, 1938

Aris, George, *The Fifth British Division 1939 to 1945*, Fifth Division Benevolent
Fund, 1959

Behrens, C. B. A., *Merchant Shipping and the Demands of War*, HMSO, 1955

Blumenson, Martin, *United States Army in World War II: Breakout & Pursuit*,
Historical Division Department of the Army, 1970

Cosmas, Graham A., and Cowdrey, Albert E., *United States Army in World War
II: Medical Service in the European Theater of Operations*, Historical Division
Department of the Army, 1992

Craven, Wesley Frank, and Cate, James Lea, *The Army Air Forces in World War
II*, Vol. II: *Europe: Torch to Pointblank*, University of Chicago Press, 1947

—, *The Army Air Forces in World War II*, Vol. III: *Europe: Argument to VE Day,
January 1944 to May 1945*, University of Chicago Press, 1951

Duncan Hall, H., and Wrigley, C. C., *Studies of Overseas Supply*, HMSO, 1956

Echternkamp, Jörg (ed.), *Germany and the Second World War*, Vol. IX/I:
*German Wartime Society 1939–1945: Politicization, Disintegration, and the
Struggle for Survival*, Clarendon Press, 2008

Eisenhower, Dwight D., *Report by the Supreme Commander to the Combined
Chiefs of Staff on the Operations in Europe of the Allied Expeditionary Force, 6
June 1944–8 May 1945*, HMSO, 1946

Ellis, L. F., *Victory in the West*, HMSO, 1962

Fairchild, Byron, and Grossman, Jonathan, *United States Army in World War II: The Army and Industrial Manpower*, Office of the Chief of Military History, 1959

Foot, M. R. D., *SOE in France*, HMSO, 1966 (Original First Edition)

Hancock, W. K., and Gowing, M. M., *British War Economy*, HMSO, 1949

Harrison, G. A., *United States Army in World War II: Cross Channel Attack*, Historical Division Department of the Army, 1951

Hinsley, F. H., *British Intelligence in the Second World War*, HMSO, 1993

Hinsley, F. H., et al., *British Intelligence in the Second World War*, Vol. I: *Its Influence on Strategy and Operations*, HMSO, 1979

—, *British Intelligence in the Second World War*, Vol. III, Part 1, HMSO, 1984

—, *British Intelligence in the Second World War*, Vol. III: Part 2, HMSO, 1988

Howard, Michael, *Grand Strategy*, Vol. IV: *August 1942–September 1943*, HMSO, 1972

Hurstfield, J., *The Control of Raw Materials*, HMSO, 1953

Institution of the Royal Army Service Corps, *The Story of the Royal Army Service Corps 1939–1945*, G. Bell and Sons, 1955

Knickerbocker, H. R., et al., *United States Army in World War II: Danger Forward: The Story of the First Division in World War II*, Society of the First Division, 1947

Lindsay, T. M., *Sherwood Rangers*, Burrup, Mathieson & Co., 1952

Militärgeschichtliches Forschungsampt, *Germany and the Second World War*, Vol. V: *Organization and Mobilization of the German Sphere of Power*, Part 1: *Wartime administration, economy and manpower resources, 1939–1941*, Clarendon Press, 2000

—, *Germany and the Second World War*, Vol. VI: *The Global War*, Clarendon Press, 2001

—, *Germany and the Second World War*, Vol. V: *Organization and Mobilization of the German Sphere of Power*, Part 2B: *Wartime administration, economy and manpower resources, 1942–1944/5*, Clarendon Press, 2003

—, *Germany and the Second World War*, Vol. VII: *The Strategic Air War in Europe and the War in the West and East Asia, 1943–1944/5*, Clarendon Press, 2015

Naval Historical Branch, *Invasion Europe*, HMSO, 1994

Palmer, Robert R., Wiley, Bell I., and Keast, William R., *United States Army in World War II: The Procurement and Training of Ground Combat Troops*, Historical Division Department of the Army, 1948

Parker, H. M. D., *Manpower: A Study of War-Time Policy and Administration*, HMSO, 1957

Pogue, Forrest, *United States Army in World War II: The Supreme Command*, Historical Division Department of the Army, 1954

Postan, M. M., *British War Production*, HMSO, 1952

—, Hay, D., and Scott, J. D., *Design and Development of Weapons*, HMSO, 1964

Rapport, Leonard, and Northwood, Arthur, *Rendezvous with Destiny: A History of the 101st Airborne Division*, 101st Airborne Association, 1948

Richards, Denis, *Royal Air Force 1939-1945*, Vol. III: *The Fight is Won*, HMSO, 1954

Risch, Erna, *The Technical Services, United States Army in World War II: The Quartermaster Corps: Organization, Supply, and Services*, Vol. I, Historical Division Department of the Army, 1953

Rissik, David, *The D.L.I. at War: The History of the Durham Light Infantry 1939-1945*, The Depot: Durham Light Infantry, no date

Roberts Greenfield, Kent, et al., *United States Army in World War II: The Organization of Ground Combat Troops*, Historical Division Department of the Army, 1947

Scott, J. D., and Hughes, Richard, *The Administration of War Production*, HMSO, 1955

Wardlow, Chester, *United States Army in World War II: The Transportation Corps: Movements, Training, and Supply*, Office of the Chief of Military History, 1956

Warren, John C., *Airborne Operations in World War II, European Theater*, USAF Historical Division, 1956

Webster, Sir Charles, and Frankland, Noble, *The Strategic Air Offensive Against Germany, 1939-1945*, Vol. III: *Victory*, HMSO, 1961

—, *The Strategic Air Offensive Against Germany, 1939-1945*, Vol. IV: *Annexes & Appendices*, Naval & Military Press, 2006

装备、武器和技术书籍

Barker, A. J., *British and American Infantry Weapons of World War 2*, Arms & Armour Press, 1969

Bidwell, Shelford, and Graham, Dominick, *Fire-Power: British Army Weapons and Theories of War 1904-1945*, George Allen & Unwin, 1982

Bouchery, Jean, *The British Soldier*, Vol. 1: *Uniforms, Insignia, Equipment*, Histoire & Collections, no date

—, *The British Soldier*, Vol. 2: *Organisation, Armament, Tanks and Vehicles*, Histoire & Collections, no date

Brayley, Martin, *The British Army 1939-45*, (1) *North-West Europe*, Osprey, 2001

—, *British Web Equipment of the Two World Wars*, Crowood Press, 2005

Bruce, Robert, *German Automatic Weapons of World War II*, Crowood Press, 1996

Bull, Dr Stephen, *World War II Infantry Tactics*, Osprey, 2004

—, *World War II Street-Fighting Tactics*, Osprey, 2008

Chamberlain, Peter, and Ellis, Chris, *Tanks of the World*, Cassell, 2002

Chesneau, Roger (ed.), *Conway's All the World's Fighting Ships 1922-1946*, Conway Maritime Press, 1980

Dallies-Labourdette, Jean-Philippe, *S-Boote: German E-Boats in Action 1939-1945*, Histoire & Collections, no date

Davis, Brian L., *German Combat Uniforms of World War II*, Vol. II: Arms & Armour Press, 1985

Davies, W. J. K., *German Army Handbook 1939–1945*, Military Book Society, 1973

Enjames, Henri-Paul, *Government Issue: US Army European Theater of Operations Collector Guide*, Histoire & Collections, 2003

Falconer, Jonathan, *D-Day Operations Manual*, Haynes, 2013

Farrar-Hockley, Anthony, *Infantry Tactics 1939–1945*, Almark, 1976

Fleischer, Wolfgang, *The Illustrated Guide to German Panzers*, Schiffer, 2002

Forty, George, and Livesey, Jack, *The Complete Guide to Tanks and Armoured Fighting Vehicles*, Southwater, 2012

Gander, Terry, and Chamberlain, Peter, *Small Arms, Artillery and Special Weapons of the Third Reich*, Macdonald and Jane's, 1978

Gordon, David B., *Equipment of the WWII Tommy*, Pictorial Histories, 2004

—, *Uniforms of the WWII Tommy*, Pictorial Histories, 2005

—, *Weapons of the WWII Tommy*, Pictorial Histories, 2004

Grant, Neil, *The Bren Gun*, Osprey, 2013

Griehl, Manfred, and Dressel, Joachim, *Luftwaffe Combat Aircraft: Development, Production, Operations, 1935–1945*, Schiffer, 1994

Gunston, Bill, *Fighting Aircraft of World War II*, Salamander, 1988

Hart, S., and Hart, R., *The German Soldier in World War II*, Spellmount, 2000

Hogg, Ian V. (intro.), *The American Arsenal: The World War II Official Standard Ordnance Catalog of Small Arms, Tanks, Armored Cars, Artillery, Antiaircraft Guns, Ammunition, Grenades, Mines, etcetera*, Greenhill Books, 1996

—, *The Guns 1939–1945*, Macdonald, 1969

Kay, Antony L., and Smith, J. R., *German Aircraft of the Second World War*, Putnam, 2002

Konstan, Angus, *British Battlecruisers 1939–45*, Osprey, 2003

de Lagarde, Jean, *German Soldiers of World War II*, Histoire & Collections, no date

Lavery, Brian, *Churchill's Navy: The Ships, Men and Organisation, 1939–1945*, Conway, 2006

Lee, Cyrus A., *Soldat*, Vol. Two: *Equipping the German Army Foot Soldier in Europe 1943*, Pictorial Histories, 1988

Lepage, Jean-Denis G. G., *German Military Vehicles*, McFarland & Company, 2007

Lüdeke, Alexander, *Weapons of World War II*, Parragon, 2007

Mason, Chris, *Soldat*, Vol. Eight: *Fallschirmjäger*, Pictorial Histories, 2000

McNab, Chris, *MG 34 and MG 42 Machine Guns*, Osprey, 2012

Mundt, Richard W., and Lee, Cyrus A., *Soldat*, Vol. Six: *Equipping the Waffen-SS Panzer Divisions 1942–1945*, Pictorial Histories, 1997

Musgrave, Daniel D., *German Machineguns*, Greenhill Books, 1992

Myerscough, W., *Air Navigation Simply Explained*, Pitman & Sons Ltd, 1942

Saiz, Augustin, *Deutsche Soldaten*, Casemate, 2008

Stedman, Robert, *Kampfflieger: Bomber Crewman of the Luftwaffe 1939–45*, Osprey, 2005

Suermondt, Jan, *World War II Wehrmacht Vehicles*, Crowood Press, 2003

Sumner, Ian, and Vauvillier, François, *The French Army 1939–1945 (1)*, Osprey, 1998

Sutherland, Jonathan, *World War II Tanks and AFVs*, Airlife, 2002

Trye, Rex, *Mussolini's Soldiers*, Airlife, 1995

Vanderveen, Bart, *Historic Military Vehicles Directory*, After the Battle, 1989

Williamson, Gordon, *Gebirgsjäger*, Osprey, 2003

—, *German Mountain & Ski Troops 1939–45*, Osprey, 1996

—, *U-Boats vs Destroyer Escorts*, Osprey, 2007

Windrow, Richard, and Hawkins, Tim, *The World War II GI: US Army Uniforms 1941–45*, Crowood Press, 2003

Zaloga, Steven, *Armored Attack 1944*, Stackpole, 2011

—, *Armored Thunderbolt: The US Army Sherman in World War II*, Stackpole, 2008

—, *US Anti-Tank Artillery 1941–45*, Osprey, 2005

回忆录、传记等

Adair, Allan, *A Guard's General: The Memoirs of Major General Sir Allan Adair*, Hamish Hamilton, 1986

Adam, Günter, *"Ich habe meine Pflicht erfüllt!" – Ein Junker der Waffen-SS berichtet*, Nation & Wissen, 2012

Alanbrooke, Field Marshal Lord, *War Diaries 1939–1945*, Weidenfeld & Nicolson, 2001

Alexander, Mark J., and Sparry, John, *Jump Commander*, Casement, 2012

Ambrose, Stephen E., *Band of Brothers*, Pocket Books, 2001

—, *Citizen Soldiers*, Pocket Books, 2002

—, *Eisenhower: Soldier and President*, Pocket Books, 2003

—, *The Supreme Commander: The War Years of Dwight D. Eisenhower*, Doubleday, 1970

Arnade, Charles W., *Soldier: The Memoirs of Matthew B. Ridgway*, Curtis Publishing Company, 1956

Arnold, H. H., *Global Mission*, Harper & Row, 1949

Baker, David, *Adolf Galland*, Windrow & Greene, 1996

Baldridge, Robert C., *Victory Road: The World War II Memoir of an Artilleryman in the ETO*, Merriam Press, 1995

Baumgarten, Harold, *D-Day Survivor*, Pelican, 2015

Baynes, John, *The Forgotten Victor: General Sir Richard O'Connor*, Brassey's, 1999

Below, Nicolaus von, *At Hitler's Side: The Memoirs of Hitler's Luftwaffe Adjutant*, Greenhill, 2004

Blackburn, George G., *The Guns of Normandy*, Constable, 1988

Blackburn, Richard M., *In the Company of Heroes*, Self-published, 2013

Blumenson, Martin (ed.), *The Patton Papers*, Da Capo, 1974

Bob, Hans-Ekkehard, *Betrayed Ideals: Memoirs of a Luftwaffe Fighter Ace*, Mönch, 2008

Booth, T. Michael, and Spencer, Duncan, *Paratrooper: The Life of General James M. Gavin*, Casemate, 2013

Boscawen, Robert, *Armoured Guardsman: A War Diary, June 1944–April 1945*, Pen & Sword, 2001

Bradley, Omar B., *A General's Life: An Autobiography*, Simon & Schuster, 1983

—, *A Soldier's Story*, Henry Holt, 1951

Brereton, Lewis H., *The Brereton Diaries*, William Morrow, 1946

Brett-James, Anthony, *Conversations with Montgomery*, William Kimber, 1984

Burns, Dwayne T., *Jump Into the Valley of the Shadow*, Casemate, 2006

Butcher, Harry C., *Three Years with Eisenhower: The Personal Diary of Captain Harry C. Butcher, USNR*, William Heinemann, 1946

Butler, Daniel Allen, *Field Marshal: The Life and Death of Erwin Rommel*, Casemate, 2017

Caddick-Adams, Peter, *Monty and Rommel: Parallel Lives*, Arrow Books, 2012

Chandler, Alfred D. (ed.), *The Papers of Dwight David Eisenhower: The War Years: III*, Johns Hopkins University Press, 1970

—, *The Papers of Dwight David Eisenhower: The War Years: IV*, Johns Hopkins University Press, 1970

Churchill, Winston S., *The Second World War*, Vol. VI: *Triumph and Tragedy*, Cassell, 1956

Clostermann, Pierre, *The Big Show: The Greatest Pilot's Story of World War II*, Cassell, 2004

Collins, J. Lawton, *Lightning Joe: An Autobiography*, Presidio, 1979

Collins, Michael, *Discovering My Father: The Wartime Experiences of Squadron Leader John Russell Collins DFC & Bar*, Self-published, 2012

Colville, John, *The Fringes of Power: Downing Street Diaries*, Vol. Two: *October 1941–April 1955*, Hodder & Stoughton, 1985; Sceptre, 1987

Cooper, Belton Y., *Death Traps: The Survival of an American Armored Division in World War II*, Ballantine, 1998

Cooper, Johnny, *One of the Originals*, Pan, 1991

Cooper, Robert Floyd, *Serenade to the Blue Lady: The Story of Bert Stiles*, Cypress House, 1993

Corblin, Alain (ed.), *Journal du Maquis du debarquement à la libération, Rédigé par Robert Leblanc, chef du Maquis Surcouf*, Société historique de Lisieux, 2014

Daddis, Gregory A., *Fighting in the Great Crusade*, Louisiana State University Press, 2002

Dahm, Jo, *Du oder ich: Der etwas andere Erlebnis- und Schicksalsbericht eines deutschen Fallschirmjägers während der alliierten Invasion 1944 in der Normandie*, Books on Demand, 2014

Davis, Richard G., *Carl A. Spaatz and the Air War in Europe*, Center for Air Force History, 1992

De Gaulle, General Charles, *War Memoirs: Unity 1942-1944*, Weidenfeld & Nicolson, 1956

De Guingand, Francis, *Operation Victory*, Hodder, 1960

D'Este, Carlo, *Patton: A Genius for War*, Harper Perennial, 1996

—, *Warlord: A Life of Churchill at War*, Allen Lane, 2009

Doolittle, James H. 'Jimmy', *I Could Never Be So Lucky Again*, Bantam, 1992

Douglas, Keith, *Alamein to Zem Zem*, Faber & Faber, 1992

Duboscq, Geneviève, *Dans la nuit du débarquement*, Hachette, 2004

Edgerton, David, *Britain's War Machine*, Allen Lane, 2011

—, *The Rise and Fall of the British Nation: A Twentieth-Century History*, Allen Lane, 2018

Edwards, Denis, *The Devil's Own Luck: Pegasus Bridge to the Baltic 1944–45*, Pen & Sword, 2016

Eisenhower, Dwight D., *Crusade in Europe*, William Heinemann, 1948

Engel, Gerhard, *At the Heart of the Reich: The Secret Diary of Hitler's Army Adjutant*, Greenhill, 2005

Fischer, Wolfgang, *Luftwaffe Fighter Pilot*, Greenhill, 2010

Franks, Norman, *Typhoon Attack: The Legendary British Fighters in Combat in WWII*, Stackpole, 2003

Freidel, Frank, *Franklin D. Roosevelt: A Rendezvous with Destiny*, Little, Brown & Co., 1990

Gabreski, Francis, *Gabby: A Fighter Pilot's Life*, Orion Books, 1991

Galland, Adolf, *The First and the Last*, Fontana, 1970

Gockel, Franz, *La Porte de l'Enfer*, Editions Hirle, 2004

Goodson, James, *Tumult in the Clouds*, Penguin, 2003

Gordon, Harold J., *One Man's War: A Memoir of World War II*, Apex Press, 1999

Graham, Desmond, *Keith Douglas 1920–1944*, Oxford University Press, 1974

Greenwood, Trevor, *D-Day to Victory: The Diaries of a British Tank Commander*, Simon & Schuster, 2012

Gross, Clayton Kelly, *Live Bait: WWII Memoirs of an Undefeated Fighter Ace*, Inkwater Press, 2006

Harris, Arthur, *Bomber Offensive*, Collins, 1947

Hills, Stuart, *By Tank Into Normandy*, Cassell, 2003

Holbrook, David, *Flesh Wounds*, Corgi, 1967

Holland, James (ed.), *An Englishman at War: The Wartime Diaries of Stanley Christopherson DSO, MC, TD*, Bantam Press, 2014

Horne, Alistair, *The Lonely Leader: Monty 1944–1945*, Pan Military Classics, 2013

Howard, John, and Bates, Penny, *The Pegasus Diaries: The Private Papers of Major John Howard DSO*, Pen & Sword, 2006

Howeth, T. E. B., *Monty at Close Quarters: Recollections of the Man*, Hippocrene Books, Leo Cooper, 1985

Hughes, Thomas Alexander, *Over Lord: General Pete Quesada and the Triumph of Tactical Air Power in World War II*, Free Press, 1995

Ince, David, *Brotherhood of the Skies: Wartime Experiences of a Gunnery Officer and Typhoon Pilot*, Grub Street, 2010

Irving, David, *The Rise and Fall of the Luftwaffe: The Life of Field Marshal Erhard Milch*, Weidenfeld & Nicolson, 1973

—, *The Trail of the Fox: The Life of Field Marshal Erwin Rommel*, Book Club Associates, 1977

Jary, Sydney, *18 Platoon*, Sydney Jary Limited, 1988

Jensen, Marvin, *Strike Swiftly! The 70th Tank Battalion from North Africa to Normandy to Germany*, Presidio, 1997

Jenson, Latham B., *Tin Hats, Oilskins & Seaboots: A Naval Journey, 1939–1945*, Robin Brass Studio, 2000

Johnson, Franklyn A., *One More Hill*, Bantam Books, 1983

Johnson, Margaret Ellen, *A Dance to Eternity*, Self-published, 2015

Jones, Keith, *Sixty-Four Days of a Normandy Summer*, Robert Hale, 1990

Kershaw, Ian, *Hitler: 1936–1945 – Nemesis*, Penguin, 2000

Knoke, Heinz, *I Flew for the Führer*, Cassell, 2003

Lamont, A. G. W., *Guns Above, Steam Below – In Canada's Navy of World War II*, Melrose Books, 2002

Lewin, Ronald, *Rommel as Military Commander*, Pen & Sword, 2004

Liddell Hart, B. H. (ed.), *The Rommel Papers*, Collins, 1953

Love, Robert W. Jr., and Major, John (eds), *The Year of D-Day: The 1944 Diary of Admiral Sir Bertram Ramsay, RN*, University of Hull Press, 1994

Luck, Hans von, *Panzer Commander*, Cassell, 1989

Martin, Charles Cromwell, *Battle Diary: From D-Day and Normandy to the Zuider Zee and VE*, J. Kirk Howard, 1994

Mather, Carol, *When the Grass Stops Growing*, Leo Cooper, 1997

McFarren, Peter, and Iglesias, Fadrique, *The Devil's Agent: Life, Times and Crimes of Nazi Klaus Barbie*, Xlibris, 2013

Meyer, Kurt, *Grenadiers*, Stackpole, 2005

Miller, George, *Maquis: An Englishman in the French Resistance*, Dovecote, 2013

Miller, Lee G., *The Story of Ernie Pyle*, The Viking Press, 1950

Montgomery of Alamein, Field Marshal the Viscount, *Memoirs*, Collins, 1958

Moorehead, Alan, *Eclipse*, Granta, 2000

Müller, Willi, *Vom Pionier-Bataillon in der Normandie zum Panzerjagdkommando in Sachsen*, Traditionsbuchreihe, 2017

Neil, Tom, *The Silver Spitfire: The Legendary WWII RAF Fighter Pilot in His Own Words*, Weidenfeld & Nicolson, 2013

Newton Dunn, Bill, *Big Wing: The Biography of Air Chief Marshal Sir Trafford Leigh-Mallory*, Airlife, 1992

Orange, Vincent, *Coningham: A Biography of Air Marshal Sir Arthur Coningham*, Center for Air Force History, 1992

Parton, James, *Air Force Spoken Here: Ira Eaker and the Command of the Air*, Adler & Adler, 1986

Patton, George S., *War As I Knew It*, Pyramid Books, 1966

Peyton, John, *Solly Zuckerman*, John Murray, 2001

Picot, Geoffrey, *Accidental Warrior: In the Front Line from Normandy to Victory*, Book Guild, 1993

Pimlott, John (ed.), *Rommel and His Art of War*, Greenhill Books, 2003

Pöppel, Martin, *Heaven and Hell: The War Diary of a German Paratrooper*, Spellmount, 1988

Probert, Henry, *Bomber Harris: His Life and Times*, Greenhill, 2006

Propst, Robert, *The Diary of a Combat Pilot*, Carlton Press, 1967

Pyle, Ernie, *Brave Men*, Henry Holt, 1944

—, *Here Is Your War: The Story of G.I. Joe*, World Publishing Company, 1945

Raaen, John, C. Jr., *Intact: A First-Hand Account of the D-Day Invasion from a 5th Rangers Company Commander*, Reedy Press, 2012

Raynes, Rozelle, *Maid Matelot: Adventures of a Wren Stoker in World War Two*, Castweasel Publishing, 2004

Render, David, and Tootal, Stuart, *Tank Action: An Armoured Troop Commander's War 1944–45*, Weidenfeld & Nicolson, 2016

Renouf, Tom, *Black Watch*, Abacus, 2011

Reuth, Ralf Georg, *Rommel: The End of a Legend*, Haus Books, 2008

Richards, Denis, *Portal of Hungerford*, William Heinemann, 1977

Ritgen, Helmut, *The Western Front 1944: Memoirs of a Panzer Lehr Officer*, J. J. Fedorowicz, 1995

Rosen, Richard Freiherr von, *Panzer Ace: The Memoirs of an Iron Cross Panzer Commander*, Greenhill, 2018

Rotbart, David, *A Soldier's Journal*, iBooks, 2003

Ruge, Friedrich, *Rommel in Normandy: Reminiscences*, Macdonald & Jane's, 1979

Saward, Dudley, *Bomber Harris*, Sphere, 1984

Scott, Desmond, *Typhoon Pilot*, Leo Cooper, 1982

Severloh, Hein, *WN62: A German Soldier's Memories of the Defence of Omaha Beach, Normandy, June 6, 1944*, HEK Creativ, 2011

Shockley, Orion C., *Random Chance: One Infantry Soldier's Story*, Trafford Publishing, 2007

Skinner, Revd. Leslie, *The Man Who Worked on Sundays: The Personal War Diary June 2 1944 to May 17 1945 of Revd. Leslie Skinner*, Self-published, no date

—, *Sherwood Rangers Casualty Book 1944–1945*, Self-published, 1996

Slaughter, John Robert, *Omaha Beach and Beyond: The Long March of Sgt. Bob Slaughter*, Zenith Press, 2009

Smith, Truman, *The Wrong Stuff: The Adventures and Misadventures of an 8th Air Force Aviator*, University of Oklahoma Press, 2002

Spayd, P. A., *Bayerlein: From Afrikakorps to Panzer Lehr*, Schiffer, 2003

Speidel, Hans, *Invasion 1944*, Paperback Library, 1972

Stiles, Bert, *Serenade to the Big Bird*, W. W. Norton, 1952

Stirling, John, *D-Day to VE-Day from My Tank Turret*, Self-published

Summersby, Kay, *Eisenhower Was My Boss*, Dell, 1948

Taylor, John M., *General Maxwell Taylor*, Doubleday, 1989

Tedder, Marshal of the Royal Air Force Lord, *With Prejudice*, Cassell, 1966

Tobin, James, *Ernie Pyle's War*, University of Kansas Press, 1997

Todd, Richard, *Caught in the Act: The Story of My Life*, Hutchinson, 1986

Tout, Ken, *By Tank: D to VE Days*, Hale, 2007

Turner, Richard E., *Mustang Pilot*, New English Library, 1975

Volker, Ulrich, *Hitler*, Vol. 1: *Ascent*, Bodley Head, 2016

Webster, David Kenyon, *Parachute Infantry*, Ebury Press, 2014

Williams, Charles, *The Last Great Frenchman: A Life of General de Gaulle*, J. Wiley, 1993

Wilson, George, *If You Survive: From Normandy to the Battle of the Bulge to the End of World War II*, Presidio Press, 1987

Winters, Dick, *Beyond Band of Brothers*, Berkley Caliber, 2006

Woollcombe, Robert, *Lion Rampant: The Memoirs of an Infantry Officer from D-Day to the Rhineland*, Black & White Publishing, 2014

综合文献

Addison, Paul, and Calder, Angus (eds), *Time to Kill: The Soldier's Experience of War in the West, 1939–1945*, Pimlico, 1997

Asher, Michael, *The Regiment: The Real Story of the SAS*, Penguin Viking, 2007

Atkinson, Rick, *The Guns at Last Light: The War in Western Europe, 1944–1945*, Little, Brown & Co., 2013

Badsey, Stephen, *Battle Zone Normandy: Utah Beach*, Sutton Publishing, 2004

Badsey, Stephen, and Beam, Tim, *Battle Zone Normandy: Omaha Beach*, Sutton Publishing, 2004

Baggaley, J. R. P., *The 6th (Border) Battalion, The King's Own Scottish Borderers, 1939–1945*, Martin's Printing, 1946

Bailey, Roderick, *Forgotten Voices of the Secret War*, Ebury Press, 2008

—, *Forgotten Voices of D-Day*, Ebury Press, 2010

Baldoli, Claudia, Knapp, Andrew, and Overy, Richard (eds), *Bombing, States and Peoples in Western Europe, 1940–1945*, Continuum, 2011

Baldwin, Hanson, *Battles Lost and Won: Great Campaigns of World War 2*, Hodder & Stoughton, 1966

Ballantine, Duncan S., *U.S. Naval Logistics in the Second World War*, Naval War College Press, 1947

Barber, Neil, *The Pegasus and Orne Bridges: Their Capture, Defences and Relief on D-Day*, Pen & Sword, 2014

Barnes, Don, Crump, John, and Sutherland, Roy, *Thunderbolts of the Hell Hawks*, Barracuda Studios, 2011

Barnett, Corelli, *The Audit of War: The Illusion and Reality of Britain as a Great Power*, Papermac, 1987

Baumer, Robert W., and Reardon, Mark J., *American Iliad: The 18th Infantry Regiment in World War II*, Aberjona Press, 2004

Beevor, Antony, *D-Day: The Battle for Normandy*, Viking, 2009

Bekker, Cajus, *The Luftwaffe War Diaries*, Corgi, 1969

Bellamy, Chris, *Absolute War: Soviet Russia in the Second World War*, Pan, 2007

Bidwell, Shelford, and Graham, Dominick, *Fire-power: British Army Weapons and Theories of War 1904–1956*, George Allen & Unwin Publishers, 1982

Black, Jeremy, *Rethinking World War Two: The Conflict and Its Legacy*, Bloomsbury, 2015

Black, Robert W., *Rangers in World War II*, Ballantine, 1992

Blake, Steve, *The Pioneer Mustang Group: The 354th Fighter Group in World War II*, Schiffer, 2008

Blood, Philip W., *Hitler's Bandit Hunters: The SS and the Nazi Occupation of Europe*, Potomac Books, 2008

Bowman, Martin W., *USAAF Handbook 1939–1945*, Sutton, 2003

Buckingham, William F., *D-Day: The First 72 Hours*, Tempus Publishing 2004; History Press, 2009

Buckley, John, *British Armour in the Normandy Campaign 1944*, Cass, 2004

—, *Monty's Men: The British Army and the Liberation of Europe*, Yale University Press, 2013

Buckley, John (ed.), *The Normandy Campaign 1944: Sixty Years On*, Routledge, 2007

Burleigh, Michael, *The Third Reich: A New History*, Pan, 2001

—, *Moral Combat: A History of World War II*, Harper Press, 2011

Carafeno, James Jay, *After D-Day: Operation Cobra and the Normandy Breakout*, Stackpole, 2008

—, *GI Ingenuity: Improvisation, Technology and Winning World War II*, Stackpole, 2008

Cardozier, V. R., *The Mobilization of the United States in World War II: How the Government, Military and Industry Prepared for War*, McFarland, 1995

Carrell, Paul, *Invasion! They're Coming!*, Schiffer, 1995

Carver, Field Marshal Sir Michael (ed.), *The War Lords: Military Commanders of the Twentieth Century*, Little, Brown & Co., 1976

Chandler, David, G., and Collins, James Lawton (eds), *The D-Day Encyclopedia*, Helicon, 1994

Chant, Christopher, *Handbook of British Regiments*, Routledge, 1988

Citino, Robert M., *The Path to Blitzkrieg: Doctrine and Training in the German Army, 1920–1939*, Stackpole, 1999

—, *The Quest for Decisive Victory: From Stalemate to Blitzkrieg in Europe, 1899–1940*, University Press of Kansas, 2002

—, *The German Way of War: From the Thirty Years' War to the Third Reich*, University Press of Kansas, 2005

—, *Death of the Wehrmacht: The German Campaigns of 1942*, University Press of Kansas, 2007

—, *The Wehrmacht Retreats: Fighting a Lost War, 1943*, University Press of Kansas, 2012

Clark, Christopher, *Iron Kingdom: The Rise and Downfall of Prussia, 1600–1947*, Penguin, 2007

Clark, Lloyd, *Battle Zone Normandy: Operation EPSOM*, Sutton Publishing, 2004

—, *Battle Zone Normandy: Orne Bridgehead*, Sutton Publishing, 2004

Cobb, Matthew, *The Resistance: The French Fight Against the Nazis*, Pocket Books, 2009

Collier, Basil, *Hidden Weapons: Allied Secret or Undercover Services in World War II*, Pen & Sword, 2006

Collingham, Lizzie, *The Taste of War: World War II and the Battle for Food*, Penguin, 2012

Corum, James S., *The Luftwaffe: Creating the Operational Air War, 1918-1940*, University Press of Kansas, 1997

Crane, Conrad C., *American Airpower Strategy in World War II*, University Press of Kansas, 2016

Creveld, Martin van, *Supplying War: Logistics from Wallenstein to Patton*, Cambridge University Press, 1977

—, *Fighting Power: German and US Army Performance 1939-1945*, Greenwood Press, 1982

Cumerlege, Geoffrey, *War Report*, Oxford University Press, 1946

Daglish, Ian, *Battleground Europe: Operation Bluecoat*, Pen & Sword, 2003

Dallek, Robert, *Franklin D. Roosevelt and American Foreign Policy, 1932-1945*, Oxford University Press, 1995

Davidson, Basil, *Special Operations Europe*, Readers Union, 1980

Davis Biddle, Tami, *Rhetoric and Reality in Air Warfare*, Princeton University Press, 2002

Davis, Kenneth S., *The American Experience of War, 1939-1945*, Secker & Warburg, 1967

De Bolster, Marc, *47 Royal Marine Commando: An Inside Story 1943-1946*, Fonthill Media, 2014

D'Este, Carlo, *Decision in Normandy*, Penguin, 2004

DiNardo, R. L., *Germany and the Axis Powers: From Coalition to Collapse*, University Press of Kansas, 2005

—, *Germany's Panzer Arm in WWII*, Stackpole, 2006

—, *Mechanized Juggernaut or Military Anachronism?: Horses and the German Army of World War II*, Stackpole, 2008

Doherty, Richard, *Normandy 1944: The Road to Victory*, Spellmount, 2004

Dorr, Robert F., *Hell Hawks! The Untold Story of the American Fliers Who Savaged Hitler's Wehrmacht*, Zenith Press, 2008

Doubler, Michael D., *Busting the Bocage: American Combined Arms Operations in France, 6 June-31 July 1944*, Combat Studies Institute, 1988

—, *Closing with the Enemy: How GIs Fought the War in Europe, 1944-1945*, University Press of Kansas, 1994

Downing, David, *The Devil's Virtuoso: German Generals at War 1940-45*, New English Library, 1977

Dunning, James, *The Fighting Fourth: No. 4 Commando at War 1940-45*, The History Press, 2010

Earnshaw, James Douglas, *609 at War*, Vector, 2003

Eberle, Henrik, and Uhl, Matthias (eds), *The Hitler Book*, John Murray, 2006

Eckhertz, Holger, *D-Day Through German Eyes*, DTZ History Publications, 2015

Edgerton, David, *England and the Aeroplane*, Macmillan, 1991

—, *Warfare State: Britain, 1920–1970*, Cambridge University Press, 2006

—, *Britain's War Machine: Weapons, Resources and Experts in the Second World War*, Allen Lane, 2011

Ellis, John, *The Sharp End: The Fighting Man in World War II*, Pimlico, 1993

—, *The World War II Databook: The Essential Facts and Figures for All the Combatants*, Aurum, 1995

Elmhirst, Thomas, *Recollections*, Self-published, 1991

Elphick, Peter, *Liberty: The Ships That Won the War*, Chatham, 2001

Estes, Kenneth, *A European Anabasis*, Helion, 2015

Evans, Richard, *The Third Reich in Power*, Penguin, 2006

—, *The Third Reich at War*, Penguin, 2009

Farquharson, J. E., *The Plough and the Swastika: The NSDAP and Agriculture in Germany, 1928–45*, Sage Publications, 1976

Fennell, Jonathan, *Combat and Morale in the North African Campaign*, Cambridge University Press, 2011

Field, Jacob F., *D-Day In Numbers: The Facts Behind Operation Overlord*, Michael O'Mara Books, 2014

Fletcher, David, *The Great Tank Scandal: British Armour in the Second World War, Part I*, HMSO, 1989

Flower, Desmond, and Reeves, James (eds), *The War 1939–1945: A Documentary History*, Da Capo, 1997

Foot, M. R. D., *Resistance: European Resistance to Nazism 1949–45*, Eyre Methuen, 1976

Ford, Ken, *Battle Zone Normandy: Juno Beach*, Sutton Publishing, 2004

—, *Battle Zone Normandy: Sword Beach*, Sutton Publishing, 2004

Forfar, John, *From Omaha to the Scheldt*, 47 Royal Marine Commando Association, 2013

Forty, George, *US Army Handbook, 1939–1945*, Sutton, 1995

—, *British Army Handbook, 1939–1945*, Sutton, 1998

Fraser, David, *And We Shall Shock Them: The British Army in the Second World War*, Cassell, 1999

Frayn Turner, John, *Invasion '44*, Corgi, 1974

Freeman, Roger A., *The Mighty Eighth War Diary*, Jane's, 1986

Fritz, Stephen G., *Frontsoldaten: The German Soldier in World War II*, University Press of Kentucky, 1997

Gardiner, Juliet, *Wartime: Britain 1939–1945*, Review, 2005

Gavin, James M., and Lee, William C., *Airborne Warfare*, Washington Infantry Journal Press, 1947

Gilbert, Martin, *D-Day*, J. Wiley, 2004

Gilchrest, Donald, *The Commandos: D-Day and After*, Robert Hale, 1994

Gildea, Robert, *Fighters in the Shadows: A New History of the French Resistance*, Faber & Faber, 2015

Goerlitz, Walter, *History of the German General Staff*, Praeger, 1967

Gooderson, Ian, *Air Power at the Battlefront: Allied Close Air Support in Europe 1943–45*, Frank Cass, 1998

Graves, Donald E., *Blood and Steel: The Wehrmacht Archive – Normandy 1944*, Frontline, 2013

Grunberger, Richard, *A Social History of the Third Reich*, Phoenix, 2005

Hall, David Ian, *The Strategy for Victory: The Development of British Tactical Air Power, 1919–1943*, Praeger Security International, 2008

Handel, Michael I. (ed.), *Intelligence and Military Operations*, Frank Cass, 1990

Hansell, Haywood S. Jr., *The Air Plan That Defeated Hitler*, Arno Press, 1980

Harrison, Mark (ed.), *The Economics of World War II*, Cambridge University Press, 2000

Harrison Place, Timothy, *Military Training in the British Army, 1940–1944: From Dunkirk to D-Day*, Frank Cass, 2000

Hart, Russell A., *Clash of Arms: How the Allies Won in Normandy*, Lynne Rienner Publishers, 2001

Hart, Stephen, *Colossal Cracks: The 21st Army Group in Northwest Europe, 1944–45*, Praeger, 2000

—, *Battle Zone Normandy: Road to Falaise*, Sutton Publishing, 2004

Hastings, Max, *Armageddon: The Battle for Germany, 1944–1945*, Pan, 2005

—, *Das Reich: The March of the 2nd SS Panzer Division Through France, June 1944*, Pan, 2009

—, *All Hell Let Loose: The World at War, 1939–1945*, Harper Press, 2011

—, *The Secret War: Spies, Codes and Guerillas 1939–1945*, William Collins, 2015

—, *Overlord: D-Day and the Battle for Normandy 1944*, Pan, 2015

Havers, R. P. W., *Battle Zone Normandy: Battle for Cherbourg*, Sutton Publishing, 2004

Herman, Arthur, *Freedom's Forge: How American Business Produced Victory in World War II*, Random House, 2012

Holland, James, *Heroes: The Greatest Generation and the Second World War*, Harper Perennial, 2007

—, *The War in the West: Germany Ascendant*, Bantam Press, 2015

—, *The War in the West: The Allies Strike Back*, Bantam Press, 2017

—, *Big Week: The Greatest Air Battle of World War II*, Bantam Press, 2018

Holmes, Richard, *Firing Line*, Pimlico, 1994

House, Jonathan M., *Combined Arms Warfare in the Twentieth Century*, University Press of Kansas, 2001

Hoyt, Edwin P., *The GI's War: American Soldiers in Europe during World War II*, Cooper Square Press, 2000

Irons, Roy, *The Relentless Offensive: War and Bomber Command, 1939–1945*, Pen & Sword, 2009

Isby, David C. (ed.), *Fighting in Normandy: The German Army from D-Day to Villers-Bocage*, Greenhill, 2001

—, *Fighting the Breakout: The German Army in Normandy from Cobra to the Falaise Gap*, Frontline, 2015

—, *Fighting the Invasion: The German Army at D-Day*, Skyhorse, 2016

Jarymowycz, Roman, *Tank Tactics: From Normandy to Lorraine*, Stackpole Books, 2009

Jordan, Jonathan W., *Brothers, Rivals, Victors*, NAL Caliber, 2012

Jordan, William, *Normandy 44: D-Day and the Battle of Normandy*, Pro Libris, 2007

Jörgensen, Christer, *Rommel's Panzers*, Reference Group Brown, 2003

Keegan, John (ed.), *Churchill's Generals*, Abacus, 1991

Kemp, Anthony, *The SAS at War, 1941–1945*, Penguin, 2000

Kershaw, Ian, *Fateful Choices: Ten Decisions That Changed the World, 1940–1941*, Allen Lane, 2007

—, *The End: Hitler's Germany 1944–45*, Allen Lane, 2011

Kershaw, Robert, *D-Day: Piercing the Atlantic Wall*, Ian Allen Publishing, 2008

Keusgen, Helmut K. von, *Strongpoint WN62: Normandy 1942–1944*, Hek Creativ Verlag, 2017

Kite, Ben, *Stout Hearts: The British and Canadians in Normandy 1944*, Helion, 2014

Klein, Maury, *A Call to Arms: Mobilizing America for World War II*, Bloomsbury Press, 2013

Kohn, Richard H., and Harahan, Joseph P., *Air Superiority in World War II and Korea*, Office of Air Force History, United States Air Force, 1983

Kortenhaus, Werner, *The Combat History of the 21. Panzer Division*, Helion, 2014

Lane, Frederic C., *Ships for Victory: A History of Shipbuilding Under the U.S. Maritime Commission in World War II*, Johns Hopkins University Press, 1951

Latawski, Paul, *Battle Zone Normandy: Falaise Pocket*, Sutton Publishing, 2004

Lavery, Brian, *Hostilities Only: Training the Wartime Royal Navy*, Conway, 2004

—, *Churchill's Navy: The Ships, Men and Organisation 1939–1945*, Conway, 2006

—, *In Which They Served: The Royal Navy Officer Experience in the Second World War*, Conway, 2009

Lefèvre, Eric, *Panzers in Normandy Then and Now*, After the Battle, 1990

Levy, 'Yank', *Guerilla Warfare*, Penguin, 1941

Lewin, Ronald, *Ultra Goes to War: The Secret Story*, Penguin, 2001

—, *Rommel as Military Commander*, Pen & Sword, 2004

Lewis, Adrian R., *Omaha Beach: A Flawed Victory*, Tempus Publishing, 2004

Lewis, Jon E., *D-Day As They Saw It*, Robinson Publishing, 1994 and 2004

Liddell Hart, B. H., *The Other Side of the Hill*, Cassell, 1951

Lodieu, Didier, *Dying for Saint-Lô: Hedgerow Hell, July 1944*, Histoire & Collections, 2007

Loewenheim, Francis L., Langley, Harold D., and Jonas, Manfred (eds), *Roosevelt and Churchill: Their Secret Wartime Correspondence*, Da Capo, 1990

Lofaro, Guy, *The Sword of St. Michael: The 82nd Airborne Division in World War II*, Da Capo, 2011

Lucas, James, *German Army Handbook, 1939–1945*, Sutton, 1998

Mackenzie, William, *The Secret History of SOE Special Operations Executive 1940–1945*, St Ermin's Press, 2000

Macintyre, Ben, *Double Cross: The True Story of the D-Day Spies*, Bloomsbury Publishing, 2012

—, *SAS: Rogue Heroes*, Penguin Viking, 2016

Mallman Showell, Jak P., *Hitler's Navy*, Seaforth Publishing, 2009

Man, John, *The Penguin Atlas of D-Day and the Normandy Campaign*, Viking, 1994

Margaritis, Peter, *Crossroads at Margival: Hitler's Last Conference in France, June 17, 1944*, Self-published, 2009

Mazower, Mark, *Hitler's Empire: Nazi Rule in Occupied Europe*, Allen Lane, 2008

McFarland, Stephen L., and Phillips Newton, Wesley, *To Command the Sky: The Battle for Air Superiority Over Germany 1942–1944*, Smithsonian Institution Press, 1991

McKay, Sinclair, *The Secret Life of Bletchley Park*, Aurum, 2011

—, *The Secret Listeners: How the Y Service Intercepted the German Codes for Bletchley Park*, Aurum, 2013

McManus, John C., *Grunts: Inside the American Infantry Experience*, NAL Caliber, 2010

McNab, Chris (ed.), *German Paratroopers*, MBI, 2000

Mead, Richard, *Churchill's Lions: A Biographical Guide to the Key British Generals of World War II*, Spellmount, 2007

—, *The Men Behind Monty*, Pen & Sword, 2011

Meilinger, Colonel Phillip S., *The Paths of Heaven: The Evolution of Airpower Theory*, Air University Press, 1997

Messenger, Charles, *The Second World War in the West*, Cassell, 2001

Meyer, Hubert, *The 12th SS: The History of the Hitler Youth Panzer Division*, Vol. I, Stackpole, 2005

—, *The 12th SS: The History of the Hitler Youth Panzer Division: Vol. II*: Stackpole, 2005

Michel, Henri, *The Shadow War: Resistance in Europe 1939–45*, Andre Deutsch, 1972

Middlebrook, Martin, and Everitt, Chris, *The Bomber Command War Diaries*, Penguin, 1990

Mierzejewski, Alfred C., *The Collapse of the German War Economy, 1944–1945: Allied Air Power and the German National Railway*, University of North Carolina Press, 1988

—, *The Most Valuable Asset of the Reich: A History of the German National Railway*, Vol. 2: *1933–1945*, University of North Carolina Press, 2000

Milano, Vince, and Conner, Bruce, *Normandiefront: D-Day to St-Lô Through German Eyes*, Spellmount, 2001

Miller, Donald L., *Eighth Air Force*, Aurum, 2008

Miller, Russell, *Nothing Less Than Victory: The Oral History of D-Day*, Michael Joseph, 1993; Penguin Books, 1994

Milner, Marc, *The Battle of the Atlantic*, Tempus, 2005

—, *Stopping the Panzer: The Untold Story of D-Day*, University Press of Kansas, 2014

Milton, Giles, *D-Day: The Soldier's Story*, John Murray, 2018

Milward, Alan S., *War, Economy and Society, 1939–1945*, University of California Press, 1979

Mitcham, Samuel W., *Hitler's Legions: German Army Order of Battle World War II*, Leo Cooper, 1985

—, *Panzers in Normandy: General Hans Eberbach and the German Defense of France, 1944*, Stackpole, 2009

Monahan, Evelyn M., and Neidel-Greenlee, Rosemary, *And If I Perish: Frontline U.S. Army Nurses in World War II*, Knopf, 2003

Mortimer, Gavin, *Stirling's Men: The Inside History of the SAS in World War II*, Cassell, 2005

—, *The SAS in World War II: An Illustrated History*, Osprey, 2011

Murray, Williamson, *Luftwaffe: Strategy for Defeat*, Grafton, 1988

Murray, Williamson, and Millett, Allan R., *Military Innovation in the Interwar Period*, Cambridge University Press, 1996

—, *A War to Be Won: Fighting the Second World War*, Belknap Harvard, 2000

Napier, Stephen, *The Armoured Campaign in Normandy June–August 1944*, The History Press, 2015

Neillands, Robin, *The Battle of Normandy 1944*, Cassell, 2003

Neillands, Robin, and De Norman, Roderick, *D-Day 1944: Voices from Normandy*, Cassell Military Paperbacks, 2001; Weidenfeld & Nicolson, 1993

Neitzel, Sönke, *Tapping Hitler's Generals: Transcripts of Secret Conversations, 1942–45*, Frontline, 2007

Neitzel, Sönke, and Welzer, Harald, *Soldaten: On Fighting, Killing and Dying*, Simon & Schuster, 2012

Nielsen, Generalleutnant Andreas, *USAF Historical Studies No. 173: The German Air Forces Staff*, Arno Press, 1968

Oberkammando der Wehrmacht, *Fahrten und Flüge gegen England*, Zeitgeschichte-Verlag Berlin, 1941

O'Brien, Phillips Payson, *How the War Was Won*, Cambridge University Press, 2015

Overy, Richard, *The Bombing War: Europe 1939–1945*, Allen Lane, 2013

Overy, Richard (ed.), *The New York Times Complete World War II 1939–1945*, Black Dog & Leventhal, 2013

Pallud, Jean-Paul, *Rückmarsch!: The German Retreat from Normandy*, After the Battle, 2006

Penrose, Jane (ed.), *The D-Day Companion*, Osprey, 2004

Pons, Gregory, *9th Air Force: American Tactical Aviation in the ETO, 1942–1945*, Histoire & Collections, 2008

Pugsley, A. F., *Destroyer Man*, Wiedenfeld & Nicolson, 1957

Pugsley, Christopher, *Battle Zone Normandy: Operation Cobra*, Sutton Publishing, 2004

Ramsay, Winston G. (ed.), *D-Day Then and Now*, Vol. I, After the Battle, 1995

—, *D-Day Then and Now*, Vol. II, After the Battle, 1995

—, *Invasion Airfields Then and Now*, After the Battle, 2017

Reichmann, Günther, *The Vampire Economy: Doing Business Under Fascism*, Vanguard Press, 1939

Reynolds, Michael, *Steel Inferno: I SS Panzer Corps in Normandy*, Spellmount, 1997

—, *Sons of the Reich: II SS Panzer Corps*, Pen & Sword, 2002

—, *Eagles and Bulldogs in Normandy 1944*, Spellmount, 2003

Richards, Denis, *RAF Bomber Command in the Second World War: The Hardest Victory*, Penguin, 2001

Ritchie, Sebastian, *Industry and Air Power: The Expansion of British Aircraft Production, 1935–1941*, Routledge, 1997

—, *Arnhem: Myth and Reality*, Robert Hale, 2011

Roberts, Mary Louise, *D-Day Through French Eyes: Normandy 1944*, University of Chicago Press, 2014

Roskill, Stephen, *The Navy at War, 1939–1945*, Wordsworth Editions, 1998

Rust, Kenn C., *The Ninth Air Force in World War II*, Aero Publishers, 1970

Ryan, Cornelius, *The Longest Day: June 6, 1944*, Andre Deutsch, 2014

Saunders, Timothy, *Battleground Europe: Hill 112 – Battle of the Odon*, Leo Cooper, 2001

Schneider, Wolfgang, *Tigers in Normandy*, Pen & Sword, 2011§1

Shepherd, Ben, *A War of Nerves: Soldiers and Psychiatrists, 1904–1994*, Jonathan Cape, 2000

Shilleto, Carl, *Battleground Normandy: Utah Beach – St Mère Église, VII Corps, 82nd and 101st Airborne Divisions*, Pen & Sword, 2001

Smart, Nick, *Biographical Dictionary of British Generals of the Second World War*, Pen & Sword, 2005

Speer, Frank E., *The Debden Warbirds*, Schiffer, 1999

Spick, Mike, *Luftwaffe Fighter Aces*, Greenhill, 1996

—, *Allied Fighter Aces of World War II*, Greenhill, 1997

—, *Aces of the Reich: The Making of a Luftwaffe Fighter-Pilot*, Greenhill, 2006

Stargard, Nicholas, *The German War: A Nation Under Arms 1939–45*, Bodley Head, 2015

Stephenson, Michael, *The Last Full Measure: How Soldiers Die in Battle*, Crown, 2012

Suchenwirth, Richard, *USAF Historical Studies No. 174: Command and Leadership in the German Air Force*, Arno Press, 1969

—, *Historical Turning Points in the German Air Force War Effort*, University Press of the Pacific, 2004

—, *The Development of the German Air Forces, 1919–1939*, University Press of the Pacific, 2005

Symonds, Craig L., *Operation Neptune*, Oxford University Press, 2016

Számvéber, Norbert, *Waffen-SS Armour in Normandy*, Helion, 2012

Taylor, Daniel, *Villers-Bocage Through the Lens*, After the Battle, 1999

Terraine, John, *The Right of the Line*, Hodder & Stoughton, 1985

Tooze, Adam, *The Wages of Destruction: The Making and Breaking of the Nazi Economy*, Penguin, 2007

Trevor-Roper, H. R. (ed.), *Hitler's War Directives 1939–1945*, Pan, 1966

Trew, Simon, *Battle Zone Normandy: Gold Beach*, Sutton Publishing, 2004

Trew, Simon, and Badsey, Stephen, *Battle Zone Normandy: Battle for Caen*, Sutton Publishing, 2004

Urban, Mark, *The Tank War: The Men, The Machines, The Long Road to Victory 1939–45*, Little, Brown & Co., 2013

Van Creveld, Martin, *Fighting Power: German and US Army Performance 1939–1945*, Greenwood Press, 1982

Various, *World War II: Day by Day*, Dorling Kindersley, 2004

Vinen, Richard, *The Unfree French: Life Under the Occupation*, Penguin, 2007

Von der Porten, Edward P., *The German Navy in World War II*, Arthur Baker, 1970

Weale, Adrian, *The SS: A New History*, Abacus, 2012

Wells, Mark K., *Courage and Air Warfare: The Allied Aircrew Experience in the Second World War*, Frank Cass, 1997

Werth, Alexander, *France 1940–1955*, Robert Hale, 1956

Wheal, Donald James, and Shaw, Warren (eds), *The Penguin Dictionary of the Third Reich*, Penguin Books, 2002

Wheal, Elizabeth-Anne, and Pope, Stephen, *The Macmillan Dictionary of the Second World War*, Macmillan, 1989

White, Antonia, *BBC at War*, BBC, 1946

Whiting, Charles, *Hunters From the Sky: The German Parachute Corps, 1940–1945*, Cooper Square Press, 2001

Wood, James A. (ed.), *Army of the West*, Stackpole, 2007

Woollcombe, Robert, *All the Blue Bonnets: The History of the King's Own Scottish Borderers*, Arms & Armour Press, 1980

Wynter, Brigadier H. W., *Special Forces in the Desert War, 1940–1943*, Public Record Office War Histories, 2001

Yates, Peter, *Battle Zone Normandy: Battle for St-Lô*, Sutton Publishing, 2004

Yeide, Harry, *The Tank Killers: A History of America's World War II Tank Destroyer Force*, Spellmount, 2005

Zaloga, Steven, *D-Day Fortifications in Normandy*, Osprey, 2005

Zetterling, Niklas, *Normandy 1944: German Military Organization, Combat Power and Organizational Effectiveness*, J. J. Fedorowicz, 2000

Ziegler, Frank H., *The Story of 609 Squadron: Under the White Rose*, Crécy, 1993

Zuehlke, Mark, *Holding Juno: Canada's Heroic Defense of the D-Day Beaches, June 7–12, 1944*, Douglas & McIntyre, 2005

—, *Breakout from Juno: First Canadian Army and the Normandy Campaign, July 4–August 21, 1944*, Douglas & McIntyre, 2011

—, *Assault on Juno*, Raven Books, 2012

小册子、期刊和杂志

After the Battle, *The Battle of the Falaise Pocket*, No. 8

—, *Normandy 1973*, No. 1

—, *Scrapyard Panther*, No. 20

Anon., 'German Army Transport', *Automobile Engineer*, October 1945

Dahlstrom, Michael P., *The Role of Airpower in the Overlord Invasion: An Effects-based Operation*, Airpower Research Institute, 2007

Hallion, Richard P., *D-Day 1944: Air Power Over the Normandy Beaches and Beyond*, Air Force History and Museums Program, 1994

O'Brien, Phillips P., 'East versus West in the Defeat of Nazi Germany', *Journal of Strategic Studies*, 23:2, 2008

Peaty, John, 'Myth, Reality and Carlo D'Este', *War Studies Journal*, Vol. 1, No. 2, Spring 1996

Widder, Werner, 'Auftragstaktik and Innere Führung: Trademarks of German Leadership', *Military Review*, September/October 2002

Zabecki, David, *Auftragstaktik*

电影、录像

The Fighting Wessex Wyverns: Their Legacy, The 43rd Wessex Association

致　谢

多亏了许多人的大力帮助，本书才得以出版。我有幸查阅了几个档案馆，并且非常感谢美国空军历史研究局（US Air Force Historical Research Agency，位于亚拉巴马州的麦克斯韦空军基地）的塔米·霍顿（Tammy Horton），感谢她的帮助，感谢她允许我提出太多的问题和请求。我还要感谢新奥尔良国家二战博物馆（National World War II Museum）里所有善良友好的人，尤其是罗伯·奇蒂诺（Rob Citino），他是一位真正的朋友，还有杰瑞米·柯林斯（Jeremy Collins）和塞斯·帕瑞登（Seth Paridon），他们允许我查阅博物馆中收藏的对诺曼底退伍军人进行的许多不可思议的口述访谈记录。我也非常感谢萨拉·克尔克西（Sarah Kerksey）、贝基·麦凯（Becky Mackie）和新奥尔良的所有团队。我还要感谢位于卡莱尔兵营的美国陆军遗产与教育中心（US Army Heritage and Education Center）、位于弗赖堡的德国联邦档案馆／军事档案馆（Bundesarchiv-Militärärchiv）、伦敦国王学院利德尔哈特军事档案中心（Liddell Hart Centre for Military History at King's College，London）、伦敦帝国战争博物馆（Imperial War Museum in London）、位于邱园的国家档案馆（National Archives）和卡昂纪念馆（Mémorialéde Caen）的所有工作人员。此外，我也非常感谢戴维·威利（David Willey）的鼎力相助，以及他在博文顿坦克博物馆（Bovington Tank Museum，位于多塞特郡）的所有工作人员。同时也感谢罗格斯大学口述历史档案馆（Rutgers Oral History Archive）

的肖恩·伊林沃斯（Shaun Illingworth）的大力帮助。

一些朋友和同事也给了我很多帮助，远远超过了我的诉求。在诺曼底，保罗·伍德奇（Paul Woodladge）竭尽全力提供帮助、建议、文件和见解，并分享了他对这场战役和战场所在乡村的丰富见识。约翰·巴克利（John Buckley）教授是一位历史学家，我非常钦佩他，他提供了很多值得我思考的内容。关于诺曼底的英军，任何人的研究工作都无法与本·凯特（Ben Kite）准将相比较，他的书籍和知识都是无价之宝。我还要感谢戴维·克里斯托夫森（David Christopherson），他是斯坦利的儿子，也是我的好朋友。15年前，我和戴维一起游览诺曼底，在第103号山头的一条安静的小路上漫步，多年前，他的父亲和舍伍德游骑兵团曾在那里战斗。我还要感谢我的好朋友特雷弗·查耶托-诺里斯（Trevor Chaytor-Norris）和我们那次旅行的同伴，感谢彼得·利瓦诺斯（Peter Livanos）和朋友们为两次令人难以置信、大开眼界、极富教育意义的诺曼底之旅提供的帮助。此外，艾·默里（Al Murray）向我提供了很多帮助和建议，并为我在这个主题上的一些工作指明了方向。在美国，尼古拉斯·莫兰（Nicholas Moran）也非常乐于分享他对二战装甲战车的渊博知识，并鼓励我以不同方式思考这些战争武器。谢谢你。我也非常感谢亚伦·杨格（Aaron Young）、弗雷娅·伊登-埃利斯（Freya Eden-Ellis）、约翰·伍德（Jon Wood）和基斯·布兰奇（Keith Branch），他们都在2014年帮助我制作了电视纪录片《诺曼底1944》（*Normandy 44*）。同时，我还要感谢肖恩·格里尔（Shane Greer）、克里斯托夫·雅里（Christopher Jary）、迈克尔·多兰（Michael Dolan）、迈克尔·沃顿（Michael Wharton）、伊恩·福尔摩斯（Ian Holmes）、安德鲁·怀特马什（Andrew Whitmarsh）和他在朴次茅斯的诺曼底登陆纪念博物馆（D-Day Story Museum）的团队，以及勒加斯的马丁·比什凯克（Martin Bishkek）、达夫纳·鲁宾（Daphna Rubin）、史蒂夫·霍加德（Steve Hoggard）和乔纳森·瓦雷（Jonathan Ware）。

我和吉姆·克拉克（Jim Clark）、杰米·米钦（Jamie Meachin）成了好朋友，坐着吉姆的谢尔曼坦克四处转，为本书的研究工作增加了额外的体验维度。我也非常感谢汤姆·克劳福德（Tom Crawford），尤其是詹姆斯·肖普兰（James Shopland）和托宾·琼斯（Tobin Jones），感谢他们的知识和帮助，感谢他们愿意展示和分享他们收集的令人难以置信的战时机器和武器。其他几个朋友也给予了巨大帮助：杰出的气象学家西蒙·基林（Simon Keeling），他是第一个提醒我注意战时天气预报反复无常的人。随后，他花了大量时间研究了 1944 年 6 月初前后的战时气象地图和天气文件，并且非常耐心地向我详释了这些数据。这提醒了我，历史学家确实需要向自身研究领域以外的其他人士请教。

航空历史分部的负责人赛博·考克斯（Seb Cox）非常慷慨地投入了大量时间，并向我提供了大量知识。我也要感谢安东尼·比弗尔（Antony Beevor）的帮助和建议。保罗·比弗（Paul Beaver）是航空方面的专家，他一直在向我提供帮助，我也很感激保罗·斯托达特（Paul Stoddart）的建议和意见。有两个朋友的帮助尤其值得称赞：海军历史分部的负责人史蒂夫·普林斯（Steve Prince），他非常乐意和我分享渊博的知识，我欠了他一个很大的人情，因为他允许我照搬他的话"物资贫乏带来的机动作战的自由"和"财富限制"，对于这些表述，我不能窃居功劳。我也非常感谢他在朴次茅斯的团队，感谢他们就战役的海军问题向我提供帮助。第二个是彼得·卡迪克-亚当斯（Peter Caddick-Adams）博士，他是我的好朋友以及曾经的邻居和同事，也是一位知识渊博的人，他总是很乐意反复思考，就蒙蒂进行争论，并作为一个明智而宝贵的参谋来提供帮助。谢谢大家。

　　在写书的过程中，其他人也给予了帮助。法国的伊丽莎白·歌赛朗（Elisabeth Gausseron）在研究和翻译方面提供了帮助，弗赖堡的米歇尔·迈尔斯（Michelle Miles）和英戈·马尔克（Ingo Maerker）也提供了帮助，艾米丽·布朗（Emily Brown）提供了进一步的法语翻译，罗伯·奇科夫（Rob Schaefer）在德国非常顺利地采访了几位退伍军人。莱拉·希钦斯（Lalla Hitchings）和蕾切尔·赛克斯（Rachel Sykes）帮助我抄写，对此我深怀感激。不过，我要特别感谢两个人。第一个是劳拉·贝利（Laura Bailey），她在邱园的国家档案馆和帝国战争博物馆拍摄了大量的文件照片，帮了很大的忙。第二个是多萝西·施耐德（Dorothee Schneider），她是我的好朋友，也是一个了不起的人，她在德语证言的翻译上付出了很多心血，远超我的预期。非常感谢你们俩。

　　从某种程度上来说，诸如此类的书都是一种合作，我很幸运能让布伦达·乌德格拉夫（Brenda Updegraff）来编辑这本书。这是一项艰巨的任务，而布伦达以令人难以置信的技巧和良好的判断力完成了它。我真的永远感激她，非常感谢她的鼎力相助。我还要感谢纽约格罗夫大西洋出版社（Grove Atlantic）的所有人：戴博·西格（Deb Seeger）、贾丝廷娜·巴彻勒（Justina Batchelor）、摩根·恩特里金（Morgan Entrekin）以及为这本书付出了努力的所有人。不过，我还要特别感谢乔治·吉布森（George Gibson）的耐心、建议、智慧和巨大支持。谢谢你！我十分感谢伦敦班塔姆出版社（Bantam Press）的所有工作人员：才华横溢的菲尔·洛德（Phil Lord）、达西·尼科尔森（Darcy Nicholson）、埃洛伊萨·克莱格（Eloisa Clegg）、汤姆·希尔（Tom Hill），以及帮助这本书问世的所有人。

不过，我要特别感谢比尔·斯科特-克尔（Bill Scott-Kerr），他是我的好朋友、支持者以及杰出的出版商，他多才多艺，是一个美好的人，本书就是献给他的。谢谢你！

最后，我要感谢帕特里克·沃尔什（Patrick Walsh），他不仅是我的好朋友，也是一位才华横溢的文学经纪人、顾问和倡导者，还要感谢我的家人蕾切尔（Rachel）、内德（Ned）和黛西（Daisy）。在牺牲了许多个早晨、晚上和周末后，这本书才得以完成，而他们自始至终一如既往地给予了我极大的支持。谢谢你们！

图片致谢

除了下面列出的照片外，所有照片均由作者提供。出版商已经竭尽全力查考版权所有者；如有遗漏，请与出版商联系。

插页第 1 页图⑥、图⑦

诺曼底海岸上阻止盟军登陆的海滩障碍物：Helmut Grosse ／ Bundesarchiv，bild：101I-674-7773-07。

插页第 4 页图㉓

6 月 7 日的飞马桥。在远处的朗维尔一侧，有几架坠毁的滑翔机：© IWM（B5288）。

插页第 6 页图㉜

党卫军第 12 装甲师正在经过饱经战乱的欧赖村：dpa picture alliance ／ Alamy Stock Photo。

插页第 6 页图㉝

德军伞兵骑马和搭乘马车前行：Zimmermann ／ Bundesarchiv，bild：101I-583-2145-31。

插页第 6 页图㉞

罗伯特·卡帕拍摄的德军于瑟堡投降的照片，恩尼·派尔在 1944 年 6 月 27 日目睹并报道了这一事件：Robert Capa © International Center of Photography ／ Magnum Photos。

插页第 6 页图㊱

在丰特奈勒佩内勒激烈交战的场景。1944 年 6 月 25 日，一名炮手倒毙在被摧毁的 75 毫米 Pak 40 反坦克炮旁：© IWM（B5939）。

插页第 7 页图㊲

一辆在灌木丛中伪装得很好的 IV 坦克：Reich/Bundesarchiv，bild：101I-586-2215-34A。

插页第 8 页图㊹

1944 年 7 月 16 日，英军在第 112 号山头和第 113 号山头之间匆忙挖掘的堑壕和散兵坑中等待反击：© IWM（B7441）。

插页第 10 页图㊴~图㊽

盟军的装甲部队得到了大量低架运货车、坦克抢修车、移动修理车间和战地维修装置等支援设施：© IWM（B9091）。

插页第 14 页图㊐

1944 年 6 月 26 日，在埃普索姆会战中，一辆英军弹药车在被击中后发生了爆炸：© IWM（B6017）。

文前人物肖像

所有图片均由作者提供。

各部分篇章页

除了下面列出的照片外，其余照片均由作者提供：

第四部分　突破

可装载火箭弹的霍克台风战斗机发起攻击：© IWM（CL617）。

艾森豪威尔将军（左）与奥马尔·布拉德利将军（中）和约瑟夫·劳顿·柯林斯将军（右）在交谈。

索 引

(索引页码为原著页码，即本书边码)

登陆前位于英国南部韦茅斯的
美国第29步兵师。

美国空降部队与法国平民。

美国第3装甲师的士兵站在一门被摧毁的突击炮旁。

1944年8月，正在休息的英军。

图书在版编目（CIP）数据

诺曼底 1944：登陆日与史诗般的 77 天法国战役 /
（英）詹姆斯·霍兰德（James Holland）著；伍秋玉译
.--北京：社会科学文献出版社，2024. 11
（思想会）
书名原文：Normandy' 44：D-Day and the Epic 77-
Day Battle for France
ISBN 978-7-5228-3073-5

Ⅰ.①诺…　Ⅱ.①詹…②伍…　Ⅲ.①美英联军诺曼
第登陆作战（1944）-史料　Ⅳ.①E195.2

中国国家版本馆 CIP 数据核字（2024）第 019170 号

· 思想会 ·

诺曼底 1944：登陆日与史诗般的 77 天法国战役

著　　者 /〔英〕詹姆斯·霍兰德（James Holland）
译　　者 / 伍秋玉

出 版 人 / 冀祥德
责任编辑 / 吕　剑
文稿编辑 / 陈旭泽
责任印制 / 王京美

出　　版 / 社会科学文献出版社·文化传媒分社（010）59367004
　　　　　　地址：北京市北三环中路甲 29 号院华龙大厦　邮编：100029
　　　　　　网址：www. ssap. com. cn
发　　行 / 社会科学文献出版社（010）59367028
印　　装 / 北京联兴盛业印刷股份有限公司

规　　格 / 开本：880mm×1230mm　1/32
　　　　　　印张：28　插页：0.5　字数：667 千字
版　　次 / 2024 年 11 月第 1 版　2024 年 11 月第 1 次印刷
书　　号 / ISBN 978-7-5228-3073-5
著作权合同
登 记 号 / 图字 01-2021-2838 号
审 图 号 / GS（2024）1904 号
定　　价 / 179.00 元

读者服务电话：4008918866